원유【하】
原儒

원유 【하】 原儒 (下)

−유학의 본원을 탐구함−

웅십력熊十力 저 ┃ 임헌규·윤원현·김학목·류희성 역주

세창출판사

원유【하】 原儒(下)

—

1판 1쇄 인쇄 2020년 1월 15일

1판 1쇄 발행 2020년 1월 25일

—

저 자 ㅣ 웅십력

역주자 ㅣ 임헌규 · 윤원현 · 김학목 · 류희성

발행인 ㅣ 이방원

발행처 ㅣ 세창출판사

　　　　주소 ㅣ 서울 서대문구 경기대로 88 (냉천빌딩 4층)

　　　　신고번호 ㅣ 제300-1990-63호

　　　　전화 ㅣ (02) 723-8660　팩스 ㅣ (02) 720-4579

　　　　http://www.sechangpub.co.kr ㅣ e-mail: edit@sechangpub.co.kr

—

ISBN 978-89-8411-452-4 94150

　　　　978-89-8411-450-0 (세트)

—

이 번역서는 2009년 정부(교육부)의 재원으로 한국연구재단의 지원을 받아 수행된 연구임(NRF-2009-421-A00034).

—

· 이 책은 한국연구재단의 지원으로 세창출판사가 출판, 유통합니다. (세트)

· 잘못 만들어진 책은 구입하신 서점에서 바꾸어 드립니다.

—

이 도서의 국립중앙도서관 출판시도서목록(CIP)은 서지정보유통지원시스템 홈페이지(http://seoji.nl.go.kr)와 국가자료공동목록시스템(http://www.nl.go.kr/kolisnet)에서 이용하실 수 있습니다.

(CIP제어번호: CIP2014000566)

『원유』는 중국 현대 신유학을 창도한 웅십력의 대표적인 저서로서, 2009년에 출판인들이 동아시아 격변기 현대사에 가장 큰 영향력을 끼친 100권의 책 중 하나로 선정한 중요한 문제의 저서이다. 이 책을 우리말로 옮긴 역자들은 각각 다른 대학에서 약간의 구별되는 전공(선진유학, 신유학, 도가철학 등)으로 각자의 영역을 나름 연구해 왔던 사람들이다. 이러한 역자들이 함께 이 책을 번역하게 된 것은 매주 금요일 성리대전 등 동양경전을 함께 강독하는 한중철학회에서 비롯되었다. 이 강독회에서 서로의 학문에 대한 열정을 확인하고 신뢰를 형성해 가던 가운데, 역자들 중 맏형격인 윤원현 선생이 "우리들의 소중한 인연을 공동 작업으로 승화시켜 보자."고 제안하였다. 이 제안에 흔쾌히 동의하고, 역자들은 공동 작업으로 한국연구재단의 명저번역과제에 지원하여 이 책을 번역하게 되었다.

　전통 한학을 공부한 두 사람과 외국 유학을 통해 중국 현대문을 익힌 두 사람 등 모두 네 사람으로 구성된 역자들이 이 책을 처음 강독할 때만 해도 나름으로 자신감이 충만해 있었다. 그러나 막상 강독과 번역에 들어가자마자 역자들은 보통 난감해 하지 않을 수 없었다. 역자들에게 웅십력의 글은 너무도 난해할 뿐만 아니라, 심지어 난삽하기가 그지없다는 생각이 들었기 때문이다. 당시 겨울 방학을 맞아 우리들은 일주일에 두 번씩 오전 10시부터 모여 각자 번역한 부분을 두고 매번 12시간 이상 토론했지만, 전혀 진도를 나갈 수 없었다. 이렇게 번역작업에 진척이 없자, 우리들은 이 작업에 대한 회의감이 들고, 나아가 이 책에 대한 불신까지 생기게 되었다. 그러나 지성이면 감천이라고 하지 않았던가! 이렇게 번역하고 토론한 지 수개월이 지나고 나서, 우리들은 점차 웅십력의 문체에 익숙해져 갔고, 이 책의 내용에 대한 이해도도 점차 높아지게 되었다. 이렇게 하기를 거의 2년 이상이 경과한 뒤에 우리들은 이 책에 대한 번역 심의에 통과할 수 있었다. 번역 심의를 통과했다고 해서 우리들의 과제가 끝난 것은 아니었다. 가독성을 올리기 위해 문장을 다듬고, 독자들의 이해도를 높이기 위해 단순히 크게 3장(원학통, 원외왕, 외내성)으로만 구성된 원문에 장과 절을 나누는 작업을 하지 않을 수 없었다. 또한 웅십력이 인용한 모든 구절은 원문을 찾아 싣고, 인명과 지명 등에 대해서도 일일이 찾아 해설하는 노고를 들이지 않을 수 없었다. 다소 과도하게 보일지도 모르는 이러한 작업은 오직 독자들을 위한 배려로 이해해 주었으면 한다.

오랜 산고 끝에 이 책의 번역 작업을 완료하고 나니, 그동안의 어려웠던 기억들은 모두 소중한 추억으로 바뀌고, 마음 한 구석에서 뿌듯한 감정마저 솟아오름을 느낀다.

마지막으로 이 번역과제를 수행할 때에 도움을 주신 한국연구재단의 여러 선생님들의 인연을 소중히 생각함과 아울러 우리들의 난삽한 원고를 잘 다듬어 주시고 훌륭한 책으로 만들어 주신 세창출판사 여러분께 감사의 뜻을 전하면서 이 책에 대한 평가는 독자들에게 맡긴다.

2020년 1월
역자들을 대표해서 임헌규가 삼가 쓰다

일러두기

1. 『원유(原儒)』는 웅십력(熊十力)이 1956년 중국 상해 용문서국(龍門書局)에서 처음 출간하였다. 본 역서의 저본은 1988년 대만 명문서국(明文書局)에서 출판한 십력총서(十力叢書) 중의 『원유(原儒)』이다. 참조한 판본은 2009년 북경 인민대학출판사에서 출간한 웅십력별집(熊十力別集) 중의 『원유(原儒)』이다.

2. 『원유(原儒)』 원본에는 본문 외에 웅십력의 자주(自注)와 부주(附注)가 상당히 많은 분량을 차지하고 있다. 특히 자주(自注)는 본문 사이사이에 수시로 나타나는데, 번역문에는 단락 별로 묶어서 각 단락 뒤에 "ⓐ, ⓑ …" 등의 형식으로 첨부하였다.

3. 각주는 모두 역주이다. 특히 경전 등 원문의 인용인 경우 출전과 원문을 각주에 실었다.

4. 『원유(原儒)』 원본에는 제1장~제4장 등 장의 제목밖에 없다. 각 장 안의 제목, 예컨대 [1-1], [2-2-2], [3-3-3-3] 등 일련번호에 속하는 제목은 역자가 독자의 편의를 위해 임의로 붙였다.

5. 번역문의 표기는 한글을 원칙으로 하되 필요한 경우 ( ), [ ] 안에 한자를 병기하였다.

   예) 내성외왕(內聖外王), 연계[聯], '만물을 이룸[成物]'

6. 원문에는 없지만 의미맥락상 필요한 말은 보충하여 ( ) 안에 넣었다.

7. 이 책에 나오는 주요인물에 대해 인명사전을 만들어 부록으로 실었다.

8. 원문에 나오는 인명이 경칭이나 자·호 등으로 거명될 때는 괄호 안에 성명을 표기하였다.

   예) 주자(朱子: 朱熹), 왕대신(汪大紳: 汪縉), 양명(陽明: 王守仁)

● 차 례

제4장 원내성(原內聖: 내성의 본원을 탐구함)

❀

제4장

원내성 (原內聖: 내성의 본원을 탐구함)

『역』「계사전」으로 본 내성학(內聖學)

내성(內聖)에 관한 학문은 『역』「대전(大傳)」에서 이른바 '넓고 크게 모두 다 갖추어서'[1] "그것으로 멀리 있는 것을 말하면 '멈춤이 없고[不禦]', 그것으로 가까이 있는 것을 말하면 '고요하고 바르며[靜而正]', 그것으로 천지 간에 있는 것을 말하면 모든 것을 갖추고 있다."[a][2]는 것이다.

> [a] 『역』「계사전」을 「대전(大傳)」이라고도 한다. '넓고 크게 모두 다 갖추었다.'는 구절과 '그것으로 멀리 있는 것을 말하면, … 모든 것을 갖추고 있다.'는 구절은 원문에서는 본래 서로 연결되어 있지 않지만, 여기에서는 이어서 합쳤다. 옛날 사람들이 고서(古書)를 인용할 때에도 이런 사례가 있었다.

'넓으면' 포함하지 않는 것이 없고, '크면' 바깥이 없으며, '모두 다 갖추면' 크거나 작거나 정교하거나 거칠거나 그 운행이 그 어디에라도 있지 않은 곳이 없다. '그것으로 멀리 있는 것을 말하면 멈춤이 없다.'는 구절의 의미는 『중용』에서 "성인의 도는 위대하도다![a] 풍성하도다! 만물을 발육시킴이[b] 높게 하늘까지 이르렀다."[c][3]는 것이다. 도는 바깥이 없을 정도로 지극히 크고 끝닿는 곳이 없을 정도로 매우 높아, 그 덕의 작용이 성대하여 두루 유행하면서 다함이 없다.[d] 그러므로 '멈춤이 없다[不

---

1 『역』「계사·하」. 易之爲書也, 廣大悉備.

2 『역』「계사·하」. 夫易, 廣矣大矣. 以言乎遠則不禦, 以言乎邇則靜而正, 以言乎天地之間則備矣.

3 『중용』27장. 大哉聖人之道! 洋洋乎! 發育萬物, 峻極於天.

禦].'고 했다.ⓔ

ⓐ '성인의 도'는 천도(天道)이다. '도(道)'는 우주본체에 대한 명칭이다. '천(天)'자는 '도(道)'자와 합해져 복합명사로 사용되었다. 성인은 천도를 몸소 체득해서 드러 낼 수 있으므로 '성인의 도'라고 말했다. 하늘과 사람은 본래 둘로 나누어진 것이 아니다. 그러므로 우리를 초월해서 독자적으로 존재하는 조물주가 있다는 것은 종교적인 미혹으로 집착하는 것이지, 우리 유학에서 말하는 천도가 아니다.

ⓑ 여기에서 말하는 만물은 바로 하늘·땅·사람과 모든 사물에 대한 총칭이다. 만 물은 모두 도가 유행하여 발현한 것이므로 '만물을 발육시킴이'라고 했다. 비유 컨대 큰 바닷물이 수많은 물거품을 일으킬 때 하나하나의 물거품은 모두 큰 바 닷물을 본체로 가지고 있으니, 큰 바닷물이 여러 물거품 밖에 있는 것이 아닌 것 과 같다. 도가 만물을 발육하는 것도 실로 사물을 초월해서 독자적으로 존재하 는 것이 아니다. '풍성하도다!'라는 것은 성대한 모양이다.

ⓒ '높게[峻]'라는 것은 높고 크다는 것이다. 태초의 백성들이 '텅 빈 공중[太虛]'을 바 라보았는데, 지극하게 크고 지극하게 높아서 그 궁극을 헤아릴 수 없었으니, 그 것을 '하늘'이라고 불렀다. 『중용』에서는 하늘을 빌어 도체(道體)를 설명했다. 『중 용』은 본래 『역』을 부연 설명한 책이다. 비록 한대 사람들이 어지럽게 변형시킨 과정을 겪었지만, 이러한 구절에 여전히 『역』의 본래 의미가 남아 있다.

ⓓ 허공을 한없이 가로지르고 영원한 시간을 끝없이 꿰뚫는 것은 모두 도체가 가득 차서 유행하는 것이므로 '두루 유행한다.'고 했다. '영겁(永劫)'에서 '겁(劫)'은 시 간을 말하는 것과 같은데, 시간은 끝이 없으므로 '영(永)'이라고 했다. '다함이 없 다.'는 것은 쇠약해져 고갈됨이 없다는 것이다.

ⓔ '멈춤[禦]'에 대해 우번(虞飜)은 '정지[止]'라고 했다. 두루 유행해서 다함이 없으니 어떻게 정지하겠는가?

'그것으로 가까이 있는 것을 말하면 고요하고 바르다.'는 구절의 의미에 대해, 『설문해자』⁴에서는 "'가까이 있는 것[邇]'은 곁에 있는 것이다."⁵라

---

4 『설문해자(說文解字)』: 후한(後漢) 때 허신(許愼, 58경-147경)이 편찬한 중국 최초 의 문자학 서적이다. 본문은 14권이고 서목(敍目) 1권이 추가되어 있다. 9,353개 의 글자가 수록되었고, 중문(重文: 古文·籒文의 異體字)이 1,163자이며 해설한 글 자는 13만 3,441자이다. 최초로 부수배열법을 채택하여 한자 형태와 편방(偏旁) 구조에 따라 540개의 부수를 분류했다. 통행하던 전서(篆書: 小篆)를 주요 자체(字 體)로 삼아 고문(古文)·주문(籒文) 등의 이체자를 추가시켰다. 글자마다 지사(指

고 했으니, 우리들이 직접 도를 체득할 수 있으면, 바로 도가 가까이 온 몸에 있으면서 항상 마음속으로 주인이 되어ⓐ 평상시에 언제나 뚜렷하게 보존되어 있다는 것이다.ⓑ '청명한 것이 몸에 있어 의지와 기개가 신령함(神)과 같아졌고,'⁶ 사물이 접촉해도 마음이 그 '기능[官]'을 잃지 않으므로 사물의 법칙에 대해 밝다.ⓒ 마음대로 억측해서 상상하지 않고 혼잡하게 왜곡해서 보지 않으면, 마음이 편안해져 이치를 터득하므로 그것을 '고요함[靜]'이라고 했다.ⓓ 여기에서 고요함은 움직임과 상대적인 것이 아니다. 움직임도 고요함이니, 고요함은 움직임이 없어진 상태를 말하는 것이 아니다. 만약 큰 변란을 만나고 큰 어려움을 당하면, 비우되 얽매이지 않는 것으로써 모든 일에 대응하고, 관장하되 주관하지 않는 것으로써 만물을 완성한다.ⓔ 이것이 바로 '고요하고 바르다.'는 의미이다. 고요하게 있는데도 굳세게 움직여서, 만물이 자연스럽게 되도록 도와주되 내가 사사롭게 하는 것이 없으므로 바르다는 것이다.ⓕ

　ⓐ 옛날의 현명하고 지혜로운 사람들이 '도심(道心)'이라고 말한 것이 이것이다.
　ⓑ 이 구절은 제갈공명의 말이다.⁷ '보존되어 있다.'는 것은 도심을 잃지 않는다는 말이다. 선대 유학자들은 '천하의 큰 이로움과 큰 해로움이 나누어지는 결정적인 시점에 터럭만큼이라도 사욕이 개입되면, 곧바로 이로움이나 해로움이 전혀 변별되지 않는다.'고 했으니, 불가에서 말하는 '전도(顚倒)'가 여기에 해당한다.

事)·상형(象形)·형성(形聲)·회의(會意)·전주(轉注)·가차(假借)의 6서(六書)에 따라 자형(字形)을 분석하고 자의(字義)를 해설했으며 독음을 식별했다. 고문자에 대한 자료가 많이 보존되어 있어서, 중국 고대서적을 읽거나 특히 갑골문(甲骨文)·금석문(金石文) 등의 고문자를 연구하는 데 참고할 만한 가치가 있다. 원본은 전해지지 않으며 현재 송대(宋代) 서현(徐鉉)이 쓴 교정본이 남아 있다. 후세 사람들의 연구저작이 대단히 많으나 청대(淸代) 단옥재(段玉裁)의 『설문해자주(說文解字注)』가 가장 자세하다.

5 『설문해자(說文解字)』「이편하(二篇下)」「辵部」. 邇, 近也.
6 『예기』「공자한거(孔子閒居)」. 子夏曰: "敢問何謂三無私?"孔子曰: "天無私覆, 地無私載, 日月無私照 … 淸明在躬, 氣志如神. 耆欲將至, 有開必先."
7 이 구절은 제갈공명의 말이다: 유청지(劉淸之), 『계자통록(戒子通錄)』권3, 「제갈량가계(諸葛亮家戒)」에 실려 있다.

이런 때는 마음속에 주인을 보존하지 못하고 있으니, 도심을 잃은 것이다.

ⓒ 유학자들은 '다섯 가지 감각기관[五官]'이 사물을 접촉할 때 단지 사물의 모양[象]을 받아들이기만 한다고 했는데, 예컨대 눈이 색깔에 대한 것, 귀가 소리에 대한 것이 이런 것들이다. 그런데 마음의 기능은 생각하는 것이다. 생각하면 곧 표면에서 이면으로 들어가고, 거친 것에서 정교한 것으로 들어가며, 간단한 것에서 복잡한 것으로 들어가고, 부분에서 전체로 들어가서 사물의 내부에 온축된 것과 그 공통된 법칙을 깊이 깨닫게 된다.

ⓓ '고요함'이란 마음의 본바탕이 맑고 고요해서 전일하고 편안한 것을 말한다. 고요함에서 밝음이 나오고, 밝아지므로 만물의 이치를 터득할 수 있다.

ⓔ '관장하다[長]'는 것은 '장악하다[掌]'는 의미로 봐야 한다. 비록 공덕이 다른 사람들을 관장하기에 충분하지만, 항상 자신을 억눌러 사물과 동일하게 여기고 사물에 따르면서 자신의 의지대로 하지 않으니, 만물이 제각기 스스로를 다 표현하고 스스로 만족하게 한다. 이 구절의 의미는 『노자』와 다르다. 『노자』 상편 제10장에서 또한 "잘 자라도록 하고 주관하지 않는다."⁸고 했는데, '잘 자라도록 한다[長]'는 글자는 잘 자라고 못 자라고 할 때의 잘 자란다는 의미이다. 왕필은 "사물이 저절로 충분하게 잘 자라므로 내가 주관해서 이루지 않는다."⁹라고 주석했다. 이것은 완전한 방임으로 무위이니, 노자의 의도는 본래 이와 같다. 그런데 영도한다는 의미가 없어지면 그것이 옳은지 모르겠다. 유가는 만물의 마땅함을 도와주는 것과 천지의 도를 마름질하여 이루는 것을 중심으로 하되 '무리지어 있는 용에 우두머리가 없어 길하다.'¹⁰는 것으로 귀결하려고 한다. 그러므로 이것은 천지가 사물을 낳아주되 주관하지 않아 만물이 이에 제각기 마음껏 발육하여 함께 영화롭게 되는 것과 같다.

ⓕ 유학은 내성(內聖)과 외왕(外王)을 총체적으로 포괄하는데, 후대의 유학자들은¹¹ 편향되게 '고요함'을 중심으로 하여 '자신만 선하게 되는 것[獨善]'¹²에만 힘썼다. 이것은 『대역』의 도에 어긋난다.

---

8 『도덕경』「10장」. 長而不宰, 是謂玄德.

9 『도덕경』「10장」. 長而不宰, 是謂玄德. 구절에 대한 왕필의 주석. 物自長足, 不吾宰成.

10 『역』「건괘(乾卦)」. 用九, 見群龍, 無首, 吉.

11 후대의 유학자들은: 주돈이를 비롯한 송대 이후 '주정설(主靜說)'을 주장한 일련의 유학자들을 가리킨다.

12 『맹자』「진심·상」. 窮則獨善其身, 達則兼善天下.

모든 변화와 온갖 사물의 근원은 모두 성인의 학문에서 절실하게 궁구하는 것으로, '큰 도[大道]'를 어기지 않도록 하는 것이다. 그러므로 '그것으로 천지간에 있는 것을 말하면 모든 것을 갖추고 있다.'고 말했다. 성인은 『역』을 지어 처음으로 내성(內聖)과 외왕(外王)의 도를 밝혔는데, 내성이 외왕의 근본이라는 것이다. 위에서 『역』「대전」의 구절을 인용하여 내성의 학문을 깊이 밝혔으니, 그 핵심에 대해 터득하기를 바랄 뿐이다.

내가 이 편을 쓰면서 바라는 것은, 내가 알고 믿는 공자의 내성학(內聖學)의 본래 의미를 사실에 근거해서 드러내는 것이다. 그 잘잘못과 장단점은 요즘의 현명한 사람들과 후대 사람들의 선택을 기다려야 할 것이다. 그러나 내 나이가 70세를 넘었고 신경쇠약으로 아주 고통스러우며 또 거처까지 마땅치 않으니, 평생토록 깨달은 것이 요즘은 점점 흔적도 없이 사라지고 있다는 것을 느낀다. 이치를 설명하는 작품은 '양자강 왼쪽 지방[江左: 강동〈江東〉]'에서 말하는 산문(散文: 시문〈詩文〉과 대비된 문장형식)과 같아야 하니, 비록 글에서 기교를 구하지 않을지라도 이치와 도리를 드러내는 데에 막힘이 없도록 해야 한다. 영묘한 생각이 불꽃처럼 일어나지 않으면 글을 쓰지 못하는데, 영묘한 생각이 움직이려면 왕성한 기력이 있어야 한다. 늙어서 생각의 샘이 날로 고갈되는 것은 옛날부터 학자들이 공통되게 근심했던 것이다. 나는 근년에 수시로 책을 저술하려는 생각에 매번 붓을 들었다가 번번이 그만두었는데 이런 고충은 다른 사람들에게 말하기가 어렵다. '도를 배우는 사람들[學人]'은 진리와 선현들에 대해 반드시 책임져야 하는데, 너무 경솔하게 책을 지어 진실[信]을 전하지 못할 바에는 차라리 그만두는 것이 낫다. 이렇게 외로운 생각으로 헛되이 세월만 보내다가 얼마 전에 마침내 놀라고 두려워서 우선 내가 일찍부터 알고 있었던 것들 중에서 아직 모두 다 잊어버리지 않은 것을 억지로라도 기록하기로 했다. 내 생각을 충분히 표현할 수 있을지의 여부는 논할 필요 없이, 오직 선대 성인의 진면목을 잃지 않도록 노력할 뿐이다.

중국철학의 두 가지 특징

공자의 내성학은 『시』·『서』·『예』·『악』에 근원하는데, 50세에 『역』을 연구한 뒤에 비로소 집대성하였다. 「원내성」의 큰 의미는 오직 공자의 학문하는 순서에 따라 자세하게 이 책들을 설명하는 것일 뿐이다. 그러나 논의를 시작하기 전에 먼저 '중국철학[中學]'ⓐ의 특징에 대해 대략 두 가지를 제시하겠다. 첫째, 중국철학은 본체론에서 '하늘과 사람[天人]'이 둘로 나눠지지 않는다는 것이고, 둘째, 중국철학은 우주론에서 '마음과 사물[心物]'이 둘로 나눠지지 않는다는 것이다. 이 두 가지 특징은 본래 공자 이전에 이미 시작되었지만, 공자에 와서 비로소 광대하게 발휘되었다. 안타깝게도 나의 기력이 감당할 수 없어 자세하게 논의하지 못하고 그저 제기하기만 하니, 후대의 선현들이 유의하길 바랄 뿐이다.

> ⓐ 중국철학을 '중학(中學)'으로 약칭한다. 이후부터는 모두 이와 같다. 중국철학이라고 말하고, 유학이라고 하지 않은 것은 유학이 정통파이고 제자(諸子)가 여기에서 나왔기 때문이다. 여기에서 열거한 두 가지 특징은 유학의 정신이 백가(百家)에 보급된 것이므로 유학 하나만을 지칭한 것이 아니다.

4-2-1 천인불이(天人不二: 하늘과 사람이 둘이 아님)의 본체론

첫 번째 특징을 이야기하려면 반드시 먼저 천(天)·도(道) 등의 명칭을 풀이해야 한다. 6경(經)에서 '천(天)'자는 어떤 경우에는 단독으로 사용되고,

어떤 경우에는 '도(道)'자와 합쳐져서 복합명사로 사용된다.

[4-2-1-1] 하늘[天]과 도(道)의 의미

'천(天)'자가 '지칭하는[目]' 것은 제각기 달라 변별하지 않을 수 없다.[ⓐ]
첫째, 옛날에 위로 활모양처럼 높이 있어서 그 끝을 알 수 없는 것을 '하늘'이라고 불렀다. 『시』에서 '아득히 푸른 하늘'[1]이라는 것이 이것이다.
태초의 백성들은 이런 하늘에 대해 아주 신비함과 경이로움을 느껴서,
위대한 신이 위에서 훤히 살펴본다고 여겼으니, 이른바 '상제(上帝)'가 이것이다.

> ⓐ '지칭한다[目]'는 것은 이름 붙인다는 것과 같으니, 지목한다고도 한다. 만약 '네 모난 책상'이라고 부른다면, 이 기물을 지정해서 이름 붙인 것이다.

둘째, 고대의 음양가들은 해·달·별들이 공중에 늘어져 있는 것을 또한
하늘이라고 이름 붙였다. 『역』「건괘」에서 '하늘의 운행은 굳건하다.'[2]
고 했으니, 곧 천체(天體) 운행의 굳건함으로써 건원(乾元)의 낳고 낳는 굳
건한 덕을 비유했던 것이다.[ⓐ] 음양가들이 비록 천체를 하늘이라고 이름
붙였을지라도 어떤 신비한 힘이 주관해서 그것을 운행한다고 보았다.
이것은 앞에서 말한 하늘과 서로 잘 통한다. 역사적으로 일식·월식 등
의 변화를 하늘이 임금에게 경계를 내린 것으로 여겼다. 천문학자들이
물리적으로 해석하는 경우가 있을지라도 그 주장은 성행하지 못했다.[ⓑ]

> ⓐ 『역』에서는 단지 비유를 취한 것일 뿐이며 여기에서 말하는 하늘을 설명한 것이 아니다. 뒤에 가면 알게 된다.
> ⓑ 진(晉)대 이후로 과학적인 천문학자와 술수적인 천문학자들이 수시로 논쟁했다.

---

1 『시』「왕풍(王風)」. 不知我者, 謂我何求. 悠悠蒼天, 此何人哉?
2 『역』「건(乾)괘」. 象曰, 天行健. 君子以自強不息.

셋째, 혼천설(渾天說)³은 앞에서 지목한 '천(天)'자의 두 경우와 모두 같지 않다. 여기서의 천은 바로 육합(六合)ⓐ을 '하나의 커다란 둥근 고리[一大環]'로 여기는 것이다. 안과 밖이 없고 '영역[封]'과 '경계[畛]'가 없으며, 시작과 끝이 없고 높음과 낮음이 없으며, 현재와 과거가 없어 혼연한 하나의 기운이 이 커다란 둥근 고리로 흘러 다니며 충만하니, 바로 이것을 '혼천'이라고 이름 붙였다.ⓑ 헤아릴 수 없이 수많은 '천체[星球 · 星雲]'와 더 이상 쪼갤 수 없는 원자와 원자력 등에서부터 대지 · 토석 · 산 · 언덕, 강 · 하 · 해양, 초목 · 조수, 인류의 무리들까지 모두 '둥근 고리의 중심[環中]'⁴을 따른 '기의 운행변화[氣化]'로서, 문득 생겨나고 사라지며 문득 사라지고 생겨나는 것일 뿐이다. 채워져 있는 것이 비어 있는 듯하고, 비어 있는데 가득 차 있는 듯하며, 신령스러운 것이 없는데도 신령스럽지 않은 것이 없다. 위대한 둥근 고리의 중심은 그 높은 덕을 형용할 수 없어 그것을 일러서 '혼천'이라고 했다.ⓒ 혼천설이 제기된 이후에 비로소 천(天)에 대하여 철학적인 의미를 갖게 되었으니, 노자와 장자로부터 주돈이(周惇頤)⁵와 장재(張載)에 이르기까지 모두 그 영향을 받았다.ⓓ

---

3 혼천설(渾天說): 달걀의 껍질이 노른자를 둘러싸고 있는 것처럼 우주도 하늘이 땅을 둘러싼 모습으로 되어 있다는 학설로서, 하늘은 그 모습이 둥글고 끝없이 일주운동(日周運動)을 한다고 해서 혼천(渾天)이라고 하였다. 이 학설은 후한(後漢)의 장형(張衡)의 저서인 『혼천의주(渾天儀註)』에서 비롯되었다고 한다. 이전의 개천설(蓋天說)보다는 훨씬 진보된 우주관이라고 할 수 있다.

4 '둥근 고리의 중심[環中]': 이 말은 장자(莊子)가 「제물론(齊物論)」에서 시비(是非)를 초월한 경지를 비유해서 쓴 말이다. 『장자』「제물론」. 彼是莫得其偶, 謂之道樞. 樞始得其環中, 以應無窮.

5 주돈이(周惇頤, 1017-1073): 자는 무숙(茂叔)이고, 호는 염계(濂溪)이며, 원래 이름은 돈실(惇實)이었는데, 북송 제5대 황제인 영종(英宗: 1063-1067)의 옛 이름(조종실〈趙宗實〉)을 피하여 돈이(惇頤)로 이름을 고쳤다. 송대 도주 영도(道州營道: 현 호남성 도현〈道縣〉)사람으로 송대 신유학의 개조이다. 분녕주부(分寧主簿) · 지남창(知南昌) · 지침주(知郴州) · 지남강군(知南康軍) 등을 역임하였다. 이정(二程)의 스승이며, 주희의 형이상학체계에 큰 영향을 끼쳤다. 저서는 『태극도설(太極圖說)』, 『통서(通書)』, 「애련설(愛蓮說)」 등이 있다.

ⓐ 상하(上下)와 사방(四方)을 육합(六合)이라고 하니, 이른바 한없고 끝없는 공간이 이것이다. 본래 나눌 수 있는 상하와 사방이 없지만 단지 설명의 방편으로 삼아 임시로 말했을 뿐이다.

ⓑ '혼(渾)'자에는 두 가지 의미가 있다. 그 하나는 '혼연한 전체[渾全]'라는 의미이니, 나눌 수 없기 때문이다. 다른 하나는 '아주 원만하다.[渾圓]'는 의미이니, 방향이나 장소가 없기 때문이고 또한 이지러진 곳이 없기 때문이다. 한없고 끝없는 허공의 공간이지만 하나의 기운으로 충만하니, 허공이면서 또한 허공이 아니다. 그러나 또 허공이 아닌 적이 없으니, 하나의 기(氣)가 운행하고 변화하여 막히고 응결되지 않기 때문이다. 이 때문에 허공과 기의 운행변화를 합하여 총체적으로 '둥근 고리의 중심[環中]'이라고 이름 붙여도 무방하다. '혼천'이라는 이름은 둥근 고리의 중심에 의거하여 만들었다.

ⓒ 그 덕이 두루 광대하니, 이에 그 덕을 형용할 수 없다고 하였다. '더 이상 쪼갤 수 없는 원자'는 『중용』에서 '작은 것으로 말하면 천하에서 어느 것도 그것을 쪼갤 수 없다.'라고 했는데, 청대 학자들이 더 이상 쪼갤 수 없는 근원적인 물질을 파괴할 수 없는 물질로서 '원자'로 번역했으니, 『중용』의 의미에 근거를 두었다.

ⓓ 주돈이가 「태극도(太極圖)」에서 말한 '일(一)'과 장재가 『정몽(正蒙)』에서 말한 '맑게 비어 있는 하나의 큰 것[清虚一大]'으로서의 '천(天)'은 모두 옛날의 혼천설에 근거를 두고 있다.

넷째, '자연(自然)'으로 천(天)을 이름 붙였다. 세속에서 일이 순조롭게 이루어지는 것을 '자연'이라고 하는데, 이런 의미는 학술과 무관하니 설명하지 않아도 된다. 이제 '자연'이라는 말이 학술계에 출현된 것을 가지고 설명하겠다. 무엇을 자연이라고 하는가? 훈고학적으로 말하면, '자(自)'는 '스스로[自己]'이고, '연(然)'은 '그와 같은 것'이니, '스스로 그와 같은 것'을 '자연'이라고 한다. 인도에 '자연외도(自然外道)'가 있었는데,ⓐ 만물이 생겨나는 것은 본래 인연이 없고 다만 스스로 그와 같을 뿐이라는 것이다. 예컨대 고니는 스스로 그와 같이 희고, 까마귀는 스스로 그와 같이 검다는 것이다. 자연외도에서 이처럼 추측한 것은 확실히 아주 잘못되었다. 사실 사물이 생겨나는 것에 대해 스스로 그와 같을 뿐이라고 말할 수는 없다. 예를 들어 고니가 희고 까마귀가 검은 것은 또한 그것들이 살아가면서 환경에 적응하기 위해 그렇게 된 것이니, 인연이 없다고 말할 수 있겠는가? 불가에서 그 학설을 배척했던 것은 마땅하다.

> ⓐ 불가에서는 자연론자들을 '외도(外道)'라고 배척하였다. 정도(正道)에 부합하지 않았으므로 외도라고 했을 뿐이다.

자연론자들은 사물의 생성에 인연이 있다는 것을 부정했다. 이는 곧 일체의 사물에는 모두 말할 수 있는 규율이 없다고 한 것이니, 매우 잘못된 것이다. 그러나 리(理)를 궁구함이 지극한 곳까지 도달해서 이른바 우주 본체를 '도(道)'라고 이름 짓고 또 '천(天)'이라고도 이름 지었으니, 여기서 말한 '천'은 곧 '자연'이라는 의미이다. 만물에서 그 본체를 꿰뚫어 안다면,ⓐ 지극해서 더 이상 위에 있는 것이 없고,ⓑ '지극히[於穆]' 심원해서ⓒ 무엇으로 말미암아 그렇게 되었는지 캐물어 볼 수 없는 것이 있다.ⓓ 무엇으로 말미암아 그렇게 되었는지 물어볼 수 없으니, 그것을 명명하여 '자연'이라고 한다. 그것이ⓔ 스스로 이와 같은 것은 다시 원인이 있어서 비로소 이와 같이 된 것이 아니므로 '자연'이라고 한다. '자연'을 '천(天)'이라고 한다.ⓕ 아! 리(理)를 궁구함이 자연을 천(天)이라고 하는 데까지 이르렀으니, 말로 설명할 수 있는 길이 끊어지고 마음으로 '생각해 볼 수 있는[行]' 방법이 사라졌다.ⓖ

> ⓐ 만물은 모두 상대가 있지만, 본체는 상대가 없다. 만물에서 그 본체를 아는 것은 곧 상대가 있는 것에서 상대가 없는 것을 깨달은 것이니, 이에 상대가 없는 것이 상대가 있는 것이고 상대가 있는 것이 상대가 없는 것임을 안다.
>
> ⓑ 이미 본체를 알고서야 비로소 다시 그 위에 아무것도 없음을 아니 '더 이상 위에 있는 것이 없다.'라고 했다.
>
> ⓒ '심원하다'는 말에 또 '심원하다'고 말한 것은 지극히 심원함을 극찬한 것이다.
>
> ⓓ 그것이 무엇을 인연으로 생겨났는지 캐물을 수 없으니, 실로 다시 그것의 위에서 그것을 위해 인연이 되는 것이 없다. 그것은 본체를 말한다.
>
> ⓔ '그것'은 본체를 대신하는 말이다.
>
> ⓕ 여기서 '천(天)'자가 지목하는 것은 그 함의가 심오하고 미묘하기 때문에 지극하다고 할 수 있으니, 앞에서 열거한 '천(天)'자와는 털끝만큼도 서로 가까운 것이

전혀 없다.

ⓖ 말로 설명할 수 있는 길이 이미 끊어졌으니, 언설로는 도달할 수 없다. 마음이
떠돌아다니는 것을 '생각해 본다[行]'고 한다. 마음으로 생각해 볼 수 있는 방법이
이미 사라졌으니, 사유를 다시 사용할 수 없다.

공자는 그 때문에 '묵묵히 안다.'[6]라고 했고, 또 '나는 말하지 않으려고
한다.'[7]라고 했다. 전에 영국의 철학자 러셀(B. Russell)이 리(理)를 궁구해
서 지극한 곳에 이르면, 마땅히 그것을 '금수(禽獸)의 도리'라고 이름 붙여
야 된다고 말한 것을 들은 적이 있다.ⓐ 이 말은 아주 그윽한 정취가 있
지만, 사실 아직 도를 알지 못한 것이다. 대개 사유의 방법으로 추측해
가서 미루어 볼 수 없는 곳까지 미루어 보고는, 이에 금수의 도리가 있다
고 탄식했을 뿐이다. 그의 주장에 따라 불가지론(不可知論)에 빠지면 인생
은 또 알 수 없는 안개 속으로 떨어진다. 진실로 도를 아는 자는 묵묵히
스스로 알고 스스로 수긍하며ⓑ 크게 편안하고 평온하여 자유자재로 수
용하는데, 어떻게 금수라는 헛소리를 하겠는가?ⓒ 주대 말기에 혜시는
"내가 웅대한 뜻을 가졌을지라도 어떻게 할 방법이 없는 것이다."ⓓ[8]고
했는데, 그 말의 정묘함이 또한 그리스 이후 철학자들의 학문의 길과 서
로 가깝다. 장자는 자신을 되돌리는 데 어두워 잘못되었으니 까닭이 있
었다.ⓔ

ⓐ 금수는 도리가 없는 것들이다. 이제 리(理)를 궁구함이 지극한 곳에 이르러, 다
시 설명할 수 있는 도리가 없으므로 금수로 비유를 들었다.

ⓑ '스스로 수긍한다.'는 말은 본래 선가의 용어이다. 스스로 알기 때문에 스스로 긍
정해서 흔들리지 않을 정도로 명백하게 확고하니, 스스로 믿는다는 의미와 서로
가깝지만 더욱 깊다.

ⓒ 친구 마담옹(馬湛翁) 거사는 이 감로를 마셨는데, 나는 평생 수고롭게 생각했는
데도 여전히 먹어도 배부르지 않다고 말한다.

---

6 『논어』「술이(述而)」. 子曰: "默而識之, 學而不厭, 誨人不倦, 何有於我哉."
7 『논어』「양화(陽貨)」. 子曰: "予欲無言."
8 『장자』「천하」. 天地其壯乎! 施存雄而無術.

ⓓ 이것에 대한 해석은 「원학통」에 있으니, 다시 봐야 할 것이다.
ⓔ 장자의 학문에도 폐단이 있으니, 「원학통」에서 자세히 설명했다.

'도(道)'자에는 여러 가지 의미가 있지만, 여기서는 자세히 언급하지 않겠다.ⓐ 유학에서는 '도(道)'자를 본체에 대한 명칭으로 사용했다.ⓑ 그것에 대한 분명한 구절이 『대대례기(大戴禮記)』의 앞부분에 있는데, "위대한 도는 변화하여 만물이 응결되게 하는 근원이다."[9]라고 했다.ⓒ 도가 만물의 본체라는 것은 이 구절로 가장 명백하게 설명된다. 대개 70제자로부터 되풀이해서 전래되던 것을 대덕(戴德)이 채록해서 『예기(禮記)』에 집어넣었을 뿐이다. 내가 어렸을 때 『논어』를 읽으면서, 「리인(里仁)」편에서 공자가 "아침에 도를 깨달으면 저녁에 죽어도 좋다."[10]라고 말한 구절에 이르러서는, 깜짝 놀라서 "성인이 아침에 도를 깨달으면 저녁에 죽어도 여한이 없다고 말한 것이 도이다. 죽고 사는 것 또한 큰 것인데, 어째서 도라고 하였는가?"라고 말했다. 나는 성인과의 거리가 멀고 오래되어 깨달을 방법이 없어, 이 구절을 읽었지만 끝내 어째서 도라고 하였는지 알 수가 없었다. 주석가들의 설명을 참고하려고 했더니, '세상을 떠난 형[先兄]' 중보(仲甫)가 "'한대의 학문[漢學]'을 한 사람들은 '의리[義]'에 어두우니, 성인의 뜻을 알려고 하는 경우에는 주자의 『사서집주(四書集注)』만한 것이 없다."고 했다. 그래서 나는 이 구절의 도에 대해, "도는 사물의 당연한 리(理)이다."[11]라고 한 주자의 주석을 읽었다. 나는 오래도록 고심했지만 전혀 이해할 수 없었다. '사물의 당연한 리(理)'라는 한마디는 아주 범범하게 설명한 것 같았다. 우리들이 위로는 근원을 찾을 수 없고, 눈앞에선 이치로 들어갈 방법이 없는데, 어찌하란 말인가? 생

---

9 『대대례기(大戴禮記)』「애공문오의 · 제40(哀公問五儀 · 第四十)」. 大道者所以變化, 而凝成萬物者也.

10 『논어』「리인(里仁)」. 子曰: "朝聞道, 夕死可矣."

11 『논어』「리인」. 子曰: "朝聞道, 夕死可矣." 구절에 대한 주자의 주석. 道者, 事物當然 之理.

각해도 알 수 없어 우선 몇 년 동안 내버려 두었다.

 @ 중국의 문자에는 음이 같고 형태가 같은 것이 많지만, 그 함축된 의미는 절대로 같지 않은 것이 있다. 대개 중국의 문자에는 본래의 의미가 있고, 그것에서 파생된 의미가 있는데 파생된 의미는 매우 복잡하다. 본래의 의미는 실물을 반영하고 성음(聲音)으로 드러나는 것에 따라 마침내 그 글자로 만들어진 것이다. 예컨대 '천(天)'자의 본래 의미는 '산꼭대기[顚]' 곧 높은 산의 꼭대기이다. 상고시대의 사람들은 활모양처럼 높고 푸른 하늘을 우러러보고 익숙하게 보았던 산꼭대기를 모방해서 마침내 '천(天)'자를 만들었다. 그 후에 파생된 의미로 '혼천(渾天)'의 천(天)을 이끌어내니, 이미 본래의 의미와는 아주 멀리 벗어나서 오히려 기(氣)라는 이미지에 다소나마 가까웠다. '자연(自然)'으로 '천(天)'을 말하게 되자, 본래의 의미와는 전혀 통하지 않게 되었다. 사상이 발달할수록 곧 추상작용은 더욱 심원하고 고원한 데로 나아갔다. 문자의 파생된 의미가 많아지고 변하면서부터, 음이 같고 형태가 같아도 다른 의미의 글자는 고서(古書)를 읽는 자들이 문맥에 따라 의미를 취하여 결코 분별하기 어렵지 않다는 것을 알 수 있다. 독서에 어려움이 없으면, 스스로 글을 쓸 때 글자 사용에 절대로 혼란을 일으키지 않는다. 외국인이 '한문[中文]'을 배우고자 한다면, 최소한 반드시 『오경(五經)』·『사서(四書)』 및 제자서(諸子書) 몇 종류와 한(漢)대의 '4사(四史:『사기』·『한서』·『삼국지』·『후한서』)'를 읽어야 하는데, 전공한다면 다만 4~5년 공부에 불과하다. 파생된 의미가 많은 것은 한문의 가장 편리한 점으로 새로운 낱말을 많이 기억해야 하는 번거로움을 줄여준다. 뜻이 같지 않은 것이 사람들에게 의미의 정취를 일으켜서 스스로 힘들이지 않고 기억하게 한다. 새로운 글자를 기억하는 것은 기억력이 좋은 자가 아니면 반드시 아주 고통스러울 것이다.

 ⓑ 노자의 도에 대한 언급은 그 절반 정도가 유학에서 취한 것인데도, 그 사상이 어지럽고 복잡하다.

 ⓒ '위대한 도'에서 '위대한'은 찬미하는 말이다. '만물'이라는 말은 앞에서 풀이했다.

그 후 『역』 「대전」을 읽다가 "한 번은 음(陰)이 되고 한 번은 양(陽)이 되는 것이 도(道)이다."[12]라는 구절에 이르렀는데, 그 아래에 있는 주석가들의 말은 사람들을 따로 막는 것과 같았다.@ 오래지 않아 『이정유서

---

12 『역』 「계사 · 상」. 一陰一陽之謂道.

(二程遺書)』를 읽었는데, 정자(程頤)가 "한 번은 음이 되고 한 번은 양이 되는 것이 도이니, 도는 음양이 아니라 한 번은 음이 되고 한 번은 양이 되게 하는 까닭이 도이다."ⓑ13라고 했다. 나는 기뻐서 "'까닭[所以]'이라고 한 두 글자를 쓴 것이 훌륭하니, 『대대례기』에서 '변화하는 까닭이다.'고 한 의미와 통한다."고 말했다. 변화하는 것은 한 번은 음이 되고 한 번은 양이 되는 것이고, 변화하게 하는 까닭은 도이니, 도는 곧바로 음양이 아니지만ⓒ 음양을 벗어나서 도는 없다.ⓓ 그러므로 『역』에서 "한 번은 음이 되고 한 번은 양이 되는 것이 도이다."라고 했다.ⓔ 나는 『대대례기』와 『역』「대전」으로 번갈아가며 증명했기에 비로소 도가 온갖 변화의 근원이라는 것을 믿었다.ⓕ

    ⓐ '띠로 막는 것과 같았다.[茅塞]'는 말은 『맹자』에 있다.14 '띠'는 더부룩하게 무더기로 나는 풀이다. 책을 지었을 경우, 책 속의 말이 도를 드러내지 못하면 어지럽게 방해물이 되어 사람의 마음을 막아버리는 것과 같다.

    ⓑ 『이정유서(二程遺書)』 3권에 있으니, 사현도(謝顯道: 謝良佐)15가 이천(伊川: 程頤) 선생의 말을 기록한 것이다.

    ⓒ 비유하면 큰 바닷물이 곧바로 수많은 물거품이 아닌 것과 같다.

    ⓓ 도는 음양의 변화를 벗어나서 독자적으로 존재하는 것이 아니다. 비유하면 수많은 물거품이 솟구치며 일어나고 사라지는 것을 벗어나서 큰 바닷물이 독자적으로 존재하지 않는 것과 같다.

    ⓔ 정자(程子: 程頤)는 "한 번은 음이 되고 한 번은 양이 되는 것이 도인데, 이 이치는

---

13 『이정유서(二程遺書)』 3권. 一陰一陽之謂道, 道非陰陽也, 所以一陰一陽道也. 如一闔一闢謂之變.

14 '띠로 막는 것과 같았다.[茅塞]'는 말은 『맹자』에 있다: 『맹자』「진심 · 하(盡心 · 下)」. 孟子謂高子曰: "山徑之蹊間, 介然用之而成路. 爲間不用, 則茅塞之矣. 今茅塞子之心矣."

15 사량좌(謝良佐, 1050-1103): 자는 현도(顯道)이고, 시호는 문숙(文肅)이며, 상채선생(上蔡先生)이라고 불린다. 유초(遊酢) · 여대림(呂大臨) · 양시(楊時)와 함께 '정문4선생(程門四先生)'이라 일컫고 상채학파의 시조가 되었다. 처음에 정호에게 배우다가 정호가 죽자 정이에게 배웠다. 송대 상채(上蔡: 현 하남성 소속) 사람으로 지응성현(知應城縣) · 경사(京師)에 이르렀다. 저서는 『논어해(論語解)』, 『상채어록(上蔡語錄)』 등이 있다.

진실로 심오하여 설명하려고 해도 설명할 길이 없다."[16]고 하였다. 나는 이것을 사람들이 마음을 비우고 심오한 마음으로 체득해야 할 뿐이라고 생각한다. 음양의 변화를 설명하면 분명히 상대적인 것이므로 법상(法象)으로 이미 드러난 것이다. 음이 되고 양이 되는 까닭은 도이므로 현상의 실체이다.

ⓕ '근원(根源)'은 본체를 묘사하는 말이니, 절대로 오해하지 말아야 한다. '근(根)'자의 본래 의미는 나무의 뿌리이다. 그런데 줄기와 가지가 생겨난 다음에는 그것들이 생겨나온 뿌리와 서로 다른 것으로 나눠진다. 다시 말하면, 뿌리는 스스로 뿌리가 되고, 줄기는 스스로 줄기가 되며, 가지는 스스로 가지가 되어 서로 나누어져 다르니 합쳐서 하나가 될 수 없다. '원(源)'의 본래 의미는 흐르는 물의 시원(始源)이다. 시원에서 흘러나오지만 흘러가는 물은 스스로 흘러가는 물이 되어 그것이 흘러나온 시원과 합쳐서 하나가 될 수 없으니, 또한 뿌리가 가지·줄기에 대한 관계와 같다. 도는 온갖 변화 혹은 만물이 갖가지로 나오게 하는 것이므로, 도는 온갖 변화와 만물의 본체이다. 그러나 온갖 변화와 만물을 이것들을 나오게 한 도와 서로 다른 것으로 구별된다고 함부로 추측해서는 안 된다. 비유하면 큰 바닷물은 수많은 물거품이 생겨나게 하는 것이지만, 큰 바닷물이 수많은 물거품의 근원이라고 말하는 데에 방해되지 않는 것과 같다. 다만 수많은 물거품이 모두 큰 바닷물을 본체로 삼지만, 수많은 물거품과 큰 바닷물을 서로 다른 것으로 나눌 수 있다고 말할 수는 없다. 나의 책에서 어떤 때에는 본체가 온갖 변화의 근원이라고 말하고 또 어떤 때에는 우주의 근원이라고 말한 것은 모두 비유하는 말이니, 독자들은 비유에 집착해서 전부가 서로 비슷한 것이라고 이해해서는 안 된다. 불가의 논리학[因明學]에서 "비유는 적게 나누어 놓고 서로 비슷한 것을 취한 것일 뿐이다."고 했으니, 이것은 논거를 세우는 법칙이다.

고시(古詩)에 "인생에는 '근본[根蒂]'이 없어서 길거리의 먼지처럼 회오리바람에 휩쓸리네!"ⓐ[17]라고 했다. 이 시는 도를 알지 못하는 자가 깊이 한탄한 것이다. 사람이 도를 알게 되면 자신의 삶에 진실로 근본이 있음을 관조함으로써ⓑ 진실하고 진실하게 되어 넉넉하게 날마다 새로워지니, 어떻게 길거리의 먼지라고 한탄하겠는가? 노자는 육신이 있는 것을 큰 우환으로 여겼고,ⓒ 부처는 일체의 유위법(有爲法)을 환상으로 여기고

---

16 『이정유서』 15권. 一陰一陽之謂道, 此理固潒說則無可說. 所以陰陽者道.

17 『도연명집(陶淵明集)』 「잡시(雜詩)」. 人生無根蒂, 飄如陌上塵.

변화하는 것으로 여겼는데도,[d] 여전히 온갖 변화와 만물에서 도의 참됨을 관통해서 깨닫지 못했다.[e] "아침에 도를 깨달으면 저녁에 죽어도 좋다."는 성인의 탄식은 스스로 경계한 것이 절실하고 지극하니, 후대의 사람들이 설마 소홀히 할 수 있겠는가! 또한 배웠는데도 도를 깨닫지 못하면 결국 지식에 통합적으로 모으는 것이 없게 된다. 바꾸어 말하면, 지식으로서의 학문에 귀착점이 없다는 것이다. 왕필이 『주역약례(周易略例)』에서 "통합함에는 '종주[宗]'가 있고, 모음에는 '으뜸[元]'이 있다."[18]고 했으니, 『역』의 의미를 깊이 터득했다고 평가할 수 있다.[f]

ⓐ 인생의 '근본[根蒂]'은 바로 도이다. 본래 가지고 있는데 자각하지 못하므로 근본이 없다고 했을 뿐이다.

ⓑ 『역』 「관괘(觀卦)」에서 "자신의 삶을 관조한다."고 했으니 의미가 심원하다.

ⓒ 육체를 가지고 있는 것을 큰 우환으로 삼는다.[19]

ⓓ '유위법'은 만물을 말한다. 만물은 모두 생멸하고 변화하므로 유위법이라고 이름 붙였다. '법(法)'자는 '중국어[中文]'에서 '물(物)'자와 서로 가깝다.

ⓔ 도는 지극히 진실하므로 도의 참됨이라고 했다.

ⓕ '으뜸[元]'이란 만물의 '근원[原]'이다. 배움이 반드시 '궁극적 근원[窮原]'에 도달해야 도를 알 수 있다. '종주[宗]'는 '주인[主]'과 같다. 모든 지식에 대한 배움은 반드시 위대한 도를 안 다음에 종주(宗主)를 얻게 된다.

지식은 모두 법상(法象)을 인연으로 해서 일어나니,[ⓐ] 각 부분을 총합한 지식은 단지 법상을 연구하여 획득한 성취일 뿐이다. 이 성취로부터 곧 이미 우주의 실체를 드러냈다고 말하면, 나는 믿지 않았을 것이다. 실체와 법상은 진실로 나눠질 수 없음에도 실체는 상대가 없는 것이고 전체이며, 법상은 상대가 있는 것이고 부분이다. 전체가 각 부분을 떠나 독자적으로 존재하지도 않지만, 전체는 끝내 곧바로 각 부분을 합쳐서 붙

---

18 『주역약례(周易略例)』 「명단(明象)」. 統之有宗, 會之有元.

19 육체를 가지고 있는 것을 큰 우환으로 삼는다: 『도덕경』 13장. 吾所以有大患者, 爲吾有身. 及吾無身, 吾有何患.

인 것이 아니다. 그러므로 법상에 대한 각 부분의 지식을 총합할지라도 결코 실체를 체인할 수 없다. 비유하면, 인체 각 부분의 세포를 분석한 지식을 종합할지라도 결코 사람의 참된 본성을 분명하게 밝힐 수 없고 인생의 풍부한 의미를 깨달을 수 없는 것과 같다. "아침에 도를 깨달으면 저녁에 죽어도 좋다."는 공자의 탄식은 대개 도를 깨닫기 어렵다는 것을 강조한 말일 뿐이다. 구도자(求道者)는 '이성[理智]'과 사유방법에 편중되어서는 안 된다.ⓑ '자신을 반성하는 것[反리]'과 수양공부는 실제로 매우 절실하지만, 지금은 자세히 언급하지 않겠다.ⓒ 여기서 '도'라는 명칭을 풀이한 것은 지나치게 넓게 끌어다 붙인 것 같지만 내성학(內聖學)에 광대하게 모두 갖추고 있으니,ⓓ 그 가운데 가장 크고 가장 넓게 포괄하는 보통명사로서 반드시 그 의미의 '조리[條貫]'와 '요점[綱要]'을 종합해야만 비로소 해석할 수 있는 것이다. 내용이 공허하여 실제적이지 못한 것과 하나만 열거하여 반드시 많은 것을 빠트리는 것은 모두 『대역』의 가르침을 어기는 것들이다.

ⓐ '법상(法象)'은 본래 『역』「대전」에 있는 말로서[20] '현상'이라고 말하는 것과 같다. '상(象)'은 '사물의 형상[物象]'이고, '법'은 법칙이다. 사물에는 모두 법칙이 있으므로 법상이라고 했다. 이 말은 아주 정밀하다.

ⓑ '편중되어서는 안 된다.'는 말에 주의해야 하니, 이성과 사유를 모두 끊어버려야 된다는 말이 아니다.

ⓒ '자신을 반성한다.[反리]'는 말은 깊고 넓은 의미를 포함하고 있다. 옛 학문의 진수에 유의하지 않는 자는 당연히 말할 필요가 없는 진부한 말로 여길 것이다.

ⓓ 설명은 책머리에 있다.

『대대례기』에서 애공(哀公)이 공자에게 "군자(君子)ⓐ가 무엇 때문에 천도를 귀하게 여기는지 감히 묻습니다."라고 질문하니, 공자가 대답했다. "멈추지 않는 것을 귀하게 여깁니다.ⓑ 해가 지면 달이 뜨고 달이 지면

---

20 '법상(法象)'은 본래 『역』「대전」에 있는 말로서: 『역』「계사・상」. 是故法象莫大乎天地, 變通莫大乎四時.

해가 떠올라 멈추지 않으니, 이것이 천도입니다.ⓒ 다하지 않는 것이 오래되었으니, 이것이 천도입니다.ⓓ 하는 일이 없는 것으로 사물이 이루어지니, 이것이 천도입니다.ⓔ 이미 이루어진 다음에는 분명해지니, 이것이 천도입니다."ⓕ21

> ⓐ 『소대례기』에는 '자(子)'자가 있지만 「대대례기」에는 없어 이제 보충했다.
>
> ⓑ 정현은 '멈춤은 그침과 같다.'22고 했다.
>
> ⓒ 이것은 해가 지면 달이 뜨고 달이 지면 해가 떠오르는 것으로서, 천도의 유행은 결코 단순하지 않고 반드시 기(奇)와 우(偶)의 두 작용이 있어 상반되지만 변화를 이루는 것을 비유했다. 기(奇)와 우(偶)의 두 작용은 음과 양이다. 옛 인도의 '논리학[因明學]'에서 비유는 작게 나누어 놓고 서로 비슷한 것을 취한다고 했는데, 중국의 '논리학[名學]'도 그렇다. 해와 달은 같은 시간에 출몰하지 않아 해가 지면 달이 뜨고 달이 지면 해가 떠오르지만, 음과 양은 서로 반대되면서 서로 이루어주니 동시가 아니라고 말할 수 없다. 음과 양은 항상 한꺼번에 함께 있어 양이 가면 음이 오고 음이 가면 양이 온다고 말할 수 없으니 독자적으로 존재하는 음과 양은 없기 때문이다. 변화는 멈춤이 없다. 『역』「건괘」의 「상(象)」에서 "하늘의 운행은 굳건하다."23고 했으니, 이것이 멈추지 않는 까닭이다.
>
> ⓓ '다하지 않는 것'에 대해 공광삼(孔廣森)24은 '다하지 않는 것은 끝없는 것이다.'고 했다. 내가 살펴보건대 '다하지 않는 것'은 발전이 끝없는 것을 말한다. '오래되었다.'는 것은 '영원하다.'고 하는 것과 같으니 단절이 없기 때문이다.

---

21 『대대례기』「애공문어공자(哀公問於孔子)」제41. 哀公問: … 公曰: "敢問君子何貴乎天道也." 孔子對曰: "貴其不已, 如日月西東相從而不已也, 是天道也. 不閉其久也, 是天道也. 無爲物成, 是天道也. 已成而明, 是天道也."

22 『예기집설(禮記集說)』「애공문(哀公問)」. 鄭氏曰: "已猶止也."

23 『역』「건괘」. 象曰, 天行健, 君子以自强不息.

24 공광삼(孔廣森, 1752-1786): 자는 중중(衆仲)·휘약(撝約)이고, 호는 손헌(顨軒)이다. 공자의 68대손으로 산동성 곡부현(曲阜縣) 사람이다. 1771년(건륭 36) 진사(進士)에 급제하여 한림원검토(翰林院檢討)가 되었다. 얼마 뒤 어머니가 죽자 사임하고, 서재(書齋) 의정당(儀鄭堂)을 세워 독서와 저술에 힘썼다. 대진(戴震)에게 사사하였으며, 삼례(三禮)와 공양학(公羊學)에 밝았다. 음운학(音韻學)에서는 고운(古韻)을 18부(部)로 나누어, 음성(陰聲)과 양성(陽聲)이 서로 대전(對轉)한다는 설을 정립하였고, 산학(算學)에도 통달하였다. 변문(騈文) 홍륭기의 대표작가로서, '변문 8대가'에 꼽는다. 저서에 『춘추공양통의(春秋公羊通義)』,『대대례기보주(大戴禮記補註)』,『시성류(詩聲類)』 등이 있다.

ⓔ '하는 일이 없는 것'이란 상제가 세계를 조작하는 일과 같지 않다. '사물이 이루어진다.'는 것이란, 천도의 변화는 사물을 완성하는 것에 무심(無心)한데, 사물이 그 때문에 이루어진다는 것이다. 비유하면 큰 바닷물이 요동치는 것은 수많은 물거품을 일으키려고 한 것이 아닌데 수많은 물거품이 그 때문에 생기는 것과 같다.

ⓕ 천도는 그윽하고 은미해서 형태도 모양도 없다. 그러나 이미 변화하여 사물을 이루면 법상(法象)이 드러나서 분명해진다. 법상이 드러나서 분명해지면, 천도는 바로 법상을 선회하며 운행하니 법상을 떠나 독자적으로 존재하는 것이 아니다. 비유컨대 수많은 물거품이 생기면, 큰 바닷물은 바로 수많은 물거품을 선회하며 운행하니 물거품을 떠나 독자적으로 존재하는 것이 아닌 것과 같다.

『대대례기』「본명편(本命篇)」에서 "도에서 나누어진 것이 명(命)이다."[25]고 했는데, 대동원(戴震)은 이 구절을 가장 좋아해서, 한마디 말로 조화의 핵심을 드러냈다고 여겼다. 그러나 그는 이 구절에 대한 직접적인 해석을 전혀 남기지 않았다. 도란 본체를 말하는 것으로 절대적이고 상대가 없는 것이며, 크게 완전해서 나눌 수 없는 것이다. 이제 '도에서 나누어진 것'이라고 말한 것은 무엇 때문인가? 만약 '나누어졌다.'는 말을 오해하면, '하나의 큰 바다같은 본성[一大性海]'이 분화하는 것으로 말미암아 하나의 사물마다 모두 바다같은 본성에서 유출하는 하나의 부분을 붙잡고는 받은 것이 본명(本命)이라고 여길 것이다.ⓐ 그렇다면 만물은 비록 도가 나누어져 유출하는 것 때문에 생성되었을지라도 도는 사실 만물을 초월해서 독자적으로 존재한다. 이것은 본래 세속의 '분별에 의해 생긴 견해[情見]'이다.ⓑ 그러나 종래의 철학자들의 우주론에서 만약 그 근원을 추구하면 이런 패턴을 벗어나는 자가 드문데, 하물며 대동원은 어떻겠는가! 이제 글의 번잡함을 피해 잠시 증명하거나 변론하지는 않겠다. 유학에서는 '분별에 의해 생긴 견해[情見]'를 쓸어 없앴으니, "도에서 나누어진 것이 명(命)이다."라고 했을 경우, 여기서 '명(命)'자는 만물의 생겨남과 이

---

25 『대대례기』「본명(本命)」, 分於道謂之命.

루어짐으로 말한 것이다. 유기물은 모두 생겨남이 있으니, 생겨남이 있는 것을 '명(命)'이라고 한다.ⓒ 무기물은 모두 이루어짐이 있으니,ⓓ 이루어짐이 있는 것을 '명(命)'이라고 한다.ⓔ 사물의 생겨남은 도가 그것을 생겨나게 하고,ⓕ 사물의 이루어짐은 도가 그것을 이루는 것이다.ⓖ 그러므로 만물은 모두 '도'를 '본명(本命)'으로 삼는다. '나누어진다[分].'라는 말은 본래 모든 사물이 제각기 큰 도를 품수해서 생겨나고 이루어진다는 것이니, 마침내 억지로 이름 붙여 '나누어진 것'이라고 했을 뿐이다. 사실 천도는 혼연하고 크게 온전한 것이니, 낱낱의 사물은 모두 혼연히 온전한 도를 품수해서 생겨나고 이루어진다. 바꾸어 말하면, 낱낱의 사물은 모두 혼연히 온전한 도를 실체로 삼는다. 비유컨대 큰 바닷물이 수많은 물거품을 만들어 낼 때에, 물거품의 모양으로 말하면 완연히 제각기 모두 자신의 모습이 있다.ⓗ 사실 낱낱의 물거품은 모두 큰 바닷물을 본체로 가지고 있다. 이런 비유를 통하여 낱낱의 사물은 모두 혼연하고 온전한 도를 실체로 삼고, 바다 같은 본성에서 유출된 한 부분을 취하여 본명(本命)으로 여기지 않음을 알 수 있다.ⓘ

ⓐ '하나의 큰 바다 같은 본성[一大性海]'은 본체에 대한 이름이니, 도를 말하는 것과 같다. '하나[一]'는 상대가 없다는 의미이고, '크다는 것[大]'은 밖이 없다는 의미이며, 바다는 무한한 가능성을 가지고 있다는 말이다. 그러므로 '바다같다.'고 비유했다. 여기서의 사물이라는 말은 포괄하는 것이 무한하다. 무기물의 종류는 크게는 우주공간의 모든 하늘부터 작게는 하나의 미세한 먼지까지가 모두 사물이다. 유기물의 종류는 가장 저급한 것은 식물의 새싹부터 가장 고급한 것은 인류까지가 모두 사물이다.

ⓑ '분별에 의해 생긴 견해[情見]'는 본래 불교 용어이다. 마음이 허망하게 헤아린 것을 '분별에 의해 생긴 견해[情見]'라고 한다.

ⓒ 죽으면 명이 끊어진다.

ⓓ 예컨대 기체는 기체로 이루어지고, 액체는 액체로 이루어지며, 고체는 고체로 이루어지고, 지극히 미미해서 눈으로 볼 수 없는 것들까지도 역시 극히 미세한 사물로 이루어지니, 이것을 '이루어짐'이라고 한다.

ⓔ 훼손되면 명이 끊어진다.

ⓕ 사물은 무(無)에서 유(有)가 나올 수 없는 것이니, 만약 도가 없다면 사물은 어디에서 나오겠는가! 그러므로 "도가 그것을 생겨나게 한다."[26]고 했다. 이 구절은 원래 노자의 말인데, 노자의 학문은 『역』에서 나왔다.

ⓖ 위의 구절에 따라서 알 수 있다.

ⓗ '완연히'라는 말은 물거품의 모양이 본래 실상이 아니지만 지금 그와 같은 모양이 있을 뿐이다.

ⓘ '바다 같은 본성'은 바로 도의 별명이다.

이 때문에 장자는 "도는 깨진 벽돌과 기와에 있고, 도는 대소변에도 있다."[27]고 했고, 선종에서 깨달은 자들은 "한 송이 꽃이 하나의 세계이고, 하나의 잎이 하나의 여래이다."라고 했으니,ⓐ 이 말을 깊이 음미해야 한다. 우리들이 어떻게 '작은 자기[小己]'에 구애되어 자성(自性)을 구분하지 못하고 생명을 함부로 마음대로 가볍게 여겨 창해의 모래알과 같이 여길 수 있겠는가?ⓑ 만물의 자성이 도이니, 도는 개개의 사물을 떠나서 독자적으로 존재하지 않는다. 바꾸어 말하면, 도가 바로 개개의 사물이고, 개개의 사물이 바로 도이기 때문에, 사람이 살면서 세상을 버리고 따로 도를 추구해서는 안 되고, 현실세계에서 도를 펼쳐 일으켜야 한다. 공자는 "사람이 도를 넓힐 수 있지 도가 사람을 넓힐 수는 없다."고 했으니, 의미가 심원하다!ⓒ

ⓐ 중국의 선종이 비록 인도의 불교를 흡수했다고 하지만 그것이 『역』과 『노자』에 토대를 둔 것은 매우 확실하다. '세계'라는 말은 본래 일반적으로 익숙하게 사용하는 것일지라도 여기서 '세계'라고 한 것은 일반적인 의미로 해석해서는 안 되니, 실은 '법계(法界)'를 지목해서 말한 것이다. 불가에서 법계라고 하면, 그 의미는 만물의 본체를 말한다. '여래'는 비록 부처의 이름이지만 또한 본체를 가리키는 이름이다. 이렇게 왔지만 온 곳이 없으므로 '여래'라고 한다.

---

26 『도덕경』 51장. 道生之, 德畜之, 物形之, 勢成之.

27 『장자』 「지북유(知北遊)」. 東郭子問於莊子曰: "所謂道, 惡乎在?" 莊子曰: "無所不在." 東郭子曰: "期而後可." 莊子曰: "在螻蟻." 曰: "何其下邪?" 曰: "在稊稗." 曰: "何其愈下邪?" 曰: "在瓦甓." 曰: "何其愈甚邪?" 曰: "在屎溺." 참조.

ⓑ '자성(自性)'은 도를 말한다. 우리들이 만약 자성이 곧 도라는 것을 알면, 바로 자기의 생명은 본래 지극히 커서 다함이 없는 것이다. 이제 작은 자기에 구애되어 본래의 자기를 깨닫지 못하면, 그 큰 생명을 스스로 없애버려서 조급하고 사소하게 되는 비애를 면하지 못한다.

ⓒ 사람이 도를 넓혀 크게 할 수 있지, 도가 우리를 넓혀 크게 할 수 없다는 말이다. 왜냐하면 사람은 도를 부여받아 태어나지만, 사람이 태어난 다음에는 작은 자기를 형성해서 스스로 권능(權能)이 있고, 사람은 스스로 미망에 빠져 본래 가지고 있던 도를 막아버리기 때문이다. 도가 이런 사람들을 떠나가지는 않지만, 끝내 이런 사람들이 넓고 큰 것으로 나아가서 도를 감당하도록 할 수는 없다. 사람이 큰 도를 체현하여 미망을 다스릴 수 있고, 스스로 밝고 스스로 진실하며 스스로 굳건한 공부가 진일보하면, 바로 도는 한걸음 더 커지니, 공부의 나아감은 그침이 없고 도의 넓고 큼도 그침이 없다. 도는 진실로 사람을 기다려서 넓어지니, 군자가 덕을 향상시키고 노력을 확대하여[28] 천지를 마름질하여 이루고 만물이 생겨나기를 도와주기에 이르면 도는 무한하게 넓고 커질 것이다. 도를 넓히는 것은 모든 사람들이 누구나 노력해야 할 본분의 일이지, 소수의 성인들에 제한하여 말한 것이 아니라는 것을 배우는 사람들은 알아야 한다.

『대대례기』에서 도를 밝힌 말은 기껏 몇 마디에 지나지 않지만 무한한 의미를 통섭하고 있다. ⓐ『대대례기』의 설명은 모두『대역(大易)』에 근거를 두고 있고『논어』로 증명해도 부합하지 않음이 없는데, 종래의 학자들이 아무도 살피지 못했다. 내가 그 때문에 인용해서 문장에 따라 주석을 달았다.

ⓐ 불가에서 큰 경전의 수천만의 말들은 언제나 갖가지 설들을 모아 완성된 것이다. 작은 경전은 간혹 400자도 되지 않는데 몇 마디 말로 무한한 의미를 훌륭하게 포괄하니, 중국의 선대 철학자들도 대부분 이와 같았다. 서양의 학자들은 저술에 박학을 자랑하기를 즐긴다고 들었다. 박학하면서 정수가 있다면 진실로 아주 좋은데, 만약 번다하기만 하고 이치에 합당한 것이 적다면, 스스로에게 손해가 될 뿐 아니라 남들에게도 피해를 끼칠 뿐이다.

---

28 군자가 덕을 향상시키고 노력을 확대하여:『역』「건괘·문언」. 君子進德修業.

'도(道)'자의 원래 의미는 길인데, 길이라는 의미에서 '말미암다[由]'라는 의미가 파생되어 나온다.ⓐ 천도(天道)의 '도(道)'자를 훈고로 설명하면, '도(道)'자는 당연히 '말미암다[由]'는 의미이다. '말미암다[由]'는 글자는 다시 두 가지 의미가 있으니, 첫째는 '의거하다[因]'는 의미이고,ⓑ 둘째는 '행한다[行]'는 의미이다.ⓒ 『논어』「옹야」편에서 공자는 "누가 문을 경유하지 않고 밖으로 나갈 수 있겠는가? 그런데 어떻게 이 도를 경유하지 않는가?"29라고 했다. 대개 온갖 변화와 만사·만물은 모두 도에서 나오는데, 사람들이 깨닫지 못하는 것을 불쌍하게 여겨 밖으로 나갈 때는 반드시 문을 경유해야 된다는 것으로 비유를 해서 쉽게 알도록 했다. 『논어』에서 '경유한다[由]'는 글자는 '의거한다[因]'는 의미이니, 대개 우주론적인 관점에서 말한 것이다. 그런데 이 해석과 주자의 주석은 다르다. 『논어』「술이(述而)」편에서 공자는 "도에 뜻을 둔다."30고 했는데, 주자는 주석에서 "도는 사람들이 일상생활에서 마땅히 행해야 하는 것이 이것이다."31라고 했다. 이것은 '행한다[行]'는 의미로 '말미암다[由]'는 의미를 해석한 것이니, 대개 인생론적인 관점에서 말한 것이다. 사실 두 개의 의미는 모두 다 회통(會通)될 수 있다.ⓓ '도'라는 하나의 명칭을 위와 같이 해석했다. 본체에 대한 명칭은 아주 많으니, 예컨대 『역』의 '건원(乾元)'과 '태극', 『춘추』의 '원(元)', 『논어』의 '인(仁)', 『중용』의 '성(誠)'이 모두 이런 것들이다. 정자(程頤)나 주자와 같은 후대의 학자들이 '리기(理氣)'의 '리(理)'를 분별하여 또 '실리(實理)'라고 한 것과 양명(王守仁)의 이른바 '양지(良知)'도 역시 본체를 말한 것이다.ⓔ

　ⓐ '도(道)'자에서 파생된 의미는 아주 많지만 여기서는 다만 '말미암다.'는 의미만 거론했다.

---

29 『논어』「옹야(雍也)」. 子曰: "誰能出不由戶, 何莫由斯道也."
30 『논어』「술이」. 子曰: "志於道."
31 『논어』「술이」. 子曰: "志於道." 구절에 대한 주자의 주석. 道, 則人倫日用之間, 所當行者, 是也.

ⓑ '말미암다[由]'는 글자는 또한 '~로 부터[從]'라고도 해석하니, 예컨대 일상적으로 말하는 "태어남은 어디로부터 오는가? 죽으면 어느 곳으로 가는가?"에서 '~로부터 오다.'는 바로 '말미암다[因]'는 의미이다. 불교서적에서는 '말미암다[因]'는 글자를 해석하여, 또한 '말미암다'는 것은 '원인[因由]'이라고 했다.

ⓒ 『논어』「위정」편에서 공자는 "그 까닭을 보고, 그 행하는 바를 보라."[32]고 했는데, 주자는 주석에서 "어떤 사람이 말하기를, '말미암다[由]'는 글자는 '행한다[行]'는 의미이다."[33]라고 한 것을 인용했다.

ⓓ 주자의 주석에서는 다만 '마땅히 행해야 하는 것[所當行]'이라고만 말하고, 주체의 능동적인 점을 지적하지 않았으니 온당하지 않은 것 같다. '천도'가 우리에게 있으면서 우리 몸의 주인이 되는 것을 '도심(道心)'이라고 한다고 바꿔 말해도 문제가 되지 않는다. '도심'이 일상생활에서 행해지면 자연스럽게 법칙이 있어 혼란스럽지 않다. 선비가 도에 뜻을 두면, 사욕에 얽매임이 없다.

어떤 사람이 물었다. "주자는 '누가 문을 경유하지 않고 밖으로 나갈 수 있겠는가?'라는 구절에서 '경유하다[由]'를 '행하다[行]'라는 의미로 주석했으니, 이것은 참으로 타당하다. 그대는 우주론적인 관점에서 '원인[因由]'으로 해석하는데 합당하지 않은 듯하다."

대답했다. "성인의 뜻은 본래 사람들이 일상생활에서 근원을 이해하도록 하는 것이니, 이른바 말은 비근하지만 의미는 심원하다. 지금 다만 근원이 되는 곳에서 열어서 보여주어야만, 주자의 주석이 비로소 기반이 있게 된다."

ⓔ 양명(陽明: 王守仁)의 '양지'는 마음의 작용 측면에서 본체를 드러낸 것이다. 이것은 『논어』에서 인(仁)을 말한 것과 서로 가까운 것 같지만 또한 꼭 완전히 같지만은 않으니, 이것에 대해서는 일단 자세히 설명하지 않겠다.

[4-2-1-2] 인도(人道)를 통해 천도(天道)를 파악함

'천(天)'과 '도(道)'라는 두 명칭에 대한 해석은 이미 끝마쳤다. 이제는 '천(天)'과 '인(人)'이 둘이 아님을 간략히 설명해야겠다. ⓐ 서양철학에서 본체에 대해 논한 것은 사유의 방법으로 계속 따져나가 최후에 도달하면,

---

32 『논어』「위정」. 子曰: "視其所以, 觀其所由."
33 『논어』「위정」. 子曰: "視其所以, 觀其所由." 구절에 대한 주자의 주석. 或曰: "由, 行也."

마침내 유일한 실재가 있다고 단정하고는 제1원인이라고 부르는 것에 지나지 않는다. 또 간혹 모든 사물의 본체는 결국 지식으로는 직접 알 수 없는 것으로 여겨서 마침내 불가지론(不可知論)에 빠진다. 서양철학의 이 두 가지 결론은 설령 크게 달라질지라도, 본체가 객관적인 존재라고 설정한 것이다.ⓑ 바꿔 말하면 '천(天)'과 '인(人)'이 서로 교섭하지 못하는 것은 바로 같은 것이 있다는 것을 의심한 것이다. 중국철학은 확실히 서양철학과 극단적으로 상반된다. 70명의 제자가 서로 전한 분명한 교훈에서 "하늘에 대해 잘 설명하는 자는 반드시 사람에게서 검증한다."ⓒ34고 했다. 이것은 '천(天)'과 '인(人)'이 둘이 아님을 말한 것이므로,ⓓ 천도(天道)에 대해 잘 설명하는 자는 반드시 인도(人道)에서 천도를 검증하였다는 것이다.ⓔ

> ⓐ '천(天)'자는 간혹 '도(道)'자와 합쳐져서 복합명사로 사용하기도 하고, 홀로 사용되기도 하는데, 모두 본체에 대한 이름이다. 앞에서 설명을 끝냈다.
> ⓑ 불가지론은 본체가 객관적으로 존재한다는 것을 꼭 대번에 부인하는 것이 아니라, 다만 알 수 없다는 것일 뿐이다.
> ⓒ 한대(漢代)의 사람들이 이 말을 곡해해서 재이(災異)로 설명했지만, 그 본래의 의미는 확실히 한대의 사람들이 설명할 수 있는 것이 아니었다. 대개 70명의 제자가 공자의 말씀을 직접 이어받았고, 그 후학들이 계속 이어서 전수시켰다.
> ⓓ 하늘은 사람을 떠나 독자적으로 존재하지 않고 사람이 바로 하늘이므로 둘이 아니라고 했다.
> ⓔ 도를 말하면 도가 아닌 것과 구별된다. 사람이 그 도를 잃으면 곧 사람이 되지 않으므로 '인도(人道)'라는 말은 매우 엄중하다. 그러나 '인도'는 본래 '천도'이니, 이제 사람을 기준으로 말하여 '인도'라고 했다.

『역』에서 건원(乾元)에 대해 찬미하여 "원(元)은 선(善)의 '으뜸[長]'이다."35고 하였다. 여기서 '선(善)'자의 의미는 광대하니, 모든 덕과 리(理)를 포함하여 말한 것이다. '으뜸[長]'이라는 글자는 '장(掌)'으로 읽으니, '으뜸'

---

34 『순자』「성악」. 善言古者, 必有節於今. 善言天者, 必有徵於人.
35 『역』「건괘」. 文言曰, 元者, 善之長也.

은 '통섭한다.'는 의미이다. 모든 덕과 리(理)의 단서는 모두 건원(乾元)이라는 바다 같은 본성이 통섭한다는 것이다.ⓐ 그러므로 "원은 선의 으뜸이다."라고 한다.ⓑ 건원(乾元)이 선의 으뜸임을 안다는 것은 인도(人道)가 천지를 제한하고 만물을 곡진히 이루어 리(理)를 따라 행하지 않을 수 없는 것이고,ⓒ 덕에 의거해서 영원하지 않을 수 없다는 것이다.ⓓ 덕과 리(理)는 '인도'의 큰 강목(綱目)이다. 그 강목을 잃어버리면 '인도'를 세울 방법이 없다. 인도에 이런 리(理)와 덕이 있는 것은 추측해서 안치(安置)한 것이 아니고, 무에서 유가 나온 것이 아니다. 건원이라는 바다 같은 본성은 실로 모든 덕과 모든 리(理)의 단서를 본래 가지고 있어 모든 변화를 시작해서 모든 사물을 이루는 것이니, 어느 곳인들 그 리(理)가 흩어져서 드러나지 않겠으며 어느 곳인들 덕이 응축되지 않겠는가!ⓔ 사람만이 사물에 나아가서 리(理)를 궁구하고,ⓕ 자신에게서 반성하여 덕을 지키며,ⓖ 리(理)와 덕을 모두 유지하여 자신에게 천도를 실현하고 인도를 이루며 '사람의 표준[人極]'을 세울 수 있다.ⓗ 이것이 '천지의 조화를 제한하여 지나침이 없게 하는 것'[36]으로 오직 리(理)를 가지고 행위를 이롭게 하는 것이고,ⓘ '만물을 곡진히 이루어 남김이 없게 하는 것'[37]으로 오직 덕을 가지고 잘 지키는 것이다.ⓙ 이 때문에 인도에서 징험해서 모든 덕과 모든 리(理)가 한결같이 모두 건원(乾元)이라는 바다 같은 본성에 고유한 것임을 안다. 바꿔 말하면, 천도가 본래 구비한 것임을 안다. 『역』에서 건원을 찬미하여 '선의 으뜸'이라고 했으니, 하늘과 사람에 관한 일을 꿰뚫어 아는 자가 아니라면 이렇게 말할 수 있었겠는가!

> ⓐ '단서[端]'는 '실마리[緒]'이다. 실의 실마리 같이 지극히 가늘고 지극히 미세한 것이니, 끌어내어 펴나가면 끝이 없다. '통섭'의 '섭(攝)'은 '포함한다.'는 의미이다. '건(乾)'은 움직임이 굳건한 형세이고, '원(元)'은 '근원'이니, '건원(乾元)'은 '건(乾)의 근원'이다. 건(乾)이 바로 원(元)이 아니니, 오해하지 말아야 한다. 건원(乾元)

---

36 『역』「계사・상」4장. 範圍天地之化而不過.
37 『역』「계사・상」4장. 曲成萬物而不遺.

은 곧 본체를 지칭하는 이름이다. '건원'이 사람에게 있는 것으로 말하면, '성(性)'이라고 이름 붙인다. '건원'이 모든 덕과 모든 리(理)의 단서를 통섭하기 때문에, 비유하여 '바다'라고 하니, 바다는 지극히 깊고 넓어 풍부한 보물창고이기 때문이다.

ⓑ '원(元)'이라는 말은 그것이 모든 덕과 모든 리(理)로서 모든 선의 단서를 통섭하는 것임을 밝히는 것이다. 본체가 만약 선의 단서를 구비하지 않으면, 곧 텅 비어 본래 아무것도 없는 것이니, 어떻게 우주의 근원이 될 수 있겠는가! 서양철학에서 본체를 이야기하는 자들은 건원(乾元)을 실제로 증명할 수 없으니, 그들이 말하는 본체는 바로 그들의 '분별에 의해 생긴 견해[情見]'가 구성한 환상일 뿐이다.

ⓒ '리(理)'는 '법칙[理則]'이다. 『시』에서 "사물이 있으면 법칙이 있다."[38]고 한 것이 이 경우이다. 요즘 자연법칙이라고 하는 것이 바로 사물의 법칙을 말한다.

ⓓ '의거한다.'는 것은 지키는 것이다. 덕으로 지키면 어떤 행위에서도 덕을 떠날 수 없다.

ⓔ '건원이라는 바다 같은 본성'에서부터 여기까지는 한 문장이다. 본체는 모든 리(理)의 단서를 함유하니, 변화를 시작하여 모든 사물을 이루는 것이 모두 리(理)가 흩어져서 드러나는 것일 뿐이다. '덕(德)'은 '얻는 것[得]'이다. 예컨대 하얀 종이는 하얀 덕을 갖추었으니, 여기서의 하얀 덕은 바로 하얀 종이가 하얀 종이가 된 까닭이다. 본체는 반드시 무한하고 성대한 덕을 갖추어서 만물의 본체가 될 수 있는 것이다. 예컨대 '강건함[剛健]'·'낳고 낳음[生生]'·'진실함[誠]'·'영원함[常恒]'은 모두 본체에 본래 있는 것이니, 이루 다 열거할 수 없는 온갖 덕까지도 본체가 그 단서를 잠재적으로 가지고 있지 않음이 없다. 이 때문에 『대역』과 『중용』에 모두 '천덕(天德)'이라는 말이 있고, '천칙(天則)'과 '천리(天理)'라는 말도 또한 『역』과 『예기』에 있다.

ⓕ '리(理)'는 비록 여러 사물에 흩어져서 드러나지만, 그것을 회통하고 주도적으로 영도하는 것은 마음이다.

ⓖ 덕을 기르는 것은 자신에게서 반성하는 데 있지만, 사물에 덕을 베푸는 것이라면 반드시 격물(格物)해야 한다.

ⓗ 덕과 리(理)는 함께 유지되는 것이니, 하나라도 결여되면 바로 근본이 무너진다.

ⓘ '천지'는 대자연을 말한다. 여러 사물의 리(理)에 밝으므로, 인공적으로 조종하는 것과 자연을 이용하는 것으로 오로지 이로움을 일으켜서 자연스럽게 효용을 만들어 지나침이 없게 한다.

---

38 『시경』 「탕지십(蕩之什)」. 天生烝民, 有物有則.

① 인류는 덕을 가지고 서로 믿으므로 서로 돕고 인도할 수 있다. 현명한 사람과 능력 있는 사람들은 피차가 서로 권면해서 함께 나아가고, 능력이 없는 사람에 대해서는 그들을 도와주어 능력을 향상시킨다. 사람들의 소질에 따라 '자세하고 소상하게 하며[委曲]' '이루고 온전하게 한다.[成全]' 그러므로 '곡진하게 이룬다.[曲成]'고 하였다. 어느 한 사람도 버려지는 자가 없으므로 '남김이 없다.[不遺]'고 했다. 인류는 덕을 지켜서 투박해지지 않을 수 있으므로 서로 돕는 것이 이처럼 견고하다.

어떤 사람이 물었다. "그대는 덕과 리(理)의 근원을 하늘에 돌려 비록 경전을 높이면서 이론을 세웠지만, 장래에는 아마도 시대에 순응하는 이야기가 되지 않을 것 같다."ⓐ

대답했다. "천(天)이란 본체의 이름이다. 사람이 태어나는 것과 모든 사물이 사물이 되는 것에는 끝내 '공허하여 실체가 없는 것[空華]'39이 아니고 '환상처럼 본성이 없는 것[幻化]'이 아니며, 게다가 무(無)에서 유(有)가 나왔다고 할 수 없는 것이니, 본체가 있는 것은 의심할 수 없다. 이미 본체가 있다면 사람과 사물이 비록 극도로 무한하게 발전할지라도, 요컨대 모두 무한한 가능성을 총체적으로 포함한 본체에서 말미암는 것이다. 나는 이것이 '잘못된 견해[倒見]'ⓑ가 아님을 자신한다. 리(理)는 사물을 이루는 기반이고 덕은 사람을 세우는 근본인데, 본체가 그 단서를 본래 가지고 있지 않은 것이라고 말할 수 있겠는가?ⓒ 나는 예전에 『신유식론(新唯識論)』을 지어서 본체가 모든 덕을 갖추고 모든 리(理)를 함유하며 온갖 변화를 일으킨다는 것을 밝혀서, 『대역』의 '깊은 의미[幽旨]'를 천명하고 우주의 기반과 근원을 드러내었다. 이것을 연구하지 않는 학문은 비록 여러 방면의 지식이 자세하고 해박해도 근원이 없고, 이러한 측면으로 궁구하지 않은 리(理)는 갖가지로 다른 까닭에 어둡고 답답해서 드러나지 않는다.ⓓ 왕양명(王守仁)은 세상의 학문에 핵심이 없음을

---

39 '공허하여 실체가 없는 것[空華]': 『능엄경(楞嚴經)』 권4. 亦如翳人, 見空中華, 翳病若除, 華於空滅. 忽有愚人, 於彼空華所滅空地, 待華更生, 汝觀是人, 爲愚爲慧? 참조.

슬퍼했고,ⓔ 도연명은 여러 선비들이 수레로 내달리는 것에 대해 탄식했다.ⓕ 과거 성현들의 깊은 생각을 더듬어 후학들이 깨닫기를 바라니, 내가 이것으로 스스로 편안히 여겨도 괜찮을 것이다."

ⓐ 어떤 사람은 내가 『대역』 등의 경전을 높여 이론을 세웠지만, 현실과 동떨어지고 고루해서 변화에 통달할 수 없다고 여겼다.

ⓑ 견해가 미망에 빠진 것을 '잘못된[倒]'이라고 한다. 불교용어를 빌려 썼다.

ⓒ 사물이 형식을 갖추지 않으면서 사물이 되는 경우는 없다. 형식은 리(理)이므로 '리(理)가 사물을 이루는 기반이다.'라고 했다. 옛 전적에서 '본보기[型範]'라고 말한 것도 형식과 의미가 가깝다. 불교전적에서 말하는 '형색(形色)'의 '형(形)'도 '형식'이라는 의미이다.

ⓓ '까닭'이란, 하나의 근본이 흩어져 온갖 것으로 달라지고, 온갖 것으로 다른 것이 하나의 근본을 떠나지 않는다는 것이다. 이른바 '하나'는 무한한 것이고, 무한한 것은 '하나'라는 것이 이것이다.

ⓔ 왕양명(王守仁)은 배우는 사람들에게 반드시 핵심을 알아야 한다고 가르쳤다. 세상의 학문이 진실로 어느 것 하나 중요하지 않은 것은 없지만 오직 핵심이 없어서는 안 되니, 내가 말한 유가의 '천(天)과 인(人)이 둘이 아니라는 본체론'이야말로 진정한 핵심이다.

ⓕ 도연명은 시에서 말했다. "죽을 때까지 어떻게 살았는지 모르지만, 6적(六籍)과는 조금도 가까이 지내지 않았는가! 종일 수레로 내달려도 나루터 묻는 것을[40] 보지 못했네."[41] '6적'은 바로 '6경(六經)'이다. 수레로 내달리는 것은 마음이 밖으로만 향해 자신에게로 되돌릴 줄 모르는 것이다. 행인이 강을 건너는 곳을 묻는 것에 대해 나루터 묻는 것이라고 한다. 세상에서 마침내 본원을 구하는 자에 대해 나루터 묻는 것으로 여겼다. 세상의 학자들은 모두 도연명이 선도(禪道)에 빠져 잘못되었다고 했으니, 그의 뜻이 진실로 유학에 있음을 알지 못한 것이다.

양웅(揚雄)[42]은 "사람은 하늘이 아니면 말미암지 못하고, 하늘은 사람이

---

40 종일 수레를 내달려도 나루터 묻는 것을: 『논어』 「미자(微子)」. 長沮・桀溺耦而耕, 孔子過之, 使子路問津焉 참조.

41 『도연명집(陶淵明集)』 「시오언(詩五言)」 「기이십(其二十)」. 如何絶世下, 六籍無一親, 終日馳車走, 不見所問津.

42 양웅(揚雄, B.C.53-A.D.18): 전한 말의 학자 겸 문인으로 자(字)는 자운(子雲)이

아니면 이루어지 못한다."[43]고 했다.ⓐ 무엇 때문에 사람은 하늘이 아니면 말미암지 못한다고 했는가? 인생은 환상처럼 본성이 없는 것이 아니라, 바로 '하나[一]'의 '진실함[誠]'에 근거해서 세워졌다.ⓑ '진실함'은 '천도'이다. 만약 하늘이 없다면 사람은 무엇에 근거해서 생겨나겠는가? 그러므로 "하늘이 아니면 말미암지 못한다."고 했다.ⓒ 무엇 때문에 하늘은 사람이 아니면, 이루지 못한다고 했는가? 하늘에는 그 리(理)가 있지만, 그것을 확충하는 것은 사람이 한다.ⓓ 사람이 확충하지 않으면, 리(理) 또한 공허해진다. 하늘에는 덕이 있지만, 그것을 체현하는 것은 사람이 한다.'ⓔ 사람들이 그것을 체현하지 않으면, 덕은 유행하지 않는다. 그렇다면 하늘에 만약 사람이 없다면, 그 리(理)는 공허해지고 그 덕은 유행하지 않으니, 하늘마저 하늘이 되지 못한다. 그러므로 "하늘은 사람이 아니면 이루어지지 않는다."고 했다.ⓕ

> ⓐ 한대의 양웅은 자(字)가 자운(子雲)으로 『태현경(太玄經)』을 지어 『대역』을 해석했다. 또 『논어』를 모방하여 『법언(法言)』을 지어 『역』의 의미를 선양하기도 했다.
>
> ⓑ '하나[一]'는 상대가 없다는 의미이고, '진실함[誠]'은 진실하다는 의미이다.
>
> ⓒ '천'과 '도'는 모두 본체의 이름이다. '도'는 '까닭[因由]'이라는 의미로 앞에서 설명했다. 양웅이 "사람은 하늘이 아니면 말미암지 못한다."고 했으니, 앞에서 '도'를 해석한 곳과 참고하여 볼 만하다.

다. 청년시절에 동향의 선배인 사마상여(司馬相如)의 작품을 통하여 배운 문장력을 인정받아, 성제(成帝) 때 궁정문인의 한 사람이 되었다. 성제의 여행에 수행하며 쓴 『감천부(甘泉賦)』, 『하동부(河東賦)』, 『우렵부(羽獵賦)』, 『장양부(長楊賦)』 등은 화려하면서도 성제의 사치를 꼬집는 문장이다. 시대에 적응하지 못한 자신의 불우한 원인을 묘사한 『해조(解嘲)』, 『해난(解難)』도 독특한 여운을 주는 산문이다. 학자로서 각 지방의 언어를 집성한 『방언(方言)』, 『역경(易經)』에 기본을 둔 철학서 『태현경(太玄經)』과 『논어』의 문체를 모방한 수상록 『법언(法言)』 등을 저술하였다. 왕망(王莽)이 정권을 찬탈한 뒤 새 정권을 찬미하는 문장을 썼고 괴뢰정권에 협조하였기 때문에, 지조가 없는 사람으로 송학(宋學) 이후에는 비난의 대상이 되기도 하지만 그의 식견은 한(漢)나라를 대표한다.

43 『양자법언(揚子法言)』 「중려(重黎)」. 天不人不因, 人不天不成.

ⓓ 세상 사람들은 다만 사물에 리(理)가 있는 것만 알고, '천(天)'이 사물의 본체임을 알지 못한다. 천(天)은 끊임없이 변화하고 끝없이 유행하는 것이다. 사물은 변화가 유행하는 과정이니, 이른바 현상이 이것이다. 만약 현상에서 진실을 꿰뚫어 깨닫는다면, 사물에 있는 리(理)가 실로 천(天)의 리(理)라는 것을 알게 된다. 아래에서 덕을 말한 경우도 이처럼 이해하면 된다. 사람이 리(理)를 궁구해서 힘써 행한다면, 리(理)가 이에 충실해져 공허하지 않으므로 '그것을 확충하는 것은 사람이 한다.'고 했다.

ⓔ 사람에게 있는 덕은 실은 하늘에서 부여받았으므로, 『중용』에서 "진실로 총명함과 성스러운 지혜로 하늘의 덕에 통달한 자가 아니라면 누가 그것을 알겠는가?"[44]라고 했으니, 이 구절은 성인만이 자신에게 되돌려 수양함으로써 하늘의 덕이 자신에게 있는 것을 알아 실천에 잘못되지 않는다는 것을 말한다. '체현[體]'에는 두 가지 의미가 있으니, 하나는 '체인(體認)'의 의미이고 다른 하나는 '체현(體現)'의 의미이다. 사람들이 하늘의 덕을 체인해서 실현할 수 있으면 덕이 그야말로 성대하게 유행할 것이다.

ⓕ 양웅의 이 말은 사실 『대역』의 "천지의 도를 '마름질하여 이루고[裁成]' '만물이 생겨나기를 도와준다.[輔相]"[45]는 구절의 의미와 『중용』의 "천지를 제자리에 있게 하고 만물을 길러준다."[46]는 구절의 의미 및 『논어』의 "사람이 도를 넓힐 수 있다."[47]는 구절의 의미 등에 근거를 두고 있다.

어떤 사람이 따져 물었다. "사물에 있는 리(理)와 사람에게 있는 덕의 근본을 어떻게 하늘에서 추구하는가? 이미 근본을 하늘에서 추구했는데, 어떻게 하늘이 다시 사람이 이루어주기를 기다리는가?"

대답했다. "당신은 하나는 알고 둘은 모른다. '사람은 하늘이 아니면 말미암지 못한다.'고 한 양웅의 말은 심원하다. 사람이 하늘로 말미암지 않고 태어났다면, 이것은 '아무것도 없는 무[空無]'에서 갑자기 튀어나온 것이다. 무(無)에서 유(有)가 나올 수 없으니, 결단코 이런 이치가 없으며, 결

---

44 『중용』 32장. 苟不固聰明聖知達天德者, 其孰能知之?

45 『역』 「태괘(泰卦)」 「단전(彖傳)」. 天地交, 泰, 後以財成天地之道, 輔相天地之宜, 以左右民 참조.

46 『중용』. 致中和, 天地位焉, 萬物育焉.

47 『논어』 「위령공(衛靈公)」. 子曰: "人能弘道, 非道弘人."

단코 이런 사물이 없다. 또한 한번 사람을 말했으면, 이미 사물이 있다. 사물은 리(理)로 이루어지고,ⓐ 사람은 덕으로 사람다워진다.ⓑ 덕과 리(理)는 모두 하늘이 가지고 있는 것이다.ⓒ 그러므로 하늘을 말하면 사람과 사물이 그것으로 이루어지고 생겨나는 원인이 된다.ⓓ 양웅이 『태현경』을 지어 『역』을 해석한 것은 하늘과 사람에 대해 깊이 이해한 것이다. 그대는 본원을 궁구하지 않고 함부로 어떻게 된 것이냐고 의심하는 것이다. 그러나 다시 반드시 알아야 할 것은, 하늘이 비록 만물생성의 원인이지만ⓔ 하늘은 곧 만물의 실체이지 만물을 초탈해서 독자적으로 존재하는 위대한 신이 아니며, 더구나 형이상학자들이 만물에는 제1원인이 있어서 그것이 현상을 변화시키는 위대한 신이 된다고 억측하는 것과는 아주 다르다는 것이다. 천도는 항상 변동하여 머무르지 않고 끝없이 발전하며, 그것이 변화하여 만물을 이루면 만물을 떠나서 하늘 자신이 있을 수 없다.ⓕ 바꾸어 말하면, 하늘은 물러나서 만물에서 이루어지는 것을 받아들인다. 이것에 대한 이치는 심원하고 지극하니, 상상으로 멋대로 추측해서는 안 된다. 내가 처음 이것을 깨달았을 때는 손과 발이 춤추는 것도 몰랐고, 그 심오함을 말할 수도 없었다. 나는 일찍이 노자가 '낳아주었지만 자신의 것이라고 여기지 않고,ⓖ 이루어주었지만 그것을 자랑하지 않으며,ⓗ 길러주었지만 주재하지 않으니,ⓘ 이것을 원덕(元德)ⓙ이라고 한다.'[48]라고 한 말에 대해 의심했었다. 이 의미는 반드시 『대역』에 근본했을 것이다. 지금 『역경』에 비록 이 구절이 없지만, 그 의미는 확실히 『역』에서 나왔다. 『역』은 오경(五經)의 근원이니, 70명의 제자들이 『역경』에 의거해서 미루어 끌어낸 저작들이 반드시 적지 않았을 텐데, 애석하게도 모두 망실되어 상고할 수 없다."ⓚ

ⓐ 리(理)가 없는데 어떻게 사물이 있을 수 있겠는가?

ⓑ 덕은 사람이 만물보다 특별한 까닭이다. 덕이 없으면 사람이 사람다워질 수 없다.

---

48 『노자』 10장. 生而不有, 爲而不恃, 長而不宰, 是謂玄德.

ⓒ 본체는 모든 덕과 모든 리(理)의 단서를 모두 포함하므로 덕과 리(理)는 하늘이 가지고 있는 것이다.

ⓓ 하늘이 만약 모든 덕과 리(理)를 포함하여 구비하고 있지 않고 다만 텅 빈 것이라면, 어떻게 사람과 사물이 말미암는 것이 될 수 있겠는가!『중용』마지막 장에서『시경』을 인용하여 '하늘의 일'이라고 했으니,[49] 대개 모든 덕과 모든 리(理)의 단서를 포함하여 구비하고 있기 때문에 '일'이라고 했다.

ⓔ 여기서의 만물은 우리들과 천지 혹은 만유를 두루 포함해서 총체적으로 거론한 것이다. 다른 곳에서도 이와 같다.

ⓕ 하늘이 만물이 되는 것은 바로 하늘이 만물 밖에 있지 않다는 것이다. 비유컨대 큰 바닷물이 이미 수많은 물거품을 만들어내면, 큰 바닷물은 수많은 물거품 밖에 있지 않다는 것과 같다.

ⓖ 하늘이 사물을 낳으면 바로 사물과 하나가 되지만, 하늘이 사물과 따로 떨어져 독자적으로 존재하면서 사물을 소유하지 않기 때문에, '자신의 것이라고 여기지 않는다.'고 했다.

ⓗ 음과 양의 변화는 사물이 되려고 하지 않아도 사물이 되는 것이니, 이것은 하늘이 하는 것이다. 사물이 되면 사물이 스스로 역량을 발휘하도록 맡겨두고 하늘은 공을 이룬 것을 자처하지 않는다.『논어』「양화」편에서 "하늘이 무슨 말을 하던가! 사시(四時)가 운행되고 온갖 사물이 생장하는 것에 대해 하늘이 무슨 말을 하던가!"[50]라고 했으니, 바로 하늘이 이루어주지만 그것을 자랑하지 않음을 밝힌 것이다.

ⓘ '길러준다.'는 말은 주도하여 인도한다는 의미이다. 주도하여 인도한다는 말은 무엇인가? 하늘이 비록 사물을 이루어주지만, 본래 잠재하여 변화시키면서 묵묵히 운행하지 않은 적이 없다. 바꾸어 말하면, 사물마다 모두 내재적으로 드러나지 않는 변화가 있는 것은 바로 하늘이 사물을 주도하여 인도하기 때문이라는 것이다. 그러나 사물의 모든 창조는 끝내 사물이 스스로 창조한 것이지, 하늘이 절대로 그 사이에서 그것들을 계획하고 주재한 것이 아니니, 사물이 제각기 스스로의 주인일 뿐이다. 그러므로 '주재하지 않는다.'고 했다. 비유컨대 수많은 물거품에 모두 내재적으로 드러나지 않는 변화가 있는 것은 바로 큰 바닷물이 수많은 물거품을 주도하여 인도하기 때문이지만, 수많은 물거품이 솟구치는 것

49『중용』마지막 장에서『시경』을 인용하여 '하늘의 일'이라고 했으니:『중용』. 詩曰, 德輶如毛, 上天之載, 無聲無臭.

50『논어』「양화(陽貨)」. 子曰: "天何言哉, 四時行焉, 百物生焉, 天何言哉."

은 결국 수많은 물거품이 자신의 힘으로 하는 것이지, 큰 바닷물이 그것들을 계획하고 주재한 것이 아니다.

ⓙ 『노자』 10장에 있다. '원(元)'은 근원이라는 의미이니, 『역』의 '건원(乾元)'이다. "낳아주었지만 자신의 것으로 여기지 않고, 이루어주었지만 그것을 자랑하지 않으며, 길러주었지만 주재하지 않는다."는 세 구절은 모두 '건원(乾元)'의 덕이다. 다만 나의 이런 해석이 꼭 노자의 뜻에 반드시 합치할 필요는 없다. 『노자』에서 '원(元)'자는 모두 '그윽하다.[幽冥]'는 의미이다. 왕필(王弼)은 『노자』 1장에서 "원(元)은 그윽하다[冥]는 것이다."[51]라고 했다. 그는 10장의 '원덕(元德)'에 대해서도 "그윽한 것에서 나왔다."[52]고 했으니, 진실로 노자 학문의 뿌리를 궁구한 자가 아니면, 그가 말하는 '원(元)'자의 의미를 진정으로 알 수 없다.

ⓚ 앞에서 인용한 "낳아주었지만 자신의 것으로 여기지 않는다."는 등의 구절에 대한 나의 주석은 모두 『역』의 의미에 근거하고 있다.

"낳아주었지만 자신의 것이라고 여기지 않고, 이루어주었지만 그것을 자랑하지 않으며, 길러주었지만 주재하지 않는다."는 세 구절의 말은 모두 건원(乾元)의 성대한 덕, 즉 천(天)의 덕에 대해 말한 것이다.ⓐ 천은 음과 양의 변화로 사물을 이루고,ⓑ 사물이 이루어지면 천 또한 사물을 떠나 독자적으로 존재하지 않는다. 이 때문에 "낳아주었지만 자신의 것이라고 여기지 않고, 이루어주었지만 그것을 자랑하지 않으며, 길러주었지만 주재하지 않는다."고 했으니, 종교적인 조물주와 분명히 같지 않다. "낳아주었지만 자신의 것이라고 여기지 않고, 이루어주었지만 그것을 자랑하지 않으며, 길러주었지만 주재하지 않는다."는 구절에서 말한 성대한 덕은 만물의 실체가 될 수 있지만, 서양철학에서 본체를 거론하는 자들이 공상에 의거해서 만든 환상을 제1원인이라고 하는 것과 같지 않고, 게다가 의지론자들이 맹목적으로 추구한 것을 우주가 개발되는 근원이라고 한 것과도 같지 않다. 이 세 구절의 성대한 덕은, 본래 성인

---

51 『노자』 1장. 此兩者同出而異名, 同謂之玄. 구절에 대한 왕필의 주석. 玄者名也.

52 『노자』 10장. 生而不有, 爲而不恃, 長而不宰, 是謂玄德. 구절에 대한 왕필의 주석. 凡言玄德, 皆有德而不知其主, 出乎幽冥.

이 "가깝게는 자신에게서 취했고, 멀게는 사물에서 취했다."[53]는 것이니, '사물과 내[物我]'가 함께하는 '큰 근원[大原]'을 절실히 체인하여 이와 같이 깨달은 것이다.ⓒ 배우는 사람들이 "낳아주었지만 자신의 것이라고 여기지 않고, 이루어주었지만 그것을 자랑하지 않으며, 길러주었지만 주재하지 않는다."는 천의 덕을 깊이 음미하면, 하늘이 만물에 맡겨 놓음으로써 서로 도와서 제각기 낳아주고 제각기 이루어주며 제각기 스스로 주인이 될 수 있다는 것을 알게 된다. 공자는 그 때문에 "높고 높구나! 하늘의 위대함이여."[54]라고 했다. 그렇다면 하늘은 자신이 이루어놓은 것을 자랑하지 않고 물러나서 만물에서 이루어지는 것을 받아들이니, 지극히 위대할 뿐이다. 어떻게 보잘것없는 사람들의 마음으로 하늘을 헤아릴 수 있겠는가!

    ⓐ '건원(乾元)'과 '천(天)'은 모두 본체의 이름이다. 그것에 대한 주석은 앞에 있다.

    ⓑ 음과 양의 변화는 하늘의 큰 작용이다. 큰 작용이 드러나니, 만물이 여기에서 이루어진다. 만물은 곧 끊임없이 변화하는 큰 작용을 가지고 이름 붙인 것이니, 실로 큰 작용을 떠나 제각기 별도로 고정된 사물이 있는 것이 아니다. 이것을 반드시 잘 이해해야 한다.

    ⓒ '큰 근원'은 본체의 대명사이다. '사물과 나'에서의 '사물'은 나와 서로 연계된 천지만물을 총체적으로 거론해서 말한 것이다.

어떤 사람이 물었다. "그대가 노자의 이 구절이 『대역』에 뿌리를 두고 있다고 한 것은 무엇 때문인가?"
대답했다. "노자는 '천지는 어질지 않아 만물을 하찮은 것으로 여긴다.'[55]고 했으니, 분명하게 하늘의 덕과 같지 않음을 밝힌 것이다.ⓐ 노자는 본래 역학자 가운데 별자(別子: 별도로 문파를 세운 학자)이니, 공자 문하의 『역』

---

53 『역』「계사·하」. 古者包犧氏之王天下也, 仰則觀象於天, 俯則觀法於地, 觀鳥獸之文與地之宜, 近取諸身, 遠取諸物, 於是始作八卦, 以通神明之德, 以類萬物之情.

54 『논어』「태백(泰伯)」. 子曰: "大哉堯之爲君也! 巍巍乎! 唯天爲大, 唯堯則之."

55 『노자』5장. 天地不仁, 以萬物爲芻狗.

에 대한 학설을 채용해도 본래 안 될 것이 없다. 그는 치도(治道)를 말하면서 방임과 무위를 주장했다.ⓑ 그러므로 이 구절을 부분적으로 취해 자신의 뜻을 펼쳤다. 그러나 이 구절에서 사실 하늘의 덕에 대해 말한 것은 노자가 말하는 '천지는 어질지 않다.'고 한 것과 정반대이니, 노자가 생각하지 못했던 것일 뿐이다. 또『대역』에서는 낳아주었지만 자신의 것이라고 여기지 않고, 이루어주었지만 그것을 자랑하지 않으며, 길러주었지만 주재하지 않는다는 것으로 하늘의 덕을 설명했으니, 바로 만물이 자신의 역량을 다하는 대로 맡겨 놓아 크게 사람의 도를 이루고, 하늘의 덕이 지극히 성대함을 더욱 드러내기 위한 것일 뿐이다. 노자는 성인의 지혜가 백성을 하찮게 여기는 것에 대해 분개했던 것이니, 지혜와 인정이 깊다고 할 수 있다. 생각건대 방임과 무위로 바로잡아서 백성들이 지혜와 욕심이 없이 제각기 스스로 독립되기를 바랐지만, 마름질하여 이루고 도와주는 도리가 전혀 없어서ⓒ 백성들을 암흑으로 되돌리게 될 것이다. 사람의 도리는 이루어지지 않고 하늘의 덕은 막혀서 훼손되니, 어찌 노자의 큰 잘못이 아니겠는가!

> ⓐ 노자가 말한 '천지'는 사실 음양의 변화를 가지고 말했던 것이고, 천지라고 한 것은 문학적으로 말을 교묘하게 꾸민 것일 뿐이다. 그러니 독자들은 절대로 푸른 하늘과 땅덩어리로 해석하지 말라.
> ⓑ '치도(治道)'에서 '도(道)'는 '방법[方術]'이라는 말과 같다. '도(道)'자의 본래 의미는 '도로'이다. 도로는 서로 소통하는 것이므로 또한 방법이라는 의미가 파생될 수 있다.
> ⓒ『역』에서 "천지의 도를 '마름질하여 이루고[裁成]', '만물이 생겨나기를 도와준다[輔相].'"56고 했는데, 노자는 절대로 이것을 알지 못했다.

어떤 사람이 물었다. "양웅은 '하늘이 사람에 의지해서 이룬다.'고 했는데, 지금 그대는 '하늘이 만물에게서 이루어지는 것을 받아들인다.'고 하

56『역』「태괘(泰卦)」「단전(彖傳)」. 天地交, 泰, 後以財成天地之道, 輔相天地之宜, 以左右民 참조.

니, 양웅과 다르지 않을 수 없습니다. 다른 까닭을 감히 묻습니다."
대답했다. "다르지 않다. 사람은 만물 중의 하나일 뿐이니, 만물에서 벗어나지 않는다. 내가 만물이라고 말한 것은 전체적인 이름을 거론한 것이지만 생각의 초점은 단지 사람에게 있었다. 만물의 발전은 뒤섞여 있는 하나의 기(氣)에서 점차 모든 하늘의 무한한 세계로 응결되었으니, 얼마나 긴 억겁의 세월을 지나왔는지 모른다. 무기물에서 생물로 진화하기까지는 또 얼마나 긴 억겁의 세월을 지나왔는지 모른다. 생물이 다시 무한한 억겁의 세월을 거쳐 인류로 진화하여 '영험한 본성[靈性]'이 비로소 드러나니 거의 최고점에 도달했다. 한편으로 말하면, 인류와 만물은 본래 '하나의 몸[同體]'이고,ⓐ 한결같이 평등하여 차별이 없다. 다른 한편으로 말하면, 사람의 영험한 본성이 드러난 것은 만물 중에서 특별한 것으로 하늘이 유일하게 의지하는 것이다. 만물에는 리(理)가 있지만 스스로 밝힐 수 없는데, 사람만이 사물에 나아가 리(理)에 밝아 사물을 변화시키고 마름질하여 이룰 수 있다. 무기물에는 리(理)가 있지만ⓑ 덕(德)이 없고, 동물은 지각이 있지만 영험한 본성이 아직 깨어나지 않아ⓒ 역시 덕이 없다."ⓓ

ⓐ 사람과 만물은 본체가 하나이므로 '하나의 몸[同體]'이라고 했다.

ⓑ 자연법칙이 '리(理)'이다.

ⓒ '깨어나지 않았다'는 것은 잠복해 있다는 의미이다.

ⓓ '덕(德)'자는 해석하기 어렵지만, 어쩔 수 없이 말한다면 다음과 같이 간략히 말할 수 있다. '덕'이란 사람이 하늘에서 부여받아 실천함으로써 '사람의 표준[人極]'을 세우는 것이다. 그 의미는 두 가지가 있으니, 첫째, 덕은 단지 악이 없는 것일 뿐 아니라 적극적인 의미가 있다. 『대역』의 첫머리에서 하늘의 덕은 강건하며 낳고 낳는다고 말한 것은 바로 적극적인 의미이다. 강건한 덕과 낳고 낳는 덕은 모든 덕의 단서이다. 악을 행하는 자의 완강하게 용감한 것에 대해 유학자들은 미혹이라고 했고, 불가에서는 전도(顚倒)라고 했으니, 바로 하늘에서 부여받은 강건한 덕을 상실한 것이다. 낳고 낳는다는 것은 구름처럼 피어나는 한 덩어리의 생기(生機)가 큰 우주에 충만해서 크고 넓게 낳는 것이다. 사람의 경우에는 그것을 '인(仁)'이라고 부른다. '인(仁)'으로 어떤 사람을 감동시키면 그 사람은 생기

(生機)를 맞이해서 사랑을 느끼게 되기 때문에 인에는 '사랑'이라는 의미가 있고, 그것은 받는 사람의 입장에서 말한 것이다. 증오가 일어나면 살기(殺機)가 움직이므로 남을 미워하는 자는 남들도 미워하니, 이것은 인(仁)의 반대이다. 그러나 변별해야 할 것은 만약 악한 자를 미워하고 난폭한 자를 주벌하는 것처럼 증오가 공적인 것에서 나왔다면, 이것은 '의(義)'이니 결국 인(仁)을 어기는 것이 아니다. 둘째, 덕은 미망(迷妄)된 분별이 없고, '작은 자기[小己]'의 사사로움이 없는 것이다. 사람이 하늘의 덕을 상실하면 곧 바로 미망이 일어나고 곧 바로 작은 자기가 생기니, 여러 가지 부덕한 일이 모두 여기에서 나온다.

사람만이 영험한 본성이 드러나니, 비로소 하늘에서 부여받은 '덕의 근원[德源]'을 스스로 인식하고는 함양해서 채우고 확충해서 크게 할 수 있다. 덕이 축적되어 유행하면, 만물에 두루 미쳐 틈이 없으니, 이것은 인도(人道)가 성대해져 하늘이 그것을 기다려서 이루어지는 것으로 삼는 것이다. 하늘이 사물을 낳는 데에ⓐ 덕을 아낀 적이 없다. 물체의 조직이 '정교하고 예리함[精利]'에 이르지 않으면 여전히 신령한 덕성을 드러내기에 부족하므로,ⓑ 덕이 있을 수 없다. 덕은 영험한 본성이 유행하는 것이다. 그러나 사람이 영험한 본성이 있는데도 그것을 상실하면 부덕(不德)하게 되니, 하늘을 해치는 것이다. 하늘을 해치는 자는 사람이 되는 까닭을 상실해서 이보다 나쁜 것이 없으니 통곡해야 한다. 사람만이 자각해서 개과천선(改過遷善)하면 그 처음상태를 회복할 수 있다. 사람은 끝내 하늘을 등지지 않고 하늘이 사람을 기다려서 이루게 하는 사명을 완성하니, 인도(人道)의 존엄함이 여기에 있다. 인도가 세워져서 천도가 비로소 이루어지니 사람을 떠나서는 하늘이 없다. 그러므로 "하늘에 대해 잘 설명하는 자는 반드시 사람에게 징험함이 있다."[57]고 하는 것이다. 만물은 하늘을 원인으로 이루어지지만 끝내 스스로 이룰 방법은 없다.ⓒ 크게는 우주공간의 모든 천체로부터 작게는 미세한 먼지에 이르

---

57 『맹자』「이루・하(離婁・下)」, 故天下之言性者, 但言其故而理自明, 猶所謂善言天者, 必有驗於人也.

기까지 독자적으로 있을 뿐인데, 어떻게 스스로 이룰 수 있겠는가! 동식물 중에서 어떤 것은 생명이 있지만 지각이 없고,ⓓ 어떤 것은 지각이 있지만 영험함이 없는데,ⓔ 이것들은 모두 하늘에 원인이 있어서 이루어진 것이지 스스로 이룬 것이 아니다. 오직 인류만은 하늘이 사랑하는 자식이 되었으니, 설령 하늘에 원인이 있어 이루어지더라도, 돌아보건대 자신의 힘을 특출하게 발휘하고 특별하게 스스로 이루는 뛰어난 공적을 탁월하게 드러낼 수 있다. 덕을 향상시키면, 자신을 고치는 데 엄격해져서 성스럽고 신묘한 경지에 도달한다.ⓕ 리(理)에 밝아지면, 용감하게 우주를 개조해서 화육(化育)을 담당하게 된다.ⓖ 이것은 우리들이 스스로를 이룰 뿐 아니라, 확실히 하늘이 스스로 이루어 놓지 않았던 것을 모두 하늘을 위하여 마침내 이루는 것이다. 인류는 위대하다! 하늘의 덕과 리(理)를 모두 갖춘 풍요로운 보물창고를 인류만이 온전하게 계승해서 자력으로 열고 자력으로 창조한다. 광명으로 변동하는 것이 마치 금이 금광석에서 나오지만, 다시 금광석이 되지 않는 것과 같다. 인류는 이에 천지를 주관하고 만물을 다스리는 권능이 있게 되었다. 여기에 이르러 하늘도 인류에게 의지해서 이루어짐이 있으니 어찌 성대하지 않은가!

ⓐ 하늘은 조물주가 아닌데 어떻게 사물을 낳는다고 하는가? 사물이 생겨나오는 데는 원인이 있지 않음이 없으니, 바로 하늘을 원인으로 하여 생겨난다. 사물이 생겨나오는 데 하늘에 원인이 있기 때문에, 하늘이 사물을 낳는다고 말했을 뿐이다.

ⓑ 임진년(壬辰年: 1952년)에 산정한 졸저 『신유식론(新唯識論)』에서 이것에 대해 아주 자세히 설명했으니, 여기에서는 더 이상 군더더기를 붙이지 않겠다.

ⓒ 사물이 생성되는 것은 하늘의 리(理)를 따르므로, 『시』에서 "사물이 있으면 리(理)가 있다."[58]고 했다. 사물이 이루어짐에는 반드시 법칙이 있다는 말이다. 이 책에서 '만물(萬物)'이라는 말은 때로는 인류를 포함하기도 하고 때로는 포함하지 않기도 하니, 독자들은 위아래로 문맥을 살펴서 구별해야 한다. 여기서의 만물은 사람을 포함하지 않는다.

---

58 『시경』「대아(大雅) · 탕지십(蕩之什)」. 天生烝民, 有物有則, 民之秉彝, 好是懿德.

ⓓ 생물학자들은 또한 식물에도 지각이 있다고 하지만, 극히 애매해서 아직도 식물에 지각이 있는지 인정하기 어렵다.

ⓔ '영험한 본성'이라는 의미는 지극히 심원하다. 맹자의 이른바 '지의 단서[智之端]'에서부터 『중용』에서 말한 '의혹되지 않는 지[不惑之智]'를 거쳐 위로는 『역』에서 말한 '큰 밝음[大明]'에 이르는 것과, 불교의 이른바 '본각(本覺)'에서부터 '원만한 밝음[圓明]'에 이르는 것이, 모두 영험한 본성을 말하는 것이다. 사람 중에서 아주 열등한 자들은 비록 그 싹이 있지만 발전시키기 어렵고, 동물은 이것을 가질 수 없다.

ⓕ 맹자는 "위대하면서 교화하는 것이 '성스러움[聖]'이고, 성스러우면서 알 수 없는 것이 '신묘함[神]'이다."⁵⁹라고 했다.

ⓖ 만유(萬有)을 변화시키고 만물을 양육하는 것을, 옛날 사람들은 상제의 공로로 여겼었다. 인류가 발전하게 되자 흥기하여 그 권능을 맡아서 상제의 공로를 대신하였다.

덕은 반드시 '리(理)'와 통하지만,ⓐ 리는 꼭 덕과 통하지는 않는다.ⓑ 덕이 리와 통한다는 것에 대해 덕의 전체를 들어서 말하면 바로 '하나의 리[一理]'라고 말하고, 덕의 분수(分殊)로 말하면 또한 '온갖 리[衆理]'라고 말한다.ⓒ 리가 꼭 덕과 통하지는 않는다는 것은, 일상적으로 사물에 모나고 둥글며 길고 짧음 등이 있다고 구별하는 것에서부터 과학적으로 발견한 자연법칙까지가 모두 리인데, 이런 리에는 본래 이른바 덕과 부덕(不德)이 없으니, 덕과 통하지 않는다는 것이다. '덕(德)'자의 의미는 훈고학적으로 말하면 '얻는다[得].'는 것인데, 이것은 글자의 표면적인 뜻으로 해석한 것일 뿐이다. '덕'자의 진정한 의미는 함부로 말할 수 없으니, 이를테면 『역』에서 '천덕(天德)'이라고 한 것은 그 뜻이 심원하고 지극해서 여기에서는 자세히 언급할 수 없다. 이제 사람을 기준으로 덕에 대해 말하면, 곧 일반적으로 말하는 '도덕'이 이것이다.ⓓ '도덕'이라는 말은 참됨[眞]과 선함[善] 및 지혜(智慧) 등의 의미를 포함하고 있다.ⓔ 도덕은 '밝

---

59 『맹자』「진심・상(盡心・上)」. 曰: "可欲之謂善, 有諸己之謂信, 充實之謂美, 充實而有光輝之謂大, 大而化之之謂聖, 聖而不可知之之謂神."

은 지혜[明智]와 하나로 합쳐져서 나눌 수 없고, 죄악은 '어리석음[愚癡]'과 하나로 합쳐져서 나눌 수 없다. 『대역』「고괘(蠱卦)」에서 온갖 악은 어리석음에서 시작된다고 밝혔으니, 뜻이 심원하다. '리(理)'라는 글자의 의미는 매우 넓으니, 형식 · 질서 · 규율 · 궤범 · 법칙 · 조리 등이 모두 리의 다른 이름이다. 예컨대 '원탁'이라고 말하면 그 '둥글다.'는 것이 바로 리이다. 또 '썩은 풀 한 무더기'는 사람들이 보기에 혼란해서 리가 없다고 하지만, 사실 그 가운데에는 종횡으로 결집된 것이 본래 조리가 있기 때문에 비로소 한 무더기를 이룬 것이다. 리가 없다면 한 무더기를 이룰 수 없다. 그러나 '리(理)'라는 글자에도 특수한 의미가 있다. 이를테면 유학자들의 책에서 '하나의 리[一理]'라고 말하는 것이 있는데, 이 리는 본체를 말한 것이다. 앞에서 "덕의 전체를 들어서 말하면 바로 '하나의 리[一理]'이다."라고 한 것이 바로 이 의미이다. 중국어로 번역된 불교서적에서, '진여(眞如)'도 또한 '진리'를 일컫는데, '하나의 리'라는 의미와 엇비슷하다.⒡ 총괄하면, 덕을 말하면 반드시 리가 함께 구비되지만, 리를 말하면 도리어 덕이 반드시 함께 구비될 필요가 없으니, 이것은 변별하지 않을 수 없다.

ⓐ 덕이 리(理)와 통하는 것은 덕에도 리(理)가 구비되었기 때문이다.

ⓑ 리(理)만 있고 이른바 덕과 부덕은 없기 때문이다.

ⓒ 덕의 분수라는 것은 인(仁) · 의(義) · 예(禮) · 지(智) · 신(信) 등과 같은 것이다.

ⓓ 세속에서 익숙하게 사용하여 오래되면, 오직 그대로 사용하기를 좋아해서 바꾸려고 하지 않는다. 그러나 '도(道)'자와 '덕(德)'자를 합쳐서 하나의 말을 만들면 '도'가 또한 바로 '덕'이니, '도'자에서 달리 '덕'자의 해석을 찾을 수 없다.

ⓔ 사람의 덕은 실로 하늘에 근원을 두고 있으므로 참됨과 선함이라는 의미가 있다. 덕이란 영험한 본성이 유행하는 것이므로 지혜의 의미가 있다. 영험한 본성은 하늘에 근원을 두고 있지만 그 발전은 사람의 학문과 수양에 의지한다.

ⓕ 진여(眞如)는 만물의 실체를 일컫는다.

사물에는 모두 리가 있지만 덕과 리가 함께 온전하게 갖추어진 것으로서는 사람만이 그렇다. 덕과 리는 모두 하늘에 근원을 둔다. 사물은 리로 이루어지지만 리가 어디에서 연유되었는지는 따져 물을 수 없다.ⓐ 사람은 덕으로 확립되는데 덕이 어디에서 연유되었는지 따져 물을 수 없다.ⓑ 그러므로 덕과 리는 모두 하늘에 근원을 두고 있음을 알 수 있다. 앞에서 말했듯이 하늘의 덕과 리가 모두 갖추어진 풍부한 보배를 인류만이 온전하게 계승했으므로, 하늘을 알고자 하는 사람은 사람을 알지 않을 수 없다. 하늘과 사람은 본래 둘이 아니니, 사람을 버려두고 하늘을 구하면 하늘을 어떻게 알 수 있겠는가!

ⓐ 사물에 나아가서 리(理)를 궁구하는 일은 결국 분수의 리로 말미암아서 그것을 모아 보편의 리에 귀결하는 것이고, 다시 보편의 리로 말미암아서 그것을 모아 지극하여 그 밖이 없는 리에 귀결하는 것이다. 지극하여 그 밖이 없는 리에 도달하면 그것이 어디에서 연유되었는지 따져 물을 수 없다. 장자(莊子)가 "어째서 그런가? 그렇기 때문에 그렇다."⁶⁰라고 한 것이 이런 경우이다.

ⓑ 도덕규범은 뭇별들이 허공에서 찬란히 빛나는 것과 같으니, 사람들이 모두 그것을 우러러본다. 현명한 사람은 차마 도덕을 위반하지 못하고, 어리석은 사람은 '작은 자기[小己]'의 사사로움을 따르는 것에 대해 처음에는 역시 속으로 부끄러워하지만, 익숙해지고 오래되면 부끄러움이 없게 된다. 그러나 '일을 꾸며 속이는 것[機詐]'과 '험하여 막히고 장애가 있는 것[險阻]'이 위(魏)나라의 무제(武帝: 曹操)⁶¹와 같아도 그의 「술지령(述志令)」⁶²에는 여전히 부끄러워함이 없지 않으니, 고금을 통해 지극히 흉포하고 극악하여 영험한 본성을 거의 상실해버린 자들은 몇 명에 지나지 않는다. 그들이 차마 또는 감히 도덕을 위반하지 못하거나 혹은

---

60 『장자』「소요유(逍遙遊)」. 惡乎然, 然於然. 惡乎不然, 不然於不然.

61 조조(曹操, 155-220): 중국 삼국시대 위나라의 시조. 황건의 난을 평정하는 데 공을 세움으로써 두각을 나타내고 동탁이 죽은 뒤 헌제를 옹립하여 실권을 장악하였다. 화북 평정 후, 손권·유비의 연합군과 싸워 대패하여 그 세력이 강남(江南)에는 미치지 못하였다. 뛰어난 문학가이기도 하여 이른바 건안문학(建安文學)의 흥륭(興隆)에 기여하였다.

62 「술지령(述志令)」: 일명 「양현자명본지령(讓縣自明本志令)」이라고도 하는 문장으로, 조조가 210년에 조야에 발표하여 당시 정치 형세하에서 자신의 입장을 발표한 공문이다. 당시 조조는 북방을 통일하여 정권이 점점 공고해졌다. 하지만 남방의 손권과 유비가 서로 연맹하여 군사적으로 저항할 뿐 아니라, 정치적으로도 조조가 한나라 재상이라는 명분을 칭탁하지만 실은 한나라의 도적이라고 주장하면서 공격하자, 이에 대해 자신의 한나라에 대한 충성심을 이 글로 공포하였다.

위반할지라도 속으로 부끄러워하는 것은 인류의 공통된 마음이다. 왕대신(汪縉)이 맹자와 순자의 성선론과 성악론을 평가하면서, 순자는 그 이론근거가 없는 것이 아니고, 맹자는 본원을 알았다고 했으니, 차이를 변별하되 그들이 서로 통하는 점을 잘 살펴보아야 한다. 왕대신이 하늘과 사람의 일을 잘 이해했는지에 대해서, 여기서는 평가해서 단정하지는 않겠다. 그런데 공리적 관점으로 도덕을 논하면, 반드시 사람들은 저마다 이익과 공로를 도모하는 사사로움을 이루려고 한다. 그런데 자신의 사사로움을 홀로 이룰 수 없으면 반드시 자신의 밖에서 남들을 돌아보고, 심지어 이익으로 남들을 유인해서 자신의 사사로움을 채우려고 한다. 그것이 오래되면 사회관계에서 깨끗한 논의와 각종 제재가 형성되기 때문에 점점 도덕의식을 양성하게 된다. 이와 같은 피상적인 논의는 자세히 따져볼 필요가 없다. 사람들 중에 깨끗한 논의를 꺼리지 않는 자들이 종래에 많이 있었다. 만약 남을 이롭게 하는 것이 순전히 자신을 위하는 하나의 수단에서 나왔다고 한다면, 인성이 본래 선하다는 근거는 없다. 이 설명대로 정말 그렇다면, 사람과 사람 사이에는 진실로 털끝만큼도 혈맥이 관통하는 곳이 없어서, 사람들이 서로 모여 집단생활을 할 수 있는 이치가 절대 없다고 할 수 있다. 맹자의 성선론은 하늘을 알았다고 할 수 있지만, 애석하게도 이것을 깨달을 수 있는 자가 적었다. 사람의 도덕의식은 그 유래를 따져 물을 수 없으니, 예컨대 부모를 섬기는 효로 논하면, 무엇 때문에 효를 행해야 하는가와 만약 은혜 갚는 것을 이유로 여긴다면 무엇 때문에 은혜를 갚아야 되느냐고 물을 수 있다. 자현(子玄: 郭象)은 『장자』의 주석에서 "만물이 생겨나는 것은 저절로 그렇게 되는 것일 뿐이니, 만물은 저절로 그렇게 생겨나는 것에 대해 감사히 여기지 않는다."[63]라고 했다. 이런 논의도 의미가 있다. 그런데 『시』에서 "효에 대한 생각을 잊은 적이 없다.(孝思不匱)"[64]고 했으니, 성정(性情)의 어쩔 수 없는 것에 근본을 둔 것이다. 나는 세상에는 늘 불효자가 있지만 때때로 양심이 문득 움직이면 스스로 깊이 부끄럽고 두려워 감히 차마 궤변으로 스스로 양심의 가책을 벗어나서 모면하지 못하는 것을 보고는 인정상 불효로 마음을 편안하게 여길 수 있는 자가 없다는 것을 알 수 있었다. 효로 실례를 들었지만 기타의 도덕도 모두 그렇지 않은 것이 없다. 도덕의 본질은 항상 변함이 없지만 도덕의 표현 형식은 사회발전에 따라 변한다고 말한 적이 있다. 예컨대 효라는 덕의 본질은 변함이 없지만, 부모가 혹시 자녀의

---

63 『장자』「소요유(逍遙遊)」, '神人無功'에 대한 곽상의 주석. 夫物未嘗有謝生於自然者, 而必欣賴於針石, 故順而不助, 與至理爲一, 故無功.

64 『시』「대아·생민지십·기취(大雅·生民之什·旣醉)」. 孝子不匱, 永錫爾類.

정당한 자유를 간섭하여 자녀가 따르지 않는다면, 이것은 형식이 변한 것이다. 충이라는 덕의 본질은 변함이 없지만, 옛날에는 충으로 임금을 섬기는 것에 대해 말했지만, 이제는 진리에 충성하고 사회와 국가에 충성하며 현명한 지도자에게 충성하니, 이것 역시 형식이 변한 것이다. 다른 것들도 유추할 수 있다. 요약하면, 도덕은 무엇 때문에 위반할 수 없는가? 이것에 대한 이유는 따져 물을 수 없다. 묻고 대답은 했지만 그 대답도 대답하지 않은 것과 꼭 같다. 그러므로 모든 도덕은 마땅히 행해야 하는 것이지만, 그것이 무엇 때문인지의 까닭은 물을 수 없다는 것을 알아야 한다. 이 이치는 말이 매우 평범하지만, 지극한 이치는 결코 듣기 좋게 말할 수 있는 것이 아니다. 오직 마땅히 행해야 하는 것은 하늘의 사명이 아니라고 말할 수 없다.

인류와 만물은 본래 분리될 수 없으니, 실로 서로 연계된 전체이다. 그런데 사람은 단지 만물이 발전된 정점일 뿐이다. 만물이 진보하고 진보하여 사람에 도달하면,ⓐ 하늘의 조화로서는 스스로 이룰 수 없는 것을 비로소 성취하니, 인류의 돌변하는 기적에 경탄하지 않을 수 없다. 그러나 다른 한편으로 말하면, 만물이 빠르게 진보하는 추세가 인류의 돌변에 도달하지 못하여 하늘이 이룬ⓑ 성대한 업적을 감당하지만 스스로 그만둘 수 없다면, 우리들이 하늘이 이룬 공적을 아뢸 때 어떻게 만물이 참여한 것은 없다고 말할 수 있겠는가! 하늘은 본디 사람에게서 이루어지는 것을 받아들이지만, 또한 만물에게서 이루어지는 것도 받아들인다. 양웅이 또한 여기까지 깊이 살피지 못한 것이 이상하다.

> ⓐ '진보하고 진보한다.'는 것은 장횡거(張橫渠: 張載)의 말을 사용한 것이니,[65] 진보해서 그침이 없는 것을 진보하고 진보한다고 한다.
>
> ⓑ '하늘이 이룬다.'는 말은 『상서』「제전(帝典)」에 근거한다. 요임금은 우(禹)에게 물과 흙을 다스리고 높은 산과 큰 하천에 제사지낼 것을 명령했으며, 희화(羲和)에게 천문을 다스리고 사계절을 바로잡으며 인사(人事)를 이롭게 할 것을 명령하였다.[66] 땅이 그 때문에 평평해지고 하늘이 그 때문에 이루어졌다.

---

65 '진보하고 진보한다.'는 것은 장횡거(張橫渠: 張載)의 말을 사용한 것이니: 『장재집(張載集)』「문집일존(文集佚存)」「답범손지서(答範巽之書)」. 進進不已, 則物怪不須辨.

[4-2-1-3] 천인불이(天人不二) 본체론의 두 가지 특징

이제 간략히 결론을 맺겠다. 유가의 하늘과 사람은 둘이 아니라는 본체론에서, 그 특징 두 가지를 간략히 말하겠다. 한 가지는 절대로 종교적으로 미혹하는 마음이 없다는 것이다. 다른 한 가지는 절대로 형이상학자들의 말장난이 없다는 것이다. 이 두 가지 특징이 있는 것은 무엇 때문인가? 유가는 천도(天道)를 사람과 사물이 생겨나고 이루어지는 원인으로 간주하기 때문이다.ⓐ 이른바 '원인'은 바로 가깝게는 자신에게서, 멀게는 사물에서 취하여 사람과 사물이 모두 본래 내재적으로 큰 보배를 가지고 있다는ⓑ 것을 체인할 수 있어서, 이에 미루어가서 하늘과 도를 말하고 사람과 사물이 생겨나고 이루어지는 원인을 말한다. 극도로 깊고 넓은 체인으로 말미암아 우리들에게 내재한 큰 보배가 곧 천지만물에 내재한 큰 보배이고, 천지만물에 내재한 큰 보배도 역시 곧 우리에게 내재한 큰 보배라는 것을 발견한다.ⓒ 우주의 토대와 근원은 둘로 가를 수 없으니, 공자가 "나의 도는 하나로 관통되었다."[67]고 한 것이 이것을 말한다. 우리는 우리들이 본래 가지고 있는 것과 천지만물에 공동으로 내재한 큰 보배가 풍성하게 날로 새로워져서 무궁무진하다는 것을 스스로 밝히고 스스로 긍정해야 한다. 자연계의 자원을 개발하는 지식과 권능을 신장시켜야 할 뿐 아니라, 또한 자연법칙을 발견하고 응용해서 그것을 가지고 천하에 시행하는 데에도 잘못되지 않으면,ⓓ 우리들이 스스로 천지만물과 한 몸으로 서로 가깝다는 생각을 충만하게 기를 수 있어서, 나날이 더욱 심원한 것을 넓게 개척하여 막히는 것에 대한 걱정이 없어지는 것을 알게 될 것이다. 『춘추』의 '태평'과 『예운』에서 '천하가 한 집안'이라는 도는 여기에서 확대되고 영원할 수 있다. 이 때문에 유학자들

---

66 요임금은 우(禹)에게 … 명령하였다: 『상서』 「제전(帝典)」에 요임금이 희화(義和)에게 명령한 일은 기록되어 있지만, 우에게 명령한 일은 없다.

67 『논어』 「리인(里仁)」. 子曰: "參乎! 吾道一以貫之."

은 천도가 사람과 사물이 생겨나고 이루어지는 원인이라고 말하니, 바로 자신에게 되돌려 반성하는 것과 모든 사물의 내재적 온축을 깊이 관찰하는 것에서, 비로소 사물과 내가 공동으로 본래부터 가지고 있는 큰 보배를 발견하고, 마침내 이것을 '원인'이라고 말한 것이다.ⓔ 바꾸어 말하면 곧 내재적인[內] 자신의[自] 본래[本] 원인을 발견한 것이다.ⓕ 그러니 상고시대의 백성들이 잘못된 생각으로 외재하는 신이 만유를 창조했다고 맹목적으로 믿는 불평등한 원인과는 같지 않다.ⓖ 이것은 '분별에 의해 생긴 견해[情見]'를 없애 오직 이치의 근거를 이끌어내는 것이니, 하늘이 내린 성인이 아니라면 이렇게 할 수 있었겠는가!ⓗ 내재적인 자신의 본래 원인을 『역』에서는 건원(乾元)이라는 바다와 같은 본성이라고 이름 붙였으니, 우리와 천지만물이 공동으로 본래부터 가지고 있는 것이다. 만약 내재적인 자신의 본래 원인을 알지 못하고 오직 분별에 의해 생긴 견해를 따라 밖으로 추구해서, 함부로 제1원인을 세워 우리와 천지만물이 생겨나고 이루어지는 것을 설명하면, 그 잘못은 종교의 불평등한 원인에 비해 지나치면 지나쳤지 모자라지 않을 것이다. 제1원인은 아래에서 위로 겹겹의 인과를 미루어 가서 더 이상 미루어 갈 수 없는 것에 도달해야 비로소 제1원인을 세운다. 다시 위에서 아래로 순서대로 음미하면 인과가 겹치고 겹치면서 번갈아가며 서로 고리처럼 연결되니,ⓘ 우리와 천지만물은 진실로 하나의 유기체일 뿐이다. 종교의 불평등한 원인으로 말미암는 우주관은 우리들에게 스스로를 하찮게 여기고 위에 있는 신을 우러러 섬겨서 초월적인 의식이 생기도록 하여, 사물을 끊어버리고 세상을 등지며 사회를 떠나는 여러 가지 비정상적인 행동에 쉽게 빠져들게 한다.ⓙ 형이상학적인 제1원인으로 말미암는 우주관은 오직 인생을 죽은 시체와 같이 느끼게 할 뿐이니, 실로 인생의 의미와 가치라고 말할 만한 것이 없다.ⓚ

ⓐ 천(天)과 도(道)는 모두 본체를 지칭하는 이름이니, 앞을 참고하라. 여기서의 '사물'은 천지 만유를 두루 포함해서 말한 것이니, 뒤에서도 이와 같다.

ⓑ '본디 가지고 있다[固有].'는 것은 본래부터 스스로 가지고 있다는 말이다.

ⓒ '큰 보배[大寶藏]'라는 말은 중국어로 번역된 불교경전에 있다. 중국의 선가(禪家) 들 역시 이 말을 즐겨 사용했다. 여기에서는 '큰 보배'로서 본체를 형용한다. '내 재한다.'고 말한 것은, 본체는 사람과 사물을 떠나 외계에 독자적으로 존재하는 것이 아니기 때문이다.

ⓓ 『역』「대전」에서 "성인은 천하의 움직임을 보고서 그 회통(會通)을 살핀다."[68]고 했고, 또 "형이하의 것을 기(器)라고 한다. 바꾸어서 마름질하는 것을 변(變)이라 고 한다. 미루어서 행하는 것을 통(通)이라고 한다. 그것을 가지고 천하의 백성 들에게 시행하는 것을 사업이라고 한다."[69]라고 했다. 내 생각에 그 회통을 살핀 사람은 곧 자연법칙을 깊이 관찰해서 만물을 변화시켜 마름질하여 이루고, 미루 어 행함으로써 그 이익을 유통시키며, 또한 다시 자연의 법칙에 근본해서 그것 을 가지고 천하에 시행하여 사업을 일으킨다.

ⓔ 비유컨대, 수많은 물거품에서 공동으로 본래 가지고 있는 큰 바닷물이 있다는 것 을 알게 되면, 큰 바닷물을 수많은 물거품의 원인이라고 말할 수 있는 것과 같다.

ⓕ 여기서의 원인은 우리와 모든 사물을 초탈해서 외재하는 것이 아니기 때문에 '내재적인[內]'이라고 했다. 다른 곳에서 얻은 것이 아니기 때문에 '자신의[自]'라고 했다. 원래부터 있는 일이지 나중에 생긴 일이 아니기 때문에 '본래(本)'라고 했 다.

ⓖ '불평등한 원인'은 인도의 바라문에서 '대범천(大梵天)'이 자유자재로 변화하는 것 을 가지고 만물의 원인이라고 여긴 것과 같다. 불가에서 그것을 타파하여 대범 천은 불평등한 원인이라고 평가하였으니, 그것이 만물을 초월해서 독존하기 때 문이다.

ⓗ '이치의 근거[理根]'라는 말은 곽상의 『장자』주에 나온다. 이치를 궁구하여 궁극 에 도달한 것을 '하나[一]'라고 하니, 하나는 절대적 의미로 모든 이치의 근거이 다. '분별에 의해 생긴 견해[情見]'는 잘못된 생각으로 추측하여 사리에 어긋나는 데도 미혹되어 바른 견해라고 집착하는 것이니, 이것을 '분별에 의해 생긴 견해 [情見]'라고 한다. 배우는 사람들이 평상시 감정적인 논리를 사용하면서도 그 잘 못을 스스로 알지 못하니, 바로 그것을 '분별에 의해 생긴 견해[情見]'라고 한다.

ⓘ 세친(世親)[70]에서 호법(護法)에 이르는 인도 불교의 유식론에서 만물은 수많은 인

---

68 『역』「계사 · 상」. 聖人有以見天下之動, 而觀其會通.

69 『역』「계사 · 상」. 故形而上者, 謂之道, 形而下者, 謂之器, 化而裁之, 謂之變, 推而行 之, 謂之通, 擧而錯之天下之民, 謂之事業.

연에 의해서 생겨난다고 하니, 확실히 인과가 겹치고 겹치면서 서로 번갈아가며 고리처럼 연결된 것이다.

ⓙ 중국의 도가는 관윤(關尹)과 노담(老聃)에게서 시작되었다. 『장자』「천하」편에서 관윤과 노담의 요지는 "태일을 중심으로 한다."[71]는 데 있다고 서술하였으니, 확실히 종교적인 의미를 완전히 벗어나지는 않았다. 중국의 지식인들이 도가의 영향을 아주 깊이 받아 이기적이고 퇴폐적인 데로 흘러, 서민들과 우환을 함께 할 수 없었던 것은 분명한 사실이다. 한대(漢代) 이후로는 사대부와 서민들 사이에 불교가 성행해서 이미 세상을 벗어날 수도 없었고 또 이른바 세상에 뛰어드는 것도 없었으니, 그 폐단은 더욱더 말할 수 없었다.

ⓚ 백년 이래로 서구인들은 나날이 그 사상이 정체되고 협애하게 되어, 강대하고 호방한 기개가 없고, 만유를 포괄하여 소통하는 예지가 없으며, 인류와 함께 기뻐하고 즐거워하는 마음이 없으니, 철학이 빈곤하게 된 것은 유래가 오래되었다.

위대한 공자의 내성학은 우리들이 모두 천지만물과 공유하면서 저마다 만족하는 큰 보배를 본래 가지고 있다는 것을 분명히 보여주었다.[ⓐ] 그 크기는 바깥이 없고, 그 깊이는 측량할 수 없으며, 그 풍요로움은 헤아릴 수 없으니, 그 작용과 변화는 무궁무진하다.[ⓑ] 우리들의 내재적인 자신의 본래 원인 즉 큰 보배는 이와 같이 성대하다. 그렇다면 사람이 하

---

70 세친(世親, 320?-400?): A.D. 4세기에 활동한 인도의 불교철학자·논리학자. 불교철학자 무착(無著 Asaṅga)의 동생이기도 하다. 무착의 영향을 받아 설일체유부(說一體有部)에서 대승불교로 개종했다고 한다. 세친은 공식적인 토론에서 추론을 이끌어내는 절차(5단계)와 개인적 사고과정에서의 절차(3단계)를 서로 구별해 다루기 시작함으로써 인도 고전적인 추론 논법을 보다 정교하게 발전시켰다. 그는 겉으로 외부에 실재하는 것으로 보이는 대상이 마음의 표상에 지나지 않는다고 주장하는 여러 논서(論書, śāstra)를 저술했으며, 대승불교로 개종하기 전에는 설일체유부(說一體有部) 교리를 비판적으로 체계화한 『아비달마구사론(阿毘達磨俱舍論)』의 저자로서 명성을 날리기도 했다. 또한 그는 대승 학자로서 『유식이십론(唯識二十論)』, 『유식삼십송(唯識三十頌)』을 저술하여, 기존의 유식설을 압축하고 보완한 것으로도 유명하다.

71 『장자』「천하」. 關尹老聃聞其風而悅之, 建之以常無有, 主之以太一, 以濡弱謙下爲表, 以空虛不毀萬物爲實.

늘을 믿고 자신의 힘을 쏟을 필요는 없는 것인가?ⓒ

ⓐ 건원(乾元)이라는 바다 같은 본성은 모든 덕과 모든 리 및 모든 변화의 단서를 총체적으로 포함하므로 '큰 보배'라고 일컬었다. '공유하면서 저마다 만족한다.'는 것은 사람과 천지만물이 이 큰 보배를 함께 가지기 때문에 '공유한다.'고 했다. 각각의 사람마다 혹은 각각의 사물마다 모두 이 큰 보배를 온전히 구비한 것이지, 결코 저마다 큰 보배의 일부분을 얻은 것이 아니므로, '저마다 만족한다.'고 했다. 비유컨대, 각각의 물거품마다 모두 큰 바닷물을 온전히 구비한 것이지 수많은 물거품이 제각기 큰 바닷물의 일부분을 얻은 것이 아니니, 큰 바닷물을 나눌 수 없기 때문이다. 이 비유가 가장 적절하다.

ⓑ 한 개인이나 한 알의 모래는 그 개체를 기준으로 보면 지극히 작다. 그러나 만약 그 본체를 기준으로 말하면, 확실히 그 크기는 바깥이 없고 변화는 무궁무진하다. 이치가 실로 이와 같다.

ⓒ 내재적인 자신의 본래 원인은 곧 하늘이다.

대답한다. "아니다. 아니다. 그렇지 않다. 내재적인 자신의 본래 원인은 비록 우리들이 본래 가지고 있는 것이지만, 우리들이 자신의 힘으로 개발하고 자신의 힘으로 창조하며 자신의 힘으로 발전시키기를 기다린다. 비유컨대, 수전노는 집에 큰 재물을 가지고 있지만 경영할 줄 몰라 쓰려고 하지 않으니, 곡식이 창고에서 썩고 금이 집안에 묻혀 있는데도 그 사람이 궁핍하게 일생을 보내는 것은 거지와 무엇이 다르겠는가? 또 예컨대 영특한 자식이 하늘의 넉넉하고 두터운 덕을 얻었을지라도, 방탕하고 공부를 하지 않아 마침내 폐인이 되는 것과 같다. 이렇게 비근한 사례로 비유를 들었으니, 우리들은 반드시 자력으로 내재적인 자신의 본래 원인을 개척하여 크고 빛나게 발양하도록 끊임없이 노력하는 것이 귀하다는ⓐ 것을 알 수 있다. 사람은 하늘에 의지할 수 없지만, 하늘은 실로 사람에 의지해서 이루어짐이 있다. 인생은 하늘이 사람에게서 이루어지길 기다리는 위대한 사명을 짊어졌는데, 어찌 스스로 하찮게 여기고 스스로 굶주리며 스스로 나태하고 스스로 포기함으로써 무거운 책임을 지고 먼 길을 가야 하는 장구한 계획을 망각할 수 있겠는가!ⓑ 종교인들은 전지전능한 상제가 세계와 우리를 창조했다는 것을 믿는데, 공자의 도는 완전히 저들과 상반되니, 전지전능함이란 오직 인류가 힘써 나아가는 것이다. 우주에 과연 상제가 있다면, 그것은 반드시 인류가 만든 것일 것이다! 하늘과 사람의 관계를 통찰한 것으로는 『대역』만한 것이 없다. '사람은 하늘이 아니면 말미암지 못하고, 하늘은 사람이 아니면 이루어지지 못한다.'고 양웅이 짧게 말하면서도 『역』의 진수를 뽑아내었으니, 대단한 수재이다."

ⓐ '끊임없이 노력하는 것이 귀하다.'는 구절은 『대대례기』의 말이다.[72]

ⓑ 길로 비유한 것은 길이 지극히 멀어 앞으로 열심히 가야만 하기 때문이다.

하늘과 사람은 비록 구분이 있지만 끝내 둘이 아니다. 하늘이라고 말하는 것은 곧 사람과 짝을 지어서 이름을 붙인 것이다. 그러나 하늘은 실로 만물과 사람을 떠나 독자적으로 존재하는 것이 아니다. 또한 반드시 만물의 발전이 사람에 이르기를 기다려서, 하늘은 비로소 사람에게 의지해 천도를 완성할 수 있다. 사람이 출현하지 않았을 때는 하늘도 아직 완성되지 않았는데, 사람을 떠나 하늘을 구할 수 있겠는가?ⓐ 사람을 떠나 하늘을 구하는 것은 불교에서 인생을 거스르면서 공적(空寂)한 경지에서 큰 보배를 원만하게 이루기를 구하는 것이고, 일신교에서 만물 위에 주재자를 세우는 것이며, 본체에 대해 논하는 서양철학에서 밖으로 제1원인을 추구하는 것이니, 모두 전도되어 잘못된 것에 빠졌으면서도 자각하지 못하는 것이다.

ⓐ 여기서의 '사람'은 바로 만물을 포함하니, 뒤에서도 이와 같다.

사람이라고 말하는 것은 곧 하늘과 짝을 지어서 이름을 붙인 것이다. 그런데 사람과 만물은 아무것도 없는 것에서 갑자기 생겨나오지 않았다.ⓐ

---

72 '끊임이 없는 것이 귀하다.'는 구절은 『대대례기』의 말이다: 『대대례기』「왕언(王言)」. 孔子對曰: "貴其不已, 如日月西東相從而不已也."

실로 모두들 하늘을 그 내재적인 본래의 원인으로 삼고는 또한 그것을 큰 보배라고 했으니, 만물과 우리의 발전이 끝없게 되는 근원이기 때문이다. '사람은 하늘이 아니면 말미암지 못하니,' 이것은 절대로 의심할 수 없는 지극한 이치이다. 만약 다만 만물ⓑ이 실재한다고 인정하면서 만물의 내재적인 본래의 원인을 부인한다면, 바꿔 말해 하늘을 부인하면, 우주와 인생에는 근원이 없게 되니 결단코 이런 이치는 없다. 또 인생에 근원이 없다는 것은 곧 의지하여 머무를 곳이 없다는 것이니, 무엇을 말할 수 있겠는가!ⓒ 철학에서의 무인론(無因論)은 그 의미가 어디에 있는지 나는 모르겠다.ⓓ 그러므로 하늘과 사람은 본래 둘이 아니지만 또한 구분이 있고, 비록 구분이 있지만 실은 둘이 아닌 것, 이것이 내성학의 근거이다.

ⓐ 고대 인도의 어떤 외도(外道)에서는 세계가 갑자기 생겨나오는 것이라고 말했는데, 불교에서 타파했다.

ⓑ 여기서 말하는 '만물'은 바로 사람을 포함하므로 따로 사람을 들지 않았다.

ⓒ 도연명이 시에서 "온갖 새들이 의탁할 곳이 있는 것을 기뻐하니, 나도 역시 나의 오두막을 사랑한다."[73]고 했다. 여기서 '나의 오두막'은 내가 본래부터 가지고 있는 하늘이니, 맹자가 인(仁)은 사람의 편안한 집이라고 말한 것[74]과 같다. 사람이 본래부터 가지고 있는 하늘을 받아들여 편안히 거주할 수 있으면, 덧없는 인생이라는 생각이 들지 않는다.

ⓓ 본체에 대해 논하지 않는 철학을 나는 모두 무인론(無因論)이라고 한다. 다만 우리 유학에서 말하는 원인은 만물의 내재적인 본래의 원인일 뿐이다. 나는 비록 무인론에 대해 찬성하지 않지만, 종교의 불평등한 원인과 서양철학에서의 제1원인에 대해서도 동의할 수 없다.

|부가설명| 불교에는 철학적인 내용이 풍부하지만 그 수도(修道)ⓐ방법은 확실히 인생을 거스르는 것이다. 「원학통」에서 이것에 대해 대략 말했다. 불

---

73 『도연명집』「시오언(詩五言)」. 衆鳥欣有託, 吾亦愛吾廬.
74 맹자가 인(仁)은 사람의 편안한 집이라고 말한 것: 『맹자』「공손추·상(公孫丑·上)」. 夫仁, 天之尊爵也, 人之安宅也.

경에서는 '원성실성(圓成實性)'이 큰 보배라고 한다. '원성실성'은 또한 '진여(眞如)'라고 이름 붙이고, 또한 무위법(無爲法)이라고 이름 붙이니, 바로 본체를 지칭하는 이름이다.ⓐ 불교에서 말하는 '원성(圓成)'은 큰 보배이니, 곧 본체가 비어 있다고 여긴 것은 아니니, 『중용』의 '하늘의 일'[75]이라는 의미와 서로 통할 수 있는 것 같다.ⓒ 그러나 사실은 절대로 서로 같을 수 없으니, 불가에서 말하는 본체는 끝내 '공적(空寂)'으로 귀결하기 때문이다. 나는 『신유식론(新唯識論)』「공능장상(功能章上)」에서 공종(空宗)을 평론하면서 자세히 설명했다. 불교의 이른바 큰 보배는 끝내 생멸하지 않고 변화하지 않는 큰 보배이니, 우리 유학과 다른 점이 하늘과 땅의 차이보다 더 크다. 내가 이 말을 차용하여 건원이라는 바다 같은 본성을 형용했으니, 그 의미가 불교에서 말하는 원성(圓成)과는 본래 같지 않다. 그러므로 여기에서 그것에 대해 변별한다.

ⓐ 여기서의 '도'는 불교의 교리와 수행방편을 말한다.
ⓑ '원성실성(圓成實性)'은 또한 '원성(圓成)'이라고 약칭한다. '원(圓)'은 원만하다는 것이니, 본체에는 흠이 없는 까닭이다. '성(成)'은 성취한다는 것이니, 옛날부터 본래 이루어져 불생불멸하는 까닭이다. '실(實)'은 진실(眞實)됨이고, '성(性)'은 '본체'와 같으니, '원성(圓成)'은 만물의 실체인 까닭이다.
ⓒ '하늘의 일'이라는 것은 이미 앞에서 설명했다.

4-2-2 심물불이(心物不二: 마음과 사물이 둘이 아님)의 우주론

하늘과 사람이 둘이 아니라는 것에 대해서는 이미 앞에서 설명했다. 이제부터는 마음과 사물에 대해 간략히 말하겠다. 나는 청대에 해외에서 돌아온 많은 사람들이 서양의 학문에는 유심론과 유물론이 대치하면서 제각기 자신들이 옳다고 하기 때문에 서로 융화할 수 없다고 처음으로 말한 것에 대해 아직까지 기억하고 있다. 당시에 나는 고루하고 견문이

---

75 하늘의 일: 『중용』. 詩曰, 德輶如毛, 上天之載, 無聲無臭.

적어 그 말을 우선 기록해 두었을 뿐이었다. 나중에 주대 말기의 제자백가를 널리 탐구하면서 이 문제에 주의를 기울였지만, 끝내 '유심'과 '유물'이라는 말이 있다는 것을 찾아볼 수 없었다. ⓐ 중국의 학술은 옛날부터 유가를 정통파로 여겼다. 주대 말기에 공자를 계승해서 일어난 제자백가들로는 도가·묵가·명가·법가가 가장 융성했다. 노자는 도가의 시조이다.ⓑ 『사기』「노자전」에서 "세상에서 노자를 배우는 자는 유학을 물리치고, 유학에서도 노자를 물리쳤다."ⓒ[76]고 했으니, 이 말은 매우 주의해야 한다.

> ⓐ '유심'과 '유물'이라는 두 개념은 본래 대립되기 때문에 비로소 있는 것이다. 중국의 학문에는 종래에 마음과 사물에 대하여 각기 한 쪽만을 집착하는 경우가 없었기 때문에, '유심'과 '유물'이라는 두 개념이 없었다.
>
> ⓑ 도가는 모두 황제와 노자를 종주로 하지만, 사실 황제는 가탁된 것이고 종주가 되는 자는 노자뿐이다.
>
> ⓒ 당대(唐代) 사마정(司馬貞)은 "'물리친다.'는 것은 떨어뜨려 뒤지게 하는 것이다."[77]라고 주석했다.

|부가설명| 『사기』「노장신한열전」 첫머리에서 "노자의 성은 이(李)이고, 이름이 이(耳)이며, 자(字)는 백양(伯陽)이다. 공자가 주나라로 찾아가서 노자에게 예에 대해 질문했다."[78]라고 했고, 뒤의 글에서 또 "어떤 사람은 '노래자(老萊子) 역시 초나라 사람이다. 책 15편을 지어 도가의 효용에 대해 말했는데 공자와 동시대이다.'고 말했다."[79]라고 했다. 당나라 장수절(張守節)은 "태사공(太史公)은 노자가 노래자일 수도 있다고 생각했기 때문에 적어 두었다."[80]고 했다. 이 구절에 근거하면, "노자의 성은 이(李)이고 이름이 이

---

[76] 『사기』「노장신한열전(老莊申韓列傳)」. 世之學老子者, 則絀儒學. 儒學亦絀老子.

[77] 『사기』「노장신한열전」. 世之學老子者, 則絀儒學. 儒學亦絀老子. 구절에 대한 주. 索隱, 絀音黜, 黜, 退而後之也.

[78] 『사기』「노장신한열전」. 老子者, 楚苦縣厲鄉曲仁裏人也. 姓李氏, 名耳, 字伯陽, 諡曰聃. 孔子適周, 將問禮於老子.

[79] 『사기』「노장신한열전」. 或曰: "老萊子亦楚人也. 著書十五篇, 言道家之用, 與孔子同時云."

(耳)이다."라는 앞 구절은 본래 확실한 기록이 아니다. 더욱 이상한 것은 「노장신한열전」의 글에서 노래자를 서술한 다음에, 다시 '공자 사후 129년에 주나라의 태사(太史) 담(儋)이라는 사람이 있었다.'고 하면서, "어떤 사람은 태사 담이 바로 노자라고 했고, 어떤 사람은 아니라고 했는데, 세상에서 아무도 그런지 그렇지 않은지를 모른다."[81]고 서술한 것이다. 이 구절에 근거하면, 노자라는 사람은 근본적으로 확실하게 규정할 길이 없다. 그런데 「노장신한열전」의 가장 뒤에서 또 "노자 아들의 이름은 종(宗)이고, 그는 위(魏)나라 장군으로 단간(段幹)에 봉해졌다. 종의 아들은 주(注)이고, 주의 아들은 궁(宮)이며, 궁의 현손(玄孫)은 가(假)이고, 그는 한나라 효문제(孝文帝) 때 벼슬했다."[82]라고 했다. 노자 본인도 아직 누구인지 확정할 수 없는데, 뜻밖에 노자 아들 이하의 가계(家系)를 상세히 서술하여 곧바로 한나라 효문제 때까지 그 역대 사람의 이름을 모두 열거할 수 있었으니 어찌 괴상하지 않은가!『사기』의 「노장신한열전」은 모호하고 황당하게 쓰여 있어 괴기소설 속의 사람들과 아주 흡사한데, 사마천이 무엇 때문에 이와 같이 했는지를 모르겠다. 노자는 도가의 시조이고, 도가는 6국(六國)시대에 왕성하게 전파되어 거의 유가를 능가할 정도였다. 그런데 혁혁한 큰 스승의 생애와 발자취가 어떻게 완전히 실전되어 그가 누구인지 확정할 수 없게 되었는가! 대개 도가의 무리들이 노자를 공자보다 기필코 높이려고 공자가 예에 대해 질문했다고 위조했으니, 노자를 공자와 동시대로 말하지 않을 수 없었다. 그 최초로 뜬소문을 지어낸 동기는 이와 같다.ⓐ 그 뒤에 도가의 말류들이 또 노자가 바로 노래자라고, 다시 노자가 바로 태사 담이라고 뜬소문을 퍼뜨렸다. 그리고 이가(李假)의 앞 세대에서 아마 노자가 바로 그

---

80 장수절(張守節), 『사기정의(史記正義)』「노장신한열전」. 終或曰老萊子亦楚人也. 구절에 대한 주. 太史公疑老子或是老萊子. 故書之.

81 『사기』「노장신한열전」. 著書十五篇, 言道家之用, 與孔子同時云. 蓋老子百有六十餘歲, 或言二百餘歲. 以其脩道而養壽也. 自孔子死之後百二十九年, 而史記周太史儋, 見秦獻公曰, 始秦與周合而離, 離五百歲而復合, 合七十歲而霸王者出焉. 或曰儋卽老子, 或曰非也. 世莫知其然否.

82 『사기』「노장신한열전」. 老子隱君子也. 老子之子, 名宗, 宗爲魏將, 封於段幹. 宗子注, 注子宮, 宮玄孫假, 假仕於漢孝文帝.

들의 선조라고 사칭했을 것이다. 이이(李耳)라는 사람이 있었는지 없었는지 전혀 알 수가 없다. 사마천이 『노장신한열전』을 지으면서 뜬소문을 모두 모았지만, 전혀 상고하여 조사하지 않았으니 역사가의 직분을 망각했다. 노자라는 사람은 반드시 있었을 것이다. 『노자』라는 책은 너무 치우쳐서 폐단이 많은 잘못이 있지만 그 의미는 심원하고 그 문장은 매우 후박(厚樸)하니, 6국시대의 사람들이 가탁할 수 있는 것이 아니다. 그 성명은 『장자』 「천하」편에서 말한 노담(老聃)이라는 것이 옳을 것이다. 「천하」편에서 서술한 제자백가는 모두 뜬소문으로 지어낸 것이 없다. 그 시대는 공자의 뒤이고 맹자의 앞이다. 내가 이미 『원학통』에서 대략 말했다.

> ⓐ 어떤 사람은 뜬소문이 장자에게서 시작되었다고 한다. 내 생각에 『장자』는 우언(寓言)에 근본을 두고 있으니, 의도적으로 이런 뜬소문을 지어낼 필요는 없었을 것이다. 대개 그와 동시대의 도가들이 『장자』의 우언에 근거해서 뜬소문을 지어냈을 뿐이다.

[4-2-2-1] 우주론 · 인생론에 대한 유학과 도가의 차이

70제자의 후학의 전기는 거의 망실되어 노자를 물리쳤다는 말에 대해 상고할 만한 것이 없다.ⓐ 지금 『노자』라는 책을 보면, 유학을 공격하는 데에 전력했으니, 우선 대충 조금만 비교해 보자. 유가의 우주론은 '굳세게 움직이는 형세의 작용[健動之勢用]'에 의거하여 그 근원을 제시했는데, 도가는 '그윽한 것[幽冥]'ⓑ에서 그 근본을 탐구했으니, 이런 점은 근본적으로 서로 용납하지 못한다. 유가의 인생론은 인(仁)과 의(義)로 생명의 근원을 삼고,ⓒ 예(禮)와 악(樂)으로 본성을 신장하며,ⓓ '스스로 힘쓰기를 쉬지 않음으로'[83] 그 의지를 확고하게 한다.ⓔ 천지를 본뜨고 테두리 지우며, 만물을 변화시키고 마름질하며, '사물을 구비하고 쓰임을 지극히 함으로써',[84] 그 욕망을 길러주고 욕구를 충족시켜 준다. 이것은

---

[83] 스스로 힘쓰기를 쉬지 않음으로: 『역』 「건괘」. 象曰, 天行健, 君子以自强不息 참조.

본말을 모두 갖춘 것이니, 사람의 도리가 이것으로서 확립된다. 노자는
인과 의의 진수에 통달하지 못해 함부로 비난했고, 예와 악의 본원에 통
달하지 못해 함부로 가볍게 여겼다. 스스로 힘쓴다는 의미를 이해하지
못해 갓난아이의 상태로 되돌아가기를 구했으니,[85] 갓난아이는 유약해
서 지혜를 사용할 줄 모르기 때문이다. 갓난아이는 지혜가 없으므로 사
물을 변별하고 이치를 밝힐 수 없으며, 선과 악을 판별할 수 없다. 만약
사람들이 모두 이와 같다면 인류는 어떤 상태가 되겠는가! 또『역』에서
'스스로 힘쓴다.'고 말한 것은 위로 통달하고 아주 열심히 노력하는 것
이다. 만약 인류가 갓난아이처럼 몽매하게 된다면 사람의 도리는 사라
질 것이다.ⓕ 노자는 "백성들에게 이로운 기구가 많아지면 국가는 더욱
더 혼란스럽게 되고, 사람들에게 뛰어난 기술이 많아지면 기이한 물건
들이 더욱더 많이 생산된다."[86]고 했고, 또 "무위(無爲)를 행하고 무사(無
事)를 일삼으며, 무미(無味)를 맛으로 여긴다."[87]고 했다.ⓖ 이와 같다면,
'천지를 본뜨고 테두리 지운다.'고 운운하는 것들은 모두 노자가 듣기
싫어하는 것이다. 내가 일찍이 노자의 말을 여러 번 반복해서 읽었는데,
뛰어난 기술이 많아지면 기이한 물건들이 생겨나고, 이로운 기구가 많
아지면 국가가 혼란하게 된다고 했으니, 옛날에 이른바 힘으로 다스리
는 나라에는 당연히 이런 근심이 있었을 것이다. 노자는 확실히 탁월한
식견이 있지만, 애석하게도 힘으로 다스리는 술수 한 방면으로만 식견
이 있었지 그것으로 전화위복하는 방법을 몰랐다. 만약 천하가 공평하
게 되게 하는 공자의 방법이라면, 뛰어난 기술을 천하의 사람들에게 공
적으로 사용하고 사사롭게 사용하지 않으며, 기이한 물건과 이로운 기
구를 천하의 사람들에게 공적으로 이롭게 하고 사사롭게 이롭게 하지

---

84 사물을 구비하고 쓰임을 지극히 함으로써:『역』「계사·상」. 備物致用.

85 갓난아이의 상태로 되돌아가기를 구했으니:『도덕경』10장. 專氣致柔能嬰兒乎.

86『도덕경』57장. 民多利器, 國家滋昏, 人多伎巧, 奇物滋起.

87『도덕경』63장. 爲無爲, 事無事, 味無味.

않을 것이니, 무슨 혼란이 생기겠는가! 또 천지가 사람을 이롭게 하는 것은 본래부터 있었지만, 이로움이 아직 개발되지 않은 것은 이루 다 헤아릴 수 없고, 사람에게 해로운 것은 더욱 끝없이 많다. 만물이 변화되고 마름질되기를 기다리는 것은 우리들의 회피할 수 없는 책무인데, 어찌 '무위를 행하고 무사를 일삼는다.'고 할 수 있겠는가! 사람이 물욕(物欲)에 탐닉하는 것을 염려한다면,ⓗ 사람마다 인과 의를 행하게 하고 예와 악을 익히게 해서 위로 통달하는 것에 굳세게 노력하도록 할 것이지, 어떻게 욕심을 버리고 본성을 상실하는 데에 이르게 되었는가?ⓘ『춘추』의 "사물을 변별하는 이치는 그 명칭을 바로잡는 것이다."88라는 데에 도달하면, 다섯 개의 감각기관이 사물을 관장할지라도 그 참됨을 잃지 않는다.ⓙ『논어』에서 "볼 때는 눈 밝음을 생각하고, 들을 때는 귀 밝음을 생각하라."89는 것이 이것이다. 그런데 노자는 "갖가지 아름다운 색은 사람의 눈을 멀게 하고, 온갖 아름다운 소리는 사람의 귀를 멀게 한다."90고 했으니, 이것은 사물을 끊어 귀 밝음과 눈 밝음을 없애려는 것이다. 그러므로『대역』에서 "'지혜[知]'가 만물에 두루 하고, 도(道)가 천하를 구제한다."91고 했다. 그런데 노자는 "항상 백성들이 무지(無知)하고 무욕(無欲)하게 하라."92고 했으니, 그 상반됨이 이처럼 심하다.『역』의「비괘(比卦)」에서는 만물이 서로 도와 생겨난다는 것을 밝혔고,『주관경』은 그것을 근본으로 제도를 세웠으니, 사회발전은 흩어진 것에서 결집하는 것으로 달려가는 것이 자연의 이치이다. 그런데 노자는 사람들이 제각기 고립되어 늙어죽도록 왕래하지 않기를 원했다.93『역』에서 "하늘에

88『춘추번로』「심찰명호(深察名號)」. 春秋辨物之理, 以正其名. 名物如其眞, 不失秋毫之末.

89『논어』「계씨(季氏)」. 孔子曰. 君子有九思. 視思明, 聽思聰, 色思溫, 貌思恭, 言思忠, 事思敬, 疑思問, 忿思難, 見得思義.

90『도덕경』12장. "五色令人目盲, 五音令人耳聾.

91『역』「계사·상」. 知周乎萬物而道濟天下.

92『도덕경』3장. 常使民無知無欲.

앞서면서도 하늘을 어기지 않는다."⁹⁴고 했다. 그런데 노자는 도리어 "감히 천하에 앞서지 않는다."⁹⁵고 했다.

ⓐ 맹자는 묵가를 적대했지만, 도가에 대해서는 언급하지 않았다. 순자는 오히려 도가의 서적에 대해 말했다. 유가의 분파는 아주 많았으니, 당연히 한비가 말한 8개의 유가뿐만이 아니라 반드시 도가를 물리친 것이 있었을 것이다. 진(秦)의 분서로 상고할 수 없을 뿐이다.

ⓑ 이것에 대해서는 뒤에서 자세히 다루겠다.

ⓒ 본체가 한 번은 음(陰)으로 한 번은 양(陽)으로 변화하면서 유행하여 만물과 사람을 이루므로, 음과 양은 본체의 큰 작용이다. 음과 양이 사람에게 있는 것으로 말하면 인(仁)과 의(義)이다. 인(仁)은 양(陽)이 낳고 낳음에 끝이 없는 것이고, 의(義)는 음(陰)이 형태로 나누어짐에 마름질이 있는 것이다. 우리들이 인을 체득하면 본체를 회복해서 사물과 나의 간격이 없어지고, 의에 통달하면 본체의 큰 작용을 따라 사물과 내가 제각기 제자리를 얻게 되어 마름질함이 마땅함을 잃지 않는다. 그러므로 우리들이 생겨난 근본을 근원적으로 따지니, '사람의 도리[人道]'가 밝아진다. 『역』「대전」에서 "사람의 도리를 정립하여 '인'과 '의'라고 한다."라고 했다.

ⓓ 악(樂)은 조화롭게 하는 것이니 바로 인이다. 예(禮)는 순서가 있게 하는 것이니 바로 의이다. 사람마다 예와 악을 버리지 않으면 그 본성을 발휘하지 않는 경우가 없다.

ⓔ 사람은 선하게 되려고 하지 않는 자가 없으니, 이것이 그 의지이다. 스스로 힘쓸 수 없으면, 이 의지를 지속적으로 유지할 수 없다.

ⓕ 논어에서 "군자는 위로 통달한다."⁹⁶고 했다. '위로 통달한다.'는 것은 영험한 본성을 발양하여 천지만물과 한 몸이 되고 '작은 자기[小己]'의 사사로움을 없애는 것이다. '아래로 통달한다.'는 것은 이와 반대이니, 곧 타락해서 사람이 되는 근본을 상실하는 것이다. '아주 열심히 노력한다.'는 것은 지극히 강건해서 끊임없이 덕을 향상시키고 학업을 닦는 것이다. 이것을 어떻게 유약한 것에서 바랄 수 있겠는가?

---

93 노자는 사람들이 제각기 고립되어 늙어죽도록 왕래하지 않기를 원했다:『도덕경』 80장. 民至老死不相往來.

94 『역』「건괘」「문언(文言)」. 先天而天弗違, 後天而奉天時.

95 『도덕경』 67장. 我有三寶, 持而保之. 一曰慈, 二曰儉, 三曰不敢爲天下先.

96 『논어』「헌문(憲問)」. 子曰: "君子上達, 小人下達."

ⓖ 천지가 이롭게 되는 것을 따르는데도 천지에 일삼는 것이 없고, 만물의 본성에 순응하는데도 만물을 인도하는 것이 없으니, 이것을 무위를 행하고 일없음을 일삼는 것이라고 한다. '담백함[恬淡]'으로 맛을 삼으면 욕심이 줄어드니 무엇을 구하겠는가!

ⓗ 선대 유학자들은 사람이 물질에 대해 탐욕을 일으켜 분수에 지나친 것을 누리고도 오히려 부족하다고 하는 것에 대해 '물욕'이라고 이름 붙였다.

ⓘ 악은 조화롭게 하는 것이다. 조화롭게 하면 천지만물에 통하는 것이 한 덩어리의 '생기[生意]'이니, 피차간의 거리가 없어진다. 예는 순서짓는 것이다. 순서가 있으면 피차간의 공정한 마음에 따라 그것으로 차례를 삼는다. 피차가 제각기 응당 다해야 할 것을 다하게 하고, 각기 응당 얻어야 될 것을 얻게 하면, 사람들이 모두 자유로워지되 상대방의 자유로 자신의 경계를 삼는다. 『예기』「대학」에서 "오른쪽에서 미워하는 것으로 왼쪽을 사귀지 말고, 왼쪽에서 미워하는 것으로 오른쪽을 사귀지 말라."[97]고 하였으니, 이것이 자유의 순서이다. 타인과 나 사이에 본래 적당한 순서가 있고, 개인과 단체 사이에 본래 적당한 순서가 있으며, 단체와 단체 사이에 본래 적당한 순서가 있다. 순서의 확립은 인정의 큰 공평함에 근본을 둔다. 인정의 큰 공평함은 바로 천리이다.

ⓙ 「원학통」을 다시 참고하라.

주대 말기 6국 시대 이후로 3천년 동안 『역』의 도리가 불행히도 감추어지고 가려졌다. 그런데 노자의 학문을 사대부들이 즐겨 받들어 모시면서 전제군주의 통치 아래 구차하게 목숨을 보전했으니, 그것이 끼친 해악은 이루 다 헤아릴 수 없다. 나는 태생적으로 소탈해서 어릴 적에 『노자』·『장자』를 좋아했다. 반면에 6경의 말은 간단하고 쉬우며 평범해서 읽어보고는 재미가 없어서 공부하지 않았다. 35세에 옛 문화가 심하게 붕괴되는 추세에 대해 깊이 생각하고 몸과 마음으로 선대의 성현을 받들겠다고 맹세하고는 옛 학문에 굳게 보존할 것이 상당히 있어 흔들리지 않는 기반으로 삼을 수 있는지 궁구하고자 했다. 중간에 불교에 빠져 힘을 소비한 것이 가장 많았지만, 끝내 스스로 긍정하기가 어려웠다.ⓐ

---

97 『대학』. 所惡於右, 毋以交於左.

그 뒤에 훌쩍 불법(佛法)ⓑ을 버리고 가깝게는 자신에게서 취하고 멀게는 사물에서 취해,⁹⁸ 오래도록 그렇게 하니 갑자기 깨달음이 있어 홀로 터득한 비밀로 여겼다. 그러나 오래지 않아 다시 스스로 깨닫고는, "이것은 『대역』에서 이미 말한 것이다."라고 말했다. 다시 『역』을 읽고는 옛날의 보배를 잃어버렸다가 다시 찾은 것 같았으니, 기쁘고 다행스럽기가 말로 표현할 수 없었다. 내가 공자의 6경으로 되돌아온 것은 여기에서 시작되었다. 6경을 통달한 다음에 거듭해서 도리와 이치에 대해 논하고서야 노자에게는 어느 한 곳이라도 유학과 반대되지 않는 곳이 없음을 알았다. 그가 도를 말하고 음과 양을 말한 것은 명백하게 『대역』에 기반을 두고 있다. 그가 "되돌아가는 것이 도의 움직임이다."⁹⁹라고 한 것은 곤괘(坤卦)의 하늘은 검고 땅은 누렇다는 의미¹⁰⁰에서 깨달은 것임이 의심의 여지가 없다. 곤괘 상육(上六)에서 "용들이 들에서 전쟁을 하니, 그 피가 검고 누렇다."¹⁰¹고 하였다. 용은 양의 상징이고, 하늘도 양의 상징이다. 땅은 음의 상징이다. 음과 양이 상반되어 전쟁이 일어났으므로 피를 흘린다. 하늘의 색은 검고,ⓒ 땅의 색은 누렇다.ⓓ 검고 누런 피는 음과 양이 교전하면서 서로 상처를 입은 것이다.ⓔ 양은 강건(剛健)하고 중정(中正)한 도리로 음과 전쟁을 해서 복종시키니, 음은 이에 영원히 바른 도리로 양을 따른다. 양이 마음대로 강포한 것만은 아니기 때문에, 음이 '바름과 견고함[正固]'을 지킨다.ⓕ 음과 양은 상반되지만 서로를 이루니 화육이 성대하다. 노자가 "되돌아가는 것이 도의 움직임이다."라고 한 것은 대개 이것을 깨달았기 때문이다. 그런데 노자는 또 "유약함이 도의

---

98 가깝게는 자신에게서 취하고 멀게는 사물에서 취해: 『역』「계사·하」. 古者包犧氏之王天下也, 仰則觀象於天, 俯則觀法於地, 觀鳥獸之文與地之宜, 近取諸身, 遠取諸物, 於是始作八卦, 以通神明之德, 以類萬物之情.

99 『도덕경』40장. 反者, 道之動.

100 곤괘(坤卦)의 하늘은 검고 땅은 누렇다는 의미: 『역』「곤괘」. 夫玄黃者, 天地之雜也, 天玄而地黃.

101 『역』「곤괘」. 上六, 龍戰於野, 其血玄黃.

작용이다."라고 했으니, 다시 검고 누런 피가 두렵고 싫어 유약함으로 스스로 안정시키고자 했던 것이다. 그런데 이것은 다음과 같은 사실을 모른 것이다. 양이 강건함과 중정함을 잃으면 음을 다스릴 방법이 없고, 음이 한쪽으로 기승을 부려 쓸모없는 곳에서 양을 곤궁하게 하면, '조화의 기틀[化機]'이 사라지지 않을 수 있겠는가! 심하다! 노자는 『대역』을 반대했으면서도 그 잘못을 스스로 깨닫지 못했다. 노자가 말한 도가 『대역』과 서로 부합되지 않는 것은 뒤에 간략히 말하겠다.

ⓐ 이러한 가운데 고통을 감수한 것은 지극히 말하기 어렵다.

ⓑ 여기서의 '법(法)'자는 불교의 교리를 말한다.

ⓒ 검다는 것은 사람들이 땅에서 위로 공중을 쳐다보면 그윽하게 멀고 어슴푸레하니, 그것을 검은 색이라고 한 것이다.

ⓓ 세상에서 황토라고 하는 것이 이것이다.

ⓔ 피에 누런색이 있는 것은 음이 상처를 입은 것임을 밝힌 것이고, 피에 검은 색이 있는 것은 양도 상처를 입었음을 드러낸 것이다. 전쟁을 하면 양쪽이 모두 상처를 입는다. 이것은 모두 하늘과 땅으로 음과 양을 비유한 말이니, 하늘과 땅을 설명한 것이 아니다. 독자들은 잘 이해해야 한다.

ⓕ 「건괘」「문언」에서 건양(乾陽)의 덕에 대해 "강건하고 중정함이 순수하고 정교하다."[102]라고 했다. 「곤괘」「단사(彖辭)」에서 곤음(坤陰)의 덕에 대해 "영원히 '바름[貞]'이 이롭다."[103]라고 했다. 생각건대 '바름[貞]'은 바르고 견고한 것이다. 음이 양에 순종하는 것은 영원히 바르고 견고함을 지키는 것이지, 자신의 의지를 꺾어 양을 따르는 것이 아니다.

종합하면, 주대 말기의 학파는 유가 이외에 도가 · 묵가 · 명가 · 법가가 가장 유력한 학파였다. 명가와 묵가는 번성했지만 오래가지 못했고, 법가의 정통도 일찍 끊어졌다.ⓐ 철학계에서 도가만이 그 이론이 심원하다고 했다. 도가의 서적은 비록 많지 않지만, 『노자』와 『장자』의 현묘한 뜻은 한나라 이후로 2천년 이상 극도로 성대하게 전해졌다. 나는 유

102『역』「건괘」. 大哉乾乎. 剛健中正, 純粹精也.

103『역』「곤괘」. 用六, 利永貞.

가와 도가의 다른 점과 같은 점에 대해 전부터 분석하면서 소홀히 여기지 않으려고 했다. 아주 이상한 것 하나는, 도가가 유가를 공격함에 하잘것없는 것까지도 들지 않은 경우가 없는데, 유독 서양철학에서 논쟁했던 우주의 근원이 정신적인 것인지 아니면 물질적인 것인지에 대해서는 한마디도 언급하지 않았다. 이것은 아주 괴상한 일이 아닌가! 나는 『노자』라는 책을 아주 오랫동안 탐구하였지만 그 의문을 해소할 길이 없었다. 그것을 또 오랫동안 가지고 있다가 이 의문을 해결하려면, 여전히 노자가 말한 도를 깊이 탐구해야 된다는 것을 비로소 깨달았다.

ⓐ 「원학통」에 있다.

[4-2-2-2] 노자의 우주론과 도(道)개념

노자는 우주의 근원에 대해 이미 몸소 증명했다고 자신해서, 마침내 편안하게 '도(道)'라고 이름 붙였다. 노자가 자신하는 것이 허황되지 않은지는 별도의 문제이다. 우리들이 노자가 말한 도를 오해하지나 않았는지의 문제는 경솔하게 단정할 수 없다. 노자가 말한 도를 구하고자 하면, 그가 '요점을 천명하고[開宗]' '의미를 밝힌[明義]' 『노자』 제1장을 결코 가볍고 모호하게 지나쳐서는 안 된다.ⓐ 그는 "무(無)는 천지의 시작을 이름 붙인 것이고, 유(有)는 만물의 어머니를 이름 붙인 것이다."[104]라고 했다. 이 두 구절은 내가 몇 년을 고민해도 그 해답을 얻기 어려웠는데, 제40장의 "천하의 만물은 유(有)에서 나오고 유는 무(無)에서 나온다."ⓑ[105]는 구절을 읽고서야 비로소 기뻐서 다음처럼 말했다. "천하의 만물은 유에서 나온다."는 말은 "유(有)는 만물의 어머니를 이름 붙인 것이다."라는 말과 서로 검증할 수 있고, "유가 무에서 나온다."는 말은 "무(無)는 천지의 시작을 이름 붙인 것이다."라는 말과 서로 검증할 수 있다. 그러나

---

104 『도덕경』 1장. 無名天地之始, 有名萬物之母.

105 『도덕경』 40장. 天下萬物生於有, 有生於無.

'유'와 '무'라고 이름 붙인 것이 무엇을 지목하는지는 여전히 망막했다.ⓒ 이에 또 앞으로 돌아가 제1장을 펴고 다음처럼 말한 왕필의 주를 거듭 완미했다. "'유'는 모두 '무'에서 시작되므로 '아직 드러나지 않고 이름 없는 때[未形無名之時]'가 만물의 시작이다. '드러나고 이름 있는 때[有形有名之時]'가 되면, 생장시키고 발육시키며 형태를 갖춰주고 이뤄주니 만물의 어머니가 된다. 도는 드러나지 않음과 이름 없음으로 만물을 시작하고 완성하니, 그 때문에 시작되고 완성되었지만 그 까닭을 모르니 아득하고 아득하다는 말이다."106 왕필의 이 주석으로도 여전히 나의 의문을 해소할 수 없었다. 왕필은 "'유'는 모두 '무'에서 시작되므로 아직 드러나지 않고 이름 없는 때가 만물의 시작이다."라고 했는데, 이것으로는 아직 『노자』에서 말한 '무'가 도대체 무슨 의미인지 결코 알 수 없었다. 왕필은 "드러나고 이름 있는 때가 되면 생장시키고 발육시키며 형태를 갖춰주고 이뤄주니 만물의 어머니가 된다."라고 했는데, 이 구절에 근거하면, '유'자는 다만 드러나고 이름 있는 때를 범범하게 말해 절대로 실질적인 의미가 없으니, 곧 무의미한 하나의 명사가 된다. 노자는 무(無)를 분명히 밝혀서 천지의 시작이라고 이름 붙이고,ⓓ '유(有)'를 분명히 밝혀서 만물의 어머니라고 이름 붙였다.ⓔ 뒤의 글에서 또 "이 두 가지는 같은 것인데, 나와서는 이름이 달라지므로 같은 것에 대해 아득하다고 한다."ⓕ107라고 했다. 어떻게 '유(有)'자를 무의미한 명사로 해석할 수 있겠는가? 왕필의 잘못이 심하다. 노자가 말한 '유'와 '무'는 본래 본체와 작용을 변별한 것이니,ⓖ 절대로 모호하게 지나쳐서는 안 된다. 왕필은 본체와 작용을 깨닫지 못해 마음대로 '두 가지 때[二時]'로 나누었으니, 그 하나가 '아직 드러나지 않고 이름 없는 때[未形無名之時]'이고, 나머지 하나

---

106 『도덕경』 1장 無名天地之始, 有名萬物之母. 구절에 대한 왕필의 주석. 凡有皆始於無, 故未形無名之時, 則爲萬物之始. 及其有形有名之時, 則長之, 育之, 亭之, 毒之, 爲其母也. 言道以無形無名始成萬物, 以始以成而不知其所以, 元之又元也.

107 『도덕경』 1장. 此兩者同, 出而異名, 同謂之元.

가 '드러나고 이름 있는 때[有形有名之時]'이다. 왕필이 아직 드러나지 않은 때와 드러난 때를 무엇에 근거해서 추리했는지 알 수 없다. 그런데 이렇게 '유'와 '무'를 해석하면 이것은 근본적으로 잘못된 것이다. 왕필을 비판하려면 많은 말을 해야 하니, 여기에서는 언급하기에 적절하지 않다. 왕필은 머리가 비상했지만 나이가 어려, 노자 학문의 근본에 대해서는 미처 잘 알지 못했다.

ⓐ '요점을 천명한다는 것[開宗]'은 요점을 열어서 보여준다는 것이다. 한 학파의 학문에는 반드시 핵심이 있어 그 학설 전체 체계의 강령이 되므로 요점이라고 했다. '의미를 밝힌다는 것[明義]'은 처음으로 큰 의미를 밝히면 그 학설의 모든 의미가 거기에서 나오게 되기 때문이다.

ⓑ '나온다.'는 말은 발현된다는 의미이니, 어미가 자식을 낳는다고 할 때의 낳는다는 의미와 같지 않다.

ⓒ 평범하게 '무(無)'자를 말하고, 그렇게 '무'라고 말한 것이 공허하고 공허한 '무'인지 아닌지, 무엇을 가리켜 무라고 했는지 시험 삼아 묻는다면, 여기 『노자』라는 책에서는 간파하기가 쉽지 않다. '유(有)'자도 실질적인 의미가 없을 수 없다. 이미 "만물이 '유'에서 나온다."고 했으면 '유'자도 하나의 무의미한 명사가 아니다.

ⓓ "무(無)는 천지의 시작을 이름 붙인 것이다.(無, 名天地之始)"는 구절은 '무(無)'자에서 끊어야 하니, '명(名)'자는 아래로 이어서 읽는 것이 옳다. 그 다음 구절 "유(有)는 만물의 어머니를 이름 붙인 것이다.(有, 名萬物之母)"는 구절도 같다. '시작'은 앞서 있다는 것과 같다. 도는 천지만물보다 앞서 존재하므로 천지의 시작이 된다고 말했다.

ⓔ 천지만물은 도에서 나오므로 어머니가 된다고 말했다. 어머니는 낳는다는 의미이다.

ⓕ 왕필은 "이 두 가지는 같은 것인데(此兩者同), 나와서는 이름이 달라지므로(出而異名)."라는 구절에서 '동(同: 같은 것)'자를 아래로 '출(出)'자와 연결해서[108] "아득함에서 함께 나왔다.(同出於元)"[109]고 했고, 엄복(嚴又陵)은 "이 두 가지는 같은 것인데, 나와서는 이름이 달라지므로 같은 것을 아득하다고 한다.(此兩者同, 出而異名,

---

108 '동(同: 같은 것)'자를 아래로 '출(出)'자와 연결해서: '차양자(此兩者), 동출이이명(同出而異名)'으로 끊어서 읽어야 한다는 말이다.

109 『도덕경』 1장. 此兩者同, 出而異名, 同, 謂之玄, 玄之又玄, 衆妙之門. 구절에 대한 왕필의 주석. 同出者, 同出於元也.

同, 謂之元)"에서 "2개의 '동(同: 같은 것)'자 아래에는 모두 구두점이 있어야 한다."고 했는데, 엄복의 말이 옳다.[110] '두 가지[兩者]'에 대해 왕필은 '시작[始]'과 '어머니[母]'로 해석해서 아주 잘못되었는데, 엄복은 바로잡지 못했다. 내 생각에 두 가지는 유(有)와 무(無)이다. '무'는 도의 본체[體]를 가지고 말한 것이다. 도는 형체가 없기 때문에 '무'라고 한다. '유'는 도의 '작용[用]'을 가지고 말한 것이다. 천지만물의 어머니가 되는 것은 도의 작용 때문이다. 본체와 작용은 본래 둘이 아니므로 '같은 것[同]'이라고 한다. '나왔다[出]'는 것은 도의 움직임이니, 제5장에서 "움직일수록 더욱더 나온다."[111]는 것이 이런 의미이다. 움직일수록 더욱더 나오는 것은 작용이니, '무'에서 '유'로 건너와서 마침내 '유'와 '무'라는 다른 이름이 되므로 '나와서는 이름이 달라진다.'고 한다. '무'에서 '유'로 건너온다는 것은 본래는 '무'였는데 뒤에 '유'가 되었다는 말이 아니다. '무'는 그 본체를 말한다. 본체에서 작용이 생기므로 '무에서 유가 건너왔다.'고 한다. '유'와 '무'라는 두 가지 이름은 비록 다르지만 실질은 다르지 않다. '무'로 그 본체를 명명하고, '유'로 그 작용을 명명했으니, 본체는 작용의 실체이고, 작용은 본체의 효용이다. 본체와 작용은 본래 둘이 아니므로 '같은 것[同]'이라고 한다. 같은 것에 대해 아득함이라고 한다.

ⓖ 도의 본체를 '무'라고 하는 것은 형체가 없기 때문이다. 도가 움직여 나온 것을 '유'라고 하는 것은 이것이 도의 작용이기 때문이다.

이제 다시 말할 것이 있으니, 본체와 작용을 변별할 수 있으면 노자가 말하는 도를 오해하지 않는다고 자신할 수 있는가? 만약 이렇게 생각하면 여전히 노자와는 하늘과 땅처럼 현격하다. 여기에서 자세히 설명하려면, 『노자』에 대한 새로운 해석을 써야 할 것인데, 내가 그 노고를 감당할 수 없다. 잠시 간략히 말하겠다. 예컨대 『대역』에서 '건원(乾元)'[112]이라고 말했으니,ⓐ 곧 굳건하게 움직이는 추세의 작용에 따라 도를 드러낸 것이고,ⓑ 또 '원(元)'은 선(善)의 으뜸[長]이다.'ⓒ[113]라고 하였다. 그런

---

110 엄복의 말이 옳다: 왕필은 "차양자, 동출이이명, 동위지원(此兩者, 同出而異名, 同謂之元)."으로 끊어서 읽었는데, 엄복이 "차양자동, 출이이명, 동, 위지원(此兩者同, 出而異名, 同, 謂之元)."으로 끊어 읽은 것이 옳다는 말이다.

111 『도덕경』 5장. 地之間, 其猶橐籥乎. 虛而不屈, 動而愈出.

112 건원(乾元): 『역』「건괘」. 象曰, 大哉乾元. 萬物資始, 乃統天.

데 노자가 본 도체(道體)는 하나의 '무'자에 치우치고 있으니, '무'자를 어떻게 마음대로 쓸 수 있겠는가! 제1장에서 "'같은 것[同]'에 대해 아득하다고 한다 … "고 했는데, 왕필은 주에서 "'아득한 것[元]'은 '그윽한 것[冥]'이다. 묵묵히 아무것도 없는데 시작과 어머니가 나온 것이다."@[114]라고 했다. 내 생각에, 노자가 말한 '아득한 것[元]'은 본래 도체를 형용하는 말인데, 왕필이 '아득한 것[元]'을 '그윽함[幽冥]'으로 풀이하고는 '아득히 아무것도 없는 것'이라고 했다. 이것에 따르면, 노자가 말한 도는 본래 공허한 것에 의거해서 그 이름을 내세운 것이다. '그윽함[幽冥]'이라고 하고 '아득히 아무것도 없는 것'이라고 한 것은 허공이 아니고 무엇이겠는가! 나는 노자가 무엇 때문에 도대체 허공을 우주의 근원으로 여기고 '도'라고 이름 붙였는지, 어째서 왕필이 잘못 해석했는지를 생각해 보았다. 그런데 『노자』 전체의 의미를 깊이 완미해보니, 왕필이 위와 같은 점에서는 노자의 의도를 잃지 않은 것 같았다. 나중에 우연히 『고승전(高僧傳)』「승조전(僧肇傳)」[115]에서 다음과 같은 말을 보았다. "제자백가에 대한 서적과 역사전적을 널리 보았는데, 내 취향이 '비어 있는 현묘함[虛玄]'을 좋

---

113 『역』「건」. 文言曰: "元者, 善之長也."

114 『도덕경』 1장. 此兩者, 同出而異名, 同謂之玄, 玄之又玄, 衆妙之門. 구절에 대한 왕필의 주석. 元者, 冥也, 默然無有也, 始, 母之所出也.

115 승조(僧肇, 384-414): 중국 동진(東晉)의 불교철학자. 세속의 성은 장(張)이며, 경조(京兆: 지금의 서안〈西安〉)사람이다. 원래는 『노자』·『장자』를 좋아했는데, 구역『유마힐경(維摩詰經)』을 읽은 뒤 감동을 받고, 사상의 귀의처라고 생각하여 출가했다. 얼마 있지 않아 구마라집(鳩摩羅什)이 고장(姑藏: 지금의 감숙성〈甘肅省〉무위시〈武威市〉)에 오자 그에게 가서 가르침을 받았다. 구마라집을 따라 장안(長安: 지금의 서안〈西安〉)으로 가서 역경사업에 참여하여 구마라집의 유능한 보조자가 되었다. 특히 반야학(般若學)에 뛰어나 구마라집의 문하에서 '공의 이해에는 제일[解空第一]'이라는 칭송을 받았다. 그의 저술인 『반야무지론(般若無知論)』은 구마라집과 혜원(慧遠)의 극찬을 받았다. 그 밖의 저서로는 『부진공론(不眞空論)』, 『물불천론(物不遷論)』, 『유마힐경주(維摩詰經注)』 등이 있으며 중국 불교철학사에서 중요한 위치를 차지한다. 『부진공론』은 삼론종(三論宗)의 이론적 근원이 되어 길장(吉藏)은 '현종(玄宗)의 시조'라고 받들었으니 그는 삼론종의 실질적인 창시자였다.

아해서 늘 노자와 장자를 마음의 요체로 삼았다. 이윽고 탄식하기를, '훌륭하고 훌륭하다! 그렇지만 정신을 집중하여 아득한 곳에 얽매이게 하는 방법으로는 아직 최선인 것 같지는 않다.'ⓔ고 하고, 나중에 구역 (舊譯)『유마경(維摩經)』을 보고 기쁘게 예를 다해 받들어 지키면서, '비로소 돌아갈 곳을 알았다.'고 말하고는 출가했다."116 이 구절에 근거하면, 승조의 법안(法眼)은 노자의 근본으로 돌아가는 곳을 확실히 꿰뚫었음을 알 수 있다. 나는 승조의 말 때문에, 왕필이 노자의 허무로 돌아가는 취지를 깊이 터득했음을 더욱 믿는다.ⓕ

ⓐ『역』의 '건원(乾元)' 역시 도(道)라고 명명한다.

ⓑ 이것을 작용에서 본체를 드러내는 것이라고 한다. 비유컨대 수많은 물거품이 활발하게 일어나는 것으로 큰 바닷물이 유동하는 것의 본체라는 것을 드러낸다. 도의 본체는 눈으로 볼 수 없으니 작용으로 그것을 드러내지 않으면 설명할 길이 없다.

ⓒ 앞에서 하늘과 사람은 둘이 아니라고 말한 곳을 다시 완미하면 된다.

ⓓ 왕필은 '시(始)'자를 생성의 의미로 해석해서 도가 아직 드러나지 않고 이름 없는 때에 천지만물을 처음으로 생성한다고 했다.117 내가 '시(始)'자를 해석한 것은 왕필과는 완전히 다르니, 앞의 글을 다시 보면 된다.

ⓔ 노자는 허공이 만물을 생성할 수 있다고 집착했다. 허공은 텅 비어서 형상이 없고 광활해서 틈이 없으니, 어둡고 그윽한 경지이다. 『장자』「소요유」편에서 말한 '아무것도 없는 곳[無何有之鄕]'도 이것을 말한다. 승조의 뜻은 사람의 정신이 태허에 머물러 있으면서 그것과 합일되면, 상대가 없는 상태에 서서 훌쩍 일체의 얽매임을 벗어나는 것으로 노자와 장자가 생각했다는 것이다. 그런데 정신이 태허에 머물면 도리어 어두운 허공에 얽매인 것이 마치 거미가 자신의 줄에 얽매이는 것과 같으니, '의지하는 것이 없는 곳[無待]'에서 어떻게 노닐 수 있는지에 대해 전혀 모른다. 그러므로 '아득한 곳에 얽매이게 하는[冥累]' 것이라고 하였으

---

116 『고승전(高僧傳)』 권5, 「석승조(釋僧肇)」. 乃歷觀經史備盡墳籍, 愛好玄微, 每以莊老爲心要. 嘗讀老子德章, 乃嘆曰, 美則美矣, 然期神冥累之方, 猶未盡善也. 後見舊維摩經, 歡喜頂受披尋玩味, 乃言, 始知所歸矣. 因此出家.

117 왕필은 '시(始)'자를 … 천지만물을 처음으로 생성한다고 했다: 『도덕경』 1장. 無名天地之始, 有名萬物之母. 구절에 대한 왕필의 주석. 言道以無形無名始成萬物, 以始以成而不知其所以, 元之又元也.

니, 이 평가는 아주 깊이 있고 자세하다. 종래에 「승조전」을 읽은 사람들은 여기에서 그 의미를 헤아린 자가 드물었다.

ⓕ 승조는 『물불천론(物不遷論)』을 저술하여 광대하고 정미한 것을 극진하게 하였으니, 인도 대승불교의 보살들도 그렇게 할 수 있는 자들이 드물었다. 『반야무지론(般若無知論)』을 저술하니, 구마라집(鳩摩羅什)[118] 법사가 그것을 보고는 "나는 그대에게 어떻게 감사해야 할지 모르겠다. 글에 경배를 올릴 뿐이다."[119]라고 했다. 『유마경』에 대한 주석은 뛰어난 의미를 널리 드러내어 경전 자체에 보탬을 주었는데, 모두 노자와 장자의 현묘한 뜻으로 대승불교를 막힘없이 밝힌 것이다. 노자와 장자는 최상의 한 관문을 아직 꿰뚫지 못해, 아름다움[美]을 다했지만 아직 선(善)을 다하지는 못하였다. 승조의 비평은 아주 적절하니, 무지한 불교학자들이 함부로 노자와 장자를 물리치는 것과는 다르다.

어떤 사람이 물었다. "허공은 텅 비어서 형상이 없고, 광활해서 한계가 없으며,ⓐ 그윽하고 막막한데,ⓑ 어떻게 만물의 어머니가 될 수 있는가?"ⓒ

대답했다. "훌륭한 질문이다. 여기에서부터 노자가 말한 도의 실제적인 의미를 한걸음 더 나아가 깊이 궁구할 수 있다. 허공의 모습은 진실로 그대가 말한 것과 같다.ⓓ 그러나 노자는 단지 허공만을 가지고 우주의 근원으로 삼고, '도'라고 이름 붙인 것이 아니다. 노자가 말하는 도는 대개 '허공[虛]'·'정신[神]'·'물질[質]' 3가지가 합쳐져서 혼연히 분할할 수 없

---

118 구마라집[Kumarajiva](鳩摩羅什, 344-413): 동진(東晉)때 후진(後秦)의 고승으로, 진제(眞諦, 499-569)·현장(玄奘, 602-664)과 함께 중국불교 3대 번역가로 꼽힌다. 구마라집은 줄여서 라집이라고도 하며 동수(童壽)라고 번역한다. 아버지는 인도인으로 쿠차에 와서 국왕의 고문이 되고 왕의 누이와 결혼해서 구마라집을 얻었다. 7세 때 출가하여 9세 때에 어머니와 함께 간다라(일설에는 캐시미르)에 가서 반두달다에게서 소승을 배우고, 수리야소마로부터 대승을 배웠으며, 그 밖에도 여러 스승들에게서 가르침을 받아 어릴 적부터 그의 명성은 서역뿐만 아니라 중국에까지 알려져 있었다. 라집은 그때까지 번역된 경전들의 오류를 지적하고 교정함과 동시에 구탈을 벗고 중국인들에게도 쉽게 이해될 수 있는 역어를 사용하였다.

119 『불조력대통재(佛祖歷代通載)』 권7. 著般若無知論, 什覽之曰, 吾解不謝子, 文當相揖耳.

는 전체이다. 『노자』 제25장에서 말했다. '뒤섞여 이루어진 어떤 것이 천지보다 앞서 생겨났다.ⓔ 고요하고 공허하게 독립해 있으면서도 변하지 않는다.ⓕ 두루 돌아다녀도 위태롭지 않으니, 천하의 어머니가 될 수 있다.ⓖ 나는 그것의 이름을 알지 못하여ⓗ 별명을 붙여 도라고 한다.'ⓘ120고 했다."

ⓐ '광활하다[眞然]'는 것은 큰 모양으로 그 크기가 바깥이 없고 한계가 없는 것이다.

ⓑ 노자가 '아득하고 또 아득하다[元之又元].'고 했다. '원(元)'자는 원래 '현(玄)'자인데, 현묘함[玄]은 어두운 상태이므로 왕필이 '원(元)'자를 '그윽함[冥]'으로 해석했다. 아득하게 아무것도 없으므로 '막막하다.'고 했다.

ⓒ 여기서 말하는 만물은 곧 하늘과 땅 및 사람을 통틀어 말한 것이다. 다른 곳에서도 그렇게 알면 된다.

ⓓ 허공은 본래 모습이 없는데, 지금 모습을 말한 것은, 말로 허공을 드러내 보여서 어떤 허공의 모습을 형용하려는 것이니, 또한 '형상 없는 형상, 모양 없는 모양'이라고 할 수 있다.

ⓔ '뒤섞여 이루어진 어떤 것'에서 '어떤 것[物]'은 '의미 없는 글자[虛字]'로 도를 암암리에 지목해서 말한 것이니, '물질'로 해석해서는 안 된다. 뒤섞여 이루어진 것은 노자가 우주의 근원으로 여기는 것이니, 이른바 도는 결코 텅 빈 '무(無)'가 아니라 허공과 정신 및 물질 세 가지가 혼합되어 이루어진 것이다. 그러므로 '뒤섞여 이루어진 것[混成]'이라고 했다. 왕필은 주에서 "뒤섞여 알 수 없지만 만물이 그것으로 말미암아 이루어지므로 '뒤섞여 이루어진 것'이라고 한다."121고 했다. 이것은 '알 수 없다.'는 말로 '뒤섞여[混]'를 해석하고, '만물이 그것으로 말미암아 이루어진다.'는 말로 '이루어진 것[成]'을 해석하고는, 두 가지 의미를 결합해서 '뒤섞여 이루어진 것'이라고 한 것이니, 견강부회가 너무 심해 따를 수 없다. 내가 허공·정신·물질 3가지가 뒤섞여 이루어진 것이라고 말한 것은, 『노자』 전체의 뜻을 회통한 것이 분명히 이와 같기 때문이니, 뒤의 글에서도 알고 있어야 한다. '천지보다 앞서 생겨난 것'은 바로 제1장에서 "무(無)는 천지의 시작을 이름 붙인 것이다."122고 한 것이 이것이다.

---

120 『도덕경』 25장. 有物混成, 先天地生, 寂兮廖兮, 獨立不改, 周行而不殆, 可以爲天下母, 吾不知其名, 字之曰道.

121 『도덕경』 25장. 有物混成, 先天地生. 구절에 대한 왕필의 주석. 混然不可得而知, 而萬物由之以成, 故曰混成也.

ⓕ '고요하고 공허하다.'는 것은 형체가 없다는 것이다. '독립해 있다.'는 것은 상대가 없다는 것이다. '변화하지 않는다.'는 것은 변화무상하지만 그 덕성은 언제나 바뀌지 않는다는 것이다.

ⓖ 정신과 물질이 하나로 뒤섞였으니, 두루 유행하면서 이르지 않는 곳이 없다. 대개 지극히 참된 것이 무한하고 끝이 없는 허공을 꽉 채워서 흘러 다니는데, 무슨 위태로움이 있겠는가! 천지만물은 모두 그 두루 유행하는 추세의 작용이 발현한 것이므로, '천하의 어머니가 된다.'고 했다. 어머니라는 것은 낳을 수 있기 때문에 그렇게 이름 붙인 것이다.

ⓗ 왕필은 "이름으로 형태를 규정하는데, 뒤섞여 이루어져 형태가 없으니 무엇이라고 규정할 수 없다. 그러므로 '그것의 이름을 알지 못한다.'고 하였다."[123]라고 했다.

ⓘ 왕필은 "도라고 말한 것은 어떤 사물도 말미암지 않음이 없다는 것에서 취했다."[124]고 했다. 살펴보건대 도는 말미암는다는 의미이다. 왕필이 제34장의 주에서 "만물은 모두 도로 말미암아 나온다."[125]고 한 것은 이런 경우이다.

어떤 사람이 다시 물었다. "노자가 말한 도가 허공·정신·물질이라는 3가지가 뒤섞여 이루어진 것임을 어떻게 증명하겠는가?"

대답했다. "『노자』제21장에서 '도라는 것은 황홀하고 황홀하다!ⓐ 황홀하고 황홀한데 그 가운데 형상이 있고, 황홀하고 황홀한데 그 가운데 물질이 있다.ⓑ 어둡고 그윽한데 그 가운데 정신[精]이 있다. 그 정신은 매우 참되어ⓒ 그 가운데 믿음[信]이 있다.'ⓓ[126]라고 했다.

ⓐ 이 구절에서는 허공에 대해 설명하였다. '~라는 것[物]'은 멀리 구절의 앞에 있는 '도'자를 가리킨다. '황홀하다!'는 것에 대해 왕필은 "형체가 없으면서 매어있지

---

122 『도덕경』1장. 無, 名天地之始, 有, 名萬物之母.

123 『도덕경』25장. 吾不知其名. 구절에 대한 왕필의 주석. 名以定形. 混成無形, 不可得而定, 故曰不知其名也.

124 『도덕경』25장. 字之曰道. 구절에 대한 왕필의 주석. 言道取於無物而不由也.

125 『도덕경』34장. 萬物恃之而生而不辭, 功成不名有, 衣養萬物而不爲主. 常無欲, 可名於小. 구절에 대한 왕필의 주석. 萬物皆由道而生.

126 『도덕경』21장. 道之爲物, 惟恍惟惚. 惚兮恍兮, 其中有象, 恍兮惚兮, 其中有物. 窈兮冥兮, 其中有精, 其精甚眞, 其中有信.

않은 것에 대한 찬탄이다."127라고 했다. 생각건대 허공은 원래 형체가 없고, 형체가 없으므로 매어 있지 않다. 찬탄이라고 한 것은 찬미한 것이다. 또 형체가 없기 때문에 볼 수 없으므로 '황홀하다!'고 했다.

ⓑ 이 구절에서는 허공에서 물질이 생겨난다는 것에 대해 설명하였다. 두 구절을 중첩해서 말한 것에서, '그 가운데'는 '허공 가운데'를 말한다. 뒤에서 말하는 '그 가운데'도 이와 같은 의미이다. '형상'이라고 말하고 '물질'이라고 말한 것은 하늘 · 땅 · 사람 등의 사물처럼 형체를 갖춘 모든 사물을 지목하는 것이 아니라, 모든 사물의 본질 즉 활발하게 유동할 수 있는 물질을 가지고 말한 것이다. 유동하는 물질은 움직이지만 아직 형태를 이루지 않았으니, 이에 형태를 이룬 사물이 이것으로 이루어지는 것이다. 옛날에는 문자가 간략해서 명사가 비교적 적었으므로 구분해서 사용하지 못했다. 독자들이 그 뜻을 알아야 한다.

ⓒ 이 구절에서는 허공에서 정신이 생겨난다는 것에 대해 설명하였다. 왕필은 "'어둡고 그윽하다.'는 것은 심원함에 대한 찬탄이다."128라고 했다. 생각건대, 어둡고 그윽한 것은 허공을 말한다. 그것은 바깥이 없을 정도로 지극히 커서 헤아릴 수 없으니 오직 그 심원함을 찬탄할 뿐이다. '그 가운데'라고 한 것은 앞에서 풀이한 것과 같다. '정신이 있다.'고 하고 다시 '매우 참되다.'고 말한 것은129 정신이 물질을 빙빙 돌며 운행하여 지극히 참된 극치라는 것이다.

ⓓ 왕필은 "믿음[信]은 '믿을 수 있는 증험[信驗]이다. 사물이 어둡고 그윽한 것으로 되돌아가면, 참된 정신의 극치를 얻을 수 있어 만물의 본성이 정해진다. 그러므로 '그 정신은 매우 참되어 그 가운데 믿음이 있다.'고 했다."130라고 말했다. 왕필의 말을 따르면, '그 가운데 믿음이 있다.'는 말은 위로 연결해서 읽어야 하는데, 문맥이 매끄럽지 않다. 왕필은 '사물이 어둡고 그윽한 것으로 되돌아가면 … '이라고 한 것은 사물이 허공으로 되돌아가는 것으로 말한 것이다. 그런데 노자는 '그 가운데 믿음이 있다.'고 했으니, 이것은 분명히 어둡고 그윽한 허공 가운

---

127 『도덕경』 21장. 道之爲物, 惟恍惟惚. 구절에 대한 왕필의 주석. 恍惚, 無形不繫之歎.

128 『도덕경』 21장. 窈兮冥兮, 其中有精. 구절에 대한 왕필의 주석. 窈冥, 深遠之歎.

129 '정신이 있다.'고 하고 다시 '매우 참되다.'고 말한 것은: 이 구절은 도덕경 원문의 '정(精)'자를 정신으로 풀이한 것인데, 이미 앞에서부터 정(精)을 정신으로 번역했기 때문에 이처럼 의미에 맞게 고쳤다. 원문을 그대로 번역하면 '정(精)은 정신을 생략해서 한 말이고, 다시 아주 참되다고 한 것은'으로 해야 한다.

130 『도덕경』 21장. 其精甚眞, 其中有信. 구절에 대한 왕필의 주석. 信, 信驗也. 物反窈冥, 則眞精之極得, 萬物之性定, 故曰, 其精甚眞, 其中有信也.

데 믿음이 있다는 것을 말한 것이지, 만물이 그윽한 것으로 되돌아가 믿을 수 있는 증험을 얻는다는 것을 말한 것이 아니다. 왕필은 '믿을 수 있는 증험[信驗]'으로 '믿음[信]'을 해석했는데, 어떻게 통할 수 있었는지 모르겠다. 왕필의『노자주(老子注)』는 천년 동안 독보적이었는데, 출중하게 뛰어난 해석이 참으로 많지만 타당하지 않은 곳도 적지 않다. 제21장에 대한 그의 해석은 한 마디도 타당한 근거가 없다. 제21장은 노자 학문의 핵심이 있는 곳인데, 왕필이 깊이 탐구하지 않은 것이 안타깝다.

내가 생각해 보건대, '그 가운데 믿음이 있다.'는 구절은 허공에서 물질과 정신이 생겨난다는 앞의 글을 총괄하여 맺으면서 하나의 큰 허공은 비어 있지만, 비어 있지 않음을 명시한 것이다.ⓐ 그러므로 '그 가운데 믿음이 있다.'고 했으니, '믿음[信]'이라는 말은 진실함[實]이다.ⓑ '비어 있지만 비어 있지 않다.'는 것은 정신이 생겨나고 물질이 생겨나기 때문에 비어 있지만 진실하다는 것이다. 허공에서 정신과 물질이 생겨나오는 것은 구분할 수 있는 주체[能]와 객체[所]가 없고 또한 선후도 없으니, 비유하면 물에서 습기가 생겨나오는 것과 같다.ⓒ 정신과 물질 및 허공이 혼연히 하나가 되어 완전하게 원만한 것을, 뒤섞여 이루어진 것이라고 하고, 태일(太一)이라고도 한다.ⓓ 여기에서부터 논해 보면, 제1장의 '유(有)'와 '무(無)'라는 두 가지 명칭도 바르게 해석할 수 있다. 뒤섞여 이루어져 형체가 없으므로 '무(無)'라고 이름 붙였다고 했다. 뒤섞여 이루어진 것이 움직여서 나올수록 무궁무진하니 만물의 어머니가 된다. 그러므로 움직여서 나오는 것으로 말하면 마땅히 '유(有)'라고 이름 붙여야 된다.ⓔ 뒤섞여 이루어진 것은 본체이다. 움직여서 나오는 것은 본체에서 작용이 일어나는 것이니, '유'와 '무'라는 두 가지 이름은 본체와 작용에 의거하여 임시로 붙인 것이다. 본체와 작용은 구분할 수 있지만 결국 나누어서 두 가지로 할 수 없으므로, 제1장에서 "이 '두 가지[兩者]'는 '같은 것[同]'인데 '나와서는[出]' 이름이 달라진다."[131]고 하였다. 왕필은 이 제1

---

131 『도덕경』1장. 此兩者同, 出而異名.

장을 전혀 이해하지 못했기 때문에, 제1장을 주석한 것도 역시 제멋대로 말했다. 이 두 장(제1장과 제21장)에 대해서 종래의 학자들 중에 이해하는 사람이 드물었으니, 설명하는 자들이 도가 도다운 것이라고 하는 것은 노자가 말한 도가 아니다. 노자 학문의 근본에 밝지 않으면, 모든 논의가 모두 그 유래를 탐구할 수 없다. 노자가 말하는 도는 본래 허공과 정신 및 물질이 뒤섞여 이루어진 것인데, 정신과 물질은 모두 허공에서 생겨나오므로, 노자가 '허무(虛無)'로 근본을 세웠음을 알아야 한다. 왕필은 노자를 공부했는데도 뒤섞여 이루어진 것을 이해하지 못했으니, 이것이 가장 크게 잘못된 것이다. 그러나 노자가 허무로 근본을 세웠다는 취지에 대해서는 아주 깊이 체득한 것이 있었으니, 위진(魏晉)시대 이후로 노자를 주석한 여러 학자들 가운데 왕필에 미칠 수 있는 자가 없었다. 노자가 허무로 근본을 세웠다는 것은 책 전체에서 어느 한 마디라도 그렇지 않은 것이 없다. 그 증거를 간략히 들겠다. 예컨대 제4장에서 "도는 '비어 있으면서[沖]' 작용하니 아무것도 채워져 있지 않은 것 같다[或]. ⓕ 연못처럼 깊고 고요하니 만물의 근본인 듯하다[似]. ⑨132고 한 것과 같다. 왕필은 주석하여 말했다. "비어 있으면서 작용하니 작용이 이에 끝이 없다. '가득 찬 것[滿]'으로 '실제의 이익[實]'을 만드니, 실제의 이익이 들어오면 넘친다. ⓗ 그러므로 비워 놓고 사용하고 다시 채우지 않으니, 그 무궁함이 또한 이미 극진하다. ⓘ 형체가 비록 크지만 그 몸체를 장애로 여기지 않는다. ⓙ 일이 비록 많지만 역량을 초과하지 않는다. ⓚ 만물이 이것을 버리고 근본을 찾는다면 근본이 어디에 있겠는가! 연못처럼 깊고 고요하니, 또한 만물의 근본인 듯하지 않은가!"ⓛ133

ⓐ '하나'는 상대가 없다는 의미이다. '큰'이라는 말은 바깥이 없다는 의미이다.

132『도덕경』4장. 道, 沖而用之, 或不盈. 淵兮似萬物之宗.

133『도덕경』4장에 대한 왕필의 주석. 沖而用之, 用乃不能窮. 滿以造實, 實來則溢. 故沖而用之, 又復不盈, 其爲無窮, 亦已極矣. 形雖大, 不能累其體, 事雖殷, 不能充其量. 萬物舍此而求主, 主其安在乎! 不亦淵兮似萬物之宗乎!

ⓑ '믿음[信]'이라는 말의 본래 의미는 '진실하다[實].'는 것이니, 비록 '믿을 수 있는 증험[信驗]'이라는 의미도 있지만 여기에서는 당연히 진실하다는 의미를 취해야 한다.

ⓒ 허공은 낳는 것이고 정신과 물질은 태어난 것이라고 말할 수 없으니, 만약 이렇게 주체와 객체가 있다면 판연히 두 가지가 된다. 예컨대 어머니가 자식을 낳는 것과 같은 것은 일체가 아니지만, 물에서 습기가 생겨나오는 것으로 비유하면 물과 습기를 주체와 객체로 나눌 수 있겠는가! 또한 허공이 앞서 있고 정신과 물질이 뒤에 있다고도 말할 수 없으니, 물과 습기로 비유하면 어떻게 선후를 나눌 수 있겠는가!

ⓓ 도가가 '태일(太一)'을 중심으로 한다.'는 것은 『장자』「천하」편에 있다.[134] 『노자』에서 '하나를 얻는다.'[135]고 하고, '하나를 껴안는다.'[136]고 했으니, 「천하」편이 틀리지 않았음을 뒷받침한다.

ⓔ '유(有)'라는 이름은 곧 움직여서 나오는 것에 의거해서 붙인 것이다.

ⓕ '비어 있다[沖]'는 것은 허공이라는 말이다. '같다[或]'는 것은 비슷하다는 말이다. 고의로 비슷한 말을 쓴 것은 문장의 묘미이다.

ⓖ '듯하다[似]'는 것은 앞의 '같다[或]'는 말과 같은 의미이다.

ⓗ '가득 찬 것[滿]'은 충만하게 채워져 있다는 것이다. 실제의 이익은 '공명과 이욕[功利]'이다. 이것은 '비어 있음[沖]'을 사용하지 않으면 반드시 충만하게 채워져 있는 것으로 작용을 삼으니, 사람들이 충만하게 채우는 도를 사용해서 실제적인 공명과 이욕을 내세우는 것과 같다고 말한 것이다. 이미 공명과 이익을 내세우면 마구 흘러넘치는 재앙이 이에 따라 이르게 되니, '실제적인 이익이 들어오면 넘친다.'고 했다. 근세에 제국주의 국가들이 바로 가득 찬 것으로 실제적인 이익을 만들었다.

ⓘ '비어 있음[沖虛]'을 사용하고 채우지 않는 데에 힘쓰면 그 작용은 무궁한 극치이다. 이것은 도가 비어 있음으로 작용을 삼는다는 것에 대해 밝힌 것인데, 사람의 일에서 그것을 미루어보면 알 수 있다.

ⓙ 형체를 갖춘 사물로 가장 큰 것은 천체만한 것이 없는데, 모든 천체도 저 지극히 커서 바깥이 없는 허공에서는 작은 모래알과 같을 뿐이다. 가령 어떤 천체가 그

---

134 도가가 '태일(太一)'을 중심으로 한다.'는 것은 『장자』「천하」편에 있다: 『장자』「천하」. 建之以常無有, 主之以太一, 以濡弱謙下爲表, 以空虛不毀萬物爲實.

135 『도덕경』 39장. 昔之得一者, 天得一以淸, 地得一以寧, 神得一以靈, 穀得一以盈, 萬物得一以生, 侯王得一以爲天下貞.

136 『도덕경』 10장. 載營魄抱一, 能無離乎.

형체가 커서 허공에 두루 꽉 차는 상태에 이르렀다면, 반드시 자신의 형체에 얽매여 운동할 수 없을 것이니, 바로 쓸모없는 사지(死地)에 빠진 것이다. 그러므로 모든 천체는 그 역량을 크게 지나칠 수 없으니, 바로 비어 있음을 본받아야 그 몸체에 스스로 얽매이지 않는다는 것을 알 수 있다. 만약 사람의 일로 미루어 징험하면, 근래에 제국주의자들이 식민지와 군사기지를 쟁탈하다가, 마침내 그 몸체에 스스로 얽매여 사지에 빠지게 되는 것이다. 왕필은 선견지명이 대단하다!

ⓚ 사업이 번다할지라도 그 역량을 채우는 데 급급하지 않으니, 인력에 여유가 있다. 물력을 고갈하려 하지 않으니, 노자가 '만족할 줄 알면 위태롭지 않다.'고 한 것이 바로 이런 의미이다.

ⓛ 이 구절은, 만물은 비어 있음을 위주로 하여 제각기 본성을 따른다는 말이다.

왕필은 이 단락의 주석에서 사람의 일과 '사물의 마땅함[物宜]'ⓐ을 살피고, 이어서 위대한 도는 비어 있지만 그 작용이야말로 무궁하니, 이것이 '저절로 그러한[自然]' 하늘의 법칙이라고 추론하였다.ⓑ 사물이 그것을 어기고는 마땅함을 얻을 수 없고, 사람이 그것을 어기고는 일을 이룰 수 없다. 왕필의 말은 노자의 의도를 잘 발휘한 것이니, 뛰어난 식견과 폭넓은 재주는 도가를 이어나간 외로운 영웅이라고 할 수 있다. 그러나 노자는 폐단이 없을 수 없다. 가득 찬 것으로 실제의 이익을 만들면, 그 재앙은 진실로 요행으로도 면할 수 없다. 그러나 만약 한결같이 허무를 숭상해서 실제적 이익을 만드는 것을 경계하기에 힘쓰면, 비우는 것은 비우는 것으로 끝나 효용을 없애는 우환이 있게 되니 어찌할 것인가! 공자의 도처럼 크게 천하가 공평하게 되면, 이것으로 천지를 마름질하여 이루고 만물이 생겨나기를 도와주어[137] 실제적 이익을 만들며, 실제적 이익이 생겨도 만물이 모두 자신이 있을 곳을 얻고, 모두 그것으로 상달(上達)해서ⓒ 영험한 본성의 생활을 발양한다. 이렇게 되면 도는 사람에 의해 넓어지고 커지는데, 어찌 노자가 아득한 것에서 곤궁해지는 것처럼

---

137 천지를 마름질하여 이루고 만물이 생겨나기를 도와주어: 『역』「태괘(泰卦)」「단전(彖傳)」. 天地交, 泰, 後以財成天地之道, 輔相天地之宜, 以左右民 참조.

사람이 그의 능력을 잃고 위대한 도가 죽는 지경에 이르러 인도 고대의 공견외도(空見外道)에 가깝게 되겠는가! @ 주나라 말기에 패자(覇者)들이 오로지 공명과 이익에 힘쓰니, 그 재앙이 진시황에게서 극에 달해 중화 민족이 비로소 쇠퇴했다. 노자는 패자들이 함부로 날뛰는 추세를 미리 알고 경계했던 것이다. 다만 그가 도를 깨달은 것이 참되지 않아, 뒤섞여 이루어진 것을 '도'로 여겨 공자의 도와 달랐던 것이 애석하다. 허무를 근본으로 여기고 마침내 허무에 빠져, 사람들의 능력을 없애고도 도가 아닌 것에 빠진 줄 스스로 깨닫지 못했다. 노자는 지나치게 치우쳐서 폐단이 많은 것이 심하다! 유학의 도는 크게 공평하니 어떻게 비우지 못하는 것이 있겠는가! @ 비우는 것으로 실제의 이익을 만들고, 실제의 이익이 생기면 선(善)을 좋아해서 상달하니, 어떻게 제멋대로 흘러넘치는 것이 있겠는가! 노자는 충만하게 채우는 것을 싫어해서, 충만하게 채우게 되는 근본이 사욕에 있다는 것을 몰랐다. 사욕에 얽매여 충만하게 채우기를 구하는 것은 맹목적 충동을 멈추게 할 줄 몰라 그 추세가 끝내 마음대로 흘러넘치는 데로 나아가서 수습할 수 없게 되는 것이다. 노자는 비어 있음을 효용으로 여겨 공평함을 근본으로 하지 않았으니, 그 비어 있음은 '비워서 없애는[曠蕩]' 비움이지 우리 유학에서 말하는 비움이 아니다. 비워서 없애는 것은 쓸모가 없는데, 이에 '비어 있으면서 작용한다.'138고 했으니, 또한 스스로를 속인 것이 아닌가! 왕필은 천재인데도 노자의 함정에 빠졌으니, 역시 그 역량이 광자(狂者)에 불과할 뿐이다."

ⓐ '사물의 마땅함[物宜]'이라는 말은 『역』「계사전」에 있다.139
ⓑ '위대한 도'라고 할 때의 '위대한'은 찬미하는 말이다. '하늘의 법칙'은 천연의 법칙이다. 여기서 말하는 '저절로 그러한[自然]'은 하늘의 법칙을 형용하는 말이다. 아무도 그렇게 하도록 한 것이 없으므로 '저절로 그러한[自然]'이라고 했다.

---

138 『도덕경』 4장. 道, 沖而用之.
139 '사물의 마땅함[物宜]'이라는 말은 『역』「계사전」에 있다: 『역』「계사・상」. 聖人有以見天下之賾, 而擬諸其形容, 象其物宜, 是故謂之象.

ⓒ '상달(上達)'이라는 말은『논어』에 있다.[140]

ⓓ『역』「계사전」에서 "성인은 능력을 이룬다."[141]고 했으니, 사람들은 사람의 능력을 이루어야 한다. 그렇게 하지 않으면 도를 넓힐 수 없다. 공견외도(空見外道)[142]에서는 모든 것이 '공(空)'이라고 했다. 저들의 말대로라면, 우주와 인생은 마치 '공중의 꽃[空華: 망상]'과 같다. 노자의 학문이 비록 이 지경까지 간 것은 아니지만, 허무에 빠지면 그 폐단도 공견과 거리가 서로 멀지 않을 것이다.

ⓔ 사람의 마음이 사욕에 구속되면 공정함을 잃으므로 비우지 못한다. 공정함은 사사로움이 없는 것이다. 공정하면 평등하고, 평등하면 커진다. 커졌기 때문에 아주 작은 사욕에도 얽매이지 않으니 비움의 지극함이다.

[4-2-2-3] 노자의 인생론

노자의 '마음을 수양하는 방법[養心之道]'은 오직 허무로 돌아가고자 하는 것일 뿐이다.ⓐ 제20장에서 말했다. "배움을 끊어버리면 근심이 없다.ⓑ '공손하게 대답하는 것[唯]'과 '대충 대답하는 것[阿]'의 차이가 얼마나 되겠으며, 선과 악의 차이가 얼마나 되겠는가! 사람들이 두려워하는 것은 두려워하지 않을 수 없다.ⓒ 망망하여 다함이 없구나!ⓓ 뭇사람들이 희희낙락하는 것이 성찬을 벌여놓고 향연을 즐기는 것 같고, 봄날에 누대에 올라가는 것 같다.ⓔ 나만 조용히 아무런 내색도 없으니, 웃을 줄 모르는 갓난아이 같다.ⓕ 외롭게도 돌아갈 곳이 없는 듯하구나!ⓖ 뭇사람들은 모두 마음이 넘치는데 나만 마음을 잃어버린 듯하다.ⓗ 나는 어리석은 사람의 마음이로구나!ⓘ 우매하구나!ⓙ 세속의 사람들은 초롱초롱한데,ⓚ 나만 어수룩하고,ⓛ 세속의 사람들은 또릿또릿한데,ⓜ 나만 흐리

---

140 '상달(上達)'이라는 말은『논어』에 있다:『논어』「헌문(憲問)」. 子曰: "君子上達, 小人下達 …. 子曰. 不怨天, 不尤人. 下學而上達. 知我者其天乎."

141 『역』「계사·하」. 天地設位, 聖人成能, 人謀鬼謀, 百姓與能.

142 공견외도(空見外道): 고대 인도의 외도(外道) 가운데, 인과법칙을 부정하여 우리들이 죽은 뒤에는 모든 것이 없어져서 영혼이나 의식도 전혀 없다고 생각하는 외도를 총칭하는 말이다.

멍덩하다.[n] 아득한 것이 바다 같고,[o] 세찬 바람이 몰아치듯이 멈추지 않는 듯하다.[p] 뭇사람들은 모두 쓸모가 있는데,[q] 나만 우둔하고 촌스럽다.[r] 나만 남들과 달리 '먹여주는 어머니[食母]'를 귀하게 여긴다."[s]143

ⓐ 여기서의 '방법[道]'은 방술(方術)이라고 하는 것과 같다.

ⓑ '배움'은 본래 할 수 있는 것을 더 잘하기를 구해 지혜를 향상시키는 것이다. 욕심 없는 것으로 만족한다면 무엇 때문에 더 잘하기를 구하겠는가! 지혜가 생기면 큰 속임수가 나오는데 무엇 때문에 향상하기를 구하겠는가! 허무를 떠나 할 수 있는 것으로 많은 것을 구하는 것이 지식이 넓은 것이다. 지식이 넓어졌는데도 그 정신을 혼란스럽게 하고, 할 수 있는 것이 많아졌는데도 '다른 것[物]'들과 경쟁한다면, 이것은 스스로 '번뇌의 세상[火宅]'144을 영위하는 것이다. 그러므로 배움을 끊어서 근심을 없앨 수 있다. 노자는 진실로 분명하게 보았다. 그러나 맹자가 말하지 않았는가! "지혜를 싫어하는 것은 천착하기 때문이다. 만일 지혜로운 자가 우임금이 물을 흘러가게 한 것처럼 해서 일삼는 것이 없도록 행한다면, 지혜를 싫어하지 않을 것이다."145 세상 사람들은 배우면서도 그 근원에 몽매하므로, 지혜를 많게 해서 그 성명(性命)을 훼손시킨다. 유학의 학문은 이와 같지 않은데, 노자가 깨우치지 못한 것이 안타깝다.

ⓒ 공손하게 대답하는 것과 대충 대답하는 것의 차이가 없다면, 악을 싫어하고 선을 구하는 것도 태허에서 갑자기 미망의 안개가 더 일어나는 것일 뿐이니, '차이가 얼마나 되겠는가!'라고 했다. 비움을 이룸이 지극하고 고요함을 지킴이 돈독하면,146 본래 악이 없는데 선 또한 어떻게 있겠는가! 악행을 저지르다가 형벌을

---

143 『도덕경』 20장. 絶學無憂. 唯之與阿, 相去幾何. 善之與惡, 相去若何. 人之所畏, 不可不畏. 荒兮其未央哉. 衆人熙熙, 如享太牢, 如春登臺. 我獨泊兮其未兆, 如嬰兒之未孩, 儽儽兮若無所歸. 衆人皆有餘, 而我獨若遺. 我愚人之心也哉. 沌沌兮, 俗人昭昭, 我獨昏昏, 俗人察察, 我獨悶悶. 澹兮其若海, 飂兮若無止. 衆人皆有以, 而我獨頑似鄙. 我獨異於人, 而貴食母.

144 '번뇌의 세상[火宅]': 번뇌의 고통을 불로, 삼계를 집으로 본 것이니 번뇌의 세상을 상징하는 말이다. 『법화경(法華經)』 「경유품(警喩品)」: 三界無安, 猶如火宅, 衆若充滿, 甚可怖畏, 常有生老病死憂患, 如是等火, 熾然不息. 참조.

145 『맹자』 「이루・하(離婁・下)」. 所惡於智者, 爲其鑿也. 如智者若禹之行水也, 則無惡於智矣. 禹之行水也, 行其所無事也.

146 비움을 이룸이 지극하고 고요함을 지킴이 돈독하면: 『도덕경』 16장. 致虛極, 守靜篤.

받는 것은 사람들이 두려워하는 것이니, 나도 두려워한다. 이것도 만물의 척도
를 따르는 것일 뿐이지 마음으로 법망을 피하는 것이 아니다.

ⓓ 왕필은 스스로 "세속과 너무 상반됨을 한탄했다."[147]고 했다.

ⓔ 왕필은 "뭇사람들은 영화와 이욕에 미혹되어 마음으로 다투며 나가려 하므로 성
찬을 벌여놓고 향연을 즐기는 것 같고, 봄날에 누대에 오르는 것 같다."[148]고 하
였다.

ⓕ 내 마음이 텅 비어 이름 붙일 수 있는 형체가 없고, 아울러 미동의 기미도 없으
니, 아직 웃을 줄도 모르는 갓난아이 같다. 이것은 태허로 되돌아간 것이다.

ⓖ 왕필은 "거주할 곳이 없는 것 같다."[149]고 했다. 생각건대 태허로 되돌아갔으므
로 행하니 거주할 곳이 없다.

ⓗ 왕필은 "뭇사람들 중에는 생각과 뜻이 없는 사람이 없어서 가슴속에 흘러넘치므
로, '마음이 넘친다.'고 했다. 나만 텅 비어 무위하고 무욕하니, 마음을 잃어버린
것 같다."[150]고 했다. 생각건대 뭇사람들의 생각이 아주 복잡한 것은 욕심이 끝
없기 때문이고, 뜻하는 것이 극히 허망한 것은 야심이 미친듯이 날뛰기 때문이
다. 그러므로 '가슴속에 흘러넘친다.'고 했다. 무릇 뭇사람들의 마음이 넘치는
것은 노자가 이미 모두 다 제거하여 또 힘을 소비할 필요가 없으니, 털끝만큼도
주의를 기울이지 않고 마음을 잃어버린 것 같다면, 이것은 비움을 이룸이 지극
하게 된 효과이다.

ⓘ 왕필은 "상대가 없을 정도로 어리석은 사람은 마음속으로 따지는 것이 없고 마
음으로 좋아하고 바라는 것이 없으니, 느긋한 그 심정을 알 길이 없다. 내가 명
청하게 있는 것이 이와 같다."[151]고 했다. 생각건대, 노자가 어리석은 사람의 마
음과 같다는 것은 대개 허무로 되돌아갔기 때문이다.

ⓙ "따질 줄 모르니, 총명할 수 없다."[152] 총명함을 구하면 지혜와 능력을 더해서 비
움을 상실한다.

---

147 『도덕경』 20장. 荒兮其未央哉. 구절에 대한 왕필의 주석. 歎與俗相反之遠也.

148 『도덕경』 20장. 衆人熙熙, 如享太牢, 如春登臺. 구절에 대한 왕필의 주석. 衆人迷
於美進, 惑於榮利, 欲進心競, 故熙熙如享太牢, 如春登臺也.

149 『도덕경』 20장. 儽儽兮若無所歸. 구절에 대한 왕필의 주석. 若無所宅.

150 『도덕경』 20장. 衆人皆有餘, 而我獨若遺. 구절에 대한 왕필의 주석. 衆人無不有懷
有志, 盈溢胸心, 故曰 皆有餘也. 我獨廓然無爲無欲, 若遺失之也.

151 『도덕경』 20장. 我愚人之心也哉. 구절에 대한 왕필의 주석. 絶愚之人, 心無所別析,
意無所(好欲)〈美惡〉, 猶然其情不可覩, 我頹然若此也.

152 『도덕경』 20장. 沌沌兮. 구절에 대한 왕필의 주석. 無所別析, 不可爲明.

ⓚ '초롱초롱하다.'는 것은 "그 빛을 낸다."[153]는 것이다.

ⓛ '나만 어수룩하고'라는 것은 무지하다는 것이다.

ⓜ 사물의 리(理)를 따져서 그 지식이 많다. 좋아할 만한 것과 좋아하지 않을 만한 것들을 분별하여 그 욕구를 채우려고 하니, 좋아하지 않는 것이면 버리려고 하고 좋아하는 것이면 얻으려고 한다.

ⓝ '나만 흐리멍덩하다.'는 것은 욕심이 없다는 것이다.

ⓞ 왕필은 "심정을 알 수 없다."[154]고 했다. 생각건대, 정염과 욕망이 없어져서 허무로 되돌아가니, 광막한 큰 바다와 같다.

ⓟ 왕필은 "매인 곳이 없다는 것이다."[155]라고 했다. 생각건대, 세속적인 감정을 벗어나 허무로 돌아갔으므로 매인 것이 없다.

ⓠ '뭇사람들은 모두 쓸모가 있는데'라는 것은 모두 쓰일 곳이 있으려고 한다는 것이다.[156]

ⓡ "하고자 하는 것이 없어 흐리멍덩하고 어수룩하니, 아는 것이 없는 것 같다. 그러므로 '우둔하고 촌스럽다.'고 했다."[157]

ⓢ 태아는 엄마의 뱃속에서 먹으니, 이것이 생명의 근본이다. 사람은 허무에서 생겨나니, 허무는 사람의 어머니이다. 사람들은 모두 자신들이 생겨나온 어머니를 버리므로 '나만 남들과 다르다.'고 했다.

제20장의 의미를 자세히 살펴보면, 세속의 사람들이 혼탁하게 오염되었으면서도 스스로 빠져나오려고 애쓰지 않는 것을 불쌍히 여긴 것이다.ⓐ 그러므로 노자 자신은 홀로 이룬 것을 밝혀, 사람들이 모두 깨달아 허무의 극치로 함께 돌아와서 성명의 바름을 잃지 않기를 원했다. 이것이 노자 학문의 핵심이다. 그렇다고 할지라도 노자의 도가 청정을 싣고서 뭇사람들의 혼탁함을 씻은 것은, 공경스럽고 아름답다고 할 수 있다. 그러

---

153 『도덕경』 20장. 俗人昭昭. 구절에 대한 왕필의 주석. 耀其光也.

154 『도덕경』 20장. 澹兮其若海. 구절에 대한 왕필의 주석. 情不可覩.

155 『도덕경』 20장. 飂兮若無止. 구절에 대한 왕필의 주석. 無所繫縶.

156 '뭇사람들은 모두 쓸모가 있는데'라는 것은 모두 쓰일 곳이 있으려고 한다는 것이다: 『도덕경』 20장. 衆人皆有以. 구절에 대한 왕필의 주석. 皆欲有所施用也.

157 『도덕경』 20장. 而我獨頑似鄙. 구절에 대한 왕필의 주석. 無所欲爲, 悶悶昏昏, 若無所識, 故曰, 頑且鄙也.

나 인(仁)이라면 나는 모르겠다. 『노자』를 통틀어 살펴보면, 백성들이 무지하게 되고 무욕하게 되기를 바랄 뿐이지, 가르치고 이끄는 것을 주로 하지 않는다. 노자가 '사람들이 미혹해진 날들이 참으로 오래되었음'ⓑ158을 분명하게 알았음에도 가르치고 이끄는 것을 없앰으로써 자신이 청정하면, 뭇사람들이 저절로 교화되어 저절로 그 혼탁함을 씻을 것이라고 여겼으니, 이것은 절대 이룰 수 없는 일이다.

ⓐ '혼탁한 오염[雜染]'은 불교용어를 빌려 썼다. '혼탁한[雜]'에는 두 가지 의미가 있으니, 하나는 순수하고 깨끗하지 않다는 의미이고, 다른 하나는 잡다하다는 의미이다. '오염[染]'은 물들어서 더럽다는 의미이다. 뭇사람들 중에서 여러 가지 지식·견해·기호·욕구 및 일체의 생각과 뜻이 마음에 흘러넘치는 경우에 혼탁하게 오염되지 않는 자가 거의 없다. 혼탁한 오염은 생명을 가진 다음에 모든 '헛된 생각[妄念]'·'헛된 상상[妄想]'·'헛된 행동[妄作]'의 여세(餘勢)가 우리들이 자각하지 못하는 심연의 내심에 잠복해 있는 것이다. 그 여세라는 것은 우리들이 생각하거나 상상할 때마다 비록 마치 그 당시에 곧바로 소멸되는 것 같지만 실제로는 남아 있는 세력이 잠복해서 없어지지 않고 있는 것이니, 이것은 깊이 내면을 관찰하는 자가 아니면 알지 못한다. 혼탁한 오염의 종류는 번다하고, 깊고 견고하게 잠복되어 있다. 각종의 잠든 듯 숨어 있는 혼탁한 오염의 세력은 수시로 기회를 노려 드러나려고 하니, 다스리기가 결코 쉽지 않다.

ⓑ 『도덕경』 제58장에 있는 말이다. 곧 부처의 설법에서, 중생은 머나먼 과거부터 무명(無明)이라는 긴 어두움을 거쳐 오고 있다는 의미이다.

『역』 「계사전」에서는 "만물을 곡진하게 이룬다."159고 했고, 『논어』에서는 "가르침에는 사람의 부류를 가리지 않는다."160고 하고, "인자(仁者)는 자신이 서려고 하면 남을 세우며, 자신이 도달하려고 하면 남을 도달시킨다."161고 했으며, 『중용』에서는 "자신을 이루고 만물을 이룬다."162

158 『도덕경』 58장. 人之迷, 其日固久.
159 『역』 「계사·상」. 曲成萬物.
160 『논어』 「위령공(衛靈公)」. 子曰: "有敎無類."
161 『논어』 「옹야(雍也)」. 夫仁者, 己欲立而立人, 己欲達而達人.
162 『중용』 25장. 誠者非自成己而已也, 所以成物也. 成己, 仁也, 成物, 知也.

고 했으니, 이런 것은 곧 천지만물이 한 몸이라는 점에서 고통이 서로 연결되어 스스로 그만둘 수 없는 것이다. 그런데 어떻게 대중을 떠나 자기 한 몸만 선하게 하면서, "나만 남들과 달리 먹여주는 어머니를 귀하게 여긴다."[163]고 하겠는가! 어머니는 나와 남들이 동일하게 여기는 분인데, 남들은 모두 어머니를 버리고, 나만 어머니를 독차지할 수 있겠는가! 노자가 인(仁)을 알지 못한 것이 슬프다! 유학에서는 인을 근본으로 하는데, 노자는 "도가 없어진 다음에 덕(德)을 중시하고, 덕이 없어진 다음에 인(仁)을 중시한다."[164]고 비난했다. 이런 잘못을 송대의 유학자들이 심하게 논박했었는데,ⓐ 여전히 노자가 잘못한 까닭을 제대로 알지 못했다. 노자는 허무를 근본으로 내세웠으니, 그가 말한 도는 근본적으로 공자의 도가 아니어서, 인의(仁義)의 근원을 당연히 이해하지 못했다.ⓑ 도가의 무리들은 아주 뛰어난 지혜로 이치를 깨달았으므로 함부로 논의할 수 없다고 내가 말한 적이 있다. 현존하는 『장자』의 내편은 당연히 장자의 손에서 나왔지만, 그 나머지는 대부분 도가의 미묘한 말을 잡다하게 모은 것이다. 『관자(管子)』·『한비자(韓非子)』·『회남자(淮南子)』 등에서 '도에 대한 논의[道論]'를 모은 것도 적지 않다. 세상에서 불학을 배운 자가 기필코 도가를 물리치는 것은, 다만 '자신의 분수를 모르는 것[不知量]'ⓒ을 드러내는 것이다. 그런데 도가에는 세속을 잊어버리려는 뜻이 있지만, 부처가 아주 씩씩하고 용맹스럽게 방해받지 않고 두려워하지 않으며 초연히 허공을 깨부수는 것과는 같을 수 없었다. 이것이 승조가 정신을 아득한 곳에 얽매이게 하는 방법을 부족하다고 여겨, 도가를 버리고 불가에 귀의했던 까닭일 것이다. 도가의 대가들은 지혜에는 민첩하지만 인(仁)에는 깊은 이해가 없어서, '백성은 나의 동포이고 만물은 함께하는 것이다[民胞物與].'라는 도량이 부족하다.ⓓ 그들의 학문은 자신들만 선하게 하고 이롭게 하는 것으로 귀결되니, 단지 불가의 소승의 근기(根器)일

---

163 『도덕경』20장. 我獨異於人, 而貴食母.

164 『도덕경』38장. 故失道而後德, 失德而後仁, 失仁而後義, 失義而後禮.

뿐이다. 노자와 장자는 군중들이 '미혹되고 무너지는[蠱壞]'ⓔ 한쪽 면을 보고는 막힘없이 깨닫고 멀리 비추니, 그들의 말이 영원히 인류에게 보배 같은 귀감이 되었다. 왕선산(王夫之)은 장자의 뜻을 이해했지만, 왕개보(王安石)는 오히려 깊이 이해하지 못했다.ⓕ 그런데 노자는 '암컷의 특성[雌]'을 지키고 '재주를 숨겨서[藏機]' 유약함으로 효용을 삼고 감히 천하에서 앞장서지 않았다.¹⁶⁵ 장자는 거짓으로 미친 체하여 분노를 풀었으니, 군중에게는 영도자가 없었고 재앙은 끝이 없었다.ⓖ 도가의 학문은 사람들에게 심미적 정취를 더해줄 수 있지만, 사람들에게 측은한 마음의 단서와ⓗ 강대한 기상을 길러주지는 못한다. 이상은 내가 인용하여 경계로 삼는 것이다.

ⓐ 『상채어록(上蔡語錄)』¹⁶⁶의 논박이 비교적 뛰어난 것 같지만, 지금은 검토하지 않겠다.

ⓑ 이에 대한 의미는 여기서는 자세히 말하지 않겠다. 반드시 따로 이것만을 논해야 할 것이다.

ⓒ 이 말은 『논어』「자장(子張)」편에서 자공(子貢)의 말을 차용한 것이다.¹⁶⁷

ⓓ '백성은 나의 동포이고 만물은 함께 하는 것이다.[民胞物與]'는 것은 장횡거(張橫渠: 張載) 선생의 말을 사용한 것이다.¹⁶⁸ 인류가 마땅히 서로를 동포로 여기는 것에 대해 '백성이 나의 동포이다.[民胞]'라고 하고, 만물이 모두 우리들과 같은 부류라는 것을 '만물은 함께 하는 것[物與]'이라고 한다.

ⓔ '무너지는 것[壞]'은 속이고 거짓말하며 탐욕스럽고 잔인한 것이다. '미혹된 것[蠱]'은 미쳐서 정신이 빠지고 어두운 것이다.

ⓕ 왕안석(王安石)은 자(字)가 개보(介甫)이다.

ⓖ 통치계급이 착취하고 백성을 어리석게 만든 독소를 노자와 장자는 모두 아주 투

---

165 감히 천하에서 앞장서지 않았다: 『도덕경』 67장. 我有三寶, 持而保之. 一曰慈, 二曰儉, 三曰不敢爲天下先.

166 『상채어록(上蔡語錄)』: 사상채(謝上蔡) 곧 사량좌(謝良佐)의 어록을 말한다.

167 이 말은 『논어』「자장(子張)」편에서 자공(子貢)의 말을 차용한 것이다: 『논어』「자장(子張)」. 人雖欲自絶, 其何傷於日月乎. 多見其不知量也.

168 '백성은 나의 동포이고 만물은 … 장횡거(張橫渠: 張載) 선생의 말을 사용한 것이다: 『장재집(張載集)』제17 「건칭편(乾稱篇)」. 民吾同胞, 物吾與也.

철하게 알고 또한 몹시 싫어했지만, 끝내 유약함을 지켜 스스로 보전했기 때문에 '하늘과 땅이 검고 누런 피를 흘리는 전쟁[玄黃之戰]'을 피했다. 노자와 장자의 도를 따르면, 천하가 궁극적으로 당연히 변화되어야 하는 기회가 이미 닥쳤을지라도 일어나서 영도할 자가 없으니, 다만 무너지는 쪽으로 더욱 달려갈 뿐이다. 주대 말기 6국 시대 이후의 사회가 언제나 이와 같았다. 그런데 노자의 깊이 감추는 도술을 한비자가 훔쳐 백성을 참혹하게 하는 패자의 술수로 바꿀 줄은 노자가 미처 생각하지 못했던 것이다.

ⓗ 측은한 마음의 단서는 인(仁)이다.

도가는 비록 심미적 정취가 깊지만, 허무로 돌아가고 고요함을 돈독하게 하며 유약함을 지키고 뒤로 물러나는 사상으로 사람들의 구차한 감정을 따른 것이다. 옛날부터 남달리 총명하고 영특해서 문학에 뛰어난 자들은 도가의 서적을 즐겨 보아 정신과 뜻을 빼앗겼다. 부처가 닦고 익힌 공관(空觀)의 교리가 동쪽으로 전해지니, 제일 먼저 그것과 영합한 자들은 모두 노장의 무리들이었다. 공자 『대역(大易)』의 참됨을 어지럽혀서 한나라 사람들의 술수보다 피해가 심했던 것으로 노장의 무리보다 혹심한 것은 없었다.ⓐ 나의 학문하는 '근본적인 염원[本願]'은ⓑ 중국 학문의 잘잘못을 고증하여 변별하는 데 있으므로 도가에 더욱 세심했다.ⓒ 중국의 철학 사상으로 논하면, 유가 이외에 우뚝하게 독립적인 성취를 이룬 경우는 도가뿐이다. 묵자는 본래 과학자여서 그 철학적 이론이 매우 간단하다. 명가의 혜시도 뛰어난 과학자이니, 이제 장자가 말한 것에 근거하면, 그의 철학이 여전히 유학에 가까웠다는 것을 엿볼 수 있는 한두 가지 조목이 있지만, 애석하게도 그의 책이 모두 사라져서 이미 한나라 사람들도 상고할 수 없었다. 법가에는 군주파와 민주파라는 두 개의 분파가 있었다는 것을 내가 처음으로 상고하여 정했는데, 이미 「원학통」 편에서 밝혔다. 법가의 두 개의 분파는 모두 유학에 근원을 두고 나왔다. 군주파는 대개 유학의 소강학(小康學)에서부터 바뀌고 변화된 것인데, 그 뒤에 다시 변화하여 그 근본을 도가로 귀결하였다. 『관자』로 상고해보면 그 대략을 알 수 있다. 『한서』 「예문지」에서 『관자』를 도가에 집어넣은 것에 대해 내가 그 잘못을 분명히 밝혔지만,[d] 『관자』라는 책에 도가의 사상이 아주 풍부하게 녹아들어간 것은 감출 수가 없다. 한비자가 노자에게서 나왔다는 것을 한나라 사람들이 논정한 지가 오래되었다. 다만 한비자는 패자(霸者)의 권모술수를 행하여 법가에 집어넣을 수 없는데, 한나라 사람들이 변별하지 못했다. 민주파에 대해서 『회남자』에 보존된 것은 비록 겨우 몇 마디에 불과하지만 그 큰 의미는 알 수 있다.[e] 대개 「예운(禮運)」은 큰 도의 혈맥이 아직 망실되지 않았다. 위에서의 여러 큰 학파를 종합하면, 요컨대 유가와 도가 두 학파가 물과 불처럼 대립한 것이 가장 격렬했다.

> [a] 노자와 장자는 모두 『대역』의 의리를 취해서 허무를 견강부회하였다. 위나라와 진나라에서 도가를 연구한 자들은 마침내 『노자』와 『장자』라는 책을 가지고 『대역』과 함께 '현묘한 세 경전[三玄]'이라고 불렀다. 자색이 붉은 색을 제치고, '음란한 정나라의 음악[鄭聲]'이 아악[雅]을 어지럽혀서 『역』의 참됨이 더욱 어두워졌다.
> [b] '근본적인 염원[本願]'이라는 말은 중국어로 번역된 불교의 전적에 있다.
> [c] 이전에 『대역광전(大易廣傳)』을 지어 도가의 장점을 자세히 설명하고 그 단점을 엄격히 바로잡으려고 했었는데, 이제는 노쇠해서 할 수가 없다.
> [d] 「원학통」편에 있다.
> [e] 다시 「원학통」편을 보라.

[4-2-2-4] 『역』의 우주론: 정신[陽]과 물질[陰]의 통일

도가는 그 어떤 경우에도 유가와 상반되지 않음이 없지만, 마음과 사물에 관한 문제에는 도리어 전혀 다른 것이 없다. 『대역』에서는 음과 양을 태극의 오묘한 작용으로 삼는다. 양은 정신이 되고 음은 물질이 되어, 서로 반대되는 것으로서 서로를 이루어주니,[a] 음과 양은 본체를 달리하는 것이 아니라, 다만 본체에서 드러난 것이 작용일 뿐이니, 곧 상대가 없는 것에서 상대가 있는 것이 나타나는 것과 비슷하여, 마침내 음과 양으로 이름이 달라졌다.ⓑ 여기에서 마음과 사물은 모두 본체가 본래부터 가지고 있는 오묘한 작용이니, 모양은 대치되지만 실제는 통일되었고, 이름은 상반되지만 실질은 서로 이루어주는 것임을 알 수 있다. 마음과 사물이라는 두 가지는 하나라도 없어서는 안 되니, 그 하나가 없으면 바로 작용을 이룰 수 없다. 그러므로 '시작이 없는(無始)' 때에 단지 마음만 있었다고 말할 수 없고, 또한 시작이 없는 때에 단지 사물만 있었다고 말할 수 없다.ⓒ 조화는 위대하니ⓓ 조화의 한 측면[169]에 집착해서 추측해서는 안 된다. 『역』「계사전」에서 '그 회통함을 본다.'[170]고 한 것은, 마음이 외롭게 움직이는 것이 아니고 사물이 혼자 있다는 것이 아니니, 이 이치는 매우 분명하다. 노자는 도를 말함에 허공으로 근본을 삼았다. 허공에서 정신이 나오고 물질이 나왔지만, 정신·물질과 허공은 나눌 수 있는 주체와 객체가 없고, 가를 수 있는 선후가 없어서 혼연히 하나이니, 이것을 '뒤섞어 이루어진 것'이라고 하고, 또한 '도'라고 이름 붙였다.ⓔ 노자에서의 '뒤섞여 이루어진 것[混成]'은 공자의 도를 멀리 벗어나지만, 마음과 사물의 단서는 하나로 뒤섞여 본래 갖추어져 있는 것이다. 그것은 서양철학의 유물론자들이 다만 물질이 유일한 실재이고 마음은 물질의 작용이라고 인정한 것과 다르며, 또한 서양철학의 유심론자들이 단지 정신이 유일한 실재이고 물질은 정신의 발현이라고 인정한 것과 다르다.ⓕ 그러므로 마음과 물질에 대한 문제만으로 말하면, 노자가 견지한 이론은 유학과 서로 상당히 접근하는 점이 있다. 대개 마음과 사물에 대한 것을 『대역』에서 취해보면 본체에 대해 담론한 것이 특이하다.ⓖ 내가 처음으로 노자를 공부했을 때, 노자가 유학을 반대하는 것이 이르지 않는 곳이 없었는데, 유독 유심론과 유물론의 논쟁이 없는 것에 대해 그 까닭을 찾을 수 없어 속으로 이상하게 생각했었다. 노자의

---

169 조화의 한 측면: 곧 유심 혹은 유물을 말한다.

170 『역』「계사·상」. 聖人有以見天下之動, 而觀其會通, 以行其典禮, 繫辭焉以斷其吉凶, 是故謂之爻.

학문을 뿌리까지 궁구하여 노자가 말한 '뒤섞여 이루어진 것[混成]'을 이해하게 되자, 비로소 마음과 사물에 대한 논쟁이 없었던 까닭을 알게 되었다.

ⓐ '태극'은 본체의 이름이다. '정신[神]'은 심령(心靈)의 다른 이름이지, '하느님[天帝]'을 말하는 것이 아니다. 뒤에서 정신이라고 말하는 것은 모두 이와 같다.

ⓑ 본체가 드러나서 작용이 된다. 비유컨대 큰 바닷물이 수많은 물거품으로 드러나는 것과 같이 큰 바닷물과 수많은 물거품은 둘로 가를 수 없으니, 본체와 작용이 둘이 아닌 것을 이 비유로 깨달을 수 있다. '나타나는 것과 비슷하다.'고 한 것은 큰 작용의 관점에서 말한 것이니, 상대가 있는 것의 모든 현상은 모두 고정되고 독립된 것이 아니므로 '나타나는 것과 비슷하다.'고 했다.

ⓒ '시작이 없다[無始].'는 것은 불경에서 차용한 말이다. 시간의 '처음 시작[太始]'을 추구해도 끝내 시작된 시기를 정할 수 없으므로 '시작이 없다.'고 했다.

ⓓ 조화는 본체의 유행을 말하니, 상제가 만물을 창조하는 것을 말하는 것이 아니다.

ⓔ 위의 『노자』 제21장과 제25장을 반드시 전체적으로 완미하라. 내가 이미 앞의 글에서 이 두 장을 가지고 요점을 가려서 인용하고 서술하며 주석을 붙였으니, 다시 보면 된다.

ⓕ 노자에서의 '뒤섞여 이루어진 것[混成]'은 또한 이원론과 같지 않다. 뒤섞여 이루어진 것은 허무를 근본으로 하고, 허무는 정신과 물질을 포함한다. 곧 본체는 작용이 없는 본체가 아니다. 그 의미가 대개 이와 같다.

ⓖ 나는 노자가 말한 도는 그 절반이 유가에서 취했다고 말했는데, 곧 마음과 사물의 문제에서 그렇게 말한 것일 뿐이다.

어떤 사람이 물었다. "요즘 사람들은 대부분 노자를 유물론자라고 하는데, 그대는 『노자』 21장과 25장 두 장에 근거하여 허공이 정신·물질과 뒤섞여 이루어진 것을 가지고 도라고 이름 붙였으니, 이것은 진실로 유물론이라고 할 수 없다. 그러나 노자가 정신을 '본래부터 있는 것[本有]'이라고 여기는 것에는ⓐ 근거가 있는가?"

ⓐ 물질이 발전된 이후에 생기는 것이 아니므로 '본래부터 있는 것[本有]'이라고 했다.

대답했다. "어찌 근거가 없겠는가! 『노자』 제6장에서 말했다. "'비어 있는 정신[谷神]'은 죽지 않으니, 이것을 "아득한 암컷[元牝]"이라고 한다. ⓐ 아득한 암컷의 문(門)을 천지의 근원이라고 한다.'[171] 이 말에 근거하면, 정신은 본래 뒤섞여 이루어진 것에 갖추어 있는 것이지 나중에 생긴 것이 아니다. 나중에 생겼다면 어떻게 천지의 근원이라고 말할 수 있겠는가! '아득한 암컷의 문[元牝之門]'에 대해 왕필은 '문(門)은 아득한 암컷이 말미암는 곳이다.'[172]라고 했다. 내 생각에, '문'은 말미암는다는 의미이다. 아득한 암컷은 천지가 말미암아 생성되는 것이다. 그러므로 아래에서 '이것을 천지의 근원이라고 한다.'고 하여 바로 '문'이라는 글자의 의미를 표출하였다. 왕필처럼 '아득한 암컷이 말미암는 곳이다.'라고 설명하면, '말미암는 곳'이라는 의미가 아래 글의 '천지'와 연결되지 않으니, 전혀 의미가 통할 수 없다. 천지만물이 말미암아 생성되는 것은 물질에 의지해야 할 뿐만 아니라 정신에도 반드시 의지해야 한다. 정신과 물질은 본래 둘이 아니지만 또한 구분이 있으므로, 『노자』 42장에서 '만물은 음을 등에 지고 양을 가슴에 안고 있으면서 비어 있는 기운으로 조화를 이룬다.'[173]고 했으니, 이 구절은 깊이 완미할 만하다. 음은 물질이고 양은 정신이다. 물질은 모여서 사물을 만드는 것을 공로로 삼으니, 본디 나아가되 방향과 장소가 없는 정신과는 꼭 상반된다. 그러나 물질을 주관해서 운행하는 것은 정신이고 물질을 개발하는 것도 정신이므로, '물질인 음과 정신인 양'이 상반되어 서로 전쟁을 한다. 전쟁이 갑자기 화평으로 돌아가면, 음과 양의 비어 있고 조화로운 '기운[氣]'이 성대해지고 변화하는 도가 행해져서ⓑ 만물이 생겨난다. '만물이 음을 등에 지고 양을 가슴에 안는다.'는 것은 음과 양의 비어 있고 조화로운 추세의 작용을 얻어 자성[自性]의 조화로 삼는다는 것이다.ⓒ 바꿔 말하면 만물의 자

---

171 『도덕경』 6장. 谷神不死, 是謂玄牝, 玄牝之門, 是謂天地根.

172 『도덕경』 6장. 玄牝之門. 구절에 대한 왕필의 주석. 門, 玄牝之所由也.

173 『도덕경』 42장. 萬物負陰而抱陽, 沖氣以爲和.

성은 부족함이 없고ⓓ 어그러짐이 없다는 것이다.ⓔ 도가의 학문에서 사물이 본성을 통하는 것으로 귀착점을 삼고 사물이 본성을 잃는 것으로 근심을 삼았던 것은, 그 근본이 여기에 있다. 그리고 노자가 『대역』에서 은근슬쩍 취했던 것도 여기에 있으니 소홀히 해서는 안 된다."

ⓐ 산과 산 사이의 아래에 비어 있는 곳을 계곡이라고 한다. 여기서 말하는 계곡은 비어 있음을 형용하는 말이다. 정신은 허공에서 나왔지만 혼연히 허공과 하나가 되므로 '비어 있는 정신[谷神]'이라고 했다. 비어 있는 정신은 형상이 없으므로 아득하다고 했다. 정신은 낳고 낳는 것이 쉼이 없으므로 그것을 비유하여 '암컷[牝]'이라고 했다.

ⓑ '기운[氣]'은 '형세의 작용[勢用]'이라고 말하는 것과 같다. 음과 양의 비어 있고 조화로운 추세의 작용이 이미 성대해지면, 변화가 생긴다.

ⓒ 이것이 중요하다.

ⓓ 홀로 떠다니는 양이 아니고 홀로 있는 음이 아니므로 부족함이 없다.

ⓔ 음과 양의 비어 있고 조화로운 추세의 작용을 얻어 생겨나므로 어그러짐이 없다. 이것에 대해 분명하게 알게 되면, 사람의 본성에 악함이 없다는 것을 알게 된다.

노자는 "만물이 음을 등에 지고 양을 가슴에 안고 있으면서 비어 있는 기운으로 조화를 이룬다."[174]고 했다. 여태껏 노자를 연구한 사람 중에 이 구절을 제대로 해석한 사람이 거의 없다. 이 구절은 반드시 하늘과 사람 두 측면, 곧 우주론과 인생론이라는 두 측면에서 분별해서 깊이 연구해야지, 모호하게 지나가서는 절대로 안 된다.ⓐ 우주론으로 말하면, 하늘에서의 변화는 양이 홀로 떠다니는 것이 아니고 음이 홀로 있는 것이 아니다. 그러므로 음과 양은 한꺼번에 함께 있는 것이니 곧 그 사이에 모순이 없을 수 없다. 검고 누런 피의 혈전이 그것으로 말미암아 생기니, 검고 누런 피가 없으면 '큰 조화[太和]'가 없다.ⓑ 인성론으로 말하면, 사람은 음과 양의 크게 조화로운 추세의 작용을 이어서 태어났으므

---

174 『도덕경』 42장. 萬物負陰而抱陽, 沖氣以爲和.

로, 『역』「계사전」에서 "그것을 이어가는 것이 선이다."[175]라고 했다. '그것을 이어간다.'는 말은 바로 음과 양의 큰 조화를 계승하여 그것을 응결하는 것으로 성명(性命)을 삼는 것이다. 이와 같아서 사람의 본성에는 선하지 않음이 없다는 것을 알 수 있다. 이것을 잘 이해하지 못하고 인간의 본성은 원래 투쟁의 씨앗을 함유하고 있다고 의심하여, 그것을 인도(人道)의 근심으로 여긴다면 말이 되는 소리인가! 노자는 이런 점에 대하여 확실히 『대역』에서 취했으므로, 마음과 사물의 문제에 대하여 유학을 완전히 받아들인 것은, 조금도 쟁론할 것이 없다. 『대역』에서 음과 양에 모순이 있으므로 큰 조화를 이루어 화육을 일으킨다는 것에 대해 처음으로 밝히고부터, 사람이 큰 조화를 이어가서 성명을 안정시키고 응축하며 하늘과 사람과의 관계에 대한 심오한 의미를 끝까지 연구하여 사람의 능력을 이루고 사람의 준칙을 세웠다. 이것이야말로 진리의 현묘한 부절을 장악한 것으로서 후대의 어떤 성인도 의심할 수 없는 것이다. 노자가 이것을 이어 밝혀서 천고의 학통을 열었으니, 공로가 또한 크다!

    ⓐ 여기에서의 우주론은 좁은 의미이니, 마음과 사물의 현상으로 말했기 때문이다.
    ⓑ 「건괘」에서 "큰 조화를 보존하여 이룬다."[176]는 것은 사실 검고 누런 피를 흘려서 얻은 것이다.

우주가 시작도 없는 시작에서 비롯하여 길고 길어 끝없는 미래로 한없이 흘러가면서, 항상 음과 양의 변화가 찰나마다 지난 것을 지난 것으로 여겨 머무르지 않고, 새로운 것을 새로운 것으로 여겨 일으키니, 드러난 것이 온갖 형상처럼 '수많은 모양[條然]'으로 완연하다.ⓐ 우리들이 알 수 있는 것은, 우주의 시작은 원래 음과 양을 모두 갖추어 변화를 이룬다는 것이다. 만약 이 같은 판단이 옳지 않다고 여겨서 '태초의 시작[太始]'은

---

175 『역』「계사・상」. 一陰一陽之謂道. 繼之者善也, 成之者性也.
176 『역』「건괘」. 乾道變化, 各正性命, 保合太和, 乃利貞.

'외로운 양[孤陽]'이 처음으로 모든 변화를 일으키는 것일 뿐이라고 생각할 수 있고,ⓑ 태초의 시작은 '홀로 있는 음[獨陰]'이 처음으로 모든 변화를 일으키는 것일 뿐이라고 생각할 수도 있다.ⓒ 이런 판단은 모두 변증법과 어긋나니 나는 그것들이 옳은지 알 수 없다. 공자는 『역』을 지어 제일 먼저 음과 양이 변화를 이루는 것으로 우주론에서의 마음과 사물에 대한 문제를 해결했다. 본래 공자가 모든 사물과 모든 변화에서 관찰한 것은 변증법에서 나오지 않은 것이 없다. 그것으로 마음과 사물의 문제를 깊이 궁구했으니, 우주의 시작부터 이미 음과 양이 변화를 이루었다는 것은 결코 단편적인 관점일 수 없다. 그러므로 『역』의 변증법은 철두철미하게 관통되어 있으니, 『논어』의 이른바 "하나로 관통하였다."[177]는 것이 이런 의미이다. 노자가 그 의미를 깨닫고는 "큰 형상을 잡아서 지키면 천하에 통할 수 있다."ⓓ[178]고 했으니, 탁월한 식견이다!

ⓐ '수많은 모양[條然]'은 천태만상의 모양이다. '완연'은 본래 고정되지 않았는데 실제로 있는 것 같은 모양이다.

ⓑ 서양철학의 유심론은 마음을 하나의 '근원[元]'으로 여기니, 바로 '외로운 양[孤陽]'이다.

ⓒ 서양철학의 유물론은 사물을 하나의 '근원[元]'으로 여기니, 바로 '홀로 있는 음[獨陰]'이다.

ⓓ '큰 형상'은 우주 전체의 형상이다. 전체를 잡아서 지키고, 부분을 잡아서 지키지 않는다. 그러므로 우주의 내재적인 깊은 뜻을 통찰할 수 있으니, 천하에 어디를 가든 통하지 않음이 없다. 그 부분을 잡아서 지키면 한쪽으로 빠진다.

어떤 사람이 힐난하며 말했다. "사물이 출현하지 않았을 때는 마음이 아직 징험하여 알 수 없으니, 노자의 '곡신(谷神)'에 대한 논의는 헛된 상상이 아니겠는가?"

대답했다. "이 의문에 대해서는 내가 『신유식론(新唯識論)』에서 이미 『역』

---

177 『논어』「리인(里仁)」. 子曰: "參乎! 吾道一以貫之."

178 『도덕경』 35장. 執大象, 天下往.

에 근거해서 깔끔하게 밝혔으니, 여기에서는 더 이상 덧붙이지 않겠다. 또 노자는 '비어 있는 정신[谷神]'에 대해 '면면이 있는 것 같지만 작용을 해도 지치지 않는다.'[179]고 했다. '면면이'라는 것은 있는데도 드러나지 않고 항상 옛것을 버리고 새것을 만들면서 끊어지지 않는다는 것이다. 그러므로 '면면이'라고 했다.ⓐ '있는 것 같다.'라는 것은 잠겨 있어 드러나지 않으니, 혹은 없다고 의심하지만, 잠긴 것에서 드러나서 끝내 없는 것이 아니므로 '있는 것 같다.'고 했다.ⓑ '작용을 해도 지치지 않는다.'는 것은 정신이 비록 만물의 내부에 잠겨 있지만 만물이 이루어지는 것은 실은 만물이 스스로 이룬 것일 뿐이고 정신이 한 것이 없으므로, 작용을 해도 지치지 않는다고 말했다.ⓒ 노자의 뜻을 자세히 살펴보면, 대개 정신과 물질은 본래 '저절로 그렇게[法爾]' 모두 갖추어진 것이다.ⓓ 물질은 정신을 머금고 있고 정신은 물질을 주관한다. 그러므로 천지만물은 정신과 물질에서 생겨나지만, 생겨난 다음에는 어디에서 생겼는지를 모른다. 물질은 형태를 이루어 볼 수 있지만, 오직 정신의 낳고 낳는 작용은 잠복하여 알기 어려우니, 여기에서 사물이 앞서 있고 정신이 뒤에 생겼다는 학설이 나왔다.

ⓐ 이른바 정신은 본래 항상된 것이 아니라, 도리어 때마다 옛것을 버리고 새것을 만듦으로써 끊이지 않고 연속하는 것이다.

ⓑ 『대역』의 64괘 384효는 건괘의 초효(初爻)에서 시작한다. 초효는 잠복하여 아직 드러나지 않은 것이다. 사물이 출현한 다음에 마음과 정신이 차츰 드러나면, 잠겨 있는 것에서 드러날 뿐이니, 앞에서는 본래 없었는데 나중에 생긴 것이 아니다. 노자의 '있는 것 같다.'는 말도 『역』에 근본 한다.

ⓒ '지치지 않는다.'는 것은 수고롭지 않다는 것이다.

ⓓ '저절로 그렇게[法爾]'라는 말은 '자연(自然)'이라고 하는 것과 같다. 그 의미가 아주 깊고 미묘하다. 그런데 세속에서 '자연'이라는 말을 익숙하게 사용하면서도 그 깊은 해석을 구하지 않으므로, 중국불가에서 음역하여 '법이(法爾)'라고 하고 그 의미를 해석하지 않았으니, 사람들이 깊이 이해하기를 바란 것이다.

179『도덕경』6장. 綿綿若存, 用之不勤.

중국의 고대 사상은ⓐ 그 발원이 본래 아주 복잡한데, 천문학의 영향을 받은 것이 당연히 가장 깊다. 천문학은 그 근원이 음양가에게서 나왔다. 음양가는 원래 모든 술수의 기원이어서,ⓑ 운명을 추산하는 학문도 그것에서 나왔다. 한나라 사마담의 『논육가요지(論六家要旨)』에는 음양가가 그 하나의 자리를 차지하고 있다. 고대학술의 원류에 대해 사마씨는 대대로 '사관의 직무[史職]'에 종사했으므로 그것을 깊이 알고 있었고 소홀히 하지 않았다. 천문학이 음양가에서 나왔으므로 천제(天帝)를 숭상하는 관념이 항상 그 학술과 함께 서로 뒤섞여 벗어나기 쉽지 않았다. 춘추시대에서 그 위로 길고긴 시대에 모든 철학자들의 사상은 대부분 천문학과 관련이 있었다. 비록 옛 전적이 사라졌지만 그 대략은 추측할 수 있다. 옛날에 하늘에 대해 말한 것으로는 세 개의 학파가 있었으니, 주비설(周髀說)과 선야설(宣夜說) 및 혼천설(渾天說)이다. 선야설은 전해지지 않는다. 주비설에서는 '개천설(蓋天說)'을 견지하여, 하늘은 그릇을 엎어놓은 것과 유사하니 중앙이 높고 네 가장자리가 낮다고 하였다. 살펴보건대, 주비설에서 '중앙이 높다.'고 한 것은 태초의 백성들이 머리를 들고 올려보면 그 위에 활처럼 둥글게 푸른 것이 있는데, 멀어서 그 끝을 관측할 수 없기 때문에 하늘의 중앙에 가장 높은 곳이 있다고 생각한 것이다. 사실 중앙이 높다는 것은 본래 일정한 곳이 없는 것이며, 사람들이 각자 저마다의 시선이 향하는 것을 가지고 그렇게 생각한 것일 뿐이다. '네 가장자리가 낮다.'는 것은 대개 하늘의 네 가장자리가 모두 아래로 땅에 닿았음을 말하는 것이다. 태초의 백성들은 하늘에 대해 초월적인 감정을 일으켜 그것을 상제(上帝)라고 했다. 천제(天帝)라고 부른 것은 항상 중앙의 높은 곳을 우러러보며 부른 것이다. 『시경』「대아(大雅)」「황의(皇矣)」편에서 "위대한 상제가 아래를 굽어 살핌이 혁혁하게 빛난다!"[180]라고 한 구절이 그 근거이다.ⓒ

---

[180] 『시경』「문아(文雅)」「황의(皇矣)」, 皇矣上帝, 臨下有赫.

ⓐ 여기서 말하는 고대는 잠시 춘추시대에서 거꾸로 올라간 것을 총괄해서 말한 것이다.

ⓑ 『한서』「예문지」에서 방술(方術)의 각 학파는 매우 복잡하다고 서술했는데, 사실 모든 방술은 모두 음양가에게서 나왔다. 이에 대한 내용은 따로 논해야 한다.

ⓒ '굽어 살핀다.'는 것은 친히 살펴본다는 것이다. '아래'는 아래쪽 곧 지구를 말한다. 이 구절은 상제가 중앙의 높은 곳에서 아래쪽을 친히 살피니, 혁혁하게 빛나는 것이 위엄 있게 밝다는 말이다. 지구에 나라를 세운 모든 국가에서 그 군주의 잘잘못과 백성들의 기쁨과 슬픔은 모두 상제가 위엄 있고 분명하게 친히 살피는 것이다.

|부가설명| 근래 중국문화를 논하는 국내외 인사들은 모두 중국인에게는 종교사상이 없다고 하는데, 이것은 헛소리다. 외국인들에게는 예배당과 기도 및 교리강습 등의 형식이 있는데, 중국에는 없으므로 외국인들은 중국인에게 종교가 없다고 말했던 것이다. 사실 중국의 선조들이 상제를 신앙하는 정서는 외국인들과 다른 것이 아니었다. 다만 옛날의 제왕들은 하나의 불평등한 제도를 특별히 제정하여 오직 천자만이 하늘에 제사를 지낼수 있었고, 제후는 그 나라 안의 유명한 산과 큰 하천에 제사를 지냈으며, 서민들은 조상들에게 제사를 지냈다. 계급이 나눠지고 정해져서 상하가 제각기 그 분수를 지킨 것이 오래되어 관습으로 굳어졌다. 그러므로 천자가 하늘에 제사지내는 것 외에 그 나머지 대다수의 사람들에게는 모두 상제를 제사지내는 사당이 없었고, 또한 교리를 강습하는 일도 없었다. 이것이 외국인들과 서로 대조적이기 때문에 중국에는 종교가 없다고 느꼈던 것일 뿐이다.ⓐ 공자가 『춘추』를 지어 천자를 폄하하는 위대한 도를 처음으로 밝히고, 『역』에서 건원(乾元)이 하늘을 다스린다는 내용을 드러내면서부터,[181] 상제는 마침내 '가상의 존재[烏有先生]'[182]가 되었다. 노자도 통치를 싫

---

181 『역』에서 건원(乾元)이 하늘을 다스린다는 내용을 드러내면서부터: 『역』「건괘」. 大哉乾元, 萬物資始, 乃統天.

182 '가상의 존재[烏有先生]': 『사기(史記)』「사마상여열전(司馬相如列傳)」. 上讀『子虛賦』而善之, 乃召問相如, … 相如以'子虛', 虛言也, 爲楚 稱, '烏有先生'者, 烏有此事也, 爲齊難.

어했기 때문에 도를 말하면서 "상제보다 앞서 있는 것 같다."[183]고 했다.ⓑ 유가와 도가라는 두 개의 위대한 학파는 모두 2,500~2,600년 전에 종교에 대해 극구 반대했으니, 뛰어난 자들이었다.ⓒ

ⓐ 삼대의 제왕들이 백성들을 부리는 방법은 매우 평등하지 않았다. 공자가 천자를 폄하하고 제후를 물리치는 등의 사상을 드러내 밝힌 것이 아주 이른 것도 또한 까닭이 있었다. 자공(子貢)과 재아(宰我) 같은 여러 현인들이 공자를 백성들이 생긴 이래로 있은 적이 없었던 분이라고 칭찬한 것이[184] 어떻게 아첨하기 위한 것이었겠는가?

ⓑ 만약 상제가 있다면 도가 상제보다 앞서 있다고 했으니, 곧 상제가 만물의 근본이 되기에 부족하다는 것에 대해 밝힌 것이다.

ⓒ 주대 말기의 유학자들은 산천과 조상들에게 제사지내는 것을 은혜에 보답하는 것으로 여겼다. 선조들의 사상이 이와 같지 않았다면, 유학자들은 사람들이 귀신을 미혹되게 믿지 않도록 했을 것이다. 그러므로 은혜에 보답하는 의미를 밝혀서 그 예를 보존했을 뿐이다.

고대 음양가들의 하늘을 헤아리는 기술은 곧 민중의 신념에 의거하여 근거를 세운 것이었다. 천문학이 융성하게 되어서도 여전히 음양가의 유풍을 따랐으므로, 일식·월식·지진 및 기상이변이ⓐ 생기면, 천문가들은 모두 상천(上天)이ⓑ 군주를 경계시킨 것이라고 여겼다. 동한(東漢)·위(魏)나라·진(晉)나라 이후로 천문학은 점차로 과학발전의 조류를 따랐지만, 종교 사상으로서의 천문학은 여전히 정통파의 지위를 유지하다가 '전제군주[皇帝]'가 없어지게 되자 비로소 쇠퇴하였다.

ⓐ '기상이변'은 '오랜 장마[久陰]'나 '극심한 가뭄[尤旱]', 바람의 피해 같은 것들이다.
ⓑ 상천(上天)은 상제(上帝)라고 말하는 것과 같다.

---

183 『도덕경』 4장. 道, 沖而用之, … 吾不知誰之子, 象帝之先.
184 자공(子貢)과 재아(宰我) 같은 … 칭찬한 것이: 『맹자』「공손추·상」. 子貢曰: "見其禮而知其政, 聞其樂而知其德. 由百世之後, 等百世之王, 莫之能違也. 自生民以來, 未有夫子也." 有若曰: "豈惟民哉? 麒麟之於走獸, 鳳凰之於飛鳥, 太山之於丘垤, 河海之於行潦, 類也. 聖人之於民, 亦類也. 出於其類, 拔乎其萃, 自生民以來, 未有盛於孔子也." 참조.

공자와 그 이전의 『역』: 술수와 철리(哲理: 철학적 이치)

역학은 복희 황제의 팔괘에서 시작되어 중국학술사상의 큰 근원이 되었다. 공자 이전의 『역』은 대개 술수와 '철학적 이치[哲理]'가 함께 섞여 있는 창고였다. 문왕(文王)이 유리(羑裏)에 연금당해 있으면서 『역』을 부연했다는 것은 꼭 이 사건이 없었다고는 할 수 없고, 그 설명은 종교사상을 위주로 했을 것이다. 그렇지 않다면 공자가 무엇 때문에 굳이 『역』을 지었겠는가?@ 『논어』「자한」편에서 말했다. "공자가 광(匡) 땅에서 경계심을 품고 말했다. '문왕이 이미 돌아가셨으니, 그가 남긴 글이 여기에(나에게) 있지 않겠는가?ⓑ 하늘이 이 글을 없애려고 한다면 내 뒤에 죽을 사람들은 이 글에 참여하지 못할 것이다.ⓒ 하늘이 이 글을 없애지 않았는데, 광 땅의 사람들이 나를 어떻게 할 수 있겠는가?'"ⓓ 이 구절로 보면, 문왕이 유리에서 『역』을 부연한 것은 확실히 그 일이 있었던 것임을 알 수 있다. 그러므로 공자가 위난을 당했는데도 그 일을 끌어다가 자신에게 비유했다. 또 공자가 실제로 『역』을 지은 일이 있었다는 것을 알 수 있으니, "문왕이 이미 돌아가셨으니, 그가 남긴 글이 여기에 있지 않겠는가? …"라고 말한 것은, 분명히 문왕을 계승해서 『역』을 짓는 일을 스스로 자기의 임무로 삼은 것임을 밝힌 것이다. 공자는 문왕의 글을 하늘이 없애지 않은 것을 가지고 자신이 광 땅에서 죽지 않을 것임을 스스로 믿는다고 말했으니, 공자가 『역』의 도리를 발전시키고 밝히는 것은 천하의 영원한 세월에 관계된 아주 중대한 것임을 알 수 있다. 성인은 마음을 비웠기에 일찍이 "서술하기만 하고 창작하지 않는다."[1]고 말했었는데, 이제 위난을 당하고서 마음속에 담아 두었던 진실을 토로했다. 이 구절은 한나라 이후로 『논어』를 연구하는 자들이 모두 올바르게 해석하지 못해, 마침내 성인이 『역』을 지은 위대한 인연에 대해 완전히 매몰시켰으니, 어찌 안타깝지 않은가! 이 구절로 완미해 보면, 공자의 『역』은 문왕의 『역』과 그 근본이 완전히 다름을 알 수 있다.ⓔ 상(商)나라와 주(周)나라 때에 종교사상이 아주 왕성했던 것은 『시경』으로 증험할 수 있으니, 주나라 왕실이 처음 일어나자 은나라 사람들은 완고해서 따르지 않았다.ⓕ 「대아(大雅)」의 여러 편에서 천제(天帝)가 주나라에 천명을 주어 사방의 여러 나라를 제압하여 복종시켰다고 거듭 진술한 것이 그 증거이다. 공자의 『역』이 문왕을 초월해서 독자적으로 근본을 가지고 있지 않다면, 어떻게 위난을 당했을 때 문왕이 남긴 글에 대한 임무가 자신에게 있다고 함부로 말했겠는가! 성인은 절대로 이런 일을 하지 않는다.

ⓐ 한나라 사람들은 문왕이 괘를 겹쳤다는 것을 믿을 수 없다고 했다. 8괘가 64괘로 늘어나는 것은 자연스러운 순서로서 원래 복희가 단숨에 한 일이다. 문왕은 『역』을 설명하는 말을 했을 뿐이다.

ⓑ 문왕이 유리에서 재난을 당하면서 기어이 죽지 않고 『역』을 부연했으니, 하늘이 글을 지어 도를 밝히는 큰 임무를 문왕에게 부탁한 것이다. 문왕이 죽은 다음에는 이 글에 대한 임무가 '여기에 있지 않겠는가!'에서 '여기'는 '자신이 있는 이곳'을 말하는 것과 같다. 공자는 '이 글이 나에게 있지 않은가!'라는 의도로 말했다. 다만 나에게 있다고 곧바로 말하고 싶지 않아 '이곳에 있다.'고 말했을 뿐이다. '이곳'은 속어로 '여기'라고 말하는 것과 같다.

ⓒ 만약 하늘이 문왕이 남긴 글을 없애려고 했다면, 내가 반드시 광 땅에서 죽었을 것이니, 나보다 뒤에 죽는 자는 이 글을 짓는 일에 참여할 수 없을 것이다. 후세의 사람들이 지을 수 없다는 말이다.

ⓓ 하늘이 아직 문왕이 남긴 글을 없애려고 하지 않는다면, 내가 지금 기필코 죽지 않을 것이니, 광 땅의 사람들이 어찌 나를 해칠 수 있겠는가! 공자는 자신에게

---

1 『논어』「술이」. 子曰: "述而不作, 信而好古, 竊比於我老彭."

문왕이 남긴 글의 큰 임무가 있기 때문에 광 땅에서 죽지 않을 것이라고 스스로 믿었다.

ⓔ 문왕의 『역』은 종교적인데, 공자의 『역』은 철학적 이치를 드러내면서 종교적인 의미를 없앴다.

ⓕ 은나라의 민중들이 여전히 주나라에 복종하지 않으니, 주나라 사람들은 은나라 민중들을 완고하다고 비난했다.

4-3-1 한대(漢代) 『역』에 남아 있는 『역』의 옛 의미

진시황이 학문을 훼손한 다음 한나라 사람들이 『역』을 전수하면서 술수를 위주로 했으니, 복희씨의 옛 의미를 조금이라도 보존했는지 그렇지 않은지에 대해 상고해서 찾아보기가 매우 어렵다. 이제 한대 『역』의 단편적인 부분으로 살펴보면, ⓐ 한대 『역』이 '옛날의 『역』[古易]'을 계승한 근저에는 확실히 옛 천문학의 개천설과 관계가 있는 것에 은근히 감탄했으니, 당연히 이것은 복희가 남긴 가르침이 계속 전승되어 온 것이다.

> ⓐ 한대 사람들의 『역』에 대한 책은 당나라 이후에 보존된 것이 드물다. 이정조(李鼎祚)가 편집한 『주역집해(周易集解)』에는 모두 35명의 학설을 모았는데, 순상(荀爽)과 우번(虞飜)에게서 취한 것이 특히 많다. 이정조는 당나라 사람이다. 청대 악성(鄂省)의 이도평(李道平)은 『주역집해찬소(周易集解纂疏)』를 지었는데, 한나라와 위나라의 역설(易說)에 대하여 『소(疏)』를 살핀 것이 상당히 치밀하다고 한다.

일반적으로 하나의 종파를 이룬 학술은 맥락이 많고 복잡해도 반드시 근저가 있으니, 근저를 궁구하지 않고 한갓 맥락만 분석해서는 학문을 제대로 할 줄 모르는 것이다. 왜 한대 『역』의 근저가 개천설과 관계가 있다고 하는가! 『대역』의 64괘 384효는 모든 변화와 모든 사물의 리(理)를 밝히고, 수많은 리(理)가 하나로 귀결되고 하나의 리(理)가 수만 가지가 되는 오묘함을 천명했다. 우주와 인생의 '깊은 의미[奧蘊]'를 『역』에서 드러낸 것이 깊고 크다. 그러나 64괘는 건과 곤을 앞머리에 두고서 '건원(乾元)'을 세웠다. 곤(坤)의 원(元)은 바로 건(乾)의 원(元)이니, 본래 두 개의 원(元)이 아니다. 이것은 공자의 70제자가 전해서 물려준 가르침으로, 한대 사람들은 여전히 이 옛 의미를 보존했다.[a] 그렇다면 역학의 뿌리를 궁구하는 자들이 어떻게 건괘에서 구하지 않을 수가 있겠는가! 나는 이 문제를 오랫동안 고심했는데, 한대의 역학자들이 건원(乾元)에 대해 전혀 이해하지 못해 근본적으로 공자와 상반된 방향으로 나아갔다는 것이 아주 이상했다. 한대의 『역』은 모두 전하(田何)를 시조로 하는데, 전하는 술수가 본업이라는 것을 내가 여러 번 언급했다. 한대의 역이 술수에 근본을 둔 것은 그 연원이 아주 오래되었으니, 복희의 옛 『역』의 의미를 당연히 보존하고 있다. 우리들은 반드시 선입견을 버리고 한대 『역』의 본원을 구해야 한다. 한대의 『역』을 믿고서 공자의 참됨을 없앤다면, 이것은 아주 큰 오류이다. 한대의 『역』을 무시해서 그것이 계승한 옛 『역』의 뿌리를 제대로 찾아보지 않는다면, 공자 이전의 연원에 대해서 밝힐 수 없으니, 또 어찌 공자를 진실로 알 수 있겠는가! 중국은 양한(兩漢)부터 청대까지 사상의 길이 막혔던 것은 안타까우나, 2천년 이래로 유명한 학자들의 저술과 자료를 수집한 것이 또한 적지 않으니, 다만 생각이 짧아서 좋은 자료를 취해 학문상의 이론을 제대로 드러내지 못한 것이 애석하다. 이것은 내가 감히 노망이 든 것이 아니라, 사실이 이와 같으니 곡해하고 감출 수 없다. 황제의 전제주의가 오래되어 사유의 길을 막아버린 것이 아주 애통하다. 청대 사람들은 한대의 『역』을 스스로 높게 표방해서 정신이 피로할 정도로 자질구레하게 설명한 것 이외에, 이치와 도리에 대해 과연 무엇을 발견했는가! 나는 감히 이전의 학자들을 깔보지 않겠으니, 전적을 부지런히 수집한 공적은 또한 차마 없앨 수 없다. 그러나 후학이 항상 옛사람의 전철을 그대로 따른다면, 중국 철학에서 잘잘못의 진상은 끝내 막혀서 밝히기 어려울 뿐이다. 철학적 작업은 경학자들이 하는 것처럼 오로지 고증하여 자세히 살피는 것에만 힘쓸 수는 없다.[b] 곧바로 반드시 홀가분하게 깨끗한 마음가짐으로 오직 우주의 바깥까지도 마음을 토로하고, 털끝만큼 작은 것에도 예리하게 생각하며, 정신을 가라앉혀 묵묵히 알면서 언제나 매년 "눈이 밝아져 비로소 푸른 하늘을 깨달았네!"²라는 소옹(邵雍)의 시처럼 되기를 바랄 뿐이다. 나의 말이 나도 모르게 여기까지 이르렀으니, 이제 마땅히 다시 본문으로 돌아가겠다.

ⓐ 왕선산(王夫之)의 『역전(易傳)』에서 건과 곤을 나란히 세운다는 주장은 아주 타당하지 않다.

ⓑ 6경과 제자백가의 서적은 모두 철학적으로 중요한 전적인데, 한대 이래의 경학자들은 고증을 일삼고, 다시 고증학적 방법으로 제자백가를 연구해서 학술이 마침내 어두워지고 막혔다.

'건괘'의 첫마디에서 "건(乾)은 원(元)·형(亨)·이(利)·정(貞)이다."³고 말했으니 무슨 의미인가? 이정조(李鼎祚)의 『주역집해(周易集解)』에서 말했다. "「설괘(說卦)」에 의하면, 건(乾)은 강건함[健]이니, 하늘의 체(體)는 강건함으로 작용을 삼는다는 말이다. 운행에 쉼이 없고 변화에 대응함이 끝이 없기 때문에, 성인이 그것을 준칙으로 삼아 사람들이 하늘의 작용을 본받고 하늘의 체(體)를 본받지 않도록 했다. 그러므로 '건'이라고 이름 붙이고, '하늘[天]'이라고 하지 않았다. 『자하역전(子夏易傳)』에서 '원(元)은 시작이고, 형(亨)은 통함이며, 이(利)는 조화로움이고, 정(貞)은 바름이다.'고 했으니, 건이 순수한 양의 성질을 부여받았다는 말이다. 그러므로 '처음으로 여러 사물을 내놓을 수 있다.'는 것이다.ⓐ 제각기 원의 시작함과 형의 통함과 이의 조화로움과 정의 바름을 얻어서 마땅함을 잃지 않는다.ⓑ 이 때문에 군자는 건을 본받아 사덕(四德)을 행하므로 '원(元)·형(亨)·이(利)·정(貞)이다.'고 하였다."⁴ 이도평(李道平)의 『주역집해

---

2 오여필(吳與弼), 『강재집(康齋集)』 권12에서, "邵子所謂心靜方能知白日, 眼明始可識青天."이라고 하였다.

3 『역』「건괘」. 乾元亨利貞.

4 이정조(李鼎祚), 『주역집해(周易集解)』「건괘」. 案「說卦」, 乾, 健也. 言天之體以健爲

찬소(周易集解纂疏)』에서 말했다. "생각건대, 「설괘」에서 '건은 강건함이다.'고 했다. 우번(虞飜)은 이 구절ⓒ의 주에서 '정신[精]이 굳세어 스스로 이길 수 있고ⓓ 움직임이 쉬지 않으므로 강건하다.'고 했다. 또『역위(易緯)』·『건곤착도(乾坤鑿度)』에서 '건은 강건하다고 해석하니, 씩씩하고 강건하여 쉼이 없다.'⁵라고 한 것이 바로 그 의미이다. 체(體)는 형체이니, 활처럼 휜 것이 하늘의 형체이다. 강건함은 하늘의 작용이다. 왕번(王蕃)⁶은『혼천설(渾天說)』에서 '하늘을 한 바퀴 도는 것은 365와 145/589도이다.'⁷라고 했는데, 오직 그 운행이 쉼이 없기 때문에 변화가 무궁하여 사계절을 이루고 만물을 기르는 것이니, 모두 하늘의 지극히 강건함이 그렇게 한다는 것이다. 하늘을 본받은 성인은ⓔ 지극히 성실하여 쉼이 없어 하늘과 그 형체를 같이 하지 않고 그 작용을 같이 하므로, 하늘의 작용을 본받는 것은 그 강건함을 본받는 것이다. 하늘의 형체를 본받지 않는다는 것은 활처럼 휜 하늘의 형체를 본받지 않는다는 것이다. 그 작용을 본받으므로 '건(乾)'이라고 이름 붙이고, 그 형체를 본받지 않으므로 '하늘[天]'이라고 이름 붙이지 않았다. 이정조가 말한 것은ⓕ 모두 공영달

用, 運行不息, 應化無窮, 故聖人則之, 欲使人法天之用, 不法天之體. 故名乾不名天也.
『子夏傳』曰, "元, 始也; 亨, 通也; 利, 和也; 貞, 正也." 言乾禀純陽之性, 故能首出庶物.
各得元始·開通·和諧·貞固, 不失其宜. 是以君子法乾, 而行四德, 故曰元亨利貞矣.

5 『건곤착도(乾坤鑿度)』권 상(上). 乾訓健 壯健不息.

6 왕번(王蕃, 228-266): 자는 영원(永元)이고, 안휘성 여강(廬江: 현 여강 서남〈西南〉) 사람이다. 삼국시대의 천문학자이고, 수학자이기도 하다. 일찍이 오국(吳國)의 상서랑(尙書郞)과 산기중상시(散騎中常侍) 등의 관직을 역임했다. 그는 혼천설(渾天說)과 오랜 시간의 천체현상에 관한 관찰에 근거해서 혼천의(渾天儀)를 제작했다. 3분(分)의 길이를 1도(度)로 삼았으며, 1장(丈) 9촌(寸) 6분(分)인 둘레의 길이를 고혼의(古渾儀)와 장형(張衡)이 제작한 혼의식(渾儀式)의 사이에 끼워서 혼의(渾儀) 위에 두었다. 하늘을 한 바퀴 도는 것은 365와 145/589도라고 했다. 혼의는 천구(天球)와 일월성신(日月星辰)의 운행을 나타낼 수 있다. 따라서 동지·하지·춘분·추분 등의 절기와 낮과 밤의 길이를 설명할 수 있으니, 이것으로 역법(曆法)을 만들었다. 저서로는『혼천도기(渾天圖記)』와『혼천상주(渾天象注)』가 있다.

7 하늘을 한 바퀴 도는 것은 365와 145/589도이다:『진서(晉書)』권11. 渾天也, 周天三百六十五度五百八十九分度之百四十五 참조.

의 『주역정의(周易正義)』를 근본으로 한 것이다." 이상은 모두 이도평이 『역』의 옛 의미를 채집한 것이다.ⓖ

ⓐ '건'은 강건한 덕으로 모든 사물들이 그것에 말미암아서 나오게 되므로, "처음으로 모든 사물을 내놓는다."고 했다.

ⓑ 모든 사물들이 제각기 '원의 시작함' 등의 사덕(四德)을 얻었다는 말이다.

ⓒ '이 구절'은 「설괘」의 '건은 강건함이다.'고 한 구절이다.

ⓓ 여기에서의 '정신[精]'은 『노자』 21장의 "그 가운데 '정신[精]'이 있다. 그 정신은 아주 참되다."8라고 할 때의 '정신'과 같은 의미이다. 『장자』 「지북유(知北遊)」편의 "'형체의 근본[形本]'은 '정신[精]'에서 생겨난다."9는 것도 같은 의미이다. 여기에서 '형체의 근본[形本]'은 사물이 생겨나는 처음이다. 사물이 생겨나는 처음은 곧 정신을 갖추어서 생겨난다. 정신은 양의 굳센 성질이므로 '굳세다'고 했다. '스스로 이길 수 있다.[自勝]'는 것은 스스로 강하여 이길 수 있음이 끝이 없다는 것이다.

ⓔ 성인은 하늘에서 모범을 취해 스스로 강하므로 하늘을 본받는다고 했다.

ⓕ 앞에서 인용한 이정조의 『주역집해』의 설명을 다시 봐야 한다.

ⓖ 이도평의 『주역집해찬소』 범례 제3조에서, "여러 학자들의 말을 아울러 인용하는 경우에는 오직 '생각건대[案]'라고 쓰고, 나의 의견을 펴는 것이라면, '내가 생각건대[愚案]'라고 써서 구분했다."라고 하였다. 위에서 인용한 이도평의 『주역집해찬소』는 곧 단지 '생각건대'라고 쓴 경우이다. 이도평이 인용한 여러 학자들의 말을 자세히 살펴보면, 모두 아주 오래된 의미들이다. 그가 '이정조가 말한 것은 모두 공영달의 『주역정의(周易正義)』를 근본으로 한 것이다.'라고 말한 것은 진실로 명확한 증거가 있다. 그러나 공영달의 시대는 옛 전적이 아직 모두 없어지지 않았으므로 그의 말도 역시 더 소급해서 근본으로 하는 것이 있었을 것이다.

앞에서 설명한 것을 종합하면, 옛날의 『역』은 실로 천제(天帝)를ⓐ 만물의 큰 근원으로 여긴 것임을 알 수 있다. 거기에는 하늘을 다시 형체와 작용으로 나누어 말하여, 활처럼 휜 형상은 하늘의 형체이고, 강건해서 운행에 쉼이 없는 것은 하늘의 작용이라고 했다. 이것은 원래 복희의 옛 의미가 술수가들의 말 속에 뒤섞여 있다는 것에 대해 설명한 것이다. 그

---

8 『도덕경』 21장. 窈兮冥兮, 其中有精, 其精甚眞, 其中有信.

9 『장자』 「지북유(知北遊)」. 精神生於道, 形本生於精.

런데 멀고먼 옛날부터 전래된 것을 한대 역학자들이 계승하면서 그 뿌리만 상실하지 않았지 발전시킨 것이 없다.ⓑ

> ⓐ '천제(天帝)'는 복합명사이다. '천(天)' 한 글자로 말하기도 하고, '제(帝)' 한 글자로 말하기도 하는데, 모두 괜찮다.
> ⓑ 한대 역학자들이 노력한 것은 다만 상수(象數)를 놓고 심혈을 기울여 서로 기이한 주장을 펼친 것이었다. 그들의 이른바 '수(數)'라고 하는 것은 술수(術數)의 '수(數)'여서 수학적 수리(數理)와 관계된 것은 거의 없다.

개천설(蓋天說)은 천체의 중앙이 높다고 하니 이른바 활처럼 휜 모양이라는 것이 이것이다. 옛날 사람들이 말하는 상제는 바로 활처럼 휜 모양을 지목한 것이니, 『시』에서 "위대한 상제가 아래를 굽어 살핌이 혁혁하게 빛난다!"[10]라는 말이 이것이다. 개천설에는 한편으로는 과학적인 사상이 있고, 한편으로는 옛날 사람들의 종교적인 신념을 시종 탈피하지 못한 점이 있다. 철학 사상이 아직 발생하지 않았을 때, 개천설의 천문학은 바로 상고 사회의 요구에 부응했고, 복희 팔괘 이후에는 비록 또 신도(神道: 귀신과 화복에 관한 논의)와 술수를 벗어나지 못했지만ⓐ 변증법적 철학은 이미 우뚝하게 발흥했다. 이제 공자 이전의 『역』을 연구하려고 하면, 상고할 전적이 없어 정말 힘들다. 어쩔 수 없이 한대 역학자들이 서로 전한 단편적인 말과 자질구레한 의미를 찾아서 살펴보면, 여전히 고대 역학 사상의 대강을 추려해 볼 수 있다. 앞에서 말한 것처럼 한대 역학에 남아 있는 옛 의미는 상천(上天)이ⓑ 만물의 근원인데, 실은 개천설에 의거한 것이다. 거기에서 하늘을 형체와 작용으로 나누어 말한 것은, 사람들이 하늘의 작용을 본받게 하려는 것이지 하늘의 형체를 본받게 하려는 것이 아니다. 하늘의 형체는 활처럼 휜 모양이므로 본받을 것이 없지만, 하늘의 작용은 본받아야 한다. 하늘의 작용은 두 가지로 나누어서 말할 수 있으니, 정신이 굳세어 스스로 이길 수 있는 것은 하늘의 정

---

10 『시경』「문아(文雅)」「황의(皇矣)」. 皇矣上帝, 臨下有赫.

신이 변화한 것이고, 움직임이 쉼이 없는 것은 하늘의 기운이 변화한 것이다. 오직 기운과 정신은 바로 하늘의 변화가 내적으로 함유하고 있는 두 기틀로서, 서로 반대되고 모순되지만 넓고 영원한 우주(宇宙)를 두루 유행한다.ⓒ 기운은 물질의 단서로서 그것이 응축되면 굳게 뭉치고 분화되어 수만 가지 다른 것으로 드러나는 것 같다.ⓓ 정신은 정신의 강건함으로 막힘이 없으므로ⓔ 고정된 장소가 없지만 있지 않은 곳이 없으며, 그 성질은 항상 '올라가서[升]'ⓕ 언제나 수만 가지로 다른 것 가운데에서 주관하여 운행하고 그것을 소통시킨다. 기운은 정신을 따라서 함께 굴러간다. 이 때문에 기운의 변화만을 말해도 정신의 변화가 있는 것이니, 기운의 변화는 정신의 변화와 분리되지 않는다. 또 정신의 변화만을 말해도 기운의 변화가 있는 것이니, 정신의 변화는 기운의 변화와 분리되지 않는다. 우주가 독화(獨化)하는 것이라고 말하는 것은 이치적으로 불가능하고, 상대가 있다고 말하는 것은 결국 통일된다. 큰 변화에는 비록 반대되고 모순되는 두 기틀이 있지만 실은 '큰 조화를 보존하여 이루니,' 만물이 여기에서 생겨나와 '제각기 성명을 바르게 한다.'ⓖ[11] 고대의 위대한 천재 철학자인 복희씨는 우주론 가운데 마음과 사물에 관련된 문제를 일찍이 해결하였으니, 어찌 오묘하지 않은가! 복희씨의 생각은 다만 여러 괘와 효에 표현되었다. 요임금과 순임금 이후에 문자가 점점 많아지면서 당연히 『역』에 대한 설명이 있게 되었는데, 다만 술수가의 말들이 서로 뒤섞이는 것을 벗어나지 못했을 뿐이다. 고대의 제왕들은 신도(神道)를 이용하여 가르침을 베풀어서 술수가들의 말이 나날이 성행했고, 철학적 이치를 담론하는 것은 더욱 줄어들었다. 술수는 6국(六國)이 모두 망할 때까지 널리 전파되어, 전하(田何)가 한대(漢代)의 『역』을 개창한 것에도 복희의 옛 의미가 여전히 부분적으로 남아 있으니, 매우 귀중한 것들이다. 한대에 은나라의 『역』이 있었으니, 그것을 『귀장

---

11 『역』「건괘」. 乾道變化, 各正性命, 保合太和, 乃利貞.

(歸藏)』이라고 했다. 정현(鄭玄)은 "은나라 때의 음양에 관한 책을 보존한 것에는 『귀장』이 있었다."[12]라고 했다. 초순(焦循)[13]은 "음과 양에 관한 책이라고 하는 것은 음양오행가의 말들이다."[ⓗ]라고 했는데, 이 말은 당연히 틀리지 않다.[ⓘ] 그러나 역시 역학 학파의 지류일 뿐이다.

ⓐ 『역』은 점치는 것으로 사용되었다.

ⓑ '상천(上天)'은 상제(上帝)라고 말하는 것과 같다.

ⓒ '우주(宇宙)'에서 '우(宇)'는 광대하여 밖이 없는 공간이고, '주(宙)'는 영원하여 끝이 없는 시간이다.

ⓓ 수만 가지로 다른 상태는 모두 고정되지 않았으므로 '드러난 것 같다.[現似]'고 했다.

ⓔ 형질이 없기 때문에 막힘이 없다.

ⓕ '올라간다[升]'는 것은 향상한다는 의미이고 나아가고 나아간다는 의미이다. 항상된 것은 물러나고 떨어짐이 없기 때문이다.

ⓖ 만물은 기운을 부여받고 정신을 함유하니, 정신이 지각을 열고 기운이 형체를 이루기 때문이다.

ⓗ 『한서』「예문지」에 "음양오행가는 모두 술수를 연구했다."라는 말이 있다.

ⓘ 나는 일찍이 은나라 『역』에서 곤(坤)을 첫머리에 둔 것을 유물론으로 여겼는데, 근래에야 아주 잘못되었음을 자연스럽게 알았다. 정현은 그 책을 직접 보았지만 옛날의 '역학책[易書]'이라고 말하지 않았다.

『주역』은 공자가 지은 것인데, 본체론에서는 상제(上帝)를 없앴고, 마음

---

12 『예기집설(禮記集說)』「예운(禮運)」. 鄭氏曰. … 宋殷人之後也, 得殷陰陽之書. 其書存者, 有歸藏.

13 초순(焦循, 1763-1820): 자는 이당(裏堂)이고 강소성 감천(甘泉: 현 양주〈揚州〉) 사람이다. 어려서부터 양주의 안정서원(安定書院)에서 공부를 하고, 33세 때에 산동성으로 가서 당시 산동학정(山東學政)으로 있던 완원(阮元)에게 배우고 완원을 따라 절강성으로 갔다. 1801년에 과거시험 자격을 얻었으나 이듬해 예부(禮部)과거에 급제하지 못하고는, 낙향하여 연구와 저술에 힘썼다. 특히 『주역(周易)』·『논어(論語)』·『맹자(孟子)』에 정통하여, 『주역』 방면으로는 『역장구(易章句)』 12권과 『역도략(易圖略)』 8권과 『역통석(易通釋)』 20권과 『역광기(易廣記)』 3권 및 『역화(易話)』 2권이 있고, 『논어』·『맹자』 방면으로는 『논어통석(論語通釋)』 15권과 『맹자정의(孟子正義)』 30권 등이 있다.

과 사물에 관한 문제에 대해서는 정신과 기운은 본래 둘이 아니지만 또한 구분이 있다고 주장했다. 본체는 하나이므로 둘이 아니라고 했고, 작용은 두 가지 기틀을 함유하므로 구분이 있다고 했다. 이것 역시 복희의 원칙을 넘어서지 못한다. 그러나 상제(上帝)가 이미 타도되었으면, 이른바 정신[神]을 당연히 하늘의 정신이 변화한 것으로 말할 수 없으니, 뒤에서 다시 논해야 할 것이다.

|부가설명| 『주역(周易)』이라는 명칭에 대해서 어떤 사람은 '주(周)'는 주대(周代)를 지칭한다고도 하고, 또 어떤 사람은 '주(周)'라는 글자는 『역』의 도리가 두루[周] 보편적이어서 포함하여 통하지 않는 것이 없다는 것이지 주대(周代)라는 왕조를 지칭하는 것이 아니라고도 한다. 나는 후자의 주장이 옳다고 생각한다. 한대 사람들은 문왕이 괘사와 효사를 지었고, 공자는 단지 「십익(十翼)」을 지었다고 하는데, 이것은 전혀 근거가 없다. 『사기』 「채택전(蔡澤傳)」으로 증명하면, "날아가는 용이 하늘에 있으니 대인을 만나는 것이 이롭다."[14]는 구절을 공자의 말로 보았으니,[15] 『주역』이 완전히 공자에게서 나왔음을 단연코 의심할 수 없다. 나는 이미 「원학통」에서 간략히 설명했다.

나를 비판하는 자가 말했다. "그대는 늘 '대인을 만나는 것이 이롭다.'는 구절을 공자 문하의 소강파(小康派)가 보태서 고친 글로 여겼으니, 본래 공자의 말이 아니다. 그런데 이제 또 채택의 말을 근거로 공자의 말로 여기니 어떻게 된 것인가?"

대답했다. "채택은 6국(六國) 말기에 권세를 추구하는 데만 몰두했으니, 그가 유학을 공부한 것은 원래 소강파의 경적을 진심으로 믿었던 것이다. 그러므로 '대인을 만나는 것이 이롭다.'는 구절을 공자의 말로 믿었을 뿐이다. 그러나 채택의 말을 가지고 바로 괘사와 효사를 문왕이 지은 것이 아님을 증명할 수 있다. 공자가 『십익』을 지었다는 한대 사람들의 주장은 공자

---

14 『역』 「건괘」. 九五飛龍在天, 利見大人.
15 『사기』 「채택전(蔡澤傳)」으로 증명하면 … 공자의 말로 보았으니: 『사기』 「범저채택열전(範雎蔡澤列傳)」, 侯曰: "不若." 蔡澤曰: "今主之親忠臣, 不忘舊. … 故國有道則, 仕國無道則隱. 聖人曰, 飛龍在天利見大人, 不義而富且貴, 於我如浮雲."

의 『역』을 빼앗아 문왕에게로 돌림으로써 공자를 주석가로 강등시킨 것이다. 이는 근거 없이 유언비어를 만든 것이니, 거리낌이 없었다고 할 수 있다. 한대 사람들은 게다가 또 효사를 주공이 지었다고 했는데, 그런 망발은 따질 필요도 없다.”

[4-3-1-1] 은나라 『역』 : 『귀장』과 벽괘

은나라 『역』에서 곤(坤)을 첫머리에 둔 것을 유물론이라고 말할 수 없다는 것은 무엇 때문인가?[ⓐ] 생각건대, 『귀장』이라는 책은 한대 이후로 거의 모두 망실되었다.[ⓑ] 서선(徐善)[16]은 ‘곤’을 첫머리에 둔다는 설명에 따라 그 학술을 추구했는데, 나는 그 정묘함에 대해 크게 칭찬했다. 서선이 말했다. “그 방법은 먼저 6획인 ‘곤괘(坤卦)’를 두고, 6개의 양효(陽爻)로 차례대로 변화시키면, 곧 ‘복괘(復卦)’·‘임괘(臨卦)’·‘태괘(泰卦)’·‘대장괘(大壯卦)’·‘쾌괘(夬卦)’라는 다섯 개의 벽괘(辟卦)를[ⓒ] 이룬다. 다음으로 6획인 ‘건괘(乾卦)’를 두고, 6개의 음효(陰爻)로 차례대로 변화시키면, 곧 ‘구괘(姤卦)’·‘둔괘(遯卦)’·‘비괘(否卦)’·‘관괘(觀卦)’·‘박괘(剝卦)’라는 다섯 개의 벽괘를 이룬다. 10개의 벽괘가 드러나면 강령이 정해진다. 또 6획인 ‘곤괘(坤卦)’를 두고, ‘벽괘인 복괘[復辟]’로 변화시켜서 1개의 양효(陽爻)가 있는 6개의 괘(卦)를 만들고,[ⓓ] ‘벽괘인 임괘[臨辟]’로 변화시켜서 2개의 양효가 있는 15개의 괘를 만들며, ‘벽괘인 태괘[泰辟]’로 변화시켜서 3개의 양효가 있는 20개의 괘를 만들고, ‘벽괘인 대장괘[大壯辟]’로 변화시켜서 4개의 양효가 있는 15개의 괘를 만들며, ‘벽괘인 쾌괘[夬辟]’로 변화시켜서

---

16 서선(徐善, 1633-1692): 명말청초의 학자로 수수(秀水, 절강성 가흥〈嘉興〉) 사람이다. 자는 경가(敬可)이고, 호는 유곡(藟穀) 또는 냉연자(冷然子)이다. 명나라가 망하자 과거공부를 그만두고 격물치지학(格物致知學)에 전념했다. 젊어서 장이상(張履祥)과 친했는데, 나중에 서건학(徐乾學) 밑에서 고사기(高士奇)를 대신해 『춘추지명고략(春秋地名考略)』을 저술했다. 그 밖의 저서로 『역론(易論)』, 『서씨사역(徐氏四易)』, 『장자주(莊子注)』, 『유곡집(藟穀輯)』 등이 있다.

5개의 양효가 있는 6개의 괘를 만들고, 다시 나아가서 순수한 '건괘'가 되면, 64괘의 순서가 이미 정해진다. 천천히 살펴보면, '건괘'의 여섯 자리는 이미 갈마들며 변하는 새로운 효(爻)이고, '곤괘'의 여섯 자리는 여전히 아직 변하지 않은 옛 획(畫)이다. 곧 괘 중의 양효는 이미 변했는데 음효는 여전히 '그대로[故]'이다. 이에 다시 새롭게 만들어진 '건괘'를 두고, '벽괘인 구괘[姤辟]'로 변화시켜서 1개의 '음효(陰爻)'가 있는 6개의 괘(卦)를 만들고, '벽괘인 둔괘[遯辟]'로 변화시켜서 2개의 음효가 있는 15개의 괘를 만들며, '벽괘인 비괘[否辟]'로 변화시켜서 3개의 음효가 있는 20개의 괘를 만들고, '벽괘인 관괘[觀辟]'로 변화시켜서 4개의 음효가 있는 15개의 괘를 만들며, '벽괘인 박괘[剝辟]'로 변화시켜서 5개의 음효가 있는 6개의 괘를 만들고, 다시 나아가서 순수한 '곤괘'가 되면, '곤괘'의 여섯 자리는 이미 다시 새로워졌다. 끝내는 두 개의 진영이 있는 것이 아니니 다만 이 64괘라는 빈자리를 가지고 순차적으로 구하므로, '곤괘'가 7번 변화하여 192개의 양효를 얻어서 순수한 '곤괘'의 본체가 드러난다. 거꾸로 거슬러 보면, '건괘'가 7번 변화하여 192개의 음효를 얻어서 순수한 '건괘'의 본체가 드러난다. 한 번은 반대로 가고 한 번은 되돌아와서 384개의 효로 이루어진 『역』이 온전히 갖추어진다."[17] 서선의 말을 자세히 살펴보면, 『귀장』에서 괘를 나열하는 방식을 잘 알았다고 말할

---

17 주이존(朱彝尊), 『경의고(經義考)』 권3에 다음과 같은 서선(徐善)의 말이 있다. 其法先置一六畫坤卦, 以六陽爻次第變之, 卽成復臨泰大壯夬五辟卦. 次置一六畫乾卦, 以六陰爻次第變之, 卽成姤遯否觀剝五辟卦. 十辟見, 而綱領定矣. 於是又置一六畫坤卦, 以復辟變之, 成六卦之一陽, 以臨辟變之, 成十五卦之二陽, 以泰辟變之, 成二十卦之三陽, 以大壯辟變之, 成十五卦之四陽, 以夬辟變之, 成六卦之五陽, 更進爲純乾, 而六十四卦之序已盡變矣. 徐而察之, 乾之六位, 已爲遞變之新爻, 而坤之六位猶爲未變之舊畫, 卽卦中陽爻已變, 而陰爻猶故也. 於是復置新成之乾卦, 以姤辟變之, 成六卦之一陰, 以遯辟變之, 成十五卦之二陰, 以否辟變之, 成二十卦之三陰, 以觀辟變之, 成十五卦之四陰, 以剝辟變之, 成六卦之五陰, 更進爲純坤, 而坤之六位已更新矣. 卒之非有兩營也, 止此六十四虛位, 順而求之, 由坤七變, 得陽爻一百九十二, 而純乾之體見. 逆而遡之, 由乾七變, 得陰爻一百九十二, 而純坤之體見. 一反一覆, 而三百八十四爻之易以全矣.

수 있다. 만약 이렇게 하지 않으면, 또한 어떤 좋은 방법으로 64개의 괘를 이룰지 알 수 없다. 만약 은나라의 『역』이 과연 이와 같았다면, 유물론이라고 할 수 없다. 그 까닭은 무엇인가? '곤의 음[坤陰]'은 홀로 변화할 수 없어 반드시 '건의 양[乾陽]'을 기다린 다음에 변화하니,ⓔ 은나라의 『역』은 비록 '곤괘'가 첫머리에 있지만, 사실 '건괘'와 '곤괘'가 서로를 갖추어서 상반되지만 변화의 오묘함을 이루는 『주역』에서 바뀐 것이 없다.ⓕ 은나라의 『역』은 비록 음양에 관한 책일지라도 아마도 여전히 복희씨의 핵심을 대략 보존하고 있었던 같다.

ⓐ 건(乾)은 양(陽)으로 정신이다. 양의 강건함은 올라가고 나아가지 물러서고 내려가지 않으니, 그 덕(德)은 굳세다. 음(陰)은 무겁고 혼탁하여 아래로 내려가니 마침내 양과 반대이다. 그러므로 옛사람들은 음을 물질이라고 해석하였다. 은나라의 『역』은 '곤'을 첫머리에 두었지 '건'을 처음에 두지 않았으므로 유물론에 가깝다. 명대 사람들 중에 이미 여기에 주의했던 사람이 있다.

ⓑ 마국한(馬國翰)[18]의 『옥함산방집일서(玉函山房輯佚書)』 「경편역류(經編易類)」에서 대략 고찰할 수 있다.

ⓒ '벽괘(辟卦)'의 '벽(辟)'은 '군주노릇을 한다[君].'는 의미이다. 아래에서도 이와 같다. 은나라의 『역』은 12벽괘를 내세웠다.

ⓓ '복괘'는 벽괘의 하나이므로 '벽괘인 복괘[復辟]'라고 했다. 아래에서 '벽괘인 임괘

---

18 마국한(馬國翰, 1794-1857): 자는 사계(詞溪)이고, 호는 죽오(竹吾)이며, 산동성 역성현 남권부장(歷城縣 南權府莊: 현 제남시 전복장〈濟南市 全福莊〉) 사람이다. 청대의 저명한 학자로서 한학자이면서 장서가(藏書家)이다. 그는 어릴 적부터 산서(山西)의 지현(知縣)의 관직을 지낸 부친을 좇아 공부했고, 이후에 김보천(金寶川)·여심원(呂心源)에게 사사받았으며, 경사(經史)에 밝았다. 섬서(陝西)의 부성(敷城)·석천(石泉)·운양(雲陽)의 지현(知縣)을 역임했다. 마국한은 당대(唐代) 이전에 이미 망실되고 훼손된 고서(古書)를 각종의 저작 안에 있는 주석과 인용문 및 여러 문헌 중에 단편적으로 남아있는 문장을 가려 뽑아서 고증하고 진위를 가렸다. 이후에 부문별로 나누고 편집해서 『옥함산방집일서(玉函山房輯佚書)』라는 이름으로 책을 만들었다. 이 책은 경(經)·사(史)·제자(諸子) 3편(編)으로 분류했고, 700여 권에 이르며, 총 594 종류의 일서(佚書)를 모아 몸소 서록(序錄)를 써서 각각의 책머리에 덧붙였다. 『옥함산방집일서』는 일종의 문헌학의 거대한 저작이며, 마국한은 중국고대문화의 서적을 수집하고 보존한 점에서 커다란 공헌을 했다.

[臨辟]' 등이라고 말한 것은 모두 이와 같다.

ⓔ '기다린 다음에'라는 말에서 '다음'은 시간적인 의미가 아니니, 다만 '홀로 있는 곤[獨坤]은 변화할 수 없다는 것을 밝혔을 뿐이다.

ⓕ 건이 있으면 곤이 있으므로 '서로를 갖춘다.'고 했다. 건과 곤은 상반되지만 서로 상반된 것이 마침내 함께 화합하는 것으로 귀결하여 변화가 이루어진다.

[4-3-1-2] 하나라『역』: 위작『연산』

한대 사람들이 서로 하나라의 『역』을 전하면서 "『연산(連山)』을 복희의 『역』이라고 불렀고, 하나라 사람들이 그것을 따랐다."고 했는데, '간괘(艮卦)'를 첫머리에 두었다는 주장이 있다. 간령승(幹令升: 幹寶)[19]은 비록 별도로 그것을 해석하였지만, 초순(焦循)이 이른바 오운육기설(五運六氣說)[20]과 서로 표리가 된다고 하였으니, 그것이 전국시대 술수가들이 가

---

19 간보(幹寶, ?-336): 자는 영승(令升)이며, 원적[祖籍]은 하남성 신찰(新蔡)이며, 동진(東晉)의 학자 겸 문인이다. 그는 역사·음양·산수를 연구했고, 원제(元帝) 때 저작랑(著作郞)이 된 후로 역사찬집(歷史撰集)에 종사했다. 특히, 간보는 역학(易學)에 조예가 깊었으며, 『진서(晉書)』에서는 '간보가 『주역』을 주석했다.'고 했으며, 『수서(隋書)』「경적지(經籍志)」에는 '『주역』10권을 진(晉)의 산기상대(散騎常待)인 간보가 주석했고, 또한 『주역효의(周易爻義)』1권을 간보가 지었으며, 양(梁)나라에는 『주역종도(周易宗塗)』4권이 있으며, 간보가 지었다.'라고 기재되어 있다. 저서에는 『진기(晉記)』, 『춘추좌자의외전(春秋左子義外傳)』, 『수신기(搜神記)』등이 있으며, 특히 『수신기』는 괴이전설(怪異傳說)을 집대성한 것으로 육조(六朝) 소설의 뛰어난 작품일 뿐만 아니라, 당·송시대(唐宋時代) 전기물(傳奇物)의 선구가 되었다.

20 오운육기설(五運六氣說): '오운(五運)'은 목운(木運)·화운(火運)·토운(土運)·금운(金運)·수운(水運)을 말한다. 목·화·토·금·수 5행을 천간(天幹), 즉 갑·을·병·정·무·기·경·신·임·계(甲·乙·丙·丁·戊·己·庚·辛·壬·癸)에 배합하여 운용함으로써 기후변화의 정상과 이상을 분석하는 것이다. 오운은 또한 대운(大運)·주운(主運)·객운(客運)으로 나뉜다. 대운은 주로 매해의 세운(歲運: 12해의 운)을 총괄하여 1년 중의 오운계(五運季)의 기후변화의 규칙을 설명하는 것이며, 각 운계는 매년 고정불변하고 각 운계 중의 기후변화도 매년 같으므로 주운이라 한다. 대한일(大寒日)에서 13일 오각(五刻)까지를 1운으로 하여 오행상생의 순으로 정한다. 즉 목은 초운(初運: 風), 화는 2운(暑), 토는 3운(濕), 금

탁(假託)한 것임은 말할 필요가 없다. 복희가 8괘를 긋고는 이어서 그것을 중복해서 64개의 괘를 만들었다. '건·곤'은 첫머리에 두고,[a] 나머지 62개의 괘는 모두 '건괘'와 '곤괘'의 수많은 변화로부터 이루어진 것들이다. 어찌 그것을 바꿀 수 있겠는가! 내가 예전에는 하나라 『역』이 가탁한 것이라는 것을 확정하지 않으려고 했는데, 근래에 비로소 그것이 위작이었음을 단언했다.

[a] '건·곤'은 명칭은 두 개의 괘이지만 실은 나누어서 두 개로 할 수 없기 때문에,

은 4운(燥), 수는 종운(終運: 寒)으로 매년 고정되어 있다. 객운은 1년 중의 오운계의 이상기후를 말한다. 이는 매년 달라지고 각 계(季)에도 차이가 있어서 객이 왔다갔다하는 것과 같다 하여 객운이라 한다. 천간의 갑과 기가 배합되어 토운이 되고, 을과 경이 배합되어 금운이 되며, 병과 신이 배합되어 수운이 되며, 정과 임이 배합되어 목운이 되며, 무와 계가 배합되어 화운이 된다. 갑·병·무·경·임은 양간(陽幹)에 속하고 을·정·기·신·계는 음간(陰幹)에 속한다.

'육기(六氣)'는 풍(風)·열(熱)·화(火)·습(濕)·조(燥)·한(寒)을 말한다. 육기를 지지(地支), 즉 자·축·인·묘·진·사·오·미·신·유·술·해(子·丑·寅·卯·辰·巳·午·未·申·酉·戌·亥)에 배합시켜 세기(歲氣: 그해의 기)를 추측하여 연중 각 계절의 정상기후와 이상변화를 분석한다. 육기는 또한 주기와 객기로 나뉜다. 주기는 일정한 방향으로 돌아가는 계절의 순서를 말한다. 초기는 궐음풍목(厥陰風木), 2기는 소음군화(少陰君火), 3기는 소양상화(少陽相火), 4기는 태음습토(太陰濕土), 5기는 양명조금(陽明燥金), 종기(終氣)는 태양한수(太陽寒水)이다. 이 순서는 해가 바뀌어도 변하지 않는다. 객기는 궐음(厥陰)·소음(少陰)·태음(太陰)·소양(少陽)·양명(陽明)·태양(太陽)의 순서로 순환하는데 사천(司天)과 재천(在泉), 그리고 좌우 4간기(四間氣)로 갈라진다. 사천은 상반년(上半年: 초기에서 3기까지)을 주재하고, 재천은 하반년(下半年)을 주재하는 것으로, 사천은 3기고 재천은 종기이며 나머지 4기는 간기가 된다. 12지의 사와 해가 배합되어 궐음풍목이 되고, 자와 오가 배합되어 소음군화가 되며, 인과 신이 배합되어 소양상화가 되고, 축과 미가 배합되어 태음습토가 되며, 묘와 유가 배합되어 양명조금이 되고, 진과 술이 배합되어 태양한수가 된다. 자·오·인·신·진·술은 양년이라 태과하고 축·미·묘·유·사·해는 음년이라 불급이다.

그 둘의 상호 관계는 연간(年幹)에 따라서 오운을 추산하고, 연지를 따라서 육기를 추산하며 겸하여 운기 상호간의 상생상극 관계를 관찰해서 그해의 기후변화 및 질병의 발생과 예후를 예측한다. 운기학설이 의학에 적용될 때에는 매년 기후변화의 상태에 따라서 육음(六淫: 風·熱·火·濕·燥·寒)이 인체에 미치는 영향이 다르므로 운기를 파악해서 질병의 예방과 치료 방향을 설정하려고 했다.

'건·곤을 첫머리에 두었다.'고 했다. 왕선산(王夫之)이 건곤을 나란히 세운다고 하는 말에는 곧 병폐가 있으니, 예컨대 장(張)씨와 이(李)씨를 나란히 세우면, 장씨와 이씨는 결국 제각기 완전히 독립된 것이어서 일체가 아니라고 말하는 것과 같다.

『사기』에서 "문왕(文王)이 유리(羑裏)에 연금당해 있으면서 『역』을 연역했다."[21]고 말했기 때문에,ⓐ 한대 사람들이 마침내 문왕의 『역』이 있다고 말하는데, 그 말 역시 일치하지 않는다. 양웅(揚雄)은 「해난(解難)」편에서 "문왕이 6효로 덧붙였다."[22]고 했는데, 이것은 바로 중괘(重卦: 3획인 8괘를 중첩하여 6획인 64괘로 만든 일)했다는 말이다. 8괘를 가지고 중첩한 것은 자연스러운 순서로서 본래 복희의 손에서 나왔는데, 무엇 때문에 문왕이 덧붙일 필요가 있었는지 정말 모르겠다. 정현(鄭玄)을 따르는 무리들이 문왕이 괘사와 효사를 지었다고 말했지만, 모두 그 주장이 어디에 근거하는지 말하지 않았으니, 그것이 제멋대로 억측하여 함부로 말한 것임을 의심할 필요가 없다.ⓑ 다만 「참위(讖緯)」에서 "괘의 도리로 덕을 연역한 사람은 문왕이다."[23]라고 했는데, 이 설명에 대해서는 매우 주의해야 한다. 지금 그 말로 미루어보면, 대개 64괘를 회통하고 연역하여 입덕(入德)의 문으로 만든 사람은 문왕이라는 의미이다. 『사기』에서 "문왕이 384효를 연역하였다."[24]고 한 것도 역시 64괘의 도리를 부연해서 익힌 것임을 말하니,ⓒ 참위설과도 상통한다. 참위는 70제자의 후학들이 진나라 때에 괴이한 것을 빌어 화풀이한 잡다한 기록인데,ⓓ 그중에는 소홀히 할 수 없는 보배처럼 귀한 자료들이 제법 있다.

ⓐ 「은본기(殷本紀)」와 「주본기(周本紀)」에 있다.

---

21 『사기』「은본기(殷本紀)」. 紂囚西伯羑裏. 「주본기(周本紀)」. 太子發立是爲武王. 西伯蓋即位五十年, 其囚羑裏, 蓋益易之八卦, 爲六十四卦.

22 『양자운집(揚子雲集)』권4,「해난(解難)」. 文王附六爻.

23 『주역정의(周易正義)』권수(卷首). 又乾鑿度云, 垂皇策者犧, 卦道演德者文, 成命者孔.

24 『사기』「일자열전(日者列傳)」. 自伏義作八卦, 周文王演三百八十四爻, 而天下治.

ⓑ 정씨(鄭玄)는 억측한 것이 많으니, 근거로 삼기에는 부족하다.

ⓒ『역』은 64괘뿐으로 모두 384효이다.

ⓓ 한나라 사람들이 그것마저도 개찬하여 어지럽혔다.

4-3-2　공자가 창작한『주역』: 복희『역』을 근본으로 함

『주역』은 완전히 공자가 창작한 것이니, 본래 문왕과는 무관하다. 공자가 광 땅에서 경계심을 품었다는『논어』의 구절을 자세히 완미해보면, 공자가 스스로 임무로 여긴 것이 무겁고 스스로 믿는 것이 돈독했으니, 문왕을 인습하지 않았음을 알 수 있다. 피석서(皮錫瑞)가 문왕은 전혀 지은 것이 없다고 딱 잘라 말한 것도 억측이 너무 지나치다. 내 생각에, 문왕은 당연히 64괘를 총괄하는 요지의 글을 지었을 것이니, 대개 근본으로 돌아가 하늘을 섬기는 것으로 덕을 세우는 기초로 삼았을 것이다. 복희의『역』은 개천설과 관련이 있으니, 본래 천제(天帝)를 만물의 근원으로 보았고, 문왕이『역』을 설명한 글은 여기에 중점을 두었을 것이다.ⓐ『시경』을 상고해 보면, 문왕의 덕을 칭송한 것이 잦다.ⓑ「대명(大明)」편에서 "우리 문왕께서는 마음 졸여 근신하며 상제를 빛나게 섬기는구나!"ⓒ[25]라고 했다.「문왕」편에서 또 "문왕께서 나아가고 물러남은 상제의 좌우에 있는 듯하구나!"ⓓ[26]라고 했다.『중용』26장에서 "하늘의 명령은 아! 깊고 큼이 끝이 없다.'ⓔ고 하여 대개 하늘이 하늘다운 까닭을 말했고, '아! 드러나지 않는가!ⓕ 문왕의 덕의 순수함이여!'라고 해서 대개 문왕이 문왕다운 까닭이 순수하여 또한 그치지 않음을 말했다."ⓖ[27] 이상에서 서술한 것을 종합하면, 문왕은 평생 하늘을 섬기는 공부를 해서 그의 덕성

25『시경』「대아」「문왕(文王)」. 維此文王, 小心翼翼, 昭事上帝.

26『시경』「대아」「문왕」. 文王陟降, 在帝左右.

27『중용』26장. 詩云. 維天之命, 於穆不已. 蓋曰, 天之所以爲天也. 於乎不顯 文王之德之純. 蓋曰, 文王之所以爲文也, 純亦不已.

이 깊고 순수했음을 알 수 있다. 그러므로 그의 『역』에 대한 설명은 반드시 하늘을 섬기는 것으로써 가르침을 베푼 것임이 틀림없다는 것을 알 수 있다. 공자가 『주역』을 지은 것은 복희를 근본으로 한 것이지 문왕을 근본으로 한 것이 아니다.ⓗ

ⓐ 복희가 비록 '천제'를 만물의 근원으로 보았지만, 그가 내세운 뜻은 하늘의 작용을 본받는 데 있으니, '상제'는 의미 없이 말한 것이다. 문왕은 아마도 그것을 반대하려고 했을 것이다.

ⓑ 예컨대, 「대아」 「문왕편」에서 "깊고 큰 문왕이여! 계속 이어서 밝게 경건함[敬]을 지키는구나!"28라고 했다. 경건하면 마음이 깨끗해서 빛이 난다. 문왕은 항상 경건하려는 노력을 잃지 않았으니, 곧 밝고 깨끗한 마음이 언제나 이와 같이 계속되어 그치지 않았으니, 이것은 경건함을 지키는 효험이다. '지킨다.'는 것은 유지해서 잃지 않는다는 말이다.

ⓒ '근신한다.'는 것은 공경하고 삼가는 모양이니, 앞에서 말한 경건함이다. 밝고 깨끗한 마음으로 상제를 경건하게 섬기는 것을, '빛나게 섬긴다.'고 하였다.

ⓓ 주자(朱熹)는 이 구절을 해석하여, "문왕이 죽은 뒤에 그 정신이 하늘에서 …."29라고 했는데 아주 잘못되었다. 문왕이 일상적인 동정(動靜)과 진퇴(進退)에서 그 마음은 항상 상제의 좌우에 있는 듯했다는 말이다. 예컨대 불교 정토종에서 염불하는 자가 곧 이와 같다. 이 구절은 앞에서 인용한 '상제를 빛나게 섬기는구나!'라는 구절과 같은 의미이다.

ⓔ '명령'은 '유행'의 의미이다. 천도의 유행은 깊고 커서 그침이 없다는 말이다.

ⓕ '드러나지 않는가!'는 '어찌 드러나지 않겠는가!'라고 말하는 것과 같다.

ⓖ 문왕은 천도에 순수해서 또한 그침이 없다는 말이다. 여기에 인용된 시는 바로 「주송(周頌)」 「유천지명(維天之命)」편이다.

ⓗ 『역』 「계사전」에서 복희씨를 칭송하여, "위로는 하늘을 관찰하고 아래로는 땅을 살피며, 가깝게는 자신에게서 취했고, 멀게는 사물에서 취했다."30고 한 것은, 대자연을 관찰하는 것으로부터 만물의 근원을 찾는 공부를 시작했다는 것이다.

---

28 『시경』 「대아」 「문왕」. 穆穆文王, 於緝熙敬止.

29 『시경집전(詩經集傳)』 「대아」 「문왕」. 周公追述文王之德, …. 此章言文王旣沒, 而其神在上, 昭明於天.

30 『역』 「계사·하」. 古者包犧氏之王天下也, 仰則觀象於天, 俯則觀法於地, 觀鳥獸之文與地之宜, 近取諸身, 遠取諸物, 於是始作八卦, 以通神明之德, 以類萬物之情.

문왕이『역』을 설명한 글은 한대『역』에서 상고할 수 없지만,[ⓐ] 그 정신은 결코 소멸되지 않았다. 정이천(程伊川: 程頤)의 『역전(易傳)』이 북송(北宋)부터 근세까지, 실로 한대의『역』과 왕필의『역』두 파의 자리를 빼앗아 성행한 것이 또한 천년에 가깝다. 청대 사람들은 한대의『역』으로 호소했지만, 학식이 있는 사람들은 모두 한대『역』을 높이려고 하지 않았다. 고정림(顧亭林: 顧炎武)에서부터 대동원(戴東原: 戴震)까지 모두 정이의 『역전』을 중심으로 해서 학술계에 깊고 큰 영향을 끼친 것은 아주 놀랄만하다. 정이의『역전』「건괘」에서 말했다. "8괘의 '건을 중첩한 것[重乾]'이 64괘의 건(乾)이다.[ⓑ] 건은 하늘이다.[ⓒ] '천(天)'은[ⓓ] 하늘의 형체이고,[ⓔ] '건(乾)'은 하늘의 성정(性情)이다. 건(乾)은 강건함[健]이다. 강건하여 쉼이 없는 것을 건(乾)이라고 한다. 하늘을 전일하게 말하면 도이니, '하늘도 어기지 않는다.'[31]는 것이 이것이다.[ⓕ] 나누어서 말하면, 형체로서는 '천(天)'이라고 하고, 주재(主宰)로서는 '제(帝)'라고 하며, '공용(功用)'으로는 '귀신(鬼神)'이라고 하고,[ⓖ] '오묘한 작용(妙用)'으로는 신(神)이라고 하며, '성정(性情)'으로는 '건(乾)'이라고 하니, 건(乾)은 만물의 시작이다."[32] 살펴보건대, 정이천의 이 글을 주자(朱子: 朱熹)가 높여 6경과 동일하게 여겼으니, 여전히 상제를 밝게 섬기는 문왕이 남긴 뜻이 있다.[ⓗ] 개천설이 쇠퇴하여 명맥만 남아 있는 것을 여기에서도 찾아볼 수 있다. 송학(宋學)은 마침내 고대 문왕의 역학으로 되돌아가는데,[33] 그 잘잘못은 여기에서 논할 것이 아니다.

　　[ⓐ] 한대 사람들은 오로지 상수학만 자세히 연구해서 문왕의 '상제를 밝게 섬기는'[34]

31『역』「건괘」「문언(文言)」. 天且弗違.

32 정이,『역전(易傳)』「건괘」. 重乾爲乾. 乾天也. 天者, 天之形體. 乾者, 天之性情. 乾, 健也. 健而無息之謂乾. 夫天專言之, 則道也. 天且弗違是也. 分而言之, 則以形體謂之天, 以主宰謂之帝, 以功用謂之鬼神, 以妙用謂之神, 以性情謂之乾, 乾者萬物之始.

33 고대 문왕의 역학으로 되돌아가는데: 원문에는 '복고(復古)'라고 하였는데, 전체적인 의미로 볼 때 복희나 공자가 아닌 문왕의 역학으로 되돌아갔다는 의미이다.

34『시경』「대아」「문왕」. 維此文王, 小心翼翼, 昭事上帝.

정신과는 무관하다.

ⓑ 『역』의 64괘는 각각의 괘마다 상하로 두 개의 괘를 합해서 만든 것이다. '건괘'는 상하가 모두 건괘이므로 '건을 중첩한 것[重乾]'이라고 했다.

ⓒ 하늘은 곧 천제(天帝)를 말한다.

ⓓ 여기서의 천(天)은 활처럼 휜 모양을 말하니, 개천설에서 말하는 중앙이 높은 것이 이것이다.

ⓔ 여기서의 하늘도 천제를 말한다. 아래에서 모든 하늘은 미루어 짐작할 수 있다. 옛날의 『역』이 개천설과 관련이 있다는 것을 알지 못하면, 여기서 말하는 천(天)이 하늘의 형체라는 것을 이해하기 매우 어렵다.

ⓕ 여기서의 하늘은 '때에 따른 추세[運會]'라고 말하는 것과 같다. 때에 따른 추세는 '비괘(☷)'와 '태괘(☳)'의 변천이 있지만, 우리가 도를 가지고 그것을 다스리면 때에 따른 추세가 도를 어길 수 없다.

ⓖ '귀신'은 음과 양을 말한다.

ⓗ 정이천과 주자(朱子: 朱熹)가 경(敬)을 위주로 한 것 역시 위로 문왕과 합치한다.

옛날의 『역』을ⓐ 자세히 완미하면, 절대로 소홀하게 여길 수 없는 것이 3가지가 있다. 첫째, 복희는 태고 시대의 사람으로서 천제에 대한 믿음이 없을 수 없을 것처럼 보이지만, 그가 역학을 처음으로 창도하면서 하늘을 형체와 작용으로 나누었으니, 이것은 그야말로 놀랄 만하다. 태초의 백성들은 활처럼 휜 하늘의 모습을 하늘의 형체로 여겼으니, 빛나게 위엄 있고 밝은 것이 위에 있었다.ⓑ 종교를 믿는 사람들은 하늘에 대해 초월적인 감정을 일으켜 그것에 귀의하려는 마음을 펼친다. 그런데 복희는 하늘의 형체를 본받지 않고 하늘의 작용을 본받았으니, 현실세계를 힘써 몸소 관찰해서 곧바로 상제에게 귀의하려는 미신을 없앤 것이다. 태고 시대에 이런 예지를 가졌다는 것은 복희가 참으로 인류가 생긴 이래로 유일하게 걸출한 큰 천재였기 때문이다. 중국 사람들의 종교 사상을 인도와 서양 사람들과 비교하면 어쨌든 희박하니, 또한 복희가 『역』의 도리를 너무 일찍 밝힌 영향일 수 있다. 종교 사상이 희박하기 때문에 일원론적인 유심론은 중국에서 결코 나올 수 없었다. 예를 들어, 서양의 유심론자들은 그 말류가 물질이나 물체를 감각이 복합된 것으로 여기는 데까지 이르렀고, 인도 불교의 유식론(唯識論)은 물질적인 우주는 심식(心識)[35]이 변하여 드러난 것으로 여기는 데까지 이르렀지만, 중국에서는 옛날부터 철학자들에게 이와 같은 괴상한 논리는 없었다. 선대의 성현들은 실사구시에 뛰어나 하늘에 맡기려고 하지 않았다. 요임금이 이미 "하늘의 기능을 사람이 대신했다."[36]고 말한 것은, 대개 복희를 계승한 것이다. 중국철학계에 처음부터 끝까지, 물질의 존재를 부인한 자가 없었던 것은 실제적인 일을 중시하는 정신이 종교에 미혹되지 않는 명철한 깨달음과 사실 서로 관련이 있기 때문이다. 그런데 복희가 아득한 태고시대에 이런 길을 인도했으니, 그 공로를 잊을 수 없다.

ⓐ '옛날의 『역』'은 복희의 『역』을 말한다.

ⓑ 『시』에서 "상제가 아래를 굽어 살핌이 혁혁하게 빛난다!"고 했다. 주석에서 "성대함이 있다는 것은 바로 위엄과 밝음을 말한다."[37]고 했다.

둘째, 옛날 『역』에서 형체와 작용을 나눈 것은 마침내 중국철학이 큰 원칙을 정립하는 것이 되었으니, 확실히 서양철학과는 궤도를 달리한다. 복희가 비록 개천설에 의거하여 활처럼 휜 하늘의 모양을 하늘의 형체로 여기고 이것을 상제라고 하였지만,ⓐ 마침내 천제(天帝)를 우주의 본체로 여겼다. 이것은 태고시대에서는 갑자기 태초의 백성들의 신념을 바꿀 수 없었기 때문이니, 공자에 와서야 비로소 건원(乾元)을 세워 하늘〔天〕을 통괄하였다.ⓑ 그런데 공자가 말한 '본체〔體〕'와 복희가 말한 '형체〔體〕'는 그 차이가 엄청나다.ⓒ 그러나 소홀히 할 수 없는 것은 철학자들이 본체에 대해 논함에 있어서 그들의 말이 진실을 본 것에서 나온 것인지 사이비를 본 것에서 나온 것인지는 별개의 문제이지만,ⓓ 본체와 작

---

35 심식(心識): 유식종(唯識宗)에서 식별(識別)하는 마음의 작용(作用)을 말한다.

36 『상서(尙書)』「우서(虞書)」「고요모(皐陶謨)」. 天工, 人其代之.

37 『시경집전(詩經集傳)』「대아」. 上帝臨下有赫, 監觀四方. 구절에 대한 주. 赫, 威明也.

용은 어쨌든 분석하여 말하지 않을 수 없다는 것이다.ⓔ

ⓐ 태초의 백성들이 믿는 것이 이와 같았기 때문이다.

ⓑ '건원(乾元)'은 건(乾)의 원(元)을 말하는데, 뒤에서 당연히 자세히 풀이할 것이다. '하늘[天]'은 천제(天帝)이다. 옛날에는 활처럼 휜 모양을 하늘의 형체로 여겼다. 바꿔 말하면 활처럼 휜 하늘의 모양이 바로 천제(天帝)였다. 복희는 태초의 백성들의 신념에 따랐으므로 천제를 만물의 본원으로 여겼다. 공자는 천제를 없애고, 건원이 만물의 실체라고 말했으므로 '하늘을 통괄하였다[統天].'[38]고 했다. '통괄한다.'는 것은 '주인이 된다.'는 뜻이니, 이는 건원이 천제의 주인이 된다는 말이다. 태초의 백성들이 천제를 만물의 주인으로 여겼지만, 공자는 건원이 다시 천제의 주인이라고 말했으니, 곧 천제가 만물의 주인이 될 수 없음을 명시했던 것이다. 앞의 글에서 "천제는 마침내 '가상의 존재[烏有先生]'가 되었다."고 한 것은, 사실 곧 천제가 없다는 것일 뿐이다. '가상의 존재'는 가설하는 말로서 한대 사마상여(司馬相如)[39]의 부(賦)에 있다.[40] 정현은 '통괄한다[統].'는 글자를 '근본 [本]'으로 새겼으니,[41] 건원(乾元)은 하늘이 그것으로 말미암아 이루어지게 되는 근본이라는 것이다. 그러나 정현이 말한 하늘은 당연히 '천체[星球]'를 지목해서 말한 것이다. '통괄한다[統].'는 글자가 '하늘[天]'이라는 글자 앞에 있는 것은 옛날 사람들이 글을 표현할 때 매번 거꾸로 사용한 것이니, 헷갈려서는 안 된다.

ⓒ 복희는 본체를 깨닫지 못한 것이 아니다. 그가 활처럼 휜 하늘의 형체를 우주의 본체로 말했던 것은 다만 태초의 백성들의 신념을 따른 것일 뿐이다.

ⓓ '사이비를 본 자'는 진상을 얻을 수 없어 상상으로 추측하는 것을 벗어나지 못한다.

ⓔ 내가 보건대, 본체와 작용은 두 영역으로 나눌 수 있는 것이 아니고, 또한 상하 두 토막으로 가를 수 있는 것도 아니다. 그러나 본체와 작용이 비록 원래 두 가

---

38 『역』「건괘」.「象」曰, 大哉乾元, 萬物資始, 乃統天.

39 사마상여(司馬相如, B.C.179-B.C.117): 중국 전한의 문인. 부에 있어 가장 아름답고 뛰어나, 초사(楚辭)를 조술(祖述)한 송옥(宋玉)・가의(賈誼)・매승(枚乘) 등을 이어 '이소재변(離騷再變)의 부(賦)'라고도 일컬어진다. 수사존중(修辭尊重)의 풍(風)이 육조문학(六朝文學)에 끼친 영향은 크다. 주요 저서에는 『자허부(子虛賦)』 등이 있다.

40 '가상의 존재'는 가설하는 말로서 한대 사마상여(司馬相如)의 부(賦)에 있다:『전한서(前漢書)』권57,「사마상여전(司馬相如傳)」. 烏有先生者, 烏有此事也.

41 정현은 '통괄한다[統].'는 글자를 '근본[本]'으로 새겼으니: 왕응린(王應麟), 『주역정강성주(周易鄭康成注)』「건괘」. 統, 本也.

지가 아닐지라도 구분이 없을 수 없으므로 나누어서 말할 수 없는 것도 아니다.

철학 본연의 임무는 우주의 '근본 원인[基源]'을ⓐ 궁구하려는 데 있다. 그러므로 우주론을ⓑ 말하는 자들은 본체와 작용을 막연하게 분별하지 않아서는 안 된다. 만약 본체와 작용을 구분하지 않으면, 그들의 지론이 반드시 작용을 본체로 여기게 되어, 실제로는 본체가 없는 이론에 떨어졌는데도 자각하지 못하게 될 것이다. 서양철학에 바로 이런 단점이 있다. 예컨대 일원유심론자들이 정신을 우주본체로 여기고, 일원유물론자들이 물질을 우주본체로 여기는 것은, 정신과 물질이 서로 짝하여 이름을 만든 것이고 그것들이 모두 현상이라는 것을 전혀 모르는 것이다. 모든 현상은 모두 본체의 작용[功用]이지ⓒ 그것이 곧 본체는 아니다.ⓓ 비유컨대, 수많은 물거품의 모양은 모두 큰 바닷물의 작용이지만, 곧 큰 바닷물이 아닌 것과 같다. 그러므로 본체와 작용이 비록 본래 둘이 아니지만 또한 구분이 없을 수 없다. 예컨대 정신을 본체로 여기는 것은 본래 현상에 집착해서 본체라고 하는 것이니, 다시 말하면 곧 작용을 본체로 여기는 잘못이 있는 것이다.ⓔ 물질을 본체로 여기는 자들도 현상에 집착해서 그 진실을 알지 못한 것이다. 작용은 있는데 본체가 없다면, 어떻게 '진리에 순응한다[應理]'고 하겠는가!ⓕ

ⓐ '근본 원인[基源]'은 본체의 대명사이고, 또한 본체의 형용사라고도 할 수 있다.
ⓑ 여기서의 우주론은 넓은 의미 곧 본체와 현상을 통틀어서 말한 것이다.
ⓒ '작용[功用]'은 또한 '형세의 작용[勢用]'이라고 하니, 다시 생략해서 '작용[用]'이라고 할 수 있다.
ⓓ 다만 본체가 작용을 떠나 독자적으로 존재하지 못하니, 바로 작용의 본체이기 때문이다. 큰 바닷물과 수많은 물거품의 비유로 생각해보면 이 이치를 깨달을 수 있다.
ⓔ 유학자들이 인(仁)을 본체라고 하는 것은 오히려 작용에서 본체를 인식하는 것이니, 이것은 작용을 본체로 여기는 것과 절대로 같은 뜻이 아니다. 뒤에서 간략히 분별할 것이다.
ⓕ '진리에 순응한다.[應理]'는 말은 불교전적에 있다. 진리를 깨달아 오류가 없는 것

을 '순응'이라고 한다.

부처가 하나의 비유를 들었다. 세상 사람들이 어두운 곳에서 짚으로 만든 새끼줄을 보면 뱀으로 착각하지만 곧 스스로 착각인 줄 안다. 그런데 일상에서 익숙하게 짚으로 만든 새끼줄을 보고는, 곧바로 새끼줄 모양을 바로 실물이라고 기억하고, 다시 그것이 본래 짚으로 만들어진 것인 줄 알지는 못한다. 여기서 새끼줄 모양이 실물이라고 견지하는 순간은 본래 착각에 속하는데, 세상 사람들은 끝내 착각으로 여기지 않으니 어찌 아주 이상한 일이 아니겠는가! 우주론에 대해 이야기하는 자들이 현상을 보지만 근원에는 어둡고, 작용에 집착하여 본체를 상실하니, 세상 사람들이 새끼줄 모양에 미혹되게 집착하여 짚을 잊은 경우와 무엇이 다르겠는가! 복희가 제일 먼저 본체와 작용을 구분했고, 공자가 그것을 계승하면서도 상고시대부터 천제(天帝)를 우주본체로 여기는 잘못을 고쳐서 바로잡으니, 본체와 작용이 둘이 아니라는 의미가 비로소 분명해졌다. 진리가 환히 드러난 것이 거의 대낮과 같으니, 노자에 와서 뒤섞여 이루어진 것으로 본체를 말하였다. 비록 도를 깨달음에 아직 참되지 못하다는 혐의가 있지만, 본체와 작용이 구분됨이 없을 수 없으니 여전히 『대역』을 계승하였다. 그것으로 서양철학에서 작용이 있는 것을 알지만 본체가 있다는 것을 알지 못하는 것과 비교하면, 여전히 진리를 추구하는 길을 막지 않은 것이다.

중국철학의 우주론이 본체와 작용을 분명하게 구분한 것은, 복희가 처음으로 설명해서 유가와 도가라는 두 큰 학파에서 서로 계승하며 서술한 것이니, 후대의 학자들도 바꿀 수 없다. 내가 전에 『신유식론(新唯識論)』을 지어 불교 우주론의 잘못을 바로잡았다. 그런데 본체와 작용이 둘이 아니라는 것을 근본으로 세웠더니, 세상에서 의심하기도 했다. 그것은 사실 내가 멀리 고대에서부터 많은 성인들의 업적을 계승했던 것이지, 감히 제멋대로 억측하여 함부로 주장한 것이 아니다. 학술 연구는 진리를 구하는 것일 뿐이다. 고대의 위대한 천재의 독창적인 견해에는 바꿀 수 없는 것이 있으니, 다른 것을 세울 필요가 없다. 비유컨대 옛날에 털이 있는 채로 그대로 먹고 피를 마셨던 것은 이제 다시 행하지 말아야 하지만, 옛날의 끓이고 익혀 먹는 방법은 옛날부터 지금까지 또한 지금부터 미래의 미래까지 이어갈 것이니, 누가 바꿀 수 있겠는가![a]

> [a] 한대의 『역』은 완전히 술수의 전통에 근거해서 본체와 작용에 대해서는 아는 것이 없었다. 그러나 한대 학자들에게 특별히 하늘과 사람이 교감한다는 이론이 있었던 것은 개천설을 근본으로 하여 하늘을 만물의 근원으로 여겼던 것이니, 사실 술수가들의 말이 그 기초가 된 것이다.

셋째, 옛날의 『역』에서 맨 처음 변증법을 드러내 밝혔기 때문에 신도(神道: 귀신과 화복에 관한 논의)에 가까워지지 않았다. 그 후에 공자가 천지를 본뜨고 테두리 지어 만물을 곡진히 이루는 과학적인 이론을 만든 것에는[a] 복희의 계발이 있었다. 우주론에서 마음과 사물에 대한 문제는 또한 변증법의 발현에 따르지만 한쪽만 지키는 것으로 빠지지 않았다. 변증법을 깊이 이해하는 자는 사물에서 드러나는 것을 살필 뿐 아니라, 그윽하고 은미한 것을 깊이 궁구하는 것을 더욱 귀하게 여기며, 한 부분을 근거로 할 뿐 아니라, 큰 전체에 소통하는 것을 더욱 귀하게 여기며, 자식을 생각할 뿐 아니라, 자식에서 어미를 찾는 것을 더욱 귀하게 여긴다. 물질적인 우주가 아직 동물로 발전하지 못했을 때는 심령이 아직 드러나지 않았지만, 성급하게 마음이 없다고 말할 수 없다. 만약 사물이 먼저 독자적으로 존재하고, 심령은 앞에서는 본래 없었는데 뒤에 있게 되는 것이라고 여기면, 심령을 물질이라고 말할 수 없는 것도 아니다. 심령을 물질이라고 말하면, 이것은 심령이 자식이고 물질이 어미라는 것이다. 비유하면, 콩을 심었는데 삼이 나온 것과 같아 원인과 결과가 절대로 같지 않으니, 『대역』에서 "같은 기(氣)는 서로를 필요로 한다."[42]는

---

42 『역』「건괘」. 子曰, 同聲相應, 同氣相求.

의미와 다르다.ⓑ 또 우주는 변화하며 움직여서 어떤 한 상태로 머물러 있지 않는 전체이다. 변화는 반드시 상대가 있어야 하니, 혼자 있는 것은 변화하지 못한다. 『대역』에서는 건과 곤이 변화를 이루는 것을 밝혀서 우주의 비밀을 드러냈으니, 그 이치는 바뀔 수 없다. 서양철학에서의 일원유심론이나 일원유물론은 모두 편견 때문에 우주의 전체를 잃지 않을 수 없었다. 무엇이 『역』의 의미를 거듭해서 밝히는 데에 우선 중국 철학을 참고로 하지 않도록 방해했겠는가! 『역』은 은미한 것에 근본해서 드러나는 것으로 가고,ⓒ 『춘추』는 드러난 것을 미루어 은미한 것에 이르니,ⓓ 이것이 변증법의 오묘함이다. 동물이 아직 출현하기 이전에는 마음과 정신은 단지 은미하여 아직 드러나지 않았으니, 없다고 말할 수 없다. 그러므로 복희가 『역』의 도리를 드러내 밝힌 이후부터 중국철학계는 일원론적인 유심론이 없었을 뿐만 아니라, 또한 일원론적인 유물론도 없었다. 이 일은 참으로 우연한 것이 아니다.

ⓐ 「원외왕」편에서 『역』「계사전」을 인용하여 서술했으니 다시 보면 된다.

ⓑ 결과에서 원인을 구하는 것은, 반드시 그 기(氣)가 같기 때문이다.

ⓒ 『역』이라는 학문은 몸소 관찰하는 방법을 위주로 하고 해석하는 방법으로 보완한다. 모든 변화와 모든 사물을 관찰하면 그윽하고 은미하고 미세한 것에서 드러나서 성대하고 번성한 것으로 나아간다. 세포는 생물의 시작이고, 미세한 먼지는 삼천대천세계(三千大千世界)의[43] 시작인 것이 모두 이 이치이다.

ⓓ 『춘추』라는 학문은 해석하는 방법을 위주로 하고 몸소 관찰하는 방법으로 보완한다. 모든 사물이 드러나고 성대하고 번성한 것에서 그윽하고 깊이 잠복해 있는 내면의 함의와 그것이 있게 된 기미의 섬세한 것을 추리하고 분석한다. 모든 사물의 유래에는 찾아볼 수 있는 단서가 없는 것 같지만, 실은 단서가 없는 것이 아니라 숨어 있어 찾아보기 어려운 것일 뿐이다. 과학은 원래 드러난 것을 미루

---

43 삼천대천세계(三千大千世界): 『대지도론(大智度論)』에 나오는 말로서, 불교의 우주관을 표현한 말이다. 수미산(須彌山)을 중심으로 하여 해, 달, 사대주(四大洲), 육욕천(六欲天), 범천(梵天) 등을 합하여 한 세계라 하고, 이것을 일천 배 한 것을 소천세계(小千世界)라 하며, 소천세계를 일천 배 한 것을 중천세계(中千世界)라 하고, 중천세계를 일천 배 한 것을 대천세계(大千世界)라 한다. 삼천대천세계(三千大千世界)는 삼천 개의 대천세계 즉 무궁한 세계를 말한다.

어 은미한 것에 이르는 기술이니, 오늘날 과학이 도달한 영역이 과연 은미한 것에 깊이 들어갈 수 있는지의 여부는 어리석고 비루한 사람이 알 수 있는 것이 아니다. 명대 말기의 사상가 방이지(方以智)는 "서양의 철학은 관측에 뛰어나고, 중국의 철학은 기미에 통하는 데 뛰어나다."고 했다. 이 말은 아주 이치에 맞는 말이다. '통한다.'는 것은 깊이 들어가는 것이다. 어떻게 하는 것이 기미에 통하는 것인가? '기미에 통한다.'는 말을 요즘의 학자들이 들었다면, 그들은 신비하거나 모호한 말로 여겨 비웃으며 꾸짖지 않을 자가 드물 것이다. 노자는 "비웃음을 당하지 않으면 도라고 하기에 부족하다."[44]고 했으니, 선사의 무리들이 하늘을 보고 괴롭다고 부르짖는 것은 괴롭기 때문이다.

---

[44] 『도덕경』 41장. 下士聞道, 大笑之. 不笑, 不足以爲道.

4-4

정신과 물질 및 본체와 작용에 대한 제가(諸家)의 이론

4-4-1 노자의 태허(太虛: 정신과 물질의 근원)와 혼천설

지금 상고해 볼 수 있는 것으로 고대철학에서 혼천설(渾天說)과 관계가 있는 것은 『노자』뿐이다. 혼천설은 하늘의 형상이 알과 비슷하고 땅이 노른자와 같아, 하늘이 땅의 외부를 싸고 있는 것으로 여겼다. 하늘의 모양이 알과 비슷하다고 말한 것은 대개 허공을 하늘로 이름 붙인 것이다. 허공은 내부도 없고 외부도 없으며, 위도 없고 아래도 없으며, 방위도 없고 끝나는 곳도 없으므로, 알과 같다고 비유했으니, 그것이 '하나의 큰 고리[一大環]'라는 말이다.ⓐ 땅이 노른자와 같다는 것은 땅이 하늘로 싸여 있으므로 그렇게 말한 것이다. 하늘이 땅의 외부를 싸고 있다는 것은 땅의 모습은 유한하지만 하늘의 크기는 무한하므로, 땅의 사방 둘레 이외에는 모두 하늘로 둘러 싸였다는 말이다. 사실 우주 공간 가운데 셀 수 없이 많은 태양계·천체·성운(星雲)들은 하늘이 둘러싸고 있지 않은 것이 없지만, 옛 천문학자는 단지 땅만 가지고 말했을 뿐이다. 혼천설은 태허(太虛)를 하늘의 형체로 여기니,ⓑ 개천설에서 활처럼 휜 모양을 하늘의 형체로 여기는 것에 비교하면, 진실로 판이하게 다르다. 노자는 대개 옛날의 개천설에 불만이 있었지만 혼천이라는 의미에 대해서는 유독 깨달은 것이 있어, "하늘과 땅 사이는 아마도 풀무나 피리와 같을 것이다. 비어 있지만 다하지 않고 움직일수록 더욱더 내놓는다."ⓒ1

라고 했다. 세상 사람들은 모두 하늘과 땅 사이에 있는 삼라만상을 보지만, 누구도 그 근원을 알지 못했다. 노자는 천지만물이 모두 허공에서 나오기 때문에 풀무와 피리로 허공을 비유했다.

ⓐ '하나[一]'는 '절대'라는 의미이다. '크다[大]'는 광막해서 끝이 없다는 말이다.
ⓑ 허공은 또한 '태허'라고 하고, 생략해서 '허(虛)'라고 한다.
ⓒ 『노자』 제5장에 있다. 여기서 말한 하늘과 땅에서, 하늘은 사실 우주 공간의 무수한 천체를 지목해서 말한 것이다. 뒤에서도 이와 같다. 풀무나 피리의 속은 비어 있다.

어떤 사람이 물었다. "허공에는 '어쨌든 아무것도 없을[畢竟無]' 뿐인데, 천지만물이 어디에서 나왔는가?"ⓐ

ⓐ '어쨌든 아무것도 없다.[畢竟無]'는 말은 중국어로 번역된 불교 전적에 있다. 부처가 '없음[無]'를 변별한 것에는 여러 가지 의미가 있다. 간략히 말하면, 사물이 아직 생겨나지 않았을 때에는 아직 생겨나지 않아 없다고 명명하니, 예컨대 사람이 아직 자식을 낳지 않았을 때에는 '자식이 없다.[無子]'고 하는 것이 이런 경우이다. 보통 사물이 사라지고 나면, '이미 사라져서 없다.'고 하니, 예컨대 황제가 이미 밀려나 없어진 다음에 '황제가 없어졌다.[無皇帝]'고 하는 것이 이런 경우이다. 인연(因緣)이 서로 닿지 않은 것을 '연(緣)이 닿지 않아 없다.'고 하니, 예컨대 오랜 가뭄에 비가 오지 않는 것은 바람 등의 인연에 장애가 있기 때문에 '비가 없다.[無雨]'는 것이 이런 경우이다. '어쨌든 없다.'는 것은 본래부터 있는 것이 없기 때문이니, 예컨대 흙과 돌에는 지각이 없다는 것도 역시 '어쨌든 아무것도 없다.'는 것에 대한 하나의 사례이다.

대답했다. "노자가 말한 태허는 어쨌든 없다는 것으로 이해할 수 없다. 그가 '비어 있지만 다하지 않는다.'라고 말한 것은 태허의 본체이다. '움직일수록 더욱더 내놓는다.'고 한 것은 태허의 작용이다. 오직 태허가 정신과 물질을 생겨나게 하니,ⓐ 정신·물질은 태허와 혼연히 하나이다. 그러므로 '뒤섞여 이루어진 것[混成]'이라고 한다. 형체가 없이 뒤섞

---

1 『도덕경』 5장. 天地之間, 其猶橐籥乎. 虛而不屈, 動而愈出.

여 이루어진 것은 언제나 태허의 특성을 잃지 않는다.[b] 이 때문에 온갖 변화의 근원이 되어 다함이 없다. 그러므로 '비어 있지만 다하지 않는 다.'고 했다. 이것은 태허의 본체를 뒤섞여 이루어진 것으로 여긴 것이 니, 그것이 어쨌든 아무것도 없는 것이 아님을 알 수 있다. '움직일수록 더욱더 내놓는다.'는 것은 뒤섞여 이루어진 것 속에 정신과 물질이 유동 하면서 온갖 변화를 일으키니, 이것이 큰 작용이 된다. 작용이란 비어 있지만 다하지 않는 본체를 사용하여 텅 비어 고요하게 저절로 그렇게 되는 것에 맡겨놓으므로 내놓는 것을 멈추게 할 수가 없다.[c] 천지만물 은 모두 큰 작용이 수고를 하지 않고도 이루는 것이지만, 작용은 태허로 부터 일어나니, 천지만물은 모두 태허에서 나온다고 하였다. 누가 그렇 지 않다고 말하겠는가!"

@ 이것에 대한 설명은 『노자』 21장과 25장에 있다. 태허가 정신과 물질을 생겨나 게 하는 것은 풀무와 피리가 비어 있는 것처럼 자신을 비운 것이니, 의도함도 없 고 작위함도 없이 다만 정신과 물질이 저절로 생겨나도록 맡겨둔 것일 뿐이다. 노자의 뜻이 대개 이와 같다.

ⓑ '막힘이 없는 것[無礙]'이 태허의 특성이다. 정신도 막힘이 없으니 그 특성이 태허 와 같다. 물질은 사물을 형성하는 실마리이지만 아직 형체를 이루지 못해, 경미 하게 유동하며 정신과 서로 갖추어져서 태허를 함께 두루 편력하므로, 모두 태 허의 특성을 잃지 않는다.

ⓒ '더욱더 내놓다.'는 것은 '멈추게 할 수 없다.'는 것을 말한다.

|부가설명| 작용이란 '비어 있지만 다하지 않는' 본체를 사용하는 것이다. 이 말에 대해 어떤 사람이 잘 알지 못하겠다고 하니, 이제 하나의 비유를 들 겠다. 곧 큰 바닷물을 본체로 비유하고 수많은 물거품을 작용으로 비유할 때, 수많은 물거품의 관점에서 말하면, 바로 큰 바닷물을 사용해서 저절로 이루어진 것이 수많은 물거품이라는 것이다. 이 비유에서 깊이 생각하면, 이른바 작용이란 바로 그 본체를 사용해서 저절로 이루어진 것을 작용으 로 보는 것일 뿐이다. 이것은 또한 깨닫기가 어렵지 않다.

노자 제40장에서 "천하의ⓐ 만물은 유(有)에서 나오고, 유는 무(無)에서 나온다."²고 했다. 왕필은 "천하의 사물은 모두 유를 생겨나는 것으로 삼고,ⓑ 유가 시작되는 것은 무로 근본을 삼는다.ⓒ 유를 온전하게 하려고 하면 반드시 무로 되돌아가야 한다."ⓓ³고 했다. 왕필이 "유를 온전하게 하려고 하면 반드시 무로 되돌아가야 한다."고 한 것을 자세히 살펴보면, 노자의 본래 의도를 깊이 알 수 있다.『노자』제16장에서 말했다. "허무라는 지극함에 이르고, 허정(虛靜)이라는 진실함을 회복하여,ⓔ 만물이 함께 움직이니 나는 그것으로 되돌아가는 것을 살핀다.ⓕ 사물은 무성하게 일어나지만 제각기 그 근본으로 되돌아간다. 근본으로 되돌아가는 것을 고요함이라고 하니, 이것을 명(命)을 회복하는 것이라고 한다.ⓖ 명을 회복하는 것을 항상됨이라 하고,ⓗ 항상됨을 아는 것을 밝음이라고 한다.ⓘ 항상됨을 모르면 함부로 날뛰어 흉하다."ⓙ⁴

ⓐ 생각건대, '천하(天下)'에서 '하(下)'자는 '지(地)'자를 잘못 쓴 것인지도 모르겠다.

ⓑ 생각건대, '유(有)'는 작용이다. 나는 천지만물은 모두 큰 작용이 수고하지 않고도 이루는 것이라고 말했다. 곧 만물은 유에서 생겨난다는 말이다.

ⓒ 생각건대, '무(無)'는 태허를 말한다. 태허는 텅 비어 있으므로 무(無)라고 한다. 그러나 허무에서 정신과 물질이 생겨나니, 이것을 작용이 태허에서 일어난다고 하는 것이다. 곧 왕필이 "유가 시작되는 것은 무로 근본을 삼는다."고 말한 것이다. 다만 안타까운 것은, 왕필이 뒤섞여 이루어진 것을 깨닫지 못해 이곳에서 '유가 시작되는 것은…'라고 말한 것이 결국 모호한 말이 되었다는 것이다.

ⓓ 만물이 유에서 생겨났다는 것은 바꾸어 말하면, 곧 사물은 허무라는 큰 작용에 의해서 이루어졌다는 것이다. 사물은 그것이 부여받은 '공허한 덕[沖德]'을 온전히 하고 유로써 그것을 해치지 않도록 하려면, 반드시 허무의 본체로 되돌아가서 그것을 보존하고 유지한 다음에 그렇게 될 수 있다. 여기서 '공허한 덕[沖德]'이라고 할 때의 '공허함[沖]'은 비어 있음이라는 의미 곧 노자가 말한 '유(有)의 덕'

---

2 『도덕경』40장. 天下萬物生於有, 有生於無.

3 『도덕경』40장 天下萬物生於有, 有生於無. 구절에 대한 왕필의 주석. 天下之物, 皆以有爲生. 有之所始, 以無爲本, 將欲全有, 必反於無也.

4 『도덕경』16장. 致虛極, 守靜篤, 萬物竝作, 吾以觀復. 夫物芸芸, 各復歸其根. 歸根曰靜, 是謂復命. 復命曰常, 知常曰明, 不知常, 妄作, 凶.

인데, 나는 그것을 '허무의 큰 작용'으로 해석했다.

ⓔ '허무(虛無)'는 천지만물의 근원이기 때문에 지극함이고 진실함이다. '허(虛)'자는 '무(無)'자와 연결되어 복합명사가 된다. '이르는 것'은 '회복한다.'는 것과 같다. 사물이 그 허무라는 지극함을 회복하고, 그 허정(虛靜)이라는 진실함을 지킨다는 것이다.

ⓕ '되돌아가는 것'은 시작으로 되돌아가는 것이다. 왕필은 "비어 있음과 고요함으로써 되돌아가는 것을 살핀다. 모든 유는 허무에서 일어나고 움직임은 고요함에서 일어나므로, 만물이 비록 함께 움직일지라도 마침내 비어 있음과 고요함으로 복귀한다. 이것이 만물의 지극함과 돈독함이다."[5]라고 했다.

ⓖ '근본'은 사물이 생겨나온 곳을 말한다. 『도덕경』제40장에서 "만물은 유에서 생겨나고 유는 무에서 생겨난다."고 했으니, 근원을 미루어 말하면, 허무는 만물이 생겨나온 근본이다. 사물이 생겨나온 다음에는 욕심 때문에 마음을 어지럽히고, 지혜를 숭상해서 사물을 쫓으며, 함부로 날뛰는 것이 나날이 심해지니, 근본을 벗어나고 본래의 명(命)을 상실하는 것이 이보다 큰 흉함이 없다. 그러므로 사물은 반드시 그 근본으로 복귀하고 생겨나온 곳을 되돌려 구해야 한다. '근본으로 되돌아가는 것을 고요함이라고 한다.'는 것은 근본으로 되돌아가면 함부로 날뛰면서 그것이 생겨난 곳을 해치지 않는다는 것이다. 욕심이 없어서 마음이 어지럽지 않고, 지혜를 사용하지 않아서 만물이 저절로 그렇게 되는 것을 돕는다. 허무라는 안식처로 복귀했는데 어떻게 고요하지 않음이 있겠는가! 고요하면 깨끗하게 본래의 명을 회복해서 삶을 온전하게 하는 방법을 얻는다.

ⓗ 명(命)을 회복하면 성명(性命)의 항상됨을 얻으므로 '항상됨'이라고 하였다.

ⓘ 왕필은 '치우치지도 않고 드러나지도 않는 것'[6]으로 '항상됨'을 말했으니, 매우 옳은데, 학자들은 매번 뜻을 깊이 이해하지 못했다. 크게 바름을 지켜서 편향되게 숭상함이 없고, 묵묵히 변화하여 드러냄을 일삼지 않는 것이 바로 『역』에서 말한 "어둠을 썼는데도 밝다."[7]는 것이니, 항상됨을 아는 자가 아니라면 불가능하다. 옛 유학자가 지나치게 편향되면 도를 잃고, 드러내기를 좋아하면 사람들을 미혹시킬 것이라고 했으니, 또한 항상됨을 아는 자의 말이다.

---

5 『도덕경』 16장. 吾以觀復. 구절에 대한 왕필의 주석. 以虛靜觀其反復. 凡有起於虛, 動起於靜, 故萬物雖 動作, 卒復歸於虛靜, 是萬物之極篤也.

6 『도덕경』 16장. 知常曰明, 不知常, 妄作, 凶. 구절에 대한 왕필의 주석. 常之爲物, 不偏不彰.

7 『역』 「명이(明夷)」. 象曰, 明入地中, 明夷, 君子以莅衆, 用晦而明.

ⓙ 항상됨을 모르는 자들은 그 잘못이 반드시 부처가 말한 '전도(顚倒: 엎어지고 넘어짐)'에까지 이르기 때문에 함부로 날뛰는 흉함이 있을 것이다.

이상에서 기술한 것과 같이, 노자는 근본으로 되돌아가 명을 회복하는 것을 핵심으로 여겼다. 근본으로 되돌아간다는 것은 허무의 '본연(本然)'으로ⓐ 되돌아가서 생겨나온 곳을 함부로 해치지 않는 것이다. 명(命)을 회복한다는 것은 근본으로 뒤돌아가 곧 진실하고 고요한 본래의 명을 회복해서 올바름과 항상됨을 얻는 것이다. 왕필이 "유를 온전하게 하려고 하면,ⓑ 반드시 무로 되돌아가야 한다."ⓒ라고 했으니, 노자의 의도를 깨우쳤다고 할 수 있다. 노자는 도를 우주의 기원으로 여겼고, 그가 말한 도는 곧 허무·정신·물질이 뒤섞여 하나로 된 것이니, 이른바 뒤섞여 이루어진 것이 이것이다. 정신과 물질이 함께 허무에서 생겨나므로, 비록 뒤섞여 이루어진 것이지만 실은 허무로 근본을 세운 것이다. 이것이 노자 학문의 종지(宗旨)이다. 노자는 오직 허무로 되돌아가고자 했으므로, 마음을 수양하는 방법으로 오직 어리석은 사람의 마음과 같아지려고 해서 무지무욕(無知無欲)하는 것이었다.ⓓ 그것은 천하 만물과 교류하는 데에 있어서는 유약함으로 작용을 삼는 것이다.ⓔ 우리 유학의 내성외왕의 도로 바로잡으면, 노자는 너무 편향되어 폐단이 많으니, 그가 끼친 해독은 이루 다 헤아릴 수 없다. 안타깝게도 노자는 건원(乾元)을 깨닫지 못하고, 미혹되게 태허에 집착해서 다시 정신과 물질이 허무에서 생겨난다고 함부로 헤아렸다. 만약 건원을 투철하게 깨달으면, 육허(六虛)를 두루 편력하는 하나의 큰 고리가 그야말로 진실하고 진실한 것이니, 건원이라는 본성의 바다 어디에 텅 빈 곳이 있어 허공이라고 이름 붙일 수 있겠는가!ⓕ 정신과 물질이 본래 둘이 아니라는 것이야말로 건원의 공용(功用)이다. 허공은 이미 허공인데 어떻게 정신과 물질을 생겨나게 할 수 있는가! 노자가 본래 '허(虛)'라고 말한 것은 마치 풀무와 피리의 빈 공간과 같이 의도함도 없고 작위함도 없지만 정신과 물질이 저절로 생겨난다는 것이다. 이런 설명도 또한 함부로 헤아린 것이다. 정신과 물질이 이미 저절로 생겨난다면 어째서 허무에 의지해 그것과 뒤섞여 하나로 되어야 하는가! 안타깝게도 노자는 허공이 본래 실제로 있는 것이 아님을 깨닫지 못했다.[ⓖ] 승조는『노자』를 정신을 아득한 곳에 얽매이게 하는 방법이라고 비평하고는, 도가를 버리고 불가로 귀의했다. 비록 다시 허공을 분쇄하고 또한 '공(空)'이라는 철저한 길로 옮겨 들어갔지만, 마침내 건원(乾元)을 깨닫지 못했다. 그가 독자적으로 진행한 사고는[ⓗ] 거의 노자를 넘어섰을 것이다.

ⓐ '본연(本然)'은 본래의 모양이라고 하는 것과 같다.

ⓑ '유'는 허무의 큰 작용이니, 사물이 그것에 말미암아서 생겨난다. '유를 온전하게 한다.'는 것은 삶을 온전하게 한다는 말이다.

ⓒ 유는 무에서 생겨나므로 반드시 그것이 시작된 곳으로 되돌아가야 한다.

ⓓ 이미 앞에서 설명했다.

ⓔ『노자』제40장에서 "유약한 것이 도의 작용이다."[8]라고 했다. 뒤로 물러나 감히 천하를 선도하지 않고, 공허하게 행함이 없음을 행하며 일삼음이 없음을 일삼는다. 행함이 없음을 행하고 일삼음이 없음을 일삼으며 사물을 이롭게 하지 않으면, 사물이 저절로 이롭게 된다. 까치가 둥지를 틀 수 있고, 거미가 거미집을 얽을 수 있는 것은 사물의 타고난 능력이 저절로 그렇게 운용되는 것인데, 무엇 때문에 수고롭게 유위(有爲)로 인도하겠으며, 일을 재촉하여 이끌겠는가! 노자와 장자가 성스러움과 지혜를 배척하고 끊어버린 것은 이 때문이다.

ⓕ 무궁무진한 허공에서 상하와 사방을 가설하여 '육허(六虛)'라고 한다. 사실 허공은 본래 방위가 없으니, 단지 설명하는 방편으로 말한 것일 뿐이다. '건원이라는 성(性)의 바다'는 '하늘과 사람은 둘이 아니다.'라는 앞의 단락에서 설명했으니, 다시 보면 된다.

ⓖ 일체의 사물이 제각기 별도로 존재한다고 익숙하게 알고 있기 때문에 허공을 빈 공간으로 말미암아 비로소 사물을 드러내는 것으로 여긴다. 여기에서 무궁무진하며 무한하고 끝없는 허공을 미루어 상상해서 '태허(太虛)'라고도 이름 붙이고 '우주 공간[太空]'이라고도 이름 붙였다. 해·별·대지는 모두 공중에 떠 있는 것이니, 이것은 세속적인 견해일 뿐이다. 만약 건원이 우주의 실체라는 것을 투철

8『도덕경』40장. 反者, 道之動, 弱者, 道之用.

하게 깨닫는다면, 육허(六虛)에 두루 하는 것은 하나의 크고 진실한 보배인데, 어떻게 허공이라고 말할 수 있겠는가!

ⓗ '독자적으로 진행한 사고'는 드러내기를 좋아하는 한쪽으로 치우친 견해를 말한다.

|부가설명| 갑오년(甲午年: 1954년) 초여름에 내가 북경에서 『원유』 상권을 지으면서 급히 남쪽으로 돌아오려고 했기 때문에, 애써 글을 간략히 쓰려고 했었다. 그러므로 「원학통」편에서 관윤(關尹)과 노담(老聃)을 논하고 『장자』「천하」편의 "상유무(常有無)로 세웠다."[9]는 구절을 인용해서 마침내 상유(常有)와 상무(常無)로 마음과 사물을 나누어 설명했다. 마음은 형체가 없으므로 '무'라고 이름 붙였고, 사물은 형질이 있으므로 '유'라고 이름 붙였다. 이것에 대해 마음과 사물의 문제로만 말하면, 본래 관윤과 노자의 뜻에 어긋남이 없다. 그러나 『노자』 제1장에서 말한 '유'와 '무'는 결국 본체와 작용에 대한 변별이니 마음과 사물로 나누어 풀이할 수 없다. 당나라 사람 육희성(陸希聲)[10]은 『노자』를 주석하면서, 일찍이 본체와 작용으로 '유'와 '무'를 해석했다. 다만 그 말의 뜻이 천박하고, 또 노자가 말한 도에 대한 참된 풀이가 없으니,ⓐ 이것은 본체에 대해 이미 밝지 못한 것인데, 어떻게 본체와 작용을 변별해서 설명할 수 있었겠는가! 노자는 뒤섞여 이루어진 것을 이름 붙여서 '도'라고 했다.[11] 내가 오랫동안 고심했지만 감히 가볍게 단언할 수 없었다. 남쪽으로 돌아와 일이 없어 거듭 『노자』를 완미하다가 갑자기 풀무와 피리에 대한 말[12] 때문에 놀라서 외쳤다. "노자는 진실로 허공을 온갖 변화의 근원으로 여겼으니, 그의 학문이 거의 혼천설과 관련이

---

9 『장자』「천하」. 古之道術有在於是者. 關尹老聃聞其風而悅之. 建之以常無有, 主之以太一.

10 육희성(陸希聲, ?): 자는 홍경(鴻磬)이고, 호는 군양둔수(君陽遁叟)·군양도인(君陽道人)이며, 당나라 오(吳: 현 강소성 소주〈蘇州〉) 사람이다. 박식하며 글을 잘 지었다. 저서에는 『도덕진경전(道德眞經傳)』이 있다.

11 노자는 뒤섞여 이루어진 것을 이름 붙여서 '도'라고 했다: 『도덕경』 25장. 有物混成, 先天地生, …. 吾不知其名, 字之曰道.

12 풀무와 피리에 대한 말: 『도덕경』 5장. 天地之間, 其猶橐籥乎. 虛而不屈, 動而愈出.

있음을 다시 의심할 필요가 없겠구나." 장자는 「천하」편에서 관윤과 노자에 대해 총론하면서 "상유무(常有無)로 세웠다."[13]고 했다. 내가 「원학통」편에서 해석했던 것은 대개 올바른 해석이 아니라 단지 잠시 보존해서 하나의 설명을 하기 위한 준비일 뿐이었다. 이제 장자가 관윤과 노자에 대해 "상유무(常有無)로 세웠다."는 것으로 말하면, 태허는 텅 비어서 본래 아무것도 없기 때문에 '상무유(常有無)'라고 했던 것이다.[b] 아무것도 없는 것을 무엇으로 세울 것인가? 비어 있지만 정신과 물질이 생겨나고 정신과 물질이 허공과 뒤섞여 하나가 되니, 뒤섞여 이루어진 것으로 세운다. 그 아래 구절에서 "태일(太一)을 중심으로 한다."[14]는 것은 허공이 정신과 물질을 포함하여 뒤섞여 하나라는 것이니, '태일'이라고 하지 않을 수 있겠는가![c] 노자 학문의 근저가 여기에서 발굴되었으니 의심할 것이 없다.

    ⓐ '도'는 본체의 이름이다. 이미 도에 대해 참된 풀이가 없다면, 곧 본체에 대해 밝히지 못한 것이다.
    ⓑ '텅 비었다.'는 것은 아무것도 없는 모양이다.
    ⓒ 『장자』「천하」편과 본서 「원학통」편을 참고하라.

노자의 '유'와 '무'에 대한 논의를 내가 전에 마음과 사물로 나누어 설명했으니, 첫째, 왕필의 『노자』 제1장 주석은 아주 부당하지만 왕필보다 뛰어난 주석가가 없었기 때문이고, 둘째, 내가 전에 노자가 말한 도(道)가 공자에게 근본을 두고 있다고 했기 때문이다. '도'는 본체의 이름이고, '마음'과 '사물'은 도의 공용(功用)이다.[a] 마음은 미묘하고 형체가 없으며, 본체의 맑고 비어 있는 본성을 바꾸지 않으므로 마음을 '무'라고 이름 붙인다.[b] 사물은 응결되고 물질이 있어 곧 본체의 자성(自性)을 어기니, 노자가 "되돌아가는 것이 도의 운동이다."[15]라고 한 것은 이 때문이다. 그러므로 사물을 '유'라고 이름 붙였다. 이상은 나의 25년 전의 옛 뜻이다.[c] 그러나 나

---

13 『장자』「천하」. 古之道術有在於是者. 關尹老聃聞其風而悅之. 建之以常無有, 主之以太一.
14 『장자』「천하」. 建之以常無有, 主之以太一, 以濡弱謙下爲表, 以空虛不毀萬物爲實.
15 『도덕경』40장. 反者, 道之動, 弱者, 道之用, 天下萬物生於有, 有生於無.

는 언제나 노자의 말이 곳곳에서 유학과 상반되니, 반드시 '뿌리가 있는 곳[根柢處]'ⓓ에는 유학과 같지 않은 견해가 있을 것이라고 의심했다. 국난 (國難)[16] 때에 사천성으로 들어가, 도가의 사상은 유학의 장애라고 생각해서 마침내 바로잡아야 했기에 더욱더 그 뿌리를 궁구하려고 했다. 그때 이미 '뒤섞여 이루어진 것[混成]'의 의미를 주목하여 가슴에 담고 10년을 보내면서도 감히 경솔하게 발설하지 않았다. 옛 학문을 이야기하면서 옛사람을 무고하게 폄하해서는 안 되기 때문이다. 이것은 학문하는 사람들이 마땅히 마음속으로 꼭 생각해야 할 일이니, 나도 감히 선대의 성현을 스스로 끊어버리지 못했다.ⓔ 이번에는 뒤섞여 이루어진 것에 대해 분명히 깨달아서, 비로소 노자가 허무로 근본을 세운 의미를 알았다. 그가 너무 치우쳐서 폐단이 많은 것은 바로 여기에 있었다. 그러나 옛날부터 제자백가 중에서 도가의 사상은 심원하다고 일컬었으니 본래 없애버릴 수 없는 것이 있을텐데, 여기서는 여전히 드러내지 못하겠다. 내가 『대역광전(大易廣傳)』을 아직 쓰지 못한 것이 안타깝다.

ⓐ 마음과 사물은 모두 작용에서 이름을 정한 것이다.

ⓑ '형체가 없기[無形]' 때문에 '무'라고 이름 붙인 것이지, 아무것도 없는 것을 '무'라고 이름 붙인 것이 아니다.

ⓒ 20년 전에 이탈리아 밀라노대학 마글리니(馬格裏尼) 교수의 편지에 대한 답이 바로 이런 의미이다. 지난 여름에 「원학통」편을 지으면서 도가를 논급한 것 역시 전과 같다.

ⓓ '뿌리가 있는 곳[根柢處]'은 도를 말한다.

ⓔ 예전에 친구 임재평(林宰平)에게 보낸 편지에서 "나의 삶은 어려서 부모를 여의었기에 선대의 덕을 본 것이 빈약했지만 정신적으로는 풍요로웠고, 질병으로 고생했어도 뜻과 기백을 펼쳐서 몸이 편안하고 마음이 고요하여 성현과 심정적으로 통했다."고 했다.

---

16 국난(國難): 1937년에 전면전이 시작된 중일전쟁을 말한다.

장자의 정신과 물질의 통일

근래에 장자를 유물론자라고 말하는 사람이 있는데, 이는 장자가 '기의 변화[氣化]'에 대한 이론을 주장했기 때문에 유물론으로 지목했을 뿐이다. 사실 옛 철학자들은 기(氣)의 변화를 말해도 정신의 리(理)가 그 속에 있고, 정신의 리(理)를 말해도 기의 변화 역시 그 속에 있다고 생각했다. 우주의 개벽은 원래 기의 변화이고, 정신의 리(理)가 구비되었으니, 한쪽으로 치우친 견해를 가지고 서로 추측해서는 안 된다.@ 옛 철학자들이 기(氣)를 말한 경우, '호연한 기[浩然之氣]'[17]라고도 하고, '중정한 기[中正之氣]'ⓑ라고도 했다. 이것들은 모두 대우주를 꽉 채우고 유동하는 기(氣)이기 때문에 반드시 정신적인 리(理)가 주재함이 있다. 그러므로 '호연한 기'·'중정한 기'라고 찬양하여, 그것이 막혀서 혼탁한 것이 아님을 밝혔다. 기에 만약 정신의 리(理)가 없다면, 그것을 혼탁하다고 말하지 못하게 해도 그렇게 할 수 없다. 이 때문에 기의 변화를 말하면서 정신의 리(理)를 버려두는 것은 옛 철학자들에게 없던 것이다. 노자가 곡신(谷神)을 말한 것에 이르러서는, 낳고 낳는 덕이 있어 현빈(玄牝)의 모습[象]을 취했는데, 빈(牝)은 '음물(陰物)'이다. 역(易)의 모습[象]을 기준으로 하면 양은 정신이고 음은 물질이니, 노자가 정신을 말했지만 곧 물질이 거기에 있었다. 가령 정신만 있고 물질이 함께 갖추어지지 않는다면, 어떻게 낳고 낳는 성대한 덕을 이루겠는가! 이 때문에 정신의 리(理)를 말하면서 기의 변화를 버려두는 것은 옛 철학자들에게 또한 없던 것이다.ⓒ 또 장자가 정신을 뒤에 생기는 것으로 여기지 않았던 것에 대해서는 분명한 구절이 있다. 「지북유(知北遊)」편에서 말했다. "정신은 도에서 생겨나고[生],ⓓ

---

17 '호연한 기[浩然之氣]': 『맹자』「공손추 · 상(公孫丑 · 上)」. 敢問: "夫子惡乎長." 曰: "我知言, 我善養吾浩然之氣." 敢問: "何謂浩然之氣." 曰: "難言也. 其爲氣也, 至大至剛, 以直養而無害, 則塞於天地之間. 其爲氣也, 配義與道, 無是餒也. 是集義所生者, 非義襲而取之也. 行有不慊於心, 則餒矣." 참조.

형체의 근본은 정신에서 생겨나며,ⓔ 만물은 형체를 가지고 서로 생겨
난다.ⓕ 그러므로 몸에 아홉 개의 구멍이 있는 것들은 모태에서 나오고,
여덟 개의 구멍이 있는 것은 알에서 나온다.ⓖ 그것은 오는 곳이 흔적이
없고,ⓗ 가는 곳이 끝이 없으며,ⓘ 문도 없고 방도 없으니,ⓙ 사방으로
통달함이 위대하다."ⓚ[18] 이것으로 보면, 장자는 마음과 사물의 문제에
대해 여전히 정신과 물질이 통일되었다는 것을 위주로 했으므로 노자와
다르지 않으니, 본래 유심론이라고 말할 수 없고, 유물론이라고 한다면
사실 무엇에 근거했는지를 알 수 없다.

ⓐ 중국 고대철학자를 연구하려면 반드시 그의 책 전체를 관통하고 완미해서 말 밖
의 뜻을 이해해야 한다. 『역』「계사전」에서 "글은 말을 다 표현할 수 없고, 말은
뜻을 다 표현할 수 없다."[19]고 했으니, 이것은 지당한 말이다. 리(理)를 궁구하는
것이 넓고 크며 깊고 미묘한 곳에 도달하면, 반드시 이해한 뜻을 말로 표현할 수
있는 것이 모두 극진하지 않음이 없다고 말하니, 어리석고 미천한 소견으로 감
히 알 수 있는 것이 아니다.

ⓑ 『춘추좌전』「노성공(魯成公)」 13년. 주나라 왕실의 유강공(劉康公)이 "백성들은
'천지의 중[天地之中]'을 받아서 태어난다."[20]고 했다. 주석가들은 모두 '중정한 기
[中正之氣]'로 '중(中)'자를 해석했다. 이것이 가장 오래된 뜻이다.

ⓒ 『대역』에서는 기를 물질과 힘의 단서로 여겼다. 다른 곳에서 기를 말한 경우는
모두 이와 같다.

ⓓ '생겨난다.[生]'는 것은 드러난다는 의미이니, 예컨대 어미가 새끼를 낳는다고 할
때의 낳는다는 것이 아니다. 정신은 도가 드러난 것이니, 바꿔 말하면 곧 도의
공용(功用)이다.

ⓔ 형체의 근본은 생물의 시작이다. 여기에서 '생겨난다.'는 말은 생성된다는 의미
이다. 생물이 출현하기 이전에 무기물은 형체가 거칠어서 정신이 그것에 의지해
서 발전할 수 없다. 그러므로 무기물에는 정신이 없는 것 같지만, 사실 정신이
잠복하여 드러나지 않았기 때문에 없는 것으로 생각될 뿐이다. 생물이 출현하게

---

18 『장자』「지북유(知北遊)」. 精神生於道. 形本生於精, 而萬物以形相生. 故九竅者胎生,
八竅者卵生. 其來無跡, 其往無崖, 無門無房, 四達之皇皇也.

19 『역』「계사·상」. 子曰: "書不盡言, 言不盡意."

20 『좌전』「성공(成公)」. 劉子曰: "吾聞之, 民受天地之中以生, 所謂命也."

되면, 그 유기체 조직이 날마다 더욱 정묘해지니 정신이 그것에 의지해서 발전할 수 있다. 그러므로 생물은 정신을 갖추고 생성된 것이라고 말할 수 있다. 생물이 처음 나타나는 것이 곧 정신 발전의 발단이다.

ⓕ 여기에서는 사물이 종류별로 이어지면서 변하는 것을 밝혔으니, 「지락(至樂)」편 끝에서 "종류[種]에는 기틀[幾]이 있다."[21]는 구절과 함께 참고해서 보아야 한다.

ⓖ 이것은 사물의 종류들이 비록 대대로 변하면서 달라지지만, 변화하면서 더욱더 흘러간 형태에서 대를 따라 위로 거슬러 올라가며 상고하면, 오히려 원시의 흔적을 미루어 알 수 있다는 것을 말한다. 예컨대 모태에서 태어난 종류는 알에서 태어난 것으로 변할 수 없고, 알에서 태어난 종류는 모태에서 태어난 것으로 변할 수 없으니, 사물의 종류가 변천하는 것은 혼잡스럽거나 기괴하지 않으며 규칙이 없는 것이 아니다.

ⓗ 이 구절부터 아래는 모두 정신을 말한다. 형태가 없는데 어떻게 흔적이 있겠는가!

ⓘ 그것은 가는 곳이 끝이 없어 멈추는 곳을 알지 못한다.

ⓙ 들어가는 문이 없고 의지해서 살 방이 없다.

ⓚ 사방과 상하에 통달하지 않는 곳이 없다. '그것이 오는 곳이 흔적이 없다.'는 구절부터 여기까지는 정신은 일정하게 있는 곳이 없지만 있지 않은 곳이 없다는 것을 말한다. 곧 기의 변화와 함께 유행하여 기를 통솔하는 것이 되니, 만물이 그것에서 생겨났다는 말이다.

장자의 학문은 노자에게서 나왔다. 「소요유(逍遙遊)」편에서 말했다. "하늘의 푸르고 푸름이 하늘의 바른 색인가? 그것이 멀리 있어 끝이 없기 때문인가? 하늘에서 아래를 보아도 이와 같다면 그만이다."ⓐ[22] 생각건대, 개천설은 아래에서 위를 보고 활처럼 휜 모양을 하늘의 형체라고 했으므로, 『시』에서 상제를 칭송하여 "아래를 굽어살핌이 혁혁하게 빛난다!"[23]라고 했다. 장자는 위에서 아래를 보는 것이 또한 아래에서 위를 보는 것과 다르지 않다고 했으니, 이것은 본래 분명히 혼천설이며, 개천

---

21 『장자』「지락(至樂)」. 種有幾, 得水則爲㡭, 得水土之際, 則爲䵷蠙之衣.

22 『장자』「소요유(逍遙遊)」. 天之蒼蒼, 其正色邪. 其遠而無所至極邪. 其視下也, 亦若是則已矣.

23 『시경』「문아(文雅)」「황의(皇矣)」. 皇矣上帝, 臨下有赫.

설과는 서로 용납하지 않는다. 「소요유」에서 종지(宗旨)를 열면서 의미를 밝히고는 끝에서 결론을 지어 "어째서 '아무것도 없는 곳[無何有之鄕]'과 '드넓고 막막한 들판[廣莫之野]'에 심지 않는가?"[24]라고 했으니, 이것은 허무라는 본원으로 되돌아간다는 의미이다.ⓑ

ⓐ 곽상의 주석. "이제 하늘의 푸르고 푸름을 보면서도 그것이 하늘의 바른 빛깔 때문인지, 하늘이 멀리 떨어져 있어서 끝이 없기 때문인지 결국 알 수가 없다. 붕새[鵬]가 위에서 땅을 내려다보는 것도 사람이 여기 땅에서 하늘을 쳐다보는 것과 같다."[25]

ⓑ '아무것도 없는 곳[無何有之鄕]'은 텅 비어 있어 아무것도 없는 곳을 말하고, '드넓고 막막한 들판[廣莫之野]'은 끝이 없는 것을 말한다. '막막한[莫]'은 크다는 의미이다.

4-4-3 혜시의 정신과 물질의 통일과 구분: 닭의 발이 세 개

주대 말기 6국(六國)시대 철학자들 중에서 그 학술이 가장 크고 넓은 인물로는 혜시(惠施)만한 자가 없었다. 장자가 혜시와 교우하며 잘 지냈는데도 오히려 혜시를 말 잘하는 자로 지목하였다. 두 사람의 학술은 본래 같지 않았으니, 장자가 혜시를 제대로 알지 못한 것은 당연하다. 혜시는 두루 만물의 근원에 대하여 설명했는데, 당시에는 괴상한 것으로 여겨서[26] 그의 설명을 긍정하여 연구하려는 자가 없었던 것이 틀림없다. 그의 책이 하나도 전해지지 않아 상고할 수 없는 것이 안타깝다. 『한서』「예문지」에 "『혜자(惠子)』한 편이 있다."[27]라고 기재되어 있다. 장자가 혜시

---

24 『장자』「소요유(逍遙遊)」. 何不樹之於無何有之鄕, 廣莫之野

25 『장자』「소요유」. 天之蒼蒼, … 亦若是則已矣. 구절에 대한 곽상의 주석. 今觀天之蒼蒼, 竟未知便是天之正色邪, 天之爲遠而無極邪. 鵬之自上以視地, 亦若人之自此視天.

26 『장자』「천하」. 惠施不辭而應, 不慮而對, 遍爲萬物說, 說而不休, 多而無已, 猶以爲寡, 益之以怪.

27 『한서예문지』「명가류(名家類)」. 『혜자(惠子)』一篇(名施, 與莊子並時).

에 대해 '사물에 강하고,'ⓐ28 '만물을 따라가서 돌아오지 않았다.'ⓑ29고 한 것에 근거하면, 이렇게 지혜를 사랑하는 정신은 고대 희랍 철학자들에 비해 지나치면 지나쳤지 모자라지 않았으니, 나는 그의 저작이 단지 한 편뿐이라고 결코 믿지 않는다. 대개 6국시대의 사람들은 이미 자신의 학문을 전수하지 않았으므로 모두 잃어버렸을 뿐이다. 혜시는 일찍이 황료(黃繚)를 위해서 하늘이 무너지지 않고 땅이 가라앉지 않는 까닭을 말했는데, 안타깝게도 『장자』에는 그 말이 실려 있지 않다.30 『관자(管子)』「백심(白心)」편에서 말했다. "하늘은 어떤 것이 그것을 떠받치고, 땅은 어떤 것이 그것을 실어준다. 하늘을 떠받쳐주지 않으면 하늘은 그것 때문에 무너지고, 땅을 실어주지 않으면 땅은 그것 때문에 가라앉는다. 하늘이 무너지지 않고 땅이 가라앉지 않으니, 어떤 것이 그것들을 떠받치고 실어주고 있을 것이다."31 여기서 말한 것을 자세히 살펴보면, 혜시가 황료에게 대답한 일은 당연히 장자의 말에 근거하고 있다. 그렇다면 혜시가 반드시 자세한 설명을 했을 것인데 안타깝게도 「백심」을 지은 자가 그 말을 모호하게 하고 실제적인 해석을 하지 않았다.ⓒ 혜시는 본래 과학자임에도 '논리학[名學]'에 정통했기에, 『한서』에서는 마침내 그를 명가(名家)에 소속시켰다. 내 생각에 혜시는 철학에서 탁월한 대가였을 것이다.

ⓐ 그가 만물에 대해 알고자 하는 욕망이 극도로 강함을 말한다.
ⓑ '따라갔다.'는 것은 만물의 리(理)를 추구하는 것이다. '돌아오지 않았다.'는 것은 버려두려고 하지 않았다는 것이다.

---

28 장자가 혜시에 대해 '사물에 강하고': 『장자』「천하」. 惠施不辭而應, … 弱於德, 強於物, 其塗隩矣.
29 『장자』「천하」. 惜乎惠施之才, 駘蕩而不得, 逐萬物而不反.
30 혜시는 일찍이 황료(黃繚)를 위해서 … 『장자』에는 그 말이 실려 있지 않다: 『장자』「천하」. 南方有倚人焉, 曰黃繚. 問天地所以不墜不陷, 風雨雷霆之故. 惠施不辭而應, 不慮而對, 徧爲萬物說.
31 『관자(管子)』「백심(白心)」. 天或維之, 地或載之. 天莫之維, 則天以墜矣, 地莫之載, 則地以沈矣. 夫天不墜, 地不沈, 夫或維而載之也夫.

ⓒ『관자』라는 책은 6국 시대에 법가가 보태 넣은 것이 거의 대부분이다. 이 시대에 법가는 대부분 도에 대한 논의에 정통(精通)했다.

이제『장자』「천하」편에서 혜시에 관한 몇 마디 말을 가지고, 그의 마음과 사물의 문제에 대한 의견을 완미하며 찾아보면, 여전히 정신과 물질은 둘이 아니지만 구분이 있다는 것이니, 유학과 서로 통한다. 그의 말에 "지극히 커서 바깥이 없는 것을 대일(大一)ⓐ이라고 한다. 지극히 작아서 안이 없는 것을 소일(小一)ⓑ이라고 한다."[32]라고 한 것이 있다. 또 "닭은 발이 세 개다."ⓒ[33]라고 한 것이 있다. 생각건대, 혜시가 말한 '대일(大一)'은 정신이니,『역』에서 양은 밝고 굳건하게 움직인다는 것이 이것이다. '소일(小一)'은 물질의 최소단위이다.『중용』에서 말한 '작아서 깨트릴 수 없는 것'으로 물질을 가장 작게 쪼개서 더 이상 깨트릴 수 없는 것을 말한다. 만물은 모두 '소일'에서 시작한다. 우주 공간의 헤아릴 수 없는 천체나 성운이 모두 무수한 '소일'이 모여 이루어지는데, 하물며 나머지 것들은ⓓ 어떻겠는가! '닭의 발이 세 개라는 것'은 사물은 독화(獨化)하는 것이 아니라 정신에 의지해서 움직인다는 것을 밝힌 것이다. 이 단편적인 구절의 쪼개진 의미를 자세히 살펴보면, 여전히 혜시의 철학을 미루어 알 수 있다. 즉 그는 정신과 물질의 본체는 하나이므로 분리해서 둘로 할 수 없다고 여긴 것이다. 물질은 응결되어 무겁고 탁해지며, 정신은 깨끗이 비어 있어 형체가 없지만 고요히 물질에 운행하니, 작용이 상반되면서도 서로 이루어준다. 이것에 대해 또한 구분이 없을 수 없다.ⓔ

ⓐ '대일(大一)'은 하나로 뒤섞여 나눌 수 없는 것이니, 정신을 말한다.
ⓑ '소일(小一)'은 아주 지극히 작고 작은 물질이다. 나누는 것이 다시 나눌 수 없는 것에 도달했기 때문에 '안이 없다.'고 했다.

32『장자』「천하」. 至大無外, 謂之大一, 至小無內, 謂之小一.
33『장자』「천하」. 鷄三足.

ⓒ 사마표(司馬彪)[34]는 "닭의 두 발은 걸어 다니는 것이지, 움직이게 하는 것이 아니다. 그러므로 걸어 다니는 것은 발로 뻗어 나가는 것이고, 움직이게 하는 것은 정신으로 제어하는 것이다. 이제 닭이 비록 두 발이 있을지라도 정신에 의지해서 다니므로 '발이 세 개다.'라고 했다."[35]

ⓓ '나머지 것들은' 모든 천체 이외의 일체의 사물이다.

ⓔ '닭의 발이 세 개'라는 말은 곧 정신과 물질이 둘이 아니지만 구분이 있음을 밝힌 것이다.

마음과 물질의 문제에 대하여 나는 처음부터 여기까지 오직 도가의 시조인 노자에 대해서만 자세히 설명했다. 그런데 노자의 지론(持論)은 어떤 경우에도 유학과 물과 불의 관계처럼 상반되지 않음이 없지만, 유독 유심론과 유물론에 대한 논쟁은 없었다. 내가 앞의 글에서 매번 거론한 노자의 의미는 모두 유학의 학설로 서로 함께 비교해서 아울러 본 것인데, 은근히 탄식했던 것은 노자가 칼날을 갈며 열심히 노력했지만, 모두 수포로 돌아가 공자의 '바른 법칙[正則]'[ⓐ]을 빼앗을 수 없었다는 것이다. 마음과 사물에 대해 편향되게 집착하는 것이 없었으니, 두 종파[ⓑ]는 마침내 '크게 같음[大同]'이 있었다. 그렇게 된 까닭은 앞에서 고찰한 복희 팔괘의 본체와 작용에 대한 의미가 이미 그 큰 기반을 닦아놨고, 변증법이 이미 일정한 표준을 보였기 때문이다.[ⓒ] 공자가 『주역』을 지은 것은 그 근원이 복희가 팔괘를 그은 것에서 나오지만, 미루어 넓힌 것은 더욱

---

34 사마표(司馬彪, ?-306): 자는 소통(紹統)이고, 하내온현(河內溫縣: 현 하남성 온현서 〈溫縣西〉) 사람이다. 서진(西晉)의 역사학자이며, 진나라의 황족(皇族)으로서 고양왕(高陽王) 사마목(司馬睦)의 장자(長子)이다. 어릴 적부터 학문을 좋아했지만, 여색을 밝히고 행동거지가 좋지 않아 후손을 얻지 못했다. 사마표는 이 때문에 두문불출하며 공부해서 많은 서적을 섭렵했다. 저서에는 『속한서(續漢書)』,『장자주(莊子注)』21권,『병기(兵記)』20권,『구주춘추(九州春秋)』,『문집』4권이 있으나 모두 망실됐다. 지금은 단지 『문석(文選)』 중에 『증산도(贈山濤)』,『잡시(雜詩)』 등이 남아 있을 뿐이다.

35 『장자집석(莊子集釋)』「천하」. "雞三足", 司馬云, 鷄兩足, 所以行, 而非動也. 故行由足發, 動由神禦. 今雞雖兩足, 須神而行, 故曰三足也.

자세하고 연구해서 밝힌 것은 더욱 정확하다. 노자는 비록 다른 것을 세우기 좋아했지만, 마음과 사물의 문제에 대해서는 끝내 『대역』을 위반할 수 없었다.

ⓐ '바른 법칙[正則]'은 고대인도 논리학에서 말하는 '바른 이치[正理]'와 같다.
ⓑ 두 종파는 유가와 도가를 말한다.
ⓒ 다시 앞의 글을 봐야 한다.

중국의 학술 사상은 주대 말기보다 더 성대한 적이 없었는데, 안타깝게도 진시황이 학문을 훼손해 그 큰 단서를 끊어버렸다. 주대 말기의 철학은 유학이 정통이었는데, 도가 또한 '으뜸[覇]'으로 일컬어지다가 6국 시대에는 도에 대한 논의가 유행하면서 거의 유학의 정통을 빼앗았다. 법가의 영웅들은 모두 도술(道術)을 아울러 종합하였으니, 큰 유학자인 순자도 도에 대한 논의에 정통했다. 혜시와 공손룡은 명리(名理)에 정묘했는데, 모두 '몽 지방의 관리[蒙吏: 장자]'ⓐ를 두려워하여 따랐으니, 이것으로 그의 영향이 성대했음을 상상할 수 있다. 양주(楊朱)는 본성을 온전히 하고 참됨을 보전했으니,[36] 대개 노자의 지류이다.ⓑ 그런데 맹자가 "양주와 묵적의 말이 천하에 가득하니 그들을 배척하는 것을 내 평생의 중대한 임무로 여길 것이다."[37]고 한 말에서, 노자의 학문이 유행한 지 오래되었음을 알 수 있다.ⓒ 묵자는 과학에 뛰어나 그 무리들이 말을 분석하는 학문을 좋아했음에도 그의 철학이론은 별로 거론할 만한 것이 없다. 법가의 학문은 정신과 물질을 취한 것이 많고 폭이 넓지만, 우주론에 대한 견해에서는 당연히 유가 · 도가와 다르지 않은데, 애석하게도 그 저술들이 흩어져 없어졌다.ⓓ 명가(名家)의 혜시가 정신과 물질에 대

---

36 양주(楊朱)는 본성을 온전히 하고 참됨을 보전했으니: 『회남자』「범론훈(氾論訓)」. 全性保眞, 不以物累形, 楊子之所立也, 而孟子非之. / 「남명훈(覽冥訓)」. 夫全性保眞, 不虧其身.

37 『맹자』「등문공 · 하(滕文公 · 下)」. 楊朱墨翟之言, 盈天下. 天下之言, 不歸楊, 則歸墨楊.

해 말한 것은 오히려 유학에 가깝다. 이 때문에 서양철학에서 유심론과 유물론이 나눠지는 정황으로 중국철학을 조사해서 밝혀보면, 다음과 같은 사실을 두드러지게 알 수 있다. 복희가 처음으로 학술사상의 근원을 연 것에서부터 아래로 주대 말기에 제자백가들의 발전이 극성한 데 이르기까지, 중국철학계에는 시종일관 서양철학의 유심론과 유물론처럼 우주를 분열시킨 서로 다른 이론이 없었으니, 이것이 중국고대철학의 특수한 점이다. 다만 진나라와 한나라 이후로 2천년 이상 사상이 굳게 닫혀 있었는데, 송대의 주돈이[濂]·이정[洛]³⁸·장재[關]·주자[閩]와 같은 큰 유학자들이 우뚝하게 일어나 실제의 수양공부에 힘써 이론만 캐는 것을 좋게 여기지 않았으니, 여기서는 이 점에 대해 말하지 않겠다.

ⓐ 장자가 몽 지방의 칠원(漆園)의 관리를 지낸 적이 있어, 후대의 사람들이 매번 이렇게 장자를 일컫는다.

ⓑ 『장자』「천하」편에서 "노담은 옛날의 많은 지식을 갖춘 진인(眞人)이다!"³⁹라고 한 말에 따르면, 그의 생졸연대는 당연히 공자에게 가깝고 맹자보다는 앞선다. 『사기』에서 '그(노자)는 은거한 군자로서 도를 닦아 오래 살았다.'⁴⁰고 했으니, 그의 책을 상고해 보아도 이것에 가깝다. 양주는 본성을 온전히 하고 참됨을 보전하는 것을 학문의 목표로 삼았으니, 그가 노자를 이어받은 것은 의심의 여지가 없다.

ⓒ 맹자가 묵적을 비판한 것은 반드시 합당한 것만은 아니니, 이것에 대한 의미는 따로 논해야 한다. 그러나 양주가 털 하나를 뽑아 천하를 이롭게 하지 않으려고 한 것에 대해 맹자가 비판한 것은 가혹한 평론이 아니다. 본성을 온전히 하고 참됨을 보전하는 것으로 학문의 목표로 삼으며, 자신의 이익과 사사로움 때문에 세상을 버리고 사물을 끊어버리는 것을 애석하게 여기지 않는 자들에게는, 사실 모두 털 하나도 뽑지 않으려는 유풍이 있다. 맹자가 양주를 거부한 것에는 진실로 공로가 있다.

ⓓ 법가의 민주파는 유가의 경향이 강하니, 「원학통」을 다시 보면 된다. 군주파는 대개 도가로 귀결되니, 『관자』를 완미할 만하다.

---

38 이정[洛]: 정호(程顥)와 정이(程頤) 형제를 말한다.

39 『장자』「천하」. 關尹老聃乎, 古之博大眞人哉!

40 『사기』「노장신한렬전(老莊申韓列傳)」. 或言二百餘歲, 以其脩道而養壽也. 或曰, 儋卽老子, 或曰, 非也, 世莫知其然否. 老子隱君子也.

장횡거와 왕선산의 본체와 작용

오직 장횡거(張橫渠: 張載)가 『정몽(正蒙)』에서 '기의 변화[氣化]'를 말한 것에
대해 근래에 어떤 사람은 유물론으로 지칭하기도 했는데, 사실 장횡거
는 '기(氣)'를 '근원[元]'으로 여기지 않았다. 「태화(太和)」편에서 "태허(太虛)
는 형체가 없고 기의 본체이다."[41]라고 했고, 또 "태허로 말미암아 '하늘
[天]'이라는 이름이 있고, 기의 변화로 말미암아 '도(道)'라는 이름이 있으
며, 태허와 기의 운행[氣化]를 합하여 '성(性)'이라는 이름이 있고, 성과 지
각을 합하여 '마음[心]'이라는 이름이 있다."ⓐ[42]라고 했다. 여기에서 말한
것을 자세히 살펴보면, 진실로 매우 분명하게 이전의 성인이 본체와 작
용을 구분했던 것을 계승했다. 태허는 기의 본체이고, 기는 태허의 공용
(功用)이니, 어떻게 기를 근원으로 삼았겠는가!ⓑ 다만 태허와 기를 융합
해서 하나로 하지 못한 것이 안타깝다.ⓒ 곧 본체는 작용의 본체가 아니
고 작용도 본체의 작용이 아니니, 그 본체와 작용은 서로 분리되어 어찌
할 수 없는 것이다. 장횡거의 사상은 본래 노자에게서 나왔고 또한 혼천
설과 관계가 있는데, 노자의 뒤섞여 이루어져 있는 것의 의미를 깨닫지
못했기 때문에, '온 세상[九州]'의 철을 다 모아 주조하듯이 온갖 이론을
다 모았지만 이런 큰 착오를 범했다. 후대 현인의 사고력이 끝내 앞선
철학자보다 많이 뒤떨어지는 것을 여기에서 볼 수 있다.ⓓ 「태화」편에
서 또 "태허는 맑다. 맑으니 막히지 않고, 막히지 않으므로 '정신이다
[神].'"[43]고 했다. 「대심(大心)」편에서는 "내 몸을 이루는 것은 하늘의 정신
이다."[44]라고 했다. 이 한두 조목을 들어도 역시 정신과 기는 모두 태허

---

41 장재, 『장자전서(張子全書)』「정몽(正蒙)」「태화편(太和篇)」. 太虛無形, 氣之本體.
42 장재, 『장자전서』「정몽」「태화편」. 由太虛, 有天之名, 由氣化, 有道之名, 合虛與氣,
有性之名, 合性與知覺, 有心之名.
43 장재, 『장자전서』「정몽」「태화편」. 太虛爲淸. 淸則無礙, 無礙故神.
44 장재, 『장자전서』「정몽」「대심편(大心篇)」. 成吾身者, 天之神也.

에 의지해서 존재한다. 그런데 다만 정신과 기가 태허와 뒤섞여 하나가 됨을 말하지 않았으니, 이것이 노자와는 다른 것을 추구했지만 마침내 스스로 그 단점을 만들게 된 까닭이다.ⓔ 요약하면, 장횡거와 왕선산 일파의 학문은 실로 유물론이라고 말할 수 없으니, 그들이 남긴 책들이 완전하게 남아 있어서 문맥의 의미가 명백하기 때문이다. 선대 철학자의 학문에 대해서 그 잘잘못을 가늠할 수는 있지만 곡해해서는 안 된다.ⓕ

ⓐ 장횡거가 말한 하늘·도·성·마음 등의 명칭은 공자와 부합하지 않을 뿐 아니라 당장 노자와도 부합하지 않는다. 만약 하나하나 풀이해서 따지면 제법 많은 지면이 필요하니, 여기에서는 그럴 겨를이 없다.

ⓑ '근원[元]'은 온갖 변화와 만물이 생겨나오는 본원이다. '기의 변화'라는 말은 곧 온갖 변화와 만물을 포괄하고 소통하여 이것들의 총체적인 명칭으로 삼은 것이다. 그러므로 기의 변화는 본원이 아니다. 기의 변화에는 그것이 생겨나오는 본원이 있어야 하니, 장횡거는 태허가 이것이라고 여겼다.

ⓒ 장횡거가 말한 것처럼 태허는 하늘이고 기의 변화는 도이니,[45] 태허와 기는 합일될 수 없고 하늘과 도(道) 역시 합일될 수 없다.

ⓓ 노자는 도라는 이름을 뒤섞여 이루어진 것에 의거해서 내세웠던 것이지 기의 변화를 도라고 이름 붙인 것이 아니다. 하늘도 뒤섞여 이루어진 것으로 이름 붙였으니, 결코 정신과 기를 없애고 단지 태허를 하늘로 여긴 것이 아니다. 장횡거는 모든 것에서 노자의 뜻을 잃었으니, 성(性)을 말하고 마음[心]을 말한 것에 병폐가 없는 곳이 없다. 왕선산(王船山: 王夫之)은 장횡거를 종주로 했으므로, 그 학문은 본원에 대하여 특히 철저하지 못하다. 왕선산의 사상은 대부분 혼자 터득한 것이어서 본래 한대 이래로 보기 드문 것이다.

ⓔ 한대 이후 철학적인 천재로 장횡거와 왕선산만한 자들이 없다. 왕선산의 위대함은 장횡거보다 더욱 뛰어나 그 학문의 영역이 아주 넓지만, 여전히 정교하지는 않다.

ⓕ 왕선산의 『주역내전(周易內傳)』 권5 「계사·상전」에서 "역에는 태극이 있고, 이것이 '양의(兩儀)'를 낳는다."는 구절을 다음처럼 해석했다. "양의(兩儀)는 태극 가운데 빠짐없이 갖추어진 음양이다. '양의(兩儀)'에서 '의(儀)'는 스스로 그 항상된

---

45 장횡거가 말한 것처럼 태허는 하늘이고 기의 변화는 도이니: 『장자전서』「정몽」「태화편」. 由太虛, 有天之名, 由氣化, 有道之名, 合虛與氣, 有性之名, 合性與知覺, 有心之名.

법도를 갖추고, 스스로 그 규범을 이루어 질서 있게 드러나는 것을 말한다. '양(兩)'은 제각기 스스로 어떤 사물이 되어 빽빽하게 늘어선 것들이 아주 다르지만, 혼란스럽지 않으니, 기(氣)가 되고 질(質)이 되며, 신(神)이 되고 정(精)이 되어 본체가 다른 것이다."[46] 이 구절에 따르면, 그는 음을 기질로 여기고 양을 정신으로 여겨서, 명백하게 '양(兩)'은 제각기 한 사물이 되어 빽빽하게 늘어선 것들이 아주 다르지만, 혼란스럽지 않은 것이라고 말했다. '양(兩)'은 본체가 다르다고 명백하게 말했으니, 이것이 어떻게 유물론으로 『역』을 설명한 것이겠는가! 이것은 우연하게 하나의 증거를 든 것에 불과하다. 왕선산의 저작에서 『역내전(易內傳)』과 『역외전(易外傳)』 및 『독사서대전설(讀四書大全說)』이 가장 중요하다는 것을 반드시 알아야 한다. 학자들이 진실로 그것들을 자세히 연구하면, 왕선산의 진실한 모습은 저절로 분명해진다.

어떤 사람이 물었다. "왕선산은 양의(兩儀)를 해석하면서 두 가지는 본체가 다르다고 말했으니, 이원론의 잘못이 있는 것 같다."

대답했다. "왕선산 역학은 '건과 곤을 나란히 세운다.'는 것을 주장했으므로 음과 양이 본체를 달리한다고 말했다. 나는 그의 잘못이 정교하지 않은 데 있다고 말했는데, 여기에서 그것을 확인할 수 있다. 다만 왕선산 역시 태극이 음양의 본체라고 인정했으니, 결국 이원론은 아니다. 오직 그의 깨달음이 투철하지 못해 이론적으로 원만하고 분명하지 못한 것이 안타까울 뿐이다. 그러나 그가 정교하게 생각하여 홀로 도달한 곳이 그리 적지 않으니, 학자들은 상세히 연구해야 한다."

4-4-5 왕양명의 양지설과 격물

왕양명(王陽明: 王守仁)의 학문은 양지(良知)를 실현하는 것으로 종지를 세웠다. 왕선산은 그 학문의 간략함을 비난했으니, 마음이 좁아 선현을 함부로 비판했다는 것을 모면할 수 없다. 학문을 논하려면 반드시 유형을 알아야 한다. 유형을 구별하지 못하면 자신이 미치지 못한 영역에 대해

---

46 왕부지, 『주역내전(周易內傳)』 권5 「계사·상전」. 兩儀, 太極中所具足之陰陽也. 儀者, 自有其恒度, 自成其規範, 秩然表見之謂. 兩者, 各自爲一物, 森然迥別而不紊, 爲氣爲質, 爲神爲精, 體異矣.

자신의 견해로 저울질해서 잘못된 비판을 면하기 어려우니, 이것은 유형를 알지 못한 잘못이다.[a] 공자가 학문에 대해 말한 것은 도에 대한 깨달음을 지극한 경지로 여겼다는 것이다. 『논어』에서 "아침에 도를 깨달으면 저녁에 죽어도 좋다."[47]라고 했으니, 이 구절을 완미해야 한다.[b] 왕양명의 도에 대한 조예는 넓고 크며 또한 엄밀하여[c] 아주 편안하지만 방종하지 않았다.[d] 왕선산이 그를 공격했을지라도 어떻게 해와 달을 가릴 수 있었겠는가!

[a] 학술이 각각의 영역으로 나누어진 것은 유형이 다른 것이다. 당장 같은 영역에서도 학자의 경지가 얕고 깊은 차이가 있으니, 역시 다른 유형이다. 유형이 다른 것에 대해 함부로 서로 비판해서는 안 된다.

[b] 『노자』에서 "형편없는 선비가 도에 대해 들으면 크게 비웃는다."[48]고 했으니, 이 말은 경계와 반성으로 삼기에 충분하다.

[c] 그의 식견을 가지고 말했다.

[d] 그의 행동을 가지고 말했다. 아주 편안하다고 강조한 것은 몸소 도를 체득하여 행동거지가 모두 하늘의 법칙을 따르니, 억지로 힘쓸 필요가 없다는 것이다. 그러므로 '아주 편안하다.'고 했다. 왕양명이 신호(宸濠)를 사로잡을 때, 단정하게 앉아 장군을 보내라는 명령을 내리면서 전혀 마음이 흔들리지 않았다.[49] 그런데 양심을 보존하여 기르는 공부에서도 또한 나태한 적이 없었으니, 이것이 방종하지 않은 것이다.

근대의 사람들이 깊게 생각하지 않고 곧바로 양지학설을 유심론으로 여겼는데, 이것은 대단한 착오이다. 서양철학의 유심론자들은 단지 마음이 유일한 실재라고 인정하지만, 중국철학은 마음과 사물을 본체가 유행하는 두 측면으로 여겼으니, 피차간에 절대로 서로 비슷한 점이 없다

---

47 『논어』「리인(里仁)」. 子曰: "朝聞道, 夕死可矣."

48 『도덕경』41장. 上士聞道, 勤而行之, 中士聞道, 若存若亡, 下士聞道, 大笑之, 不笑不足以爲道.

49 왕양명이 신호(宸濠)를 사로잡을 때 … 전혀 마음이 흔들리지 않았다: 『명유학안(明儒學案)』권32 「태주학안(泰州學案)」1. 陽明謂門人曰: "向者吾擒宸濠, 一無所動. 今卻爲斯人動矣." 참조.

는 것은 말할 필요도 없다. 『양명어록(陽明語錄)』에서 말했다. "눈[目]은 '자신의 본질[體]'이 없어 만물의 색으로 '자신의 본질'을 삼는다.ⓐ 귀[耳]는 '자신의 본질'이 없어 만물의 소리로 '자신의 본질'을 삼는다.ⓑ 코[鼻]는 '자신의 본질'이 없어 만물의 냄새로 '자신의 본질'을 삼는다.ⓒ 입[口]은 '자신의 본질'이 없어 만물의 맛으로 '자신의 본질'을 삼는다.ⓓ 마음[心]은 '자신의 본질'이 없어 천지만물이 감응하는 시비로 '자신의 본질'을 삼는다."ⓔ50 왕양명의 이 말은 그의 문인 황이방(黃以方)이 기록한 것이고,ⓕ 『명유학안(明儒學案)』에도 채록되었다.51

ⓐ 여기서 말한 '눈[目]'은 볼 수 있는 '인식작용[識]'을 말한다. 옛날에는 어휘가 간단했으니 그 의미를 이해해야 한다. '본질[體]'은 '자신의 본질[自相]'이라고 말하는 것과 같다. 아래의 모든 '본질[體]'은 모두 이와 같다. 대개 볼 수 있는 인식작용은 고정된 '자신의 본질[自相]'이 없어 오직 만물의 색이 감각에 들어오면 마침내 '자신[己]'의 스스로의 본질로 여긴다. 여기서 '자신[己]'은 볼 수 있는 인식작용 자체를 설정한 것이다. 예컨대 흰색을 볼 때, 볼 수 있는 인식작용에 흰색이라는 모습이 바로 드러나니, 이는 곧 볼 수 있는 인식작용이 흰색을 자신의 본질로 삼은 것이다.

ⓑ '귀[耳]'는 들을 수 있는 인식작용을 말하니, 이것도 고정된 자신의 본질이 없어 오직 만물의 소리가 감각에 들어오면 마침내 '자신[己]'의 스스로의 본질로 여긴다. '자신[己]'은 앞에서 설명한 것과 같다. 이를테면 바람소리를 들을 때, 들을 수 있는 인식작용에 바람소리라는 모습이 바로 드러나니, 이는 곧 들을 수 있는 인식작용이 바람소리를 자신의 본질로 삼은 것이다.

ⓒ '코[鼻]'는 냄새 맡을 수 있는 인식작용을 말한다. 이것 이하는 다시 자세히 설명하지 않겠으니, 앞에서 설명한 것처럼 알면 된다.

ⓓ '입[口]'은 맛을 알 수 있는 인식작용을 말한다.

ⓔ '마음[心]'은 의식작용이나 사유작용 등등을 말한다. 마음은 능동적인 것이지만

---

50 왕수인, 『왕문성전서(王文成全書)』 권3 「어록(語錄)」3. 目無體, 以萬物之色爲體, 耳無體, 以萬物之聲爲體, 鼻無體, 以萬物之臭爲體, 口無體, 以萬物之味爲體, 心無體以天地萬物感應之是非, 爲體.

51 『명유학안(明儒學案)』에도 채록되었다: 『명유학안(明儒學案)』 「요강학안(姚江學案)」에 위의 「어록」의 말이 있다.

조건에 따라 주체가 되는 것이다. 천지만물이 감지되었는데 나의 마음이 그것에 반응해서 법칙을 잃지 않으면 이것이 옳은 것이다. 만약 마음이 좋지 못한 습관과 오염이나 유한한 경험으로 가려져서, 밖에서 감지된 것에 반응하는 것이 사물의 리(理)에 대한 참됨을 얻지 못하면 이것이 잘못된 것이다. 그러나 마음은 끝내 잘못된 것을 깨닫고 실사구시(實事求是)할 수 있으니, 마음에 고정된 자신의 본질이 없이 오직 천지만물이 감지되는 모양을 '자신[리]'의 스스로의 본질로 여기는 것을 증명할 수 있다. '자신[리]'은 앞에서 설명한 것과 같다.

    ⓕ 애석하게도 이런 말들을 문인들이 대부분 기록하지 않았다.

이상과 같은 왕양명의 말에 따르면, 마음과 사물은 본래 함께 있어 하나라도 없을 수 없다. 마음은 형체가 없지만 사물을 '자신의 본질[自相]'로ⓐ 삼고, 사물은 형질로 응결되지만 마음을 따른다.ⓑ 마음을 포용하는 것이 사물이고, 마음을 촉발하는 것도 사물이며, 마음의 교화와 제재를 따라 그것과 함께 움직여가는 것도 사물이다. 마음은 묵묵히 사물을 운행하고 사물을 주도하며, 사물을 인식하고 직접 살피며, 사물을 교화·제재하고 개조한다. 마음과 사물은 서로 의지해서 작용을 일으키니 하나라도 없어서는 안 된다. 사실 마음과 사물 두 가지는 다만 본체가 유행하는 두 측면이라고 말하는 것이니,ⓒ 이것은 바로 『대역』에서 건(乾)과 곤(坤)의 오묘한 뜻인데, 왕양명은 여전히 그것을 잡아서 놓치지 않았다. 만약 서양철학의 유심론적인 잘못된 견해로 왕양명을 비난한다면, '하늘만이 가련하게 여기는 사람[天愛]'ⓓ이 아니고서야 어떻게 차마 그런 일을 할 수 있겠는가! 우리는 정자(程頤)와 주자(朱熹)의 후학들이 '양지(良知)' 두 글자만 달랑 내세운 왕양명을 비판한 것에 미혹되어 '격물(格物)'을 소홀하게 여겼다. 왕양명은 진실로 분명하게 마음은 자신의 본질이 없어 천지만물이 인지되는 형상을 그 자신의 본질로 여긴다고 말했으니, 마음은 사물을 끊어 정적에 빠질 수 없고,ⓔ 또 사물을 떠나 공상이나 환상으로 달려갈 수 없다. 특히 그의 마음은 구습에 얽매일 수 없고 고정관념에 막힐 수 없으며, 은연중에 게으름에 안주할 수 없고, 사물의 리(理)의 무궁함을 꺼릴 수 없으며, 혜시의 사물에 뛰어난 것을 본받으려고 하지 않을 수 없다. 마음이 사물을 자신의 본질로 여기면 마음 자체는 보존되고, 마음이 사물을 끊어버리면 마음도 끊어지니, 이런 의미가 분명하게 드러난다. 왕양명 사후에 양지(良知)를 실현하는 학문을 하면서도 격물(格物)을 일삼지 않는 경우는 모두 양명의 본래 뜻이 아닌데, 비판하는 자가 양명에게 그 허물을 돌려서야 되겠는가! 왕양명의 서남(西南) 지역을 안정시킨 빛나는 공적은 격물을 하지 않고 가능했겠는가! 왕양명은 『대학』의 격물에 대해 "사물마다 내 마음의 천리를 실현하는 것이 격물이다."[52]라고 했다. 이 말의 의미는 풍부하고 심원하다! 오직 마음에 사사로운 욕심과 사사로운 의도의 얽매임이 없으면 천리에 순수한 마음이 된다. 그 정신과 지혜가 맑고 밝으면, 천지만물에 감통하여 스스로 조정하는 방법을 삼감으로써 사물의 규율을 명료하게 이해하고 사물의 내재적 의미를 깊이 꿰뚫으니, 사물의 참됨을 잃지 않아 거의 지혜는 밝아지고 행위는 민첩할 것이다. 이에 양명의 학문은 양지를 실현하는 것으로 근본을 세우게 된 것이다.

ⓐ 마음은 만물이 감지되는 모양을 '자신의 본질[自相]'로 여기니, 이것이 사물을 '자신의 본질[自相]'로 삼는다는 것이다.

ⓑ 사물은 비록 응결되어 형질이 있고 고착되는 추세가 있지만 끝내 마음의 장애가 되지 않는다.

ⓒ 만약 유행의 두 측면을 가지고 말하면 곧 본체의 공용이라고 명명해야 한다. 이곳에서는 본체를 가지고 말했으므로 본체가 유행하는 두 측면이라고 했다. 어떤 사람이 마음과 사물은 제각기 자신의 본질이 있지만 서로 영향을 미친다고 한다면, 이 사람은 대개 서양철학의 이원론에 깊이 중독되어 내가 말한 본체와 작용에 대한 의미를 이해할 수 없을 것이다.

ⓓ '하늘만이 가련하게 여기는 사람[天愛]'이란, 무지한 무리가 사람들에게 버림받아 오직 하늘만이 가련하게 여긴다고 옛날에 인도사람들이 말한 것이다. 그러므로 불교 경전에서 어리석어 정법(正法)을 듣기 어려워하는 자들을 꾸짖는 말이 바

---

52 왕수인, 『왕문성전서(王文成全書)』「부록3(附錄三)」. 致吾心之天理於事事物物, 則事事物物, 皆得其理矣. 故曰致吾心之良知者, 致知也, 事事物物, 皆得其理者, 格物也.

로 '하늘만이 가련하게 여기는 사람'이라고 하는 것이다.

ⓔ 성인의 학문은 정적(靜寂)을 막는 것이 아니라, 단지 사물의 리(理)를 버리고 사려를 끊으며 사업을 폐기하는 고요함을 허용하지 않는 것이다. 성인의 학문은 다만 움직임과 고요함을 하나로 융합하는 것이다. 그러나 학문을 시작할 때는 오히려 고요함을 익히는 공부로 기초를 세워야 한다. 그렇게 하지 않으면 항상 들뜨고 혼란한 것으로 그 일생을 보낼 뿐이다.

어떤 사람이 비난하여 말했다. "세상에서 학문을 하는 자들이 어떻게 모두 천리(天理)에 순수한 마음을 가진 다음에 격물할 수 있겠는가?"

대답했다. "배우는 사람들이 혼잡하게 오염된 마음을 가지고도 격물할 수 있는 것은 바로 본래 양지를 가지고 있기 때문인데, 애석하게도 혼잡하게 오염된 것으로 가려져서 성대하게 드러낼 수 없을 뿐이다. 그러나 전일하고 세밀하게 사물을 관찰하고 리(理)를 궁구할 때에, 하나의 생각이라도 혼잡하지 않으면 이때가 또한 천리의 마음이 드러난 것이므로, 사물의 리(理)에 밝을 수 있다. 다만 천리의 마음을 항상 보존할 수 없으면, 비록 사물의 리(理)에 밝을지라도 단지 지식일 뿐이라는 점이 안타깝다. 지식은 본래 선을 행하는 데 필수적이지만,ⓐ 지식 역시 불선이 될 수 있다는 것을 세상 사람들은 간혹 알지 못한다. 만약 배우는 사람들이 모두 항상 천리에 순수한 마음을 보존해서ⓑ 지식을 주재하도록 하면, 모두 격물의 지식으로 천하에 사업을 해서 저절로 크게 공평하게 되는 데에 협력하지 않음이 없으니, '이로움이 곧아진다[利貞].'ⓒ 그렇다면 양지를 실현하는 학문을 지금 이후로 또 어떻게 폐지할 수 있겠는가? 양지는 천리이다.ⓓ 양지로 모든 지식을 통솔하면, 모든 지식은 모두 양지가 드러나 작용하는 것이니 곧 모든 지식이 선하지 않음이 없다. 아! 이 이치는 평범하지만 실제로 심원한데, 안타깝게도 세상 사람들이 아무도 살피지 못했다. 예전에 사람들은 양명이 선학(禪學)을 공부했다고 비난했는데, 『역』에서 건(乾)의 '덕스런 작용[德用]'을 지(知)라고 하고 '크게 밝음[大明]'이라고 했으니, 이것을 양명이 근본으로 했던 것이다. 어떻게 『역』

에 통달하기를 구하지 않고 양명을 꾸짖는단 말인가!

ⓐ '필수적'이라는 것이 중요하다.

ⓑ '보존한다.'는 것은 놓아서 잃어버리지 않는다는 말이지, 천리의 마음을 하나의 사물로 간주하여 꽉 움켜쥐는 것이 아니니, 학자들은 반드시 스스로 체득하여 알아야 한다.

ⓒ '곧아진다[貞].'는 것은 바르고 견고하게 된다는 것이다. 이로움이 바르고 견고한 데 있는 것을 '이로움이 곧아진다[利貞].'고 한다.

ⓓ 선을 행해야 함을 아는 것이 양지이고, 악을 행하지 말아야 할 것을 아는 것도 양지이다. 우리들은 본래 이런 양지를 가지고 있지만 간혹 그것을 어기면, 언제나 남모르게 내심 꺼림칙하니, 양지가 마음속에서 감독하고 있기 때문이다. 그러므로 양지는 천리이다.

'양지를 실현한다[致良知].'는 것에서 '실현한다[致].'는 말은 무한한 힘을 갖추고 있다. '실현한다.'는 것은 미루어 넓힌다는 의미이다. 우리들이 본래 양지를 가지고 있을지라도 그것을 힘써 미루어 넓혀서 성대하게 발전시키지 않으면, 사사로운 욕심과 사사로운 의도 등의 혼잡한 오염이 바로 은연중에 자라니, 양지가 막혀서 드러날 수 없다.ⓐ 그러므로 양지를 실현하는 노력이 없어서는 안 된다. 예컨대 우리들은 때때로 선을 행해야 함을 알지만 끝내 결행하지 못하는 경우가 있다. 여기에서 선을 행해야 함을 아는 것은 우리들의 양지이고, 결행하지 못하는 것은 우리들이 일시적인 안일을 탐내어 양지를 실현하려고 하지 않는 것이다. 따라서 사사로운 욕심과 사사로운 의도 등의 혼잡한 오염이 바로 일시적인 안일을 탐내어 양지를 실현하지 않는 기회를 타고 일어난다. 그 뒤에는 혼잡한 오염이 나날이 성대해져 양지가 거의 사라지니, 이것은 인생이 타락하는 큰 비극이다.

ⓐ 비유하면 구름이 하늘에 가득하면, 햇빛이 가려져서 드러나지 않는 것과 같다.

중국철학은 우주론과 인생론에서 확실하게 일원유심론과 일원유물론으로 분열하는 정황이 없다. 내가 근래에 몇몇 서로 잘 아는 사람들과 그것에 대해 말해보니, 그들은 모두 중국 사람들은 중도(中道)를 좋아하므로 철학적으로 유심론·유물론 등의 편견[邊見]이ⓐ 없다고 여겼다. 서양 사람들은 '편중됨이 지극한 것[偏至]'을ⓑ 숭상하여 그 방법으로 쪼개고 나누는 것에 힘쓰므로, 저들의 철학은 우주를 이분해서 유심론과 유물론으로 설명을 달리하였다.

ⓐ '편견[邊見]'은 불교에서 빌려온 말이다. '변(邊)'은 '편(偏)'과 같다.
ⓑ '편중됨'은 나누고 오로지해서 극단까지 가는 것이다. 그러므로 '편중됨이 지극한 것[偏至]'이라고 했다. '지(至)'는 지극함[極]이다.

내가 말했다. "그대들은 중국인들이 중도(中道)를 좋아한다고 하는데, 이것은 한대 이후로 학술이 황폐해지고 사람들이 근본으로 삼는 것이 없다는 것이다. 비록 혹시 피차간에 의견 충돌이 없지 않을지라도, 끝내 육·왕(陸·王)과 정·주(程·朱)의 차이처럼 큰 파란을 일으킬 수 없었으니, 이런 점은 한대 이후로 그다지 쉽게 볼 수 있는 것은 아니다. 마치 영가학파(永嘉學派)[53]가 정·주를 반대한 것과 같은 것은 후대 사람들의

---

53 영가학파(永嘉學派): 중국 북송(北宋) 말기에서 남송(南宋)에 걸쳐 실용적 학문을 주창한 학파로서 심성(心性)의 수양보다 현실적인 사회·정치 문제를 관심의 대상으로 삼았던 송학(宋學)의 한 경향이다. 중국 송나라 인종 경력연간(慶曆年間: 1041-1048)에 범중엄(範仲淹)·호원(胡瑗)·손복(孫復)·구양수(歐陽修) 등 유학자들은 한·당의 훈고학을 비판하고, 도교·불교에 대한 배척을 기치로 내걸었다. 이는 내면적·사상적인 경전해석의 통일과, 새로운 지배층으로 등장한 사대부들의 요구에 대한 부응이 현실적으로 요청되었기 때문이었다. 이때 사대부에 의해 요청된 유학은 송대의 현실사회에 대응할 만한 지도원리를 끌어낼 수 있는 새로운 창조적 해석학이어야만 했다. 이들로부터 시작하여 신법의 실시자인 왕안석(王安石)을 거쳐 남송(南宋)의 영가(永嘉)·영강(永康)에 이르는 경세·경륜적 사상가들에 의해 전개된 것이 사공론(事功論)이다. 이들은 심성의 수양보다는 국가정책, 국방, 재정, 민생의 안정 등 사회적·정치적 문제를 주된 관심의 대상으로 삼고 있었다. 그중에서도 진량(陳亮)·설계선(薛季宣)·진부량(陳傅良)·섭적(葉適) 등 남송의 사공학파(事功學派)는 주자(朱子)와 동시대인이었으며, 주자의 정치·경제관은 이들과의 대립과 영향을 통해 형성되었다고 볼 수 있다. 사공파 중에서 영강학파의 대표자인 진량은 주자를 사숙하는 등 일면 영향을 받았으면서도 『자치통감강

주의를 끌 수 없었다. 영가학파의 여러 학자들은 아주 천박해서 독자적으로 자신의 학문을 수립할 수 없었다. 한대 이후로는 거론할 만한 학술의 분열이 없었으니, 이러한 쇠미한 현상으로 중도에 가탁할 만한 것이 없었다. 또한 중도라는 말에 대해 후대의 학자들은 거의 올바른 이해가 없었다. '중(中)'은 무슨 의미인가? 비록 '치우치지 않은 것을 중이라고 한다.'[54]는 말이 있을지라도, 무엇을 표준으로 삼아서 치우치지 않을 것을 정하겠는가? 또 '중에는 정해진 곳이 없다.'[55]는 말이 있는데, 예컨대 집 안에서는 안채를 중(中)으로 여기지만, 문을 나서면 그 중은 또 변하니, 이런 방법으로 중을 찾으면 죽을 때까지 고생하고 근심하며 구해도 여전히 표준이 없을 것이다. 또 '지나침과 모자람이 없는 것을 중(中)이라고 한다.'[56]는 말이 있는데, 어디가 지나친 곳이고 어디가 모자라는 곳인지 말을 해도 범위가 너무 넓으니, 또 어디에서부터 중을 찾을 것인가! 또 어떤 사람은 양끝[兩端]이 있으면 곧 중도(中道)가 있다고 여기는데, 이 말도 과연 그럴까? 만약 그렇다면 양끝 사이에서 평형(平衡)을 구해 중도라고 하는데, 양끝을 양쪽에서 잡고 있다면 누가 제삼자가 되어 평형을

목(資治通鑑綱目)』으로 대표되는 주자학의 도덕주의적 역사관과 팽팽히 맞섰다. 한편 영가학파는 예학을 존중한다는 점에서 주자학과 공통점을 보였다. 특히 설계선은 박학(博學)을 중시하고 성(誠)의 공부는 심성의 수양에 그칠 것이 아니라, 외적인 것의 적극적 실천을 통해야 한다고 주장했다. 이러한 기본입장에서 그는 군정(軍政)·영전(營田)·둔전(屯田)의 이해를 적극적으로 논했다. 『주례(周禮)』를 중시하는 사공파의 경우 인군의 공업과 국가의 역할을 중시했다. 반면 주자학은 『의례(儀禮)』를 중시하고 국가보다는 향촌공동체의 인륜에 입각한 자율성으로 기우는 경향을 지니고 있었다. 영가학파의 섭적에 이르면 주자학과의 사상적 결렬이 드러난다. 그는 『태극도설(太極圖說)』을 '불분명하고 비현실적인 주장'이라고 비난하고, 국가의 제도·정책에 도움이 될 수 있는 방법에 대해 경세적인 입장에서만 경서를 해석하는 경향이 현저했다.

54 『이정유서(二程遺書)』 권7. 不偏之謂中.

55 원설우(袁說友), 『동당집(東塘集)』 권二20. 中無定在.

56 『중용』. 中者, 不偏不倚·無過不及之名. / 조병문(趙秉文), 『부수집(滏水集)』 권1, 「중설(中說)」. 無過與不及之謂中.

잡도록 할지 정말 모르겠다. 우주에는 근본적으로 진정한 평형상태가 없다. 만약 진정한 평형상태가 있다면, 『대역』에서 변동하여 일정함이 없다는 의미는 결코 성립할 수 없을 것이다. 중도의 의미는 한대 이래로 사실 바른 이해가 없었다. 만약 그것을 설명하려고 한다면 반드시 별도로 그것만 다루는 장을 두어야 하니, 여기에서는 몹시 곤란하다.

양한(兩漢)부터 근대까지 학술적으로는 분파가 없고,[a] 정치적으로는 정의를 내세우는 투쟁이 없었다. 사회의 습속은 향원(鄕原)[57]을 숭상하여 모든 보잘 것 없는 것들이 모두 중도에 가탁해서 자위했으니, 나는 그것을 별로 인정하지 않는다. 그대들은 중국철학이 유심론과 유물론으로 분열하는 정황이 없기 때문에 중도로 그 까닭을 설명하려고 하니, 이것은 대개 힘들여 깊이 생각하지 않고 대충 무마시키려고 하는 것일 뿐이다. 또한 고대의 학술 중에서 편중되어 중도를 지키지 못한 것으로는 노자보다 심한 것이 없다. 그러나 정신과 물질이 뒤섞여 하나가 된다는 취지는 여전히 유학과 비교적 서로 가깝지만 서양철학과는 하늘과 땅처럼 차이가 나니, 이에 그 까닭을 생각할 만하다. 중국의 학술 사상은 그 근원이 『대역』에서 나왔다. 중국철학이 우주론에서 유심론과 유물론의 분열이 없는 것은 복희가 괘를 만듦에 이미 3대 원칙을 세워서 마음과 사물에 대한 문제가 실로 이미 일찌감치 해결되어 다른 주장을 용납하지 않았기 때문이다. 3대 원칙은 첫째, 본체와 작용에 대한 논변이고, 둘째, 음과 양으로 변화를 이루는 것이며, 셋째, 은미함에 근본하여 드러남으로 가는 것이다. 여기의 3대 원칙은 내가 앞의 글에서 이미 모두 설명했다. 뒤에서 공자를 설명할 때에 또한 보충해서 설명할 것이다.

@ 이를테면 한대 학자들은 본래 고전에서 명물(名物)과 제도(制度) 등에 대해 자세히 조사하는 것을 일삼아 거론할 만한 사상과 이론이 없었으니, 학파라고 할 만한 것이 없다. 일반적으로 한학과 송학을 병칭하지만, 엄연히 분파가 있다.

---

57 향원(鄕原): 『논어』「양화(陽貨)」. 子曰: "鄕原, 德之賊也." 참조.

본체와 작용에 대한 철학과 과학의 입장

서양철학이 '편중됨이 지극한 것[偏至]'을 숭상한다는 말은 참으로 당연하지만, 서양철학이 너무 넓다고 혐오하는 것은 근원을 연구하지 않았기 때문이다. 서양 학술사상의 기원(起源)에는 두 가지가 있다. 하나는 희랍 사상이고, 다른 하나는 히브리 종교사상이다. 그 철학에서 일원유심론은 히브리의 종교적인 영향을 받은 것이 가장 깊다. 헤겔 같은 위대한 유심론자가 말한 '절대정신'은 바로 상제의 변형이다. 만약 중국철학의 본체와 작용이란 의미로 서로 가름한다면, 정신과 물질은 사실 본체가 유행하는 두 측면이기 때문에 이 둘을 근본적으로 갈라놓을 수 없다. 바꾸어 말하면, 정신은 물질을 초월해서 독자적으로 있을 수 있는 것이 아니니, 어떻게 절대정신이 있다고 말할 수 있겠는가! 헤겔은 우주의 근원ⓐ을 궁구하지 못해 마침내 종교에 미혹되어, 변형된 상제를 허위로 조작하여 절대정신이라고 했다. 그의 학문이 비록 광활하여 정밀하게 분석한 논의가 많을지라도 본원에 대해서는 이와 같이 미혹되어 잘못하였으니, 이 또한 별로 볼 만한 것이 없다.

　ⓐ 근원은 본체를 말한다.

서양의 과학은 희랍에서 발원했다. 철학에서의 일원유물론은 애당초에는 단지 거칠고 정밀하지 못한 과학 사상이었다. 과학이 철학에서 분리된 이후에 철학에 유물론이라는 한 유파의 이론이 여전히 남아 있었지만 또한 별로 뛰어나지 않았다. 변증법적 유물론이 일어나서 융합하고 꿰뚫은 것이 넓고 심원하며 상세하고 확실하게 된 이후에, 과학의 각 부문을 총괄하여 지도하는 위대한 업적이 있게 되었으니, 경탄하지 않을 수 없지만 유물론은 끝내 과학이었다. 과학의 방법은 비록 『춘추』에서 의 드러난 것을 미루어 은미한 것에 이르는 기술과 서로 통하는 점이 없지 않지만, 은미한 것을 탐색해 도달하는 데에는 끝내 한계가 있다. 왜냐하면 과학은 결국 물질적인 우주를 연구대상으로 삼기 때문이다. 가령 물질에 본체가 있는지 없는지에 대해 묻는다면, 과학은 관심을 보이는 것조차 허용하지 않는다. 바꾸어 말하면, 과학은 오직 물질만이 유일한 실재(實在)라고 긍정할 뿐이다. 사실 물질이 끊임없이 변동하여 고정된 형태가 없는 것은 본체의 공용이지 그것 자체가 곧 본체는 아니다. 이런 의미는 내가 뒤의 글에서 공자의 역학에 대해 말할 때, 당연히 간략히 기술할 것이다.[a]

> [a] 비유하면, 수많은 물거품이 튀어 오르며 고정되지 않는 것은 큰 바닷물의 공용(功用)이지 그것 자체가 곧 큰 바닷물이 아닌 것과 같다. 왜냐하면 수많은 물거품은 각기 다르게 일어나고 있지만 큰 바닷물은 혼연히 온전하기 때문에, 수많은 물거품과 큰 바닷물은 비록 따로 떨어져서 둘이 될 수 없지만, 그래도 구분이 없을 수 없다. 중국철학은 우주론에서 본체와 작용에 대해 말하면서, 본체와 작용은 본래 둘이 아니지만 또한 구분이 있다고 여긴다. 사람들이 혹시 이해하지 못할까 하여 내가 큰 바닷물과 수많은 물거품의 비유를 들어 사람들이 이 이치를 깨닫도록 했다. 다만 학자들은 절대로 내가 비유를 가지고 증명한 것으로 오해해서는 안 된다. 만약 오해를 하면 이 이치를 깨달을 수 없다.

과학에서는 물질로서의 우주를 눈으로 파악하여 지식으로 운영할 수 있는 것으로 여기고, 그 방법은 실측을 근거로 하니, 당연히 본체를 말하지 않는다. 본체는 형상이 없지만 그 공용은 '굳건하게 움직이고[健動]' '응결되어 모이는[凝歛]' 두 개의 기틀을 내포하고 있다. '응결되어 모이는 것[凝歛]'을 물질이라고 하고, '굳건하게 움직이는 것[健動]'을 정신이라고 하니, 두 개의 기틀이 함께 '굴러가고[轉]' 유행하면서 쉬지 않는다.[a] 그러므로 '본체의 유행'이라고 하는 것은 본체의 큰 작용이다. 작용은 그 본체를 사용하고,[b] 본체는 작용의 실상(實相)이므로,[c] 본체와 작용은 본래 둘이 아니다.[d] 그런데 비록 둘이 아니지만 본체와 작용은 결국 구분이 없을 수 없다. 유행에는 형상이 있어 헤아릴 수 있지만,[e] 유행의 본체는 형상이 없고 지극히 은미해서 알기 어렵다. 과학에서는 그 본체에 대해 묻지 않으니,ⓕ 더 이상이 없는.ⓖ 아주 깊은 은미함은 이미 과학이 연구할 수 있는 것이 아니기 때문에ⓗ 반드시 철학에 의뢰해야 하는 것이다.

ⓐ '굴러간다.[轉]'는 것은 발동한다는 의미이다. '함께 굴러간다.'는 것은 두 개의 기틀이 같이 발동한다는 것이니, 하나가 먼저이고 하나가 나중이 아니기 때문이다.

ⓑ 이른바 '작용'이란 곧 그 본체를 사용해서 온갖 것으로 다른 큰 작용을 이루는 것이니, 본체가 작용의 밖에 있는 것이 아니다. 비유하면 수많은 물거품이 큰 바닷물을 가지고 물거품을 만드는 것이니, 큰 바닷물이 온갖 물거품 밖에 있는 것이 아니다.

ⓒ '실상'은 실체라고 하는 것과 같다.

ⓓ 비유컨대 큰 바닷물과 수많은 물거품이 본래 둘이 아닌 것과 같다.

ⓔ '유행'은 곧 본체의 큰 작용이다. 다른 곳에서 '유행'이라고 말한 것은 모두 이와 같다. 삼라만상은 모두 유행의 흔적에 의한 형상이다. 비유컨대 번개가 번쩍번쩍하는 것이 마치 실제로 형상이 있는 것 같을 뿐이다. 형상이 있으므로 헤아릴 수 있다.

ⓕ 과학의 본래 임무로 말하면 묻지 않는 것이 당연하지만, 과학자는 본체를 부인하기까지 한다.

ⓖ 리(理)를 궁구하는 것이 우주 본체까지 도달하여 은미함이 지극하여 다시 그 위에 더 할 것이 없으므로 '더 이상이 없다.'고 했다.

ⓗ 앞에서 과학이 은미한 것을 탐색해 도달하는 데에는 끝내 한계가 있다고 말한 것에 대하여, 이제야 그 까닭을 밝혔다.

서양철학은 작용에 둘러싸여 본체를 보지 못했는데,ⓐ 오직 중국철학에서는 복희가 괘를 그려 체용을 처음으로 변별한 것에서부터 공자가 『주역』을 지어 건과 곤이 하나의 근원[元]에 근본을 두고 있다는 것을 드러내어 밝히는 데까지 이르게 되었다.ⓑ 정신도 본래 절대적인 것이 아닌데,ⓒ 물질이 또 어떻게 근원이 없겠는가?ⓓ 천제(天帝)가 있다는 것을 반드시 타파했지만, 작용만 있고 본체가 없다는 논의는 결코 유지되지 못한다. 절대적인 것이 있으면 바로 상대적인 것이 있으니,ⓔ 태극이 있으면 바로 건과 곤이 있다.ⓕ 본체와 작용이 둘이 아니라는 의미는 지극히 은미하다. 작용만 알고 본체가 있다는 것을 모르면 우주에는 참된 근원이 없게 된다. 그것이 그러하다면 어떻게 그러하다는 말인가!『역』은 본래 은미한 것에 근본하여 드러나는 것으로 나아가고,『춘추』는 드러난 것을 미루어 은미한 것에 이르니, 그 방법이 길을 달리하지만 귀결되는 곳은 같다. 학자들은 성인의 학문을 가볍게 여겨 폐기하지 않아야 한다. 마음과 사물의 문제는 여기까지 말하고 우선 끝을 맺는다. 이제는 다시 공자의 인생론과 우주론을 설명해야겠다.

ⓐ 중국철학에서 유행하여 쉼이 없으며 활기차게 움직이는 큰 작용이라고 말하는 것에 대해 서양철학에서도 본 것이 있다. 다만 서양철학에서 본 것은 곧 여기에 머물 뿐이다. 바꾸어 말하면 서양철학은 마침내 작용에 가려져서, 작용에서 그 본체를 꿰뚫어 깨닫지 못했다.

ⓑ 비유컨대 수많은 물거품이 큰 바닷물에 근본을 두고 있다는 것과 같으니, 이런 비유가 가장 적절하다. 만약 여러 자식이 한 분의 아버지에게서 나왔다는 비유를 쓴다면, 아버지와 자식은 결국 각자 독립된 것이어서 곧 본체와 작용이 둘이 아니라는 의미와 완전히 위반된다.

ⓒ 건은 정신이지만 그것이 발현되어 나오는 근원이 있다. 그러므로 정신은 절대적인 것이 아니다.

ⓓ 곤은 물질이고 또한 그것이 발현되어 나오는 근원이 있으니, 물질이 원인 없이 생겼다고 말할 수 없다. 인도 고대에 자연외도(自然外道)가 있어 모든 사물은 저절로 그렇게 생겨나서 인연이 없다고 함부로 추측했는데, 불가가 그것을 타파했다.

ⓔ '바로'는, 절대적인 것과 상대적인 것은 시작이 없이 곧 함께 갖추어져서 앞서 절대적인 것이 있는 다음에 상대적인 것이 발현된다는 것이 아니라는 말이다. 시작이 없다는 것은 '태초[泰始]'라고 말하는 것과 같은데, 시작이 없다고 말한 것은 무엇 때문인가? '태초[泰始]'는 그 시작하는 단서를 추측할 수 없기 때문에, '태초[泰始]'라고 말하지 않고 시작이 없다고 말했을 뿐이다. 여전히 다시 알아야 될 것은, 절대적인 것과 상대적인 것은 비록 변별이 있지만 사실 나눌 수 없다는 것이다. 대개 상대적인 것에서 절대적인 것을 알 수 있으니, 상대적인 것을 떠나서 절대적인 것을 구할 수 있는 것이 아니기 때문이다.

ⓕ 위의 논리에 따르면 알 수 있다.

|부가설명 1| 어떤 사람이 물었다. "우주는 단지 기의 변화와 정신의 리(理) 가 서로 함께 갖추어진@ 큰 흐름이라고 그대는 말한 적이 있다. 다만 '정 신의 리(理)'라는 말은 만약 의미해석을 탐구하지 않으면 알 것도 같지만 또한 의미해석을 추구하면 설명하기 어려우니, 무엇 때문인가?"

> @ '서로 함께 갖추어진'이라는 말은 하나라고 말하면 또한 하나가 아니고, 둘이 라고 말하면 분리할 수 없다는 것이다.

대답했다. "『역』「계사전」에서 '정신[神]은 일정한 방향이 없다.'@58고 말하 지 않았던가! 그러므로 논리적인 사고를 하기 어려울 뿐이다. 여기서 억지 로 말하면, '정신[神]'은 양(陽)이라는 밝음의 굳건한 움직임으로 형체가 없 지만 온갖 리(理)가 나온 곳이니, 건원(乾元)의 유행이 주력하는 측면이라 는 것이다. 움직이고 어둡지 않으므로 양(陽)이라고 했다.ⓑ 정신은 지극 히 밝고 움직임 또한 굳건하므로 온갖 리(理)가 여기에서 나온다.ⓒ 정신 이 움직여서 리(理)가 있다."ⓓ

> @ '일정한 방향이 없다.'는 것은 일정한 방위가 없다는 말이다.
> ⓑ 양(陽)은 환하게 밝은 것을 말한다. 이것과 반대되는 것을 음의 어두움이라고 말한다.
> ⓒ 미혹되어 어둡게 움직이는 것을 어지럽다고 말한다. 리(理)는 밝음에서부터 생겨나니, 건(乾)이라는 정신은 양의 밝음이고 굳건하게 움직이는 것이므로 리(理)의 근원이라고 말한다.
> ⓓ 정신은 밝은 덕을 갖추어 그 움직임에 자연스럽게 리(理)가 있어서 어지럽지 않다. 그러므로 '정신의 리(理)'라고 했다.

물었다. "그대의 설명대로라면, 리(理)는 건의 정신에서 나온다. 그런데 또 한대(漢代) 역학자의 말을 취해 곤(坤)을 리(理)로 여기는 것은 어떻게 된 일 인가?"

대답했다. "한대의 역학자들이 곤을 리(理)라고 말했던 것은, 단지 옛날의

---

58 『역』「계사・상」. 範圍天地之化而不過, 曲成萬物而不遺, 通乎晝夜之道而知, 故神無 方而易無體.

『역』에 이러한 '모양[象]'이 있는 것을 근거로 말한 것일 뿐이고, 그 의미를 밝히지는 못했다. 내가 곤을 리(理)라고 말하는 것은 리(理)가 건과 곤에서 나오기 때문이다. 건이라는 정신은 움직임을 주도해서 곤이라는 물질을 열어주고, 곤이라는 물질은 건이라는 정신을 이어받아 만물을 만든다. 다시 말하면, 곧 곤이라는 물질이 건이라는 정신의 리(理)를 부여받아 만물을 이룬다는 것이다. 『시』에서 '사물이 있으면 법칙이ⓐ 있다.'59고 했으니, 모든 사물이 이루어짐은 한갓 재질(材質)만ⓑ 부여받을 뿐 아니라, 반드시 '정신의 리[神理]'를ⓒ 밑천으로 삼아서 이루어진다. 사물이 리(理)를 갖추지 않고 사물이 된 경우는 없다. 그러므로 만물이 번성하는 것은 바로 온갖 리(理)가 밝게 빛나는 것이다. 그 때문에 곤(坤)이 리(理)라고 했다."ⓓ

  ⓐ '법칙'은 리(理)와 같다.
  ⓑ '재질'은 바로 곤(坤)이다.
  ⓒ '정신의 리[神理]'는 건(乾)이다.
  ⓓ 곤은 사물이 되고 사물은 리(理)로 이루어지므로, 곤이라는 물질에 대해 리(理)라고 말했다. 이것이 옛날의 의미이다. 한대의 『역』에서는 그 의미를 궁구하지 못하고, 단지 리(理)를 곤의 '모양[象]'으로 여겼다.

|부가설명 2| 어떤 사람이 물었다. "그대는 서양철학이 유심론과 유물론으로 우주를 갈라놓은 것에 찬성하지 않았는데, 『신유식론』을 지었으니, 어떻게 된 일인가?"

대답했다. "내가 처음 불가의 유식론을 공부함에 그것을 믿고 좋아해서 『유식론』을 지어서 그 뜻을 드러냈다. 나중에 그 그릇됨을 깨닫고는 앞의 원고를 없애버리고 『신유식론』으로 고침으로써, 본체와 작용이 둘이 아니라는 것을 근본 취지로 삼아 불가의 잘못을 바로잡았다. 마음과 사물에 대한 문제에 대해서도 『대역』의 규범을 가지고 마음과 사물을 나눠 둘로 하지 않았으니, 일원유심론과는 털끝만큼도 서로 비슷한 점이 없다. 『신유식론』에서 분명하게 밝혀서 다음처럼 말했다. '유(唯)라는 것은 특별하다[殊特]는 의미이지 "오직 ~뿐[唯獨]"이라는 의미가 아니다. 마음은 바깥사물

---

59 『시경』「대아(大雅)·탕지십(蕩之什)」, 天生烝民, 有物有則, 民之秉彝, 好是懿德.

[境]을 깨달을 수 있고, 바깥사물을 개조할 수 있으니 힘의 작용이 특별하게 뛰어나다. 그러므로 유심(唯心)이라고 말하고, 유경(唯境)이라고 말하지 않는다. 유심이라고 말하면, 사물이 없는 것이 아니다.'[ⓐ] 내 평생의 학문은 처음부터 끝까지 일관된다."

ⓐ 이상은 『신유식론』「유식(唯識)」장에 있다.

4-5

공자의 인생론

4-5-1 『논어』「위정(爲政)」「지학장(志學章)」 해석

공자의 내성학(內聖學)을 연구하려면, 반드시 인생론과 우주론의 모든 측면의 관점에서 '경전[經]'의 의미를 선택해야 한다.ⓐ 『논어』「위정」 편의 「지학(志學)」 장(章)에 다음과 같은 말이 있다. "공자는 말했다. '나는 15세에 배움[學]에 뜻을 두었고,ⓑ1

ⓐ 경전의 의미를 선택해야 하는 것은, 문인과 후학들이 기록한 것에 공자의 본래 의미를 잃은 것이 있으며, 6국시대의 사람들과 한대(漢代)의 사람들이 함부로 어지럽힌 것에 성인을 속이면서도 거리낌이 없는 것이 있기 때문에, 선택하지 않을 수 없다는 것이다. '모든 측면'이란 인식론이나 방법론이 곧 여기서의 '모든'이라는 말에 은연중에 내포되어 있기 때문이다.

ⓑ 주자는 "마음이 가는 것을 '뜻[志]'이라고 한다."2라고 주석했다. 나는 마음이 주된 것으로 보존하는 것을 '뜻'이라고 한다. 제갈량이 "고상한 뜻을 두드러지게 보존하도록 하고 측은하게 느끼도록 한다."3라고 한 것이 이것이다. 대개 주된 것으로 보존하여 잃어버리지 않아야 하는 것은 바로 측은하게 느끼는 마음으로서 이른바 인(仁)의 단서라고 한 것이 이것이다. 공자는 바로 인(仁)에 뜻을 두었는

---

1 『논어』「위정(爲政)」. 子曰: "吾十有五而志於學."

2 『논어』「위정」. 子曰: "吾十有五而志於學." 구절에 대한 주자의 주석. 心之所之謂之志.

3 『한위육조백삼가집(漢魏六朝百三家集)』「한제갈량집제사(漢諸葛亮集題詞)」「계외생(誡外生)」. 使庶幾之志, 揭然有所存, 惻然有所感.

데, 제갈량이 대개 그 뜻을 알았다. 만약 마음이 가는 것으로 범범하게 말한다면, 악으로 가는 것도 뜻이라고 말할 수 있겠는가!

'배움[學]'에는 두 가지 의미가 있으니, 첫째, 배움이란 '깨닫는다[覺].'는 의미이다. 『백호통(白虎通)』에 "깨달음을 가리는 것을 미혹이라고 하고, 가리는 것을 없애는 것을 깨달음이라고 한다."⁴라는 말이 있다(사람의 마음이 천지만물과 밀접하게 같은 부류라는 것은 본래 스스로 깨달을 수 있지만, 다만 나태함에 익숙해서 알려고 하지 않으면 깨달음을 가린다. 사사로운 욕심과 사사로운 생각이 끊임없이 왕래하여 더욱 항상 그 깨달음을 가리니, 이것이 미혹되는 까닭이다. 그러나 본심의 깨달음은 있지 않은 적이 없으니, 마침내 미혹된 것을 밝히고 가리는 것을 다스리면, 자연스럽게 천지만물에 통하고 닫히고 막히는 우환이 없어진다. 15세에 배움에 뜻을 두었다는 것은 깨달음에 뜻을 둔 것이다. 깨달음은 바로 인(仁)이다. 깨달음이 가려져서 드러나지 않는 것이 바로 마비되어 불인(不仁)한 것이다. 상채(上蔡: 謝良佐)는 깨달음으로 인(仁)을 말해 옛 의미를 깊이 알았는데, 주자가 비난했으니, 주자의 오류이다).

둘째, 배움이란 '본받는다(效).'는 의미이다. 본받는다는 것은 닮으려고 한다는 말이다. 사물의 규범을 본받아 닮으려고 하고, 마음대로 허위로 조작하지 않는 것을 본받는다고 말한다. 깨달음은 배움의 근본이고, 본받음은 배움의 방법이다. 방법은 본래 다양해서 단편적인 말로 포괄하기 어려우니, 요약하면 본받음을 근본으로 한다는 것이다. 주자는 『논어』「학이」편 첫 장(章)을 주석하면서 비록 본받음으로 배움을 설명해서 "나중에 깨닫는 자는 먼저 깨달은 자가 하는 것을 본받는다."⁵고 했지만, 구애됨을 벗어나지 못했다.

30세에 자립했으며,ⓐ⁶

ⓐ 주자는 "자립하면, 지키는 것이 견고해서 뜻을 일삼을 필요가 없다."⁷고 주석했다. 나는 주자의 '뜻을 일삼을 필요가 없다.'는 말이 타당하지 않다고 생각한다. 뜻은 처음부터 끝까지 아래에서 위까지 관철하는 것인데, 어떻게 '자립하면 뜻

---

4 『백호통(白虎通)』. 蔽覺謂之惑, 去蔽謂之覺.

5 『논어』「학이」. 子曰: "學而時習之, 不亦說乎." 구절에 대한 주자의 주석. 人性皆善, 而覺有先後, 後覺者必效先覺之所爲, 乃可以明善而復其初也.

6 『논어』「학이」. 三十而立.

7 『논어』「학이」. 三十而立. 구절에 대한 주자의 주석. 有以自立, 則守之固, 而無所事志矣.

을 일삼을 필요가 없다.'고 하겠는가! 부처는 성불한 후에도 오히려 "마음대로 함부로 하지 않는다."고 했으니, 『역』의 "군자는 스스로 힘쓰기를 쉬지 않는다."[8]고 한 것과 동일한 의미이다(유가에서 군자라는 명칭은 때로 성인의 별칭이다. 위의 『역』에서의 군자는 성인을 말한다). '쉬지 않는다.'는 것과 '마음대로 함부로 하지 않는다.'는 것에 어찌 뜻을 일삼을 필요가 없다고 할 수 있겠는가? 주자가 "마음이 가는 것을 뜻이라고 한다."라고 '뜻'이라는 글자를 해석한 것은 정교하지 못한 것 같다.

40세에 미혹되지 않았고,[ⓐ][9]

ⓐ 주자는 "사물의 당연함에 모두 의문이 없으면, 아는 것이 밝아져서 지킬 것을 일삼을 필요가 없다."[10]라고 주석했다. 나는 '지킬 것을 일삼을 필요가 없다.'는 주자의 말이 아주 잘못되었다고 생각한다. 사물의 마땅함은 사물의 규율이다. 아는 것이 밝아지고 나서도, 도리어 모든 행동과 실천이 확고하게 지키고 있는지를 보아서 그대로 나태하지 않고 사물을 이루는 공로가 드러나야만, 비로소 참으로 미혹되지 않는 것이다. 왕양명의 지행합일론은 바로 공자의 미혹되지 않는다는 것에 대한 깊은 의미를 드러내 밝힌 것이다. 만약 헛되게 아는 것이 있어 지키기를 일삼지 않으면, 모든 행동과 실천으로 그 아는 것을 확충하는 것에 대해 아직 알지 못하는 것이다. 바꾸어 말하면, 그 앎과 식견은 여전히 허황된 것이라서 미혹되지 않았다고 말하기 어렵다. 주자는 걸핏하면 선종의 이론을 섞어서 말하여, 때때로 성인의 의미를 잃었다.

50세에 천명을 알았으며,[ⓐ][11]

ⓐ 주자는 "천명은 곧 천도(天道)가 유행하여 사물에 부여한 것이니, 바로 사물이 마땅히 그러한 까닭이다. 이것을 알면 앎이 극도로 정밀해져서, 미혹되지 않는 것은 또 굳이 말할 필요가 없다."라고 주석했다. 내 생각에, 주자가 '사물이 마땅히 그러한 까닭이다.'라고 말한 것에서, '마땅히 그러하다'는 말에 '까닭'이라는 말을

---

8 『역』「건괘」. 象曰, 天行健. 君子以自强不息.

9 『논어』「학이」. 四十而不惑.

10 『논어』「학이」. 四十而不惑. 구절에 대한 주자의 주석. 於事物之所當然, 皆無所疑, 則知之明, 而無所事守矣.

11 『논어』「학이」. 五十而知天命.

더한 것은 반드시 주의를 기울여야 한다. 사물에 규율이 있는 것은 바로 당연한 것이고, 천도의 유행은 사물이 이루어지는 까닭이다. 주자가 까닭이라는 말을 쓴 것은 천도가 만물의 본체임을 말한 것이니, 이 해석은 잘못되지 않았다. 주자가 '천도를 알면 앎이 극도로 정밀해진다.'고 말한 것도 옳다. 그런데 또 '이런 경지에 도달하면 미혹되지 않는 것은 또 굳이 말할 필요가 없다.'라고 한 것은 아주 잘못되었다. 미혹되지 않는다는 것은 사물의 마땅히 그러한 것에 미혹되지 않는다는 말이다. 배움이 천도를 아는 데에 도달한 다음에도 사물의 마땅히 그러한 것에 대해서는 여전히 아는 것이 아직 넓지 못할까 염려하여, 마땅히 더욱 나아가서 앎을 구해야 한다. 『논어』「술이」편에 말했다. "공자는 '묵묵히 알고, 배우면서 싫증내지 않는다.'고 했다."[12] 생각건대, 묵묵히 안다는 것은 천도의 유행을 체인하는 것이니, 곧 본체를 통찰한다는 말이다. 배움이란 격물의 일이다. 사물의 마땅히 그러한 것에 대해 연구를 멈추지 않으므로, '배우면서 싫증내지 않는다.'고 했다. 감히 40세에 미혹되지 않는 것으로 스스로 만족할 수 없는 것이다. 공자가 스스로 한 말이 이와 같은데, 주자가 '하늘을 알면 미혹되지 않는 것은 또 굳이 말할 필요가 없다.'고 말한 것은 분명히 성인과 위배된다. 그런데 천년동안 학자들은 주자의 주석을 높이고 성인의 글을 무시한 것에 대해 안타까워하지 않았으니, 어찌 이상하지 않은가!

불교와 노자의 무리들은 모두 본체를 깨닫는 것을 궁극으로 여겼다. 노자의 근본으로 돌아가고 명을 회복한다는 것은 시작으로 되돌아가는 것이다. 시작은 본체를 말한다. 불가의 『대지도론(大智度論)』에서 말했다. "대승의 경전에는 단지 하나의 법인(法印)[13]만 있으니 '모든 법의 실상[諸法實相]'을 말하는 것으로서, '불법의 의미를 곧바로 드러내는 경전[了義經]'을 일컫는다. 만약 실상인(實相印)이 없으면 바로 마귀의 설법이다." 생각건대 '법인(法印)'의 '법(法)'자는 부처가 말한 교리를 말하고, '인(印)'자는 믿고 증험하는 도구로서, 관청의 공문에 인장을 사용하는 것과 같은 것이다. '모든 법[諸法]'의 '법(法)'자는 사물을 말하는 것과 같다. '모든 법의 실상'은 만물의 본체를 말하는 것과 같다. 부처가 말한 법은 실상(實相)을 인(印)으로 삼으니, 각 종파에서 전한 경전이 이 인(印)과 부합한다는 것에 대해 바로 '불법의 의미를 곧바로 드러내는 경전[了義經]'이라고 이름 붙였다. 이것은 부처가 설명한 것에 대하여 의심과 비방을 용납하지 않는 것이다. 이 인

12『논어』「술이(述而)」, 子曰: "默而識之, 學而不厭."

13 법인(法印): 불교를 외도(外道)와 구별하는 표지라는 의미로, 불법의 진실함과 영원불변함을 나타내는 말이다.

(印)과 부합하지 않는 것은 곧 마귀의 설법이다. '불법의 의미를 곧바로 드러낸다[了義].'는 것은 본체를 깨달았다는 것이니, 곧 우주의 근저를 환히 꿰뚫어 의미를 그 끝까지 궁구하여 분명하지 않음이 없는 것을 '불법의 의미를 곧바로 드러낸다[了義].'고 한 것이다. 불가의 대승은 본체에 대해 논하는 것을 법인으로 삼았으니, 이것이 그 명확한 증거이다. 그러나 다시 알아야 할 것은, 불가에는 비록 높고 깊은 지혜가 있지만 실은 세상을 벗어난 교리여서 공상과 환상으로 치닫기를 좋아한다는 것이다. 세상에서 부처가 분석에 정교하다고 하지만, 실제로 부처는 단지 쓸데없는 분석을 해서 실측에 뿌리를 두지 않았다. 그러므로 사물의 마땅히 그러한 까닭이나 사물의 규율에 대해서는 불가가 절실하게 연구하려고 하지 않았다. 어떤 자는 대승의 보살들이 오명(五明)을 열심히 배운다고 말한다. '오명'이란, 첫째, '내명(內明)'이니, 부처가 설명한 교리가 경전에 실려 있는 것은 사람들이 그것에 따라 닦고 익혀서 스스로의 밝음을 구하도록 하는 것이다. 둘째, '인명(因明)'이니, 요즘 말하는 '논리학[邏輯]'이 이것이다. 셋째, '성명(聲明)'이니, 문법이나 수사학이 이것이다. 넷째, '의방명(醫方明)'이니, 곧 의학이다. 다섯째, '공교명(工巧明)'이니, 기계를 제작하는 기술이다. 근세에 불교도들은 이것을 가지고 보살들이 과학을 중시했다고 칭찬하는데 사실은 그렇지 않다. '오명'에서 '내명' 이외의 그 나머지는 모두 속세의 지식과 기술이다. 보살들은 중생을 포섭하고 교화하는 방편으로 세속의 지식과 기술을 구비하지 않을 수 없었다. 그렇게 하지 않으면 중생을 포섭해서 널리 교화하고 인도할 수 없었기 때문이다. 이것은 대승 경전에서 분명한 문구로 살필 수 있는 것들이다. 보살들이 '오명'을 열심히 배우는 것은 원래 교리를 전파하기 위한 정신이다. 이것은 『대역』의 지혜가 만물에 두루함,[14] 천지를 마름질하여 이룸, 만물을 변화시키고 마름질함,[15] 천지의 조화(造化)를 본뜨고 테두리 지어 지나침이 없게 함, 만물을 곡진히 이루어 남김이 없게 함[16] 및 서양인들의 기이한 것에 대한 경이감, 지혜를 사랑함, 자연정복, 자연의 이용 등등의 정신과 모두 절대로 서로 가깝지 않다. 총괄하면, 불가는 '세상을 벗어나는 법[出世間法]'이어서 그 주된 뜻은 비어서 적막한 무위의 본체에 귀의하는 것이다. 나의 저술인 『신유식론』 임진년(壬辰年: 1952년) 산정본(刪定本), 중권(中卷) 「공능장(功能章)」에서 자세하고 분명하게 가름하여 논했으

---

14 지혜가 만물에 두루함:『역』「계사 · 상」 4장. 知周乎萬物.

15 천지를 마름질하여 이룸, 만물을 변화시키고 마름질함:『역』「태괘(泰卦)」「단전(象傳)」. 天地交, 泰, 後以財成天地之道, 輔相天地之宜, 以左右民.

16 천지의 조화(造化)를 제한하여 지나침이 없게 함, 만물을 곡진히 이루어 남김이 없게 함:『역』「계사 · 상」 4장. 範圍天地之化而不過, 曲成萬物而不遺.

니, 여기에서는 다시 덧붙이지 않겠다.

우리 유학에서는 사물의 마땅히 그러한 까닭을 강구하거나 사물의 규칙을 파악하여 세계를 개조하지만, 부처는 곧바로 허공으로 분쇄하려고 했으니, 이에 하늘과 땅처럼 서로 차이가 나기 때문에 깊이 오랫동안 생각해 봐야 한다. 노자의 학문은 비록 종교는 아니지만 그 도(道)가[여기서의 '도(道)'자는 '도술(道術)'이라고 할 때의 도이니, 도를 닦는 방법을 말한다.] 허무로 돌아가는 데 있으니, 또한 '세상을 벗어나는 법[出世法]'과 서로 가깝다. 불법(佛法)이 동쪽으로 오자 도가가 맨 먼저 영합한 것은 우연이 아니다[이상에서 두 개의 '법(法)'자는 교리라고 말하는 것과 같다]. 도가는 아는 것을 반대하고 사물을 버렸으니, 그 폐단을 또한 말로 다 표현할 수 없다. 그러므로 본체를 이야기하지만, 종교에 가까운 것이니 항상 쉽게 사물을 무시하여 아는 것에 대해 별로 알려고 하지 않고, 미혹된 것을 편안히 여겨 자각하지 못한다.

오직 공자만이 본체와 작용이 둘이 아님을 처음으로 밝혔으니, 곧 종교와 털끝만큼도 서로 비슷한 점이 없다. 본체와 작용은 둘이 아니기 때문에 곧 현실세계를 떠나서 별도로 본체를 구할 수 없다. 이 때문에 본체에 귀의하려는 염원을 가지고 현실세계에 집중한다. 오직 사물의 마땅히 그러한 것에 대해 알기를 구하는 것과 사물의 법칙을 파악하는 것으로, 천지를 마름질하여 이루고, 만물을 변화시키고 마름질하며, 천지의 조화를 본뜨고 태두리 지어 지나침이 없게 하고, 만물을 곡진히 이루어 남김이 없게 할 수 있다. 이와 같이 하면, 현실세계를 개조하는 것은 곧 본체를 실현하는 것이며, 현실세계의 발전이 그치지 않는 것은 곧 본체의 발전이 끊임이 없는 것이다. 어찌 배움이 천도를 아는 데에 도달하면 남은 일이 없다고 하여 마침내 사물의 마땅히 그러한 것에 미혹되지 않는 것이라고 하겠는가! 이것이 오히려 거칠고 천박한 지식이라는 것을 말할 필요도 없을 것이다. 성인이 40세에 미혹되지 않았다는 경지에서 50세에 천도를 알았다는 경지에 도달했다는 것은 분명히 온갖 것들이 다르지만, 하나의 근원으로 모았다는 것이니, 이른바 "하나로 관통했다."[17]는 것이 이것이다. 그런데 주자는 50세에 앎이 이미 극도로 정밀해졌다면 40세에 미혹되지 않는다는 것에 대해서는 굳이 말할 필요가 없다고 말함으로써 그 사이에 함부로 경중을 나누었으니, 어떻게 하나로 관통될 수 있었겠는가! 온갖 것으로 다른 것과 하나의 근원이 하나로 관통될 수 없으니 마침내 두 가지 병폐가 생겼다. 두 가지 병폐는 무엇인가? 본체를 논하는 자들은 언제나 종교에 접근해서 현실을 버리고도 그 잘못을 스스로

---

17 『논어』「리인」. 子曰: "參乎, 吾道一以貫之."

알지 못하니, 이것이 첫 번째 병폐이다. 우주의 온갖 형상 곧 갖가지로 다른 것을 주시하는 자들은 대자연의 보배를 열어 뚫었다고 스스로 믿지만 온갖 형상이 근원으로 통합되어 모인다는 것을 깨닫지 못하니, 이것이 두 번째 병폐이다("근원으로 통합된다."[18]는 것은 왕필의 『주역약례(周易略例)』에 있는 말이다. 큰 바다에 가보면 헤아릴 수 없이 수많은 물거품은 큰 바닷물이 그 근원임을 당연히 알게 된다. 지극한 이치는 아득히 드러나지 않으니 이렇게 가까이 있는 것으로 비유를 했다). 『춘추』는 드러나는 것을 미루어 은미한 것에 도달하지만, 과학이 은미한 것을 탐구하는 데는 끝내 한계가 있음을 내가 앞의 글에서 이미 설명했다. 참으로 스스로 나의 어리석고 좁은 식견을 망각하고 말을 계속했다.

60세에 듣는 그대로 이해되었고,[ⓐ][19]

ⓐ 온갖 사물이 눈앞에서 교차하면 마음이 그대로 감응하여 마침내 통하는 것이, 마치 귀가 총명하고 영리하여 문득 소리가 들려오면 바로 이 소리를 듣고 알아서, 헤아리지 않고도 통하는 것과 같으니, 도리를 따르는 것이 지극한 것이다. 성인의 마음은 깨끗하게[澄然] 아주 밝아서 본래 천지만물과 한 몸으로 흘러가고 통하여 막힘이 없다('깨끗하게[澄然]'에는 두 가지 의미가 있다. 하나는 '맑고 안정되다.'는 의미이니, 섞여서 오염된 것이 없기 때문이다. 둘째는 '맑고 밝다.'는 의미이니, 미혹되어 어두운 것이 없기 때문이다). 일반 사람들의 마음은 섞여서 오염된 것이 장애가 되니, 이와 같은 일이 있다는 것을 당연히 믿지 못한다. 그러나 성인 역시 60세가 되어서야 이런 경지에 도달했으니, 깊이 함양하고 오래도록 쌓아야만 비로소 갑자기 변화할 수 있을 뿐이다.

70세에 마음이 하고 싶은 대로 해도 법도를 벗어나지 않았다.'[ⓐ]"[20]

ⓐ 마음이 하고 싶어 하는 것에 따라도 자연스럽게 천연(天然)의 법칙을 넘어서지 않는다는 것은, 단속하지 않아도 저절로 그렇게 도리에 맞는다는 것이다. 맞는다는 것은 합치한다는 것과 같다.

---

18 『주역주(周易註)』「주역약례상(周易略例上)」. 統之有宗, 會之有元.

19 『논어』「학이」. 六十而耳順.

20 『논어』「학이」. 七十而從心所欲, 不踰矩.

마음이 하고 싶어 하는 것에 따라도 법도를 벗어나지 않는 것과 듣는 그대로 이해되는 것에는 차이가 있다. 듣는 그대로 이해된다는 것은 사물에 감응하여 움직이는 것을 기준으로 말했다. 마음이 하고 싶어 하는 것에 따라도 법도를 벗어나지 않는다는 것은 마음이 사물과 교감하지 않을 때에 홀로 스스로 생각을 일으키는 것을 기준으로 말했다. 사물에 감응하여 움직이는 것은 재빠르게 순응하는 것이니, 곧 사물의 규칙을 얻어서 이롭고 곧은 것이다. 이것은 성인이 하늘과@ 덕을 합치한 경지에 대한 것이다. 마음이 홀로 생각을ⓑ 일으키게 되는 것은 사물이 바로 앞에 있지 않아 마음이 하고 싶어 하는 것을 따르는 것이니, 스스로 천연의 법칙을 넘어서지 않는 것이다. 이것은 미리 알고 멀리 보는 것이 곧바로 조화(造化)를 담당해서 하늘과ⓒ 하나가 된 것이다. 『역』에서 "하늘에 앞서면서도 하늘을 어기지 않는다."[21]는 것이 이것이다. ⓓ 『역』에서 "무리지어 있는 용에 우두머리가 없다."[22]고 밝혔고, 『춘추』에서 삼세(三世)를 펼쳤으며, 『예운』에서 대동(大同)의 도를 창도했고, 『주관』에서 혼란을 없애는 제도를 창제한 것은 모두 성인이 만세의 변화에 통달하여 위대한 법도를 만든 것이니, 이것이 마음이 하고 싶어 하는 것을 따라도 법도를 벗어나지 않는다는 것에 대한 분명한 증거이다.

ⓐ 하늘은 본체를 말한다.
ⓑ 사유(思惟)와 같은 것들이다.
ⓒ 하늘은 앞과 동일한 본체의 의미이다.
ⓓ "하늘에 앞서면서도 하늘을 어기지 않는다."에서, 두 번의 '하늘'이라는 말은 모두 '때에 따른 추세[運會]'를 말한다. 사람들이 대자연 속에서 살아가면서, 각 방면으로 좋고 나쁜 조작이 모여서 일종의 큰 추세를 이루는 것을 '때에 따른 추세'라고 한다. 이 '때에 따른 추세'는 '반드시 변하는 특성'과 '빨리 변할 수 없는 특성'의 두 가지를 갖추고 있다. 빨리 변할 수 없는 것은 '때에 따른 추세'가 막 보존되기에 적합한 때와 비록 간혹 적합하지 않지만 여전히 곤궁함에 이르지 않았을

---

21 『역』「건괘」「문언(文言)」. 先天而天弗違, 後天而奉天時.
22 『역』「건괘」. 用九, 見群龍無首, 吉.

때에 모두 빨리 변할 수 없다. 반드시 변하는 것은 '때에 따른 추세'가 보존되기에 적합하지 않거나 심지어 이미 곤궁해졌을 때에 반드시 꼭 변한다. 그러나 '때에 따른 추세'가 이미 이루어졌을 때에 빨리 변할 수 없으면, 그 세력이 성대하니, 진동보(陳亮)가 말한 "천하대세의 추이는 천지의 귀신이라도 바꿀 수 없다."[23]는 것이다. 그러므로 '때에 따른 추세'도 하늘이라고 말한다. 성인이 미리 아는 것은 '때에 따른 추세'가 아직 변하기 전에 앞서 새것을 창조하는 의도를 준비하여 사람들이 곤궁함의 재난에 빠지지 않게 하면, '때에 따른 추세'는 마침내 성인에게 명령을 받으므로, '하늘에 앞서면서도 하늘을 어기지 않는다.'고 했다.

4-5-2 『논어』「위정(爲政)」「지학장(志學章)」의 특징

「지학(志學)」 장(章)은 공자가 평생 자신의 학문이 향상하는 순서에 대해 말한 것인데, 거기에서 가장 주의해야 할 것은 다음과 같다.

첫째, 성인이 15세부터 70세에 그 학문이 크게 완성되기까지 중도에 절대로 샛길로 잘못 빠지지 않았다는 것이다.[@] 15세에 배움에 뜻을 둔 이후부터 단계를 따라 힘을 얻은 곳이 모두 처음부터 끝까지 위에서 아래까지 관철하는 것이었다. 단계를 따른 노력으로 오직 발전하면서 더욱 정교해지고 익숙해졌다. 학문의 도는 다방면으로 쌓인 것을 서로 융합해서 이루는 것이다. 만약 사다리를 오르는 것처럼 위로 한 걸음 올라가자마자 뒤의 걸음이 필요 없는 것으로 생각한다면, 아주 잘못된 것이다. 주자는 선가의 풍취를 뒤섞어, 30세에 자립하면 곧 뜻을 일삼을 필요가 없고, 40세에 미혹되지 않으면 곧 지킬 것을 일삼을 필요가 없으며, 50세에 천명을 알면 미혹되지 않는 것에 대해서는 굳이 말할 필요가 없다고 하였다. 이런 종류의 말들은 곧바로 후학들을 미망에 빠지도록 하는 것이니, 주자를 살려내어 따지지 못하는 것이 안타깝다.

---

23 『형계림하우담(荊溪林下偶談)』「진룡천성시(陳龍川省試)」. 天下大勢之所趨, 天地鬼神不能易, 而易之者人也.

ⓐ 젊었을 때 비록 소강(小康)의 예교를 믿고 받아들였지만 이러한 공부를 하지 않았다면, 또 어떻게 천하가 공평하게 되는 큰 도리를 깨달았겠는가! 그러므로 젊었을 때의 노력이 잘못 사용되지 않았던 것이다.

둘째, 『역』 「설괘전」에서 "리(理)를 궁구하고 성(性)을 다 밝혀 명(命)에 이른다."[24]고 했는데, 이 말은 한마디로 내성외왕의 전체를 총괄하는 것이니, 내가 「원학통」편에서 이미 이 구절을 인용하여 그 의미를 대략 설명했다. 이제 '배움에 뜻을 두었다[志學].'는 장(章)으로 살펴보면, 15세에 배움에 뜻을 둔 것에서부터 30세에 자립하기까지는, 배움의 기초가 이미 정해졌지만 여전히 경계하고 조심하여 나태하지 않는 것이다. 40세에 미혹되지 않는 것에서부터 50세의 천명을 아는 것까지는, 깊이 이치를 궁구해서 멈추지 않는 것이다. 60세에 듣는 그대로 이해하는 것에서부터 70세에 마음이 하고 싶은 대로 해도 법도를 벗어나지 않는 것까지는, 위로 성(性)을 다 밝히고 명에 이르는 경지에 통달하는 것이다.

셋째, '배움에 뜻을 두었다[志學].'는 장(章)을 깊이 완미하면, 공자의 학문은 총괄하여 두 측면으로 나누어도 문제가 되지 않는다. 그 두 측면은 인생론 방면과 우주론 방면이다. 15세부터 40세까지 공자가 힘을 쏟은 것은 대체로 인성론 측면에ⓐ 속한다. 50세부터 『역』을 연구하여 천도를 안 것은, 인생론으로부터 우주론으로 진입하여 큰 것을 궁구한 것이 매우 깊고 왕성하게 충실하여 멈추지 않은 것이다.

ⓐ 여기에서의 인생론은 광의(廣義)의 인생론이다. 예컨대 인생과 본성에 대한 자세한 고찰, 자신을 완성하고 남을 완성하는 도, 사회정치 및 격물 등의 사상이 모두 인생론의 범위에 속한다.

『논어』 「헌문」편에서 "공자가 말했다. 아무도 나를 몰라주는구나! …

---

24 『역』 「설괘전」. 窮理盡性以至於命.

나를 알아주는 자는 아마도 하늘일 것이다."[25]라고 했다. 이 말의 의미
는 대개 자신이 홀로 알고 있다는 것을 스스로 믿지만, 남들이 깨우치지
못하는 것을 안타깝게 여겨 하늘에 의탁해서 개탄한 것이다. 성인이 이
처럼 측은하게 여기고 안타까워했던 것은 당연히 50세 이후의 말이다.
종전에 인생과 본성에 대한 자세한 고찰이 혹 철저하지 못했을 수 있었
지만,ⓐ 50세에 『역』을 탐구하게 되자 건원이라는 성(性)의 바다를 투철
하게 탐구하여 소체(小體)에서 대체(大體)를 알게 되었고,ⓑ 이에 더욱 나
아가서 사람의 능력을 이루어서 천도를 넓혀 크게 하기를 주장하였으
니,ⓒ 이것이 공자가 다른 모든 성인보다 뛰어나서 특별히 존귀한 까닭
이다.

ⓐ 공자 50세 이전의 인생과 본성에 대한 자세한 고찰은 원래 극도로 진실하고 절
   실했다. 『논어』 「옹야」편에서 "공자는 '사람이 살아가는 것은 올바름이다.'고 했
   다."[26] 생각건대 '곧음[直]'은 '올바름[正]'과 같으니, 사람은 올바른 이치를 부여받
   아 살아가니 본래 미망이 없다는 말이다. 그러나 사람이 만약 '작은 자기[小己]'에
   얽매이면, 본래 가지고 있는 곧고 올바른 '삶의 이치[生理]'를 상실해서 혼란스럽
   게 되니, 부처가 중생이 전도(顚倒)되었다고 말한 것이 이것이다. 다만 공자가 아
   직 『역』을 연구하기 이전에는 본체와 작용이 둘이 아니라는 의미, 혹은 하늘과
   사람이 둘이 아니라는 의미에 대해 여전히 깊이 꿰뚫어 보지 못한 것 같으니, 여
   기에서는 자세히 설명하지 않겠다.

ⓑ 소체(小體)와 대체(大體)라는 말은 『맹자』에 있다.[27] 소체는 작은 자기를 말한다.
   대체는 작은 자기의 자성(自性)을 말하니, 바로 우주의 본체로 이른바 천도(天道)
   이다. 비유하면 하나의 물거품의 자성은 바로 큰 바닷물인 것과 같다.

---

25 『논어』 「헌문(憲問)」. 子曰: "莫我知也夫." 子貢曰: "何爲其莫知子也." 子曰: "不怨天,
不尤人. 下學而上達. 知我者其天乎."

26 『논어』 「옹야」. 子曰: "人之生也直."

27 소체(小體)와 대체(大體)라는 말은 『맹자』에 있다: 『맹자』 「고자·상(告子上)」. 公
都子問曰: "鈞是人也, 或爲大人, 或爲小人, 何也?" 孟子曰: "從其大體爲大人, 從其小體
爲小人." 曰: "鈞是人也, 或從其大體, 或從其小體, 何也?" 曰: "耳目之官不思, 而蔽於物,
物交物, 則引之而已矣. 心之官則思, 思則得之, 不思則不得也. 此天之所與我者, 先立乎
其大者, 則其小者弗能奪也. 此爲大人而已矣."

ⓒ『역』「계사전」에서 "성인은 능력을 이룬다."[28]고 했고,『논어』에서 "사람이 도를 넓힐 수 있지 도가 사람을 넓힐 수는 없다."[29]라고 했다. 이미 인용한 것이 앞에 있다.

그런데 자신을 이루고 사물을 이루어주는 도라면 광활하고 심원하지만 요점[宗要]은ⓐ 대략 다음과 같이 말할 수 있다. 인(仁)은 변화를 돈독하게 하는 것이고,ⓑ 지(智)는 마치 하천이 흐르는 듯이 하는 것이며,ⓒ 경(敬)은 편안히 머무르게 하는 것이고,ⓓ 예(禮)는 법도를 세우는 것이다.ⓔ 위대하다! 성인의 법도는 광대한 것을 이루고 깊고 자세한 것을 다하여 자신을 이루고 사물을 완성하는 것이 반드시 이 네 가지에 말미암았을 것이다.

ⓐ '요점[宗要]'의 '종(宗)'은 주된 취지를 말하고, '요(要)'는 긴요한 내용을 말한다.

ⓑ 건원(乾元)의 낳고 낳아 변화하고 변화하는 덕이 만물을 발육시키는 것이 돈독하여 무궁한 것이다.『중용』에서 "위대한 덕은 변화를 돈독하게 한다."[30]고 했는데 이는 인(仁)의 덕을 말한다(돈독하게 하는 것은 독실하게 하는 것이니, 알찬 것이고 참된 것이다. 낳고 변화하는 것이 끊임이 없는 것은 진실함의 궁극이다. 세상을 벗어난 가르침은 낳고 변화하는 것을 환상으로 여기니 잘못된 견해이다). 우리들은 건원을 부여받아 태어났으니, 건원의 낳고 변화시키는 덕을 체현하고 천지만물과 함께 서로 돈독한 큰 변화에 막힘없이 통해야 한다. 공자의 학문은 인(仁)을 구하는 것을 근본으로 하니 매우 심원하다.

ⓒ『논어』「옹야」편에서 "공자가 '지혜로운 자는 물을 좋아한다.'고 했으니," 지혜로운 자의 좋아함은 물과 같다는 것이다. 물은 맑고 투명하여 막힘이 없고, 기운차게 움직여서 정체되지 않는다. 그러므로 지혜로운 자의 덕은 물과 같다. 하천은 길고 멀리 흘러도 그치거나 멈춤이 없다. 지혜는 천지만물의 감응을 근거로 사유·추론·체험관찰 등의 뛰어난 작용을 극대화하는 것이어서, 그 발전이 풍성해지고 날마다 새롭게 되어 그침이 없으니, 또한 하천이 흐르는 형상과 같다. 불가의 대승에서 지혜를 말하여 '대원경지(大圓鏡智)'라 했고, 선종의 스님들은

28『역』「계사·하」. 天地設位, 聖人成能, 人謀鬼謀, 百姓與能.

29『논어』「위령공(衛靈公)」. 子曰: "人能弘道, 非道弘人."

30『중용』30장. 大德敦化, 此天地之所以爲大也.

'밝은 거울[明鏡]'로 마음을 비유하기를 특히 좋아했다. 부처의 설명대로 하면, 지혜는 비어 있어 주체가 됨이 없는 것이고, 고요히 정지해 있어 움직일 수 있는 것이 아니며, 바깥 사물에 대해 비추는 작용만 있어 사유·체험·관찰·변화에 따른 마름질·실천 등의 작용이 없다. 공자가 물로 지혜를 비유한 것과 서로 비교하면, 어찌 하늘과 땅만큼 서로 동떨어진 것이 아니겠는가? 부처가 말한 지혜가 공자와 같지 않은 것은, 사소한 차이가 아니니, 양자 학설의 근거와 근본 및 이론의 구성체계가 모두 지혜를 다르게 말한 것에서 분명히 변별할 수 있고, 또한 양자의 장단점 역시 여기에서 알 수 있다. 나는 부처의 사상이 바로 낳고 낳는 큰 흐름에 역행해서(이것에 대한 의미는 「원학통」편에 간략히 있으니, 다시 보면 된다.) 비록 『역』의 도리와 상반될지라도 인류의 지혜의 횃불이니, 우리들이 여기에 주의를 기울이는 것은 문제가 되지 않지만, 오직 바르고 불변하는 큰 도리로 받들 수 없다는 것이다. 국난(國難)[31]으로 촉(蜀)땅으로 들어가니, 구양대사(歐陽大師)도 촉 땅에 머물고 있었는데, 한편의 작은 글로 내가 팔을 걷어붙이고 여러 부처와 서로 대항한다고 꾸짖었는데, 내가 어찌 감히 이와 같이 할 수 있으며 또 어찌 이와 같은 것을 취할 수 있겠는가! 나의 학문은 진리를 추구하는 것이 최종 목표일뿐이다.

ⓓ '경(敬)'은 마음이 이치와 도리에 전일해서 고요하게 안정되어, 혼란스럽지 않고 들뜨지 않는 것이므로, 경(敬)을 거처로 삼아 머무름이 편안한 것은 강제로 하는 것이 아니다.

ⓔ 사람의 마음은 온갖 사물의 규범을 본떠서 법도를 만든다. 만약 통치자가 사사로운 생각으로 예(禮)를 만들면 이것은 법도가 아니다. 학자들이 『춘추』·『예운』·『주관』이라는 여러 경전을 자세히 완미하면, 성왕(聖王)이 아니면 예를 만들지 못한다는 것은 대개 소강파의 망언임을 알게 되니, 성왕이 또 어떻게 한 사람의 생각으로 예를 만들 수 있었겠는가! 성왕의 다스림은 반드시 민주적인 다스림일 것이니, 대중들의 공적인 의사를 근본으로 한 다음에 통행되는 예를 만들었을 것이다.

격물학의 경우는 공자가 젊었을 때 본래 이미 재주가 많았으니,ⓐ 50세에 『역』을 연구한 다음에 격물의 공효와 작용을 크게 밝혀서, "지혜가 만물에 두루하고 도가 천하를 구제한다."[32]고 하고, "기구를 만들어서

---

31 국난(國難): 1937년에 전면전을 시작한 중일전쟁을 가리킨다.

천하 사람들을 이롭게 한다."[33]고 하며, "천지를 마름질하여 이루고 만물을 도와준다."[34]고 하고, "천지가 제자리에 있게 되고, 만물이 잘 길러진다."[35]고 했다. 그 방법론은, 변증법으로 사물의 변화발전을 관찰하고, '작은 것으로 변별하는 방법[小辨術]'으로 사물의 표리·정조(表裏·精粗)를 분석하는 것이다.[b] 그가 세계를 개조하는 것을 중시하고 인생의 물질적인 수요를 만족시키기 위해 격물을 창도한 것이, 이처럼 깊고 절실하며 분명했다. 이것은 젊을 때에 이미 정해진 견해가 있었던 것이고, 50세 후에는 그 견해가 더욱 넓고 깊어졌던 것뿐이다.[c] 학자들은 인생의 물질적인 수요를 만족시키는 것이 바로 영적인 생활을 고양시키는 토대임을 반드시 알아야 한다. 오직 인(仁)이 무대(無對)이고,[d] 예(禮)는 유대(有對)이지만 무대(無對)를 방해하지 않으며,[e] 지(智)는 크게 밝음이 만물에 두루 통하지만 가림이 없고 만물을 이롭게 사용하지만 얽매이지 않으며,[f] 경(敬)은 명(命)을 안정시킬 수 있고 지혜를 펼 수 있다.[g] 이것은 인생의 최고 이상이고 성학(聖學)의 핵심이니 영원히 폐기할 수 없다.

ⓐ 「원학통」편을 보라.

ⓑ 「원외왕」편에 있으니 다시 봐야 한다.

ⓒ 민국(民國: 1912년-1949년) 초엽에 중국인들이 동서양의 문화를 논한 것은 정신 문명과 물질문명의 구분이었다. 그들이 중국철학에 대하여 이렇게까지 황당하게 미혹되었는데, 어떻게 서양철학을 논하겠는가!

ⓓ 사람이 건원(乾元)의 인(仁)을 몸소 드러낼 수 있으면, 혼연히 천지만물과 한 몸이 된다. 곧 작은 자기에 대한 형상[相狀]을 없애 무대(無對)에 서게 된다.

ⓔ 예(禮)는 물아(物我) 혹은 피차의 '합리적인 경계[義界]'이니, 유대(有對)이다. 그러나 예의 본래 의미는 자아의 밖에 타인이나 만물이 있음을 알고, 감히 자신의 사사로운 욕심대로 하지 않는 것이다. 그러므로 무대(無對)를 방해하지 않는다.

ⓕ 사물에 대해 탐욕을 일으키지 않는 것을 '얽매이지 않음[不繫]'이라고 한다.

---

32 『역』「계사·상」. 知周乎萬物而道濟天下, 故不過.

33 『역』「계사·상」. 備物致用, 立成器以爲天下利, 莫大乎聖人.

34 『역』「태괘」「단전」. 以財成天地之道, 輔相天地之宜.

35 『중용』1장. 致中和, 天地位焉, 萬物育焉.

ⓖ 아무 생각 없이 세월만 보내는 범부는 형체가 비록 요행으로 남아 있을지라도 실은 이미 성명을 보존하지 못하고 있다. 경(敬)하면, 혼란스럽지 않고 타락하지 않아 정신이 안정되고 기운이 수렴되니, 선현들이 이른바 명을 안정시킨다는 것이 이것이다. 경(敬)하면 전일(專一)하므로 지혜를 펼 수 있다.

사회정치사상 등의 경우는 공자가 젊은 시절에 또한 우임금·탕임금·문왕·무왕 등 여러 성왕(聖王)을ⓐ 모범으로 취했다. 50세에『역』을 연구한 다음에 비로소『역』·『춘추』·『예운』·『주관』의 여러 경전을 지어 천하가 공평하게 되는 큰 도리를 처음으로 밝혔다. 나는 이미「원외왕」편에서 자세히 설명했으니, 여기에서는 다시 군더더기를 붙이지 않겠다. 총괄하면, 공자의 인생론 측면의 관점은 오직 사회정치 문제에 관해서라면, 50세 이후에는 이전에 지키던 소강예교(小康禮敎)를 근본적으로 뒤집어엎었다는 것이다. 이것 외에는 특별하게 중요한 변화는 없고 단지 점차적으로 깊이 나아갔다는 것이다. 그러나 50세부터 70세까지 학문이 이미 대성했으니, 맹자가 말한 "위대하게 되어 변화한 경지를 성스러움이라고 하고, 성스러워 알 수 없는 경지를 신묘함이라고 한다."[36]는 구절로 성인을 거의 알 수 있을 듯하다.

　ⓐ『예운』에서 말하는 여섯 군자이다.

|부가설명|　나의 글이 여기에 이르렀을 때 노생(盧生)이 마침 와서 물었다. "선생께서 인(仁)·예(禮)·지(智)·경(敬)을 말하면서 성학(聖學)을 드러내 밝힌 것은 지극히 심원합니다. 사람이 학문을 하면서 인(仁)을 구하지 않으면, 항상 물아(物我)가 대치되는 상황에 빠져 위로 무대(無對)에 통달할 수 없으니 삶의 근본을 잃습니다. 그러나 인(仁)을 알고 예(禮)를 모르면, 본체를 추구하다가 작용을 잃은 것이므로 인(仁) 다음에 예(禮)를 설명한 것인지요?"

36『맹자』「진심·하(盡心下)」. 充實而有光輝之謂大, 大而化之之謂聖, 聖而不可知之之謂神.

내가 대답했다. "성인이 『춘추』·『예운』·『주관』 등의 경전을 지었으니, 그의 예제(禮制)는 소수의 사람들이 천하 최대다수의 사람들을 침탈하는 혼란한 제도를 없애, 만물이 서로 도우면서 모두 제자리를 얻게 하도록 주장하는 것이다.[a] 그러므로 예(禮)와 인(仁)은 실로 서로 표리가 된다. 그대는 성인의 뜻을 알았다고 할 수 있다. 후대의 유학자들이 예(禮)를 말함에 오로지 개인의 입신(立身)과 품행으로 말하는 것도 참으로 중요하다. 그러나 성인이 예를 말한 것은 단지 개인적인 자신의 수양만을 위해 말한 것일 뿐 아니라, 나라를 다스리고 천하를 평화롭게 하는 제도를 만드는 것에서 천지를 마름질하여 이루고 만물이 생겨나도록 도와주는 경륜(經綸)에까지, 예의 교화 속에 있지 않은 것이 없다는 것이다. 경전의 글에 모두 있으니 상고해 볼 수 있다. 후대의 유학자들은 항상 '인자(仁者)는 혼연히 천지만물과 한 몸이다.'[37]라고 말하지만, 성인의 예제를 상고하지 않으면 인(仁)의 도리는 끝내 실현시킬 방도가 없으니, 후대 유학자들이 생각하지 못한 것일 뿐이다."

[a] 앞선 성인은 천하에서 어떤 한 사람이라도 제자리를 얻지 못함이 없도록 하려고 했다. 제자리를 얻는다는 것은 천하의 사람들이 제각기 자신의 능력을 펼칠 수 있어서 각기 바라는 바를 충족시킬 수 있는 것이다.

노생이 물었다. "선생께서는 예(禮)에는 물아(物我) 혹은 피차의 경계를 구분하는 것이 있다고 했는데, '합리적인 경계[義界]'라는 말을 어떻게 해석할지 감히 묻습니다."

내가 대답했다. "의(義)는 이치와 같고, 경계[界]는 세상에서 말하는 경계선과 같다. 이치에 부합되는 경계선을 '합리적인 경계[義界]'라고 한다. 내가 예(禮)는 유대(有對)라고 말했던 것도, 바로 물아 혹은 피차간에 하나의 합리적인 경계선이 존재하기 때문이다. 또 다시 알아야 될 것은, '합리적인 경계[義界]'라는 말에는 사실 두 가지 의미가 있다는 것이다. 하나는 천륜에 속하는 '합리적인 경계'이다. 예컨대 부모와 자식 사이에 존비(尊卑)라는

---

[37] 『이정유서(二程遺書)』 권2 상. 學者須先識仁, 仁者渾然與物同體.

'합리적인 경계'가 있어 효도와 자애라는 예가 행해지고, 형제 사이에 장유(長幼)라는 '합리적인 경계'가 있어 우애와 공손이라는 예가 행해진다. 다른 하나는 천륜에 속하지 않는 '합리적인 경계'이다. 이것이야말로 지극히 넓으니, 예컨대 부부 사이에 짝으로 대우하는 '합리적인 경계'가 있어 화합하고 아껴주는 예가 행해지고, 친구 사이에는 뜻이 같고 도가 합치하는 것을 '합리적인 경계'로 삼아 그 사이에 바로잡아주고 충고하는 등의 예가 행해지며, 개인과 단체 사이에는 집단과 그 일원이라는 '합리적인 경계'가 있어 양자를 이롭게 하는 예가 행해지고,ⓐ 단체와 단체 사이에도 직종을 나누는 등의 '합리적인 경계'가 있어 예가 행해지니, 더 말할 필요가 없다. 이런 것들은 이루 다 열거할 수 없다.

> ⓐ 간혹 특별한 경우에 어떤 일원이 손해를 보아도 전체 집단을 생각하니, 비유컨대 하나의 해로운 이빨을 뽑아서 전신을 이롭게 하는 것과 같다.

노생이 물었다. "예가 합리적 경계선이어서 '합리적인 경계'라고 했는데, 인(仁)은 곧 경계선이 없습니다. 그렇다면 인(仁)과 예(禮)는 또한 서로 반대되면서 서로 이루어주는 것입니까?"
내가 대답했다. "그렇다."
노생이 물었다. "선생께서 지(智)에 대해 '만물에 두루 통하지만 가림이 없고, 만물을 이롭게 사용하지만 얽매이지 않는다.'라고 말했는데, 이 경지는 지극히 높아 곧바로 '도덕적 지혜[德慧]'와ⓐ 지식을 한 덩어리로 융합합니다."

> ⓐ '도덕적 지혜[德慧]'라는 말은 『맹자』에 있다.[38] 선대의 철학자가 최고의 지혜는 도덕과 합일하는 것이라고 말한 것은, 혼잡된 오염이 없기 때문이다. 통상적으로 말하는 지식은 사실 도덕적 지혜가 아니다.

내가 대답했다. "그대는 참으로 통달한 사람이다."
노생이 물었다. "경(敬)은 명(命)을 안정시킬 수 있다고 했는데, 이것에 대

---

38 '도덕적 지혜[德慧]'라는 말은 『맹자』에 있다: 『맹자』 「진심·상」. 孟子曰: "人之有德慧術知者, 恒存乎疢疾."

한 의미도 알겠지만 깊이 이해할 수 없습니다."

내가 대답했다. "일상생활에서 언제나 반드시 때맞추어 정신을 수렴해서 너무 들뜨거나 산만하지 않게 하면서 오래도록 그렇게 하면 자연스럽게 깊이 이해하게 될 것이다. 그대가 스스로 돌이켜보아, 비록 종일토록 책을 보며 생각하고 일을 하며 사람을 대할지라도 실로 들뜬 기운과 거친 마음으로 대응했다면, 이것은 곧 들떠서 혼란스러운 것이다. 들떠서 혼란스러울 때에 그대의 성명(性命)은 어디에 있는가? 아무 생각 없이 세월만 보내는 자가 아니라면 무엇이겠는가? 경(敬)과 인(仁)은 모두 인생을 본원으로 돌이켜서 최종 목적지를 얻게 하는 것이다."

노생이 듣고 숙연해졌다.

50세 이전 시(詩)·서(書)·예(藝)·예(禮) 연구

공자는 50세 이전에 시(詩)·서(書)·집(執)ⓐ·예(禮)라는 네 가지 일을 익혔으니,[39] 『중용』에서 "공자는 요임금과 순임금을 조종으로 서술하고, 문왕과 무왕을 모범으로 하였다."[40]는 것이 이것이다. 공자는 또 "서술하되 창작하지 않았고, 옛것을 믿고 좋아했으니, 슬쩍 나 자신을 우리 노팽(老彭)에게 비교한다."[41]라고 스스로 말했다.ⓑ

ⓐ '집(執)'이라는 글자는 '예(藝)'로 읽어야 하니, 격물에 대한 학문이다. 「원학통」편에서 자세히 설명했으니 다시 보면 된다.

ⓑ 주자는 "노팽(老彭)은 상(商)나라의 현명한 대부로서, … 대개 옛것을 믿어서 전하여 서술한 자이다."[42]라고 했다. 그러므로 공자가 노팽을 자신에게 비교했다

---

39 공자는 50세 이전에 시(詩)·서(書)·집(執)·예(禮)라는 네 가지의 일을 익혔으니:『논어』「술이」. 子所雅言, 詩·書·執·禮, 皆雅言也.

40『중용』30장. 仲尼祖述堯舜, 憲章文武.

41『논어』「술이」. 子曰: "述而不作, 信而好古, 竊比於我老彭."

42『논어』「술이」. 子曰: "述而不作, 信而好古, 竊比於我老彭." 구절에 대한 주자의 주석. 老彭, 商賢大夫, 見大戴禮. 蓋信古而傳述者也.

는 것이다. 그런데 옛날의 유학자들은 또한 노팽을 두 사람으로 설명해서 노(老)는 노담(老聃)을, 팽(彭)은 팽갱(彭鏗)을 말한다고 하는데, 이것은 대개 근거 없는 말이다. 왕선산(王夫之)이 말했다. "공자가 '슬쩍 우리 노팽에게 비교한다.'고 했는데, 여기서 '우리'는 친하게 여긴다는 말이니, 반드시 대면해서 서로 주거니 받거니 하는 자이지 옛사람을 말하는 것이 아니다." 왕선산의 '우리'에 대한 해석이 아주 옳다. 그러나 왕선산은 노팽과 노담을 모두 주나라 태사담(太史儋)의 다른 이름이라고 여겨, 공자가 찾아가서 예에 대해 물었던 자라고 하였는데, 이러한 설명은 아주 잘못되었다. 『사기』「노자전」에서 노담과 태사담의 생졸연대는 서로 아주 멀리 떨어졌다고 분명히 말했으니,[43] 사마천이 비록 이렇게 다르게 들은 것을 기록했지만 절대로 노담이 곧 태사담이라고 긍정하지는 않았다. "공자가 노자에게 예를 물었다."는 말은 『장자』의 우언(寓言)에서 나왔으니, 본래 믿을 수 없다. 또 『장자』에는 공자가 노담을 만났다는 것이 두 곳이 있다. 한 곳에서는 공자가 남쪽으로 패(沛)땅에 가서 만났다는 것[44]이고, 다른 한 곳에서는 공자가 서쪽으로 주(周)나라에 가서 만났다는 것[45]이다. 노담은 주나라 왕실의 사관이었는데 어찌 남쪽의 패(沛)땅에 머물렀겠는가? 내가 종종산(鍾鍾山) 교수와 이것에 대해 말한 적이 있었는데, 종종산 교수도 역시 왕선산이 이것에 대해 깊이 고찰하지 못했다고 말했다.

내 생각에, 『예기』「증자문(曾子問)」편에 "공자가 '내가 예전에 노자를 따라가 항당(巷黨)에서 장례 지내는 것을 도왔다. …'고 말했다."[46]는 구절이 있는데, 이 글에 따르면 노담은 대개 두 사람이 있다. 한 사람은 노(魯)나라의 노담으로 공자와 교류한 자이다. 「증자문」편에 그의 단편적인 말이 실려 있으니, 또한 그 사람이 고례(古禮)에 정통한 순수한 학자임을 상상할 수 있다. 또 한 사람은 『노자』라는 책을 쓴 노담으로 이 사람은 도가의 시조이다. 『사기』에서 '숨어 있는 군자[隱君子]'라고 했다.[47] 『장자』「천하」편에서는 그를 관윤(關尹)과 함께 열거했으니,

---

43 『사기』「노자전」에서 노담과 태사담의 생졸연대는 서로 아주 멀리 떨어졌다고 분명히 말했으니: 『사기』「노장신한열전(老莊申韓列傳)」. 自孔子死之後百二十九年, 而史記周太史儋見秦獻公曰, 始秦與周合而離, 離五百歲而復合, 合七十歲而霸王者出焉.

44 공자가 남쪽으로 패(沛)땅에 가서 만났다는 것: 『장자』「천운(天運)」. 孔子行年五十有一而不聞道, 乃南之沛見老聃.

45 공자가 서쪽으로 주(周)나라에 가서 만났다는 것: 『장자』「천도(天道)」. 孔子西藏書於周室. … 往見老聃, 而老聃不許, 於是繙六經以說.

46 『예기』「증자문(曾子問)」. 孔子曰: "昔者吾從老聃, 助葬於巷黨."

47 『사기』에서 '숨어 있는 군자[隱君子]'라고 했다: 『사기』「노장신한열전」. 老子, 隱君

확실히 그 사람은 실존했었다. 「천하」편에서 여러 유명한 학파의 학문을 서술하고 논평한 것은 학술사적인 특성이 있고, 그 사람의 성과 이름 및 학파가 모두 분명히 상고할 수 있으니, 어떻게 그 사이에 공연히 한 사람의 노담을 위조해서 나열할 수 있었겠는가! 내 생각에, 『노자』라는 책을 지은 노담은 마땅히 남방에 있는 작은 나라의 은둔자인데, 나중에 그 나라가 초나라에게 멸망당했기 때문에 6국시대의 사람들은 대부분 노자를 초나라 사람으로 여겼던 것이다.

나는 『노자』라는 책을 쓴 노담의 출생 시기는 공자보다는 뒤이고 맹자보다는 앞임을 단정한다. 『논어』에서 "공자께서 '찬란하구나! 문(文)이여. 나는 주나라를 따르겠다.'라고 하였다."[48]라고 기록했다[공자가 젊었을 때 사회문화 현상은 여전히 서주(西周)의 유풍이 있었다. 비록 문(文)이라고 했을지라도 그 질(質)을 완전히 상실하지는 않았다]. 이것은 공자가 젊었을 때 한 말임을 의심할 수 없다. 나중에는 문(文)이 기승을 부리는 폐단을 느껴, [문(文)이 너무 기승을 부려 순박하고 실질적인 기풍이 이미 탕진되었다.] 비로소 "문(文)과 질(質)이 빈빈(彬彬)하게 된 다음에 군자이다."[49]라고 탄식을 했던 것이다. 〈'빈빈(彬彬)'은 '겸비한 모습[班班]'과 같다. 질(質)에 문(文)이 있으면 저속하게 촌스럽지 않고, 문에 질이 있으면 겉만 번지르르하게 되지 않는다. 이래야 군자이다. 공자는 당시에 군자의 기풍이 없는 것을 안타까워했다.〉 이 구절은 대개 공자 만년의 말이다. 노담은 공자보다 조금 늦으므로 문(文)이 기승을 부리는 것과 거짓으로 꾸미는 것 및 재화를 귀하게 여기는 등의 풍습을 싫어하는 것이 공자보다 더욱 심했다. 『노자』라는 책에서 노담이 세상이 돌아가는 것에 대해 느끼는 것을 살펴보면, 노담이 춘추시대에서 전국시대로 교체되는 시기에 태어났음을 알 수 있다. 『노자』라는 책에서 '구하기 어려운 재화와 향락을 탐내는 욕구·지혜의 교묘함이 더욱 불어나는 것'이라고 말한 것은 모두 문명시대의 징후이다. 공자 만년에는 아직 이 지경까지 이르지 않았다. 그러므로 노담이 공자보다 조금 뒤에 살았다고 하는 것이다. 왕선산은 『장자』의 우언을 믿어 공자가 노자에게 예에 대해 물었다고 여겼으니, 고증에 소홀했다고 말하지 않을 수 없다. 『맹자』에 이르러 아주 분명하게 "위에서는 예가 없고 아래에서는 배움이 없어 난민들이 일어나니 머지않아 망한다."[50]고 말했고, 인민들이 "죽음을 구제하기에도 부족할 것 같다."[51]라고

子也.

48 『논어』「팔일(八佾)」. 子曰: "周監於二代, 鬱鬱乎文哉! 吾從周."

49 『논어』「옹야」. 子曰: "質勝文則野, 文勝質則史. 文質彬彬, 然後君子."

50 『맹자』「이루·상(離婁·上)」. 上無禮, 下無學, 賊民興, 喪無日矣.

말했다.〈백성들이 궁핍해서 죽음을 구제하려고 해도 그 힘이 스스로 구제하기
에 부족하다는 말이다.〉 문물이 쇠락하고 사회가 붕괴되었는데, 또한 어떻게 문
(文)이 기승을 부리는 것에 대해 말할 수 있겠는가! 『맹자』와 『노자』를 서로 대
조하면, 노담이 맹자보다 시간적으로 앞선다는 것을 절대로 의심할 수 없다.

종합하면, 공자와 동시대에 살았던 노담은 옛것을 좋아하는 노나라의 학자로서
공자의 친구이다. 공자가 '슬쩍 자신을 노팽에게 비교했다.'고 할 때의 노팽이 바
로 여기의 노담이다. 『노자』라는 책을 쓴 노담이 그 출생연도가 당연히 공자보
다 늦다는 것은, 이미 앞에서 설명했다. 『사기』에서는 떠돌고 있던 소문을 실어
서 노담이 바로 이이(李耳) 혹은 태사담(太史儋) 혹은 노래자(老萊子)라고도 하는
데, 모두 믿을 것이 못된다. 내가 앞의 글에서 이미 설명했다.

"서술하되 창작하지 않았다."는 말은 진실로 성인의 겸손한 말이다. 그
러나 학문의 발전은 절대로 우연하게 이루어지지 않는다. 후대 성인의
이전에 없었던 창조적인 성과는ⓐ 항상 전대 성인들이 축적해 놓은 업
적에 의해 깨닫게 되어 실마리가 되기 때문이다. 공자가 "옛것을 익혀
새것을 안다."[52]고 했으니, 이것은 경험에서 나온 말이다. ⓑ

ⓐ 그의 발견과 성취가 종전에 없던 것이므로 '이전에 없던 성과'라고 했다.

ⓑ '익히다[溫]'는 것은 깊이 마음으로 연구하고 풀이해서, 소홀하지 않는 것이다.
'옛것[故]'은 옛날의 학문이고, '새것[新]'은 스스로 미처 알지 못했던 것인데 이제
처음으로 아는 것을 말한다. 이것은 옛날의 학문을 깊이 완미할 수 있으면, 옛
의미를 이해할 수 있을 뿐만 아니라 항상 자신의 새로운 지식을 이끌어낸다는
것을 말한다. 내 생각에, 새로운 지식의 발전은 두 가지로 나눌 수 있다. 하나는
옛것에 대하여 서로 이어가는 것이고, 다른 하나는 옛것에 대하여 서로 반대하
는 것이다. 서로 이어가는 것은 옛 학문이나 스승의 학설에 의거하여 미루어 부
연해서 더욱 광활하고 심원하게 하는 것이다. 그와 같은 것들로, 자유(子遊)의 제
자들이 『예운』을 전했고, 자하(子夏)의 제자들이 『춘추』를 전했으며, 노담의 후
학으로 장주(莊周)가 있고, 석가의 후학으로 용수(龍樹)와 무착(無著)[53]이 있는 것

---

51 『맹자』「양혜왕·상(梁惠王·上)」. 此惟救死而恐不贍, 奚暇治禮義哉.

52 『논어』「위정」. 子曰: "溫故而知新, 可以爲師矣."

53 무착(無著, 310-390): 유식불교를 확립하였으며 무상유식(無相唯識)의 시조로 평
가된다. 인도 서북지방에서 태어나 동생 세친(世親)과 함께 대승불교를 발전시켰

등이다. 이와 같은 부류는 비록 돌아가신 스승을 다시 계승하여 서술할지라도 실은 새로운 학파를 창시한 것이다. 서로 반대하는 것은 옛 학문을 연구했지만, 끝내 합치하지 않아 마침내 따로 세상을 여는 것이다. 이를테면 공자의 후학으로 제자백가가 있어서 유학에 반대하는 것이 반드시 합당하지는 않지만 스스로 독창적으로 개척한 것이 사람들에게 지혜의 법도가 되기에 부끄럽지 않은 것이다. 대개 제자백가의 학문은 제각기 우주의 한 측면에 대한 식견이 있으니,『역』「계사전」에서 "인자(仁者)가 그것을 보면 인(仁)이라고 하고, 지자(智者)가 그것을 보면 지(智)라고 한다."[54]라고 한 것이 제자백가를 말한 것이다. 요약하면, 옛날의 학문을 자세하게 연구해서 그것과 서로 이어가기도 하고 그것과 서로 반대하기도 하지만, 그것이 새로운 지식을 계발하는 데에 도움이 되는 것은 마찬가지이다.

나는 평생토록 '옛것을 익혀 새것을 안다.'는 공자의 가르침을 가슴에 품고, 항상 학문은 고금을 궁구해서 때에 따라 옛날에 큰 도리라고 했던 것을 깨닫는 것이라고 여기고 있는데, 지금까지 여전히 공자의 그 말이 바뀔 수 있는 것임을 보지 못했다. (간단하게 한두 가지 사례를 들겠다. 예컨대『논어』에서 "사람이 살아가는 것은 올바름이다."[55]고 했으니, 이것은 공자가 도를 깨달은 말이다. 요즘 사람들이 만약 사람의 본성은 본래 정직하지 않다고 말하면, 그 스스로 검토하여 제창한 것이 근본적으로 쓸 데가 없게 된다. 또『예운』에서 "큰 도리가 유행함에 천하가 공평하게 된다."[56]고 했는데, 지금 이후로 어떻게 이것을 바꿀 수 있겠는가! 이와 같은 사례는 실로 이루다 열거할 수가 없다.) 지금 발견한 것으로 새로운 이치가 되는 것은 애당초 옛날에는 도모한 적이 없었던 것이지만, 시험 삼아 옛것에서 헤아려보면, 또 옛 의미에 절대로 합치하지 않는 곳은 없다. [지금의

다. 처음에는 소승불교의 설일체유부(說一體有部)에 출가하여, 소승의 공관(空觀)을 배웠으나 이에 만족하지 않고 신통력으로 도솔천에 올라가 미륵에게서 대승의 공관을 배웠다. 지상에 돌아와 공(空)을 닦아 익히고 대중에게 설교하였으나, 사람들이 믿지 않자 미륵이 직접 내려와『십지경(十地經)』을 설교하였고 이후 사람들이 대승의 가르침을 믿었다고 한다. 일광삼매(日光三昧)를 배워 대승의 교리를 이해하고 많은 주석서를 펴냈으며 만년에는 아우 세친을 대승불교에 인도하였다. 저서로『섭대승론(攝大乘論)』,『대승아비달마집론(大乘阿毘達磨集論)』,『현양성교론(顯揚聖教論)』,『금강반야경론』등이 있다.

54『역』「계사·상」. 仁者見之謂之仁, 知者見之謂之知.

55『논어』「옹야」. 子曰: "人之生也直, 罔之生也幸而免."

56『예기』「예운」. 大道之行也, 天下爲公, 選賢與能, 講信, 修睦.

새로운 민주정치는 어떤 부문의 영도자라도 모두 군중이나 백성들의 공적인 뜻에 결합하여 일치되도록 신중을 기해야 한다. 옛날에 군주정치를 세운 것은 본래 민주제도가 있다는 것을 알지 못했기 때문이지만, '군(君)'자의 본래 의미를 살펴보면 '군(君)'은 무리 짓는 것이다. 대개 옛날에는 본래 군주가 마땅히 백성들이나 군중들과 이해(利害)와 호오(好惡)를 함께했다. 바꾸어 말하면, 대중들과 같은 입장에 서 있으면서 군중을 뛰어넘어 자신의 뜻을 혼자 시행할 수 없으므로, '군(君)'을 무리 짓는 것이라고 했다. 그렇다면 지금의 새로운 이치가 옛날의 의미와 합치되기를 기약하지 않았다고 해서 이것을 억지로 끌어다 붙였다고 할 수 있겠는가! 이 하나의 예를 들어 그 개략을 나타냈다.]

우주가 끊임없이 변화하게 되자 인류의 경험이 나날이 더욱 풍부해지고 학술이 나날이 더욱 정밀해지며 새로운 이치의 발견이 나날이 더욱 넓어졌으니, 옛날의 학문이 알지 못했던 것을 행함에 무슨 제한이 있겠는가! 그러나 시험 삼아 그 근원을 찾아보면, 옛날의 학문은 종종 실마리를 만든 공로가 있다. 이 때문에 학문이 고금을 궁구하는 것은 마음을 개척할 뿐 아니라, 지금을 슬퍼하고 옛날을 그리워하거나 지금을 높이고 옛날을 우습게 보는 등의 선입견을 없애고 한결같이 자연의 변천에 따라서 몸소 관찰하는 것이다. 그런데 더욱 다행인 것은, 고금의 변화를 통달하면 이에 이치가 수시로 달라지는 것이 이치의 지극히 보편적인 것이 아니라는 것을 알게 된다는 것이다. 그런데 지극히 보편적인 이치라면, 일시적으로 시행하거나 영원히 시행해도 모두 준칙이 되어, 서쪽 바다로 미루어 보거나 동쪽 바다로 미루어 보아도 모두 합치되지 않음이 없으니, [예컨대 『역』에서 "곤궁하면 변화하고, 변화하면 소통하며, 소통하면 오래간다."[57]라고 한 것이 가장 두드러진 하나의 예이다. 또 예컨대 『대학』에서 "재화를 생산하는 데는 큰 도리가 있으니, 생산하는 것을 많게 하고 먹는 것을 적게 하며, '만드는 것[爲]'을 빨리하고 소모하는 것을 천천히 하면 항상 재화가 풍족하다."[58]라고 한 것이다. 생각건대, 생산하는 것이 많다는 것은 재화의 생산을 민중 스스로 주인이 되어 여럿이 힘을 합쳐 생산하기 때문이라는 것이다. 군중의 품성이 우수해지면 자식을 낳는 것이 적어지므로 먹는 자가 줄어든다. 여러 사람들의 뜻이 성(城)처럼 견고하므로 일이 매우 빨라진다. '만드는 것[爲]'은 일한다는 것과 같다. 재화를 절약하면, 사람들은 모두 자신의 삶을 즐길 수 있으니, 이런 이치가 어찌 보편적이지 않겠는가! 총괄하건대, 보편적인 이치를 낱낱이 열거하면 그 번거로움을

---

57 『역』「계사・하」. 易窮則變, 變則通, 通則久.

58 『대학』10장. 生財有大道, 生之者衆, 食之者寡, 爲之者疾, 用之者舒, 則財恒足矣.

이루 다 감당할 수 없을 것이다.] 이것이야말로 온갖 변화에서 '바르고 항상됨[貞常]'을 아는 것이다. 내가 이것을 말한 것에 대해 세상에서 혹시 우둔하다고 비난하면, 또한 그들에게 맡겨놓을 뿐이다.

시(詩)·서(書)·예(藝)·예(禮)라는 네 가지 학문은 그야말로 위로는 요임금과 순임금으로부터 우임금과 탕임금을 거쳐 아래로 문왕·무왕·주공에게까지, 유유하게 천여 년 동안 여러 성인이 번갈아 일어나면서, 선후로 축적된 정신적 유산을 되풀이해서 전해온 것이다. 공자는 젊었을 때 대체로 여기에 전력했으므로, "나는 태어나면서부터 아는 자가 아니라, 옛것을 좋아해서 민첩하게 구한 자이다."@59라고 했다. 오직 옛것을 상고하는 데 부지런했으므로, 정수를 취한 것이 많고,ⓑ 그것을 사용한 것이 넓고 커서ⓒ 그의 학문이 극도로 대성했던 것이다. 이제 공자가 격물을 제창한 것을 살펴보면, 예컨대 천지를 '마름질하여 이루고[裁成]' '만물이 생겨나기를 도와준다[輔相]'60는 등의 견해는 지극히 광대하고 심원하니, 옛날의 예학(藝學)이 그를 계발했을 것이다. 공자의 사회정치사상은 처음에는 소강을 희망했지만, 마침내 천하가 공평하게 되는 큰 도리를 창시했으니, 옛날의 시(詩)·서(書)·예(禮)에 대한 학문이 그를 인도했던 것이다.ⓓ 옛것을 익히지 않았으면 새것을 알 방법이 없으므로, 옛것을 좋아해야만 창작할 수 있다. 공자가 계승하고 의지한 것은 심원하고 넓고 두터웠으니, 50세 이전에 대개 이미 대성할 수 있는 기반을 세웠던 것이다.ⓔ

ⓐ 『논어』 「술이(述而)」편에 있다. 옛 학문을 구하기에 급급했다는 말이다.
ⓑ 옛 학문의 정수를 받아들인 것이 아주 많다는 말이다. 옛 학문에서 잘못된 것과 후세에 적합하지 않은 것이라면 스스로 버리고 취하지 않았다.
ⓒ 옛 학문을 수집한 자료가 풍부해서 그 사용이 넓고 크다는 말이다.

---

59 『논어』 「술이」. 子曰: "非生而知之者, 好古, 敏以求之者也."
60 『역』 「태괘(泰卦)」 「단전(彖傳)」. 天地交, 泰, 後以財成天地之道, 輔相天地之宜, 以左右民 참조.

ⓓ 사관이 채집한 시(詩)를 통해서 백성들의 울부짖음을 생각했고, 옛날의 서(書)와 예(禮)를 통해서 소수의 사람이 천하의 대다수 사람들을 통치하는 혼란한 제도로는 오래갈 수 없다는 것을 알았다.

ⓔ 공자가 50세에 『역』을 연구한 다음에, 곧 그는 앞서 온축한 각 분야의 사상을 모두 넓혀나가고 융합·관통하여, 변화의 오묘함을 극대화해서 위대한 체계를 만들었다. 그는 자공에게 일러주기를, 자신의 도는 많이 듣고 널리 암기하는 것을 학문으로 하는 것이 아니라고 하고, "나의 도는 하나로 관통되었다."[61]고 말했는데, 이 말은 대개 50세 이후의 말일 것이다. 맹자가 '공자는 집대성했다.'고 칭송한 것[62]도 70제자가 남긴 말에 근본했을 뿐이다. 맹자는 아주 총명했지만 아쉽게도 고금의 학술에 대해 연구하려고 하지 않아, 공자를 참되게 알 수 없었다. 여기에서는 자세히 설명하지 않겠다.

영험한 본성[靈性]의 생활을 함양하는 데는 『시(詩)』·『예(禮)』·『악(樂)』 3경보다 좋은 것이 없다. 공자가 산정한 『시』가 「주남(周南)」과 「소남(召南)」에서 시작되니, 아마도 사관이 시를 모으는 제도는 문왕이나 주공에게서 시작되었을 것이다. 주나라 이전의 민요는 아직 사관에게 전달되지 않았을 것이다. 공자가 창작한 『예경』을 지금 상고할 수 있는 것으로는 『주관(周官)』과 『예운(禮運)』이 천지를 감싸 안고 온갖 단서를 질서 지었다는 것이니, 요컨대 치도(治道)를 위주로 하였다는 것이다.ⓐ 그런데 성정(性情)을 함양한다는 오묘한 의미는 『예기(禮記)』에서만 대략 찾아볼 수 있다.ⓑ 사마담(司馬談)은 "6례(六藝)에 대한 경전은 천만으로 헤아린다."[63]고 했으니, 『예경(禮經)』이 망실된 것은 결코 적지 않다. 『대대례기(大戴禮記)』와 『소대례기(小戴禮記)』는 본래 한대(漢代) 사람들이 채록한 것이라서, 비록 공자 문하에서 남긴 말이 보존되어 있을지라도 정교하게 가려낸 것이 아니니, 어느 것이 성인의 말씀이고 어느 것이 6국

---

61 『논어』「리인」. 子曰: "參乎吾道一以貫之."

62 맹자가 '공자는 집대성했다.'고 칭송한 것: 『맹자』「만장하(萬章下)」. 孔子之謂集大成. 集大成也者, 金聲而玉振之也.

63 『사기』「태사공자서(太史公自序)」. 六藝經傳, 以千萬數.

(六國)부터 한대 초기의 유생들이 잡다하게 모은 글인지 변별할 수 없다. 『악경』은 한대 이후로 단행본이 없고, 단지 『예기』 가운데 「악기」한 편이 있는데, 그 가운데 정묘한 의미는 성인이 아니면 말할 수 없다. 그렇다면 오늘날에 살면서 『시』·『예』·『악』3경 가운데 성정을 함양하는 오묘한 의미를 찾는 것은, 끝내 문헌적인 근거가 전혀 없으니, 역시 『대대례기』와 『논어』만 가지고 그 요점을 살펴볼 수 있을 뿐이다.

> ⓐ 『주관』과 『예운』은 모두 후대 사람들이 함부로 고쳤는데 『예운』이 더 심하다. 그것에 대한 설명은 상권에 있다.
> ⓑ 『대대례기(大戴禮記)』에도 증거로 삼을 만한 것이 있다.

공자는 "시(詩)에서 흥기하고,ⓐ 예(禮)에서 자립하며,ⓑ 악(樂)에서 이루어진다."ⓒ[64]고 했다.

> ⓐ '흥기한다[興].'는 것은 일어나는 것이다. 『시』는 성정(性情)에 근본하여 사람을 감동시키는 것이 깊기 때문에, 사람들에게 인격을 향상(向上)하고 진솔하게 되고자 하는 생각을 일으켜서 허위로 흐르지 않도록 할 수 있다. 순임금은 "시는 의지[志]를 말한다."[65]고 했다. '의지[志]'는 마음에 중심이 있는 것이다. 예컨대 측은한 정감과 양지(良知)의 밝음이 모두 혼미해진 적이 없는 것을 마음에 중심이 있다고 한다. 만약 본래 이 '의지'가 없이 겉만 번드르르한 작은 지혜로써 교묘한 음률을 추구하거나, 혹은 고의로 그 가사를 어렵고 까다롭게 함으로써 기이함을 자랑한다면, 영험한 본성이 손상되니, 성인이 말하는 『시』가 아니다. 공자가 『시』3백 편을 산정한 이후, 내가 가장 좋아하는 세 군자 즉, 도연명(陶淵明)·이태백(李太白)·두보(杜甫)는 모두 그 진실을 책임진 자들이다. 그러나 도연명은 심원해서 군중과 동떨어졌고, 이태백은 재주가 너무 뛰어나서 속세를 벗어나기를 추구했다. 두보는 정감이 깊어 백성들과 더불어 근심을 함께 했지만, 애석하게도 명교(名敎)의 속박이 매우 심한 시대에 살았기 때문에 굴레를 타파하고 군중들을 영도할 수 없었다.
> ⓑ '예(禮)'는 '공경하고 삼가는 것[敬愼]'을 근본[主]으로 삼는다. '공경하고 삼가면' 바로 항상 자신의 몸과 마음을 수렴하여 태만하고 방탕함에 이르지 않게 하기 때

---

64 『논어』「태백」. 孔子曰: "興於詩, 立於禮, 成於樂."
65 『서경(書經)』「요전(堯典)」. 詩言志.

문에, 우뚝하게 자립해서 사욕에 흔들리지 않는다. 주자는 이것에 대해 "사물(事物)에 동요되어 빼앗기지 않는다."[66]고 주석했는데, '사물'이라는 두 글자는 타당하지 않다. 인생은 한 순간이라도 사물을 떠나 독립할 수 없는 것인데, 사물이 어찌 우리들의 마음을 동요시켜 빼앗는 것이겠는가! 우리들이 스스로 공경하고 삼가서 자신의 양지(良知)를 확충하지 않기 때문에 사욕에 동요되어 빼앗길 뿐이다. 예컨대 험난한 일을 만나 구차하게 피할 길을 생각하는 경우에, 험난한 일이 사람의 마음을 동요시켜 빼앗는 것이 아니라, 다만 구차하게 피하려는 사람들의 사욕 때문에 곧 험난한 일과 싸워서 이길 수 없을 뿐이다.

ⓒ '악(樂)'이란, 화목하고 즐거운 것이다. 화목하고 즐거운 바로 그때는 혼연하여 사물과 내가 구별됨이 없는 것이니, 우리들의 혈맥이 천지만물과 한 몸으로 막힘없이 통하는 것을 여기에서 증험할 수 있다. 사람은 음악으로 자신을 기를 수 있으니, 항상 그 화목하고 즐거운 마음을 잃지 않으면, 인도(人道)가 완성되어 인생이 곧 무대(無對: 천지만물과 통하여 한 몸이 되는데, 어찌 상대가 있겠는가!)에 우뚝 서게 되기 때문에 '악(樂)'에서 이루어진다.'고 했다.

[4-5-3-1] 천리(天理)를 근원으로 하는 예(禮)와 거경(居敬)·존천리(存天理)

성인은 영험한 본성을 함양하는 근본에 대해 세 가지 학문(『시』·『예』·『악』)으로 귀결시켜 근본으로 삼도록 했으니, 그 신령한 식견은 매우 깊고 미묘하다. 이후에 통달한 자가 있으면, 그것을 차마 소홀히 해서 연구하지 않을 수 있겠는가!

노자의 무리들은 '예(禮)'를 비방하였는데, 이른바 '예'는 통치자가 상하존비(上下尊卑)의 등급을 구별하여 제도와 예의형식을 만들어서, 군중들이 그것을 익혀 편안하게 여기고, 감히 윗사람을 배반하는 뜻이 싹트지 않도록 하는 것이라고 했다. 그러므로 노자는 "처음으로 이름을 만듦에,ⓐ 이름이 이미 있게 되니 또한 멈출 곳을 알게 되었다."ⓑ[67]고 말했다. 통

---

66 『논어』「태백」. 孔子曰: "興於詩, 立於禮, 成於樂."에서 '立於禮'에 대한 주자의 주석. 不爲事物之所搖奪者.

67 『노자』「32장」. 始制有名, 名亦旣有, 夫亦將知止.

치자가 사사로운 생각으로 예를 제정해서 군중을 속박하면 반드시 군중들이 진심으로 복종하지 않으니, 노자가 '예'를 "충성과 믿음[忠信]이 야박해진 것이며 혼란의 우두머리이다."[68]라고 간주한 것은 참으로 뛰어난 식견이다. 근래에 공자의 예교(禮敎)를 비방한 자들의 견해는 또한 노자에 근거한 것이다. 그러나 공자는 이미 노자보다 먼저 『춘추』·『예운』 등의 경전을 지어서 통치자가 제정한 '예'를 타파하여 배척했다. 통치자가 제정한 '이치에 어긋나는 예[非理之禮]'는 공자의 예교와 근본적으로 확연히 다른 것이지만, 노자는 그것을 변별하지 않고, 뒤섞어서 '예'를 '충성과 믿음이 야박해진 것이며 혼란의 우두머리이다.'라고 말했다. 참으로 이와 같다면, 공자가 '예'로써 성정을 함양하고자 한 것은 매우 망령된 짓이 아니겠는가! 요즘 사람들은 노자의 잘못을 고치지 않고 게다가 또 그 비난의 화살을 공자에게 집중하니, 그 폐해가 매우 심하다.

ⓐ 여기서 '제정한다[制].'는 글자는 '만든다[作].'는 의미이다. '처음에 이름을 만들었다.'는 것은 '명분을 바로잡아 정했다[正名定分].'는 것이니, 이른바 상하존비의 등급이 이것이다.

ⓑ 통치자가 이미 존귀한 이름을 가지고 천하 대다수의 민중 위에 군림하면서 일반 백성들을 착취해서 모든 원한의 창고가 되니, 또한 멈출 곳을 알겠는가!

어떤 사람이 물었다. "공자가 말한 '예'는 그 의미가 무엇입니까?"

대답했다. "'예'는 천리(天理)를 근원으로 삼으니, 공경함[敬]으로 스스로를 지키지 않으면, 그 근원을 떠나지 않는 자가 드물다.ⓐ '리(理)'는 조리(條理)로서 안팎[內外]을 관통하여 한결같은 것이다.ⓑ 밖에 있는 것을 '궤범(軌範)'이라 하고,ⓒ 안에 있는 것을 '식별(識別)'이라고 한다.ⓓ 안으로부터 일어나는 식별은 곧 외물의 궤범에 말미암아서 안으로 느끼고 통섭하며, 서로 응하여 하나로 합치된다. 이 때문에 안과 밖은 둘인 듯하지만 실은 둘이 아니니, 둘이 아닌 것은 리(理)이다. '리'는 '천(天)'에ⓔ 갖추

---

68 『노자』「38장」. 夫禮者, 忠信之薄, 而亂之首.

어지기 때문에 또한 '천리(天理)'라고 한다.ⓕ 그렇다면, 마음[心]은 '리'가 아닌 것이 없고, 사물[物]도 '리'가 아닌 것이 없으니, '리'는 한 곳에 고정되지 않으면서 어디에나 있지 않은 곳이 없다. 우리들이 천리(天理)를 체인해서 세상의 모든 제도와 예의형식을 창조하면 세속에 따라서 변화하여 정체됨이 없다. 위대한 '예'가 실행되어 군중의 정감이 잘 통하고, 천지가 제자리에 자리 잡으며, 만물이 자라나게 되니, 참으로 아름답다! 그러므로 '예는 천리를 근원으로 삼는다.'고 한 것이니, 그 근원이 심원하다. 따라서 사람이 예를 실천하면 근본이 있어서 혼란해질 수 없다."

ⓐ 중국고대의 성왕(聖王)들은 '예'로써 가르침을 베풀었으니, 예치(禮治)의 나라라고 부를 만하다. 그 예치의 규모는 총괄해서 두 측면, 즉 '제도'와 '예의형식'으로 나눌 수 있다. 이 중에서 '제도'라는 말은 그 함의가 지극히 넓지만, 간략하게 말하면 고대의 이른바 명분(名分) 혹은 상하존비의 등급으로서, 또한 '명교(名敎)'라고도 하는데, 이것은 고대의 모든 제도와 예의형식이 의거하는 근본원칙이다. 예컨대 군제(群制: 사회조직)·국체(國體) 및 경제제도·정치제도와 세상의 모든 일에서 그 어느 것도 '예'의 범위에 속하지 않는 것이 없다. 비록 또한 법(法)을 없앴던 적이 없지만, 법 역시 '예'에 통괄되니 '예'를 버리고 법에 맡기는 것을 허용하지 않았다. '예'가 포괄하지 않는 것이 없다는 것에 대해 증척생(曾滌生)도 또한 거칠게나마 이해한 것이 있었다. 왕개운(王闓運)은 '예'를 잘 아는 자로 증척생을 추대해서 정현(鄭玄)보다 뛰어나다고 했는데, 이것은 터무니없는 말일 뿐이다. 왕개운은 본래 문학자였기 때문에 경전의 의미에 밝지 못했다. '예의형식' 측면에 대해서 말하면, 『중용』에서 일컬은 '예의(禮儀) 3백, 위의(威儀) 3천'은 모두 예의형식이다. 예의형식이 '예'의 교화로 사람들에게 받아들여진 까닭은, 사람들의 습관이 자연스럽게 되도록 했기 때문이니, 그 의도가 매우 깊어서 세상의 학자들 가운데 '예'의 의미를 아는 자가 드물었다. 앞으로 세상이 대동세계로 진입해서 공자의 새로운 예치의 정밀한 의미가 시급히 발휘되어야 할 것이다. 고대의 명교와 제도·예의형식은 이미 지나간 것이니, 학자들은 옛것을 좋아하되 우둔하여 응용하지 못해서는 안 된다. 위대한 공자께서 『춘추』·『예운』·『주관』 등의 여러 경전을 창작하여, 통치계급과 사유제도를 폐지하고 천하가 공평하게 되고 한 집안이 되는 큰 도리를 창도했다. 제도와 예의형식은 모두 시대에 따라 개혁하되, 오래된 '예'를 개혁하여 후세를 위해 새로운 운수를 열고, 명교는 다시 옛것을 모범으로 삼지 않았다. 그 핵심은 '예'로써 법을 통솔하여 '예'의 교화가

이루어져서 법이 쓸모없는 지경에 이르기를 기대했으니, 심원하다! 나는 찬미하지 않을 수 없다.

나는 '예'에 관한 책을 지으려고 했지만, 나이와 힘이 이미 쇠약해서 할 수가 없다. 서너 명의 청년을 모아서 예학을 강구하여 밝히려고 했지만, 옛 학문에 뜻을 둔 청년들을 또한 얻을 수가 없었다. 나의 말이 여기까지 이르렀지만, 주제와 관련이 없는 말임을 깨닫지 못했다. 내가 통탄하는 것은 정현 이후로 예경(禮經)을 연구하는 자들이 단지 제도와 예의형식을 '예'로 여길 뿐, '예'가 생기게 된 근원을 알지 못하고 다만 예경을 법전의 조문으로 볼 뿐이라는 것이다. 내가 '예'는 천리를 그 근원으로 삼는다고 말한 것은 『예기』「악기」편에서 그 증거를 찾을 수 있다. 「악기」에 처음으로 '천리'라는 낱말이 나타나니,[69] 학자들은 소홀히 해서는 안 된다.

ⓑ '안[內]'은 마음[心]을 말한다. '밖[外]'은 모든 '물(物)', 즉 자연계의 모든 사물과 인사(人事)를 모두 '물'이라고 한다. '한결같다[一如].'는 것은 안에 있는 것이 그 밖에 있는 것과 같고, 밖에 있는 것이 그 안에 있는 것과 같다는 것을 말한다. 안팎을 관통해서 하나가 되어 서로 다르지 않기 때문에 '한결같다.'고 했다.

ⓒ '밖에 있는 것'은 사물의 궤범을 말한다. 궤범은 바로 리(理)이다.

ⓓ '식별(識別)'하는 것은 곧 리(理)이다.

ⓔ '천(天)'은 본체의 이름이다.

ⓕ '천리' 또한 본체의 이름이니, 『역』에서 말한 '건원(乾元)'이 이것이다. 본체는 온갖 리(理)를 함유하여 갖추고 있기 때문에 '천리'라고 불렀다. 마음과 사물의 온갖 형상은 모두 천리가 흩어져 드러난 것이다. 왕양명(王陽明: 王守仁)은 '리가 곧 마음이다.[理卽心]'라고 했고, 정이천(程伊川: 程頤)은 '리(理)는 사물에 있다.[理在物]'고 했는데, 각기 한쪽만을 잡은 것이니 모두 옳지 않다. 나는 '리가 곧 마음이고 또한 곧 사물이다[理卽心亦卽物].'라고 했는데, 그 말은 임진년(壬辰年: 1952년)에 산정한 『신유식론』에 있다. 이 문제는 매우 중대하지만, 나는 아직 상세하게 밝히지 못했다.

어떤 사람이 다시 물었다. "그대의 논의대로라면, 마음은 리(理)가 아닌 것이 없고, 물(物)은 리가 아닌 것이 없으니, 우주와 인생은 혼연하게 많

---

69 「악기」에 처음으로 '천리'라는 낱말이 나타나니: 『예기』 「악기」. 好惡無節於內, 知誘於外, 不能反躬, 天理滅矣. 夫物之感人無窮, 而人之好惡無節, 則是物至而人化物也, 人化物也者, 滅天理而窮人欲者也.

은 리(理)가 모인 것이다. 그런데 '예'를 제정하는 사람 중에 어째서 천리에 근거하지 않는 자가 있는가?"

대답했다. "옛날에 '예'를 제정하는 권한은 전제군주에게 있었으니, 사사로운 뜻으로 제멋대로 '리가 아닌 예[非理之禮]'를 만들지 않기를 바라는 것은 거의 불가능했다. 만약 군중들이 공개적으로 현명한 사람을 추천해서 유덕하고 학식이 있는 자가 사람들의 지극히 공정한 마음을 따라서 '예'를 제정했다면, 제멋대로 '예'를 만드는 우환이 없었을 것이다. '예'를 제정하는 것이 군중의 '공통된 뜻[公意]'에 말미암아야 한다는 것은, 앞으로는 필연적인 추세이다.

그런데 공자가 말한 예교(禮敎)의 가장 중요한 의미는 영험한 본성을 함양하는 데 있다. 그러므로 '예'를 '사람의 표준[人極]'이 세워지는 근거로 삼았으니,ⓐ 이것은 '예'의 근원에 밝아서 '예'를 실천하는 요점을 알지 않으면 불가능할 것이다. '예'의 근원은 바로 천리이며, '예'를 실천하는 요점은 '경에 머무르고[居敬]'ⓑ '천리를 보존하는 데[存天理]'있다. 「곡례(曲禮)」에서 '경(敬)하지 않음이 없게 하라.'ⓒ70고 말했는데, 이 한마디 말로 『예경』의 많은 부류를 포괄해서 남긴 것이 없으니, 이것은 마치 '생각에 사악함이 없게 하라.'71는 한마디로 『시경』 3백 편을 포괄해서 갖추지 않음이 없는 것과 같다. '경에 머문다[居敬].'는 것은 경에 '항상되고 한결같다[恒一].'는 것을 말한다. 지속하면서 끊임이 없기 때문에 '항상되다[恒].'라고 했다. 느긋하면서도 억지로 할 필요가 없기 때문에 '한결같다[一].'고 했다. 경(敬)의 공용이 '항상되고 한결같다[恒一].'는 데에 이르면, 태만함과 사악함 등의 잡다한 오염이 영원히 잠복해서 일어나지 않는다.ⓓ '맑고 밝음이 몸에 있으니, 지기(志氣)가 신령함과 같다.'ⓔ72고 하니, 이것이 '예'가 영험한 본성을 함양할 수 있다는 증거이다. '예'는 하

---

70 『예기』「곡례·상」. 曲禮曰, 毋不敬.

71 『논어』「위정」. 子曰: "詩三百, 一言以蔽之, 曰思無邪."

72 『예기』「공자한거(孔子閒居)」. 淸明在躬, 志氣如神.

늘과 땅 사이에 두루 미치며,ⓕ 온갖 단서를 질서짓는다. 장자(莊子)가 '상하·사방으로 통하고 사계절을 여니, 크고 작은 것과 정교하고 조잡한 것에 그 운용이 있지 않은 곳이 없다.'[73]고 말한 것은, '예'를 찬미한 것으로서 거의 '예'의 공용에 가깝다. 그러나 다시 알아야할 것은, '예'의 공용이 비록 있지 않은 곳이 없다고 해도 요컨대 영험한 본성의 함양을 '궁극적인 목표[宗極]'로 삼아야 한다는 것이다.ⓖ 사람들이 자신의 영험한 본성, 즉 그 인간됨의 까닭을 상실하는데, 두려움이 없을 수 있겠는가! 「악기」에서는 「곡례」의 '경(敬)하지 않음이 없게 하라.'는 말의 요지를 널리 밝혀서 '태만하고 사악한 기운[氣]이 몸에 퍼지지 않게 하며,ⓗ 눈·코·입·귀와 마음과 온몸이 모두 올바름에 순응해서 그 기운을 움직이도록 한다.'ⓘ[74]고 말했다. 생각건대, 「악기」에서 말한 '올바름에 순응한다[順正].'는 것은 바로 경에 머물면서 천리를 보존한다는 것을 말한다. 천리는 기운[氣]의 우두머리이기 때문에, 기운 역시 강대하여 태만하고 사악함이 없으므로, 이것을 '올바름에 순응한다.'고 했다. 우리들이 영험한 본성의 생활을 발양하는 것은 그 도리가 여기에 있는 것이다.

ⓐ '예(禮)에서 자립한다[立於禮].'의 '자립한다[立].'는 말은 그 의미가 심원하다.

ⓑ '머문다[居].'는 것은 마치 경(敬)을 편안한 집으로 여기듯이 하여, 그곳을 버리고 떠나지 않는다는 것을 말한다.

ⓒ '「곡례」'는 편명으로서 『예기』의 첫 번째 편이다. '경하지 않음이 없게 하라.[毋不敬]'는 말은 그 '요점을 천명하고 의미를 밝힌[開宗明義]' 첫째 구절이다.

ⓓ '잠복한다[伏].'는 것은 없애버리는 것이다.

ⓔ 태만함과 사악함이 모두 없기 때문에 '맑고 밝음이 몸에 있다.' 의지[志]가 바르고 굳건하면, '호연한 기운[浩然之氣]'이 천지에 가득 찼기 때문에 '신령함과 같다[如神].'고 했다. '신령하다[神].'는 것은 사심이 없고 영험해서 막힘이 없는 것을 말한다.

ⓕ 하늘[天]은 높고 멀며, 땅[地]은 넓고 크지만, 그 사이에 '예'가 실행되지 않는 곳이

---

[73] 『장자』「천하」. 六通四辟, 小大精粗, 其運無乎不在.
[74] 『예기』「악기」. 惰慢邪辟之氣, 不設於身體, 使耳目鼻口心知百體, 皆由順正以行其義.

없다는 것을 말한다. 「악기」에서 "하늘에 끝까지 이르고 땅에 두루 미친다."[75]고 말한 것이 이것이다.

ⓖ '예'는 영험한 본성을 함양하는 것을 그 근본으로 삼으니, 반드시 여기에 이른 다음에 '예'의 공용이 비로소 지극함에 도달한다.

ⓗ 우리들이 간혹 잠시라도 경하지 않으면, 태만하고 사악한 기운이 바로 싹터서 점점 몸에 퍼지니, 이것은 철저하게 반성하지 않으면 알지 못한다.

ⓘ 눈·코·입·귀는 감각기관이고, 마음은 몸의 주인이며, '온몸[百體]'은 전신을 말하니, 이것은 몸과 마음의 두 측면을 총괄해서 말한 것이다.

공자의 '예(禮)에서 자립한다[立於禮].'는 말에 대하여, 학자들은 절대로 소홀히 여겨 연구하지 않는 일이 없도록 조심해야 한다. '자립한다[立].'는 글자는 그 의미가 매우 심원하다. 반드시 그 영험한 본성의 생활을 떠나지 않아야 비로소 우뚝하게 자립하여, 인간의 도리를 다하고 어그러짐이 없게 된다. '예'의 근원은 곧 천리이다. 예를 실천하는 요점은 '경(敬)에 머물면서 천리를 보존하여' 그 기(氣)를 통솔하는 데에 있으니, 그런 다음에야 태만함과 사악함이 일어나지 않아 영험한 본성이 흥성해진다. 노자의 무리들이 『춘추』·『예운』 등의 경전을 연구하지 않으면서부터 함부로 공자의 예교를 통치자가 제정한 예교와 혼동하였다. 그 뒤의 학자들은 공자의 '예에서 자립한다.'는 말에 대해 업신여기고 돌아보지 않게 되었으니, 기꺼이 그 의미를 마음에 간직하려고 했겠는가! 내가 그래도 또 말하는 것은, 『춘추』와 『예운』의 새로운 예(禮)에 관한 이론은 대개 그 중점이 '천하를 한 집안으로 만들고[天下一家]' '무리지어 있는 용에 우두머리가 없게[群龍無首]' 만드는 제도를 건립하는 데 있다는 것이다. 경전의 글들이 비록 함부로 어지럽혀졌지만, 그 큰 뜻은 여전히 탐구할 수 있다. ⓐ 그런데 '예'의 근원과 ⓑ '경(敬)에 머물면서 천리를 보존하는' 요점이 그것으로 영험한 본성을 함양하는 것이라면, 공자 문하에는 반드시 '경전의 주석[經傳]'으로 더욱 상세히 설명한 것이 있었을 것이다. 사

---

75 『예기』「악기」. 夫禮樂之極乎天, 而蟠乎地.

마담(司馬談)이 "육예(六藝)에 대한 경전(經傳)은 헤아릴 수 없을 정도로 많다."고 말했듯이, 공자의 『예경(禮經)』은 틀림없이 『예운』과 『주관』 두 권의 책에 불과하지 않았을 텐데, 애석하게도 너무 많이 망실되어서 상고할 수 없다. 그러나 『논어』나 『예기』 등의 경전에 때때로 극히 조금 남아 있는 말들이 흩어져 나타나니, 함축된 의미가 매우 깊다. 그것을 잘 해석해서 발휘하는 것은 사람들에게 달려 있다."ⓒ

ⓐ '천하를 한 집안으로 만든다[天下一家].'는 말은 『예운』에 있고, '무리지어 있는 용에 우두머리가 없다[群龍無首].'는 말은 『역경』에 있다. '우두머리가 없다.'는 것은 태평세의 아름다운 본보기이니, 비록 쉽고 빠르게 이루어지지 않을지라도 인간의 도리는 마땅히 이것을 목표로 삼아야 한다. 공자의 70명의 제자들이 서로 전한 것에서 『역』은 5경의 근본이니, 『예』와 『춘추』 등의 경전은 모두 『역』의 의미를 근거로 삼았다.

ⓑ '근원'은 천리를 말한다.

ⓒ 『예기』에 기재된 것에는 옛날의 '예'에 관한 이론이 많은데, 공자의 새로운 의미도 때때로 보이니, 그것을 가려내는 것이 중요하다.

|부가설명| 송대 유학자들이 '천리(天理)'를 말했는데, 대동원(戴東原: 戴震)은 '의견(意見)'을 천리라고 했다. 송대 유학자들은 '경을 근본으로 한다[主敬]'고 말했는데, 진헌장(陳獻章)[76]은 그것이 너무 엄격하다고 싫어했다. 그러나 『역』에서 '천칙(天則)'을 말하고, 『악기』에서 '천리'를 말하며, 『논어』와 여러 경전에서 '경(敬)'을 말하는 것은 자주 나타난 것이지 한번 나타난 것이 아니다. 예로부터 성인이 '의견(意見)'을 천리로 여겼다고 생각하지 않았으며, 『논어』를 읽고서 성인의 생활을 완미해도 역시 성인이 지나치게 엄격

---

76 진헌장(陳獻章, 1428-1500): 호는 백사(白沙)·석재(石齋)이고, 자는 공보(公甫)이다. 광둥성[廣東省] 백사(白沙) 출생으로 오강재(吳康齋)에게 사사하고, 송대(宋代) 육상산(陸象山)의 학풍을 계승하였으며, 정좌(靜坐)에 의해 마음을 깨끗이 하고, 천리(天理)를 체인(體認)할 것을 주장하였다. 유교경전의 자질구레한 해석에 몰두하는 명대(明代)의 주자학에 반발하고 실천성을 강조하였기 때문에 왕양명(王陽明)의 선구적 사상가로 보인다. 천리(天理)와 일체(一體)의 심경(心境)을 그의 많은 시작(詩作)에서 음미(吟味)할 수 있는 시인적 유학자로 높이 평가된다. 저서는 후세에 편찬한 『백사자전집(白沙子全集)』이 있다.

하다고 생각하지 않았다. 논의하는 자는 대동원이 천리를 알지 못했고, 진헌장은 공자 문하의 증점(曾點)보다 오히려 매우 뒤떨어진다고 말했다.@ 이러한 평가는 옳은 점이 없는 것은 아니지만, 진헌장과 대진의 말은 결코 완전히 소홀히 여겨서는 안 된다. 여기서는 더 이상 논하지 않겠다.

> @ 증점의 담백하고 활달한 포부가 없으면서 송대 유학자들의 엄격함을 싫어한 것은 훌륭한 학자가 아니라는 말이다.

공자가 인생에서 영험한 본성을 함양하는 방법에 대해 말한 것은, 그 근본이 『시』·『예』·『악』의 세 학문으로 귀결된다. 이것은 정대(正大)함에로 그 감정과 의지를 인도하여 나아가는 것이니, 곧 감정과 의지가 영험한 본성의 유행(流行)이 아님이 없는 것이다. 만약 감정과 의지를 억제하는 것으로 수양하는 방법을 삼는다면, 감정과 의지는 손상을 입으니, 감정과 의지에서 분리된 영험한 본성이 홀로 유행할 수 있겠는가! 종교적인 금욕주의에@ 대하여 공자는 고대에 이미 그 그릇됨을 알았다. 공자 같은 성인이 아니라면 이와 같이 할 수 있었겠는가!ⓑ

> @ 금욕은 바로 감정과 의지를 막아서 끊는 것이다.
>
> ⓑ 근래에 공자의 예교를 봉건사상이라고 간주하는 것은 바로 옛날의 '예'와 공자의 예교를 합쳐 동일한 것으로 여기는 것이니, 실로 한대 이래로 많은 유학자들의 오류이다. 나는 타고난 본성이 매우 거칠어서 열 살 때에 곧잘 인적이 드문 산의 오래된 절에 있는 보살들에게 시비걸기를 좋아했다. 스무 살 때에 혁명군에 참여했고, 예법을 가장 싫어했으며, 노자와 장자의 질박하고 소탈함을 매우 좋아했다. 나중에야 『대역』에 대해 깨닫고서 공자의 단서를 탐구했다. 『역』으로부터 『예』를 완미하여, 비로소 '예'에 대해 깊이 이해했다. 일찍이 '예'에 관한 책을 써서 예전의 허물을 참회하려고 했다. 편견은 쉽게 드러나고 바른 학문은 궁구하기 어려우니, 예(禮)를 비난하고 성인을 비방하는 것을 쉽게 말해서는 안 된다. 비유컨대, 좋은 약은 자신이 먹어서 이롭고, 또한 남에게 먹기를 권하면 이에 둘 다 이롭다. 자신은 먹기 싫어하면서 널리 다른 사람들이 먹기를 권하는 것은, 남을 이롭게 하는 것으로 또한 스스로를 위로하는 것이다. 그런데 자신이 약을 먹기 좋아하지 않는다고 해서 약을 비방하여 없애고, 남들이 이 약을 얻지 못하게 하는 것은 그 죄를 피할 수 없다.

[4-5-3-2]『예기』「악기(樂記)」편 주석과 변별

『예기』「악기」편에서 말한 인성(人性)은 대체로 성인의 말씀을 기술한 것인데, 함부로 어지럽힌 것이 없지 않으니, 그 글을 항목별로 나누어 다음과 같이 주석을 덧붙인다.

원문 "이런 까닭에 선왕이 예악을 제정한 것은 입·배·귀·눈의 욕구를 극대화하는 것이 아니라, 백성들이 좋아하고 싫어하는 것을 고르게 해서 인도(人道)의 올바름으로 돌아가도록 하는 것이다."[77]

주석 부처는 탐(貪)·진(嗔)·치(癡)를 모든 악의 근본이라고 여기고, '삼독(三毒)'이라고 불렀다. '탐'은 탐애(貪愛)하는 것이며, 이른바 '좋아한다[好]'는 것이다. '진'은 화내는 것으로 이른바 '싫어한다[惡]'는 것이다. '치'는 혼미한 것으로 항상 좋아하고 싫어하는 감정이 동시에 일어나는 것이다. 부처는 세 가지 해독을 끊어 없애야 한다고 주장했는데,『예기』에서는 공자의 뜻을 기술해서 '끊어 없앤다[斷]'고 하지 않고, '고르게 한다[平]'고 했으니, 이것이 유가와 불가가 하늘과 땅만큼 현격하게 다른 차이이다. 유학(儒學)은 감정과 욕구를 끊어버릴 수 없기 때문에, 오직 예악으로 백성을 인도해서 그 감정과 욕구가 모두 예(禮)의 차례[序]와 악(樂)의 조화[和]에 순응하여 한결같이 정당하게 발전하도록 하면, 사람들은 모두 인도(人道)의 '크게 바름[大正]'으로 돌아갈 것이니, 어찌 탐·진·치의 세 가지 해독에 빠져서 인간의 본성을 잃어버리게 되겠는가? 좋아하고 싫어하는 것을 고르게 한다는 것은, 좋아하되 '저절로 그러한 이치[自然之理]'를 좇아서 탐욕에 흐르지 않으니, 마치『시경』「관저(關雎)」

---

77 『예기』「악기」. 是故先王之制禮樂也, 非以極口腹耳目之欲也, 將以教民平好惡, 而反人道之正也.

에서 "여색을 좋아하지만 음란하지 않다."[78]고 하는 것과 같으며, 싫어하되 '마땅히 그래야 하는 이치[當然之理]'에 순응하는 것은 마치 화난 것을 다른 사람에게 옮기지 않으며, 원한을 오랫동안 품지 않는 것과 같다. 좋아하고 싫어하는 것을 고르게 해서 감정과 욕구가 어지럽지 않으면, 좋아함·싫어함과 감정·욕구가 천성(天性)의 유행이 아닌 것이 없다. 좋아함과 싫어함을 끊어버리고, 감정과 욕구를 끊어 없애면 천성 역시 소멸되어 없어진다. 그러므로 불교의 도(道)는 이 때문에 인생에 반대되는 도이다.

 "사람은 태어나면서 고요한 것이 자연스러운[天] 본성(性)이다."[79]

이곳의 '고요함[靜]'이라는 말은 '움직임[動]'이라는 말과 상대되는 것이 아니니, '움직임이 곧 고요함이고, 고요함이 곧 움직임[卽動卽靜]'이라는 것이다. 일반적으로 사물을 보면, 움직이는 것은 바로 고요하지 않고, 고요한 것은 바로 움직이지 않는다. 이것은 일상적으로 사물에 집착해서 보기 때문에, 함부로 움직임과 고요함을 분리한 것일 뿐이다. 그러나 이 같이 그릇되게 보는 것으로는 본성을 헤아릴 수 없다. 본성은 그침 없이 유행하면서 잠잠하고 고요하여 어지럽지 않다. 잠잠하고 고요하면서 유행하는 것이 '고요함이 곧 움직임'이라는 것이다. 유행하면서 잠잠하고 고요한 것이 '움직임이 곧 고요함'이라는 것이다. '고요함'의 측면에서 말하지만, 실은 '움직임'의 의미를 포함하니, 움직임과 고요함은 본래 분리할 수 없기 때문이다.

---

78 『시경』「주남·관저」. 關關雎鳩, 在河之洲. 窈窕淑女, 君子好逑. 參差荇菜, 左右流之. 窈窕淑女, 寤寐求之. 求之不得, 寤寐思服. 悠哉悠哉, 輾轉反側. 參差荇菜, 左右采之. 窈窕淑女, 琴瑟友之. 參差荇菜, 左右芼之. 窈窕淑女, 鍾鼓樂之.

79 『예기』「악기」. 人生而靜, 天之性也.

물었다. "움직임과 고요함은 본래 분리되지 않는데, 왜 다만 고요함을 들어서 움직임을 포함한다고 말하는가?"

대답했다. "움직임과 고요함은 본래 분리되지 않지만, 고요함은 실제로 움직임의 임금[君]이 된다. 만약 움직이면서 고요함이 없다면 그 움직임은 '덧없이 움직이게 되고[浮動]', 덧없이 움직이는 것은 또한 혼란을 일으킨다. 그러므로 '고요함은 움직임의 임금'이라고 한다. 『논어』「옹야(雍也)」편에서 '인자(仁者)는 산을 좋아한다.'고 말했는데, 산(山)은 '지극히 고요하고[至靜],' '크게 안정된[大定]' 것이다."[a]

> [a] '안정되다[定] · 고요하다[靜]'는 말은 통용될 수 있지만, 어떤 경우에는 구별되기도 한다. 통용되는 경우에, 안정된다는 것은 곧 고요하다는 것이다. 구별되는 경우에, 고요함은 얕고 깊은 것으로 나누어진다. 예컨대, 『대학』에서 '안정된 다음에 고요할 수 있다.'고 말하는 것에서 '고요함'은 깊은 것이고, '안정됨'은 얕은 것이다. 예컨대 불교서적에서 '부처는 항상 안정된 가운데 있다.'고 말하는 것이라면, 이러한 '안정됨[定]'은 바로 그 지극함에 이른 것이니, 통상적으로 '고요하다[靜]'고 말하는 것과 동일한 경우로 말할 수 없다. 『논어』에서 '인자(仁者)는 산을 좋아한다.'고 하는 것은, 인자(仁者)는 산처럼 고요하고 안정되었기 때문에 그 좋아함이 여기에 있을 뿐이라는 것이다. 이것은 곧 공자가 스스로 말한 것이니, 공자가 곧바로 본성의 참으로 고요한 극치를 터득했음을 알 수 있다. 이런 경지는 지극하고 완전하여 더 이상 보탤 것이 없다!

'자연스러운 본성[天之性]'을 사람이 태어나면서 고요한 것이라고 말하는 것은, 그 천성(天性)이 본래 고요하다는 것이다.[a] '자연스러운 본성'이라고 말한 것은 무엇 때문인가? '지(之)' 자는 어조사이니, 당연히 '천(天)'과 '성(性)'이라는 두 글자로 복합명사를 만든 것이다. '천(天)이 사람에게 있는 것[天之在人]'을 성(性)이라고 하니, 성(性)과 천(天)은 둘로 분리되는 것이 아니다.[b]

> [a] 사람의 마음이 항상 혼란스러워 고요하지 않은 것에 대해 왕양명(王陽明: 王守仁)

이 육체를 좇아서 생각[念]을 일으키기 때문이라고 말한 것은, 그 천성(天性)에 혼란스러운 '악의 뿌리[惡根]'가 있다는 것이 아니다.

ⓑ '천성(天性)'이란, 본체의 이름이다. 본체는 우리들을 초월해서 독립적으로 존재하는 것이 아니니, 단지 설명을 하기 위한 방편으로 어쩔 수 없이 미루어가서 '천'이라고 임시로 말한 것일 뿐이다. '천(天)'과 '성(性)'이라는 두 글자는 합쳐서 복합명사로 쓸 수 있고, 또한 단독으로 '천' 혹은 '성'이라고 말할 수도 있다.

고금의 철학자들은 인생이 비롯되는 원인을 궁구했다. 어떤 사람은 유동(流動)하는 '참된 근원[眞源]'이 있다고 말했다. 사실 쉴 새 없이 유동하는 것은 바로 잠잠하고 고요해서 어지럽지 않은 것으로 돌아가는 것인데, 그 사람은 이것을 깨닫지 못하고 이에 유전하는 형상[相]에 치우쳐 집착해서 우리의 '본명(本命)'ⓐ이 이와 같다고 여겼다. 그렇다면 인생에는 근거가 견실한 도(道)가 없으니, 도연명(陶淵明)은 "표류하는 것이 마치 길거리의 먼지와 같구나!"[80]라고 탄식하였다. 어떤 사람은 인생의 실상(實相)은 본래 적정(寂靜)하니, 이것을 무위(無爲)라고 한다고 말했다.ⓑ 그러나 그 무위와 유전(流轉)하는 형상은ⓒ 두 개의 세계로 쪼개져서 하나로 융합할 수 없다.ⓓ 그가 말한 것과 같다면, 본래 무위는 항상 고요하고 유위(有爲)는 항상 움직인다. 아주 분명하게 움직임[動]과 고요함[靜]이 대립되어 통일될 수 없는 잘못이 있다. 따라서 그는 곧 우주의 낳고 낳는 큰 흐름에 항거하여 생사(生死)의 괴로움을 끊고 적정(寂靜)으로 돌아가며, 멀리 떠나서 세상에 다시 태어나지 않는다. 부처의 지혜는 초인적인 기이한 지혜이지만, 거리낌 없이 인도(人道)의 '곧은 도리[貞常]'를 위반했으니 교훈으로 삼을 수 없다. 위대한 공자는 움직임과 고요함을 하나로 합해서 고요함이 움직임을 주도한다고 했으니, 이것은 '조화의 터전[造化之基]'을 건립하고, '사람이 살아가는 표준[生人之極]'을 세운 것이라고

---

80 『도연명집(陶淵明集)』「권4」. 人生無根蔕, 飄如陌上塵, 分散逐風轉, 此已非常身落, 地爲兄弟, 何必骨肉親得歡當作樂, 鬥酒聚比隣盛年不重, 來一日難再晨及時當勉勵, 歲月不待人.

말할 수 있다.ⓔ

ⓐ '본명(本命)'이라는 말은『대대례기』에 있다. 태어나면서 받는 것을 '본명'이라고 말한다.

ⓑ '실상(實相)'은 실체라고 말하는 것과 같다. 불교는 만물의 실체를 '진여(眞如)' 혹은 '무위(無爲)'라고 부른다. '무위'는 태어남이 없으면 곧 소멸함이 없어서, '유전(流轉)'함이 없기 때문에 '무위'라고 한다.

ⓒ '유전하는 형상[流轉相]'을 불교에서는 '유위(有爲)'라고 하는데, 그 어떤 것이 생기자마자 소멸하고, 소멸되자마자 바로 생겨서, 멈춤이 없이 유전하기 때문에 '유위'라고 한다.

ⓓ 내가 임진년(壬辰年: 1952년)에 산정(刪定)한『신유식론』을 참고하라.

ⓔ 어떤 사람이 물었다. "「악기」에서는 '사람이 태어나면서 고요한 것이 자연스러운 본성이다.'라고 말했을 뿐, 도리어 '움직임[動]'이라는 말을 제시하지 않았는데, 왜 그렇습니까?"

대답했다. "당신이 이미 여기에서 '고요함'이 천성이라고 매우 분명하게 말한 것을 아는데, 어찌 다시 '움직임[動]'이라는 말을 제시해야 하는가! 6경과『논어』에서 '천도(天道)'라고 말한 것은 모두 '쉼 없이 낳고 조화를 이루며[生化不息]', '그침 없이 유행하는[流行不已]' 측면에서 말한 것이니, 어찌 부처가 '무위'라고 말한 것과 같이 '천(天)'은 움직이지 않는 것'이라고 말했겠는가! 만약 영원히 없어지지 않는 학문을 연구하려면, 반드시 수없이 갈고 닦아서 무한한 층차를 거쳐야 한다. 그 가운데 가장 중요한 것은 문장 밖의 의미를 깨닫고 완전하게 그 의미를 터득한 뒤에, 자신이 터득한 것을 돌이켜서 그것을 비평하고 평가해야 한다. 그런 다음에 그것과 같아도 구차하게 같은 것이 아니고, 그것과 달라도 구차하게 다른 것이 아니니, 어찌 가볍게 학문을 말할 수 있겠는가!"

지혜는 고요함에서 생기므로 '덧없이 움직이는[浮動]' 삶은 끝내 '큰 지혜[大智]'와 '깊은 지혜[深慧]'를 얻을 수가 없으며, '지극한 말[至言]'은 비속한 곳에 머무르지 않는다.ⓐ 진리는 잡다하게 오염된 마음에ⓑ 드러나지 않기 때문에, 맑고 고요한 마음이 지혜의 근원[母]임을 알고 배우는 사람들은 반드시 이 뜻을 알아야 한다. 그런데 세상의 일을 맡은 자가 만약 마음을 고요하게 하는 역량이 없다면, 어떻게 만물의 이치를 밝히고 무궁한 변화를 관리할 수 있겠는가!ⓒ 제갈량(諸葛亮)[81]이 "재능은 반드시 배워야 하고, 배움은 반드시 고요해야 한다."[82]고 말했으니, 매우 훌륭한 말이다! 그렇지만 이른바 '고요함'이란, '멍하니 앉아서[枯坐] 마음을 쓰지 않는 것을 말하는 것이 아님을 명심해야 한다. '고요함'은 오로지 정신을 수렴해서 어지럽지 않도록 만드는 것이니, 모든 잡념이나 사악한 생각·속된 생각들이 모두 어떤 기회를 타고 일어나지 않게 하는 것이다. 생각이 일어나면 곧 또한 그 저절로 생기고 저절로 없어지는 대로 맡겨서, 절대로 어떠한 잡념에 의해 끌려가거나 뒤얽히지 않게 해야 한다. 마치 하늘이 뜬 구름이 일어나고 없어지는 대로 허공에서 늘 저절로 그러하게 있듯이, 뜬 구름의 장애를 받지 않는 것과 같이 해야 한다. 과연 이와 같이 지속적으로 할 수 있다면, 잡념은 자연스럽게 적어져서 점점 없어지게 될 것이니, 고요함을 닦는 공부의 시작은 이와 같을 뿐이다.ⓓ 사람의 본성은 본래 고요한데, 우리들이 육신에 이끌려 잡념을 일으켜서 어둡고 어지러운 생각으로 그 고요함을 잃어버린다면, 이것은 바로 스스로 자신의 본성을 해치고, 스스로 자신의 자연스러움[天]을 상실하는 것이니, 이것은 참으로 인생이 타락하는 참혹한 지경일 뿐이다.ⓔ

ⓐ 세속적인 사람의 귀로는 지극한 말을 들을 수 없기 때문에, 지극한 말은 비속함[俚]에 머물지 않는다고 말했다.

ⓑ 잡다하게 오염된 마음은 어둡고 어지러워서 진리를 깨우칠 수 없기 때문에, 진리는 잡다하게 오염된 마음에 드러나지 않는다고 말했다.

ⓒ 위무제(魏武帝: 曹操)는 용병술에 뛰어나서, 전쟁하는 것을 마치 싸우지 않으려는

---

81 제갈량(諸葛亮, 181-234): 자는 공명(孔明)이고, 시호는 충무후(忠武侯)이며, 낭야 군(瑯琊郡) 양도현(陽都縣: 현 산동성 기남현〈沂南縣〉) 사람이다. 중국 삼국시대 촉한(蜀漢)의 정치가 겸 전략가이며, 명성이 높아 와룡선생(臥龍先生)이라 일컬어 졌다. 유비(劉備)를 도와 오(吳)나라의 손권(孫權)과 연합하여 남하하는 조조(曹操)의 대군을 적벽(赤壁)의 싸움에서 대파하고, 형주(荊州)와 익주(益州)를 점령하 였다. 221년 한나라의 멸망을 계기로 유비가 제위에 오르자 승상이 되었다.

82 유청지(劉淸之), 『계자통록(戒子通錄)』「권3·제갈량가계(諸葛亮家戒)」. 君子之行, 靜以修身, 儉以養德, 非澹泊, 無以明志, 非寧靜, 無以致遠. 夫學須靜也, 才須學也, 非學 無以廣才, 非靜無以成學.

것처럼 했다. 이것은 고요함으로 움직임을 제어한 것이다. 이 일은 사소한 것이지만, 중대한 것을 볼 수 있다.

ⓓ 여기서는 다만 잡념 등을 배제하는 것만을 말했지만, 사람의 마음은 '죽은 물건[死物]'이 아니므로 결단코 '작용이 없는[無用]' 곳에 내버려 둘 수 없는 것이다. 맹자가 '마음이 주관하는 것은 생각하는 것이다.'[83]고 말한 것은 그 의미가 매우 심장하다. 여기서는 더 이상 언급하지 않겠다.

ⓔ 육신에 이끌려 사념을 일으키는 것이 모든 사욕과 사악함의 근원이라고 한 것은 왕양명(王守仁)의 말이다.

우리는 오직 고요함 중에서 생명의 '진상(眞相)'을 체인할 수 있다. 맹자가 '위·아래로 천지와 함께 유행한다.'[84]라고 말한 것은, 고요함 중에서 실제로 증오(證悟: 몸소 실천을 통해 진리를 체득함)한 것이지, 지해(知解: 인식적인 앎)로서 이 경지에 이를 수 있는 것이 아니다.ⓐ 그렇지만 배우는 사람들은 절대로 움직임을 물리치고 고요함만을 추구해서는 안 된다. 움직임을 물리치고 고요함만을 추구하다보면 '세상을 벗어나는[出世]' 데로 달려가면서도 스스로 그 그릇됨을 깨닫지 못하게 된다. 예컨대 장자가 '홀로 천지정신(天地精神)과 왕래한다.'[85]고 말한 것은 세상을 벗어난 것이다. 불교의 대승보살은 '모든 것을 공(空)으로 보지만 공(空)에 얽매이지 않는다[觀空不證].'ⓑ 그러나 이미 모든 것을 '공'으로 보았으니, 비록 공(空)에 얽매이지 않는다고 해도 이미 '공'으로 본 것을 어떻게 할 것인가! 나는 불교의 교리를 좋아했지만, 그것에 귀의할 수 없었다.ⓒ 공자의 도(道)는 움직임과 고요함을 하나로 합해서 고요함으로 움직임을 주재하는 데에 있으니, 이것은 사람과 하늘[天]의 '가장 훌륭한 진리[勝義]'로서 바뀔 수 없는 것이다.

ⓐ 이 의미는 말하기 어렵다.

---

83 『맹자』 「고자·상(告子上)」. 心之官則思, 思則得之, 不思則不得也.

84 『맹자』 「진심·상(盡心·上)」. 夫君子所過者化, 所存者神, 上下與天地同流, 豈曰小補之哉?"

85 『장자』 「천하」. 獨與天地精神往來而不敖倪於萬物, 不譴是非, 以與世俗處.

ⓑ '보살(菩薩)'은 '크게 깨달은 사람[大覺者]'을 말하는 것과 같다. '관공부증(觀空不證)'의 '증(證)'자는 말의 의미가 심원하니, 간단하게 해석할 수 없다. 억지로 말한다면, 만물 혹은 온갖 사념을 모두 공(空)으로 보지만, 또한 '공'에 집착하지 않는 것이다. 집착하지 않는다는 것은 곧 '공'으로 이해하지 않는 것이니, 이것을 '공(空)에 얽매이지 않는다(不證).'고 하였다. 소승불교는 '공'에 빠졌으나, 대승불교는 그것을 바로잡았으니, 이것이 대승불교가 소승불교보다 뛰어난 점이다.

ⓒ 승조(僧肇)대사는 처음 불경을 깨우치고, 기뻐하여 "이제 돌아갈 곳을 알았다."고 말했지만, 나는 그와 다르다.

|부가설명| 장자가 '홀로 천지정신과 왕래한다.'ⓐ고 말한 것은 맹자가 '위·아래로 천지와 함께 유행한다.'ⓑ고 말한 것과 확연히 다른 뜻이다. 맹자가 혼연히 천지만물과 한 몸이 된다고 한 것은 따로 절대정신을 추구하는 것이 아니다. 반면에 장자의 이른바 천지정신(天地精神)은 사실 헤겔(Hegel)이 말한 절대정신과 비슷하다. 장자는 천지정신에 대해 초월감이 생겨서 그것에 귀의했기 때문에 '홀로 천지정신과 왕래한다.'고 말했다. 맹자는 세상을 다스리겠다는 포부를 가지고 있었기 때문에 차마 현실세계를 떠날 수 없었지만, 장자는 그렇지 않았다. 두 사람의 학문은 그 귀착점이 확실히 다르다.ⓒ

ⓐ '왕래한다[往來].'는 것은 바로 '감응해서 통한다[感通].'는 것을 말한다.

ⓑ '위로 하늘과 함께 유행하고, 아래로 땅과 함께 유행한다.'고 말한 것은 본래 위·아래로 나눌 수 없지만, 설명하기 위한 방편으로 임시로 그렇게 말한 것일 뿐이다.

ⓒ 장자의 학문은 상당히 잡다한데, 여기서는 언급하지 않겠다.

원문 "사물에 감촉해서 움직이는 것이 본성의 욕구이다."[86]

주석 사람의 천성은 고요하면서도 움직이고, 움직이면서도 고요하니, 오로지 고요함이 움직임을 주도하기 때문이다. 그러므로 '사람은

---

86 『예기』「악기」. 感於物而動, 性之欲也.

태어나면서 고요하다.'고 말했다. 그러나 사람이 이미 태어나면 형기(形氣)를 갖춘 개체가 된다는 것을 반드시 알아야 한다. 개체가 외물(外物)과 서로 감촉하면, 천성은 개체에서 유행하는 가운데 자연스럽게 '작은 자기[小己]'를 만나 따르면서 그 '움직이는 작용[動用]'을 드러낸다. 그러므로 "사물에 감촉해서 움직이는 것이 본성의 욕구이다."라고 말했다.[a]

> [a] '움직이는 작용[動用]'이란, 천성의 움직임이 바로 작용이 있는 것이어서 바라고 요구하는 것이 없는 것이 아니므로 '움직이는 작용'이라고 했다. 그리고 바로 이 '움직이는 작용'을 '본성의 욕구'라고 불렀다.

공자는 사물에 감촉해서 일어나는 움직임을 '본성의 욕구'라고 불렀다. 이것의 의미는 심원하지만, 애석하게도 2천 수백 년 동안 경학을 연구하는 학자들이 이것을 체득하지 못했다. 사물에 감촉해서 움직인다는 것에서, 이 움직임은 바로 천(天)과 인(人)이 '서로 만나서[交會]' 이루어지는 것이다.[a] 양자운(揚雄)은 "사람은 천(天)이 아니면 이루지 못한다."[b][87]고 말했다. 이것은 『대역』에 근거해서 '건원이 만물을 일으킨다[乾元始物].'는 의미를 흔들릴 수 없도록 견고하게 세운 것이다. 만약 사물에 감촉할 때의 움직임이 순전히 형기(形氣)를 갖춘 개체의[c] 일일 뿐, 천성의 유행이 아니라고 한다면, 사람들이 살아가면서 사물에 감촉해서 일어나는 모든 움직임은 모두 천(天)에 말미암은 것이 없게 된다. 바꾸어 말하면, 천이 이미 사람을 이루었는데 천성이 마침내 단절된다는 것은, 마치 물이 이미 얼음으로 되었는데 물의 본성이 없어지는 것과 같으니, 단연코 이 같은 이치는 없다. 만약 사물에 감촉해서 일어나는 움직임이 순전히 천성에서 나와 전혀 개체의 영향을 받지 않는다고 하면, 이것 또한 매우 잘못된 논의이다. 개체가 사물에 감촉할 때에 그 천성이 발현하는 것은 본

---

87 양웅(揚雄), 『양자법언(揚子法言)』 권10 「중여(重黎)」. 天不人不因, 人不天不成.에 대하여, 웅십력은 '人不天不因'이라고 인용하였는데, 오자가 난 것으로 보인다.

래 개체생존에 꼭 필요한 것에ⓓ 따라서 그만둘 수 없는 것이 있다는 것을 반드시 알아야 한다. 이것을 분명하게 알면, 사물에 감촉할 때에 천성의 움직임이 개체의 영향을 받지 않는다고 하는 것은 변별할 필요도 없이 매우 그릇된 것이다. 위와 같이 분별하여 추론하는 것에서, 사물에 감촉할 때의 움직임은 천(天)과 인(人)이 서로 만나서 이루어지는 것임을 알 수 있다. 우리들이 본래 가지고 있는 천성은 능동적인 내적 원인이고, 외물(外物)은 조건이 되어, 우리들의 천성의 움직임을 일으키는 것이다. 이러한 움직임이 사물에 감촉해서 일어나면, 그것은 우리들의 생존에 꼭 필요한 것에 연유해서 그만둘 수 없는 것이 있다고 단언할 수 있다. 그러므로 사물에 감촉하는 움직임은 천(天)과 인(人)이 서로 만나서 이루어지는 것이라고 말했다. 공자는 이 움직임을 '본성의 욕구[性之欲]'라고 말했지, '사람의 욕구[人之欲]'라고 말하지 않았다. 내가 그 의미가 크고 심원하다고 한 것은, 진실로 사람은 천(天)이 아니면 이루지 못하기 때문이다. 그러므로 사람의 욕구는 천성의 움직임이 아닌 것이 없으니, 배우는 사람들이 만약 천(天)과 인(人)이 본래 둘이 아니라는 것을 철저하게 깨달으면, 공자가 욕구를 본성에 귀결시키고 별도로 인욕(人欲)을 말하지 않은 의미에 대하여 거의 의심이 없게 될 것이다.

　ⓐ 천(天)과 인(人)은 본래 둘이 아닌데, 왜 '서로 만난다[交會].'고 하는가? 이런 점은 표현하기가 매우 어려우니, 다음에 이어지는 글을 완미하면 당연히 이 속의 의미를 모두 알게 될 것이다.
　ⓑ 앞에서 이미 인용한 적이 있으니, 다시 보면 된다.
　ⓒ '형기(形氣)'는 육신을 말하며, '개체(個體)'는 사람을 말한다.
　ⓓ 여기에서 '필요한 것'이라는 말은 그 의미가 지극히 깊고 중요하다.

송·명대의 여러 선생들은 인욕(人欲)과 천리(天理)를 분리했으며, 주자(朱熹)는 마침내 "인욕이 완전히 없어지면 천리가 유행한다[人欲盡淨, 天理流行]."ⓐ88고 주장했다. 그러나 이것은 욕구[欲]란 천리가 움직여 일어나는 기미[幾]임을ⓑ 전혀 알지 못한 것이다. 욕구 측면에서 말하면, 어찌 천리

가 아닌 것이 있겠는가? 예컨대『시』「관저(關雎)」에서, 이 시를 지은 시
인이 숙녀(淑女)를 보고 배우자로 삼고자 했을 뿐, 마음속으로 음험한 생
각을 떠올린 적이 없었다. 그 뜻을 이루지 못하게 되면, 여전히 자나 깨
나 그리워하고 장구와 북을 치며 즐기면서도 음험한 마음을 품지 않으
려고 하였는데, 이것은 처음부터 끝까지 숭고하고 순결한 사랑이니, 그
것을 천리라고 하지 않을 수 있겠는가? 만약 숙녀를 보고서도 그녀를 멀
리 한다고 하고, 심지어 숙녀를 보고서도 못 본 척하는 것에 대해 도를
실천함이 지극히 높다고 한다면,ⓒ 이것은 인욕이 단절되고 천리 또한
공허한 지경이 되는 것이다. 그런데 그것을 천리의 유행이라고 한다면,
나는 괴이하게 여기지 않을 수 없다.

> ⓐ 천리(天理)는 천성(天性)이다. 주자의 이 말을 후대의 유학자들은 불교에서 부처
> 의 말을 존숭했듯이 한결같이 존숭하였으며, 왕양명(王陽明: 王守仁)과 왕선산(王
> 船山: 王夫之)도 역시 그러하였다. 왕선산은『독사서대전설(讀四書大全說)』에서 이
> 말을 칭송하며 인용한 것을 자주 볼 수 있다.
>
> ⓑ 옛날에는 '기미[幾]'를 '움직임의 미세함[微]'라고 풀이했는데, 방금 막 움직였기 때
> 문에 '미세함[微]'라고 했다. 그러므로 산을 뽑고 바다를 뒤엎을 듯한 기세도 모두
> 미세한 것에서 일어난다. 수학은 무한소(無限小)에서 시작된다는 것을 깊이 완미
> 할 만하다.
>
> ⓒ 정자(程頤)에게 이러한 일이 있다.

나는 후대의 학자들이 오직 욕구라는 말을 알지 못했다고 말한 적이 있
다. 욕구란 우리들이 사물에 감촉하는 바로 그때에 천기(天機)가 막 움직
이는 것이다. 앞에서 '욕구란 천리가 움직여 일어나는 기미'라고 말한
것이 곧 이 의미이다. 비록 사악하고 음탕한 무리라 할지라도 숙녀를 마
주친 순간에 대번에 음험한 욕구가 반드시 일어나는 것은 아니니, 조금
지난 다음에 과거의 추잡한 습관이 드러나서 곧 음험한 욕구가 움직인
다. 이때에 드러난 것은 확실히 욕구라고 할 수 없고, 나쁜 습관이 상황

88『주자어류(朱子語類)』권6. 做到私欲淨盡, 天理流行, 便是仁.

에 따라 드러난 것일 뿐이다. 「관저」의 시는 처음부터 끝까지 욕구의 움직임이지, 오염된 나쁜 습관이 슬그머니 드러난 것이 아니니, 이것은 그것이 천리의 지극함이기 때문이다. 천리는 곧 인욕이고, 인욕은 천리 아닌 것이 없으니, 인욕을 제거하고 천리를 추구한다면 어찌 천리를 얻을 수 있겠는가? 나는 이 하나의 실례를 들어서 그 나머지를 개괄했으므로 '욕구'라는 말의 본래 의미가 확정되어 두루뭉술하고 혼란한 말들이 어지럽힐 수 없게 되었다. 그런 뒤에 성인께서 "사물에 감촉해서 움직인 것이 본성의 욕구이다."라고 말한 것은 참으로 천리가 가슴 속에서 찬연하게 무르익은 것으로서, 한 마디로 천인(天人)의 오묘함을 다 표현한 것임을 알 수 있으니, 후대의 사람들은 귀의할 곳을 알 수 있을 것이다.

내 평생의 학문은 '사실에 근거해 진리를 탐구[實事求是]'했음에도 불구하고 나를 알아주는 사람이 없었다. 나는 불교를 배웠으나 불교교리와는 같아질 수 없는 것이 있었으니, 불교도들은 떼를 지어 비난했다. 내가 유학을 배웠지만 6국 및 한대·송대의 많은 유학자들과는 같아질 수 없는 것이 있었기에, 유학자들은 괴이하게 여기지 않는 자가 드물었다. 나는 한 척의 작은 배를 타고 고독한 바다를 돌아다녔지만 무섭지도 원망하지도 않았으며, 나의 재주를 다하는 것으로 위로 선성(先聖)에게 보답할 뿐이다.

어떤 사람이 물었다. "그대는 사물에 감촉할 때에, 천성의 움직임도 역시 개체가 생존하는 데 꼭 필요한 것을 따른다고 하였는데, 선대의 유학자들 중에는 생존에 꼭 필요한 것이라는 측면에서 천리를 말한 사람이 없는 듯합니다. 그대는 이것이 무엇을 말한다고 생각합니까?"

대답했다. "당신은 여전히 천리와 인욕을 분리했기 때문에 이러한 의문이 있을 뿐이다. 만약 인욕이 천리의 밖에 있다면, 생존에 꼭 필요한 것을 천리라고 말할 수 없다.@ 과연 이와 같다면, 천도(天道)는ⓑ 하는 일이 없는 것이고, 근본적으로 '살아있는 무리[生類]'들이 출현해서는 안 되니, 이것이 부처가 인생을 반대하는 까닭이다. 만약 천(天)과 인(人)이 본래 둘이 아니며, 천은 사람 밖에 있지 않고, 사람도 역시 천 밖에 있는 것이 아니라는 것을 진정으로 깨닫고 믿는다면, 우리들이 생존하는 데 꼭 필요한 것에 어찌 천리가 존재하지 않겠는가! 다시 「관저」의 시를 가지고 증명하겠다. 남녀가 한방에 기거하는 것은 본래 인생에 꼭 필요한 것이니, 숙녀를 배우자로 삼고자 하는 욕구가 어찌 천리의 움직임이 아니라고 말할 수 있는가? 가령 숙녀에게 감촉될 때에 바로 음탕한 욕구가 일어난다면, 이것은 곧 천리를 없애고 인도(人道)를 상실하는 것이다. 또 혹시라도 막 생각이 떠오를 때에 음험한 욕구가 없다가 생각이 바뀌는 순간에 바로 움직여서 음험한 생각을 하면, 천리의 움직임이었던 처음의 생각은 이미 단절되어 계속될 수 없다. 또 혹시라도 시간이 지난 다음에 배우자로 삼고자 했지만 뜻을 이루지 못해 슬프고 괴로운 마음을 스스로 떨쳐버릴 수 없거나, 심지어 숙녀에 대해 원망을 품는 지경에 이르는 경우는, 바로 충동이 맹렬하게 일어나서 천리가 일찌감치 모두 없어진 것이다. 「관저」의 시에서 슬퍼하지만 상심하지 않는 것은 천리가 지극하기 때문이다. 「관저」의 시는 생존하는 데 꼭 필요한 것에서 움직이고, 시종일관 숭고하고 순결한 사랑을 잃지 않았으니, 털끝만한 탐욕도 일어나지 않고, 털끝만한 음험한 욕구도 섞이지 않았다. 이런 것에서 바로 본성의 욕구를 체인할 수 있다.ⓒ

ⓐ 생존에 꼭 필요한 것을 욕구하지만 지나치지 않는 것은, 또한 다만 천리에 해로움이 없다고 말할 수 있을 뿐, 끝내 이것이 곧 천리라고 말할 수 없다. 선대의 유학자들의 견해는 대체로 이와 같다.

ⓑ 천도는 우주본체의 명칭이지, 하나님을 지칭하는 것이 아니다.

ⓒ 나의 책에서 '본성[性]'이라고 말한 것은 천도(天道) 혹은 천성(天性)의 약칭이며, 천리(天理)와도 서로 통하는 것이니, 절대로 오해하지 말아야 한다.

맹자가 욕구에 대해 말한 것에는 매우 훌륭한 통찰력이 있다. 그는 예컨대 "생선은 내가 욕구하는 것이고, 곰발바닥 요리도 내가 욕구하는 것인데, 두 가지를 모두 얻을 수 없다면, 생선을 버리고 곰발바닥을 취할 것이다. 삶은 내가 욕구하는 것이고, 의로움[義]도 내가 욕구하는 것인데, 두 가지를 모두 얻을 수 없다면, 삶을 버리고 의로움을 취할 것이다."[89]라고 말했다. 내 생각에, 전자에서 생선과 곰발바닥 요리는 모두 생존하는 데 꼭 필요한 것이지만, 두 가지를 동시에 얻을 수 없다면, 생선을 버리고 곰발바닥을 취하는 것에 어찌 본성의 욕구가 아닌 것이 있겠는가? 어찌 천리의 움직임이 아닌 것이 있었는가? 만약 곰발바닥을 버리고 생선을 취한다면, 바로 감정을 교정했다고 하지 않을 수 없으니, 감정을 교정하면 곧 천리가 아니다. 후자에서, 삶과 의로움을 동시에 얻을 수 없다면, 삶을 포기하고 의로움을 취하는 것이 그 천리의 움직임이며, 본성의 욕구라는 것은 말할 필요도 없다. 삶은 본래 내가 욕구하는 것이지만, 정의(正義)를 잃어버리고 구차하게 산다면 그 생명의 근본을 상실하는 것이니, 삶을 포기하고 의로움을 취하는 것만 못하다. 생존에 꼭 필요한 것은 본래 실제적인 이익에 한정되지 않으며, 생존의 의미와 가치는 특히 그것보다 더 높은 것이 없고 더 귀한 것이 없는 꼭 필요로 하는 것이다. 본성의 욕구는 이러한 꼭 필요한 것을 얻을 수 없는 상황에서, 항상 삶을 버리는 욕구를 움직이니, 일단 발동하면 막을 수 없다. 예컨대 고금의 지사(志士) 중에 정의를 위하여 삶을 버린 사람들을 이루 다 헤아릴 수 있겠는가? 비록 삶을 버렸지만, 그 지극히 크고 강건하며 무한하게 풍부한 의의와 숭고한 가치는 온 세상에 영원하니, 영생(永生)한다고 해도 된다.

본성의 욕구(천리의 움직임)는 당연히 법칙이 있어서 어지럽지 않다. 그런데 좋아하고 싫어하는 감정은 움직이면서 법칙이 없기 때문에, 본성의 욕구에 순종하면 그 선(善)을 이룰 수 있고, 또한 본성의 욕구를 막으면 그 불선(不善)을 이룰 수도 있다. 그러므로 좋아하고 싫어하는 감정은 막

---

89 『맹자』 「고자·상」. 孟子曰: "魚我所欲也, 熊掌亦我所欲也, 二者不可得兼, 舍魚而取熊掌者也. 生亦我所欲也, 義亦我所欲也, 二者不可得兼, 舍生而取義者也."

아서 끊어버릴 수 없으니, 요점은 그것을 조절해서 고르게[平] 만드는 데 있을 뿐이다.

좋아하고 싫어하는 것이 본성의 욕구가 아니라면, 그것은 어디에서 나오는 것인가? 좋아하고 싫어하는 것은 뒤에 일어나는 것이니, 우리들이 태어난 이후에 항상 만물과 서로 접촉하며, 앞뒤로 매 순간마다 만물에 감촉하는 것은 모두 유쾌하거나 불쾌하게 받아들인다. 이렇게 받아들인 것이 비록 생각할 때 없어지는 것 같지만, 실은 그것이 없어질 때에 바로 남아 있는 영상이 계속해서 생겨나서, '서로 비슷하게 유전(流轉)하는 것이 끊이지 않아[等流不絶]' 잠재의식 속에 잠복한다.@ 이 때문에 잠재의식에 잠복한 무한하게 많은 유쾌하거나 불쾌한 영상은 모두 활발하게 움직이고 기세등등한 것으로서, 결코 종이 위에 먹 자국과 같은 영상처럼 한갓 그 흔적만 있고 생동하는 기(氣)가 없는 것이 아니다. 우리들이 사물과 감촉할 때에 본성의 욕구는 본래 이미 발동하고, 잠복해 있는 무한하게 많은 유쾌하거나 불쾌한 영상들도 역시 동시에 기회를 타고 약동하여 본성의 욕구와 서로 대응하고 결합해서 활동에 참여하니, 본성의 욕구를 천리라고 말하는 것이다. 그런데 과거에 만물을 받아들였을 때에, 유쾌하거나 불쾌했던 모든 영상이 잠복한 상태에서 약동하는 것이, 좋아하고 싫어하는 감정이 되는 것이다. 이러한 좋아하고 싫어하는 감정은 이미 잠재의식 속에서 약동해 나오기 때문에 세력과 작용이 크다. 만약 그것을 조절하여 고르게 만들면, 바로 본성의 욕구에 순종하여 선을 행하는 데 힘이 있다. 만약 조절하지 않으면, 제멋대로 넘치는 대로 맡겨서 본성의 욕구가 이에 장애를 받게 될 것이다. 마치 힘센 노비가 주인을 겁탈하듯이ⓑ 그 못된 짓을 하는 힘이 매우 크다. 예컨대 소인(小人)은 권세와 이익을 좋아하여 군자(君子)를 싫어하는데, 일단 권세를 잡으면 그 재주가 간사함을 충분히 발휘하니, 세상을 큰 재앙에 빠뜨리게 할 수 있다. 좋아하거나 싫어하는 감정이 극렬한 것도 역시 이와 같다. 좋아하고 싫어하는 감정은 억제할 수 없는 것이니, 만약 그것을 억제한다면 더욱더 제멋대로 넘치게 되므로 오직 그것을 조절해서 고르게 만들어야 한다. 좋아하고 싫어하는 것이 고르게 되면 제멋대로 넘치지 않으니, 본성의 욕구가 그것을 도와서 선을 행하는 데 더욱더 힘쓰게 할 수 있다. 공자가 예(禮)로써 백성을 교화한 것은 인생에 대해 몸소 살핀 것이 지극히 깊고 자세한 것이다.

ⓐ '서로 비슷하게 유전한다[等流].'는 것에서 '등(等)'은 '서로 비슷하다[相似].'는 것이며, '유(流)'는 '유전(流轉)'하는 것을 말하니, '서로 비슷하게 유전(流轉)하는 것'을 '등유(等流)'라고 했다. 예컨대, 내가 글씨를 쓰는 붓은 본래 고정된 물건이 아니지만, 확실히 매 순간 앞에서 없어지면 뒤에 생기며 서로 비슷하게 유전(流轉)하는 물건이다. 붓도 또한 이와 같으니, 우리들의 잠재의식 속에 잠복한 무한하게 많은 유쾌하거나 불쾌한 영상들이 모두 각각 서로 비슷하게 유전하는 것임을 알 수 있다.

ⓑ '주인'은 본성의 욕구를 말하고, '힘센 노비'는 좋아하고 싫어하는 감정을 말한다.

|부가설명| 맹자는 공자가 '나가고 들어오는 데 일정한 때가 없으니 그 근본을 모르겠다.'고 한 말을 인용하여 '그것은 단지 마음을 일컬을 뿐이다!'[90]라고 하였으니, 분명히 잠재의식을 말한 것이다.ⓐ 불교의 '장식(藏識)'에서ⓑ 만약 그 종교사상 부분을 제거하면, 그 크고 깊음은 서양 사람들이 잠재의식이라고 말한 것에 비하여 또한 매우 뛰어나다. 그런데 애석하게도 공자는 겨우 단편적인 말만 남겼으므로 상고할 수 없다. 감정과 의지는 분리할 수 없는 것이다. 감정과 의지는 모두 잠재의식에 뿌리를 두고 있어 좋아하고 싫어하는 것이 본성의 욕구라고 말할 수 없는데, 정현(鄭玄)부터 송대 유학자들에게 이르기까지 모두 오해했다. 나는 불교의 장식(藏識)과 서양 사람들이 말한 잠재의식에 대해 그 득실을 비교해서 개조하려고 했지만, 줄곧 머뭇거리며 하지 않았으니, 늘그막에 또한 마음을 쓰는 것이 두려웠기 때문이다.

ⓐ 여러 학생들이 편집한 나의 『십력어요(十力語要)』에 조(曹)군에게 답한 편지가 있는데, 일찍이 이 문장을 인용해서 해석한 적이 있다.

---

90 『맹자』 「고자·상」. 孔子曰: '操則存, 舍則亡; 出入無時, 莫知其鄕.' 惟心之謂與!

ⓑ 또한 아뢰야식(阿賴耶識)이라고 부르기도 한다.

원문 "사물이 이르러 지혜가 밝아진 다음에 좋아하고 싫어하는 감정이 드러난다."91

주석 「악기」의 이 문단은 처음에 예악을 제정해서 백성들이 좋아하고 싫어하는 감정을 고르게 하도록 할 것을 말했다. 그 다음으로 사람이 태어나면서 고요했던 것이 만물을 감촉해서 움직이게 되는 것을 본성의 욕구라고 하였으니, 이것이 바로 인생의 본원을 간략하게 말한 것이다. 본성의 욕구는 천리의 움직임이지, 통상적으로 말하는 정욕(情欲)의 욕구가 아니니, 반드시 본원을 말한 다음에 좋아하고 싫어하는 감정을 말할 수 있다.

그 다음으로 '사물이 이르러 지혜가 밝아진다[物至知知].'고 말한 것은 다음과 같이 해석한다. '이른다[至].'는 것은 '온다[來].'는 것이다.ⓐ '지혜가 밝아진다[知知].'는 것에서 앞의 '지(知)' 자는 지혜[智]와 통하며, 뒤의 '지(知)' 자는 '밝아진다[明].'와 같은 것이니, 사물이 와서 사람에게 접촉하고 사람의 지혜는 사물의 이치를 분명하게 해석할 수 있는 것을 말한다. 지혜가 열리고 사물의 이치가 밝혀지면, 기교가 많아지고 기이한 재화가 생산되며 사람들은 모두 그것을 누리기에 급급하기 때문에, 좋아하고 싫어하는 감정이 드러난다. '드러난다[形].'는 것은 '격렬하게 움직이는[激動]' 것을 말한다. 좋아하고 싫어하는 감정은 지혜의 진보와 물질문명의 흥성함을 따라서 나날이 더욱 격렬하게 움직이므로, 인류는 감정을 고르게 하고 기운을 고요하게 할 수 없으며, 심지어는 진정으로 자각하고 자득하는 기틀을 가지기 어려우니, 비록 '하늘과 땅이 사귀고 통해서 만

---

91 『예기』「악기」. 物至知知, 然後好惡形焉.

물이 형통하려고'92 할지라도 기대할 수 없을 것이다.ⓑ『춘추』의 태평세(太平世)는 격물(格物)을 중시하는 지식을 가지고 제도를 개혁하고 물질적 수요를 만족시키려고 하지 않음이 없지만, 학술과 '교화하는 방법[化道]'에 모두 본원(本原)이 있다는 것을 소홀히 하지 않았다.

　ⓐ 정현(鄭玄)의 주석을 따랐다.
　ⓑ 내가 말한 '자각(自覺)'은 실제로 천지만물과 한 몸이라는 것을 깨닫거나 정취를 품은 사람이 아니면 해당하지 않으니, 이것은 곧 공자가 말한 '인(仁)'이다.

원문　"좋아하고 싫어하는 감정이 마음속[內]에 법도[節]가 없고 지혜[知]가 외물[外]에 유혹되면, 자신[躬]을 돌이킬 수 없고 천리가 소멸된다."93

주석　정현(鄭玄)은 '몸[躬]은 자신[己]과 같다.'94고 했으니, '몸을 돌이키는 것[反躬]'은 '돌이켜서 자신에게 있는 것을 구한다.'고 말하는 것과 같다. 이 해석은 매우 옳다. '절(節)'은 법도(法度)와 같다. 좋아하고 싫어하는 감정이 마음속에서 움직이는 것은 본래 법도가 없으니 오직 미친 것 같고 미혹된 것 같으며,ⓐ 지혜와 기교가 나날이 드러나면 또한 물질의 향락을 추구한다. 이와 같은데, 사람들의 좋아하고 싫어하는 감정을 고르고 바른 것으로 돌려서 '재화를 많게 하고 민생을 두텁게 하며[利用厚生]', 숭고한 뜻을 타락시키지 않아서 '나[我]'와 만물[物]의 구분을 잊은 채 함께 큰 도리의 중도를 걸어가는 것을 어찌 쉽게 담론할 수 있겠는가! 이런 까닭에 성인은 격물의 학문을 성대하게 제창하였으나, 반드시 '자신을 돌이키는 학문[返己之學]'을 근본으로 삼았다. 사람들이 자신을 돌이켜서 스스로

---

92 『역』「태괘」. 象曰, 泰小往大來, 吉亨. 則是天地交而萬物通也, 上下交而其志同也. …
　象曰, 天地交, 後以財成天地之道, 輔相天地之宜, 以左右民泰, 小往大來, 吉, 亨.
93 『예기』「악기」. 好惡無節於內, 知誘於外, 不能反躬, 天理滅矣.
94 『예기』「악기」. "好惡無節於內, 知誘於外, 不能反躬, 天理滅矣." 구절에 대한 정현의
　주석. 躬, 猶己也.

극복하고,ⓑ 기꺼이 좋아하고 싫어하는 사사로움으로 자신의 양지(良知)를 가리지 않아야 천리가 보존될 수 있다. 자신을 돌이킬 수 없으면, 사사롭게 좋아하고 싫어하는 감정에 속박당해도 스스로 깨우치지 못하니, 천리가 소멸되지 않을 수 있겠는가! 나는 이 때문에 '자신을 돌이키는 학문'을 강론하지 않으면 안 된다는 것을 알았다. '자신을 돌이키는 학문'은 우주의 참된 근원을 궁구하는 것이 그 근본이며, 만사·만물에 대하여 큰 조리를 장악하고 분석해서 그 회통(會通)함을 보는 것이다.ⓒ 그런데 그 요점은 자신을 돌이켜서 옳고 그름을 알고 스스로를 속이지 않는 데 있다. 이것은 철학에서 가장 특수한 것이며, 장자(莊子)는 그것을 '내성학(內聖學)'이라고 일컬었다.ⓓ

ⓐ 좋아하고 싫어하는 것은 감정이다. 그런데 감정이란 것은 집착하지 않으면 마구 움직이고, 마구 움직이지 않으면 집착하니, 그 자체에 법도가 없는 것이다. 그것이 마구 움직이면 마치 미친 것 같고, 집착하면 미혹된 것과 같다.

ⓑ 자신이 스스로 자신을 다스릴 수 있는 것을 '스스로 극복한다[自克].'고 한다.

ⓒ '자신을 돌이키는 학문'은 철학이며, 그 격물의 공부는 오직 큰 곳에서 시작할 뿐이니, 과학이 세밀하게 분야를 나누어서 사물을 분석하며 세세한 것으로 들어가는 것과 다르다.

ⓓ '자신을 돌이켜서 스스로를 속이지 않는다.'는 측면에서 송대 학문은 확실히 공자의 정신을 계승하였다.

「악기」의 이 문단에서, '선왕이 예악을 제정한 것은'에서부터 '자신을 돌이킬 수 없으면 천리가 소멸한다.'고 한 데까지는[95] 모두 공자의 말을 기

---

95 「악기」의 이 문단에서, '선왕이 … 천리가 소멸한다.'고 한 데까지는: 『예기』 「악기」. 是故先王之制禮樂也, 非以極口腹耳目之欲也, 將以敎民平好惡而反人都之正也. 人生而靜, 天之性也. 感於物而動, 性之欲也. 物至知知, 然後好惡形焉. 好惡無節於內, 知誘於外, 不能反躬, 天理滅矣.

술한 것이다. 나는 '천리가 소멸된다.'는 말 아래에 바로 이어서, '사물이
사람에게 감촉되는 것은 끝이 없고'에서부터 '이것은 크게 혼란한 도(道)
이다.'고 한 데까지는[96] 공자의 말이 아니라고 단정한다. 이것은 6국시
대의 소강(小康)의 유학자들이 개찬(改竄)한 것이거나, 혹은 한대 초기의
유학자들에 의해 함부로 어지럽혀졌을 것이다. 이제 이어서 다음과 같
이 그 글을 기록하고 내가 변별한 것을 덧붙이겠다.

원문 "사물이 사람에게 감촉되는 것은 끝이 없는데 사람의 좋아하고 싫
어하는 감정에 절제가 없다면, 이것은 사물이 이르러 사람이 사물
로 변화되는 것이다.ⓐ 사람이 사물로 변화된다는 것은 천리(天理)
를 소멸하고 인욕(人欲)을 다하는 것이니,ⓑ 이에 어기고 거역하며
속이는 마음과 음탕하고 혼란을 일으키는 일이 있게 된다.ⓒ 이런
까닭에 강한 사람이 약한 자를 위협하고, 많은 사람들이 적은 사
람에게 횡포를 부리며,ⓓ 지혜로운 사람이 어리석은 사람을 속이
고, 용맹스러운 사람이 겁쟁이를 괴롭히며,ⓔ 질병을 앓고 있는 사
람이 치료받지 못하고, 노인과 어린아이·홀아비와 과부가 그 있
을 곳을 얻지 못하게 되니, 이것은 크게 혼란한 도(道)이다. 이 때문
에 선왕이 예악을 제정한 것을 천하의 사람들이 모두 법도[節]로 삼
았다."ⓕ[97]

　ⓐ 사물이 사람에게 감촉되는 것은 끝이 없는데 사람의 좋아하고 싫어하는

---

96 '천리가 소멸된다.'는 말 아래에 … '이것은 크게 혼란한 도(道)이다.'고 한 데까지
는: 『예기』「악기」. 夫物之感人無窮, 而人之好惡無節, 則是物至而人化物也. 人化物也
者, 滅天理而窮人欲者也, 於是有悖逆詐偽之心, 有淫泆作亂之事. 是故強者脅弱, 衆者
暴寡, 知者詐愚, 勇者苦怯, 疾病不養, 老幼孤獨不得其所, 此大亂之道也.

97 『예기』「악기」. 夫物之感人無窮, 而人之好惡無節, 則是物至而人化物也. 人化物也者,
滅天理而窮人欲者也, 於是有悖逆詐偽之心, 有淫泆作亂之事. 是故強者脅弱, 衆者暴寡,
知者詐愚, 勇者苦怯, 疾病不養, 老幼孤獨不得其所, 此大亂之道也. 是故先王之制禮樂,
人爲之節.

감정에 절제함이 없기 때문에, 사물이 일단 사람의 눈앞에 이르면 사람들은 바로 사물에 의해 이끌려서 벗어날 수 없으니, 곧 사람의 본성을 상실한다는 것을 말한다. 『노자』에서 "다섯 가지 색은 사람의 눈을 멀게 하고, 다섯 가지 소리는 사람의 귀를 귀머거리로 만든다. … "[98]라고 말한 것은, 사람이 그 영험한 본성을 잃고서 우둔한[頑然] 사물로 변화된다는 것이므로, '사람이 사물로 변화된다.'고 했다.

ⓑ '다한다.[窮]'는 것은 '극진히 한다[極].'는 것과 같으니, 그 인욕을 극진히 드러내는 것이다.

ⓒ '어기고 거역한다.'는 것과 '혼란을 일으킨다.'는 것은 신하가 자신의 군주를 모반하는 것을 말한다.

ⓓ 권세 있는 신하가 사적인 당파를 세우고 작은 은혜로써 민중을 결집하면, 고립되어 세력이 약한 군주를 제압할 수 있다.

ⓔ 사회의 세력이 강한 자들도 역시 어리석고 허약한 사람들을 침탈하고 속이는 것을 말한다. '괴롭힌다.'는 것은 '핍박한다.'고 말하는 것과 같다.

ⓕ 세상 사람들에 대해서 모두 그것이 법도가 된다는 것을 말한다. 정현은 "'절(節)'은 법도이다. 법도를 만들어서 그 욕구를 막는 것을 말한다."[99]고 했다.

 '사물이 사람에게 감촉되는 것은 끝이 없는데'에서부터 '이것은 크게 혼란한 도이다.'고 한 데까지는 공자의 말이 아니다. 어떻게 공자의 말이 아니라는 것을 아는가? 공자가 "지혜가 만물에 두루 하고, 도(道)가 천하를 구제한다."[100]고 말한 것은 만물을 변화시켜 마름질하고 미루어 실행하는 것을 말하며,[101] "사물을 구비하고 재물의 쓰임을 지극히 하며, 기구를 만들어서 천하 사람들을 이롭게

---

98 『노자』 12장. 五色令人目盲, 五音令人耳聾, 五味令人口爽, 馳騁畋獵, 令人心發狂, 難得之貨, 令人行妨. 是以聖人爲腹不爲目, 故去彼取此.

99 『예기』 「악기」. '人爲之節.' 구절에 대한 정현의 주석. 節, 法度也. … 言爲作法度, 以遏其欲.

100 『역』 「계사 · 상」. 知周乎萬物, 而道濟天下.

101 만물을 변화시켜 마름질하고 미루어 실행하는 것을 말하며: 『역』 「계사 · 상」. 化而裁之謂之變, 推而行之謂之通. 참조.

한다."[102]는 것을 말한다. 『주관경(周官經)』에서 동관(冬官)의 직책은
온갖 만물을 생산하는 데 있다.[103] 사물을 우리들의 우환으로 삼는
다는 말은 듣지 못했다. 지금 이 단락에서 '사물이 사람에게 감촉
되는 것은 끝이 없다.'고 말하고, 또 '사물이 이르러 사람이 사물로
변화된다.'고 말하여, 끝내 사물을 사람의 큰 우환으로 삼은 것은
명백하게 공자의 사상에 반대하는 것이니, 그것을 어떻게 공자의
말이라고 믿을 수 있겠는가! 사람이 사물로 변화되는 우환은 사물
이 무한히 사람에게 감촉되기 때문에 발생하는 것이 아니라, 사실
은 군중들이 지혜를 제멋대로 써서 만물을 좇고는 자신을 돌이켜
정욕을 고르게 할 줄 모르기 때문에 생기는 것이다. 이 글은 단지
사람이 사물로 변화되는 것이 사물이 이르러 우환이 되기 때문이
라고 하였으니, 공자의 말이 아님을 알 수 있다. 애석하게도 한대
이후의 많은 유학자들은 누구나 할 것 없이 변별한 사람이 없었
다. 예컨대, 정현(鄭玄)은 '사물에 감촉해서 움직이는 것이 본성의
욕구이다.'라는 말을 주석해서, '본성이 사물을 보지 않으면 욕구
가 없다는 것을 말한다.'[104]라고 말했는데, 이 주석에는 두 가지 큰
착오가 있다. 첫째, 본성의 욕구가 천리의 움직임이라는 것을 알
지 못하고, 함부로 이 '욕구[欲]'라는 말을 정욕의 욕구로 해석했다.
둘째, 정현이 말한 것처럼 '본성이 사물을 보지 않으면 욕구가 없
다.'고 한다면, 욕구는 사물을 보는 것에 말미암아 생기는 것이니,
이것은 곧 사물을 우리들의 우환으로 삼는 것이다. 정현은 '사물
이 이르면 사람이 만물로 변화된다.'는 것을 성인(공자)의 말씀이라
고 오인했기 때문에, 공자를 계승하면서도 스스로 그 잘못을 깨닫

---

102 『역』「계사 · 상」. 備物致用, 立成器以爲天下利.

103 『주관경(周官經)』에서 동관(冬官)의 직책은 온갖 만물을 생산하는 데 있다: 『주
  례주소』권3. 以官府之六職辨邦治, … 六曰事職, 以富邦國, 以養萬民, 以生百物 참조.

104 『예기주소』「권37」. 言性不見物則無欲.

지 못했을 뿐이다. 주자는『논어집주』「태백」편의 '예에서 자립한
다.'는 구절에 대해, "그러므로 배우는 사람은 배우는 중간에 우뚝
하게 자립하여 사물에 의해 흔들려서 빼앗기지 않을 수 있는 근거
를 반드시 여기(禮)에서 얻어야 한다."[105]고 주석했다. 이 주석을
살펴보면, 사물은 본래 사람을 흔들어 빼앗을 수 있다고 하였는
데, 공자는 단지 '보는 데는 밝음을 생각하고, 듣는 데는 총명함을
생각한다.'[106]고 말했으니, 어찌 사물이 흔들어 빼앗는 것을 두려
워했겠는가? 주자의 말은 아마도, 정현(鄭玄)이 이전에 멋대로 고
쳐서 어지럽혀진 「악기」ⓑ를 계승하여 그것이 공자의 말이 아니
라는 것을 깨닫지 못한 것에서 말미암았을 것이다. 이것이 변별하
지 않을 수 없는 이유 중의 첫 번째이다.ⓒ

ⓐ 지혜[智]는 사람의 우환이 아니며, 사물 역시 사람의 우환이 아니다. 다만
　지혜에 내맡겨서 사물을 좇고 자신을 돌이켜 정욕을 고르게 할 줄 모르는
　것이 바로 사람의 큰 우환이다. 정욕의 욕구는 나중에 생기는 것이니 본성
　의 욕구와 함께 담론할 수 없다.

ⓑ 「악기」는 확실히 핵심적인 의미를 보존하고 있는 것이 적지 않지만, 반드
　시 구별해야 한다.

ⓒ 주자는『대학』의 「격물보전(格物補傳)」장에서 '사물에 나아가 이치를 궁구
　한다[卽物窮理].'는 것으로 '격물'을 말했으니, 본래 과학의 길로 접어들 가능
　성이 있었다. 하지만 끝내 그렇게 할 수 없었던 것은, 사물이 사람을 감촉
　하는 것이 끝이 없다는 것을 염려해서, 사물을 보지 않으면 욕망이 없다는
　것을 다행으로 여겼기 때문이다. 한대의 사람들은 대부분 도가(道家)의 말
　을 취해서 공자의 취지를 변화시키고 어지럽혔으니, 정현(鄭玄) 한 사람만
　의 잘못이 아니다. 송대 유학자들은 또다시 노자와 선종(禪宗)을 뒤섞었기
　때문에 '사물을 단절한다[絶物].'거나 '사물을 버린다[遺物].'는 의미가 있다. 2
　천여 년 동안 과학이 발전하지 못했던 것은 까닭이 없는 것이 아니었다.

105『논어집주』「태백」. 故學者之中, 所以能卓然自立, 而不爲事物之所搖奪者, 必於此而
　得之.

106『논어』「계씨(季氏)」. 孔子曰: "君子有九思: 視思明, 聽思聰, …."

천리와 인욕의 구분은 송학(宋學)이 핵심[骨髓]으로 삼는 것인데, 그 근원은 「악기」의 이 글ⓐ에서 나왔다. 천리와 인욕이 변별되지 않는 것은 아니지만, 실은 칼로 끊은 듯이 나눌 수는 없다. 변별되지 않는 것이 아니라는 것은, 천(天)이 이미 사람을 이루면 천리가 저절로 사람의 마음에 있으니,ⓑ 이것은 천리가 사람이 본래 가지고 있는 것이 된다는 것을 말한다. 사람은 생명을 가지고 있는 존재[物]로서 본래 그 육체와 함께 비롯된 정욕을 갖지만, 정욕 또한 천리라고 말할 수는 없으니,ⓒ 이것은 변별하지 않을 수 없다. 칼로 끊은 듯이 나눌 수 없다는 것은, 사람들이 일상생활에서 인욕이 정당하고 그 원칙을 잃지 않는 것은 천리의 발현이 아닌 것이 없으니, 천리가 인욕이 아니라고 할 수 있겠는가! 정욕이 천리에 순종해서 선(善)을 실행하는 데 더욱 힘을 가질 수 있다면, 정욕도 역시 천리로 전화될 수 있다.ⓓ 「악기」의 이 글은 천리와 인욕(人欲)을 나누었는데, 인욕(人欲)에서 '인(人)'자를 쓴 것이 가장 장애가 된다. 천리를 인욕의 밖으로 따로 떼어내면, 천리가 비록 존엄할지라도 반드시 허공에서 그것을 모색해야 할 것이다. 공자는 아들 백어(伯魚: 孔鯉)를 가르치면서, "너는 「주남(周南)」과 「소남(召南)」을 배웠느냐? 사람이면서 「주남」과 「소남」을 배우지 않으면, 그것은 마치 담을 마주보고 서 있는 것과 같은 것이다!"ⓔ[107]라고 말했다. 「주남」과 「소남」의 시(詩)에서 인생을 표현한 것은 바로 인욕이 곧 천리이고 천리가 곧 인욕이라는 것이다. 예로부터 지금까지 『논어』의 이 장(章)을 읽고서 성인의 뜻을 안 사람은 몇 명이나 되었겠는가? 천리와 인욕을 나누는 것은 공자의 말이 아니라고 나는 감히 단정한다. 이것이 변별하지 않을 수 없는 이유 중의 두 번째이다.ⓕ

ⓐ 이른바 '천리(天理)를 소멸하고 인욕(人欲)을 다하는 것'이다.
ⓑ 예컨대, 물이 이미 얼음으로 되었지만, 물의 본성은 여전히 얼음 가운데 남아 있

---

107 『논어』「양화」. 子謂伯魚曰: "汝爲周南邵南矣乎, 人而不爲周南邵南, 其猶正牆面而立也."

는 것과 같다.

ⓒ 육체와 함께 비롯되었다는 것은 육체를 근거로 생긴 것이니, 천성이 아니다.

ⓓ 대동원(戴震)은 천리를 반대했지만 욕구가 당연히 곧 리(理)가 되어야 한다고 말했다. 정욕이 그 정당함을 얻는 것은, 바로 본래 가지고 있는 천리가 있고 정욕이 그것에 순종했기 때문에 정당함을 얻었을 뿐이라는 것을 대동원은 전혀 몰랐다. 그렇지 않으면, 욕구가 무엇에 근거하여 정당하게 되겠는가? 대동원의 미혹됨도 이와 같다.

ⓔ 『논어』「양화(陽貨)」편에 보이며, 「주남」·「소남」은 『시경』의 첫 부분의 편명이다. '담을 마주 보고 서 있는 것'은 그 너무 가까운 곳에 직면해서 그 어떤 것도 볼 수 없고 한 걸음도 더 나아갈 수 없는 것을 말한다.

ⓕ 정욕은 끊을 수 없는 것이니, 사람이 스스로 자신의 생명을 끊지 않고서야 무슨 방법으로 정욕을 끊을 수 있겠는가? 또한 정욕은 막을 수 없는 것이니, 그것을 막으면 흘러넘치게 될 것이므로 성인은 예악을 제정해서 그것을 고르게 했다. 이것은 바꿀 수 없는 도리이다.

'천리를 없애고 인욕을 다한다.'고 말하는 지경에 이르러서, 마침내 어기고 거역하며 혼란을 일으키는 등의 일이 있게 되니, 선왕이 비로소 예악을 제정했다고 하였다. 참으로 이와 같다면, 예악은 군주를 받들어 모시고 서민을 억압하는 도구가 되어, 분명하게 『대역』·『춘추』·『예운』등의 여러 경전과 어긋나는데, 진실로 공자의 말이라고 할 수 있겠는가! 이것이 변별하지 않을 수 없는 이유 중의 세 번째이다.ⓐ

ⓐ 『역』에서 '무리지어 있는 용에 우두머리가 없다.'[108]고 말한 것과 『춘추』에서 천자를 폄하하고 제후를 쫓아내며 대부를 토벌한다고 한 것과 『예운』에서 대인의 세습을 예(禮)로 삼는다는 것에 반대한 것들은, 모두 통치계급을 소멸한다는 것을 근본으로 한다. 사유제도 역시 통치계급의 소멸에 따라서 뒤집어 엎어진다. 『주관경』은 마침내 토지를 국유화하고 생산사업을 국영화하는 등의 새로운 제도를 모두 명문화하였다.

주정(主靜)과 주동(主動)의 구분은 춘추(春秋)시대부터 도가의 노자가 이미

---

108 『역』「건괘」. 群龍無首.

그 단서를 열었으니, 참으로 오래되었다! 송대 유학자로는 주돈이가 주정(主靜)으로써 '사람의 표준[人極]'을 세운 것으로부터, 정·주(程·朱: 程頤와 朱熹) 등의 여러 선생들이 한 계통으로 이어져 내려와 세상에 전한 지 참으로 오래되었지만, 다른 이론을 제기하는 사람들은 거의 없었다. 명대 말기에 이르러 안습재(顔習齋: 顔元)[109]·왕선산(王船山: 王夫之)·고정림(顧亭林: 顧炎武) 등의 훌륭한 선생들이 비로소 '주정(主靜)'에 반대하는 깃발을 성대하게 펼쳤는데, 안습재의 논의가 특히 격렬했고, 왕선산의 이론[義旨]이 비교적 심원했다. 우리들이 가까이로는 자신을 세우고 멀리로는 조화(造化)를 담당해서 천지를 관장하고 만물을 마름질하는 데에, 그것을 주렴계에게 근본하여 '고요함 중에서 체인하여[靜中體認]' 위로 '진실하고 고요한 근원[眞靜之原]'ⓐ에 도달할 것인가? 그렇지 않으면, 움직임 중에서 노력하고 고요하게 안정됨을 견지하여, 온갖 사물의 번잡한 변화 중에서 행동을 단련해 그 궤범을 파악함으로써, 우주의 큰 조화에 참여하여 천지(天地)를 제자리에 자리 잡게 하고 만물을 육성하는 큰 사업으로, 사람의 능력을 다 발휘하고 천도(天道)를 넓고 크게 할 것인가?ⓑ 우원하고 식견이 좁은 사람이라도 진심으로 추구하는 것은 아마 후자인 공자 계통일 것이다. 주렴계의 이론은 노자에게 근본하는 것이다. 노자가 "마음을 극진하게 비우고, 고요함을 돈독하게 지킨다."[110]고 말한 것은, 움직임을 물리치고 '전일하게 고요함에 집중하는 것[一主於靜]'이니, 그것이 무지한 흙덩이와 다른 점이 얼마나 되겠는가! 인도(人道)가 폐지

---

109 안연(顔元, 1635-1704): 자는 혼연(渾然)이고, 호는 습재(習齋)이다. 하북성 박야현(博野縣) 사람이다. 그의 학문은 양명학(陽明學)에서 출발하고 있지만 이에 만족하지 않고 극단적인 공리주의(功利主義)와 실리주의(實利主義)를 제창하였다. 따라서 송명리학의 거경궁리와 정좌공부 등을 극력 반대하였다. 그의 이와 같은 주장은 청나라의 전반적인 학풍과 상충되었으며, 이공(李塨)·왕원(王源) 등의 제자에 의하여 그 학문이 계승되었을 뿐 널리 전해지지 않았다. 그러나 이공의 학문과 합쳐서 안리학파(顔李學派)라 부른다. 저술은 『사존편(四存編)』, 『습재기여(習齋記餘)』 등이 있다.

110 『노자』「16장」. 致虛極, 守靜篤.

될 수 있으면 천도(天道)도 또한 죽는다. 명대 말기의 여러 선생들은 '움직임에 집중하는[主動]' 뜻을 품고서 송대 유학자들이 '고요함'에 집중하는 것에 반대했지만, 공자도 마찬가지로 '고요함'에 집중하지 않은 적이 없었다는 사실을 알지 못했다. 그러나 공자의 '고요함'은 '움직임'을 떠나지 않으며, '움직임'은 그 '고요함'을 잃지 않았으니, 천도(天道)와 인도(人道)의 큰 바름은 움직임과 고요함이 하나로 합쳐진 가운데에 존재하였다. 이와 반대되는 것은 고요하면 폐지되고 움직이면 격렬해지니, 그것이 어떻게 모든 생명을 위해 천명을 세우는 것이겠는가! 성학(聖學)의 위대하고 심원한 점을 한대 이후의 학자들은 모두 궁구하지 않았으니, 슬프다!ⓒ

ⓐ '근원[原]'이란, 우주와 인생의 본원을 말한다. 그것은 지극히 진실하고 고요하기 때문에 '진실하고 고요한 근원'이라고 했다.

ⓑ 이것은 공자가 개창한 유학의 근본 의미이다.

ⓒ 불교의 무량법문(無量法門)은 열반적정(涅槃寂靜)으로 돌아가는 것이며, 그 도(道)는 인생을 거스르는 것이니, 당연히 고요함에 편중했다.

「악기」에서 '사람은 태어나면서 고요하다.'고 말했는데, 이것은 움직임 가운데의 고요함이니, 공자가 남긴 말이다. 정현(鄭玄)은 "선왕이 예악을 제정한 것을 천하의 사람들이 모두 법도로 삼았다."는 구절에 대하여, '법도를 만들어서 그 욕구를 막는 것을 말한다.'[111]고 주석했으니, 정현의 말은 천박하다! 법도를 만들어 사람의 욕구를 막는 것은 전제군주제의 독재자가 하는 일일 뿐인데, 성인이 예악을 제정한 것이 또한 이와 같다고 하겠는가! 욕망은 마땅히 고르게 해야 하지만 막을 수는 없다는 것을 사람들이 다 아는 사실인데, 성인이 욕망을 막는 폐해를 알지 못하고 예악을 제정해서 욕망을 막으려 했다고 말할 수 있겠는가!ⓐ 나는 홀로 기거하며 깊이 생각을 해 봤지만, '자신을 돌이키는 학문[返己之學]'은

---

111 『예기주소』「악기」. 言爲作法, 以遏其欲.

궁구하기 어려웠다. '자신을 돌이키는 학문[返己之學]'에서 차원이 높은 것은 인생의 '근본 원인[本因]'이고, 차원이 낮은 것은 인류의 '잠재의식[下意識]'이다. '근본 원인[本因]'은 『논어』 「공야장」편에서 말한 '성과 천도[性與天道]'가 이것이다. ⓑ 자공(子貢)처럼 총명하고 뛰어난 지혜를 가진 사람도, 몸소 성인의 문하에서 공부했음에도 불구하고 오히려 "선생님께서 성과 천도를 말씀하시는 것을 깨달을 수 없었다."ⓒ[112]고 말했을 정도인데, 후대의 사람들이 도리어 도(道)를 깨우쳤다고 자부할 수 있겠는가!

    ⓐ 「악기」의 이 구절에서 비록 선왕이 예악을 제정했다고 말했지만, 그것은 사실 공자의 말이며, 선왕이 예악을 제정했다는 뜻에 의탁해서 중시했을 뿐이다.

    ⓑ '천도'가 사람에게 있는 것을 '성'이라고 부르니, '성'과 '천도'는 둘이 아니다. 공자의 이 말을 기록한 사람(子貢)이 '성과 천도[性與天道]'라고 하여 '과[與]' 자를 쓴 것은 다음과 같다. '천도'를 말하면 고정되게 있는 곳이 없지만, 있지 않은 곳이 없고 만물은 모두 천도로 말미암아서 이루어지기 때문이다. '성'을 말하면 천도가 사람에게 있는 것을 가리켜 말하기 때문이다. 이 두 개의 명칭을 드러내기 위해 어쩔 수 없이 '과[與]' 자를 썼으니, 이것은 문법적으로 당연한 것일 뿐이다. 왕선산은 마침내 이 '과[與]' 자를 가지고 '성과 천도'를 두 등급으로 나누었다(『독사서대전설』에 보인다). 그가 등급사상으로 불교를 반대하려고 한 것은 실로 스스로 착오에 빠진 것이다.

    ⓒ 자공의 이 말에 근거하면, 공자는 문하의 제자들에게 성과 천도에 관해 말하지 않았다는 것이 아니다. 『논어』에 기록된 것이 없는 것은, 아마도 기록한 사람이 알아듣지 못했기 때문일 것이다.

'잠재의식[下意識]'은 우리들이 태어난 이후에 비로소 생기는 것이다. 사람이 살아가면서 경험한 것은 모두 헛되게 없어지는 것이 아니니, 모두 영상(影象)으로 바다 같이 깊고 넓은 곳에 잠복해서 모여 있다.ⓐ 남녀 간의 사랑 혹은 권력 등의 욕구가 좌절되는 것에 그치지 않고, 억압을 당한 것도 잠복해서 잠재의식이 된다. 감정과 의지는 모두 바다 같이 깊고

---

112 『논어』 「공야장」. 子貢曰: "夫子之文章, 可得而聞也; 夫子之言性與天道, 不可得而聞也."

넓은 곳에 잠복해서 뿌리를 내리기 때문에 그 세력이 놀랄 정도로 크다. 잠재의식보다 그 세력이 더 큰 것이 없는 까닭은 그것이 쌓인 것이 깊기 때문이다. 사람의 몸은 항상 스스로 깨닫지 못하는 세력에 속박 당한다. 자각하지 못하는 세력은 바로 감정과 의지이며, 이것은 본래 잠재의식에서 나오는 것이다. 종래의 리(理)학자들은 늘 천리가 은미하다고 여기지만, 나는 그렇지 않다고 생각한다. 천리는 밝은 태양이 항상 우주공간에서 드러나 숨어 있을 때가 없듯이, 우리들이 사물을 감촉하는 순간에 천리는 바로 발동하니, 이것이 이른바 '본성의 욕구'라는 것이다. 그렇지만 천리가 항상 고르지 못한 호오(好惡)의 감정이나 멋대로 움직이는 충동에 의해 장애를 받는 것은, 감정과 의지가 바다 같이 깊고 넓은 곳에 잠복한 상태로부터 나와서 또 육체와 더불어 한 덩어리가 되어 천리가 그것을 쉽게 이기지 못하기 때문이다. 공자는 이것을 알았기 때문에 그 예악을 제정하여 감정과 의지를 고르고 바르게 인도해서, 미친 듯이 날뛰고 헤매는 지경에 이르지 않게 했으니, 천리는 권세를 누릴 수 있고 감정과 의지는 또한 그 주인을 얻게 되어, 인생은 그 본성과 천명의 큰 바름을 회복하였다. '예(禮)'와 '악(樂)'은 감정과 의지를 다스리는 근거이다. '악'의 근본은 '조화[和]'에 있고, '예'의 근본은 '경(敬)'에 있다. 조화[和]가 마음속에 쌓이고, 경(敬)이 밖을 통섭하면,ⓑ 좋아하고 싫어하는 감정은 고르지 않은 것이 없게 된다. 그렇지만 천리가 일상생활에 유행하여 인욕과 멀어진 적이 없어야,ⓒ 그런 뒤에 천리와 인욕은 실로 나눌 수 없다는 것을 알게 된다. 이 이치는 아는 것도 이미 쉽지 않으며, 안다고 해도 그것을 실행하는 것은 더욱 어려우니, 예악의 가르침이 닦이지 않는 것을 정자(程頤)도 역시 개탄한 적이 있다.

ⓐ '경험한다[造].'는 말은 함축된 의미가 넓으니, 생각이 은밀하게 싹트는 것으로부터 두드러진 사업에 이르기까지 모두 '경험한다.'고 이름 붙였다. '헛되게 없어지지 않는다[不唐捐].'는 것은 '헛되게 소모하지 않는다[不虛費]'고 말하는 것과 같다. '바다 같이 깊고 넓은 곳에 잠복한다[潛海].'는 것은 '잠재의식'을 말한다.

ⓑ '통섭[攝]'은 통섭해서 지킨다는 것이니, 경(敬)으로써 몸을 지켜서 항상 방종하지 않는다는 것이다. 화락한 흥취가 마음속에 쌓이고, 경(敬)하고 삼가는 태도가 밖을 검속하는 것은, 예컨대 '예(禮)가 아니면 보지 말고, 듣지 말며, 말하지 말고, 행동하지 말라.'[113]고 하는 것이 이것이다.

ⓒ 일상생활에는 인욕이 있지 않은 곳이 없지만 천리가 바로 여기에 유행하니, 어찌 천리가 인욕보다 고원한 적이 있었겠는가! 천리는 곧 인욕 가운데 있으면서 상황에 따라서 주인노릇을 하기 때문에, 욕구는 모두 법도가 있어서 어지럽지 않게 된다. 그러므로 천리는 바로 인욕이고, 인욕은 곧 천리이다.

---

113 『논어』「안연(顏淵)」. 子曰: "非禮勿視, 非禮勿聽, 非禮勿言, 非禮勿動."

공자의 우주론

나는 공자의 인생론에 관해 말하고 싶은 것이 아주 많지만, 요즘 불면증으로 아주 고통스러워서 글을 번다하게 쓰기 싫으니 여기에서 잠시 멈추겠다.[ⓐ] 이제는 『대역』에 대해 간략히 설명하면서 끝을 맺어야겠다. 우주론에서 공자의 독창적인 견해를 찾으려고 하면 당연히 『대역』에서 구해야 한다.[ⓑ] 『논어』에 기록된 것을 근거로 하면, 공자는 스스로 '50세부터 역을 연구했다.'[1]고 말했고,[ⓒ] 또 '50세에 천명을[ⓓ] 알았다.'[2]고 했다. 『논어』에서 공자가 스스로 말한 것이라고 기록한 것을 근거로 하면, "나는 15세에 배움에 뜻을 두었고, 30세에 자립했으며, 40세에 미혹되지 않았다."[3]고 했다. 그러니 공자는 15세부터 40세까지 인생에 대해 깊이 체험했고 격물에 힘썼던 시기임을 알 수 있다. 40세에 미혹되지 않았다는 것은 다만 사물의 법칙에 대해 모두 분명하게 파악할 수 있어서 행동에 도움이 되었다는 것이다. 곧바로 50세가 되어서 비로소 천명을 알았다고 했으니, 공자가 40세에 미혹되지 않은 다음에 더욱 진보해서 우주와 인생의 근본문제를 깊이 궁구했음을 알 수 있다. 50세가 되어서야 복희의 『역』을 얻어 자세히 연구해서, 마침내 이전에 쌓았던 공부를 통해 옛 『역』이 계발하는 것을 얻고는 환하게 크게 깨닫는 즐거움이 생

---

1 『논어』「술이」. 子曰: "加我數年, 五十以學易, 可以無大過矣."

2 『논어』「학이」. 五十而知天命.

3 『논어』「학이」. 子曰: "吾十有五而志於學, 三十而立, 四十而不惑."

겼으니, 이른바 '천명을 알았다.'는 것이 그것이다. 이 때문에 공자의 학문은 40세부터 50세까지 10년 동안 대체로 인생론에서 우주론 연구로 나아갔고, 50세를 맞이해서는 『역』을 연구하고 또한 도를 깨달았다. 그 뒤에 더욱 나날이 끝없이 진보했으니, 맹자가 이른바 '성스러워 알 수 없다.'[4]고 한 것은 공자의 덕이 성대했다는 것을 말한다.ⓔ

ⓐ 여기에서 아직 깊게 얘기하지 못한 곳을 만약 깊게 말하려고 하면 문장이 반드시 길어질 것이다.

ⓑ 여기서의 『대역』은 공자가 지은 『역』을 말하니, 곧 서한(西漢) 때부터 전래되는 『주역(周易)』이 이것이다. 경전의 글이 훼손되어 어지럽혀짐이 없는 것은 아니지만, 다른 경전에 비교하면 본래의 의미를 아직 잃지 않았다. 『주역(周易)』에서 '주(周)'자는 '두루 하다.'는 의미이니, 『역』의 도리가 두루 해서 고루 미치지 않음이 없다는 말이다.

ⓒ 공자가 연구한 『역』은 곧 복희가 처음으로 그린 64괘로, 태고시대부터 서주·동주시대까지 전해진 것이다.

ⓓ '명(命)'자에는 여러 가지 의미가 있는데, 여기에서는 '유행한다.'는 의미이다. 「무망(無妄)」괘의 단사(象辭)에서는 '움직이면서 굳건한 것'[5]을 천명으로 여겼다. 움직인다는 것은 유행한다는 것을 말하고, 굳건하다는 것은 강건하다는 것이다. 「무망」괘에서는 강건하여 유행함에 쉼이 없는 것이 곧 천도임을 말했다. 6경에서는 천도를 우주본체의 이름으로 여겼다. 천도가 강건하게 유행하는 것임을 제대로 알지 못하면 말할 수 없다. 노자는 허무로 도를 말했으니 아주 잘못되었다.

ⓔ 우주론·인생론 등의 용어는 옛 학문을 이야기하는 사람들이 대부분 즐겨 사용하지 않는 것이다. 사실 주대 말기에 옛 전적이 없어져서 한대 이후로 학자들이 상고하여 조사하는 데는 힘을 썼지만, 사변(思辨)을 숭상하지 않아 학술용어가 거의 발달하지 않은 점에 대해서는 말하기를 주저할 필요도 없다. 외부에서 들어온 용어가 통용된 것이 오래되었으니, 나만이라도 그것들을 버리고 싶지만 어찌 가능한 일이겠는가! 『역』에서 '계사·효사의 말은 각기 지향해 가는 것을 가리킨다.'[6]고 했다. 사상이 지향해 가는 것은 지역성이 없는 것이 아니니, 우주론·인생론 등의 용어를 버릴 수 없다.

---

4 『맹자』「진심·하(盡心·下)」. 聖而不可知之之謂神
5 『역』「무망(無妄)」. 無妄, 剛自外來, 而爲主於內. 動而健.
6 『역』「계사·상」. 辭也者, 各指其所之.

『역』의 본체와 작용

『대역』의 64괘 384효는 모두 한 번은 음(陰)이 되고 한 번은 양(陽)이 되는 변화이다.[7] 그러므로 서로 반대되면서 서로 이루어주는 것이 온갖 변화와 모든 사물이 공통적으로 의지하는 최고의 원칙임을 안다면, 변화를 이루고 사물을 완성하는 데에 남김이 없을 것이다. 이것은 『역』의 이치에 조금이라도 밝은 사람이라면 누구나 말할 수 있는 것이다. 그러나 『역』을 배우는 사람이 겨우 이것을 알았다면 아직 『역』을 안다고 자부할 수 없다. 『역』의 도리는[a] 그 큼을 말하면 밖이 없고,[b] 높음을 말하면 끝이 없으며,[c] 넓음을 말하면 한계가 없고, 깊음을 말하면 바닥이 없다.[d] 『역』 「계사전」에서 "글로는 말을 다 표현할 수 없고, 말로는 뜻을 다 표현할 수 없다."[8]고 했으니, 배우는 사람이 이것에 대해서 깨닫지 못하면 함께 『역』에 대해 말하기 어렵다.

  [a] 『역경』이 함축하고 있는 도리를 말한다.
  [b] 포함하지 않는 것이 없기 때문이다.
  [c] 그 고원함을 헤아릴 수 없기 때문이다.
  [d] 그것이 멈추는 곳을 궁구할 수 없다.

철학은 당연히 우주와 인생의 근본문제를 해결하는 것이 주요 임무이다. 그렇지 않다면, 과학적인 이론이 나날이 정교해지고 넓어지는데 무엇 때문에 철학이 반드시 있어야 하겠는가!
물었다. "우주와 인생의 근본문제라는 말은 공허한 것 같습니다."
대답했다. "그것이 그대의 문제점이다. 우주론을 이야기하면서도 체용을 변별하지 못하기 때문에, 근본문제라는 말을 들으면 곧바로 공허하

---

7 『대역』의 64괘 384효는 모두 한 번은 음(陰)이 되고 한 번은 양(陽)이 되는 변화이다: 『역』 「계사 · 상」. 一陰一陽之謂道 참조.
8 『역』 「계사 · 상」. 子曰: "書不盡言, 言不盡意."

다고 생각하는 것이다. 옛 『역』에서 ⓐ 말하지 않았던가? 성인은 천(天)의 작용을 본받지만 천의 본체를 본받지 않았으니,⁹ 이것은 복희가 8괘를 그리면서부터 본래 체용의 '오묘함[幽奧]'을 이미 깊이 탐구했던 것이다.ⓑ 공자가 『주역』을 짓게 되자, 다시 복희가 밝히지 못한 것을 드러내었고, 그 다음에 지극한 이치가 해와 달처럼 밝아졌다.ⓒ 체(體)는 우주의 본체에 대한 약칭이고, 용(用)은 본체의 유행으로서 지극히 강건하고 쉼이 없어 새롭고 새롭게 일어나며 그 변화가 갖가지로 다른 것이니, 이것을 용(用)이라고 이름 붙인 것이다.

ⓐ 옛 『역』은 복희의 『역』을 말한다.

ⓑ 성인은 복희를 말한다. 8괘는 총괄적으로 간략히 말한 것이다. 8괘를 들면 바로 64괘가 이미 갖추어진다. '오묘함[幽奧]'은 불교전적에서 '그 위에 더할 것이 없는 매우 깊은 오묘함'이라고 하는 것과 같다. 만물의 본체를 알면 이치를 궁구함이 여기에 이르러 이미 극진하게 되니, 그 위에 다시 더할 것이 없다. 그러므로 '그 위에 더할 것이 없다[無上].'라고 했다.

ⓒ 이치가 지극한 것은 그 위에 다시 더할 것이 없으니, '지극한 이치'라고 했다.

│부가설명 1│ 『역』「건괘」에서 '하늘의 운행은 굳건하다[天行健].'¹⁰고 했는데, 여기서의 하늘[天]은 해와 별이다. 해와 별의 운행은 지극히 굳건하므로, 공자가 그 모습을 취해서 본체의 유행은 그침이 없고 그 덕은 지극히 굳건하다고 말했다. 공자는 하늘의 모습을 취해서 본체의 유행을 말했던 것이지 하늘을 말했던 것이 아니다. 이것에 대한 의미는 뒤에서 자세히 설명할 것이다.

물었다. "유행에 대해서도 작용이라고 이름 붙이는 것은 무엇 때문인가?"

대답했다. "작용은 공용(功用)이라고 말하는 것과 같다. 유행은 곧 본체의 성대한 공용이므로, 유행에 대해 작용이라고 이름 붙이고 '큰 작용[大用]'이

---

9 성인은 천(天)의 작용을 본받지만 천의 본체를 본받지 않았으니': 『역』「건괘」. 공영달(孔穎達) 소(疏). 聖人作 『易』 本以教人, 欲使人法天之用, 不法天之體, 故名'乾', 不名'天'也.

10 『역』「건괘」. 象曰, 天行健. 君子以自強不息.

라고 부르기도 한다. 그러나 어떤 때는 '큰 작용[大用]'의 유행이라고 말하니, '큰 작용[大用]'의 유행이라는 말은 복합명사로 해석할 수 있다."

|부가설명 2| '새롭고 새롭게 일어난다.'는 것은 무슨 의미인가? 본체의 유행은 매 순간마다 생기자마자 소멸하고 소멸하자마자 생겨나니, 어느 한 순간도 옛 흐름을 지켜서 옛것을 소멸하지 않은 채로 새것을 생기게 하는 경우가 없다. 『역』에서 '낳고 낳는 것을 역(易)이라고 한다.'[11]고 했으니, '낳고 낳는다.'는 말을 깊이 완미해야 한다. 매 순간마다 새것이 생겨나므로 '낳고 낳는다.'고 했다. 이미 매 순간마다 새것이 생겨나니 매 순간마다 옛것을 지킨 적이 없다는 것을 말하지 않아도 알 수 있다. '큰 조화[大化]'의 유행은ⓐ 한 순간도 정체되지 않으므로 '새롭고 새롭게 일어난다.'고 했으니, 옛것을 지키지 않는다는 말이다.

어떤 사람이 비판하면서 말했다. "그대는 본체의 유행이 매 순간마다 새롭고 새롭게 일어나서 어느 한 순간도 옛것을 지키지 않는다고 말했다. 정말 그렇다면, 각각의 순간은 모두 갑자기 변하는 것이니,ⓑ 변화에 근거가 없는 것 같다."

대답했다. "유행은 공허한 것에서 갑자기 일어나는 흐름이 아니라 본체의 유행이다. 본체는 온갖 변화의 참된 근원으로 모든 것을 포함하고 무궁무진하니, 『중용』에서 '깊은 샘물이 늘 흘러나오는 것'[12]으로 그 오묘함을 형용한 것은, 좋은 비유라고 할 수 있다.ⓒ 본체의 참된 근원은ⓓ 언제나 다하는 때가 없으므로, 유행의 성대함이 매 순간마다 갑자기 변해 항상 새것을 창조하면서도 다함이 없다. 그대가 근거 없다고 한 것은 또한 미혹된 것이 아니겠는가! 참된 근원과 유행이 두 단계로 나눠질 수 없음을 반드시 알아야 하고, 앞에서 든 깊은 샘물이 늘 흘러나온다는 비유를 또한 반드시 잘 이해해야만 한다. 왜 그런가 하면, 깊은 샘물은 땅 밑에 잠복해 있지만, 늘 흘러나오는 흐름은 지표면으로 흘러가기 때문이다. 깊은 샘물은 근원이고 흘러나오는 것은 흐름인데, 근원과 흐름을 두 단계로 나누면 합하여

---

11 『역』「계사·상」. 生生之謂易.
12 『중용』 31장. 淵泉而時出之.

일체가 될 수 없다. 불교논리학에서 일반적으로 비유를 할 때는 다만 적은 부분을 취한다고 말한 것과 서로 비슷하니, 완전히 서로 같기를 요구할 수 없다는 말이다. 본체와 유행의 오묘함은, 다만 큰 바닷물과 수많은 물거품이 본래 둘이 아닌데도 나누어질 수 있고, 비록 나누어질지라도 실로 둘이 아니니, 이것으로 비유를 하는 것이 가장 좋다. 깊은 샘물이라는 비유는 단지 근원이 있어 다함이 없다는 하나의 의미만 서로 비슷할 뿐임을 취했다."

ⓐ '큰 조화[大化]'는 '큰 작용[大用]'이라고 말하는 것과 같다.

ⓑ 돌연히 변화를 일으킨다고 말하는 것과 같다.

ⓒ '깊은 샘물'은 땅속에 깊이 잠복한 샘의 근원으로서 그 깊이가 지극하므로 '깊은 샘물'이라고 이름 붙였다. 이제 여기에서 본체를 비유했다. '늘 흘러나온다.'는 것은 기나긴 시간동안 흘러나와 (기나긴 시간이란 시작도 없고 끝도 없는 것이다.) 영원히 다하는 때가 없는 것이니, 이것으로 큰 작용이 유행하는 것을 비유했다.

ⓓ 본체의 참된 근원은 복합명사이다.

|부가설명 3| 어떤 사람이 물었다. "세상에서 말하는 만물은ⓐ 본체의 유행 때문에 일어나는 것입니까?"

대답했다. "만물은 본체가 유행하는 과정이니, 마치 모든 것이 가지런하지 않은 모습과 유사하다.ⓑ 이른바 마음과 사물의 갖가지 모습이라는 것이 이것이다. 선대의 학자들은ⓒ 그것을 '갖가지로 다르다[萬殊].'고 했다. 그러므로 한마디로 만물이라고 한다면 그것이 본체의 유행임을 바로 알 수 있다. 만약 만물을 유행의 밖으로 분리하여 따로 하나의 중첩된 사물로 본다면 아주 잘못된 것이다. 『중용』에서 『시경』 「대아」의 「한록(旱麓)」이라는 시를 인용하여 '솔개는 날아 하늘로 치솟고, 물고기는 연못에서 뛰어논다고 하였으니, 위와 아래를 드러낸 말이다.'[13]라고 했다. 주자는 이 구절에 대해 '화육하는 유행을 밝혔으니, 위와 아래가 환하게 드러났다.'[14]고 했

---

13 『중용』 12장. 鳶飛戾天, 魚躍於淵, 言其上下察也.

14 『중용』 12장. 鳶飛戾天, 魚躍於淵, 言其上下察也. 구절에 대한 주자의 주석. 子思引 此詩, 以明化育流行, 上下昭著.

고, 정자는 이 구절을 찬미하여 '생기발랄하다.'[15]고 했다. 두 선생 모두 저
자의 뜻을 깊이 이해했다. 대개 만물은 본체의 유행이 아닌 것이 없으니,
지혜로운 자는 사물에 대해서 모두 그 이면으로 깊이 들어가 그것을 고정
된 사물로 보지 않는다. 세상 사람들의 안목으로 솔개를 보면 곧 솔개에 집
착하고,[d] 하늘을 우러러보면 하늘에 집착하며, 물고기를 보면 물고기에
집착하고, 연못을 굽어보면 연못에 집착한다. 승조(僧肇)가 '슬프다! 사람들
이 미혹된 지 오래되어 눈으로 진실한 것을 보면서도 깨닫지 못한다.'[e][16]
라고 했다."

ⓐ 만물이라고 말하면 곧 천지와 사람이 모두 그 안에 포함된다. 철학에서 말하
는 '현상(現象)'은 곧 만물에 대한 총체적인 이름일 뿐이다.

ⓑ '모습'은 '현상'이라고 말하는 것과 같다. '마치 ~과 유사하다[現似].'는 것은 그
모습이 고정된 것이 아니기 때문에 '~과 유사하다.'고 말했다.

ⓒ 선대의 학자들은 송대와 명대의 여러 학자들이다.

ⓓ '집착한다.'는 것은 잘못 집착한다는 것이니, 솔개를 실재의 사물로 여긴다는
것이다. 뒤에서 '집착한다.'는 말은 모두 이런 의미이다.

ⓔ 만물은 모두 본체의 유행이므로 만물은 진실한 것이 아님이 없다. 그러나 사
람들은 모두 사물에 대해서 잘못된 집착을 일으켜 그 본래의 진실함을 깨닫
지 못하므로, 그들의 눈으로 진실한 것을 보면서도 깨닫지 못하는 것을 슬퍼
하였다. 전에 채혈민(蔡子民: 蔡元培)[17] 선생과 이런 의미를 얘기했었는데 채혈

---

15 『중용』 12장. 鳶飛戾天, 魚躍於淵, 言其上下察也. 구절에 대한 주자의 주석. 程子曰:
"此一節, 子思喫緊爲人處, 活潑潑地, 讀者其致思焉."

16 매정조(梅鼎祚), 『석문기(釋文紀)』 「진(晉)」. 傷夫, 人情之惑也久矣, 目對眞而莫覺.

17 채원배(蔡元培, 1868-1940): 자는 학경(鶴卿)·민우(民友)이고, 호는 혈민(子民)이
다. 절강성(浙江省) 사람으로, 1889년 진사가 되어 한림원(翰林院) 길서사(吉庶士)
가 되었으나, 무술정변(戊戌政變: 1898)을 계기로 관계(官界)를 떠나 신교육에 의
한 중국 혁신에 뜻을 두고, 1902년 중국 교육회를 조직하였으며, 급진적인 혁명결
사 광복회(光復會)를 조직하여 항일 혁명운동에도 종사하였다. 1907년 독일에 유
학하여 철학·윤리학을 공부하고 귀국 후, 장병린(章炳麟)이 주재하는 『소보(蘇
報)』 발간에 참여하여 혁명사상을 고취하였다. 그러나 청조의 탄압을 받아 일본으
로 망명하여 손문·황흥(黃興) 등 혁명지사들과 교유하였다. 중화민국 성립 후
(1912), 초대 교육총장이 되어 근대 중국 학제의 기초를 세우고, 1916년 베이징대
학 학장에 취임하여 진독수(陳獨秀)·호적(胡適) 등 신예교수를 등용하여 새롭고

민 선생이 그것에 대해 좋다고 했다. 이제 채혈민 선생이 세상을 떠난 지 오래되었고 나도 쇠약해졌으니, 또한 이런 의미를 함께 이야기할 자들이 있겠는가!

4-6-2 천(天)의 작용을 본받은 복희의 『역』

체(體)와 용(用)에 대한 변별은 위와 같이 대략 설명했다.[ⓐ] 이제 복희의 체와 용에 대한 의미를 개관하겠다. 옛 『역』에서 천(天)의 작용을 본받지만 천의 본체를 본받지 않은 것은 무엇 때문인가?[ⓑ] 이 의미를 분명히 밝히려면 반드시 먼저 '천(天)'자를 해석해야 한다. 복희가 말하는 천은 '천제(天帝)'이다. 중국의 태고 시대에 고대인들이 생각한 상제에 대한 관념은 생각 속에 허구로 있는 어떤 위엄 있는 큰 신일 뿐만 아니라 상제를 가시적인 형체가 있는 것으로 여겼으니, 이것은 아주 기괴하다. 상고시대의 개천설(蓋天說)에서는[ⓒ] 하늘의 형체는 가운데가 높다고 했다.[ⓓ] 가운데가 높다는 것은 활처럼 휜 형체를 말하는데, 고대인들은 곧 이것을 가리켜 천제의 형체라고 여겼다. 그러므로 천자가 하늘에 제사지낼 때에 '성 밖[郊]'에 단을 세우고 하늘 가운데 높은 곳을 바라보며 제사지냈다. 청대까지 여전히 그 제도를 계승했는데, 정이천(程頤)의 『역전(易傳)』에 "형체로서는 '하늘[天]'이라고 하고, 주재(主宰)로서는 '제(帝)'라고 한다."[18]라는 말이 있으니, 이것은 옛 『역』의 본래 의미에 근거한 것이다.[ⓔ]

ⓐ 체와 용은 본래 두 가지가 아니지만 또한 나누어짐이 있고, 비록 나누어지지만 실로 두 가지가 아니니, 이것이야말로 변별할 수 없는 가운데 또 변별하지 않을 수 없는 것이다.

자유로운 사상의 기운을 일으킴으로써 5·4운동의 아버지라 불리었다. 중·일전쟁 중 홍콩에서 병사하였는데, 국학과 근대철학에 특히 조예가 깊었고, 주작인(周作人)이 평한 대로 그의 생애는 '유리주의(唯理主義)'로 일관하였다. 저서에 『중국윤리학사(1927)』 등이 있다.

18 정이, 『역전(易傳)』 「건괘」. 分而言之, 則以形體謂之天, 以主宰謂之帝.

ⓑ 옛 『역』은 곧 복희의 『역』이니 뒤에서는 다시 말하지 않겠다.

ⓒ 개천설은 상고시대 천문학 중의 으뜸이다.

ⓓ 앞의 글에서 인용하여 서술했으니 다시 봐야 할 것이다.

ⓔ 여러 학생들이 "고대인들이 활처럼 휜 형체를 천체로 여긴 것은 자못 사물을 숭배하는 종교와 거의 비슷하지 않은지요?"라고 질문해서, 나는 "천제는 분명히 하나의 신이지만 그것을 사물을 숭배하는 종교에 비교할 수 없다."고 대답했다.

옛날의 설명에서는 복희가 하늘의 본체에서 본보기를 취하지 않은 것에 대해 활처럼 휜 형체를 본보기로 취할 수 없었기 때문이라고 말했는데, 이런 설명은 아주 잘못되었다. 본보기를 취한다고 말하는 것은 하늘의 형체에서 본보기를 취하는 것이 아니라, 오직 천제(天帝)를 독실하게 믿는다는 것이니, 활처럼 휜 형체에 대해 초월감이 생겨 정성을 다해 귀의하는 것이다.ⓐ 예컨대 『시경』에서 '조심스럽게 근신하며 밝게 상제를 섬긴다.'[19]라고 한 것은 비로소 하늘의 본체를 본보기로 삼은 것이다. 대부분의 '유일신 종교[一神敎]' 신도로서 실제로 수행을 하는 자들은 하늘을 섬기는 정성으로 모두 '작은 자기[小己]'를 구원하려고 상제의 품안으로 들어가기 때문에, 유일신 종교에서는 하늘의 본체를 본받지 않음이 없다. 이것을 분명히 알면, 옛 『역』에서 하늘의 본체를 본받지 않은 것은 다만 천제가 있다는 것을 믿지 않았던 것일 뿐이지, 믿으면서 본보기로 취하려고 하지 않았던 것이 아님을 알 수 있다. 복희는 태고시대에 태어나 민중들의 신앙을 드러내놓고 반대하지 않았기 때문에, 그가 『역』을 지은 것은 하늘의 작용을 본받은 것이지 하늘의 본체를 본받지 않은 것임을 근본 취지로 표명했다. 실로 이미 천제를 있는 것과 없는 것의 밖에 두었으니, 신묘함의 극치라고 평가할 수 있다.

ⓐ 초월감이란 천제가 지극히 높아 상대가 없고 우리들과 만물의 위로 초월해서 독립해 있으면서 성대하게 위엄이 있는 것을 깊이 느끼는 것이다. 다른 곳에서 이 말을 사용하면 이와 같은 의미이다.

---

19 『시』「탕지십(蕩之什)」「대아(大雅)」. 小心翼翼, 昭事上帝.

하늘의 작용을 본받는다는 것은 무슨 의미인가? 복희가 8괘를 그리면서 건(乾)과 곤(坤)을 앞에 두었으니, 나머지 62괘는 모두 건과 곤의 변화로 이루어진 것들이다. 『역』「대전」에서 "건과 곤은 『역』의 핵심 내용일 것이다!"[20]라고 말한 것은, 온갖 변화와 갖가지 사물이 건과 곤에 말미암아 생겨나온다는 것을 말한다. 건은 신(神)이고,[ⓐ] 곤은 질(質)이다.[ⓑ] 신은 '구체적인 모양[方]'이 없기 때문에 (한 덩어리인) 기수(奇數: ━)로 표시하고,[ⓒ] 곤은 사물을 이루기 때문에 (다수인) 우수(偶數: ╌)로 표시한다.[ⓓ] 신과 질은 본래 상반되지만 건은 강건하고 중정(中正)한 덕으로 곤을 통치하고,[ⓔ] 곤은 영원히 정고(貞固)한 덕으로 건을 따르고 이어받는다.[ⓕ] 이것이 건과 곤이 대치하지만 끝내 통일되는 까닭이다.[ⓖ]

ⓐ '신(神)'은 '정신'으로서 '마음'이라고 말하는 것과 같으니, 상제나 유령을 말하는 것이 아니다.

ⓑ 이것은 물질을 말하니, 또한 그 속에 능력을 포함한다. 이것에 대한 의미는 뒤에서 자세히 설명하겠다.

ⓒ 건의 육효는 모두 '━'로 되어 있다. '━'은 기수이다. "신(神)이 '구체적인 모양[方]'이 없다."는 것은 그것이 부분으로 나뉨이 없다는 것을 말하니, 혼연히 하나여서 나눌 수 없기 때문에 '━'으로 그렸다는 말이다.

ⓓ 곤의 육효는 모두 '╌'으로 되어 있다. '╌'은 우수이니, 사물은 부분으로 나뉨이 있기 때문이다.

ⓔ 건의 덕이 '강건하고 중정하다.'[21]는 것은 「건괘」「문언」에 있다.

ⓕ 곤괘의 효사에서 총결하여 '영원히 정고(貞固)함에 이롭다.'[22]라고 한 것은, 곤의 도는 이로움이 '영원히 정고함[常永貞固]'에 있다는 말이다. 정고(貞固)함은 크고 지극하게 중정(中正)하여 흔들리지 않을 정도로 견고한 것이다. 「곤괘」「단전(彖傳)」에서 '하늘을 순조롭게 이어받는다.'고 한 것은, 곤의 도는 바름[正]을 영원히 굳게 지켜서 하늘에 순종하는 데에 있다는 것을 말한다. 하늘은 건의 덕을 말하니, 건은 강건하고 중정하면서도 치우치고 사사로움이 없는 것으로서 곤과 서로 통하고, 곤은 바름[正]을 영원히 굳게 지키고 건에 순종하는 것으로서 건과 함께

20 『역』「계사·상」. 乾坤, 其易之縕邪.

21 『역』「건」. 剛健中正.

22 『역』「곤」. 用六, 利永貞.

ⓘ 건이 정신이고 곤이 물질인 것은 옛 해석으로서 대개 우주론적인 측면으로 말한 것이다. 마음은 사물을 인식하고 해석하며 몸소 살피고 개조할 수 있어서 만물을 변화시키고 마름질하여 완성하니, 이것은 마음이 강건하고 중정(中正)한 덕으로 사물을 통치하는 것이다. 사물은 마음에 순종하여 그 덕의 작용을 발전시키니, 이것이 사물의 영원히 정고(貞固)함이다.

그런데 인사(人事) 측면으로 말하면, 6국 시대 소강(小康)의 학자들부터 이미 임금을 건으로 신하와 백성을 곤으로 여겼으니, 대개 군주제에 대한 교조주의일 뿐이다. 이제 민중의 품격이 나날이 높아져서 저절로 당연히 '크게 공평함[大公]'을 받들고 '크게 바름[大正]'을 지키는 것을 건의 도리로 여기고, 앞에서 바름을 상실했지만 뒤에서 잘못을 고쳐 선을 행하는 것을 곤의 도리로 여긴다.

복희씨는 건곤의 도리를 하늘[天]의 작용으로 여기고,ⓐ『역』을 지어 사람들에게 보여줌으로써ⓑ 사람들이 하늘의 작용을 본받지 하늘의 본체를 본받지 않도록 했다. 이것은 그야말로 복희씨가 사상을 개조한 하나의 큰 관건으로서 지극히 경탄할 만한 것이다. 미신을 믿었던 시대의 사람들은 오로지 천명을 경외할 뿐 스스로 자신들의 힘을 키우려고 하는 것이 전혀 없었다.ⓒ 복희가 하늘[天]의 작용을 본받는다는 것을 사람들에게 제시하면서부터, 사람들이 스스로 자신의 힘을 믿고 우뚝하게 천지를 관리하고 만물을 다스려서, 이에 천제의 위엄 있는 살핌이 실제로는 자신에게 있지 하늘에 있지 않음을 알았으니, 어찌 오묘하다고 하지 않겠는가! 요임금이 "하늘의 일을 사람이 대신했다."[23]라고 한 것은 그가 복희 역학의 영향을 받았음을 절대로 의심할 수 없다. 한대 사람들이 『역』에 대해 말할 경우, 복희는 8괘를 그리기만 했고, 문왕은 그것을 중첩해서 괘사와 효사를 지었다고 하였다가, 다시 효사를 지었다는 것을 문왕에게서 빼앗아 주공에게 주었으며, 공자는 10익(十翼)만 지었다고 했다. 이에 『역』에는 네 성인의 학문이 있게 되었다. 나는 복희가 8괘를ⓓ

---

23 『상서(尙書)』 「우서(虞書)」 「고요모(皐陶謨)」, 天工, 人其代之.

그렸다는 것에 대해서는 옛날부터 반대하는 학설이 없었다고 생각한다. "문왕(文王)이 유리(羑裏)에 연금당해 있으면서 『역』을 부연했다."²⁴는 것은 『사기』에 있다. '『역』을 부연했다.'는 말은 아주 모호하니, 사마천은 본래 훈고에 소홀했고, 양한(兩漢)의 학자들은 마침내 마음대로 억측하여 문왕이 괘를 중첩해서 괘사와 효사를 만들었다고 함부로 말하면서 또 주공까지 집어넣었는데 전혀 근거가 없다. 다만 감히 공자의 『주역』을 완전히 없애지 못해, 이에 함부로 10익을 떼어내서 공자의 저술로 돌렸다.ⓔ 한대 사람들은 공자의 6경을 변화시켜 어지럽히기를 좋아했는데, 무슨 마음으로 그렇게 했는지를 정말 모르겠다! 내가 『시경』을 통해 문왕의 사상을 고찰해보니, 확실히 순수하게 덕행을 실천하는 종교인 까닭에 현존하는 『주역』사상과 서로 가까운 점이 아주 적다.ⓕ 『역』「계사전」에서는 복희를 칭송하여 다음과 같이 말했다. "옛날 포희씨(庖犧氏)⁹가 천하에 왕 노릇할 때, 위로는 하늘의 모습[象]을 관찰하고 아래로는 땅의 법(法)을 관찰하며,ⓗ 새와 짐승의 '모양[文]'과 땅의 적절함을ⓘ 관찰하고, 가까이로는 자신에게서 취하고 멀리로는 사물에서 취하여, 이에 비로소 팔괘를 만들어 신명(神明)의 덕과 소통하고ⓙ 만물의 실정을 분류하였다."ⓚ²⁵

ⓐ 여기서의 '하늘[天]'은 '천제(天帝)'를 말한다. 상고시대 백성들이 한결같이 천제가 있다고 믿는 것을 복희씨가 드러내놓고 타파할 수 없었기 때문에, 건곤의 도(道)를 가지고 임시로 하늘[天]의 작용이라고 설명했다.

ⓑ 『역』을 지었다는 것은 8괘를 그린 것을 말한다.

ⓒ 여기서 '천명'이라는 말은 공자가 '50세가 되어 천명을 알았다.'²⁶고 한 것과 함의가 완전히 서로 다르다. 공자가 말한 '천(天)'은 유행의 의미로 '우주본체'를 말한

---

24 『사기』「은본기(殷本紀)」. 紂囚西伯羑裏. 「주본기(周本紀)」. 太子發立是爲武王. 西伯蓋卽位五十年, 其囚羑裏, 蓋益易之八卦, 爲六十四卦.

25 『역』「계사·하」. 古者包犧氏之王天下也, 仰則觀象於天, 俯則觀法於地, 觀鳥獸之文與地之宜, 近取諸身, 遠取諸物, 於是始作八卦, 以通神明之德, 以類萬物之情.

26 『논어』「학이」. 五十而知天命.

다. 앞에서 여러 번 설명했다. 복희가 말한 '천'은 '천제'를 의미하고, '명(命)'은 '명령'과 같다. 이는 사람이 괴로운 재앙을 당하면 하늘이 실제로 그렇게 명령한 것이라서 스스로 어떻게 힘을 쓸 수 없다고 여기는 것이다.

ⓓ 8괘라고 말한 것은 총괄적인 표현일 뿐이다. 문왕이 8괘를 중첩하기를 기다린 것이 아니다.

ⓔ 이 일에 대해서는 피석서(皮錫瑞)가 변별해서 바로잡은 것이 아주 옳다.

ⓕ 앞의 글에서 마음과 사물의 문제에 대해 이야기한 것을 다시 보라.

ⓖ 복희를 또한 포희씨(庖犧氏)라고도 부른다.

ⓗ '법(法)'은 '법칙'이다. 천지만물에는 어느 것에도 법칙이 없는 것이 없으니, 『시』에서 '사물이 있으면 법칙이 있다.'[27]고 한 것이 이것이다. 위로 하늘의 모습을 관찰해도 또한 모두 법칙이 있다. 모든 사물이 모두 그러하다. '법'이라는 글자가 비록 여기에 보일지라도 또한 반드시 회통해야 하니, 옛사람이 글을 지은 것은 후대의 사람들이 수정한 것과 같지 않다.

ⓘ '땅의 적절함'은 높은 산·평원·내와 못 등과 같은 땅이 동물·식물·광석과 같은 모든 것을 적절하게 산출하는 것을 말한다.

ⓙ '신명(神明)'은 이치의 깊고 그윽하며 은미한 것을 말하기 때문에 신명(神明)한 것과 같다고 일컬으니, 헤아릴 수 없는 것을 형용한 것이다. '소통한다.'는 것은 『역』의 방법으로 우주만유를 깊이 관찰하는 데에 그윽하게 숨어 있는 것에서 두드러지게 성대한 것에 이르는 것이다. 옛사람이 "역은 본래 은미한 것에서 드러나는 것으로 가는 것이다."[28]라고 한 것이 이런 의미이다.

ⓚ 여기에는 두 가지 의미가 있다.

첫째, '분류하였다.'는 것은 큰 종류에 통달하여 곧 종합하면서 정리하는 것이다. '실정'은 '사실'이라고 말하는 것과 같다. 만물의 실정은 지극히 복잡하고 심오하다. 이것을 단지 나누어서 본다면, 어지럽기가 땅에 모래를 뿌린 것과 같아 전혀 조리가 없으니, 어떻게 해야 할 것인가? 그러므로 반드시 회통하여 큰 종류를 알면, [곧 분수(分殊)의 리(理)로 말미암아 회통해서 보편적 원리를 얻으면,] 이것은 자연과 인사(人事)에 통달하여 총괄해서 말하는 것이다.

둘째, 군중으로만 말하면 사람의 정(情)에는 큰 것과 작은 것이 있다. 정이 작은 것은 단지 작은 자기의 사사로움이 되어 남들과 통할 수 없는 것이다. (만약 스스로 그 사사로움을 이롭게 하려고 하면 반드시 남들에게 크게 불리하니, 이것

---

27 『시』「탕지십(蕩之什)」. 天生烝民, 有物有則.

28 『전한서』「사마상여전(司馬相如傳)」. 易本隱以之顯.

은 그 정이 남들에게 통할 수 없는 것이다.) 정이 큰 것은 자신이 하고자 하는 것이 또한 천하의 사람들이 동일하게 하고자 하는 것이라는 것이다. 맹자가 말한 것처럼 재물 좋아하기를 남들과 동일하게 해서 자신에게 사사롭게 하지 않고, 여색을 좋아할지라도 세상에 원망하는 여인과 홀아비가 없도록 하면,[29] 이것은 하고자 하는 것이 남들에게 통하는 것이니, 정(情)의 큰 것이다. 「예운」에서 "큰 도가 시행되면 천하가 공평하게 된다."[30]고 했으니, 사람들의 큰 정을 근거로 삼았다. 이것은 그 의미가 사실 『역』에서 나왔다. 복희가 비록 멀리 여기까지 보지는 못했지만, 공자는 복희가 실정을 분류한다는 뜻에서 미루어 부연했을 뿐이다. 옛날의 전기(傳記)에 "많은 사람들의 분노는 침범하기 어렵고, 혼자서 하고자 하는 것은 이루기 어렵다."[31]는 말이 있다. 사람들이 공동으로 원하는 것을 돌아보지 않고 자신이 크게 하고자 하는 것을 추구해 혼자서 누리면, 결국 천하 대중의 분노가 돌아오니, 지금의 제국주의자들이 이와 같다. 실정을 분류한다는 의미는 위대하다!

「계사전」에서 복희씨가 8괘를 만들었다고 서술한 것[32]에 의거하면, 이 것은 순전히 대자연을 관찰하는 것과 가깝게는 자신에게서 취하는 것으로부터 하였으니, 실제로 헤아린 것이 이미 넓고 실제로 깨달은 것에는 함부로 한 것이 없었기 때문에 8괘를 만들 수 있었던 것이다. 「계사전」은 공자가 전수한 것을 근본으로 70제자의 후학들이 기록한 것이다. 공자의 학문은 옛 『역』을 보기 전에는ⓐ 복희와 아득히 부합하는 것이 많았는데, 옛 『역』을 보게 되자 촉발되는 것이 당연히 더욱 심원해졌다.ⓑ 건과 곤 두 괘는 공자가 원래 복희의 뜻에 근본하여 미루어 부연하지 않은 것이 없다. 만약 복희가 드러내지 않은 것을 드러낸 것이라

---

29 맹자가 말한 것처럼 … 홀아비가 없도록 하면: 『맹자』「양혜왕·하」. "王如好貨, 與百姓同之, 於王何有?" 王曰: "寡人有疾, 寡人好色." 對曰: "昔者大王好色, 愛厥妃. … 當是時也, 內無怨女, 外無曠夫. 王如好色, 與百姓同之, 於王何有?" 참조.

30 『예기』「예운」. 孔子曰: "大道之行也, 天下爲公."

31 『고사(古史)』「정자산렬전(鄭子産列傳)」. 子産曰: "衆怒難犯, 專欲難成."

32 「계사전」에서 복희씨가 8괘를 만들었다고 서술한 것: 『역』「계사·하」. 古者包義氏之王天下也, 仰則觀象於天, 俯則觀法於地, 觀鳥獸之文與地之宜. 近取諸身. 遠取諸物, 於是始作八卦, 以通神明之德, 以類萬物之情 참조.

면, 건원(乾元)이라는 '본성의 바다[性海]'는 공자가 직접 증험한 이후에 말한 것이다.ⓒ 이것에 대해서는 뒤에서 논의할 것이다. 복희는 사람들이 하늘의 작용을 본받고 하늘의 본체를 본받지 않기를 원했으니, 분명히 종교에 반대하면서도 그렇다고 드러내놓고 종교를 타파하지는 않은 것이다. 알지 못하는 자들은 내가 옛 성인을 추존하는 것이 너무 지나치다고 생각하겠지만, 「계사전」에 명백하게 기록된 글이 현존하니 어떻게 부인하겠는가! 온 세상의 인류 가운데 그 사상의 개발이 가장 일찍 시작되었고 또 넓고 크며 심원해서 비교할 수 없는 자는 복희 한 사람뿐이니, 참으로 기이하다!

ⓐ 곧 50세 이전이다.

ⓑ 이제 여기서는 자세히 언급하지 않겠다.

ⓒ '증험한다.'는 것은 '안다'는 것과 같다. 그러나 여기서 '안다'는 의미는 아주 깊고 미묘하니, 추측해서 아는 것은 '증험'이라고 말할 수 없다.

복희의 『역』은 춘추시대 이후에는 대개 이미 검증할 수 없었다.ⓐ 공자의 『주역』을 한대 사람들이 전수한 것은 아마 원본이 아닐 것이다.ⓑ 그렇지만 다행스럽게도 이것이나마 남아 있으니, 그것에 의지해서 그 요지를 깊이 완미할 수 있다.ⓒ

ⓐ 전국시대에 재난과 변란이 나날이 심해져서 많은 사람들의 심정이 두렵고 당혹스러웠는데 술수가 성행했으니, 모두 『역』에 의탁했다. 그런데 복희씨의 철학사상에 대해서는 원래 그 어떤 사람도 관심을 두지 않았다. 곧 공자의 『주역』은 6국의 유생들이 이미 그 참된 것을 전하지 않았으니, 전하(田何)가 한나라로 들어가 전수한 것을 보면 알 수 있다. 하물며 복희의 역(易)은 어떻겠는가!

ⓑ 사마담은 "육예의 경(經)과 전(傳)은 수만 종류를 헤아린다."³³고 말했다. 『역』은 5경의 근원으로서 그것에 대한 책들이 반드시 많았을 것인데, 현존하는 것이 『역경』 부류 중에서 근본적인 큰 경전인지 아닌지 여전히 단정하기 어렵다.

ⓒ 고서(古書)를 읽는 것은 깊은 산에 들어가 가시덤불을 걷어내고 큰 보물을 찾는 것과 같으니, 학자들은 굳게 결심하고 그 의미를 추구해야 한다.

---

33 『사기(史記)』 「태사공자서(太史公自序)」. 六藝經傳以千萬數.

건·곤괘 「단전(彖傳)」을 통해 본 공자의 본체와 작용

복희의 『역』 가운데 근본적인 문제가 아직 해결되지 않은 것은 곧 체(體)와 용(用)의 문제일 뿐이다. 공자가 천년 뒤에 태어나서 비로소 해결했으니 얼마나 다행인가![ⓐ] 복희는 태고시대 사람들이 천제를 미혹되게 믿는 시대에 『역』을 지어, 비록 하늘의 본체를 본받지 않았다고 말했지만,[ⓑ] 활처럼 휜 형체가 본래 천제(天帝)가 아니라고 말하지는 않았다. 비록 하늘의 작용을 본받는다고 말했지만,[ⓒ] 건과 곤이라는 큰 작용은 근원이 없는 것이 아닌데[ⓓ] 끝내 천제가 건과 곤의 근원이라고 말할 수 없었으니, 이것은 복희가 아직 분명하게 변별하지 못했던 것이다. 공자의 『주역』은 처음으로 명백하게 천제를 없애버리고 건원(乾元)을 제시했다.[ⓔ] 「건괘」 「단전(彖傳)」에서 말했다. "위대하다. 건원이여! 만물이 그것을 바탕으로 시작하니,[ⓕ] 이에 하늘을 통치한다."[ⓖ]34

  ⓐ 공자가 죽은 해에서 복희의 시대까지 거슬러 헤아리면 이미 태고시대이니, 어찌 천년에 그치겠는가! 지금 천년이라고 말한 것은 대충 말한 것일 뿐이다.

  ⓑ 여기서 말한 '하늘'은 천제를 말하니, 공자가 말한 '천도'나 '천명'과 절대로 같은 의미가 아니다. 앞의 글을 다시 봐야 할 것이다.

  ⓒ 여기서의 '하늘'도 위와 같은 의미이다.

  ⓓ '건과 곤이라는 큰 작용'이라는 말은 복합명사이니, 건과 곤이 곧 큰 작용이기 때문이다. 작용에는 반드시 본체가 있으므로 건과 곤이 근원이 없는 것이 아님을 알 수 있다.

  ⓔ '건원(乾元)'은 건(乾)의 원(元)이다. 건이 곧 원이라는 것이 아니니, 절대로 오해하지 말아야 한다. 건원은 본체를 명명한 것이다. 본체에 대한 이름은 아주 많아 건원만으로는 명명할 수 없다. 공자는 '태극'이라고 말하기도 하고, '천도'라고 말하기도 하며, 한 글자로 '도'라고 말하기도 하고, '천(天)'이라고 말하기도 했으니, 모두 본체를 명명한 것이다.

  ⓕ '바탕으로 한다.'는 것은 '받아들인다.'는 의미이다. '시작한다.'는 것은 건원의 유행이 주력하는 측면이니, 이른바 건(乾)이 이것이다. 건은 곤을 통치하기 때문에

---

34 『역』 「건괘」. 彖曰, 大哉乾元. 萬物資始, 乃統天.

마침내 건의 감화에서 시작한다는 것을 말했는데, 시간적인 선후의 의미가 아니다. 건이 양의 강한 덕으로 시작하여 곤을 감화시키고, 곤은 곧 음의 순종하는 덕으로 건의 감화를 이어받으니, 만물은 음양의 조화를 바탕으로 받아들여서 태어남이 있다. 그러므로 건이 시작한다고 말했으면 바로 이미 곤이 순종함을 아는 것이다. 그렇지 않다면 양(陽) 혼자서만 어떻게 만물을 낳을 수 있겠는가!

ⓖ 여기서의 '하늘'은 곧 복희가 하늘의 작용을 본받는다고 말할 때의 '하늘'로서 대개 '천제'를 말하니, 공자가 말한 '하늘'과 의미가 같지 않다. 복희 시대에 민중들은 활처럼 휜 형체를 천제라고 여겼는데, 공자는 여기의 '하늘'을 건원이 통치하여 제어하는 것이라고 여겼다.['천제'는 또한 '천(天)'으로 간략히 말한다. '통치하여 제어한다.'는 것은 '주재한다.'는 것과 같다.] 건원이 천제를 통치하여 제어한다면, 천제는 만물의 주인이 되기에 부족하다. 그 말이 비록 농담 같지만 의미는 심원하다.

「곤괘」의 「단전」에서 말했다. "지극하다. 곤원(坤元)이여!ⓐ 만물이 그것을 바탕으로 생겨나니,ⓑ 이에 하늘을 순종하여 계승한다."ⓒ[35] 이상에서 서술한 것처럼 『주역』의 「건괘」와 「곤괘」의 「단전」에서 건원(乾元)을 드러내 보여 천제를 없앴으니, 체와 용의 의미는 여기에 이르러 '분명하게 깨우쳐져서[朝徹]' 의심의 여지가 없게 되었다.ⓓ 복희가 매듭짓지 못한 단서를 성취하였으니, 백세 이후의 성인을 기다린다 해도 의심하지 못할 것이다. 성대하다. 공자의 공적이여!

ⓐ 본체의 유행을 용(用)이라고 명명한다.[앞의 글을 다시 봐야 한다.] 용에는 두 측면이 있으니, 상반되는 측면과 서로 이루어주는 측면이 이것이다.[이 두 측면일 뿐이니, 두 가지 체(體)라고 생각해서는 안 된다.] 그러므로 한번 건이라고 말하면 이미 곤이 있음을 바로 안다. 곤의 원(元)은 곧 건의 원이어서 곤에 별도로 원이 있는 것이 아니니, 이것은 70제자가 돌아가신 스승이 남긴 설명을 전수한 것이고 한대 사람들이 여전히 보존한 것이다. 왕선산(王夫之)의 『역내전·역외전(易內傳·易外傳)』에서는 '건원'과 '곤원'이 건과 곤의 본체로 말한 것임을 깨닫지 못하여, 이에 '건과 곤을 함께 세운다.'는 주장이 있게 되었으니, 이원론의 혐의가 짙다.

---

35 『역』「곤괘」. 象曰, 至哉坤元, 萬物資生, 乃順承天.

ⓑ '생겨난다.'는 것은 낳아서 길러주는 것이다. 곤은 사물을 이루지만 건양(乾陽)의 낳고 낳는 화육이 실로 그 가운데 내포되어 있으니, 이 때문에 만물이 모두 서로 바탕으로 받아들여져서 마침내 낳아지고 길러진다. 무기물은 서로 바탕으로 삼아 길러져서 토양이 모여 태산처럼 높아지고, 작은 냇물이 모여 강과 바다처럼 커지며, 생물이 진보하여 사람에게까지 이르니, 사물을 바탕으로 하는 것은 거의 전우주적으로 모두 이것을 구비하고 있다.

어떤 사람이 물었다. "여기서는 '그것을 바탕으로 생겨나는 것'과 '그것을 바탕으로 시작하는 것'을 해석함에 구별이 있지만, 한대 이후로 이런 해석이 없었던 것은 무엇 때문인가?"

대답했다. "「설괘전」에서 '곤은 땅이다.[곤은 사물이므로 땅에서 상(象)을 취한다.] 만물은 모두 땅에서 길러진다.'[36]고 말하지 않았는가! 나의 말에 근거가 없는 것이 아니다. 예전의 해석에서는 '만물이 그것을 바탕으로 시작한다.'는 것을 건에서 설명했고, '만물이 그것을 바탕으로 생겨난다.'는 것을 곤에서 설명해서, '그것을 바탕으로 시작한다.'는 것과 '그것을 바탕으로 생겨난다.'는 것의 의미에 대해 또한 크게 구분하지 않았다. 사실 곤이 건을 계승해서 생겨난다는 의미는, 건이 그것을 바탕으로 시작하는 것 가운데에서 융합하여 설명해야 하고, 곤이 그것을 바탕으로 생겨나는 것 가운데에서는 기른다는 측면으로 말해야 한다."

ⓒ '하늘[天]'자에는 다양한 의미가 있다. 이곳의 '하늘'은 우주공간의 여러 천체의 운행이 강건한 것으로서 건덕(乾德)의 강건함을 비유한 것이다. 그러므로 이곳에서 하늘의 의미는 앞의 글에서 '하늘을 통치한다.'고 할 때의 하늘과 절대로 같지 않다. 앞의 글에서는 상고시대의 사람들이 믿은 활처럼 휜 형체를 상제(上帝)로 여겼기 때문에, 건원이 하늘을 통치하는 것을 말하여 타파했다. 여기에서 말하는 하늘은 건의 덕이 강건한 것에 대해 천체 운행의 굳셈에서 상(象)을 취한 것이니, 여기에서 말하는 하늘은 사실 건의 덕을 말한다.

'하늘의 덕을 순종하여 계승한다.'는 것은, 곤이 마땅히 바르고 단단함을 지킴으로써 건의 강건하고 중정한 것에 순종해서 그것과 합일한다는 것이다. 『역』이라는 책은 본래 상(象)을 빌려와 이치를 드러내는 것이다.[빌린다는 것은 가차(假借)한다는 것이고, 드러낸다는 것은 드러내 밝히는 것이니, 또한 비유를 빌려 써서 그 이치를 드러내 밝히는 것이다.] 한대 사람들은 『역경』의 그 어떤 글자도 상(象)이 아닌 것이 없다고 말했는데, 그 말은 오류를 벗어나지 못했다.[그 오류는, 예컨대 건의 구삼(九三)에서 "군자는 '종일토록[終日]' 부지런히 힘쓴다."[37]고

---

36 『역』「설괘(說卦)」. 坤也者, 地也. 萬物皆致養焉.

했으니, 군자의 정진하는 용맹이 종일토록 해이해지지 않아 굳건하고 또 굳건하다는 것을 말한다. 그런데 순상(荀爽)은 "'일(日)'로 군주를 비유한다."[38]고 했으니, '종일토록[終日]' 부지런히 힘쓰는 것은 오직 군주의 당연함일 것이다! 또 '일(日)'을 군주라고 말한다면, '종일(終日)'이라는 말이 어떻게 통할 수 있겠는가?[39] 이 하나의 사례로 나머지는 개괄할 수 있을 것이다.] 그러나 『역경』의 글이 상(象)을 빌어 이치를 드러내는 것임은 몰라서는 안 된다. 오직 상을 취하여 많은 이치를 내포할 수 있어서, 하나의 지식을 아는 것으로 다른 것까지 미루어 알아 구애됨과 막힘이 없으니, 이것이 『역』이 위대한 까닭이다. 성인이 상을 취한 의미를 알지 못하면 아직 『역』을 읽었다고 할 수 없다.

ⓓ 『장자』에서 "'분명하게 깨우친[朝徹]' 다음에 '홀로 있음[獨]'을 '알 수 있다.[見]'"[40]고 했는데, '조(朝)'는 첫새벽이니, '청명하다'고 말하는 것과 같다. '철(徹)'은 크게 통하는 것이니, '통철(洞徹)'이라고도 한다. '홀로 있음[獨]'이란 본체는 상대가 없기 때문에 '홀로 있음'이라고 한다. '알 수 있다[見]'는 것은 '깨달아 안다.[證知]'는 것이다.

|부가설명| 어떤 사람이 물었다. "「건괘」에서 '위대하다. 건원(乾元)이여! 만물이 그것을 바탕으로 시작한다.'[41]라고 했는데, 그대는 이 구절을 해석함에 건이 주동해서 곤을 감화하는 것을 바로 만물이 그것을 바탕으로 시작한다고 여겼다. 「곤괘」에서 '지극하다. 곤원(坤元)이여! 만물이 그것을 바탕으로 생겨난다.'[42]라고 했는데, 그대는 곤이 건을 계승해서 사물을 이루므로 만물이 땅에서 길러진다고 해석했다. 이것에 의하면 '바탕으로 시작한다.'는 것과 '바탕으로 생겨난다.'는 것은 모두 건원과 관련이 없는 것인가?"

---

37 『역』「건괘」. 九三, 君子終日乾乾.

38 『주역집해(周易集解)』「건괘」. 荀爽曰: "日以喻君. 謂三居下體之終, 而爲之君, 承乾行乾, 故曰乾乾."

39 '일(日)'을 군주라고 말한다면, '종일(終日)'이라는 말은 어떻게 통할 수 있겠는가?: 『주역집해(周易集解)』「건괘」에 의하여 "君子終日乾乾." 구절을 순상의 주석대로 해석하면, "군자는 '내괘(內卦)'의 꼭대기인 군주[終日]가 힘쓰는 것이다."로 될 것이다. 웅십력은 순상의 해석을 곡해한 것으로 보인다.

40 『장자』「대종사(大宗師)」. 朝徹而後能見獨.

41 『역』「건괘」. 象曰, 大哉乾元, 萬物資始.

42 『역』「곤괘」. 象曰, 至哉坤元, 萬物資生.

대답했다. "그대는 참으로 답답하다. 건원이란 건과 곤의 본체이고, 건과 곤이란 건원의 공용이다. 체와 용은 본래 둘이 아니다. 건원의 바탕으로 시작하고 바탕으로 생겨나는 덕은 곧 건과 곤에서 알 수 있으니, 건과 곤은 건원의 공용이기 때문이다. 만약 이 공용이 없다면 어찌 건원의 덕을 말할 수 있겠는가? 비유컨대 쌀이 사람을 먹여 살리는 덕은 쌀밥에서 알 수 있으니, 쌀밥이 쌀의 공용이기 때문이다. 그렇지 않으면 쌀의 덕을 알 수 없다. 나는 경전을 근거로 해석했는데, 그대가 깨닫지 못했을 뿐이다."

[4-6-3-1] 건원(乾元)의 유행인 마음(乾)과 사물(坤)

『역』「계사전」에서 "건은 큰 시작을 알고 곤은 변화하여 사물을 이룬다."[43]라고 했다. 이 구절에 근거하면, 건은 아는 것이라고 설명했고, 곤은 사물을 이루는 것이라고 설명했으니, 마음과 사물은 동일하게 건원이라는 본체의 공용이다.[ⓐ] 바꿔 말하면, 곧 마음과 사물은 동일하게 건원(乾元)의 유행이다.[ⓑ] 이것이 공자 『주역』의 '핵심 요지[宗要]'이니,[ⓒ] 이것에 동의하는지의 여부를 막론하고 학자들은 반드시 깊고 절실하게 체인해서 그 진수를 잃으면 안 된다.

> [ⓐ] '건원이라는 본체'는 복합명사이다. 건원은 체(體)이고, 건과 곤은 용(用)이다. 그런데 건은 마음이고 곤은 사물이기 때문에, 마음과 사물은 건원의 공용이다.
> [ⓑ] 곤(坤)의 원(元)이 바로 건(乾)의 원(元)이라는 것은 공자 문하가 남긴 설명인데, 한대 사람들이 여전히 보존했다. 그러므로 사물과 마음은 두 가지 근원[元]이 있는 것이 아니다.
> [ⓒ] '종요(宗要)'의 종(宗)은 종주(宗主)이고, 요(要)는 강요(綱要)이다.

---

43 건은 큰 시작을 알고 곤은 변화하여 사물을 이룬다: 『역』「계사·상」에는 "乾知大始, 坤作成物."라고 되어 있는데, 웅십력은 "乾知大始, 坤化成物."이라고 하였다. 번역문은 웅십력이 고친 것을 따른다. / 『주역정의(周易正義)』, 공영달 소: '乾知太始' 者, 以乾是天陽之氣, 萬物皆始生於氣, 故云知其大始也. '坤作成物'者, 坤是地陰之形, 坤能造作以成物也. 참조.

[4-6-3-2] 건(乾)의 지(知: 크게 밝음)

'건이 안다[乾知].'고 할 때의 '안다[知]'는 것은 한대 이후로 전혀 올바른 해석이 없었으니, 근본적으로 깨닫지 못해서 결국 통하기를 구하지도 못했기 때문이다. '건이 안다[乾知].'는 말에서 '안다[知]'라는 말은 원래 일반적으로 '지식(知識)'이라고 말할 때의 '앎[知]'의 의미가 아니다. 나는 여기서의 '앎[知]'이라는 말이 '크게 밝다'고 말하는 것과 같다고 생각한다.ⓐ 「건괘」「단전」에서 '끝과 시작을 크게 밝힌다.'44고 말한 것은, 건양(乾陽)이 크게 밝은 것이 되어 굳건한 덕으로 곤음(坤陰)을 움직이고ⓑ 음이 그것을 계승해서 감화되므로,ⓒ 음양이 조화를 이루면 만물이 그것을 품수해서 시작을 이루고 끝을 이룬다는 말이다.ⓓ 이 글을 근거로 증명하면,ⓔ '건이 큰 시작을 안다.'는 것은 건이 크게 밝은 것이기 때문에 주동해서 음을 열어줄 수 있고 만물을 크게 시작할 뿐이라는 것을 말한다.ⓕ

ⓐ '크게 밝다.'는 것은 정신이나 마음이라고 말하는 것과 같아, 비록 사려와 같은 작용이 없지만 그 자성(自性)의 두드러진 밝음이 모든 사려와 같은 작용의 근원이므로 밝다고 말하고 앎이라고 말했다.

ⓑ 건양(乾陽)은 복합명사이고, 곤음(坤陰)도 그러하다. '움직인다.'는 말은 주동이 되어 음을 지도하는 것이다.

ⓒ 양이 움직이고, 음이 계승해서 감화되는 것은 동시에 이루어지는 것이지, 양이 움직이는 것이 먼저이고 음이 계승해서 감화되는 것이 나중이 아니다.

ⓓ 만물이 시작된 곳을 추구하면, 건은 크게 밝음을 근본으로 해서 굳건한 덕으로 음을 감화시키므로 음양이 조화를 이루어 사물이 비로소 생겨나며, 사물이 끝나게 되면, 음양의 '곳집[府]'으로 돌아간다('곳집[府]'은 건원을 말한다. 건원은 건과 곤의 본체이다. 만물이 그곳을 근원으로 삼아 돌아가므로 '곳집[府]'이라고 말했다). 대개 사물의 형체는 다함이 있지만, 그 시작된 것을 추구하면 다함이 없다. 끝과 시작을 크게 밝힌다는 의미는 극히 심원하다.

ⓔ '이 글'은 위에서 인용한 '끝과 시작을 크게 밝힌다.'는 글이니, 증거로 삼을 만하다.

ⓕ '건이 안다.'는 것에서 큰 시작을 말했으니, 마음이 주동이 됨을 알 수 있다.

---

44 『역』「건괘」. 象曰, 大哉乾元, … 大明終始.

옛날 인도의 '상키아학파[數論學派]'⁴⁵에서 만물의 생성이 또한 '어두움[闇]'ⓐ 에서 나온다고 했다. 불가에서는 '연(緣)으로 생겨나온다[緣生]'고 했는 데,ⓑ 무명(無明)이 시작이다.ⓒ 서양의 철학자들은 우주가 시작된 개벽을 담론하는 데, 또한 맹목적으로 추구하는 의지에서 근본을 추측하는 자가 있다.ⓓ 복만용(伏曼容)⁴⁶은 『역』의 「고(蠱)괘」를 설명하면서 만사는 미혹에서 일어난다고 여겼다.ⓔ 이러한 잘못된 견해는ⓕ 사람들을 쉽게 비관하도록 만든다. 오직 공자의 『주역』만이 건과 곤을 '일원(一元)'ⓖ에 근거해서 건이 큰 밝음이 되고 양의 덕이 곤을 움직이고 감화시켜서 이에 만물을 크게 시작한다. 이 때문에 우주는 본래 '원만하게 밝은 바다[圓

---

45 '상키아학파[數論學派]': 인도의 육파철학(六派哲學) 중 가장 먼저 성립된 학파로 한역(漢譯)으로는 수론(數論) 또는 승법(僧法)이라고도 한다. 요가학파와 관계가 깊은 학파이다. 개조는 카필라(B.C.4세기-3세기)이며, B.C.3-A.D.4세기 이후의 운문 『우파니샤드』나 『마하바라타』에 있어 유력한 철학사상이 되었다. 기원후에 큰발전을 보았고 3~4세기에는 그 정점에 이르러, 불교와 베다시타학파의 최대의 논적이 되었다. 그러나 『상키아카리카』에 그 사상적 결정(結晶)을 남긴 이후에는 차차 시들어 갔다. 최고범(最高梵)을 인정하는 계통도 있으나 정통적인 학설은 정신[神我: Purusha]과 물질[自性: Prakriti]의 이원론(二元論)이다. 정신은 각 개인 안에 존재하지만 스스로는 활동을 못하고 또한 의식의 대상도 되지 않는다. 따라서 일상적 경험에서의 자기라는 의식·사유·인식작용은 모두 정신에 속하지 않는다. 근본물질은, 청정(淸淨)·활발·침체라는 세 가지 성질 또는 요소를 갖고 그것이 심적·물적 현상으로 나타난다. 고통스러운 인간존재는 이 비정신(非精神)을 정신이라고 잘못 인식하는 데에 기인된다. 따라서 양자의 구별을 인식함으로써 정신은 물질과의 결합으로부터 분리되어 단독으로 존재한다. 이것이 해탈(解脫)이다. 상키아는 사상적으로는 힌두교를 비롯하여 예술윤리까지 널리 영향을 끼쳤는데, 오늘날 학파로서의 세력은 거의 무시되고 있다.

46 복만용(伏曼容, 421-502): 자는 공의(公儀)이고 남조(南朝) 송(宋)·제(齊)나라의 대신(大臣)으로서 저명한 유학자이다. 평창 안구(平昌安丘: 현 산동성 안구시〈安丘市〉) 사람이다. 어려서 고아가 되었으나, 각고의 노력 끝에 『주역』과 『노자』에 통달하였다. 송나라 명제(明帝) 태시(泰始: 465-471) 연간에 표기행참군(驃騎行參軍)이 되었다. 명제가 『주역』을 좋아하여 조정의 신하들을 모아놓고 복만용에게 『주역』을 강론하도록 했다고 한다. 저술로는 『주역집해(周易集解)』, 『모시집해(毛詩集解)』, 『표복집해(表服集解)』, 『노자의(老子義)』, 『장자의(莊子義)』, 『논어의(論語義)』 등이 있다.

明之海'이니,ⓗ '평범한 사람들[群生]'도 성인과 같은 '근본[因]'을 간직하고 있다. 큰 변화를 겪고 모순을 풀어버리며 만물과 가지런하게 되고 큰 조화로 함께하면,ⓘ 어떻게 어리석음을 자처하면서 슬프고 고통스러워 하겠는가? 위대하다. 『역』이여! 내가 이것을 버리고 무엇에 귀의하겠는가?

ⓐ '어두움[闇]'은 '어리석음[迷闇]'이다.

ⓑ 12연(緣)으로 생겨나온다는 이론이 있으니, 사람이나 만물의 생성은 12종류의 연(緣)이 모여서 생겨나오므로 '연으로 생겨나온다[緣生].'고 했다. 비유컨대 벼가 생겨나오는 것은 종자가 인연이 된 것에서 물・흙・햇빛・공기・절기[歲時]・사람의 노력 등이 보조적인 연(緣)이 되므로 벼가 생겨나온다. 만약 모든 연(緣)이 떠나가면 벼도 없으니, '연으로 생겨나온다.'는 의미는 이와 같다. 연으로 생겨나오기 때문에 만물은 모두 고정되지 않고 모두 독립된 실제 사물이 아니다.

ⓒ 12연은 무명이 시작이다. 무명은 어리석음을 말한다. 부처의 말대로라면, 만물은 모두 하나의 큰 어리석은 힘을 시작으로 그 나머지 여러 연이 모여 생겨난다. 부처가 말한 무명은 일종의 어리석은 힘으로 봐도 된다.

ⓓ 의지에 대한 모든 논의는 대부분 인도사상과 서로 비슷한 점이 있다.

ⓔ 이것은 곧 불가의 연으로 생겨나온다는 설명을 가지고 『역』을 기만한 것이다.

ⓕ 견해가 바르지 않은 것을 잘못된 것이라고 부른다.

ⓖ '일원(一元)'은 이른바 건원(乾元)이다.

ⓗ '원만하게 밝다[圓明].'는 것은 불교 경전에 있는 것으로 '크게 밝다[大明].'는 것과 같다.

ⓘ '가지런하다.'는 것은 만물이 모두 평등한 것이다. 「건괘」 「단전」에서 "큰 조화와 화합하니 이롭고 바르다."[47]고 했다.

|부가설명| 건과 곤은 이름으로는 두 개의 괘이지만, 사실은 나눌 수 없다. 만약 건과 곤의 본체로 말한다면, 곤의 원(元)이 바로 건의 원(元)이니, 곤은 별도로 그 원(元)이 있는 것이 아니다. 이것은 근원ⓐ에서 말한 것이어서 건과 곤은 본래 나눌 수 있는 것이 없다. 건과 곤의 큰 작용이 변동하는 것에서 말하면,ⓑ 음과 양은 사실 나눌 수 없고 건과 곤은 단지 건원이 유행하는 두 측면이니 각기 별도의 두 개의 체(體)라고 생각할 수 없다. 이 때

---

47 『역』 「건괘」. 象曰, 大哉乾元, … 保合大和, 乃利貞.

문에 「건괘」 중에서 건을 말하면 곧 곤이 있고, 「곤괘」 중에서 곤을 말하면 곧 건이 있다. 예컨대 「건괘」의 「단전」에 '만물은 그것을 바탕으로 시작한다.'[48]고 말한 것에서, '시작'이라고 말한 것은 건이 주동이고 곤은 바로 건을 계승해서 감화됨을 암암리에 보인 것인데, 양이 주동하는 것이 먼저이고 음이 계승해서 감화되는 것이 나중이 아니다. 그렇지 않다면 홀로 있는 양은 음이 없어 변화를 이룰 수 없으니, 만물이 무엇을 바탕으로 해서 시작하겠는가! 또 예컨대, '끝과 시작을 크게 밝힌다.'[49]고 말하고 '건도가 변화한다.'[50]고 말한 것들은 모두 음양이 한결같이 갖추어진 것이니, 변화를 건도에 단독으로 소속시킬 수 없고, 만물의 끝과 시작을 단독으로 크게 밝음에 소속시킬 수 없다.ⓒ 한두 곳을 대략 열거했으니, 다른 곳에서도 유추할 수 있다. 「건괘」 중에서는 반드시 이와 같이 몸소 이해해야 하고, 「곤괘」 중에서도 그렇게 해야 하니, 학자들은 깊이 생각해서 스스로 터득해야 한다. 그러나 다시 반드시 알아야 할 것은, 건과 곤의 변동은 요컨대 건이 주동이고 곤이 계승한다는 것이다. 다만 주동이 먼저 움직이는 것이 아니고, 계승이 뒤에 감화되는 것이 아니어서 건과 곤은 줄곧 한결같이 갖추어진다. 그런 까닭은 무엇 때문인가? 건원이 그 공용을 발현하는 것이 그 내부에서 반드시 갑자기 두 측면의 불화로 드러나서, 만약 고립되어 짝이 없다면 곧 말할 수 있는 공용이 없으니, 이른바 건과 곤이 멈추었다ⓓ는 것이 이것이다. 이 이치는 심원하고 은미하여 함께 이야기할 수 있는 자가 드물다.ⓔ

ⓐ '근원'은 본체에 대한 형용사이다.

ⓑ '건과 곤의 큰 작용'이라는 말은 복합명사로 만든 것이다. 건과 곤은 곧 본체의 공용이어서 찬미하여 '크다[大]'고 하였다. 건에는 밝고 강건한 덕성이 있으므로 건은 양이라고 말했고, 곤은 유순한 덕성이 있으므로 곤은 음이라고 말했다.

ⓒ '크게 밝음'은 건도이다.

ⓓ '멈추었다.'는 것은 훼손되어 사라졌다는 것이다.

---

48 『역』「건괘」. 象曰, 大哉乾元. 萬物資始, 乃統天.

49 『역』「건괘」. 象曰, 大哉乾元, … 大明終始.

50 『역』「건괘」. 象曰, 大哉乾元, … 乾道變化.

ⓔ 서양 철학의 우주론에는 유심론과 유물론의 논쟁이 있는데, 만약 『주역』의 깊은 뜻을 알았다면 마음과 사물은 원래 나눌 수 없다.

[4-6-3-3] 곤(坤)의 작성(作成: 상반됨)

"곤은 변화하여 사물을 이룬다."는 것에 대해서, 건이 정신이ⓐ 되는 것은 건원(乾元)의 유행이 주력하는 측면이니, 곤의 움직임이 비록 건의 움직임과 서로 함께할지라도ⓑ 단지 곤의 움직임은 곧 건과 상반된다는 것이다. 상반된다는 것은 곤이 변화하여 사물을 이루는 것이다. 나는 건원에서 공용이 발현하는 것이 그 내부에서 반드시 갑자기 두 측면의 불화로 드러난다고 말한 적이 있다. 곤의 움직임이 건과 반대되는 것은 건원의 유행에서 반드시 그렇게 되는 추세로 자연스러운 이치이다.

물었다. "무엇 때문에 사물을 이루는 것을 반대되는 것이라고 말하는가?" 대답했다. "『건착도』에서 '양은 움직이면서 나아가고,ⓒ 음은 움직이면서 물러난다.'ⓓ51고 말했다. 학자들이 만약 가깝게는 자신에게서 취하고, 멀게는 사물에서 취한다면, 당연히 『건착도』의 말을 거짓으로 여기지 않을 것이다."ⓔ

ⓐ '정신'은 마음이라고 말하는 것과 같다.

ⓑ '서로 함께한다.'라는 것은 동시에 함께 일어난다고 말하는 것과 같으니, 건의 움직임이 먼저이고 곤의 움직임이 나중이라는 것이 아니다.

ⓒ '양(陽)'은 정신이다. '나아간다.'는 의미는 대략 두 가지로 말한다. 첫째는 위로 올라가서 내려오지 않는 것을 말하고, 둘째는 피어나서 막히지 않는다는 것을 말하니, 이것은 건원이라는 본체의 자성을 잃지 않은 것이다.

ⓓ '물러난다.'는 의미도 대략 두 가지로 말한다. 음이 사물을 이루면 나누어지고 응결되어 막힌다(응결되면 반드시 분화되므로 '나누어지고 응결된다.'고 했다. 나누어지고 응결되어 여러 종류의 사물이 되는 것은 마치 기체가 이미 응결의 실마리였다가 고체로 되면 응결이 끝나서 막히는 것과 같다). 거칠고 혼탁해지면

---

51 『주역건착도(周易乾鑿度)』. 陽動而進, 陰動而退.

내려오니, 이것은 건원이라는 본체의 자성을 잃은 것이다.

ⓔ 정신이 위로 올라가고 피어나는 것은 마땅히 자신에게 되돌려서 직접 깨달아야 하지만, 또한 사물에서 징험해야 한다. 만물의 발전은 무기물에서 유기물로 진보하고, 유기물은 식물에서 극도로 높은 인류로 진보해 나아가니, 정신은 한 걸음 한 걸음 피어나서 위로 올라가는 것이다.

물었다. "곤이 변화하여 사물을 이루는 것은 건원의 유행이 반드시 거기에 이르는 추세로 자연스러운 이치라고 그대는 말했지만, 나는 여전히 이해할 수 없으니, 자세히 설명해 주었으면 한다."

대답했다. "건원의 유행에서 그 주력이 건이다.ⓐ 건은 본래 무형이어서 만약 곤이 변화하여 사물을 이루는 것이 없다면 건의 움직임은 의지할 곳이 없으니, 결코 이런 이치는 없다. 비유컨대 손으로 잡고 발로 걸어가는 것에서, 걸어가고 잡는 것이 움직임이니 손과 발이 있는 것에 의지하고 있기 때문이다. 손이 없는데 무엇을 잡는다고 하고, 발이 없는데 걸어간다고 하는 것은 들어본 적이 없다. 그러므로 건과 곤은 건원 유행의 두 측면이어서 두 가지 체(體)로 나눌 수 없다고 말한다. 건은 바로 건원 유행의 주력이어서 이른바 순수한 정(精)이니, 곤에서 '주도적으로 운행[斡運]'할 수 있는 것이다.ⓑ 곤은 건원 유행의 '거둬들임[翕斂]'ⓒ으로서, 변화하여 사물을 이루고 건을 실을 수 있는 것이다.ⓓ 내가 앞에서 건원이 그 공용을 발전시키는 것은 그 내부에서 반드시 갑자기 두 측면의 불화로 드러난다고 말했다. 그러나 불화는 잠시 변화하는 양태일 뿐이고 변치 않는 특성이 아니다. 건과 곤은 마침내 '태화(太和)를 보합(保合)해서'[52] 통일되니, 건과 곤이 본래 둘이 아니기 때문이다. 그러나 비록 본래 둘이 아니지만 또한 구분이 있으니, 장자가 말한 '진귀하고 괴이한 것[倏詭譎怪]'[53]이고, 부처가 말한 불가사의(不可思議)한 것이다.ⓔ 건과 곤

---

52 『역』「건괘」. 象曰, 大哉乾元萬物資始 … 保合太和.

53 『장자』「천하」. 其辭雖參差, 而諔詭可觀.

은 본래 하나의 체(體)이지만 두 측면으로 다름이 없을 수 없으니,ⓕ 이 것은 '본래 그러한[法爾]' 도리이다. 그러므로 우리들이 마음대로 억측해 서 함부로 말할 수 있는 것이 아니다. 만약 오직 곤만 있고 건이 없다면, 만물이 인류로까지 발전하는 것은 분명히 최고의 영성(靈性)이 출현하는 것인데 본유적으로 잠재하는 근본을 허용하지 않고 어떻게 진리에 부합 한다고 하겠는가! 또한 곤만으로는 변화를 이룰 수 없으니, 어떻게 만물 이 발전한다고 말할 수 있겠는가? 만약 건만 있고 곤이 없다면, 건의 움 직임은 마침내 의거하는 곤이라는 것이 없어서 손이 없는데도 잡고 발이 없는데도 걷는 것이니, 천하에 어찌 이처럼 상상도 할 수 없는 일이 있겠 는가? 이 때문에 건과 곤은 하나의 체(體)가⑨ 유행하는 두 측면으로서 사 실 나눌 수 없는 것이다. 「건괘」 가운데 곤의 상(象)이 있고, 「곤괘」 가운 데 건의 상(象)이 있으니, 조금이라도 『역』의 상(象)에 대해 꿰뚫고 있는 사람이라면 모두 알 것이다. 예컨대 「건괘」 「단전」에 '구름이 지나가고 비가 내려 만물이 유행해서 드러난다.'ⓗ54라고 했는데, 이것이 「건괘」 가운데 곤의 상이 있다는 증거이다. 「곤괘」 가운데 건의 상이 있다는 것은 생각해보면 알 수 있다. 건과 곤은 '본래 그러하게[法爾]'ⓘ 서로 반 대되면서도 서로 이루어주어 곤만으로는 변화되지 않으니 곤이 있는데 건이 없다고는 말할 수 없고, 건만으로는 움직일 수 없으니 건이 있는데 곤이 없다고는 말할 수 없다. 학자들이 이 의미를 제대로 알면, '곤이 변 화하여 사물을 이룬다.'는 것은 추세가 반드시 거기에 이르는 것으로서 이치의 저절로 그러함이니, 활연(豁然)하여 의심이 없게 될 것이다."

ⓐ '건원'은 건의 원(元)이니, 바로 건의 본체이지 그것이 곧 건인 것은 아니다.
ⓑ 건은 곤의 주인이니, 「곤괘」에는 '순종하여 계승한다.[順承]'55고 한 말과 '주인을 얻었다.[得主]'56고 한 말이 분명히 있다. '순수한 정(精)'이라는 말은 위의 글에서

---

54 『역』 「건괘」. 象曰, 大哉乾元 … 雲行雨施, 品物流形.
55 『역』 「곤괘」. 象曰, 至哉坤元, 萬物資生, 乃順承.
56 『역』 「곤괘」. 後得主而有常.

강건(剛健)·중정(中正)과 병렬할 수 있는 것이 아니다. 최경(崔憬)의 해석이 옳다.[57] '정(精)'은 '정신'의 줄임말이다. '순수한'에서 '순(純)'은 '순일(純一)하다'는 것이고, '수(粹)'는 '수미(粹美)하다'는 것이다. 여기에서는 건은 강건하고 중정한 덕이 있으니, 순수한 정(精)이 되어 곤을 주도하는 것이라는 말이다. 이것에 대해서는「건괘」「문언」을 참고할만하다. '주도한다.[斡]'는 것은 건이 곤을 주도적으로 통솔한다는 말이고, '운행한다.[運]'는 것은 건이 곤 속에서 운행한다는 말이다.

ⓒ '거둬들인다.'는 것은 거두어서 응결한다는 말이다.

ⓓ 「곤괘」의 상(象)에서 '두터운 덕이 사물을 싣는다.'[58]고 했으니, 대개 곤이 건을 싣는 것은 비유컨대 대지가 온갖 사물을 받아들여 싣는 것과 같다. 이것은 우주론으로 말한 것이다. 만약 인사(人事)로 말한다면, 사람은 마땅히 곤이 두텁게 싣는 것을 본받아야 한다는 것이니, 선대의 학자들이 이미 설명했다.

ⓔ 부처가 '불가사의한 것'이라고 말한 것은 진리를 깨달은 것을 가지고 말한 것으로, 깨달을 수 있는 지혜와 깨닫게 되는 진리가 혼연히 하나가 되는 것이다. 이것은 끝없는 수행으로 얻는 것이어서 세상의 학자들이 사유와 의론으로 도달할 수 있는 것이 아니다. 그러므로 불가사의한 것이라고 했다. 이제 세상에서 이 말을 사용하는 것은 모두 제멋대로이니 부처의 본래 의미를 잃었다.

ⓕ 건과 곤은 '하나의 원(元)'에 뿌리를 두고 있으므로 '하나의 체(體)'라고 하였다.

ⓖ '하나의 체(體)'는 건원을 말한다.

ⓗ 구름과 비는 둘 다 형태가 있으니 모두 곤의 상이다. '지나간다.'고 하고 '내린다.'고 말한 것은 모두 움직인다는 의미이니, 건의 상이다. 이 구절에서는 건은 곤 가운데에서 움직이고 곤은 건을 이어받아 변화하므로 건과 곤은 함께 유행해서 만물이 드러난다고 말했다. '드러난다.'는 것은 또한 곤의 상이다. 우번(虞飜)의 주석에는 여전히 잘못이 있다.[59]

ⓘ '본래 그러하게[法爾]'는 「부가설명」에서 자세히 설명하겠다.

|부가설명| "'본래 그러한[法爾]' 도리"라는 말은 불교경전에 있다. '본래 그러

57 최경(崔憬)의 해석이 옳다:『주역집해』「건괘」「문언」. 大哉乾乎, 剛健中正, 純粹精也. 구절에 대한 주, 崔覲曰: "不雜曰純, 不變曰粹. 言乾是純粹之精, 故有剛健中正之四德也."

58 『역』「곤괘」, 象曰, 地勢坤. 君子以厚德載物.

59 우번(虞飜)의 주석에는 여전히 잘못이 있다:『주역집해』「건괘」, 象曰, 大哉乾元, … 雲行雨施, 品物流形. 구절에 대한 우번의 주석은 다음과 같다. 虞翻曰: "已成旣濟, 上坎爲雲, 下坎爲雨, 故'雲行雨施.' 乾以雲雨, 流坤之形, 萬物化成, 故曰'品物流形'也."

한[法爾]은 '저절로 그러하다[自然]'고 말하는 것과 같다. 그런데 의역(義譯)하지 않고 '음역[譯音]'하여 '법이(法爾)'라고 말한 것은, '저절로 그러하다[自然]'는 말이 세상에서 너무 남용됨으로써 익숙하게 사용하여 별다른 이해를 구하지 않기 때문에, 음역으로 그 의미를 주의하여 사람들이 깊이 완미하도록 했다. 이치를 궁구함이 지극한 것에 도달해 사유와 추론으로 다시 더 드러낼 것이 없는 것을 "본래 그러한[法爾]' 도리"라고 한다. 여기에서 '궁구함이 지극한 것에 도달해 사유와 추론으로 다시 더 드러낼 것이 없다.'고 말한 것에 대해 간략히 두 가지로 설명하겠다. 첫째, 궁구함이 우주의 기원(基源)에 도달하여 기원 위에 또 다른 기원이 있는지의 여부를 물을 수 없는 것이다. 내 고향의 속어로 "어떻게 머리 위에서 다시 머리를 찾겠는가!"라고 하니, 여기에는 지극한 이치가 있다. 둘째, 보편적으로 말하여, 일반인들이 공인하는 법칙은 경험[實測]에 근본한 것이지 공상이나 환상에서 나온 것이 아니니, 또한 이 법칙에 대해 다시 추구할 필요가 없는 것이다. 실례로 2+2=4와 같은 것은 본래 산술상의 규칙이다. 설령 "어째서 2+2=4와 같은 규칙이 있는가?"라고 질문해도, 나는 반드시 사물을 가지고 헤아려 보게 함으로써 질문한 자를 깨우치게 할 것이다. 그런데 질문한 자가 또 "사물은 원래 사물이고, 이렇게 세는 것은 원래 사람들이 규정한 것일 뿐이다." 가령 사물이 말을 할 수 있다면, 사람들에게 "우리들이 어떻게 이렇게 세는 것으로써 원래 규정될 수 있겠는가!"라고 물을 것이다."라고 했다. 질문한 자가 이렇게 생각하고 이렇게 추구한다면, 나는 곧 억지로 대답하겠지만 끝내 또한 대답하지 못한 것과 같게 될 뿐이다. 총괄하면, 이치를 궁구함이 지극한 곳에 도달하면 사유와 추론은 확실히 함부로 드러내는 것을 용납하지 않는다. 예컨대 2+2=4가 되는 것과 같은 것은 사물을 규정해서 그 질서를 잃지 않게 하는 것이다. 그렇다면 이런 규칙은 바로 지극한 것이어서 다시 생각하고 다시 추구하는 것을 용납하지 않으니, 이것을 "'본래 그러한[法爾]' 도리"라고 해도 될 것이다.

4-6-4 『주역건착도(周易乾鑿度)』의 기(氣)·형(形)·질(質) 삼시설(三始說)

공자가 '곤이 변화하여 사물을 이룬다.'[60]고 말한 것은 결코 한마디 말로 끝낸 것이 아니니, 반드시 다시 발휘하는 것이 있었을 것이다. 애석하게도 사마담이 말한 수천만의 경전이라고 한 것을 한대의 사람들이 연구하려고 하지 않고 망실되도록 내버려두었다. 『역』의 「대전」은 원래 공자가 남긴 말로서 70제자의 후학들이 기록한 것이니, 비록 선사(先師)의 본지를 바꾼 것이 없지는 않을지라도 대체로 믿을 만하다. 위서(緯書)는 본래 진대와 한대의 학자들이 잡다하게 모아서 만든 것이다. 오직 『역위(易緯)』는 공자 문하의 정수를 제법 보존했지만 뒤섞여 어지러운 설명이 수록된 것도 적지 않으니, 엄격하게 가려내지 않으면 안 된다. 이제 『역위』「건착도」에 의거하면 기(氣)·형(形)·질(質)의 '세 가지 시작[三始]' 설이 있는데, 그것이 바로 '곤이 변화하여 사물을 이룬다.'라는 구절의 의미를 펼친 것이므로 「건착도」의 구절을 인용하고 그 아래에 주석을 덧붙이겠다.

원문 "태초(太初)란 기(氣)의 시작이다."[61]

 주석 정현(鄭玄)은 이 구절에 대해 "원기(元氣)가 뿌리를 두고 시작하는 곳이다."[62]라고 했다. 생각건대 정현이 '곳[所]'이라는 말을 사용한 것은, 대개 태초는 여전히 기가 아니고 단지 기는 태초에 근거하고 있다고 여긴 것일 뿐이다. 이 해석은 아주 잘못되었다. 사실은 기가 비로소 드러나면 곧바로 태초이니, 기가 아직 있기 전을 태초라고 이름 붙였다는 말이 아니다. 또 기의 시작이라고 말한 것

---

60 『역』「계사·상」. 乾知大始, 坤作成物.
61 『주역건착도(周易乾鑿度)』. 太初者, 氣之始也.
62 『주역건착도』. 太初者, 氣之始也. 구절에 대한 주석, 元氣之所本始.

은 바로 시작 없는 시작일 뿐이니, 어떻게 하나의 기가 아직 있기 전을 나누어서 태초라고 할 수 있겠는가!

"태시(太始)는 형(形)의 시작이다."[63]

여기서의 '형(形)'자는 드러난다는 의미이지 형상이라는 의미가 아니다. 그 이유가 무엇인가? 만약 형상이라는 의미의 '형(形)'자라면 바로 실질이 있으니, 태소(太素)이지 태시(太始)가 아니다. 그러므로 여기서의 '형'자가 드러난다는 의미의 '형'자임을 안다면, 형상으로 해석해서는 안 된다. 그렇다면 여기서의 '형'자는 과연 무엇을 가리키는가? 내가 『역』 「대전」의 '곤은 간략함으로 그 능력을 이룬다.'[64]라는 구절로 미루어보니,ⓐ 여기서의 '형'자는 능력을 말한다. 대개 기가 이미 비로소 드러났다면, 가볍고 미미한 기에서부터 강성하고 유력한 능력에 도달해서 왕성하게 드러나므로 능력을 '형'이라고 말했다. 곧 '형(形: 능력)의 시작을 태시라고 말한 것이다.

ⓐ '곤은 간략한 것으로 그 능력을 이룬다.'고 말한 것에서, '능력을 이룬다.'는 말은 원래 과학에서 말하는 물질과 기능의 '능력'이다

"태소(太素)는 질(質)의 시작이다."[65]

오직 능력이 움직여서 사납고 빠르니, 이에 물질이 응결되어 이루어지는 것을 돕는다. 곧 질(質)의 시작을 태소라고 이름 붙였다.

기(氣)의 시작을 태초(太初)라고 이름 붙였다. 원기는 가볍고 미미하게 유

---

63 『주역건착도』. 太始者形之始也.

64 『역』 「계사 · 상」. 乾以易知, 坤以簡能.

65 『주역건착도』. 太素者質之始也.

동하지만, 이것이 물질적인 우주의 첫 기반이니, 태초라고 높이지 않을
수 있겠는가!

형(形: 능력)의 시작을 태시(太始)라고 이름 붙였다. 기의 발전을 통해 능력
이 비로소 드러난다. 능력이 드러난 다음에 기체의 가볍고 미미한 것과
아주 달라져서 더욱 발전하여 질(質)이 시작되니, 태시라고 높이지 않을
수 있겠는가!

질(質)의 시작을 태소(太素)라고 이름 붙였다. '소(素)' 또한 '질(質)'의 의미
이다. 가볍고 미미하게 유동하는 기로 말미암아 나아가서 유력한 능력
을 개발하고, 다시 능력의 발전으로 말미암아 질이 비로소 응결하여 이
루어진다. 질이 비로소 드러나서 우주의 온갖 현상이 무성하므로 태소
라고 찬미하였다.

질의 시작을 태소라고만 이름 붙이니ⓐ '초(初)' · '시(始)' 등의 의미가 없
는 것이다. 기는 형과 질이 시작되는 단초이므로 높여서 태초라고 하였
다. 형(形: 능력)이 발전하여 질이 이에 시작되므로 형을 태시라고 높였다.
질이 비로소 드러나게 되자 물질적인 우주가 이미 고도로 발전해서, 다
시 그것을 시작이라고 할 수 없으므로 태소라고 찬미했다. 일반적으로
'태(太)'라고 말한 것은 모두 위대하게 여긴다는 말이고 아름답게 여긴다
는 말이다.

　　ⓐ '소(素)'와 '질(質)'은 같은 의미로 물질적인 우주를 가리켜서 말한 것이다.

"곤이 변화하여 사물을 이룬다."는 말은 기의 시작으로 말미암아 질의
시작에 도달하여 완성에 이르렀다는 것이다.

원문 "기(氣) · 형(形) · 질(質)이 갖추어져 서로 떨어지지 않으므로 혼륜이
라고 한다."[66]

기(氣)가 태초이다. 그러나 형(形)이 시작된다고 기(氣)가 없어지는 것은 아니다.ⓐ

> ⓐ 기 자체는 항상 가지런히 유행하며 그치지 않는다. '가지런히 유행한다[等流].'는 것은, 기가 그 옛것을 그대로 유지하여 연속해 가는 것이 아니라, 매 순간마다 옛것을 버리고 새로운 것이 생겨나면서 서로 이어 유행하여 단절되지 않는다는 말이다. 그러므로 '가지런히 유행한다[等流].'고 했다. '가지런히'라는 것은 비슷하다는 것이니, 뒤의 것과 이전의 것이 서로 비슷하다는 것이다. 비유컨대 어제의 나는 사실 지금까지 연속된 것이 아니라 나는 매 순간마다 옛것이 없어지고 새것이 생겨나서 서로 이어 유행하는 것이니, 지금의 나를 어제의 나라고 할 수 없는 것과 같다. 다만 지금의 나는 어제의 나와 서로 비슷할 뿐이다. 뒤의 내가 지금의 나를 봐도 역시 이와 같다. 이 의미를 아는 자는 '가지런히 유행한다[等流].'는 말에 대해 번다하게 설명하지 않아도 깨우칠 수 있다.

형(形)은ⓐ 태시이니, 또한 질이 시작하여 형이 없어지는 것이 아니다. 형 자체는 항상 가지런히 유행하며 그치지 않는다.

> ⓐ '형(形)'은 능력을 말한다. 뒤에도 이와 같다.

질(質)이 이미 시작되었다면 다시 가지런히 유행하며 그치지 않으니, 고정된 사물로 볼 수 없다.

이상에서 설명한 것처럼 '세 가지 시작[三始]'은ⓐ '본래 그러하게[法爾]' 일제히 함께 있는 것이다. 기(氣)가 시작하면 형(形)과 질(質)이 그것과 함께 모두 시작되므로, "기·형·질이 갖추어져 서로 떨어지지 않는다."고 했다.ⓑ 혼륜은 '세 가지 시작'이 혼연히 하나같아 분리할 수 없는 것이다.ⓒ 성인이 "곤이 변화하여 사물을 이룬다."라고 말하여 「대전」의 기술이 상세하지 않았는데, 다행스럽게 『역위』에 오히려 '세 가지 시작'에 대한

---

66 『주역건착도』. 炁形質具, 而未離, 故曰渾淪.

글이 보존되었다. 또다시 알아야 할 것은, '곤이 작위한다.'는 말은 곤이 홀로 변화할 수 있다는 것이 아니라는 것이다. 이도평(李道平)은 '곤이 작위한다.'는 말에 대해 "건을 계승하여 사물을 이룬다."고 해석했으니, 『역』의 의미를 깊이 터득했다.

ⓐ '세 가지 시작[三始]'은 기(氣)·형(形)·질(質)의 시작이다.

ⓑ '세 가지 시작'은 시간의 선후가 없다. 만약 기의 시작이 앞서 있고, 형의 시작이 그 뒤에 있으며, 질의 시작이 또 그 뒤에 있는 것으로 여긴다면, 이것은 시간의 선후로 '세 가지 시작'을 나눈 것이니, 조화를 아는 자가 아니다. '세 가지 시작'은 만물이 그것들로 말미암아서 이루어지는 것이다. 유행해서 응결하여 동물·식물 등으로의 모든 발전은 시간의 선후로 나눌 수 있지만 '세 가지 시작'은 선후로 나눌 수 없다.

ⓒ '세 가지 시작'은 곧바로 하나라고 말할 수 없지만 분리할 수 없기 때문에 '하나 같다.'고 말한다.

|부가설명 1| 『역』「계사전」에서 "건은 쉬움으로 그 앎을 이루고 곤은 간략함으로 그 능력을 이룬다."[67]라고 했는데, 이 두 구절에 대해 한대(漢代) 이후 여러 학자들의 주석은 한갓 사람들의 생각만 혼란하게 만들었다. 나는 쉬움과 간략함은 건과 곤이 같이 가지고 있는 덕이라고 하였다. 만약 이것에 분명하지 않아 함부로 쉬움이라는 덕을 건에 소속시키고 간략함이라는 덕을 곤에 소속시킨다면, 이는 건과 곤이 같은 덕이 아니니, 어떻게 일원(一元)의 공용이 된다고 할 수 있겠는가!ⓐ 이미 같은 덕이 아니라면, 또 어떻게 '태화(太和)를 보합할'[68] 수 있겠는가!ⓑ 또 건은 '굳건한 덕[健德]'이 있는데,「건괘」에서 "암말은 땅의 부류로 땅에서 돌아다님이 끝이 없다."ⓒ[69]고 했다. 그렇다면 곤에도 '굳건한 덕'이 있는 것이다. 또 곤에는 '유순한 덕[順德]'이 있는데, 건에는 중정(中正)의 덕이 있으니, '중정'이 바로 '유순함[順]'이다.ⓓ 한대 이후로 『역』을 말하는 자들이 건의 굳건함과 곤의 유순함

---

67 『역』「계사·상」. 乾以易知, 坤以簡能.

68 『역』「건괘」. 象曰, 大哉乾元萬物資始. … 保合太和.

69 『역』「건괘」. 牝馬地類, 行地無疆.

을 완전히 분리한 것은 통치계급의 교조주의에 굴종한 것으로[e] 성인의 정밀한 뜻을 잃은 것이니 변별하지 않을 수 없다. 논의를 이렇게까지 진행하면 끌어다 붙인 것이 너무 번다한 것 같으니 본론으로 되돌아가겠다.

ⓐ '일원(一元)'은 건원(乾元)을 말한다. 건과 곤은 건원의 공용이니, 이것에 대한 설명은 앞에 있다.

ⓑ 건은 양이고 곤은 음이어서 비록 하나는 나아가고 하나는 물러나는 상반됨이 있을지라도 반대되는 갑작스러운 변화는 결국 태화를 보존하니, 그것들이 같은 덕을 가지고 있기 때문이다.

ⓒ 곤은 음이니, 암말에서 상(象)을 취했다('상을 취했다.'는 것은 비유를 취했다고 말하는 것과 같다). '땅의 부류'란, 곤은 본래 땅을 상으로 취한 것인데, 이제 또 암말로 상을 취했으니, 암말과 땅이 같이 음의 부류에 속하기 때문이라는 것이다('하늘은 높고 땅은 낮다.'는 것은 땅이 음이라고 설명한 것이다. 암말은 암컷의 종류로 또한 음에 속한다. 옛사람들이 사물의 종류를 음양으로 구별한 것이 대체로 이와 같다). '땅에서 돌아다님이 끝이 없다.'는 것은, 암말이 땅에서 돌아다니는 그 굳건함이 끝이 없다는 말이다.

ⓓ 부처가 대자대비(大慈大悲)의 덕을 말한 것은 중생의 고통에 기인한 것이고, 『역』에서 중정(中正)의 덕을 말한 것은 또한 군중의 공동의향에 기인한 것이다. 중정은 바로 군중의 뜻에 순종하는 것이니, 비록 힘 있는 자일지라도 사사로운 생각과 견해로 마음대로 하지 못하는 것은 중정하기 때문이다. 그러므로 중정의 덕은 순종하는 덕이다.

ⓔ 고대에는 임금을 건으로 비유하고 신하를 곤으로 비유했다. 건의 덕은 강건하고 곤의 덕은 유순하다.

'건은 쉬움으로 그 앎을 이룬다.'에서 '쉬움'은 '어렵거나 쉽다'고 할 때의 '쉽다'는 것이다. 쉬움과 간략함은 사실 분리할 수 없다.ⓐ 쉬움과 간략함이란 정고(貞固)하고 전일(專一)하다는 말이다. 건과 곤은 같이 정고하고 전일한 덕을 가지고 있다. 건은 정고하고 전일한 덕으로 그 앎을 이루기 때문에 '건은 쉬움으로 그 앎을 이룬다.'고 했다.ⓑ 곤은 정고하고 전일한 덕으로 그 능력을 이루기 때문에 '곤은 간략함으로 그 능력을 이룬다.'라고 했다.ⓒ 정고하고 전일한 것은 온갖 덕의 근본이다. 건은 앎을 이루고 곤은 능력을 이룬다는 것은, 모두 정고하고 전일한 덕을 가지고 이룬 것이다.ⓓ

ⓐ 『역』에는 세 가지 의미가 있는데, '쉽고 간략함[易簡]'이 그 한 가지이다. 「계사전」에서 건의 쉬움과 곤의 간략함을 설명함에 구분이 있는 것 같지만 실은 구분이 없으니, 독자들은 그 의미를 이해해야 한다.

ⓑ 건은 정신이므로 「건괘」「단전」에서 '건은 큰 밝음'[70]이라고 말했고, 「계사전」에서도 건은 '앎'이라고 말했다.

ⓒ 곤은 물질이고 능력이다.

ⓓ '쉬움'·'간략함'의 의미는 단지 정고하고 전일하다는 것으로 만물이 그것으로 말미암아 이루어지고 우리들은 그것으로 말미암아 태어나니, 다만 하나의 '진원(眞元)'에서 같이 나온 것이다(『역』에서 '건원'이라고 한 것이 이것이다). 이 진원은 당연히 정고하고 전일한 덕이므로, 사물을 낳음에 헤아릴 수 없고 행함에 일삼는 것이 없다. 건의 앎과 곤의 능력은 모두 여기에서부터 이루어지므로 '쉬움'·'간략함'이라고 했다. '쉬움'·'간략함'이란 번잡하고 혼란스럽지 않은 것을 말하니, 곧 정고하고 전일하다는 의미이다.

내가 이제 여기에서 오직 『역』「계사전」과 『역위』의 뜻을 밝히려고 하는 것은, 질(質)의 시작이 능력[能]에서 말미암는지의 여부 때문이다. 이 문제는 내가 마음에 담아둔 지 아주 오래되었다. 「계사전」에서 '곤이 변화하여 사물을 이룬다.'고 하고는 다시 '곤은 간략함으로 그 능력을 이룬다.'[71]고 했다. 물(物)은 물질이고, 능(能)은 능력이다. 성인이 곤으로 물질을 말하고 능력을 말했으니, 능력과 물질은 분리되지 않아 물질을 말하면 곧 거기에 능력이 있고 능력을 말하면 곧 거기에 물질이 있다는 것을 알 수 있다. 그러나 『역위』에서는 '세 가지 시작[三始]'을 말했는데, 형(形)의 시작이 바로 능력이고 질(質)의 시작은 도리어 형(形)의 시작보다 다음에 있다고 말했으니, 이것은 무엇 때문인가? 내 생각에, 질(質)은 본래 비어 있어 사물이 없는 것은 아니지만 또한 고정된 사물도 아니니, 그것이 점점 응결되어 밀도가 있는 실제적인 질(質)이 되는 것은 마땅히 능력에 의지해야 한다. 예컨대 향과 종이돈을 불태우며 맹렬히 돌리면 화륜(火輪)이 나타나는데, 이 화륜은 또한 환상이 아니라 단지 맹렬하게 돌리는 동력으로 불빛을 수렴

---

70 『역』「건괘」. 象曰: "大哉乾元, … 大明終始."

71 『역』「계사·상」. 乾知大始, 坤作成物. 乾以易知, 坤以簡能.

해서 응결했기 때문에 화륜으로 나타났을 뿐이다. 나는 화륜을 통해 질의 시작은 당연히 능력에 의지해야 한다는 것을 깨달았다. 능력이 강하게 움직이는 것은 질이 수렴해서 응결하는 것에 '본래 그러하게[法爾]' 도움을 받는다. 그러므로 질의 시작이 형의 시작보다 다음에 있다고 말했다.

기·형·질이 갖추어져 만물의 발육이 성대해지면 물질적인 우주가 웅장하게 되므로 태소(太素)라고 찬미했다. 성인이[ⓐ] '곤이 변화하여 사물을 이룬다.'고 말하고 다시 사물을 이루는 것에서 '세 가지 시작[三始]'을 말했으니,[ⓑ] 기의 시작은 형의 시작과 질의 시작이라는 두 가지 시작의 모체이다.[ⓒ] 기는 가볍고 미미하게 유동하며 질을 포함하고 있지만 아직 응결되지 않았고, 능력은 있지만 아직 드러나지 않았으므로 뒤의 두 가지 시작의 모체라고 말해야 한다. 질은 실질을 가지고 말한 것이고,[ⓓ] 능력은 기세를 가지고 말한 것이니,[ⓔ] 질이 있으면 곧 능력이 있으므로 능력과 질은 분리해서 둘로 할 수 없다. 그렇다면 '세 가지 시작'은 기의 시작으로 처음을 삼고 질의 시작으로 마친 것이니, 깊은 의미가 있다.[ⓕ]

ⓐ 이 책에서 '성인'이라고 말한 것은 모두 공자를 말한다. 다른 곳에서는 주를 달지 않았다.

ⓑ 내가 '형의 시작[形始]'을 능력이라고 말한 것에 대해 어떤 사람들이 자못 의심했다.

내가 대답했다. "여기의 '형(形)'자를 만약 '형상(形象)'이나 '형체가 있는 사물[形物]'로 해석한다면, 곧 그 아래 구절의 '질의 시작[質始]'을 어떻게 설명하겠는가! '형(形)'자에는 본래 드러난다는 의미가 있다. 만약 '드러난다.'고 해석하면 당연히 능력임을 의심할 수 없다. 「계사전」에서 분명하게 '곤은 간략함으로 그 능력[能]을 이룬다.'고 밝혔으니, 여기서 '능(能)'자는 능력이 아니고 무엇이겠는가! 나의 말은 확실한 근거가 있는 것이지 억지로 말한 것이 아니다. 형의 시작은 기의 시작보다 다음에 있다. 기는 가볍고 미미하게 유동하는 것인데 한 걸음 나아가면 곧 강성하고 힘이 있는 능력이 된다. 기는 가볍고 미미하여 아직 드러나지 않지만, 능력이 있게 되면 드러나므로 형의 시작으로 이름을 정립했다. 사실 형의 시작은 곧 능력이 처음으로 드러나는 것이다."

어떤 사람이 결국 의심을 풀었다.

ⓒ 형의 시작은 능력이 처음으로 드러나는 것을 말한다.

ⓓ '질'은 실제로 이 질이 있는 것이니, 서양의 유심론자들이 물질은 정신의 발현이라고 하거나 감각의 종합이라고 말하는 것과 같을 수 없다.

ⓔ 기세는 힘이다.

ⓕ 『역』에서 곤을 사물이라고 하고, 또한 능력을 물질의 바깥에 있는 것으로 구별하지 않았지만, 능력과 질에 대해 또한 분별하지 않은 적이 없으니, 이것은 실제의 이치를 통찰한 것이다. 물질을 본래 변동하며 고정되지 않은 것으로 여기는 것에 대해 고대에 이렇게 드러냈으니 지극히 경탄할 만하다.

|부가설명 2| 『건착도』에는 세 가지 시작의 앞에 태역(太易)이 있으니, 그것에 대해 "태역은 기가 아직 드러나지 않은 것이다."[72]라고 설명했다.ⓐ 이 말에 의거하면, 이것은 태역을 적연하여 텅 비어 있는 본체로 여긴 것이다. 기마저 아직 드러나지 않았다면 형과 질이 모두 드러나지 않은 것은 더 말할 필요도 없다. 그 설명과 같다면 본체는 세 가지 시작의 밖에 초월해서 독자적으로 존재하는데, 분명히 『주역』의 체와 용은 둘이 아니라는 의미와 서로 크게 어긋난다. 이것은 바로 6국 시대 혹은 한대 초기의 학자들이 도가의 말을 뒤섞은 것이거나 천제(天帝)를 말하는 자들이 덧붙여서 고친 것이니,ⓑ 절대로 공자의 문하에서 전수된 것이라고 믿을 수 없다. '태역'이라는 말은 본래 『역』「계사전」에 보이지 않는다. 나는 과거에 그것을 '태극'의 다른 이름이라고 함부로 믿었었는데, 이제 그것이 잘못되었음을 단정한다.

ⓐ 정현(鄭玄)은 "적연하여 아무것도 없기 때문에, '태역(太易)'이라고 이름 붙였다."[73]라고 했다. 생각건대 기가 아직 드러나지 않았다는 것은 태역 가운데 아직 기가 드러나지 않은 것이다. 정현이 '적연하여 아무것도 없다.'는 것이 이것이다.

ⓑ '텅 비어 적연함[虛寂]'이라는 말은 도가에 가깝다. 그런데 또한 '태역'이 '태일(太一)'이라고 말하는 자들이 있으니, '북극성의 신[北辰之神]'의 이름을 천제에 잡다하게 끌어들인 설명이다.

---

72 『주역건착도』. 太易者, 未見氣也.

73 『주역건착도』. 太易者, 未見氣也. 구절에 대한 주, 以其寂然無物, 故名之曰太易.

어떤 사람이 물었다. "『역』「계사전하」에서 '신령하게 변화해서 백성들이 마땅하게 되도록 한다.'[74]고 했다. 우번(虞翻)은 주석에서 '신령함[神]은 건(乾)을 말한다. 건이 움직여 곤으로 가서[ⓐ] 변화하여 만물을 이루어줌으로써 천하를 이롭게 한다.'[ⓑ][75]라고 했다. 『역』「계사전상」에서는 '오직 신령하므로 빨리하지 않아도 신속하고 가지 않아도 도달한다.'[ⓒ][76]고 했다. 우번은 주석에서 '신령함[神]은 역(易)을 말한다.'[77]라고 했다. 우번은 앞에서 이미 '신령함[神]은 건(乾)을 말한다.'고 주석했는데, 또 '신령함[神]은 역(易)을 말한다.'고 하여 두 곳의 설명이 같지 않으니, 무엇 때문인가?"

대답했다. "건양(乾陽)은 신령함[神]이고,[ⓓ] 곤음(坤陰)은 물질됨[質]이니,[ⓔ] 이것은 건과 곤의 큰 구별로 『역』이 있은 이후로 다른 해석이 없었다. 그런데 우번이 '신령함은 역을 말한다.'고 한 것은 무엇 때문인가? 역이란 변역(變易)이다.[ⓕ] 건양이 변화를 시작하고 곤음이 변화를 계승해서 만유가 촘촘히 변천하지만 아무도 깨닫지 못한다.[ⓖ] 그러므로 역을 아는 것이 신령함이다. 신령함은 건이다. 건이 움직임을 주로하여 곤을 열어주어서 변화가 이루어진다. 그러므로 건의 신령함으로 말미암는 것을 알아 역이 신령함이라는 것을 깨달을 뿐이다."[ⓗ]

ⓐ 건이 움직여 곤으로 가서 곤을 열어주는 것이다.
ⓑ 곤은 건을 이어 변화해서 마침내 만물을 이루고, 백성들은 그것을 얻어 이롭게 사용하여 삶을 넉넉하게 하므로 '마땅하게 되도록 한다.'고 했다.

74『역』「계사·하」. 神而化之, 使民宜之.
75『주역집해』「계사·하」. 神而化之, 使民宜之. 구절에 대한 주. 虞翻曰: "神謂乾. 乾動之坤, 化成萬物以利天下."
76『역』「계사·상」. 唯神也, 故不疾而速, 不行而至.
77『주역집해』「계사·상」. 唯神也, 故不疾而速, 不行而至. 구절에 대한 주. 虞翻曰: "神謂易."

ⓒ 뒤에서 자세히 설명하겠다.

ⓓ '신령함[神]'은 '마음[心]'이라고 말하는 것과 같다.

ⓔ '질'은 물질로서 '물(物)'이라고 약칭하기도 한다.

ⓕ 만물은 모두 크게 변하는 과정에서 매순간 옛것을 없애고 다시 새로워지는데, 모든 과정이 모두 잠시도 머무르지 않으므로 '변역(變易)'이라고 했다.

ⓖ 건이 시작하고 곤이 계승하는 것은 동시에 이루어지는 것이지 하나가 앞서고 하나가 뒤지는 것이 아니다. 앞에서 이미 설명했다. 건에서 시작을 말한 것은 주도적으로 움직인다는 말이다. 변화의 세력이 신속해서 잠시도 옛것에 머무르지 않으니, 만유는 촘촘하게 변천하며 물러나고 촘촘하게 고쳐지며 바뀐다. 어느 한 순간에도 천지는 계속 새로워져 크고 높은 산들이 옛것을 버리는데, 누가 그것을 깨닫는가!

ⓗ 「계사전상」에서 "음양을 헤아릴 수 없는 것을 신령함이라고 한다."[78]고 했다. 건 양이 움직임을 시작하고 곤음이 변화를 계승해서 그 오묘함을 헤아릴 수 없으니, 건의 신령함이 그렇게 하는 것이다. 우번이 "신령함은 역을 말한다."[79]고 한 것은 대개 여기에 근거를 두고 있다.

물었다. "『역』에서 건의 신령함과 곤의 물질됨을 모두 건원(乾元)의 공용으로 삼는다. 그런데, 공자가 이미 천제와 유령을 타파했다면, 어찌 이른바 신령함이라는 것이 여전히 있는가?"ⓐ

대답했다. "천제와 유령은 본래 없는 것인데, 사람들이 스스로 미혹되었던 것일 뿐이다. 건의 신령함은 없다고 할 수 없으니, 대략 두 가지 의미로 설명하겠다.

첫째, 건의 신령함은 우리들이 아주 분명하게 본래부터 가지고 있는 마음이니, 이것은 천제도 아니고 더구나 유령도 아니다. 어찌 보배를 가지고 있으면서 스스로 미혹되는가!ⓑ 비유컨대 어리석은 사람이 자신의 머리를 보고 겁을 먹고 미친 듯이 도망가는 것과 같다.ⓒ

ⓐ 공자가 천제를 타파한 것은 『역』에 명백히 기록된 구절이 있다. 『논어』에서 "귀

78 『역』「계사·상」. 陰陽不測之謂神.

79 『주역집해』「계사·상」. 唯神也, 故不疾而速, 不行而至. 구절에 대한 주. 虞翻曰: "神謂易."

신을 공경하지만 멀리한다."[80]고 했고, 또 "귀신에게 제사지낼 때는 귀신이 있는 것처럼 한다.[81]고 했으니, 그가 유령이 있다는 것을 믿지 않았음을 알 수 있다. 유령은 예컨대 세상에서 말하는 귀신이나 산천 등의 신들이 모두 이것이다. 공자가 '공경하지만 멀리한다.'라고 한 것은 사람들에게 미혹되게 믿지 말 것을 권고한 것이고, '있는 것처럼 한다.'라고 한 것은 바로 유령이 실제로 존재하지 않기 때문일 뿐이다.

ⓑ 사람의 마음은 만물의 이치를 탐구하고 화육을 주관해서 운행하며 만사를 일으키고 끝없는 덕업을 건립할 수 있다. 비록 사물에 의지하지 않을 수 없을지라도 마음은 주도적으로 움직이기 때문에 선종에서는 마음을 '대보장(大寶藏)'이라고 말했다.

ⓒ 사람이 거울로 자신의 머리를 비춰보고 그것이 자신의 머리인 줄도 모르고 깜짝 놀라서, 머리를 피하려고 미친 듯이 도망가는 것이다. 이제 자신의 마음을 되돌려 보지 않고 멀리하여 끊으려고 한다면, 자신의 머리를 보고 두려워하는 것과 무엇이 다르겠는가!

둘째, 건원(乾元)이 그 공용을 발현함에 그 내부에는 반드시 두 가지 측면의 불화가 갑자기 드러나는데, 건원이 유행하는 주도적인 힘에서는 곧 건의 신령함이 이것이고, 그 반대 측면에서는 곧 곤의 물질됨이 이것이다. 그러나 건의 신령함이 비로소 강(剛)·중(中)의ⓐ 덕으로 곤의 물질됨을 열어주면, 곤의 물질됨은 이에 영(永)·정(貞)의 덕으로 건의 신령함을 계승하며ⓑ 태화를 보합해서 건과 곤이 통일되니, 이것은 우주개벽이 반드시 변증법에 따른다는 것이다. 만약 오로지 곤의 물질됨이 있는 것만 승인하고 건의 신령함을 용인하지 않으면, 우주는 갈라져서 조각난 사물이 되니, 이것은 건과 곤이 훼손된 것이다.ⓒ 「계사전」에서 '건과 곤이 훼손되면 역(易)을 볼 수 없다.ⓓ 역을 볼 수 없으면 건과 곤은 거의 없어질 것이다.'ⓔ[82]고 말했다. 이것은 후세에 다른 논의가 생길 것

---

80 『논어』「옹야(雍也)」. 樊遲問知. 子曰: "務民之義, 敬鬼神而遠之, 可謂知矣."
81 『논어』「팔일(八佾)」. 祭如在, 祭神如神在.
82 『역』「계사·상」. 乾坤毁, 則無以見易. 易不可見, 則乾坤或幾乎息矣.

에 대비하여, 성인이 미리 예측해서 기록해 둔 것이다."ⓕ

- ⓐ '강건(剛健)'과 '중정(中正)'을 축약한 것이 '강(剛)·중(中)'이다.
- ⓑ 「곤괘」 「단전」에서 '이에 하늘을 유순하게 계승한다.'83고 했다. 하늘은 건의 신령함을 말한다. 하늘의 운행이 지극히 강건하고, 건의 신령함에 강건한 덕이 있으므로 하늘을 비유로 취했다. 여기에서 곤의 물질됨을 말한 것은 건의 신령함을 계승해서 변화를 이룬다는 것이다. '영(永)·정(貞)'은 「곤괘」에 있다. '영(永)'은 영원함이고, '정(貞)'은 '바르고 단단함이니[正固]', 영원함과 '바르고 단단함'은 또한 건의 신령함의 강(剛)·중(中)과 덕이 합치된다. '바름[正]'은 '중정함[中正]'이고, '단단함[固]'은 '강건함[剛健]'이다. 그러므로 곤이 건을 계승하는 것은 올바르지 않게 왜곡된 것이 아니다.
- ⓒ '우주'는 건과 곤의 총칭일 뿐이다. 이제 건을 훼손하면 우주는 바로 파괴된다.
- ⓓ '역(易)'은 변역(變易)이다. 건과 곤은 상반되지만 조화를 이루기 때문에 비로소 변역이 있다. 그런데 이제 건과 곤의 체(體)를 훼손했기 때문에 볼 수 있는 변역이 없다.
- ⓔ '없어진다.'는 것은 끊어져서 없어진다는 것이다. 이미 변역이 없기 때문에 건과 곤이 없어진다는 것이다.
- ⓕ 멀리 미래의 일을 헤아려서 예언하는 것을, '멀리 예측하여 기록해 둔 것[懸記]'이라고 했다.

어떤 사람이 비평하며 말했다. "그대가 말한 두 가지 의미로는 여전히 그 근원을 궁구하지 못하겠다. 우주의 태초는 천지가 구분되지 않은 하나의 기운이 점차로 나누어져 응결되면서 헤아릴 수 없는 천체가 되는 것이니, 이미 얼마나 오랜 시간이 흘러갔는지 알지 못한다. 대지가 응결되는 데에 이르러 또 다시 유구한 세월이 흘러야 비로소 생물이 생겨날 수 있다. 생물이 발전하여 동물이 되고서야 점차 지각이 나타난다. 동물이 진화하여 인류가 되고서야 고등정신의 작용이 드러난다. 이 모든 것은 '이미 있는 사실로 아직 알지 못하는 사실을 추론하여[比量]' 얻은 것이지만 모두 근거가 있는 사실이다.ⓐ 이 때문에 사물이 먼저 존재하는 것

---

83 『역』 「곤괘」. 象曰, 至哉坤元, 萬物資生. 乃順承天.

이지 마음이 본래부터 있는 것이 아니다. 다만 물질이 고도로 발전한 다음에 마음이 나타나기 때문에 마음이 또한 사물이라고 알 뿐이다. 이제 그대가 『대역』에 근거해서 건의 신령함이 태시(大始)이고 곤의 물질됨이 계승해서 변화한 것이라고 하니, 다만 마음과 사물이 본래 한꺼번에 갖추어진다고 여기는 것일 뿐만 아니라, 또한 마음을 주도적으로 움직이는 것으로 높인 것이다. 이것은 우리들이 오늘날 들은 것과는 완전히 반대되니, 그대가 사물이 앞서 있고 마음이 뒤에 나타난다는 비평을 해결해줄 수 있을지 모르겠다. 만약 이 비평을 해결할 수 없다면, 『역』의 도리는 사람들에게 신뢰받기 어려울 것이다."

ⓐ '이미 있는 사실로 아직 알지 못하는 사실을 추론하는 것[比量]'은 불가의 인명학(因明學)에 있다. '비(比)'는 추구하거나 추론한다고 말하는 것과 같다. '양(量)'은 안다는 것과 같다. 추구하여 얻는 앎을 '이미 있는 사실로 아직 알지 못하는 사실을 추론하는 것[比量]'이라고 말하는 것은 곧 두루뭉술한 해석이다. 그러나 '이미 있는 사실로 아직 알지 못하는 사실을 추론하는 것[比量]'에는 반드시 근거가 되는 사실이 있다. 그렇지 않으면 공상이나 망상을 드러낸 것이어서 앎이 되지 못하니, 이른바 '잘못된 인식[非量]'이 이것이다.

대답했다. "선생은 지극한 이치를 알지 못해 공연히 비평하고 있으니, 어떻게 이 비평을 해결할 수 없겠는가! 그러나 선생의 비평을 풀기 위해서는 먼저 '신령함[神]'이라는 말을 해석해야만 한다. 『대역』에서는 '건'을 '신령함'으로 여긴다. '건의 신령함[乾神]'이라는 것은 '마음[心]'의 또 다른 이름인데, 『역』에서 말하는 '건의 신령함'은 하늘의 운행이 강건함에서 모습[象]을 취했다. ⓐ 건의 신령함은 진실로 건원의 유행이 주력하는 측면이니, 이른바 '움직이면서 강건하다.'[84]는 것이 이것이다. ⓑ「건괘」「문언」에서 '위대하구나, 건이여! 강건하고 중정(中正)하며 순수한 정신이다.'[85]고 하였다. 「문언」의 이곳에 대하여 여러 학자들의 주석이 매번

---

84 『역』「무망(無妄)」. 象曰, 無妄, … 動而健.
85 『역』「건괘」「문언」. 大哉乾乎! 剛健中正, 純粹精也.

사람들의 마음을 혼란스럽게 했다. 최경(崔憬)만 '건은 순수한 정신이므로 강(剛)·건(健)·중(中)·정(正)의 네 가지 덕이 있다.'[86]고 했다. 이 해석은 큰 의미에 있어서는 잘못되지 않았다. 다만 '강건중정'을 네 가지 덕으로 여기면, 또한 여러 학자들이 명사(名詞)를 이리저리 해석하는 작은 기교와 같아질 뿐이다. '강건'을 두 가지 덕으로 나누면 거의 취할 의미가 없다. 중(中)은 곧 정(正)이고, 부정(不正)은 중(中)을 잃은 것이니, 더욱 함부로 나눌 필요가 없다. 음양이 모순됨으로 말미암아 태화를 보합하는 것은, 곧 건의 신령함에 중정한 덕이 있음으로 말미암아 곤의 물질됨을 열어주기 때문이다. 내 생각에 「문언」의 이곳은 대개 건의 신령함이 강건과 중정의 두 가지 덕을 갖추었으므로, 그것이 순수한 정신이 된다는 것을 말한다. '순(純)'은 '순일(純一)'이니, 사물이 형태를 이루어 경계가 있는 것과 같지 않기 때문이고, '수(粹)'는 '수미(粹美)'이니, 사물이 무겁고 탁한 것과 같지 않기 때문이다. '순수한'이라고 말한 것은 '신령함[神]'이 사물과 차이가 있음을 나타낸 것이다. 이 설명에 의거하면, '건의 신령함[乾神]'은 강(剛)·중(中)ⓒ 두 가지 덕을 갖춘 것으로서 순수한 정신이다. 「문언」에서는 이 구절에 대해 특별히 찬미하여 '위대하다[大]'고 했으니, 학자들이 깊이 연구하지 않으면 안 된다. 내가 일찍이 만유의 '심원함[幽奧]'을 깊이 관찰하고 우주에는 반드시 '진원(眞元)'이 있다고 여겼다.ⓓ 진원의 공용은 반드시 두 가지 방향이 있으니, 순수한 것은 그 정신[精]이고,ⓔ 충실한 것은 그 재질[材]이다.ⓕ 순수한 정신은 온갖 덕을 포함하고ⓖ 뭇 이치를 쌓았으므로ⓗ 강건하게 움직이면서 단절됨이 없고ⓘ 매 순간마다 갑자기 변하면서도 옛것을 고수하지 않으니, 이것이 『대역』에서 말하는 '건의 신령함[乾神]'이다. 충실한 재질은 덕(德)이 없지 않고 리(理)가 없지 않으니, 그 리와 덕은 요컨대 모두 '지극한 정신[至精]'의ⓙ 덕과 리가 재질 가운데에서 두루 운행하는 것이다. 그런데 재질이 그것

---

86 『주역집해』「건괘」「문언」. 大哉乾乎, 剛健中正, 純粹精也. 구절에 대한 주, 崔覲曰: "不雜曰純, 不變曰粹. 言乾是純粹之精, 故有剛健中正之四德也."

을 계승해서 그 덕을 도탑게 하는 것이 리(理)를 같이해서 사물을 완성하니,ⓚ 이것이 『대역』에서 말하는 곤의 물질됨이다."

ⓐ 하늘의 운행은 지극히 강건하고 건의 신령함에는 강건한 덕이 있으므로, 하늘의 운행의 강건함에서 비유를 취했다.

ⓑ 건원은 건의 신령함과 곤의 물질됨의 본체로서 그 의미는 앞에서 상세히 설명했다.

ⓒ 강건(剛健)은 강(剛)으로, 중정(中正)은 중(中)으로 생략해서 말한다. 다른 곳에서도 모두 이와 같다.

ⓓ '우주'는 만유의 총체적인 이름일 뿐이다. '진원(眞元)'은 본체를 말하는데, 『대역』에서는 '건원'이라고 이름 붙였다.

ⓔ '정(精)'은 정신이다. 옛 서적에서 정신을 말할 때는 '정(精)'자만을 쓰거나 '신(神)'자만을 썼는데, 그 의미는 모두 심령(心靈)을 말한다.

ⓕ '재(材)'는 질(質)과 같다.

ⓖ 그것이 온갖 덕의 근본이 됨을 말할 뿐이다.

ⓗ 그것이 뭇 이치의 근원이 됨을 말할 뿐이다.

ⓘ 영원히 굳건하게 움직이며 항상 단절되지 않는 것을 '단절됨이 없다.'고 한다.

ⓙ '지극한 정신[至精]'에서 '정(精)'은 정신이니 곧 위에서 말한 순수한 정신이다. '지(至)'는 찬미하는 말이니, 정신이 미묘하고 지극하다는 말이다.

ⓚ '덕을 도탑게 한다.'는 것은 지극한 정신의 덕을 부여받은 것을 돈독하게 하는 것이고, '리를 같이한다.'는 것은 지극한 정신의 리를 부여받은 것으로 말미암아 그것에 의거하여 만물을 변화시켜 이루는 것이다. 만약 본래 리가 없으면 재질이 비록 갖추어지더라도 의거해서 사물을 이룰 수 있는 기본적인 틀이 없다.

재질과 정신은 완전히 상반된다. 정신이 순일(純一)한데 재질이 사물을 이루면 곧 경계가 생기고, 정신이 수미(粹美)한데 재질이 사물을 이루면 곧 무겁고 혼탁해진다. 그러나 비록 상반될지라도 정신이 강(剛)·중(中)의 덕으로 주도적으로 움직여서 재질을 소통시키면, 재질도 역시 순수한 정신을 유순하게 계승해서 그것과 함께 변화한다. 총괄하면, 정신과 재질은 실로 건원본체(乾元本體)의ⓐ 내부에 '본래 그러하게[法爾]'이 두 가지ⓑ 잠재원인을 함축하고 있는 것으로 말미암은 것이다. 그렇지 않으

면 말할 수 있는 공용이 없다.ⓒ

ⓐ '건원본체(乾元本體)'라는 말은 복합명사이다.
ⓑ 두 가지는 정신과 재질을 말한다.
ⓒ 곤을 재질이라고 말하는 것은 곤이 단지 사물을 이루는 재질일 뿐이지, 여전히 곧바로 감각기관이 접촉하는 실제 사물이 아니라는 것이다. 그러므로 「계사전」에서 '곤은 변화하여 사물을 이룬다.'[87]고 했다.

덕과 리는 순수한 정신이 함축하고 있는 것이라고 설명했는데, 재질에 이 두 가지가 있다는 것은 순수한 정신에서 말미암아 그 덕과 리가 재질 가운데에서 두루 운행하기 때문에, 재질이 그것을 부여받아 덕과 리를 가질 수 있다는 것이다. 정신과 재질은 본래 건원이 유행하는 두 측면이니 두 가지 체(體)로 나눌 수 없다. 그런데 정신은 건원이 유행하는 주력 방면이기 때문에 덕과 리는 순수한 정신이 본래 가지고 있는 것이라고 말해야 한다. 내가 『대역』에서 건은 베풀기를 주로 하고 곤은 받기를 주로 한다는 원리에서 추론해 보니, 덕과 리는 모두 순수한 정신이ⓐ 재질에ⓑ 베푸는 것을 통해ⓒ 재질이 이에 그것을 받아들여 자신에게 있는 것으로 여기는 것이다.

ⓐ 정신은 건(乾)이다.
ⓑ 재질은 곤(坤)이다.

또 어떤 사람이 비평하며 말했다. "『역경』에는 '리(理)'자를 말한 곳이 적은 것 같습니다."
내가 대답했다. "그대는 아직 『역』을 제대로 연구하지 못했기 때문에 이런 의문이 생겼다. 「계사전상」에 '구부려서 지리(地理)를 살핀다.'[88]고 했는데, 종래의 학자들은 이 구절에 대해 깊이 완미하지 않았다. 사실

---

87 『역』「계사‧상」. 乾知大始, 坤作成物.
88 『역』「계사‧상」. 仰以觀於天文, 俯以察於地理.

『역』에 있는 말들은 모두 '상징[象]'이다. 이 구절의 '지(地)'자는 결코 직접 지구를 가리켜서 말한 것이 아니라, 물질적인 우주를 '지(地)'로 상징한 것이다.ⓐ 지구는 실질적인 사물을 갖추고 있는 것이기 때문에 물질적인 우주를 '지(地)'로 비유한 것이다. '지(地)'인데 '리(理)'라고 한 것은 물질적인 우주가 온갖 리를 곳곳으로 드러내지 않음이 없기 때문에 「계사전」에서 '지리(地理)'라고 말한 것이니, 실로 만물에 모두 온갖 리가 빽빽하게 차 있다는 말이다. 이것은 내가 억측으로 함부로 말하는 것이 아니다. 『역위』에서 가장 오래된 『건착도』에는, '지(地)는 고요한데도 이치가 있으므로 곤이 이치가 된다.'[89]라고 했다. 생각건대 '고요한데도 이치가 있다.'라는 말은, 곤은 사물을 이루어 곧 정지해 있는 모습처럼 드러나지만,ⓑ 리가 있는 것은 찾을 수 있기 때문에 '고요한데도 이치가 있다.'라고 했다. 『시경』에서도 '사물마다 법칙이 있다.'[90]고 하였으니, 모두 「계사전」과 서로 검증되는 것이다."

비평하는 자가 말했다. "선생께서는 이미 리는 순수한 정신이 온축하고 있는 것이라고 해놓고, 이제 또 리가 사물에 있다고 말하니 어떻게 된 것입니까?"

대답했다. "사물은 리로 이루어진다고 내가 이미 말했다. 그런데 리는 근원이 없는 것이 아니니, 순수한 정신이 리의 근원이다. 그것이 사물에 있는 것은 리가 발현한 것이다. 역학은 근원을 탐구하는 학문이다. 리의 근원을 궁구하면 순수한 정신이 건원유행의 주력측면이므로 리의 근원이 여기에 있다고 말해야 한다. 그러나 '곤이ⓒ 변화하여 사물을 이룬다.'[91]라는 것은 곧 모든 사물이 모두 리에 의지해 이루어진다는 것이다.ⓓ 바꿔 말하면 사물이 바로 리이므로 리를 궁구하는 것은 사물에서 그것을 궁구

---

89 혜동(惠棟), 『주역술(周易述)』 권19. 乾鑿度曰, 天動而施曰仁, 地靜而理曰義, 故知坤爲理也.

90 『시경』「대아 · 탕지십(蕩之什)」. 天生烝民, 有物有則.

91 『역』「계사 · 상」. 乾知大始, 坤作成物.

하는 것일 뿐이다. 이천(程頤)은 '사물에 있는 것이 리이다.'[92]라고 했고, 주자는 그 구절을 채용해서 『대학』「격물보전장」을 지어 '사물에서 리를 궁구한다.'고 주장했으니, 그 말은 사실 『대역』에 뿌리를 둔 것이다.'

ⓐ '상징한다.'는 것은 비유한다고 말하는 것과 같다.
ⓑ ~처럼 드러난다.'라는 말은, 사물은 본래 정지한 것이 아니지만, 정지해 있는 모습처럼 드러날 뿐이라는 말이다.
ⓒ 곤은 재질이다.
ⓓ 사물이 이루어지는 것에는 본래 재질이 반드시 있어야 하지만 또한 '틀[法式]'이 반드시 있어야 한다. 역학자들은 모두 곤이 건을 계승해서 사물을 이룬다고 말한다. 건을 계승한다는 것은 틀을 계승하는 것이다. 틀은 곧 리이다.

나는 기력이 쇠약해져서 번잡하게 글을 쓰고 싶지 않으니, 이제 요점을 간략히 제시한 다음에 비평하는 자들의 의혹을 풀겠다. 『역』「계사전」에서 "건과 곤은 『역』의 온축일 것이다."[93]라고 했다.ⓐ 곤은 재(材)이고,ⓑ 능(能)이며,ⓒ 리(理)인데,ⓓ 곤이라는 이름은 바로 재질을 가리킨 것이다. 이것은 무엇 때문인가? 나는 그것에 대해 궁구한 지가 오래되었다.

ⓐ 온갖 변화와 모든 사물은 모두 건과 곤의 변동이 그렇게 하는 것이다. 그러므로 건과 곤은 무궁무진한 대보장임을 알겠다.
ⓑ '재(材)'는 '질(質)'과 같으니, 재질이나 물질이라고도 말할 수 있다.
ⓒ '능(能)'은 능력이다. 「계사전」에서 "곤은 간략한 것으로 그 능력을 이룬다."[94]고 한 것은 분명하게 능력으로 설명한 것이니, 나의 곡해가 아니다.
ⓓ 뒤의 「부가설명」에 있다.

|부가설명| 「곤괘」「문언」에서 "황색(땅을 가리킴) 가운데에서 리를 통한다."[95]라고 했으니, 곧 곤이 리임을 말한 것이다. 그러나 한대(漢代)의 『역』

---

92 『이천역전』「간괘」. 不失其時, 則順理而合義. 在物爲理, 處物爲義, 動靜合理, 義不失其時也, 乃其道之光明也.

93 『역』「계사・상」. 乾坤其易之縕邪.

94 『역』「계사・상」. 乾以易知, 坤以簡能.

을 깊이 연구해서 『역』의 상징에 통한 자가 아니면 또한 이것이 곧이 리라고 설명한 곳임을 모른다. 내가 앞의 글에서 「계사전」의 '구부려서 지리(地理)를 살핀다.'는 곳을 인용하여 풀이하면서 곤괘를 인용하지 않았던 것은, 인용하고도 자세하게 해석하지 않으면 이후에 『역』의 상징에 관심을 가지는 자가 더욱더 적어져서 아무도 깨우칠 수 없을 것이기 때문이다. 자세하게 해석하려고 하면, 연루되는 것이 너무 많다. 한대의 『역』에는 일련의 마술[戲法] 같은 점이 있어서 어떻게 설명할 방법이 없다. 한대의 『역』은 때때로 옛 의미를 보존하고 있어 확실히 없앨 수는 없다. 그러나 탁월하게 깨달을 수 있는 재주가 아니면 그 영역에 들어가 마술을 부릴 줄 알더라도 끝내 옛 의미를 밝힐 수 없다. 종래에 한대의 『역』을 전공한 자들은 대개 이와 같지 않음이 없었다. 옛 학문이 끊어지는 것은 매우 가슴 아픈 일이다. 예전에 10여 명을 모아 옛 학문의 의미를 닦고 밝혔는데 이제는 늙어서 할 수가 없다.

우리들은 정신에 물질을 운행하고 천지만물을 제어하는 덕의 작용이 있다는 것을 부인할 수 없다.[ⓐ] 돌이켜보건대, 학술에는 제각기 유파별로 숭상하는 것이 있어 마침내 종교에서 말하는 신(神)을 반대하면서 우리들 자신이 본래 가지고 있는 정신에 관련시키기까지 하니, 이것도 본래 정신이 없다고 여기는 것이다. 종교에서 말하는 신은 감정의 잘못된 집착이지 사실은 신이 없다는 것을 정말 모른 것이니, 비유컨대 병든 눈으로 공중의 꽃을 보았지만 사실은 공중에 꽃이 없는 것과 같다. 정신은 분명히 종교에서 말하는 신이 아니니, 인간의 의식이나 사유·개념·추리 및 감정·의지 등의 작용이 모두 정신현상이다. 정신이 우리의 다섯 가지 감각기관과 온몸을 제어한다는 것은 부인할 수 없다. 또한 사람들은 인류가 세계를 개조하고 천지를 제어하는 권능을 가지고 있다는 것을 믿지 않음이 없다. 그런데 인류가 이런 권능을 가지고 있는 까닭은

---

95 『역』「곤괘」. 文言曰, … 君子黃中通理.

바로 인류의 정신이 특수하게 발전했기 때문에, 기적을 드러냈을 뿐이라는 것을 어떻게 생각하지 못하는가! 이 때문에 정신이 우리의 다섯 가지 감각기관과 온몸을 제어한다는 것은, 사실 또한 천지만물을 두루 제어하는 것임을 알아야 한다. 그 까닭이 무엇인가? 정신은 형체가 없어 그야말로 혼연히 순일하니, 일정하게 있는 곳이 없지만 존재하지 않는 곳이 없다. 사물은 형체를 이루어 그야말로 나누어져 다수가 된다. 어떤 사물이든지 모두 제각기 일정하게 있는 곳이 있어 존재하지 않은 곳이 없을 수 없다. 사물 가운데 큰 것은 태양계인데, 만약 큰 허공에 그것이 정해진 공간이 있지 않다면, 어떻게 운행궤도를 넘어 혼란스럽게 충돌하지 않을 수 있겠는가? 오직 정신이 혼연히 하나가 되어 구분이 없다는 것을 알면, 우리의 다섯 가지 감각기관과 온몸을 제어하는 정신이 바로 천지만물을 제어하는 정신이고,ⓑ 천지만물을 제어하는 정신이 또한 우리의 다섯 가지 감각기관과 온몸을 제어하는 정신임을 알게 되니, 이는 그것이 있는 곳이 없지만 존재하지 않는 곳도 없기 때문이다. 도연명이 사람을 그리워하는 시에서 "마음은 만리 밖까지 통하지만 형체는 강산에 막혀 있네!"ⓒ96라고 했다. 이것은 정신이 공간에 제한받지 않음을 밝힌 것이다. 옛 시에 "인생은 백년도 채우지 못하면서 언제나 천년의 근심을 품고 있구나!"ⓓ97라고 했다. 이것은 정신이 시간에 제한받지 않음을 밝힌 것이다. 아! 정신은 미묘하다! 격물하는 방법에 익숙한 자는 언제나 사물에 집착해서 정신에 대해서는 잘 알지 못하는데, 오직 시인들은 그 자연적인 영성(靈性)을 손상시키지 않아서 때때로 그것과 만난다.ⓔ 맹자는 백정에게 도살장으로 끌려가는 소가 죽을 것을 알고 슬퍼서 두려워하는 모습을 제왕(齊王)이ⓕ보고, 차마 내버려 둘 수가 없어 죽이지 말라고 명령한 것을 칭찬했다. 형체로 말하면 왕과 소는 서로 관계가 없는데, 왕은 왜 소가 죽을 곳으로 가는 것을 차마 내버려 두지 못하였는가?

96 『도연명집(陶淵明集)』「답농참군(答龐參軍)」. 情通萬裏外, 形跡滯江山.
97 『송서(宋書)』「서문행(西門行)·고사(古詞)」. 人生不滿百, 常懷千歲憂.

왕이 차마 내버려두지 못하게 된 것은, 소가 죽을 것을 알았던 것은 소의 신(神)이고, 왕이 차마 내버려두지 못한 것은 왕의 신(神)으로서⑨ 왕과 소의 형체는 비록 서로 다를지라도 왕의 정신과 소의 정신은 본래 혼연히 하나로서 구분이 없어 형체에 따라 '떨어짐과 끊어짐[隔截]'이ⓗ 없기 때문이다. 그러므로 소는 죽을 것을 알고 그 정신이 움직였고, 왕은 소가 슬퍼서 두려워하는 것을 보고 그의 정신도 움직였으니, 정신이 천지만물을 초월해서 홀로 있지 않고 천지만물 속에 두루 감추어져 운행되지만, 언제나 혼연히 하나인 자성(自性)을 잃지 않음을 알 수 있다. 이것이 정신이 정신다운 까닭이다. 총괄하면, 천지만물이 번다하게 각기 다르게 흩어져 있지만,ⓘ 번다하게 각기 다르게 흩어진 것 가운데 잠재적으로 운행하면서 그것을 제어하며 그것이 완정(完整)한 것이 되도록 하는 것은 바로 정신이다. 이제 비판하는 자는 정신이 본래 없다고 말하는데, 참으로 세상 물정을 모르고 고지식한 사람으로서 나는 함부로 남의 의견에 동의하지 않겠다.

    ⓐ '만물'이라고 말했지만 천·지·인을 모두 포함한다. 이제 천지를 별도로 내놓은 것은 단지 복합명사로 보면 된다. '제어하는 …'이라고 말한 것은 그 상세한 의미가 건괘에 있다. 나중에 여유가 있으면, 당연히 건·곤 두 괘에 대한 주석을 써야 할 것이다.

    ⓑ 여기에서의 천지만물은 복합명사이다. 뒤에도 이와 같다.

    ⓒ '형체'는 몸을 말한다. 형체가 있으면 자취가 있으니, 마음에 형적이 없는 것과 같지 않다. 그러므로 강산에 가로막힌 것이 된다. 몸은 형체의 작은 것이고, 강산은 형체의 거친 것이다. 비록 작은 형체로 거친 형체를 밟고 있지만, 형체와 형체가 교류하는 것에는 어느 경우에도 장애가 없지 않다. 오직 마음만은 만리밖까지 멀리 통해 강과 하천이 가로막을 수 없고 험한 산이 떼어놓을 수 없다. 신(神)이 형체가 없는 것으로 형체가 있는 것에 들어가면, 형체가 있는 것이 또한 그 장애를 벗어버린다.

    ⓓ 천년의 근심은 '작은 자기[小己]'의 사사로운 근심이 아니라, 함께 미래의 끝까지 만물과 근심을 같이 하는 것이다. 우주는 한계가 없어 각 방면으로 원만하게 소통하는 그 어떤 날이 있을 수 없다. 만약 원만해지기를 기대한다면 여기에 정체되어

원만해지지 못하는 우환이 또 생길 것이다. 『대역』에서 「미제(未濟)」로 끝을 맺은 것은 사람의 도가 「기제(旣濟)」로 근심을 잊어서는 안 된다는 것이다. 『춘추』가 기린을 잡은 것으로 끝난 것은 도가 다했지만 도를 체득하는 것은 끝내 다하지 못한다는 것이다. 인생에서 천년의 근심을 잊을 수 있겠는가! 그러나 함께 이것에 대해 말할 수 있는 자라면 또한 그 사람을 만나기가 어렵지 않겠는가!

ⓔ 생각하여 헤아리지 않아도 정신과 만난다는 말이다.

ⓕ 제(齊)는 옛날의 제나라이다. 그 왕(王)은 선왕(宣王)이다.

ⓖ 정신을 생략해서 '신(神)'이라고 말했다.

ⓗ '떨어짐[隔]'은 격리된 것이고, '끊어짐[隔截]'은 단절된 것이니, 피차간에 서로 이어지지 않게 하는 것이다. '신(神)'은 떨어짐과 끊어짐이 있을 수 없다.

ⓘ '흩어져 있다.'는 것은 분산되어 있다는 것이고, '다르다.'는 것은 나누어져 다르다는 것이다.

4-6-6   곤(坤)의 물질됨과 리(理)

이상으로 '건의 신령함[乾神]'에 대해 대략 설명하였으니, 이제는 다시 '곤의 물질됨[坤物]'에 대해 설명하겠다. 나는 앞의 글에서 이미 곤이 재(材)·능(能)·리(理)가 된다고 언급하였는데, 곤의 이름을 곧바로 '재질'로 부르는 것은 무엇 때문인가? 오랫동안 의문을 품다가 이제 통했는데, 대략 그 의미를 설명하겠다. 곤(坤)이 질(質)로부터 이름을 얻은 것이니,ⓐ 곤을 높여서 건(乾)에 짝지었던 것이다. 어째서 곤을 높였는가? 질(質)이 없으면 신(神)이 의탁할 곳이 없기 때문이다. 우주가 끝없이 넓으면서 텅 비어 아무것도 없다면 어떻게 되겠는가? 오직 재질이 있어 정신을 응결하니,ⓑ 정신은 그 운용에 끝이 없고ⓒ 재질은 굳게 닫히는 것으로 끝나지 않는다.ⓓ 서양철학의 일원유심론자들은 정신이 유일한 실재라고 편벽되게 집착해서, 물질이 실재함을 인정하지 않는다. 이것은 그들의 큰 폐단인데, 대략 세 가지로 말하겠다. 첫째, 체와 용을 변별하지 못하는 것은 근본이 없는 것이다. 둘째, 우주는 '홀과 짝[奇偶]'으로 서로 반대되면서 서로 이루어주기 때문에 끝없이 발전하는 것인데, 유심론자들이 정신이라는 한 측면만을 편파적으로 집착해서 물질이라는 다른 한 측면을 버리니, 이것은 정신이 허무의 지경에 빠지게 하는 것으로서 다만 한쪽면에 치우치는 잘못만 있는 것이 아니다. 셋째, 『역』의 정밀한 의미로서 곤이 리(理)가 된다는 것은 결단코 바꿀 수 없다. 만약 곤의 물질됨을 부인하면, 이치를 궁구하는 자는 한갓 주관에 맡겨서 허위로 지어내면서도 사물에서 검증할 줄 모를 것이다. 사물의 이치에 밝지 않으면서 사람의 일에 이로움을 얻은 자는 있은 적이 없다. 이 때문에 유심론자들의 큰 폐단을 알겠다. 그렇다면 곤이 질로 이름을 얻었으니,ⓔ 건을 계승해서 만물을 이루기 때문이다. 성인이 그것을 높이는 것은 마땅하다.

ⓐ 곤은 무엇으로부터 이런 이름을 얻었는가? 재질로부터 곤이라는 이름을 얻었다.
ⓑ 재질이 있으면 정신이 그 가운데에 응집할 수 있다.
ⓒ 정신은 재질이 없으면 바탕으로 삼아서 운용하는 도구가 없게 된다.
ⓓ 재질은 굳게 닫는 추세가 있지만 정신이 그것을 주관하여 운용하니, 정신과 덕을 합하여 굳게 닫히는 것으로 끝나지 않는다. 곤에 암말이 굳건하게 뛰어가는 상징이 있는 것은 '건의 정신[乾神]'을 계승했기 때문이다.
ⓔ 그것은 실질이 있기 때문에 곤이라는 이름을 얻었다.

곤이 또한 능력[能]이 된다는 것은 재질이 있으면 능력이 있다는 것이다. 재질은 오직 모이는 것이고, 능력은 열어서 나가는 것이다. 수렴하고 발산함이 비록 다를지라도 요컨대 그것을 두 가지로 나눌 수 없다.ⓐ 그러나 모이는 것이 그 근본이다. 시험 삼아 생각해 본 적이 있으니, 우주에 만약 재질이 모이는 것이 없었다면 능력도 있지 않았을 것이다. 「계사전」에서 "곤은 간략한 것으로 그 능력을 이룬다."고 했다. 곤은 질(質)이다. 오직 모이는 것이 있으므로 열어서 나가는 것이 있다. 성인은 능력의 이룸을 곤의 재질에 그 근본을 돌렸으니, 변화를 깊이 체득한 자가 아니면 아무도 이 뜻을 알지 못할 것이다. 재질이 생겨나면 능력이 그것과 함께 같이 생겨나니, 비록 재질이 능력의 근본이 될지라도 능력과 재질은 일제히 함께 있는 것이므로 재질이 있으면 곧 능력이 있다고 말한다. 비유컨대 초목의 뿌리와 줄기, 가지와 잎은 그 씨앗과 일제히 함께 있는 것이라고 말하는 것 같으니, 씨앗이 먼저 있고 뿌리와 줄기, 가지와 잎이 나중에 있는 것이 아니다. 이치가 실로 이와 같은 것이지 결코 기이한 것을 구한 것이 아니다. 내가 재질과 능력은 본래 둘이 아니지만 또한 구분이 있고 구분이 있을지라도 여전히 둘이 아니라고 한 것은, 대개 『대역』의 「곤괘」에서 몸소 깨달아 얻은 것이다.

ⓐ 수렴은 모이는 것이고, 발산은 열어서 나가는 것이다.

곤이 또한 리(理)가 되는 것이다. 리는 순수한 정(精)에ⓐ 근원하지만, 곤의 재질은 그것에 의지해서 사물을 이룬다. 『시경』에서 "사물이 있으면 법칙이 있다."[98]고 말한 것에서, '법칙[則]'은 '리(理)'와 같다. 대개 사물이 이루어지는 것은 리에 의지해서 이루어지지 않은 적이 없다. 『역』「계사전」에서 "천하의 지극히 심오한 것을 말해도 싫어할 수 없다.ⓑ 천하의 지극한 움직임을 말해도 혼란할 수 없다."ⓒ[99]고 하였다. 나는 옛날 음악에서 오음(五音)의 조화에 대해 생각해 본적이 있다. 원기가 혼륜(渾淪) 상태에서 두루 틈 없이 유행하는 것처럼, 위로 높이 올라가기도 하고 아래도 내려오기도 하며, 끊어진 것 같은데 실제로는 이어지고, 아주 웅장한데도 제멋대로이지 않으며, 변화가 수만 가지여서 거의 신(神)으로 여겨졌다. 이것이 그렇게 되는 것은 음악의 음이 12율(律)에ⓓ 의지해서 이루어지기 때문이다. 만약 '음률[律]'이 없다면 음악의 음이 이루어질 수 없으니, 내가 음악을 보고는 우주의 온갖 변화와 만사만물이 리에 의지해서 이루어지지 않음이 없다는 것을 알았다. 나는 만약 우주에 주물주가 있다면 그가 세계를 창조함에 반드시 음률의 원리를 가지고 세계를

---

98 『시경』「대아·탕지십(蕩之什)」. 天生烝民, 有物有則.

99 『역』「계사·상」. 言天下之至賾, 而不可惡也. 言天下之至動, 而不可亂也.

창조했을 것이라고 상상한 적이 있다. 옛 성인은 음악이 천지를 충분히 감동시켜 신명(神明)을 '이르게 한다[格].'고 말했으니,ⓔ 이것은 공연히 큰 소리친 것이 아니다. 대개 음률의 제작을 말했지만 사실은 조화의 근원을 탐구했던 것이다. 천지·신명은 모두 이것을 넘어설 수 없으므로 그 때문에 감동을 주기도 하고 와서 감상하게도 하는 것이다. 만물이 반드시 리에 의지해서 이루어지는 것은 마치 음악의 음이 음률에 의지해서 이루어지는 것과 같다. 그러므로 사물을 보고 리에 통하는 것은 마치 음악을 듣고 음률을 아는 것과 같다. 『대역』에서 곤이 리가 된다고 설명한 것은ⓕ 그 의미가 심원하다!ⓖ

ⓐ '정(精)'은 '건의 신령함[乾神]'으로 앞에서 이미 설명했으니 다시 봐야 할 것이다.

ⓑ 여기에서 '천하'라고 말한 것은 우주라고 말한 것과 같다. 온갖 변화와 만사만물은 지극히 복잡하고 심오하지만 모두 원리·법칙을 찾아낼 수 있으니, 혼연하여 혼란스러운 것이 아니다. (혼연하다는 것은 변별할 수 없는 모양이다.) 끝없는 변화와 수없이 많은 사물이 리(理)에 의지해서 이루어지지 않는 것이 없으므로, '싫어할 수 없다.'고 했다.

ⓒ 만사만물은 모두 변동하는 과정이지만 그 원리·법칙을 파악하면, '맑고 고요해서[澄靜]' 지극한 움직임을 섭렵하여 조화의 권능을 맡을 수 있으니, 어떻게 혼란함이 있겠는가!

ⓓ '율(律)'은 리(理)와 같다.

ⓔ '이르게 한다[格].'는 것은 온다는 것이다. 신명이 와서 좋아한다는 말이다.

ⓕ '곤'은 사물이다. 사물은 리로 이루어졌으므로 사물이 리가 된다고 말했다.

ⓖ 살펴보건대, 12율에서 음과 양이 각각 6개씩인 것이 마치 『대역』에서 건과 곤이 상반되지만 마침내 "태화(太和)를 보합한다."[100]는 의미로 귀결되는 것과 같다. 음률의 원리는 다른 것에서 구할 필요 없이 『역』에서 구할 뿐이다. 인류가 지금 이후로 조물주의 책임을 떠안아 음률의 원리를 가지고 화락한 세상을 만든다면, 음악에 대한 공자의 가르침을 실현할 날이 멀지 않을 것이다.

리(理)의 의미는 지극히 넓으니, 예컨대 형식·규율·궤범·법칙·질

---

100 『역』「건괘」. 象曰, 大哉乾元萬物資始. …, 保合太和.

서·조리 등을 모두 통칭하여 리(理)라고 이름 붙인다. 곤은 물질이지만 그것이 바로 우리의 감관이 접촉하는 만물이 아니라 만물을 만드는 재료일 뿐이다.[ⓐ] 만물이 만들어짐에 반드시 실질적인 재료가 있어야 됨은 말할 필요가 없다. 그런데 어떤 물체든지 모두 얽혀 있지 않은 것이 없다. 만물은 본래 서로 대치하면서도 서로 함유하고 있으니, 작은 먼지 하나가 삼천대천세계(三千大天世界)를[ⓑ] 함유하고, 삼천대천세계는 하나의 작은 먼지에 들어있다. 그러므로 작은 먼지가 비록 지극히 미세한 사물일지라도, 그것이 모든 사물과 서로 대치하면서 또한 서로 함유하고 있음을 살펴보면, 작은 먼지 자체가 혼연히 얽혀 있지 않음이 없다는 것을 알 수 있다.

> [ⓐ] 「계사전」에서 "곤은 변화하여 사물을 이룬다."[101]고 말했으니, 대개 곤이 건을 이어서 변화를 일으켜야 비로소 만물을 만들어 낸다는 말이다.
> [ⓑ] '삼천대천세계(三千大天世界)'는 불교경전의 말을 차용한 것으로 우주의 넓고 무궁함을 말한다.

가정해서 질문했다. "얽혀 있다는 것이 어떻게 가능한가?"
대답했다. "오직 각종의 '원리·법칙[理則]'에 의지해서 그렇게 될 뿐이니, 이것은 부처가 말한 '저절로 그러한[法爾]' 힘이다.[ⓐ] 총괄하면, 물체가 얽혀서 이루어지는 것은 반드시 원리·법칙에 의지하니, 마치 불이 타오르고 물이 흘러내려가는 것처럼 모두 그 특성을 바꿀 수 없다. 불타고 흘러가는 것은 곧 이 두 종류의 물체가 서로 얽혀서 이루어지는 원리·법칙이다. 네모난 물체는 그 자체로 네모나고 둥근 물체는 그 자체로 둥그니, 모두 그 모양을 바꿀 수 없다. 네모나고 둥근 것은 곧 이 두 종류의 물체가 서로 얽혀서 이루어지는 원리·법칙이다. 성인이 곤이 리가 된다고 말한 것을 가지고 그가 깊이 격물했음을 알 수 있다.

> [ⓐ] '원리·법칙[理則]'은 복합명사를 만든 것이다. '칙(則)'은 '리(理)'와 같다. 다른 곳

---

101 『역』「계사·상」. 乾知大始, 坤作成物.

에서는 이 말을 사용하면서도 주를 달지 않았다. '저절로 그러한[法爾]'은 '자연'이라고 말하는 것과 같으니 앞에서 이미 해석했다. 각종의 원리·법칙은 어떻게 있는가? 이것은 따져 물을 수 없는 것이어서 단지 '저절로 그러한[法爾]' 힘이라고 말할 수 있을 뿐이다. 각종의 원리·법칙에 의지해서 얽혀 있는 것은 누가 그렇게 하는가? 이것은 조물주가 그 사이에 묵묵히 운행한다고 할 수 없으니, 또한 단지 '저절로 그러한[法爾]' 힘이라고만 말할 수 있다.

|부가설명| 어떤 사람이 물었다. "선생께서는 건이ⓐ 온갖 덕을 함유하고 모든 리를 온축하고 있다고 말했다. 정말 그렇다면 덕은 닦을 필요가 없고, 리는 밖에서 구할 필요가 없지 않은가?"

대답했다. "참 좋은 질문이다. 나는 그대가 물은 것에 따라 나의 뜻을 밝히겠다. 건은 건원(乾元)이 유행하는 주력방면이므로 건이 온갖 덕을 함유하고 모든 리를 온축하고 있다고 말했다. '함유한다.'고 하고 '온축한다.'고 한 것은 건이 온갖 덕의 근본이고 모든 리의 근원임을 말한 것일 뿐이다. 결코 모든 리와 온갖 덕은 시작이 없을 때부터 이미 하나의 큰 정신이ⓑ 가지런하고 완전한 것을 함유하고 온축한 것이라고 말한 것이 아니다. 만약 함유하고 온축하고 있다는 것을 이렇게 해석하면, 그대가 말한 '덕은 닦을 필요가 없고, 리는 밖에서 구할 필요가 없는' 것이니, 진실로 이런 잘못이 있다. 우주론은 근원을 구하지 않을 수 없음을 반드시 알아야 한다. 근원을 말하면, 사물에 있는 온갖 이치는 그것이 건원유행의 주력방면에 근원함을 또한 말하지 않을 수 없고, 인생의 모든 덕은 그것이 근원유행의 주력방면에 근원함을 말하지 않을 수 없다. 언어와 문자는 본래 실제 생활 속에서 익숙하게 사용하는 도구가 되어 다소 분명하지 못하니, 그것으로 리를 설명하는 도구로 삼으면 원래 문제점이 많다. 중요한 점은 학자들이 말과 글 밖에서 의미를 잘 이해해야 하는 것일 뿐이다. 건은 순수한 정신이다. 그러므로 그것이 함유하고 온축한 것에는 덕과 리의 각종 가능성이 있다고 할 수 있다. 그러므로 누가 그것에 이미 많은 덕과 많은 리가 존재하는 것으로 본다고 할 수 있겠는가? 정신은 지극히 미묘한데, 어떻게 그것을 가지고 큰 주머니 속에 가득 들어 있는 한 무더기의 물건으로 볼 수 있겠는가?"

ⓐ '정신'은 '건'을 말한다.
ⓑ '하나의 큰 정신'은 건을 말한다.

앞에서 말한 것을 종합하면, 건과 곤은 본래 건원본체가 유행하는 두 측면이다.ⓐ 건은 '신(神)'으로서ⓑ '지(知)'라고 말하기도 하고 '대명(大明)'이라고도 말한다.ⓒ 곤은 '질(質)'로서ⓓ '물(物)'이라고 말하기도 하고,ⓔ '능(能)'이 되고 '리(理)'가 된다고도 말한다.ⓕ

ⓐ '건원본체'라는 말은 복합명사이다. '유행한다.'는 것은 건과 곤이 곧 건원본체의 공용(功用)임을 말한다. 건원본체는 노자가 말한 허무(虛無)와 같은 것이 아니고, 부처가 말한 공적(空寂)과 같은 것도 아니라 끝없이 유행하는 것이다. 대개 유행하는 것이 곧 그것의 공용이다. 용(用)에는 반드시 두 측면이 있으니 이른바 건과 곤이 이것일 뿐이다. 만약 오직 건만 홀로 있고 곤이 없거나 오직 곤만 홀로 있고 건이 없다면, 용(用)을 이룰 수 없다.

ⓑ '신(神)'은 정신을 약칭한 것이다.

ⓒ '지(知)'와 '대명(大明)'은 이미 성대하게 발전한 것으로 말한 것이다.

ⓓ 나는 그것을 재질이라고 말했다.

ⓔ '물(物)'은 곤이 건을 계승하고 변화하여 이미 만물을 이룬 것이므로, 곤이 '물(物)'이 된다고 말했다.

ⓕ '능(能)이 된다.'는 것은 질(質)이 있으면 바로 능(能)이 있다는 것이니, 능과 질은 본래 둘이 아니다. '리(理)가 된다.'는 것은 물(物)이 됨은 반드시 리(理)에 의지해서 이루어지므로 곤이 리가 된다고 말했다.

건의 정신[神]과 곤의 재질[質]은 두 가지 체(體)로 나눌 수 없고, 또한 건을 보존하고 곤을 버리거나 곤을 보존하고 건을 버릴 수 없다. 이것은 건괘 중에 곤의 상이 있고 곤괘 중에 건의 상이 있다는 것이니, 깊이 완미하면, 성인의 뜻을 분명히 알 수 있다. 만약 건과 곤을 두 가지 체(體)로 여기면 이것은 이원론(二元論)인데, 다시 그 위에 공연히 건의 원(元)을 내세운다면 과연 어떻게 뜻을 취할 것인가? 공자문하에서 전해오는 말에 아주 분명하게 곤의 원이 바로 건의 원이라고 했다. 후학들이 어찌 곡해해서 함부로 성인의 말씀을 어길 수 있겠는가? 건과 곤은ⓐ 다만 건원본체의 대용(大用)이다.ⓑ 용(用)은 혼자 행해지지 않으므로 정신과 재질 두 측면이 있다. 만약 정신을 보존하고 재질을 버린다면, 정신은 그야말로 의지할 곳 없이 떠다닐 것이니 어떻게 용(用)을 이루겠는가? 서양철학의 일원유심론자들이 단지 마음대로 공상하여 학설을 만든 것은 끝내 통할 수 없으니, 오래도록 미혹에 빠져서 깨닫지 못해서는 안 된다.ⓒ 만약 재질을 보존하고 정신을 버린다면, 재질이 사물로 되는 것에는 본래 허령한 본성이 없게 된다.ⓓ 또 재질은 반드시 분화하여 만물을 응결해서 이루니, 만물은 어지럽게 흩어져 달라진다. 그런데 만약 정해진 곳은 없지만 어느 곳이고 존재하지 않음이 없는 정신이 만물 가운데에서 보편적으로 주관하여 운행하지 않는다면, 만물은 그 제어됨을 잃어서 '하나에 곧은[貞於一]' 도가 없게 될 것이다.ⓔ 그런데 재질만 있고 정신이 없으면 혼자서는 변화하지 못하니, 그 잘못됨은 정신을 보존하고 재질을 버리는 것과 같다. 서양철학의 일원유물론에 대해 나는 또한 의심하지 않을 수 없다.

ⓐ 건과 곤은 '신(神)'과 '질(質)'이다.

ⓑ '대(大)'는 찬미하는 말이다.

ⓒ 유심론 역시 물질을 부인할 길이 없어 마침내 물질을 정신의 발현으로 여긴다. 이것은 종교에서 상제가 세상을 만들었다는 이론을 본받아 서술하면서 조금 그 표현을 변화시킨 것일 뿐이니, 아주 이치에 맞지 않다.

ⓓ 유물론자들은 생물이 출현한 다음에 비로소 영성(靈性: 정신)이 발로한다고 생각해서, 마침내 영성은 물질의 발전이라고 말한다. 그러나 시험 삼아 묻건대, 본래 영성이 없는 재질에서 어떻게 갑자기 영성이 생겨나겠는가? 결국 설명할 방법이 없다.

ⓔ '하나에 곧은[貞於一]'은 『역』「계사전」에 있다. '곧다[貞]'는 것은 바르고 견고하다는 것이다. 만물은 분산되어 제각기 달라지지만, 만물이 공유한 정신은 도리어 지극하게 하나로 되어 구분이 없다. 만물은 이 지극하게 하나로 되는 것을 보존하고 있기 때문에 지극히 바르고 견고한 것은 허황된 것이 아니다.

『대역』에서 건과 곤의 의미는 이름이 서로 상대적이지만 내용은 서로 함유하고 있다. 건의 정신은 곤의 재질로 들어가서 두루 감싸지 않는 것이 없고,[ⓐ] 곤의 재질은 건의 정신을 간직하고 있어서 홀로 변화함이 없다.[ⓑ] 성인은 건과 곤 두 괘가 서로 그 상(象)을 드러내는 것에 대해,[ⓒ] 건과 곤이 단지 두 측면이지 두 가지 체(體)로 생각해서는 안 된다고 밝혔다. 학자들이 만약 건과 곤이 서로 함유하고 있다는 것을 깨달을 수 있으면, 일원유심론에서 정신을 보존하고 재질을 버리는 것은 진실로 혼연히 온전한 우주를 갈라놓아서 실제적인 이치에 합당함이 없게 된다. 그런데 일원유물론이 실사구시를 종지(宗旨)로 삼았으니 진실로 그것을 어길 수 없지만, 그것의 철학적인 주장은 정신이 본래부터 가지고 있는 것이라는 것을 인정하려고 하지 않아 마침내 재질을 보존하고 정신을 버리니, 역시 잘못이 없을 수 없다.

> ⓐ 정신은 물질 가운데 운행하면서 또한 그 바깥을 감싸고 있으니, 정신이 어느 곳이나 없는 곳이 없기 때문이다. 이것은 건이 곤을 함유하고 있음을 밝힌 것이다.
> ⓑ 건의 정신은 곤의 물질을 떠나 홀로 존재하는 것이 아니고, 곤의 물질도 건의 정신을 떠나 홀로 존재하는 것이 아니다. 『역』에서는 곤이 건을 계승함을 말하여 곤이 홀로 변화할 수 없음을 밝혔다. 이것은 곤이 건을 함유하고 있음을 밝힌 것이다.
> ⓒ 「건괘」 가운데 곤의 상(象)이 있고, 「곤괘」 가운데 건의 상(象)이 있으므로 '서로 드러낸다.'고 했다.

4-6-7 유물주의 비판

이상으로 건과 곤의 의미에 대해 대략 설명했으니, 이제부터는 이어서 물질이 먼저 있어서 정신이 뒤에 나타난다는 비판에 대해 답하겠다. 『대역』에서는 건의 정신과 곤의 물질이 서로 함유하고 있어서, 오직 정신만 있고 물질이 없는 때가 없고, 또한 오직 물질만 있고 정신이 없는 때도 없다. 성인의 주장이 이와 같은 것은 무엇 때문인가?

어떤 사람이 말했다. "성인은 생물이 아직 출현하지 않았을 때 본래 징험할 수 있는 정신현상이 없다는 것을 거의 알지 못하고, 마침내 순전히 공상에 맡겨서 결국 건과 곤이 서로 함유하고 있다는 것으로 뜻을 세웠으니, 그 잘못을 스스로 알지 못했던 것이다."

내가 말했다. "이럴 수가 있는가! 그대는 무지할 뿐 아니라, 거리낌조차 없다. 『역』「서괘전」에서 '천지가 있은 다음에 만물이 생겨난다.'[102]고 했다. 이 구절에 따르면, 비록 몇 자밖에 안 되는 구절이지만, 우주 발전의 순서를 성인이 진실로 이미 마음속에 훤히 알고 있었다. 천지와 만물은 태초에 일제히 함께 있게 되는 것이 아니므로, '천지가 있은 다음에 만물이 생겨난다.'고 했다. 이 구절로 만물은 천지의 뒤에 생겨나와 일시에 함께 생겨나오는 것이 아님을 성인이 진실로 이미 알았음을 알 수 있다. 그렇다면 동물과 인류가 아직 출현하지 않았을 때에는, 곧 지각 및 가장 정밀하고 심오한 사유와 '작은 자기[小己]'의 이해타산을 초탈하는 도덕판단 등의 작용이 없었을 것이다. 성인이 어떻게 이것에 대해 전혀 몰랐겠는가? 그러나 성인은 물질이 앞서 있고 정신이 뒤에 나타난다고 말하지 않았으니, 여기에는 반드시 참된 뜻이 있을 것이다. 시험 삼아 생각해 본 적이 있다. 일반인들은 정신과 물질이 서로 대치하면서도 또한 서로 함유하는 것이 본래 혼륜(渾淪)의[ⓐ] 큰 흐름이라는 것을 깨닫지 못하기 때문에 마침내 정신이 물질보다 뒤에 있다고 굳게 집착하고 물질로 정신을 병탄한 것에 대해 안타깝게 여기지 않는다. 여기에서 그렇게 착오를 일으킨 까닭을 대략 두 가지로 설명할 수 있다. 첫째, 정신에 대한 인식이 결핍되었다. 둘째, 마음의 발현은 확실히 물질이 조직된 다음에 점차적으로 정밀해진다는 것이다. 먼저 첫째 의미에 대해 논하겠다.

ⓐ '혼륜(渾淪)'은 나누어서 두 가지 체(體)로 할 수 없다는 것이다.

---

102 『역』「서괘」. "有天地然後萬物生焉."

'정신에 대한 인식이 결핍되었다.'는 것은 무엇을 말하는가? 정신은 마음에 대한 '다른 명칭[異名]'이다.ⓐ 이것은 사람들이 아는 것이지만 또한 미미하게 구별이 있는 것이다. '정신'이라는 명칭은 마음 자체를 '오로지 지칭한 것[專稱]'이 될 수 있지만ⓑ 마음의 행상(行相)을ⓒ 지목한 것은 될 수 없다. '마음'이라는 명칭은 통상적으로 그 행상을 가리켜 말하지만, 때로는 또한 그 자체를 지목하기도 한다. 예컨대 관자가 '마음은 몸에서 임금의 지위이다.'ⓓ103라고 했다. 여기서의 마음은 곧바로 마음 자체를 가리켜서 부른 것이다.ⓔ 과학은 순전히 격물(格物)의 학문이어서ⓕ 이 학문을 하는 자들은 물질적인 우주 가운데서 어떤 한 영역을 명확히 구분해서 연구하니, 사고의 예리함과 방법의 엄밀함은 본래 숙련되게 통달할 수 있어서 나날이 몰랐던 것을 알게 된다. 밝고 넓은 정신의 깨우침에 대해서라면 무하유지향(無何有之鄕)104에 매몰됨을 면하지 못한다. 비록 아주 천재적인 과학자가 있어 그가 전공하는 것 외에 우주와 인생의 큰 문제에 관심을 가질 수 있더라도, 감히 과학만능이라는 견해를 견지하지 않은 경우가 또한 드물 것이다. 내 말이 여기에까지 이르고 보니 논의를 너무 넓힌 것 같다. 그런데 논의를 너무 넓히게 된 이유는 심체(心體)가 미묘한데ⓖ 과학과 격물의 방법으로는 심체를 인식할 길이 없기 때문이다. 학자들은 과학적으로 증명할 수 없다고 해서 마침내 심체가 본래 없다고 단정해서는 안 된다. 총괄하자면, 일반 사람들이 말하는 마음은 다만 마음의 행상(行相)을 가지고 마음이라고 말하는 것이니, 확실히 심체를 인식한 적이 없다. 마음의 행상으로 말하면, 동물과 인류가 아직 출현하지 않았을 때에 어떻게 마음이 있을 수 있었겠는가? 비록 교

103『관자』「심술·상(心術·上)」. 心之在體, 君之位也.

104 무하유지향(無何有之鄕):『장자(莊子)』「소요유(逍遙遊)」·「응제왕(應帝王)」·「지북유(知北遊)」 등에 나오는 말이다. 있는 것이란 아무것도 없는 곳이란 말로, 이른바 무위자연(無爲自然)의 도가 행해질 때 도래하는, 생사가 없고 시비가 없으며, 지식도 마음도 하는 것도 없는 자연그대로의 세계 또는 그런 마음의 상태를 가리킨다.

묘한 궤변자라도 또한 그 재주를 베풀 곳이 없었을 것이다. 그러나 진정으로 마음을 인식한 자는 도리어 마음의 행상에서 심체를 꿰뚫어 깨닫는다. 심체를 보고나서야 비로소 진정으로 마음을 인식한 것이니, 바꿔 말하면 진정으로 정신을 인식한 것이다. 세상 사람들은 단지 마음의 행상을 인식하고는 이것을 마음이라고 여겨 심체를 꿰뚫어 밝히려고 하지 않고, 마침내 마음이나 정신이 본래 있는 것이 아니라고 단정하니, 이것은 내가 '말을 더듬지만 단호하게[期期]' 안 된다고 생각하는 것이다.⒣

ⓐ '다른 명칭[異名]'은 별명이라고 말하는 것과 같다.

ⓑ '자체'라는 말에 주의하라. 일반적으로 형태가 있는 것은 곧 모두 '자체'가 있다. 예컨대 붓은 그 자체가 있고 종이도 그 자체가 있다. 다른 사물은 같은 사례로 알 수 있다. 형태가 없는 것 예컨대 정신이나 마음도 자체가 있는 것이니, 그것이 공허하게 없고 공연한 환상이 아니기 때문이다.

ⓒ '행상(行相)'에서 '상(相)'은 모양이다. '행상(行相)'은 마음이 바깥에 있는 사물에 행해져서 이해하게 되면 이 이해를 마음의 '행상'이라고 부르니, 사물이 드러낸 모양을 마음이 취한 것이기 때문이다.

ⓓ 마음이 몸에서 임금의 지위에 있다는 말이다. 임금은 주인과 같으니, 마음이 몸의 주인이라는 말이다.

ⓔ 마음은 보이거나 들리는 것이 아니지만 공허하게 없는 것이 아니고 공연한 환상이 아니며 확실하게 있는 것이므로, 마음에 자체가 있다고 설명했다. 유가와 도가는 학술이 같지 않지만 심체(心體)를 인식하는 것을 가장 먼저 해야 할 일로 여긴 것에는 차이가 없다. 선학(禪學)에서는 곧바로 '마음의 근원[心源]'이 생동감이 넘침을 지적하였으니, ('마음의 근원[心源]'은 심체라고 말하는 것과 같다.) 초학을 인도하는 데는 선(禪)보다 오묘한 것이 없다. 그러나 제가(諸家)가 비록 동일하게 심체 인식을 중요하게 생각했지만, 진정으로 시끌벅적한 시장 가운데서 천자를 알아볼 수 있는 것은 확실히 쉽지 않다. 사람들은 태어난 다음에 곧 갖가지로 잡되게 오염되어 본심을 가린다. 잡된 오염은 비유컨대 시끌벅적한 시장과 같다. 본심은 마음의 주인이니, 비유컨대 천자와 같다. 시끌벅적한 시장 가운데 천자가 있다는 것은 선가(禪家)의 돌아가신 스님 중에 덕 있는 분의 말이다. ('잡된 오염[雜染]'은 불교경전에 보인다. 일반적으로 사사로운 생각과 사사로운 욕심 및 바르지 못한 식견이 모두 잡된 오염이다.) 나는 일찍이 선가의 어록을 선집해서 조금 주석을 가하고, 게다가 『논어』를 주석하면서 왕부지(王夫之)의 『독사서

대전설(讀四書大全說)』을 선택적으로 채택하여 그것에 덧붙여 출간하려고 했었다. 왕부지의 학문에는 본래 아주 뛰어난 점이 있지만, 도처에 한결같이 부처나 노자를 반박하는 마음이 있었으니, 어떤 경우는 부처나 노자의 문제점에 적중하지 못하고 또 성인의 뜻을 놓쳤다. 오직 주자 문하의 고루함을 많이 구제하였으니, 공로가 또한 적지 않다. 공자는 줄곧 일상생활에서 사람들에게 지적하여 일에 따라 선을 선택해 잡된 오염에 빠지지 않게 했으니, 오래도록 그렇게 하면 자신에게 주인이 있는 것을 알 수 있다. 올바른 이치는 오직 생활에서 체득할 수 있으니 공허하게 의론을 조작할 수 없다.

ⓕ '격물(格物)'에서 '격(格)'자를 주자는 '궁구한다.'고 해석했는데 옳다.

ⓖ 심체는 마음이 공허하게 없거나 환상이 아니고 실제로 있다는 것을 말하므로, 마음은 자체가 있다고 말하였다. 다만 여기서 말하는 '마음 자체'는 분명히 마음이 우주본체라고 말하는 것이 아니니 절대로 오해해서는 안 된다.

ⓗ 주창(周昌)[105]이 한고조에게 "신은 '말을 더듬지만 단호하게[期期]' 불가하다고 여깁니다."[106]라고 했다. '말을 더듬지만 단호하게[期期]'는 더듬거리며 말을 어렵게 하는 모습으로, 후대의 사람들이 매번 그 말을 차용했다.

『대역』에서 건을 정신으로 여겼으니, 그곳에서 말한 정신은 하늘의 운행이 굳건한 것에서 상을 취한 것이다.ⓐ 「대전」에서 '오직 신령하므로 빨리하지 않는데도 신속하고 가지 않는데도 이른다.'ⓑ[107]고 했다. 또 '문을 여는 것을 건이라고 한다.'ⓒ[108]라고 했다. 이상의 여러 문구에 근거하면, 『대역』에서는 진실로 '형체 없는 형체'·'힘이 없는 힘'·'양(陽)의 밝음'·'굳건한 움직임'·'무궁한 개발'·'끝없는 승진' 등을 정신이라

---

105 주창(周昌, ?-B.C.192): 서한의 대신(大臣)으로서 한고조 유방과 동향인 패군 풍읍(沛郡豐邑: 현 강소성 풍현〈豐縣〉) 사람이다. 진나라 말기 농민전쟁이 일어났을 때 유방을 도와 진나라를 격파하고 벼슬이 어사대부(禦史大夫)에 이르렀고 분음후(汾陰侯)로 봉해졌다. 성격이 강직하여 말을 더듬는데도 직언을 잘하기로 유명하다. 한고조가 태자를 폐하려 하자 그것이 불가함을 간언하다가 말을 더듬어서 '기기(期期)'라는 말을 자꾸 끼워넣은 고사가 전해진다.

106 『사기』 「장승상열전(張丞相列傳)」. 周昌 …, 曰: "臣口不能言, 然臣期期知其不可."

107 『역』 「계사·상」. 唯神也, 故不疾而速, 不行而至.

108 『역』 「계사·상」. 闔戶謂之乾.

고 했다. 바꿔 말하면, 곧 심체가 이것이다. 우리들이 자신에게로 되돌아가서 자신의 마음을 체인하면, 어찌 '형체 없는 형체'·'힘이 없는 힘'·'양(陽)의 밝음'·'굳건한 움직임'·'무궁한 개발'·'끝없는 승진'이 없겠는가? 자신에게 이런 보물이ⓓ 있는데도 인식하지 못하고 무하유지향에 버려두고 있으니, 어찌 애석하지 않은가! 세상 사람들은 단지 '형체 있는 형체'·'힘이 있는 힘'이 있다는 것만 알았지, 우주에서 지극히 크고 헤아릴 수 없는 것으로 '형체 없는 형체'·'힘이 없는 힘'만한 것이 없다는 것을 알지 못한다.ⓔ 『주역』의 64괘 384효는 「건괘」 초효의 잠룡(潛龍)에서 시작한다.ⓕ '잠(潛)'이라는 말은 숨어 있어 드러나지 않는다는 것이니, 이른바 '형체 없는 형체'·'힘이 없는 힘'이다. 그런데 지극하게 끝없이 넓은 우주는 지극하게 드러나는 형체이고 지극하게 나타나는 힘이어서, 깊이 잠겨 있고 그윽하게 숨어 있는 것, 형체 없는 형체, 힘이 없는 힘으로 말미암지 않고서는 그 사이를 주관해서 운용할 수 없다. 공자문하의 유언(遺言) 중에 '역은 은미함에 근본해서 드러남으로 가는 것이다.'ⓖ라는 말이 있는데, 이 말은 광대하고 심원하다! 어떻게 이 말을 이해하는 사람을 만나 그와 함께 마음에서 마음으로 전해줄 수 있을까?

ⓐ 천체의 운행은 지극히 굳건하고 신속하므로 그것으로 건의 신령함의 움직임과 굳건함을 비유했다.

ⓑ 이 구절의 의미가 깊고 미묘하니 뒤에서 간략히 해석하겠다.

ⓒ '여는 것'은 개발한다는 의미이다. 문이 낮에 항상 열려 있는 것은 양(陽)의 밝은 모양이다. 건의 신령함은 양(陽)의 밝은 덕성을 갖추고 있으므로 '문을 여는 것'으로 비유했다.

ⓓ '보물'은 심체의 형용사이다.

ⓔ '헤아릴 수 없다.'고 말하면 이미 헤아린 것이다. 그런데 '헤아릴 수 없다.'고 말한 것은 그 이치가 깊고 미묘하다는 것에 대해 형용한 것일 뿐이다. 만약 '헤아릴 수 없다.'는 구절을 보고 불가지론(不可知論)으로 의심하는 자라면, 그런 못난 사람과는 말하기 어렵다.

ⓕ '건의 정신'은 용에서 상을 취한 것이다. 고대의 사람들은 용을 잘 변하는 영험한 것으로 여겼기 때문에 마음이나 정신으로 비유했다. 「건괘」 초효는 잠룡이 되

니 심신(心神)이 그윽이 숨어 있어 볼 수 없다는 것을 비유했다. 심신(心神)은 복합명사이다.

ⓖ 은미함에 근본해서 성대하게 드러남에 이른다는 말이다.

'곤의 물질됨[坤物]'은 형체가 있고 힘이 있는데, '건의 정신[乾神]'은 형체를 볼 수 없고 힘으로 일컬을 수 없다. 『대역』은 이 때문에 건의 정신이 천지만물을 제어한다고 설명했으니, 어찌 기이하지 않은가! 양(陽)의 밝음과 굳건한 움직임은 어느 것에도 있지 않은 곳이 없고, 어느 것에도 그것이 운행하지 않는 곳이 없다. 크게는 우주공간의 모든 천체에서부터 작게는 하나의 작은 먼지에 이르기까지 혹은 한 번 들이쉬고 한 번 내쉬는 숨결까지, 어느 것이 이 양(陽)의 밝음과 굳건한 움직임을 버리고 스스로 물(物)이 됨을 이룰 수 있겠는가? 곤은 홀로 변화하지 않고 건이 처음ⓐ 움직이는 것을 계승해서 변화하여 물(物)을 이룬다. 그러므로 만물은 재질을 부여받음에 정신을 함유하고 있지 않음이 없다. 왕부지(王夫之)는 '기침을 하고 침을 뱉는 것이 모두 정신이 하는 것이다.'라고 했다. 조화를 아는 자가 아니라면, 누가 이런 말을 할 수 있겠는가! 세상 사람들은 단지 마음의 행상(行相)을 꼭 찍어서 이것을 마음이라고 말해야 한다고 생각하니, 양(陽)의 밝음과 굳건한 움직임 곧 이른바 순수한 정(精)이 마음이라는 것을 모르기 때문이다.ⓑ 그런데 마음의 행상은 반드시 동물과 인류가 출현하기를 기다려 마음의 작용이 발전하여 극도로 번성해야 비로소 징험할 수 있는 것이다. 생물이 출현하기 이전에는 마음이 행상으로 발전할 가능성이 있지만, 단지 잠복하여 숨어 있기 때문에 드러나지 않는다. 그러나 생물이 아직 없을 때는 마음이 있는 곳이 없다고 말할 수 없다. 마음은 신(神)이다.ⓒ 건의 정신, 곤의 물질은 자연스럽게 일제히 다 갖추어져 있는 것이다. 우주는 본래 혼연히 온전한 것인데, 어떻게 그것을 부수어 단편적인 것으로 볼 수 있겠는가?"

ⓐ '처음'이라는 것은 '주로 한다.'는 것과 같다. 건의 움직임이 앞에 있어 곤이 뒤에

서 계승한다는 말이 아니다.

ⓑ '순수한 정(精)'은 「건괘」「문언전」에 있다.[109] '정'은 정신을 생략해서 말한 것이다. 앞의 글에서 인용했던 것이니 다시 봐야 할 것이다. 양(陽)의 밝음과 굳건한 움직임은 마음 자체이다. 마음이라는 이름은 그 자체에 의거하여 붙인 것이다.

ⓒ '신(神)'은 정신을 생략하여 말한 것이다.

|부가설명 1| 유정창(劉靜窗)은 불교 대승학을 전공해서 『화엄경』과 『대반야경』의 여러 경전을 가까이하여 자못 깨달음이 있었다. 나는 그것이 좋아서 그에게 『역』을 읽을 것을 권했다.

유정창이 물었다. "건(乾)이 신(神)이 된다는 것은 무슨 의미입니까?"

내가 대답했다. "너는 '양강(陽剛)' 두 글자를 깊이 완미해 보아라. '신(神)'은 마음이다. 양과 음은 상반되니 음은 어둡다는 의미이고, 양은 밝다는 의미이다. 그러므로 「건괘」에서 '크게 밝다[大明]'[110]고 하고, 「계사전」에서 '건은 안다[乾知]'[111]라고 했으며, 예로부터 지금까지 여러 학파에서는 우주가 일단의 '알 수 없는 어두움[迷闇]'에서 시작되었다고 여긴다. 예컨대 인도의 수론(數論)에서 말하는 '용기[勇]·티끌[塵]·어둠[闇]'이라는 세 가지 덕,ⓐ 불가에 있는 12연기론, 서양철학의 생명론자들이 말하는 생의 충동들이 모두 이것이다. 이런 사상들은 거의 깊이가 없고, 오직 공자가 지은 『주역』만이 건원이라는 본성의 바다를 비로소 밝혔다.ⓑ 그런데 건원이 유행하는 주력방면으로서 이른바 건은 양강(陽剛)의 덕성을 갖추고 있는 것이다. '양(陽)'에 대해 '크게 밝다.'고 하고 '안다.'고ⓒ 한 것은 모두 그것에 알 수 없는 어두움이 없음을 나타낸 것이다. '강(剛)'은 굳세어서 위로 올라가는 것을 말하니, 변화하여 사물을 이루는 것에 이르지 않는다.ⓓ 옛날의 역학자들이 건은 정(精)이 굳세어 스스로를 이기는 것이라고 설명했으니, 깊이 완미해야 한다.ⓔ 우주의 한 방면은 곤의 재질이고 다른 한 방면은 건의 정신이다. 곤의 재질은 사물을 이루고 굳게 닫는 것을 지향하니, 자못 인

---

109 『역』「건괘」「문언」. 大哉乾乎, 剛健中正, 純粹精也.
110 『역』「건괘」. 象曰, 大哉乾元, …. 大明終始.
111 『역』「계사·상」. 乾知大始, 坤作成物.

도의 수론(數論)에서 말하는 어두움의 덕과 같은 것이 있다. 건의 정신은 마침내 곤을 열어 통일상태로 돌아가서 크게 밝음을 이룰 수 있으므로, 사람의 도는 건의 덕을 체득해서 스스로 강해져야 한다."

ⓐ 저들이 말하는 '용기'는 대개 능력에 가깝다. '티끌'은 곧 물질이다. '어둠'은 일종의 알 수 없는 어두운 세력을 말한다. 세 가지 덕이 합해져서 우주가 열렸다.

ⓑ 건원이라는 본성의 바다는 이 책에서 하늘과 사람은 둘이 아니라는 것을 논하는 부분에 있으니, 다시 보아야 할 것이다.

ⓒ 여기서 '안다.'는 것은 통상적으로 지식이라고 할 때의 앎이 아니니, 그에 대한 설명은 앞에 있다.

ⓓ 곤이 변화해서 사물을 이루는 것은 곧 아래로 떨어지는 추세가 있다는 것이다. 건은 도리어 상승하고 사물로 변화되려고 하지 않는 것이다.

ⓔ '정(精)'은 정신을 생략해서 말한 것이다. '정'은 지극히 굳세기 때문에 '정이 굳세다.'라고 했다. '정'은 굳세기 때문에 충분히 스스로를 이길 수 있으니, 변화하여 사물이 되지 않는다.

|부가설명 2| 어떤 사람이 물었다. "선생께서 건원(乾元)이 하늘을 제어한다고 설명한 것이라면,ⓐ 여기에서 말한 하늘[天]은 천제(天帝)를 말합니다. 그런데 건이 천지만물을 제어한다고 언급한 것이라면, 여기서의 천(天)은 당연히 우주공간의 모든 천체를 지목한 것이니, 천제를 말한 것이 아닙니다."

대답했다. "그대가 말한 것은 실로 나의 뜻을 얻은 것인데, 잘못 생각한 곳이 있으니 그 것을 밝혀서 설명하지 않을 수 없다. 중국의 고대 백성들은 확실히 우주공간 가운데에 형기(形氣)인 하늘을 곧바로 가리켜서 그것이 곧 상제라고 여겼다. 그러므로 고대의 경전에서 형기인 하늘과ⓑ 이른바 상제는 실로 분리할 수 없었다. 『순자』의 「천론」에 '하늘을 위대하게 여겨 성기는 것이, 어떻게 하늘을 제재하여 이용하는 것과 같겠는가!'112라고 했는데, 독자들이 대충 지나쳤다. 사실 고대의 백성들이 자연계의 모든 천체를 상제나 위대한 신으로 미혹되게 믿고 경배하여 섬겼으므로, 순자가 이

---

112 『순자』「천론(天論)」. 大天而思之, 孰與物畜而制之? 從天而頌之, 孰與制天命而用之?

런 말을 했던 것이다. 내가 이 책에서 건이ⓒ 천지만물을 제어한다고 설명했으니, 여기서의 천은 원래 우주공간의 천체를 지목한 것이다. 만약 건원이 하늘을 제어한다고 설명한 것이라면, 이것은 상고시대의 백성들이 천제에 대해 미혹되게 집착하는 것을 타파한 것이다."

  ⓐ '건원(乾元)'은 건(乾)의 원(元)이지 건(乾)이 곧 원(元)인 것은 아니다.
  ⓑ 형기인 하늘은 곧 큰 공간의 모든 천체이다.
  ⓒ 건은 곧 마음이다.

마음의 발현이 물질의 조직을 기다려서 점차적으로 정밀해진다는 것은 무엇을 말하는가? 정신과 물질은 혼연히 온전한 것이 크게 유행하는 것이니, 다만 두 가지 측면이 상반되면서도 서로 이루어주는 것이어서, 두 가지 체(體)로 나눌 수 없는 것임을 내가 앞의 글에서 여러 번 말했다.ⓐ 지구에 생물이 없었을 때 동물의 지각과 인류의 고등정신작용이 비록 아직 발현한 적이 없지만, 양의 굳셈인 정신은ⓑ 요컨대 스스로 육허(六虛)를 두루 유행하여 일정하게 있는 곳이 없지만, 있지 않는 곳이 없었다.ⓒ 태초의 혼돈상태는 아직 나누어지지 않아 양(陽)의 정신이 진실로 원기(元氣)와 함께 채워져 있었다.ⓓ 헤아릴 수 없을 만큼 '기의 세계[器界]'가ⓔ 응결되어 이루어졌다는 것은 양의 정신이 또한 기의 세계를 따라 두루 운행한다는 것이니, 우주의 시작에는 단지 물질만 있고 마음이 없다고 말할 수 없다. 마음은 '크게 있음[大有]'에도 형태가 없고,ⓕ 굳건하게 움직임에도 힘이라고 부를 수 없으니,ⓖ 미묘함이 지극하다.ⓗ 그러므로 마음의 발현은 반드시 물질이 조직되기를 기다려 점차적으로 정밀해진 뒤 그 작용을 성대하게 드러낼 수 있다. 대개 정신은 지극히 미묘하니 그것이 의지하는 것까지도 '정교하지[精利]' 않을 수 없다.ⓘ 이것은 리(理)의 추세가 반드시 그렇게 되어 있는 것이니, 마음으로 생각하여 조작한 것이 아니다.ⓙ

  ⓐ '혼연히 온전한 것'은 혼연히 하나가 되어 나눌 수 없으므로, '혼연히 온전한 것'이라고 했다.

ⓑ '정(精)'은 정신의 약칭이고 또한 마음의 별명이다. '양(陽)'은 밝다는 의미로 그것
이 '알 수 없는 어두움[迷闇]'이 아님을 말한다. '강(剛)'은 굳세게 위로 나아가는 것
이지 변화하여 사물이 되는 것이 아니다. 이것이 마음의 측면이 사물의 측면과
아주 다른 까닭이다.

ⓒ 상하와 사방을 '육허(六虛)'라고 하니, 태허(太虛)라고 말하는 것과 같다. 태허는 본
래 방향의 구분이 없는데도 '육(六)'이라고 말한 것은 이름을 빌린 것일 뿐이다.

ⓓ '양강(陽剛)의 정신'을 '양(陽)의 정신'으로 약칭하니, 마음이라고 말하는 것과 같
다. '함께 채워져 있다.'는 것은 신(神)이 기(氣)와 함께 태허를 채우고 있다는 말
이다. 기(氣)인데 원(元)이라고 말하는 것은 이것이 물질과 능력의 단서이기 때
문에 '원기(元氣)'라고 말하는 것이다.

ⓔ 모든 천체나 무기물을 통틀어서 '기의 세계[器界]'라고 한다. 이 말은 중국어로 번
역된 불교경전에 있다.

ⓕ 『역』에 「대유(大有)」괘가 있다. '있는 것[有]'인데 크다고 말한 것은 높이는 말이
다. 마음은 원래 실제로 있는 것인데도 형체가 없고 한정이 없으니, 이것이 크다
고 하는 까닭이다.

ⓖ 「건괘」의 「문언」에서 건의 정신을 찬미하여 '순수한 정신'[113]이라고 했다. '정
신'이라고 말하고, '능력'이라고 말하지 않은 것은, 그것이 양의 밝음·굳셈·위
로 나아가는 특성이 있어 그 덕의 작용이 특수하기 때문이다. 『대역』이 곤에서
능력을 말한 것은 질(質)이 있으면 능력이 있으니, 물질과 능력이 혼연히 하나라
고 밝힌 것이다. 성인이 사물을 관찰하는 것은 심오하다!

ⓗ 「설괘전」에서 "신(神)은 만물을 오묘하게 하는 것으로 말한 것이다."[114]라고 했
다. 순열(荀悅)의 『신감(申鑒)』을 살펴보니, "이치가 은미한 것을 오묘함이라고
한다."[115]라고 했다. 정신은 물질이 아니면서 그 이치가 지극히 깊고 은미하므로
신(神)이라고 말하여, 그것이 사물을 미묘하게 한다고 했다.

ⓘ 물질은 정신이 의지하는 것이다.

ⓙ 사람은 질(質)을 부여받고 정신을 머금어 태어나는 존재이다. 태어난 다음에는
만물을 접하면서 마음으로 생각하는 것이 있다. 만약 정신으로만 말한다면, 정
신은 사람이 아니니, 다만 크게 밝은 덕성만 있고 마음으로 생각하는 것은 없다.

---

113 『역』「건괘」「문언」. 大哉乾乎, 剛健中正, 純粹精也.

114 『역』「설괘전」. 神也者, 妙萬物而爲言者也.

115 『주역술(周易述)』「역미언·하(易微言·下)」. 荀悅申鑒曰: "理微, 謂之妙."

[4-6-7-1] 물질세계의 변천과 발전

'물질세계[物界]'의 변천·발전은 대략 두 개의 층으로 나누어진다. 첫째, '질이 장애가 되는 층[質礙層]'이다.ⓐ 태초의 혼돈상태가 처음 열렸을 때 헤아릴 수 없는 모든 천체에서부터 모든 티끌에 이르기까지가 모두 '질이 장애가 되는 상[質礙相]'이다.ⓑ '질이 장애가 되는 상[質礙相]'은 생명이 없다. 옛날 사람들이 물질[物]은 무겁고 탁하거나 혹 가라앉는 것이라고 말했던 것은 이 때문이다.ⓒ '질이 장애가 되는 층[質礙層]'이 무겁고 탁한 것처럼 나타나지만, 생활기능이 없는 까닭은,ⓓ 오직 조직이 지나치게 간단하므로 정신이 물질 속에 잠복해서 드러나지 못하기 때문이다.ⓔ 『역』의 감괘(坎: ☵)에서 양이 음 속에서 빠져 나오지 못하는 것이, 바로 이 모습이다.ⓕ 이 때문에 물질계는 '질이 장애가 되는 층[質礙層]'의 시기에 재질이ⓖ 점차로 응결되지만 조직방식이 아직 갖추어지지 않았기 때문에 정신은 여전히 그것에 의지해서 드러나기 어렵다. 그러므로 흙·돌 등처럼 질이 장애가 되는 층의 모든 물질은 아직 생활기능이 없어 마음의 작용이 발현되지 않으니, 이것에 대해서는 다시 말할 필요가 없다.

ⓐ 질(質)은 곧 장애가 되는 것이므로 '질이 장애가 되는 층'이라고 했다.

ⓑ 여기서의 '상(相)'자는 '자체(自體)'라고 말하는 것과 같으니, '모양[相狀]'이라고 할 때의 상이 아니다. 티끌은 중국어로 번역된 불교경전에서 물질을 이름 붙여 티끌이라고 하였는데, 여기에서는 모든 천체나 무기물 그 자체가 모두 질이 장애가 되는 것이라는 것에 대해 말하므로, '질이 장애가 되는 상[質礙相]'이라고 말했다.

ⓒ 인도의 불가에서는 흙·돌 등의 물질은 생명이 없고 감각과 지각이 없으며 초목도 그렇다고 말했다. 외도(外道)에서는 초목은 생명이 있어 흙·돌 등과 다르다고 말했으니, 지금에서는 당연히 외도의 말이 뛰어나다고 여긴다. 나는 어둑어둑한 정원 가운데 있는 한 그루의 나무가 햇빛이 모자란 상황에서 담장에 있는 구멍으로 겨우 빛이 들어오니, 이 나무가 특별히 구멍 쪽으로 비스듬히 줄기를 기울여서 가지와 잎이 작은 빛에 가깝도록 하는 것을 본 적이 있다. 이것은 그 나무가 마음이 있다는 것을 아주 분명하게 나타낸 것이다. 세상 사람들은 해바라기가 해를 향해 기운다고 말하는데, 사실 식물에게는 모두 이런 감각이 있으

니 해바라기뿐만이 아니다.

ⓓ '~처럼 나타나다[現似]'는 중국어로 번역된 불교경전에서 차용했으니, 그 이루어
진 형태는 무겁고 탁한 것처럼 나타날 뿐이지만 사실은 물질도 또한 끊임없이
유동한다는 말이다.

ⓔ 무기물 역시 전혀 조직이 없는 것이 아니라 단지 아주 간단할 뿐이다.

ⓕ 『대역』은 건양(乾陽)으로 신(神)을 삼고 마음을 삼으며, 곤음(坤陰)으로 질(質)을
삼고 물(物)을 삼는다. 감괘(坎: ☵)는 양이 두 겹의 음 가운데에 빠졌으니, 곧 마
음·신(神)이 물질에 의해 굳게 가려진 모습이다.

ⓖ 재질이라는 말은 앞에 있다.

둘째, '생활기능개체층[生機體層]'이다. 이 층은 질이 장애가 되는 층에 의
지하여 비로소 진보한 것이다. 곧 그 조직이 특수해진 것으로 말미암아
생활기능이 있는 각각의 개체가 이루어졌기 때문에 '생활기능개체층[生
機體層]'이라고 말했다. 이 층은 다시 네 가지로 나눠진다. 곧 '식물기체층
(植物機體層)',ⓐ '저등동물기체층(低等動物機體層)', '고등동물기체층(高等動物
機體層)', '인류기체층(人類機體層)'이다. 뒤에 있는 층들은 모두 앞에 있는
층에 의지해서 생겨난다. 다만 뒤에 있는 층들은 마침내 앞에 있는 층들
과 다른 종류로 진보했으니, 이것이 그 큰 차이이다. 예나 지금이나 변
화를 자세히 관찰하지 못한 자들은 우주의 시작이 다만 '질이 장애가 되
는 것[質礙物]'일 뿐이라고 여겼다.ⓑ 모든 '질이 장애가 되는 것[質礙物]'은
생활기능이 없고 마음의 작용이 없으니, 이것으로 말미암아 마음은 본
래부터 가지고 있는 것이 아니라고 단정하고 유물론을 견지한다. 그러
나 물질계가 발전하여 생활기능개체층에 도달하면, 마음의 작용이 비로
소 현저하게 드러나고, 인류에 도달하면 크게 밝은 심체(心體)가 더욱 성
대하게 드러나서 이지러짐과 가려짐이 없다.ⓒ 질(質)이 장애가 되는 층
에서는 아직 마음이 드러나지 않다가 생활기능개체층에서 비로소 마음
이 드러나는 것은 우연이 아니고, 물질이 마음을 생겨나게 할 수 있다는
것은 더욱 아니다. 만약 물질이 고도로 발전하여 정신을 생겨나게 할 수
있다고 말한다면, 나는 세상에서 어찌 콩의 종류가 고도로 발전하여 삼

이 생겨나는 것을 본적이 없는지 시험 삼아 묻겠다. 이런 추론에 대해 나는 감히 합리적이라고 여기지 않는다. 나는 온 세상의 '일의 이치[事理]'는 단지 본래 숨어 있다가 드러나게 되는 것이니 무에서 유는 결코 나올 수 없다고 믿는다. 유물론에서는 본래 물질 속에는 정신적인 덕성이 원래 함유되어 있다고 말할 수 없는데, 이제 만약 물질이 고도로 발전하여 갑자기 정신이 생겨난다고 말하면, 무에서 유가 나온다고 말하는 것이 아니고 무엇을 말하는 것이겠는가? 비유컨대 석녀(石女)는 아이를 낳아 기를 가능성이 없는데, 석녀가 아이를 낳는다고 말하면 사람들이 모두 인정하지 않는 것과 같으니, 그것은 무에서 유가 나올 수 없기 때문이다.

ⓐ '생활기능개체[生機體]'를 '기체(機體)'로 약칭하니, 아래에서도 이와 같다.
ⓑ 우주 공간의 모든 천체는 모두 '질이 장애가 되는 것[質礙物]'이니, 산하와 대지는 말할 필요가 없다.
ⓒ '이지러짐이 없다.'는 것은 예컨대 맹자가 제나라 왕에게 소 한 마리를 차마 죽이지 못하는 마음을 확충하여 온 세상의 백성들을 보육하기를 권한 것과 같이,[116] 거의 크게 밝은 심체가 이지러짐이 없는 것이다. 또 예컨대 성인이 아이 때에 말을 배우고 걸음마를 배우는 것을 미루어 만물의 이치를 궁구하는 것과 같은 것도 역시 이지러짐이 없는 것이다. '가려짐이 없다.'는 것은 내 마음의 크게 밝은 덕용을 미루어 실사구시하면 곧 아는 것이 바로 실천되어 사사로운 생각·사사로운 욕심 등의 장애를 다스릴 수 있으니, 이것이 '가려짐이 없다.'는 것이다.

정신이 '질이 장애가 되는 층'에서 드러나지 않은 것은 본래 없어서가 아니라 다만 숨어 있기 때문에 드러나지 않을 뿐이다. 정신이 숨어 있기 때문에 드러나지 않는다는 것은 무슨 의미인가? 물질의 조직은 지나치게

---

116 예컨대 맹자가 제나라 왕에게 … 보육하기를 권한 것과 같이: 『맹자』「양혜왕·상(梁惠王·上)」, 曰: "若寡人者, 可以保民乎哉!" 曰: "可." 曰: "何由知吾可也." 曰: "臣聞之, 胡齕曰: '王坐於堂上, 有牽牛而過堂下者. 王見之曰: 「牛何之.」 對曰: 「將以釁鐘.」 王曰: 「舍之. 吾不忍其觳觫, 若無罪而就死地.」 對曰: 「然則廢釁鐘與.」 曰: 「何可廢也. 以羊易之.」 不識有諸." 曰: "有之." 曰: "是心足以王矣. 百姓皆以王爲愛也. 臣固知王之不忍也." 참조.

거칠어서 정신이 운용하기에 적합하지 않다는 것이다. 물질의 발전이 '생활기능개체층[生機體層]'에 이르러 정신의 드러남이 점점 성대해지는 것은, 본래 없다가 지금 있는 것이 아니라 숨어 있다가 드러나게 되는 것이다.[a] 그것이 숨어 있다가 드러나게 된다는 것은 무슨 의미인가? 물질계가 생활기능개체층에 이르면, 물질의 조직이 지극히 '훌륭해지고 교묘해지므로[善巧]' 정신이 그것에 의지해서 드러날 수 있다는 것이다.[b]

> [a] 본래 없었다면 지금 있을 수 없으니, 이것은 변할 수 없는 진리이다. 만약 처음에 숨어 있기 때문에 가려져 있었다면, 끝내 반드시 성대하게 드러나게 될 것이다. 그러므로 숨어 있기 때문에 아직 드러나지 않은 것은 본래 없었던 것이 아니다.
>
> [b] '훌륭해지고 교묘해진다[善巧].'는 말은 중국어로 번역된 불교경전에 있다. 교묘한데 훌륭하지 않으면 적합한 것이 아니고, 훌륭한데 교묘하지 않으면 또한 적합하지 않다.

생활기능개체의 조직이 훌륭하고 교묘하다는 것은 무슨 의미인가? 나는 세 가지 의미로 간략히 설명하려고 한다. 첫째, 거칠고 큰 것에서 적당하게 된 것이다.[a] 둘째, 간단한 것에서 복잡하게 된 것이다.[b] 셋째, 무겁고 탁한 것에서 미묘하게 된 것이다.[c] 위의 세 가지 의미를 종합하면, 질이 장애가 되는 층과 생활기능개체층의 근본적인 차이가 단지 한쪽은 특수한 조직이 있는 것이고,[d] 다른 한쪽은 거의[e] 조직이 없는 것임을 알 수 있다. 조직이 지나치게 간단한 질이 장애가 되는 층에서는 마음이 숨어 있어 드러나지 않는다. 조직이 정교하고 예리한 생활기능개체층에 도달하면 마음은 이에 숨어서 가려진 것에서부터 나와서 성대하게 드러나게 된다. 『대역』리괘(離: ☲)에서 양(陽)의 정교함이 음(陰)의 어두움을 벗어나 크게 밝음을 드러내는 것이 바로 이 모습이다. 그러므로 정신의 발현 여부를 아는 것은 물질조직의 예리함과 둔함으로 헤아려야지,[f] 질이 장애가 되는 층에서 마음이 아직 발현되지 않은 것을 가지고 결국은 함부로 마음이 본래 없다고 단정해서는 안 된다.

> [a] 질이 장애가 되는 층 가운데, 예컨대 우주의 모든 천체나 성운(星雲)을 불가에서

모두 '큰 것'이라고 이름 붙이는 것은 그 자체가 거칠고 크기 때문이다. 형태가 지나치게 큰 것은 형태에 구속을 당해 정신이 드러날 수 없다. 뒤에 생활기능개체층이 출현하는 것은 또한 제각기 개개의 작은 생물이지만, 이 층의 모든 작은 생물은 여전히 크고 작은 것이 일정하지 않다. 큰 것은 숭산(嵩山)에 큰 짐승이 있는 것과 같고, 바다에 큰 해양생물이 있는 것과 같다. [배를 삼키는 고기와 같은 것 등의 부류이다.] 작은 것은 예컨대 모든 미생물들이니, 시각과 청각이 미칠 수 없는 것들로 대개 그 많음을 헤아릴 수 없다. 형태가 지나치게 작으면 그 어떤 것을 담을 수 없으니, 정신도 또한 드러날 수 없다. 인체만이 작은 생물 중에서 지나치게 크지 않고 또 지나치게 작지 않으니, 이것이야말로 가장 적당한 것이다. 물체조직의 발전이 여기에 이르러야 비로소 여한이 없게 된다. 그러나 인체의 거친 유형은 확실히 대자연에 일찍이 출현해 있었다. 식물기능개체층이 이미 흙속에서 하나의 식물로 생장하고 있었으니 완전히 어린아이의 모양과 같았다. 농부가 어쩌다가 캐내니, 기이한 것을 좋아하는 자가 그것을 사서 약을 만들어놓고는 이것을 먹으면 늙지 않을 것이라고 말했다. 내가 30년 전에 이것을 실제로 본적이 있다. 또 수산물 가운데 일종의 어류가 있어 완전히 사람의 모양을 하고 있었다. 내가 어릴 때에 큰 강의 배안에서 그것을 보았었다. 10여 년 전에 사천(四川)의 오통교(五通橋)의 강물 속에서도 이것이 출현했었다. 고인이 된 친구 손영천(孫潁川)이 그것을 사다가 물동이에 길렀는데 며칠 만에 죽었다. 육지에 있는 원숭이는 그것이 사람의 모습을 하고 있다는 것에 대해서는 말할 필요도 없다. 나는 물질적인 우주의 조직방면에 관심이 많았다. 돌아보건대 나는 청대(淸代)에 태어나 자랐는데 가난해서 유학을 갈 수 없었다. 수학·물리학·화학·생물학에 대해서는 모두 연구하지 못해 나의 이상을 발휘할 수 없었다. 내가 가만히 물체조직의 발전에 감탄하는 것은 진실로 우연이 아니다. 인류는 가장 영험한 생물로서 그 형체의 구조는 아마 여러 번의 시험을 거친 다음에 성공했을 것이니, 아! 이것은 이미 기이한 것이다.

ⓑ 질이 장애가 되는 층은 예컨대 쪼개어서 원자·전자와 같은 소우주에 이르러도 그것들에 조직이 있는 것을 알 수 있다. 그렇지 않으면 모든 천체와 지구 등의 거대한 물체를 형성할 수 없다. 그러나 모든 거대한 물체의 조직은 끝내 간단하다. 뒤에 생활기능개체가 출현하니 비로소 그 조직이 매우 복잡함을 볼 수 있다. 인류의 신경계와 대뇌구조의 정밀함은 특히 기이하다.

ⓒ 질이 장애가 되는 모든 사물 자체는 응결하여 굳게 닫히기 때문에 무겁고 탁한 것을 벗어날 수 없다. 생활기능개체의 조직은 그야말로 극도로 정미하고 기묘하다. 오늘날의 생물학 연구는 대개 아직 아주 거칠어 그 심오함을 깊이 관찰할 수

없다.
- ⓓ 특수한 조직이 있는 것은 생활기능개체를 말한다.
- ⓔ '거의'라는 말은 중요하니, 조직이 전혀 없다는 것을 말하는 것이 아니다. 그것이 너무 간단하기 때문에 곧 없는 것에 가까운 것이다. '거의'라는 말은 가깝다고 말하는 것과 같다.
- ⓕ 질이 장애가 되는 층은 거의 조직이 없는 것이니, 이것이 둔함이다. 그러므로 정신이 발현할 수 없다. 생활기능개체층의 조직은 정교하고 예리해서 정신이 바로 발현된다.

우주는 과거에서 현재에 이르렀고, 현재에서 무궁무진한 미래로 나아가니, 바로 혼연한 큰 유행은 찰나마다 옛 모습을 버리고 새로운 모습으로 나아가며, 활약이 끝없고 풍부함이 다하지 않는다. 우리들은 이 혼연한 큰 유행이 비록 변화하며 날마다 새롭게 될지라도 한 번의 변화마다 요컨대 모두 근본적인 원인이 있음을 반드시 알아야 한다. 아무리 신기한 발전이라도 결코 원인이 없을 수 없는데, 갑자기 어떤 아주 특이하고 괴상한 모습으로 환상처럼 '나타날[現]' 수 있겠는가?ⓐ 비유컨대 콩에서 삼이 생겨나올 수 없는 것과 같으니, 콩은 삼이 생겨나오는 원인이 아니기 때문이다. 정신과 물질은 건원본체가 유행하는 두 가지 측면이다.ⓑ 우리들은 정신을 물질로 되돌려 병합해서는 안 된다. 간혹 우주의 시작이 단지 질이 장애가 되는 층이므로 원래 정신현상의 발현이 없다고 말하면서 마침내 정신은 본래부터 가지고 있는 것이 아니라고 단정한다. 그런데 이 말이 만약 성립되려면 먼저 물질 중에는 본래 정신의 덕성을 함유하고 있었다고 긍정해야 한다. 그렇지 않다면 생활기능개체층에서 곧 마음의 작용이 발현하는 것에는 바로 근본적 원인이 없게 되니, 나는 그 말이 성립될 수 있는지 모르겠다. 물질은 고정된 질(質)이 아니고, 또 질이 있으면 바로 능력이 있다는 것을 여전히 알아야 되니, 『대역』에서 이미 그것에 대해 말했다. 그러나 다시 양(陽)의 밝음, 굳건한 움직임, 위로 올라감, 개발함, 순수한 정(精)이ⓒ 있다는 것을 긍정하면 이미 이것이 물질과 혼연히 하나였다는 것이고 또 다시 물질을 제어한다는 것이니, 이것이 어찌 허구로 생각하여 함부로 이 말을 한 것이겠는가? 성인은 확실히 '가까이로는 자신에게서 취하고 멀리로는 사물에서 취했으니'[117] 분명하게 진실로 본 것이지 억지를 부린 것이 아님을 알아야 한다. 우리들의 다섯 가지 감각기관과 몸 전체는 분명히 정신이 제어하는 것이다. 그렇지 않다면 흙덩이와 무엇이 다르겠는가? 인류에게 '천지를 관청으로 하고, 만물을 창고로 하는'[118] 권능이 있는 것은 바로 인류의 생활기능개체조직이 정신을 발현할 수 있기 때문이다. 가령 인조인간(人造人間)이 여기에 있는데 그를 위하여 정신을 만들 수 없다면, 이런 인조인간은 끝내 하나의 기계일 뿐이다. 그것이 자연인간과 마찬가지로 천지를 관청으로 하고 만물을 창고로 하는 권능을 가지려고 한다면 나는 정말 고지식해서 함부로 믿지 않을 것이다. 이 때문에 우리들의 다섯 가지 감각기관과 몸 전체를 제어하는 정신은 곧 천지만물을 제어하는 정신이다. 이것은 이치가 매우 명백한 것인데 어찌 지나치게 의심하겠는가? 『역위』에서 곤을ⓓ 말하여 '기세를 스스로 움직일 수 없다.'[119]고 하였다. 물질도 비록 유동하여 고정되지 않지만 끝내 크게 밝음·강건함·올라감 등의 여러 가지 덕이 없기 때문에, '기세를 스스로 움직일 수 없다.'고 말했다. 그러니 반드시 정신이 그것을 제어함이 있을 뿐이다. 『역위』의 말은 참으로 옳다. 정신과 물질의 두 측면에서 만약 하나를 보존하고 다른 하나를 제거한다면, 건과 곤이 훼손되어 우주가 사라질 것이다. 성인은 천제를 타파하고 또한 유령이 있다는 것을 믿지 않았지만,ⓔ 우리들과 만물이ⓕ 공유하는 정신에 대해서는 결코 부인하지 않았다. 이것은 부

---

117 『역』「계사·하」. 古者包犧氏之王天下也, 仰則觀象於天, 俯則觀法於地, 觀鳥獸之文與地之宜, 近取諸身, 遠取諸物, 於是始作八卦, 以通神明之德, 以類萬物之情.

118 『장자』「덕충부(德充符)」. 將求名而能自要者, 而猶若是, 而況官天地, 府萬物, 直寓六骸, 象耳目, 一知之所知, 而心未嘗死者乎.

119 『건곤착도(乾坤鑿度)』「곤착도(坤鑿度)」「곤성체(坤性體)」. 勢不自擧.

처가 말한 더하거나 덜어버리는 두 가지 잘못을 벗어나는 것이다.⑨

ⓐ 여기서 '나타난다[現].'는 의미는 '달라진 모습으로 나타난다[變現].'는 의미이지 발현(發現)된다는 의미는 아니다. '발현'은 이를테면 어떤 현상이 과거에는 숨어 있어 들어나지 않다가 이제 발현되어 나오는 것이고, '변현(變現)'은 어떤 현상이 변화해서 일어나는 것이다. 그렇지만 달라진 모습으로 나타나는 것에는 반드시 근본적인 원인이 있으니, 의탁하는 것이 없이 환상처럼 나타날 수 있는 것이 아니다.

ⓑ 두 가지 측면이라고 말했으니, 곧바로 두 가지 체(體)로 보아서는 안 된다.

ⓒ '정(精)'은 정신을 약칭한 것이다. 앞을 보라.

ⓓ '곤'은 물질을 말한다.

ⓔ 모두 앞의 글에 있다.

ⓕ 여기서 '만물'이라고 말한 것은 곧 천지도 그 속에 있다는 것이다.

ⓖ 사람의 마음은 미혹되어 번번이 없는 것을 있다고 여긴다. 예컨대 천제나 유령을 그릇되게 믿는 것이 그 하나의 실례이니, 이것은 곧 본래 없는 것 중에서 함부로 더한 것이다. 또 번번이 있는 것을 없다고 여긴다. 예컨대 정신을 물질에 소속시키는 것이 그 하나의 실례이니, 이것은 곧 본래 있는 것 중에서 함부로 덜어버린 것이다. 성인은 실사구시(實事求是)하여 없는 것을 있다고 여기지 않고 게다가 있는 것을 없다고 여기지도 않기 때문에 더하거나 버리는 두 가지 잘못을 벗어났다.

물질계의 발전은 반드시 질이 장애가 되는 층을 경과한 다음에 생활기능개체층이 생기니, 이것은 바로 『장자』에서 말한 "어째서 그런가?ⓐ 그러한 것을 그렇게 여기기 때문이다."120는 것이다.ⓑ 나는 대승불교 유종(有宗)의 뜻으로 고찰해 보겠다.ⓒ '질이 장애가 되는 층[質礙層]'은 '생활기능개체[生機體]'에 대한 다섯 종류의 원인이 될 수 있다. 다섯 종류의 원인은 첫째, '일으키는 원인[起因]', 둘째, '의지하는 원인[依因]', 셋째, '따라서 전환하는 원인[隨轉因]', 넷째, '유지하는 원인[持因]', 다섯째, '기르는 원인[養因]'이다.ⓓ '일으키는 원인[起因]'은 '질이 장애가 되는 층'이 만약 일어나지 않았다면 '생활기능개체'가 반드시 일어날 수 없기 때문에, '질이

---

120 『장자』「제물론」. 惡乎然, 然於然. 惡乎不然, 不然於不然.

장애가 되는 층'이 '생활기능개체'를 일으키는 원인이 된다고 말하는 것이다. '의지하는 원인[依因]'은 '생활기능개체'가 '질이 장애가 되는 층'에 의지해서 생겨날 수 있기 때문이라는 것이다. '따라서 전환하는 원인[隨轉因]'은 만약 '질이 장애가 되는 층'이 변이(變異)되면, '생활기능개체'도 따라서 변이되기 때문이라는 것이다.ⓔ '유지하는 원인[持因]'은, '생활기능개체'가 찰나마다 옛것이 사라지고 새것이 나오는 것은 '질이 장애가 되는 층'이 그것을 유지해서 단절시키지 않기 때문이라는 것이다. '기르는 원인[養因]'은 '질이 장애가 되는 층'의 그것을 바탕으로 생겨날 수 있는 모든 사물(物)에 말미암아 저 '생활기능개체'를 길러서 성장시키기 때문이라는 것이다. 이상의 다섯 가지 원인은 『역』「서괘」에서 "천지가 있은 다음에 만물이 생겨난다."[121]라고 말한 것과 그 큰 의미가 또한 서로 통한다.ⓕ

ⓐ '그렇다.'는 것은 '이와 같다.'고 말하는 것과 같다. '어째서 이와 같은가?'는 대개 가설로 질문한 것이다.

ⓑ 그 연유를 물을 수 없으니 바로 그 스스로 이와 같을 뿐이지, 시켜서 그렇다는 것이 아니라는 말이다.

ⓒ '유종(有宗)'은 대승불교의 한 종파이다. 이에 앞서 용수(龍樹)[122]학파가 공(空)에 대해 논했는데, 그 말류에 병폐가 많았다. 무착(無著)[123]과 세친(世親)[124] 형제가

---

121 『역』「서괘」. 有天地, 然後萬物生焉.

122 용수(龍樹, 150-250년경): 인도의 불교 승려로 산스크리트어로는 나가르주나(Nāgarjuna)라고 불린다. 대승불교 교리의 확립자로서 남인도의 브라만 가정에서 태어나, 브라만학을 수학하고 뒤에 소승(小乘)불교의 불경을 독파하였다. 히말라야 산 속에서 늙은 승려를 만나 대승 경전을 공부하고, 대승 경전의 사상을 이론적으로 체계화하였다. 연기설(緣起說)을 공(空)의 입장에서 해명한 인도의 중관파(中觀派)의 시조일 뿐 아니라, '팔종의 스승'으로 숭배되고 있다. 주요 저서로는 『중론(中論)』, 『회쟁론(廻諍論)』, 『대지도론(大智度論)』, 『십주비바사론(十住毘婆沙論)』, 『십이문론(十二門論)』 등이 있다.

123 무착(無著): 4~5세기경의 인도사람으로서 대승불교 유식(唯識)파의 대학자이다. 산스크리트로는 아상가(Asaṅga)라고 불린다. 서북 인도의 간다라국(현대의 파키스탄, 페샤와르 지방)에서 브라만 가정에서 태어났다. 그의 동생으로 바스반두(세친)는 설일체유부(說一體有部)에서 유식파로 전향해서 대성했다. 처음에 부파(소

일어나 유(有)에 대해 논함으로써 그 병폐를 구제했다. 후세에 그들의 학문을 '유종'이라고 일컬었다.

ⓓ 내가 '질이 장애가 되는 층[質礙層]'이라고 말한 것에 대해 유종(有宗)에서는 '큰 것[大]'이라고 말했다. 내가 '생활기능개체[生機體]'라고 말한 것에 대해 유종에서는 '색(色: 사물)을 만드는 것[造色]'이라고 말했다. '색(色)'은 '물(物)'과 같으니, 사실 중생의 형체를 가리켜서 말한 것이다. 이것은 그야말로 간략한 해석이다. 상세한 해석은 매우 귀찮은 것인데 굳이 필요할 것 같지는 않다.

ⓔ 생물이 반드시 환경에 적응하는 것이 바로 이 원인이다.

ⓕ 천지는 '질이 장애가 되는 층'의 '거대한 사물[大物]'이니, 부처 또한 그것을 크다고 했다. 만물은 무기물과 유기물의 총칭이다.

[4-6-7-2] 본래부터 존재하는 정신

우주의 발전에는 본래 조물주의 의도가 개입되지 않는다. 만약 조물주가 있다면 우주는 완전히 그 지배를 받을 것인데, 어떻게 발전이 있다고 말할 수 있겠는가? 이것이 『대역』에서 천제(天帝)를 타파한 까닭이다. 근대 지식인들은 전혀 조물주를 그릇되게 믿지 않으니, 이것은 인간의 지성이 진보함으로써 반드시 그렇게 된 것이다. 만약 유물론을 굳게 지

승)불교의 화지부(化地部, 일설에는 설일체유부)에서 출가해서, 명상에 의거한 욕망으로부터의 해탈법을 습득했다. 저서로는 『현양성교론(顯揚聖敎論)』, 『섭대승론(攝大乘論)』, 『대승아비달마집론(大乘阿毘達磨集論)』 및 미륵보살의 말을 적은 것으로 전해지는 『유가사지론』, 『대승장엄론』 등이 있다.

124 세친(世親): 4~5세기경의 인도의 불교학자로서 처음에는 출가해서 소승의 설일체유부(說一體有部)의 승려가 되었으나, 형인 무착(아상가)에 이끌려서 대승으로 전환하고, 화엄, 열반, 법화, 반야, 유마, 승만 등의 대승경에 대한 논서나 유식사상에 관한 해설서를 만들었다. 산스크리트어로는 바수반두(Vasubanhu)라고 불린다. 그는 유부(有部)의 근본성전 『대비바사론』을 강의하고, 매일 그날의 강의를 시의 형태로 요약했다. 그 결과, 600개로 된 『구사론송』이 생기고, 나아가서 그 자신의 해설이 붙은 『아비달마구사론』이 완성되었다. 후자는 유부의 입장에 입각하며, 부분적으로는 경량부의 입장에서 유부에 비판을 가한 것이므로, 카시미르의 유부교도들은 불만을 품었다. 저서로는 『대승성업론』, 『불성론』, 『변중변론』 등이 있다.

켜 정신이 본래부터 있다는 것임을 승인하지 않는다면, 또한 폐단이 없을 수 없다. 정신과 물질은 본래 혼륜한 큰 흐름이니, 『주역』의 건과 곤이 서로를 함유하고 있다는 깊은 의미에 그것이 분명하게 드러난다. 만약 물질만 보존하고 정신을 없애버린다면, 우주는 한 덩어리의 어둠에서 나왔다고 말하지 않을 수 없다. 그리고 복만용(伏曼容)[125]의 '만사는 미혹에서 일어난다.'는 주장과 수론(數論)의 '용기[勇]'·'티끌[塵]'·'어둠[闇]'이라는 세 가지 덕에 대한 논의는 북채와 북이 장단을 맞추듯 모두 유물론과 잘 어울릴 것이니, 무엇 때문인가? 오직 정신에만 양(陽)의 밝음의 덕이 있으니,[a] 만약 정신이 없어진다면 해와 달이 사라질 것이기 때문이다.[b] 비록 어두움[迷闇]이라고 말하지 않으려고 해도 어찌 가능하겠는가?[c] 시험 삼아 우주발전을 추측해 보면, 먼저 '질이 장애가 되는 층'의 모든 거대한 사물이 있은 다음에 '생활기능개체'가 생겨났을 것이므로 만물은 '큰 작용[大用]'이 그침 없이 유행하는 가운데 암암리에 전진하려는 목적이 있다는 것을 알 수 있다.[d] 『역』「계사전」에서 "지극히 잡난한 것을 말해도 싫어할 수 없고, 지극히 움직이는 것을 말해도 어지럽힐 수 없다."[126]라고 말한 것은 그것에 목적이 없는 것이 아니기 때문일 뿐이다. 「서괘전」에서 "천지가 있은 다음에 만물이 생겨난다."[127]라고 말한 것처럼 유종(有宗)에서 말하는 '모든 거대한 것들[諸大]'은[e] 생물을 위하여 다섯 가지 원인이 된다는 것이다.[f] 이것으로 추측하면, 우주의 태

---

125 복만용(伏曼容, 421-502): 자는 공의(公儀)이고 남조(南朝) 송(宋)·제(齊)나라의 대신(大臣)으로서 저명한 유학자이다. 평창 안구(平昌安丘: 현 산동성 안구시〈安丘市〉) 사람이다. 어려서 고아가 되었으나, 각고의 노력 끝에 『주역』과 『노자』에 통달하였다. 송나라 명제(明帝) 태시(泰始: 465-471) 연간에 표기행참군(驃騎行參軍)이 되었다. 명제가 『주역』을 좋아하여 조정의 신하들을 모아놓고 복만용에게 『주역』을 강론하도록 했다고 한다. 저술로는 『주역집해(周易集解)』, 『모시집해(毛詩集解)』, 『표복집해(表服集解)』, 『노자의(老子義)』, 『장자의(莊子義)』, 『논어의(論語義)』 등이 있다.

126 『역』「계사·상」. 言天下之至賾, 而不可惡也, 言天下之至動, 而不可亂也.

127 『역』「서괘」. 有天地, 然後萬物生焉.

초에 '질이 장애가 되는 층'이 처음 이루어지면 이미 생물로 발전하려는 목적이 잠복해 있다. 만약 '질이 장애가 되는 층'에 물질만 있고 정신이 없다고 한다면, 우주는 혼연히 한 덩어리의 큰 어둠일 것이다. 만물이 이루어지는 것도 단지 어떤 혼란한 충동이 만든 것에 기인할 뿐이니, 나는 정말 고지식해서 그것이 그렇다는 것을 감히 믿지 못하겠다.

ⓐ 『역』은 건을 정신으로 여기고 마음으로 여기므로 양(陽)이라고 한다. 양은 양(陽)의 밝음이니 어둠이 없다. 「건괘」 「단전」에서 그것을 '큰 밝음[大明]'이라고 했다.[128]

ⓑ 해와 달은 크게 밝은 상(象)이다. 정신이 없어지면 밝은 덕이 없어지므로, 해와 달이 사라지는 것으로 비유했다.

ⓒ 수론(數論)에서 말하는 세 가지 덕은 '용기[勇]'·'티끌[塵]'·'어둠[闇]'이다. 티끌은 물질이고, 용기는 능력이며, 어둠은 어두운 세력이다. 유물론은 정신을 인정하지 않아 양의 밝음을 없애므로 수론에서 말하는 어둠과 같다.

ⓓ '큰 작용[大用]'의 유행은 정신과 물질이 혼륜한 큰 흐름을 말한다.

ⓔ '모든 거대한 것들[諸大]'은 '천지'를 말하는 것과 같다.

ⓕ 만약 모든 거대한 것들이 생물을 위하여 다섯 가지 원인이 되지 않으면, 생물은 있을 수 없다.

|부가설명| 건원본체의 유행으로만 말하면 단지 그것의 그침이 없음을 찬미하고ⓐ 그것의 헤아릴 수 없음을 찬미할 수 있지만, 그것에 목적이 있는지 여부는 물을 수 없다. 만약 만물의 발전으로만 말하면 만물은 목적이 없다고 말할 수 없으니, 그것이 질(質)을 부여받고 정신을 함유하여 생겨나서 원래 지향함이 없는 것이 아니기 때문이다.

ⓐ 이것은 옛날의 의미이다. 그침이 없다는 것의 의미는 지극히 심원하다. 그것을 알았을 때는 단지 몸으로 체득한 것만 있으니, 설명하려고 해도 설명할 수 있는 것이 없다.

우리들의 사유와 추리 등등의 작용이 만물을 분석해서 빠짐없이 다 궁

---

128 『역』 「건괘」. 象曰: "大哉乾元, …. 大明終始."

구하고, 모든 이치를 총괄해서 회통(會通)함을 본다는 것에 대해 여전히 다시 알아야 한다. 철학계의 많은 탁월한 예지와 과학에서의 많은 창조적인 견해의 축적과 논리의 정밀하고 자세하며 엄밀한 조리 같은 것으로써 진실로 거대한 것을 궁구하고 미세한 것을 분석할 수 있다고 말할 수 있다. 어진 사람과 뜻있는 사람은 후세의 여러 사람들과 우환을 함께 하고 도모할 수 있는 모든 이익을 포기해 버리는 것에 대해 애석하게 여기지 않으며 심지어 목숨까지 바쳐서 그렇게 하는 경우가 있으니, 이러한 작은 자기의 이해(利害)를 초탈하는 도덕적 판단과 실천은 특히 숭고하여 헤아리기 어렵다. 만약 크게 밝고 굳건하게 움직이는 원천이 없다면 이런 일이 있을 수 있겠는가? 지금 정신이 본래부터 가지고 있는 것이 아니라고 하여 유물론을 굳게 지킨다면, 아마 지나치게 치우치는 것을 면하지 못할 것이다.

4-6-8 정신과 찰나의 변화

『역』에서 "오직 신(神)이므로 빨리하지 않아도 신속하고, 가지 않아도 도달한다."[129]고 했다. 이 구절은 바로 '건의 정신[乾神]'이 굳건하게 움직이는 실질을 밝힌 것인데, 그 이치가 '심오하고 미묘하다[微].'[ⓐ] 장자(莊子) 이후로는 이 구절을 해석하는 자가 드물었다. 학문이 단절되어 밖에서 징험을 구하니, 대승불교의 찰나마다 생멸한다는 의미가 『역』「계사전」의 굳건하게 움직인다는 것에 대한 해석이 되었다. 찰나마다 생멸한다는 의미를 해석하려면, 우선 먼저 찰나라는 말을 해석해야 한다. 불가의 소승에서는 시간을 지극히 짧게 나누어 '찰나'라고 이름 붙였다. 예컨대 『대비바사론(大毗婆沙論)』 권136에서 "장사(壯士)가 손가락을 한 번 튕기는 사이에 64찰나가 지나간다."[130]고 했다. 여기서 말한 64는 어떻

---

129 『주역집해』「계사 · 상」. 唯神也, 故不疾而速, 不行而至.

게 계산했는지 알 수 없다. 현재의 시계로도 여전히 찰나의 단위를 추정할 수 없는데, 하물며 옛날에 시간을 잴 수 있는 도구가 없을 때에는 어떠했겠는가! 어떤 사람이 말했다. "『대비바사론(大毗婆沙論)』의 말은 글자에 구애되어 해석해서는 안 된다. 장사(壯士)가 아주 빠르게 손가락을 튕기는 데도 또한 64찰나가 지나가니, 찰나의 단위가 지극히 짧은 것이어서 숫자로 계산할 수 없음을 알 수 있을 뿐이다."

ⓐ '심오하고 미묘하다[微].'에는 두 가지 의미가 있으니, 심오하다는 의미와, 미묘하다는 의미이다.

고금의 철학자로서 변화를 깊이 관찰한 자들이 비록 우주의 만상이 때마다 옛것을 버리고 새것으로 달려간다고 이야기했을지라도, 그것은 모두 범범한 설법이었기 때문에 단지 매우 생동감 넘치고 잘 다듬어진 함축적인 구절로 사물이 '이전의 항상됨[故常]'을 지키고 있지 않음을 형용했을 뿐이니, 여전히 찰나로 생멸하는 의미에 대해 통찰할 수 없었다. 결국 불가에 이르러서야 단도직입적으로 찰나의 의미를 가지고 확정해서 말했다.ⓐ 그러나 불교는 출세간법이니,ⓑ 비록 아주 분명하게 찰나로 생멸하는 것을 보았을지라도 실제로는 소멸하는 측면을 중요시했지 생겨나는 측면을 중요시하지 않았다.ⓒ 『대역』에서 "빨리하지 않아도 신속하고, 가지 않아도 도달한다."[131]고 했으니, 분명히 찰나로 생멸하는 것을 통찰했던 것이다. 학자들이 만약 찰나의 의미를 알지 못하면 이 구절을 해석할 수가 없다.

ⓐ '찰나로 생멸하는 의미'를 '찰나의 의미'로 약칭했다.
ⓑ 여기서의 '법(法)'은 불교의 교리를 말한다.
ⓒ 내가 옛날에 『신유식론』을 지어서 그 잘못을 바로잡았다.

---

130 『대비바사론(大毗婆沙論)』 권136. 如壯士彈指頃經六十四剎那.
131 『주역집해』 「계사·상」. 不疾而速, 不行而至.

찰나로 생멸한다고 말한 것은 무엇을 말하는가? 찰나는 시간을 나누어 지극히 짧게 되어 더 이상 가를 수 없는 것이다. 그러므로 '찰나'라고 이름 붙였다.[a] 일반적으로 말하는 눈 한 번 깜빡이고 숨 한 번 쉴 정도로 갑작스럽게 사라지는 정도로도 여전히 찰나의 짧음을 비유할 수 없다. 부처의 말에 의하면, 모든 사물은 어떤 찰나에 생겨나자마자 바로 그 찰나에 사라져서 실로 잠시도 머무름이 없다. 그러므로 찰나에 사라진다고 말했다.

> [a] 불가에서는 물질을 나누어 지극히 작아지게 되면 더 이상 나눌 수 없다고 했다. 시간도 나누어 찰나에 이르게 되면 역시 더 이상 나눌 수 없다고 했다.

어떤 사람이 물었다. "만약 이와 같이 말한다면, 만물이 어떤 찰나에 생겨나자마자 바로 사라진다는 것은 곧 혜능(慧能) 선사의 '본래 어떤 사물도 없다.'[132]는 말로 차용할 수 있다. 그런데 세상에는 만물이 빽빽하게 드러나 있어서 우주가 불공여래장(不空如來藏)인 것은 무엇을 말하는가?"[a]

> [a] '여래장(如來藏)'에서 '여래(如來)'는 어디에서부터 온 곳이 없기 때문에 '여래'라고 한 것이고, '장(藏)'이라는 말은 만유를 포함하고 있기 때문에 그렇게 이름 붙인 것이다. '불공여래장(不空如來藏)'은 불교경전의 말을 차용한 것인데 내포된 의미가 반드시 서로 부합할 필요는 없다. 이곳에서는 만물이 풍부하기 때문에 우주를 '불공여래장'으로 이름 붙였다는 말이다. 비판하는 자는 이 말을 근거로 찰나에 사라진다는 것을 믿지 않았다.

대답했다. "천지만물은 태초부터 현재까지, 현재부터 끝없는 미래까지 모두 찰나마다 생겨나서 사라진다.[a] 다만 찰나의 의미와 서로 관계가 있는 것에는 다시 두 가지 의미가 있다. 첫째, 전후의 찰나는 서로 긴밀하게 이어져 그 중간에 틈이 없다. 곧 앞에서 생겨나고 뒤에서 사라지는 사이에 틈이 없다. 찰나마다 생겨나면 사라지고, 사라지면 생겨나기 때

---

132 『육조단경(六祖壇經)』. 菩提本無樹, 明鏡亦非臺. 本來無一物, 何處惹塵埃.

문에 단절되지 않는다. 만약 전과 후의 찰나 사이에 빈틈이 있다면, 앞의 사물이 사라지면 바로 중간에 단절되어 뒤의 찰나와 밀착될 수 없으니, 곧 새로 생겨나는 사물이 이전과 서로 이어질 수 없다. 그러므로 전과 후의 찰나 사이에 빈틈이 없다는 것은 의미가 지극히 중요하다.ⓑ 둘째, 우주의 진전은 하나의 곧은 도로처럼 앞으로 향하는 것이 아니라 다방면으로 혹은 곁길·굽은 길로 다양하게 전환하면서 또한 전진하는 데에 장애가 없는 것이다. 이 때문에 앞에서 사라지고 뒤에서 생겨나며 서로 이어지는 정황이 별로 일치하지 않는다. 뒤의 찰나에 새로 생겨나는 사물이 앞의 찰나에 바로 사라진 사물과 서로 흡사한 것은, 우리가 오늘의 천지를 보고 여전히 어제의 천지라고 여기는 것과 같다. 사실 어제부터 지금까지 헤아릴 수 없는 찰나를 지나와서 천지는 곧 헤아릴 수 없을 만큼 변했는데, 어떻게 오늘의 천지가 여전히 어제의 천지라고 말할 수 있겠는가? 다만 지금의 새로 생겨나온 천지가 이전의 천지와 서로 비슷하게 서로 연속되었기 때문에 마침내 보이는 것이 어제와 같을 뿐이다. 이 하나의 사례로 나머지를 개괄할 수 있다.ⓒ 다시 뒤의 찰나에 새로 생겨나오는 사물이 있어서 비록 앞의 찰나에 바로 사라진 사물과 서로 이어져 연속되는 것일지라도, 뒤의 찰나에 새로운 사물과 앞 찰나에 바로 사라진 사물은 끝내 서로 비슷한 곳이 없고 별도로 한 유형이 된다. 예컨대 회수(淮水) 이북에 귤나무를 심으면 탱자가 열린다는 것이 곧 하나의 사례이다.ⓓ 우주는 변동하며 고정되지 않아 풍성하고 날마다 새롭다.ⓔ 만물이 찰나마다 생겨나면 사라지고 사라지면 생겨나면서 앞의 것을 뒤로 이어가는데, 서로 흡사하게 서로 연속되는 것이 참으로 적지 않다.ⓕ 새로 생겨나온 뒤의 사물이 앞의 것과 서로 이어졌는데도 서로 비슷하지 않은 경우는 더욱더 이루 다 헤아릴 수 없다.ⓖ 이상 두 가지 의미는 모두 찰나에 생겨나고 사라지는 의미를 설명한 것이니, 반드시 알아야 한다. 부처는 찰나에 사라지는 것에 대해 말했는데, 식견이 얕은 자가 사라진다는 것만 듣고 의심과 두려움이 생긴다면, 찰나마다 생겨나자마자 사라지고 사라지자마자 생겨나온다는 것에 대해 전혀 모르는 것이다.ⓗ 만물은 중간에 단절되지 않고, 우주는 아무것도 없는 공허한 상태에 이르지 않는다. 사라지는 것은 조화가 생겨나고 생겨나와 끊임이 없고, 새롭게 되고 새롭게 되어 옛것을 사용하지 않기 때문이니, 무엇 때문에 의심하고 무엇 때문에 두려워하겠는가!"ⓘ

ⓐ 예컨대 모든 사물은 앞서서 어떤 찰나에 생겨나자마자 바로 사라지고, 다음 어느 찰나에도 여전히 생겨나자마자 사라지며, 앞으로의 헤아릴 수 없는 찰나들에도 모두 생겨나자마자 사라진다. 불가에서 찰나에 사라진다는 것은 그 의미가 이와 같다.

ⓑ 일반적으로 생각하면, 앞에서부터 뒤에 이르고, 사라지는 것에서부터 생겨나게 되는 중간에 당연히 빈틈이 있는데, 여기에서는 그렇지 않다.

ⓒ '뒤의 뒤에 이어지는 것들[後後]'이 '앞의 앞에 있던 것들[前前]'과 서로 비슷하게 서로 연속되는 것에 대해 대승불교에서 이미 설명했다.

ⓓ 물질은 가끔 어떤 상태에서 다른 상태로 바뀌니, 곧 앞에 것에서 뒤로 이어지는 것은 서로 연속된 것인데도 반드시 서로 같지는 않다.

ⓔ 모두 『역』「계사전」에 있다.133

ⓕ '서로 흡사하다.'는 말이 아주 중요하니, 뒤의 사물이 앞의 사물과 서로 비슷할 뿐이니, 결코 앞의 사물과 완전히 서로 같은 것은 없다.

ⓖ 앞의 것을 뒤로 이어받아 서로 연속되는 것인데도 반드시 서로 비슷하지는 않다는 것은 바로 『대역』의 '풍부하고 날마다 새롭다.'는 의미에 근거한다. 부처는 이것에 대해 언급하지 않았다. 다만 서로 비슷하지 않다고 말한 것은 또한 대체적인 것으로 말한 것일 뿐이다. 마치 회수 이북에 귤나무를 심으면 탱자가 열리는 것과 같은 것인데, 가시나무가 되지는 않아 완전히 귤의 특성을 잃어버리는 것은 아니다. 그러니 과거를 완전히 끊어버리는 것은 끝내 불가능하다.

ⓗ 생겨나면 사라지고, 사라지면 생겨나온다는 말은 앞에서 자주 설명했으니 주의해야 한다.

ⓘ 내가 11살 때 선친 기상공(熊其相)을 모시고 산에 놀러갔다. 선친께서 함께 유람하는 사람들에게 말씀하셨다. "제나라 경공(景公)이 여러 대부들과 노산(勞山)을 유람할 때에 너무 즐거워 한숨 쉬며 '늙어서도 죽지 않는다면, 내가 이 즐거움을 유지할 수 있을 텐데.'라고 말하니, 안자(晏嬰)134가 '늙어서도 죽지 않는 것은 늙

---

133 모두 『역』「계사전」에 있다: 『역』「계사 · 상」, 富有之謂大業, 日新之謂盛德.

은이들의 즐거움입니다. 임금님께서 그렇게 하는 것이 어찌 어렵겠습니까?'[135] 라고 아뢰었다."

선친께서 내 생각을 말해 보라고 하셔서 대답했다. "옛날부터 모두 죽는 것을 슬퍼했지만, 자신이 노산의 즐거움을 유지하지 못할까 애달프게 여겼던 것은 경공의 어리석음입니다. 늙은이들이 죽었기 때문에 다행히 자신에게 아침저녁의 즐거움이 있었던 것을 안자도 몰랐던 것이지요. 제가 알고 싶은 것은 생사의 원인일 뿐입니다."

선친께서 웃으시며 내 머리를 어루만져 주셨다. 공자가 자로에게 "삶에 대해서도 모르는데, 어떻게 죽음에 대해 알겠는가!"[136]라고 했다. 죽음을 두려워하는 것은 '작은 자기[小己]'의 사사로움이다. 삶에 대해 알면 조화(造化)와 하나가 되는데 죽음에 대해 무슨 두려움이 있겠는가? 내 나이 50이 넘어서야 겨우 깨달았다. '조화(造化)'는 '큰 작용[大用]'의 유행을 말한다.

『역』에서 "오직 신(神)이므로 빨리하지 않아도 신속하고, 가지 않아도 도달한다."ⓐ[137]고 했다. 나는 이 구절로 찰나에 생겨나면서 사라지는 것이 무엇인지 통찰했다고 여긴다. '건의 정신[乾神]'의 굳건한 움직임은 찰나마다 생겨나면 바로 사라진다. 사라지면 바로 생겨나는 것은 옛것을 버리고 새것을 만드는 신속함이 이와 같은 것이다. 결코 맹렬하고 빠르게 힘을 쓰는 것이 아닌데도 신속하므로 '빨리하지 않아도 신속하다.'고 했다. 또 찰나에 옛것을 사라지게 하여 앞의 사물이 뒤로 간 적이 없지

---

134 안영(晏嬰, ?-B.C.500): 춘추시대 제(齊)나라의 정치가로 이름[諱]는 영(嬰), 자는 중(仲)이다. 시호(諡號)는 평(平)으로서 평중(平仲)이라고도 불리며, 안자(晏子)라고 존칭되기도 하였다. 내주(萊州)의 이유(夷維: 현 산동성 내주〈萊州〉) 사람이다. 제나라 영공(靈公)과 장공(莊公), 경공(景公) 3대에 걸쳐 몸소 검소하게 생활하며 나라를 바르게 이끌어 관중(管仲)과 더불어 훌륭한 재상으로 후대에까지 존경을 받았다. 안영은 기억력이 뛰어난 독서가였으며, 합리주의적 경향이 강했다고 평가된다. 그와 관련된 기록은 『안자춘추(晏子春秋)』로 편찬되어 전해진다.

135 『좌전』 「소공(昭公) 24년」. 公曰: "古而無死, 其樂若何." 晏子對曰: "古而無死, 則古之樂也. 君何得焉."

136 『논어』 「선진(先進)」. 季路問事鬼神. 子曰: "未能事人, 焉能事鬼." 敢問死, 曰: "未知生, 焉知死."

137 『주역집해』 「계사·상」. 唯神也, 故不疾而速, 不行而至.

만, 찰나 찰나를 통해 서로 비슷하게 '따라서 일어나[隨轉]' 곧 앞의 사물이 뒤에 이르렀다고 느끼므로, '가지 않아도 도달한다.'고 했다.ⓐ 또다시 설명하면, 앞의 찰나의 사물은 비록 생겨나자마자 바로 사라졌지만, 그것이 일어날 때를 한편으로 말하면 곧 사라짐을 고하고는 머무름이 없고, 다른 한편으로 말하면 여전히 여세가 뒤의 사물을 일으키므로, 뒤의 찰나가 앞의 찰나와 긴밀하게 연속되고 새로운 사물이 이어지며 나오게 된다. 이 때문에 앞의 찰나의 사물은 이미 사라져서 본래 앞의 사물이 뒤로 가는 것은 없지만, 앞의 사물의 여세가 뒤의 찰나에 사물이 생겨나도록 인도하니, 곧 '가지 않아도 도달한다.'는 것이다.ⓑ 총괄하면, 찰나에 생겨나고 사라진다는 의미는『대역』에서 가장 일찍이 드러내 밝혔다. 인도의 불가에서도 아주 투철하게 파악했고 대승불교에서는 더욱 확대하여 발전시켰다. 중국과 인도의 뛰어난 철학자들이 조화(造化)를 깊이 통찰했음은 지극하다고 평가할 수 있다.

ⓐ 내가 예전에 지은『신유식론』「전변장(轉變章)」에서 다음과 같이 말했다. 모든 사물이 찰나마다 모두 생겨나면 바로 사라지는데, 만약 특이한 인연을 만나지 않으면 뒤의 찰나에 연속되어 생겨나는 것은 항상 과거의 사물과 서로 비슷하다. 예를 들어, 흑철(黑鐵)이 앞의 찰나에서 막 사라졌는데 만약 불의 인연이 없다면, 뒤의 찰나에 연속되어 생겨나는 것은 여전히 앞의 흑철과 거의 아주 흡사하니, 이것이 '표면적으로 보이는 것[名相]'이 서로 비슷하게 따라서 일어난다고 하는 것이다. 중국어로 번역된 불교전적은 대부분 '전(轉)'을 '일어난다[起].'고 해석하여, 뒤의 사물이 일어나는 것이 앞의 사물과 서로 비슷하기 때문에 이에 '따라서 일어난다[隨轉].'고 했다. 따라서 일어나기 때문에 곧 앞의 사물이 뒤로 와서 이른다고 느끼지만, 사실은 앞의 사물이 이미 앞의 찰나에서 생겨나자마자 바로 사라진 것이니 본래 앞의 사물이 뒤로 감이 없다. 이제 '따라서 일어나는 것'으로부터 엄연히 앞의 사물이 뒤에 이르렀기 때문에 '가지 않아도 도달한다.'고 했다.

ⓑ 뒤의 찰나의 사물이 앞을 이어서 생겨나는 것은 그것이 앞의 사물과 서로 비슷하든지 서로 비슷하지 않든지를 막론하고, 모두 앞의 것이 인도한 것임을 부정할 수 없다. 비유컨대 물이 온도가 적절한 기후 속에 있다면 앞 찰나의 물이 막 사라지면서 바로 뒤 찰나의 물이 앞의 것과 비슷하게 생겨나도록 인도한다. 그런데 만약 앞 찰나의 물이 막 사라지면서 곧바로 기후가 갑자기 변해 아주 추워

졌다면, 바로 뒤 찰나의 물이 단단한 얼음이 되도록 인도하여 앞의 물과 비슷하지 않게 된다. 어떤 사람은 물과 얼음의 차이는 순전히 기후 때문이라고 말하지만, 그것은 기후가 단지 유력한 보조인연임을 모르는 것이다. 뒤 찰나의 물이 앞의 물과 유사하게 이어져 생겨나는 것은 결국 앞 찰나의 물이 인도한 것을 주된 원인으로 삼은 것이고, 뒤 찰나의 얼음이 앞의 물과 유사하지 않게 이어져 생겨나는 것도 역시 앞 찰나의 물이 인도한 것을 주된 원인으로 삼은 것이다. 기후가 어떻게 아주 추웠는지를 막론하고 앞 찰나의 불이 막 사라지면서 뒤의 찰나에 앞을 이어 생겨나는 것은 여전히 불이다. 결코 단단한 얼음이 앞의 불을 이어서 생겨나는 일은 있을 수 없으니, 주된 원인과 보조 인연을 반드시 분명하게 구분해야 됨을 알 수 있다.

어떤 사람이 물었다. "어떤 찰나에 생겨나자마자 바로 사라지는 것은 일어날 때가ⓐ 바로 사라질 때라는 것이니, 어찌 이렇게 상상할 수 없는 이치가 있겠는가?"

　ⓐ '일어난다.'는 것은 '생겨난다.'는 것과 같다.

대답했다. "어떤 찰나에 생겨나고 사라지는 두 끝은 마치 저울질에서 두 끝이 올라가고 내려가는 시간이 가지런한 것과 같은데,ⓐ 어떻게 상상할 수 없는 것이겠는가?"

　ⓐ 저울로 사물을 측량함에, 그 양쪽 끝이 한쪽이 올라가고 다른 한쪽이 내려가는 시간은 바로 서로 가지런히 같은 것이어서 선후의 차별이 없다. 이것으로 비유하면, 어떤 찰나에 생겨나고 사라지는 두 끝의 시간이 서로 같아서 선후가 없는 것은 결코 진기한 것이 아니다. 질문한 자가 찰나에 생겨나고 사라지는 이론이 성립할 수 없다고 여기는 것은 단지 생각하지 못한 잘못일 뿐이다.

어떤 사람이 다시 물었다. "세상의 공통된 견해는 만물이 모두 차근차근 쌓여 성대하게 된다는 것이다. 예컨대 우주공간은 시작도 없이 원기가 두루 퍼져 있고 혼돈이 아직 나눠지지 않은 것이었는데, 얼마나 흘렀는지 모르는 긴 시간동안 분화되고 응결한 다음에 하늘이 분명하게 드러나는 기이함이 있었다. 또 예컨대 생물이 등급지어지고 사회가 조직되는 것은 처음에 간단하다가 끝에는 복잡하게 되지 않는 것이 없으니, 만물은 모두 점차로 변화해서 성대하게 됨을 충분히 알 수 있다. 만약 『역』의 도리와 불가의 말이 만물은 모두 찰나마다 생겨나자마자 바로 사라진다는 것이라면, 어찌 세상의 공통된 징험에 지나치게 위배되는 것이 아니겠는가?"

대답했다. "그대의 비판을 해결하려면 먼저 유가와 불가의 같음과 다름을 구별해야겠다. 만물이 모두 찰나에 생겨나면서 사라지는 것임을 유가와 불가가 비록 동일하게 증명할지라도, 두 학파는 엄밀한 의미에서 제각기 치중하는 것이 있으니, 명철한 자가 아니면 아무도 구별하지 못한다. 불교는 사라지는 측면에 치중해서 사람들이 무상함을 보도록 했다. 유가의 위대한 근본 경전인 공자의 『주역』은 생겨나는 측면에 치중했으니, 출세간법과@ 상반된다. 『역』의 도리로 말하면, 찰나마다 사라지고 사라져서 머무르지 않는다는 것은 사실 곧 찰나마다 생겨나고 생겨나서 끊임이 없다는 것이고, 찰나마다 옛것이 되고 옛것이 되어 머무르지 않는다는 것은 사실 곧 찰나마다 새것이 되고 새것이 되어 일어난다는 것이다. 이 때문에 『대역』에서는 곧바로 '낳고 낳는 것을 역(易)이라고 한다.'[138]고 말했지, 사라진다는 말을 하지 않았으니, 그 의미가 지극히 심원하다. 『역』에서 '낳고 낳는다.'는 것은 만물의 자상(自相)으로 본 것이 아니라, 만물의 공상(共相)으로 본 것이다.ⓑ 부처가 찰나마다 생겨나자마자 바로 사라진다고 말한 것은ⓒ 사라지는 것에 치중한 것이다. 『대역』에서는 찰나마다 생겨나자마자 바로 사라진다는 것을 분명하게 알고 있었는데도 사라진다고 분명하게 말하지 않고 도리어 '낳고 낳는다.'고 말했다. 생겨나고 생겨나서 끊임이 없으면, 사라지고 사라져서 머무르지 않는다는 것은 본래 말할 필요가 없다. 생겨났는데 사라지지 않으면 생겨난 것은 곧 항상 머무르게 된다. 생겨나서 항상 머무르면

---

138 『역』「계사·상」. 生生之謂易. 이 구절에 대해서 『횡거역설(橫渠易說)』에서는 "生生, 猶言進進也."라고 주석했다.

도리어 생겨나지 못하게 되니, 또한 어떻게 생겨나고 생겨나는 것을 말할 수 있겠는가? 안자(晏嬰)가 경공(景公)에게 대답한 말은, 대개 늙어서도 죽지 않는다면 바로 요즘 사람들이 생겨나지 못한다는 것이다.ⓓ『역』의 '낳고 낳는다.'는 한 구절은 함의가 깊고 넓으니, 학자들은 얕은 지식을 믿고 소홀히 지나쳐서는 안 된다.ⓔ『역』의 심오한 의미에 밝으면, 『역』에서 이른바 '낳고 낳는다.'는 것은 대개 만물이 함께 말미암아 생겨나는 것을 가지고 말한 것이니, 곧 만물에서 그 공상(共相)을 통찰한 것이다.ⓕ 정신은 그야말로 찰나마다 갑자기 변하니, 지극히 괴이하다.ⓖ

ⓐ 여기에서의 '법(法)'자에 대한 해석은 앞에 있다.

ⓑ 여기서 말하는 '만물의 자상(自相)'은 곧 개별적인 사물로 된 것에 대해 말한 것이다. 여기서 말하는 '만물의 공상(共相)'은 곧 만물이 함께 말미암아 생겨나는 것에 대해서 말한 것이다.
물었다. "만물이 함께 말미암아 생겨나는 것은 무엇 때문인가?"
대답했다. "양(陽)의 밝음과 굳건하게 움직이는 정신이 낳고 낳는 것의 통솔자이기 때문이다."
물었다. "어째서 정신이 낳고 낳는 것의 통솔자라고 말하는가?"
대답했다. "통솔자는 주인과 같다. 정신이 물질을 제어해서 정신이 움직이면 물질이 이어서 변화하니, 만물이 함께 말미암아 생겨나는 것이다. 다시 말하면, 만물은 모두 정신을 함유하고 물질을 부여받아서 생겨난다. 『역경』의 사례에서, 정신을 말한 것은 곧 물질을 그 안에 함유하고 있으니, 절대로 정신을 무대(無對)의 위대한 신(神)으로 본 것이 아니고, 또한 절대로 만물이 함께 말미암아서 나온 것이 오직 정신 때문이라고 말한 것도 아니다. 건의 정신과 곤의 물질이 서로를 함유하는 최고의 원리는 『역』을 공부하는 자가 심각하고 절실하게 이해해야 한다. 총괄하면, 정신과 물질은 동일하게 건원(乾元)의 유행이다. 유행은 건원의 공용(功用)이지만, 용(用)은 무대(無對)가 아니어서 자연스럽게 정신과 물질 두 측면이 있다. 만물은 공통적으로 정신과 물질이 혼륜한 큰 유행을 품수하여 생겨나지만, 정신이 실로 물질을 통솔하기 때문에 정신을 낳고 낳는 통솔자라고 말했다. 여기서의 '자상(自相)'과 '공상(共相)'이라는 두 명칭은 또한 일반적으로 익숙하게 사용하는 것과 뜻이 같지 않다."

ⓒ 불교의 경(經)과 논(論)에서는 모두 찰나에 사라진다고 말한다.

ⓓ 안자에 대한 일은 앞에 있다.

ⓔ 얕은 지식을 믿는 자는 스스로 큰 도리를 단절하는 것이다. 나는 30세 이후부터 몸과 마음으로 맹세하여 선대의 성인을 받들고는 감히 얕은 지식을 믿지 않았으니, 이것이 자신을 속이고 하늘을 속이는 말이 아니다.

ⓕ 앞의 단락에서 길게 설명한 주석을 다시 보라. 만물의 공상(共相)은 곧 정신과 물질이 혼륜한 큰 '유행인데, 정신이 물질을 통솔하기 때문에 낳고 낳는 통솔자라고 말했으니, 이것이 바로 만물의 공상이고 또한 곧 만물의 진실한 자체(自體)이다. 만물의 자상(自相)은 오히려 만물의 진실한 자체가 아니다.

ⓖ 정신은 이른바 낳고 낳는 통솔자를 가리켜서 말하는데, 매번 한 찰나마다 생겨나면 바로 사라진다. 바꿔 말하면, 곧 매번 한 찰나마다 모두 갑자기 변화를 일으켜 앞의 한 찰나의 것이 머무르는 것을 볼 수 없다. 찰나마다 모두 활발하게 새롭게 변화하므로 만물은 모두 찰나마다 갑자기 변화하는 것이라고 말해야 한다. 성인은 그 때문에 "낳고 낳는 것을 역이라고 한다."[139]고 했다. 장자(莊子)가 변화의 오묘함을 말하면서 괴이함으로 형용한 것은 매우 의미가 있다.

세상 사람들은 사물에 대해 단지 하나하나의 사물로만 보기 때문에 사물의 정신에 대해서는 잊어버린다.ⓐ 그것들이 찰나마다 갑자기 변한다는 이야기를 듣고 놀라서 '허황되어 말도 안 되는 소리[玄談]'라고 하는 것에 대해 어찌 기이하다고 하겠는가? 찰나마다 갑자기 변한다는 것은 곧 찰나마다 계속 새롭게 일어나서 옛것을 사용하지 않는다는 말이다. 큰 바다는 사체(死體)를 묵혀두지 않는다. 그런데 하물며 지극히 강건한 큰 작용의 유행이 옛것들이 적체(積滯)되도록 하겠는가?ⓑ 장자(莊子)는 '변화가 은밀하게 진행되는 것을 누가 깨닫겠는가?'ⓒ[140]라고 말했다. 또 '산골짜기에 배를 감추고, 연못에 산을 감추는 것을 견고하다고 말한다.ⓓ 그런데 깊은 밤에 힘센 자가 등에 지고 도망가면 우매한 자들은 알지 못한다.'ⓔ[141]고 말했다. 곽자현(郭象)은 이 구절을 주석해서 말했다. '힘이 없

---

139 『역』「계사 · 상」. 生生之謂易.

140 『열자(列子)』「천서(天瑞)」. 天地密移, 疇覺之哉. 구절에 대한 주, 此則莊子舟堅之義.

141 『장자주(莊子注)』「대종사(大宗師)」. 夫藏舟於壑, 藏山於澤, 謂之固矣. 然而夜半有力者, 負之而走, 昧者不知也.

는 것 같은데 힘이 있는 것으로는 변화보다 큰 것이 없다. 그러므로 천지를 들어서 새것으로 달려가고 산악을 등에 지고 옛것을 버린다. 옛것에는 잠시도 머무르지 않고 홀연히 이미 새것이 되니,ⓕ 천지만물은 어느 때고 옮겨가지 않는 적이 없다. 세상이 모두 새롭게 되었는데도 눈에는 옛것으로 보이고, 배가 날마다 변하는데도 옛것으로 보이며, 산이 날마다 바뀌는데 이전의 것으로 보인다. 지금 어깨를 한번 교차하는 사이에 잃어버리는 것이 모두 알지 못하는 가운데 지나간다. 그러므로 예전의 나는 다시 지금의 내가 아니다. 나와 지금은 모두 가버리는데 어떻게 옛것을 지킬 수 있겠는가!'[142] 장자의 말을 살펴보면 『대역』의 '빨리하지 않아도 신속하고, 가지 않아도 도달한다.'[143]는 신(神)에 대해 깊이 이해하고 있었다. ⓖ 곽상이 장자의 뜻에 통달할 수 있었던 것은 그도 역학자의 후예였기 때문이다."

ⓐ 만물이 함께 말미암아 생겨나는 것은 바로 양(陽)의 밝음과 굳건하게 움직이는 정신 때문이다.

ⓑ 큰 바다는 근원이 깊어 그 흐름은 순식간에 갖가지로 변하고 기세의 작용은 성대하다. 그러므로 사체를 던지면 바로 소멸시킨다. 그러므로 '묵혀두지 않는다.'고 말했다. 이것으로 큰 작용의 성대한 유행이 찰나마다 갑자기 변하면서 옛것을 묵혀두지 않는 것에 대해 비유했다.

ⓒ 만물의 변화는 드러나지 않는 가운데 은밀하고 은밀하게 옮겨간다는 말이다. 앞에서 계속 사라지고 뒤에서 계속 새로 일어나니, 총괄하면 옮겨가서 머무름이 없다는 것이다. 그것이 은밀하고 은밀하게 지나가므로 누구도 그것을 깨달을 수 없다.

ⓓ 깊은 산골짜기에 배를 감추고 큰 못 속에 산을 감추었다는 것은 모두 확고하게 감추었다고 말할 수 있다,

---

142 『장자주』「대종사」. 夫藏舟於壑, 藏山於澤, 謂之固矣. 然而夜半有力者, 負之而走, 昧者不知也. 구절에 대한 곽상의 주석. 夫無力之力, 莫大於變化者也. 故乃揭天地以趨新, 負山嶽以舍故. 故不暫停, 忽已涉新, 則天地萬物, 無時而不移也. 世皆新矣, 而日以為故, 舟日易矣, 而視之若舊, 山日更矣, 而視之若前. 今交一臂而失之, 皆在冥中去矣. 故向者之我, 非復今我也. 我與今俱往, 豈常守故哉?

143 『역』「계사·상」. 唯神也, 故不疾而速, 不行而至.

ⓔ '깊은 밤'은 비유하는 말로서 어두워서 드러나지 않는다는 말과 같다. '힘센 자'는 변화의 힘을 말하니, 결국 드러나지 않는 가운데 산과 배를 모두 등에 지고 도망 간다는 것이다. 세상 사람들은 산과 배가 여전히 옛것과 같다고 여기니, 지극히 어리석은 것이 아니겠는가?

ⓕ 세상 사람들은 옛것이 머무르고 있다고 여기는데, 사실 만물은 모두 찰나마다 갑자기 변하니 결코 옛것이 잠시도 정지해 있는 일은 없다.

ⓖ 장자는 본래 정신과 원기(元氣)가 혼연히 유행하는 것을 가지고 말했는데, 혹 그를 이원론자라고 의심하면 심하게 오해한 것이다. 장자는 도가이고 또한 본체가 있다는 것을 인정했다. 그는 본체의 공용(功用)으로 신(神)과 기(氣)를 분별했으니, 공용을 무대(無對)라고 말할 수 없다. 그런데 어떻게 이원론이라고 모함할 수 있겠는가? 그러나 장자는 본체에 대한 참된 견해가 없고 그 학문이 잡박하여 퇴폐로 흘러갔으니, 여기에서는 그것에 대해 자세히 설명하지 않겠다.

'점차 변한다[漸變].'는 논의를 견지하는 자들은 '갑자기 변한다[頓變].'는 의미가 '점차 변한다.'는 것과 서로 어긋난다고 여기니, 이것은 제대로 생각하지 못한 잘못일 뿐이다. 만약 사물이 처음 생겨나면서 바로 머무르고 있다면 사물은 언제나 변하지 않는 사물이 될 것인데, 어떻게 점진적으로 성대하게 된다는 것을 말할 수 있겠는가? 사물이 생겨나면 당연히 잠시 머무른다고 생각한 것도 역시 그렇지 않다. 사물이 만약 잠시 머무를 수 있다면 곧 큰 변화의 유행이 때때로 정체되는 것에 대해 염려해야 하니, 만물이 어떻게 점차 변하는 것으로부터 성대하게 되겠는가? 오직 큰 변화의 유행은 찰나마다 갑자기 변하고 찰나마다 옛것을 유지하지 않아 끝없이 새롭게 되므로 '낳고 낳는다.'[144]고 했다. 매번 한 찰나로 말하면 참으로 모두 갑자기 변하고, 만약 많은 찰나를 꿰뚫어서 말하면 누적되어 점차 변한다. 장자가 '변화가 은밀하게 진행된다.'[145]고 말한 것은 훌륭하다. 만물이 은미한 것에 말미암아 드러나고, 간단한 것에

---

144 『역』「계사·상」. 生生之謂易.
145 『열자(列子)』「천서(天瑞)」. 天地密移, 疇覺之哉. 구절에 대한 주석. 此則莊子舟壑之義.

말미암아 번잡하게 되며, 유약한 것에서 말미암아 장대하게 되는 것은 모두 변화가 은밀하게 진행된 결과이다. '은밀하게 진행된다.'는 의미는 정말 설명하기 어렵다. 식견이 얕은 자들은 단지 은밀하게 진행되는 것이 점차 변하는 것이라고 알고 있으니, 갑자기 변함이 없다면 은밀하게 진행되는 것에 대해 설명할 길이 없다는 것을 전혀 모르는 것이다. '은밀하게 진행된다.'는 말은 찰나마다 옛것을 버리고 새롭게 생겨난다는 것이다. 만약 사물이 생겨나자마자 바로 머무른다면, 옛것을 버릴 수 없어 변화의 기틀이 이미 정체되는데 어떻게 새롭게 생겨나는 것이 있겠는가? 그러므로 은밀하게 진행된다는 말에 대해 알게 되면, 비록 많은 찰나를 거쳐서 점차 변하는 것을 볼지라도 사실 한 찰나마다 모두 갑자기 변한 것이다. 이 때문에 은밀하게 진행된다고 말할 수 있는 것이다. 일반적으로 사물의 변화가 점차적인 것이 누적되어 이르게 되는 것에 대해 '점차 변한다[漸變].'고 말한다. 그런데 점차적으로 변하는 궤도를 따르지 않고 비약하여 이르게 된다는 것에 대해 '돌변(突變)'이라고 말한다.ⓐ 내가 여기에서 찰나에 생겨나고 사라진다고 말한 것은 '갑자기 변한다[頓變].'는 의미이다. 여기서 '갑자기 변한다.'는 말은 본래 불교경전으로부터 원용한 것이지만, 그 의미는『역』「계사전」에서 일찌감치 드러냈던 것이다. 그런데 단지 그 표현이 너무 간결하여 그 뜻을 드러내지 못했기 때문에 내가 의도적으로 불교의 설명을 끌어다가 소통시킨 것일 뿐이다. 오직 '갑자기 변한다.'는 말은 평상시에 익숙하게 듣는 '돌변'이라는 말과는 절대로 동일한 의미로 볼 수 없다. 학술적인 용어를 만드는 것은 각기 그 학설의 체계에 따라 정하는 것이니, 반드시 각기 그 체계에 따라 용어를 만든 의미를 궁구해야한다. '찰나에 생겨나고 사라진다는 의미[刹那生滅義]'는 불교전적에서 여러 종류의 명사로 나타난다. 한 찰나에 생겨나자마자 바로 사라진다고 설명하기도 하고, 한 찰나에 갑자기 일어났다가 갑자기 사라진다고 설명하기도 하며, 한 찰나에 사라진다고 설명하기도 하는데, 대승불교의 법상종(法相宗)에서는 또한 우연히

'갑자기 변한다[頓變].'는 말을 사용했다.ⓑ 내가 『역』을 근본으로 해서 '갑자기 변한다.'는 말을 쓴 것은 무엇 때문인가? 만물은 본래 큰 변화가 유행하는 과정이고 모두 잠시도 머무르지 않는다.ⓒ 다시 말하면, 모든 사물은 처음 한 찰나에 생겨나면 바로 이 찰나에 사라지고, 다음 한 찰나에 새로운 사물이 앞을 이어 생겨나는 것도 역시 다시 머무르지 않는다.ⓓ 향후의 무궁무진한 미래의 사물들도 모두 찰나마다 옛것을 사라지게 하고 새것을 생겨나게 하지 않는 것이 없을 것이다. 이 때문에 부처가 만물에서 그것들이 사라지는 것을 보고, 모든 사물이 찰나마다 갑자기 생겨나고 갑자기 사라진다고 말한 것 역시 찰나에 사라진다는 말이다. 성인은 만물에서 그것들이 생겨나는 것을 보았기 때문에 『역』에서 "빨리하지 않아도 신속하고, 가지 않아도 도달한다."146고 말했다. 대개 만물이 매번 한 찰나에 생겨나자마자 사라지는 것은 바로 한 찰나마다 계속 옛것이 되어 머물지 않고 계속 새것이 되어 일어나는 것이다. 여기에서 큰 변화가 끊임없이 유행하는 오묘함을 알 수 있으므로, 만물이 찰나마다 갑자기 변한다고 말했다.ⓔ 찰나마다 갑자기 변하는 것은 이처럼 자연스러우니 사람이 의도적으로 하는 것과 같지 않다. 그러므로 『역』에서 '빨리하지 않아도 신속하다.'147고 말했다. 찰나마다 옛것을 사라지게하고 새것을 생겨나게 하는 것이 긴밀하게 옮겨가므로 본래 앞의 사물이 뒤에 행한 것이 없는데, 만물의 발전은 앞에서 이어진 것을 계속 뒤로 이어가며 중간에 단절된 적이 없다. 그러므로 『역』에서 '가지 않아도 도달한다.'148고 말했다. 『역』의 의미로 말하면, '갑자기 변한다.'는 것은 발전이 쉬지 않는 것이니, '점차 변한다.'는 것은 이것에 의지해서 이루어진다. 부처는 비록 찰나에 생겨나고 사라지는 것을 알았지만, 그의 근본적인 의도는 바로 사라지는 것을 보는 데 있었다. 법상종은 끝

---

146 『역』「계사・상」. 不疾而速, 不行而至.

147 『역』「계사・상」. 不疾而速.

148 『역』「계사・상」. 不行而至.

내 반야학자들이 공관(空觀)의 뿌리를 연구하는 것을 벗어나지 못했으니, 유가와 불가 두 학파의 근원은 융합할 수 없다.

ⓐ 사실 '돌변' 또한 점차 변하는 과정을 거치지 않은 것은 아니다. 우유가 식초로 되었다면 돌변이라고 말할 수 있지만, 아직 식초가 되기 전에 이미 헤아릴 수 없을 정도로 많은 찰나의 점차 변하는 과정을 거쳤다. 이것이 하나의 사례이다.

ⓑ 불교에서 '갑자기 변한다[頓變].'는 말을 했지만 그 의미는 확실히 『대역』과 같지 않다. 불교에서는 만물이 본래 실재하지 않음을 밝히려고 했을 뿐이다. 『대역』의 의미는 비록 물질을 고정된 사물로 여기지 않을지라도 물질이 실재한다고 여긴다. 이것이 『대역』과 불교의 큰 차이이다.

물었다. "물질이 고정된 것이 아니라는 것은 또한 바로 실재하지 않는다는 것이니, 그것이 불교의 설명과 어떻게 다른가?"

대답했다. "불가에서 본 것은 실재하지 않는다는 의미이니, 확실히 다른 종류이다. 이해하지 못하는 자에게 설명하기 어렵다."

ⓒ '큰 변화[大化]'는 '큰 작용[大用]'이라고 말하는 것과 같다.

ⓓ 앞 찰나의 사물이 사라지자마자 다음 한 찰나의 새로운 사물이 바로 앞 찰나와 긴밀하게 이어지면서 연속해서 생겨나니, 중간에 틈이 없다. 그러나 새로운 사물도 생겨나자마자 바로 사라지므로 머무르지 않는다고 말했다.

ⓔ 만물이 찰나마다 모두 옛것을 머무르게 함이 없기 때문이다.

성인은 "빨리하지 않아도 신속하고, 가지 않아도 도달한다."[149]라는 말로 정신이 움직이고 굳건하다는 것에 대해 밝혔다. '빨리하지 않아도 신속하다.'고 말한 것은 찰나에 '갑자기 변한다.'는 의미이다. 경전의 글에는 단지 이 몇 글자만 있어서 심오함을 밝히기 어려웠다. 내가 불교에서 말하는 찰나에 사라진다는 의미를 가지고 와서 주석에 편의를 도모한 것은, 바로 부처가 사라지는 것을 본 것에 대한 잘못을 바로잡아 서로 어지럽히지 않도록 하기 위한 것이다. 은미한 것을 찾음에 성인의 뜻을 어기지 않았다고 스스로 믿는다.

---

149 『주역집해』「계사·상」. 不疾而速, 不行而至.

미래를 예측하는 건(乾)의 정신과 과거를 간직하는 곤(坤)의 사물

『역』에서 "신(神)으로는 오는 것을 알고, 지(知)로는 지난 것을 간직한다."@[150]라고 말했는데, 우번(虞飜)은 "'건의 정신[乾神]'으로는 오는 것을 알고, '곤의 지[坤知]'로는 지난 것을 간직한다."[151]고 말했다. 내 생각에, 뒤의 '지(知)'자는 마땅히 '곤(坤)'자여야 한다. 대개 옛날에 전하여 베끼면서 '지(知)'자로 잘못 적었던 것인데, 그 뒤로 결국은 그대로 따랐다. 오늘날 필사(筆寫)하고 조판할 때 착오를 일으켜 빈번히 원래 있던 글자를 바꾸어 전혀 상관없는 글자로 대신하니, 그 착오가 상상 밖인 것을 이루 다 헤아릴 수 없다. 후대의 사람들은 반드시 고서(古書)의 자구(字句)가 비록 의심스러울지라도 마음대로 고쳐서는 안 된다고 말하는데, 또한 비현실적인 이야기일 뿐이다. 고쳤을지라도 그 본래의 글자를 보존한다면 잘못되지 않은 것이다. 『역』에서는 건(乾)을 신(神)·지(知)로 여기고, 곤(坤)을 질(質)·물(物)로 여기니, 이것이 그 근본대의이다. 그런데 이것을 스스로 어지럽힐 수 있겠는가? 단연코 이 지경에는 이르지 않을 것이니, 곤을 지(知)라고 말할 수 있으면 건괘는 당연히 세워지지 못한다.

ⓐ『역』「계사·상」에 있다. 뒤의 '지(知)'자는 '곤(坤)'으로 고쳐야 할 것이다.

어떤 사람이 말했다. "'지(知)'자는 '주(主)'로 풀이할 수 있으니, 곤(坤)은 지난 것을 간직하는 것을 주로 한다는 것을 말할 뿐이다."
내가 말했다. "위에서 '신(神)으로는 오는 것을 안다.'고 말한 것에서 '신(神)'은 바로 건(乾)이니, '오는 것을 안다.'고 할 때의 '안다.'는 것은 당연히 '건의 정신[乾神]'에 속한다. 뒤에서 '지(知)로는 가는 것을 간직한다.'고 말했지만, 건의 정신은 지난 것을 간직하지 않으니, 뒤의 '지(知)'자는 건

---

150 『역』「계사·상」. 神以知來, 知以藏往.
151 『주역집해(周易集解)』14권. 神以知來, 知以藏往. 구절에 대한 주, 虞翻曰, 乾神知來, 坤知藏往.

의 정신에 속할 수 없다. 우번(虞翻)도 이것을 알아차렸으므로 '곤(坤)'자를 '지(知)'자 위에 첨가했던 것인데, 곤(坤)이 지(知)가 아님을 깨닫지 못했다. 지금 그대는 '지(知)'자를 '주(主)'로 풀이하려고 하는데, 시험 삼아 묻건대 누가 주(主)가 되는가? 만약 '곤(坤)'자 한 글자를 첨가하여 '곤(坤)은 지난 것을 간직하는 것을 주로 한다.'로 말하겠다면, 어째서 '지(知)'자를 '곤(坤)'자로 고쳐 '곤(坤)으로는 지난 것을 간직한다.'고 말함으로써 위의 '신(神)으로는 오는 것을 안다.'는 구절과 서로 대구가 되게 하지 않는가? 또 '이(以)'자 한 글자를 없애는 것은 거의 사실을 조사해도 억측으로 함부로 고쳤다는 비난이 없을 것이다. 이제 '지(知)'자가 확실히 잘못되었음을 살펴서 결정했으니, 마땅히 '곤(坤)'자로 고쳐야 할 것이다.

이도평(李道平)은 "『역(易)』의 경우는 미래를 건(乾)에 소속시키고, 과거를 곤(坤)에 소속시켰다."ⓐ152고 말했다. 한대(漢代) 이후의 학자들은 모두 『주역』에 술수를 뒤섞는 데 익숙하여 점을 치는 것으로써 미래를 예측했으니, 성인의 학문이 끊어진 지 오래되었다. 내가 살펴보건대, 건(乾)의 정신과 양(陽)의 밝음과 군건한 움직임은 곤(坤)의 물질을 제어하는 것이므로, 항상 주동이 되어 곤의 물질을 지도하면서 미래의 미래를 지향하여 나아가고 나아가면서 그침이 없는 것이니, 이것이 건으로서써 미래를 예측하는 것이다.ⓑ 건은 곤을 인도해서 나아가니, 수론(數論)에서 세 가지 덕 중의 어둠과 같은 것이 아니고, 또한 부처의 12연기설에서 무명(無明)으로 시작하는 것과 같은 것도 아니다. 건은 양(陽)의 밝은 덕을 가지고 만물이 부여받은 시작으로 삼은 것이다.ⓒ 만물의 끝에서는ⓓ 또한 그것이 부여받은 건의 밝은 덕을 완성해서 손상시키지 않으므로, 「건괘」의 「단전」에서 "끝과 시작을 크게 밝힌다."ⓔ153고 했다. 이 때문에 곤이 건을 계승하여 만물을 이루고, 은미한 것에서부터 드러나며,ⓕ 거친 것에서부터 정밀해지니,ⓖ 만물이 건의 정신의 밝은 덕을 부여받

---

152 이도평(李道平), 『주역집해찬소(周易集解纂疏)』. 易例以未來者屬乾, 已往者屬坤.

153 『역』「건괘」. 象曰: "大哉乾元, … 大明終始."

아 한 걸음씩 미래로 달려감에 드러나지 않게 지향하고 혼미하여 어지럽게 움직이는 것이 아니라는 것에 대해 충분히 증명한다. 그러므로 '미래를 예측한다.'고 말했다. 그런데 인류가 자신이 생겨나는 것을 살펴보고 우주의 무궁무진한 전개를 살펴보게 되면, 분명히 바르고 큰 목표가 있다는 것에 대해서는 말할 필요가 없다. 인류가 건의 정신의 밝은 덕을 부여받아 더욱 그것을 몸으로 실현하여 손상시키지 않고 가리지 않으므로 인류는 미래에 대해 숭고한 희망이 있으니, 활발하게 도약하고 쇠퇴하지 않는다.ⓗ

ⓐ 이 구절은 이도평의『주역집해찬수(周易集解纂修)』에 있다. 이씨는 한(漢)·위(魏)의 역설에 대하여 자세하고 해박하게 실상을 조사했으니, 이것은 반드시 한대(漢代)의 사람들이 공자 문하의 옛 의미를 전수했다는 것이다. 아쉽게도 그 자세한 내용은 알 수 없다.

ⓑ 장횡거(張橫渠: 張載)는 "『역』의 도는 나아가고 나아가는 것이다."[154]라고 했다. '예측한다.'는 말은 의미가 깊으니, 일반적으로 말하는 지식이라고 할 때의 앎이 아니다.

ⓒ '시작'은 비로소 처음 생겨난다고 말하는 것과 같다.

ⓓ '끝'은 사망하거나 훼손되어 단절되는 것과 같다.

ⓔ '건의 정신[乾神]'은 크게 밝은 덕이 있으니, 만물이 그것을 부여받아 시작을 이루고 끝을 이룬다는 말이다.

ⓕ 예컨대 혼돈상태에서부터 천지의 모든 큰 사물들이 출현하게 되는 것과 같다.

ⓖ 예컨대 천지의 큰 사물과 모든 무기물에서부터 생물과 인류로 진화하는 것과 같다.

ⓗ '자신이 생겨나는 것을 살펴본다.'[155]는 말은『대역』「관괘」에 있는데, 그 의미가 심원하다. '미래를 예측한다.'고 할 때의 '예측한다.'는 말은 의미를 말하기 어려운데, 지향함이 있다고 말해도 되고, 목표가 있다고 말해도 되며, 희망함이 있다고 말해도 된다. 인생은 어릴 때 정신이 활발하게 도약하고 미래의 희망으로

154『횡거역설(橫渠易說)』「계사·상」. 生生之謂易. 구절에 대한 주석. 生生猶言進進也

155『역』「관괘(觀卦)」. 象曰: "觀我生, 觀民也. 上九觀其生, 君子無咎." 象曰: "觀其生, 志未平也".

부풀어 있으니 미래의 사람이라고 말할 수 있다. 장년이 되면 그 희망을 현실에 쏟아 붓고, 노쇠하면 대부분 과거를 회상하여 세속적인 근심에 매이게 된다. 사람이 늙어서도 여전히 미래에 대해 숭고한 희망이 있는 자는 반드시 그 정신이 노쇠하지 않은 자일 것이다. 사람이 평생토록 언제나 미래의 사람이 되는 자는 아마도 성인뿐일 것이다. 뜻이 미래에 있는 사람은 비록 순수하게 그런 사람이 아닐지라도 쉽게 만나지 못한다. 진백사(陳白沙: 陳獻章)[156]의 시에 '힘센 건과 곤도 넘어질 수 있구나!'[157]라고 했으니, (건과 곤은 천지라고 말하는 것과 같다.) 도약하는 것일 뿐이다. 진백사는 자유분방하여 구속을 받지 않는 사람이지만 무시할 수 없다.

곤이 지난 것을 간직한다는 것은 무슨 의미인가? 『역위(易緯)』에서 '곤은 움직여서 물러난다.'[158]고 했다. 물러나기 때문에 항상 지난 것을 간직한다. 곤도 미래로 빠르게 나아가지 않는 것이 아니지만, 나아가는 것은 건이 주동이 되어 열고 나가는 것이고, 곤은 이에 건을 계승해서 그와 함께 미래로 나아갈 뿐이다. 곤이 건을 계승해서 만물을 변화시켜 이루니 먼저 출현한 사물은 스스로 어떤 하나의 유형을 이룬다. 뒤에 오는 새로운 사물이 일어나면 앞의 사물과 비교하여 크게 진보하니, 또 어떤 새로운 하나의 유형을 이룬다. 새로운 유형의 사물이 이미 나오지만, 그 시작하는 처음의 옛 유형의 사물은 여전히 새로운 유형의 사물과 함께

---

156 진헌장(陳獻章, 1428-1500): 호는 백사(白沙)·석재(石齋)이고, 자는 공보(公甫)이다. 광둥성[廣東省] 백사(白沙) 출생으로 오강재(吳康齋)에게 사사하고, 송대(宋代) 육상산(陸象山)의 학풍을 계승하였으며, 정좌(靜坐)에 의해 마음을 깨끗이 하고, 천리(天理)를 체인(體認)할 것을 주장하였다. 유교경전의 자질구레한 해석에 몰두하는 명대(明代)의 주자학에 반발하고 실천성을 강조하였기 때문에 왕양명(王陽明)의 선구적 사상가로 보인다. 천리(天理)와 일체(一體)의 심경(心境)을 그의 많은 시작(詩作)에서 음미(吟味)할 수 있는 시인적 유학자로 높이 평가된다. 저서는 후세에 편찬한 『백사자전집(白沙子全集)』이 있다.

157 『진백사집(陳白沙集)』 권8, 「7언율시(七言律詩)」 「기태허상인용구운(寄太虛上人用舊韻)」. 力大乾坤可跌交: 여기에 인용된 '鬥大乾坤跌一交'라는 구절은 아마도 잘못이 있는 듯하다.

158 『역위(易緯)』. 乾動而進, 坤動而退.

있어서 결코 버려지지 않으니, 이에 뒤로 연이어지면서 계속 끊이지 않게 새로운 사물을 출현시키고, 또 각 단계마다 같지 않은 많은 새로운 유형을 이룬다. 그러나 가장 기이한 것은, 시작하는 처음의 사물로부터 뒤로 연이어 계속 끊이지 않게 출현하는 사물은 곧 전후의 각 단계마다 다른 유형의 사물을 통틀어 함께 존재하지 않는 것이 없으니, 결코 뒤의 사물의 출현 때문에 끝내 앞의 사물을 버리지 않는다는 것이다. 예컨대 생물이 나타났을 때, 그에 앞서 있던 무기물은 여전히 생물과 함께 존재한다. 동물이 나타났을 때, 여전히 식물과 시작하는 처음의 무기물이 함께 존재한다. 이에 동물이 이미 가장 높고 가장 영험한 인류나 인류 중의 성현으로까지 발전해도, 원형질과 시작하는 처음의 무기물이나 흙덩이가 여전히 인류나 성현과 함께 존재한다. 그러므로 이미 지나간 모든 옛것들이 모두 곤을 두텁게 실어주는 수레로 여기는데도 파괴되어 사라진 적이 없다.ⓐ 그러므로 '곤으로는 지난 것을 간직한다.'ⓑ고 했다. 건(乾)은 신(神)이니, 그 덕의 굳건한 움직임이 맹렬하게 미래로 나아가서 만물이 찰나마다 갑자기 변하며 한 순간도 조금의 머무름이 없으니, 모두 아득한 가운데에서 사라졌기 때문이다. 곤은 사물의 어미이고,ⓒ 그 덕은 두텁게 실어주는 것이다.ⓓ 물러나서 앞서지 않으므로ⓔ 이미 지나간 옛것들을 모두 쌓아서 간직하지 않음이 없다. 그것은 건이 맹렬하게 미래로 달려가는 것과는 그 반대로 치우쳤다.ⓕ

ⓐ『역』「설괘전」에 "곤은 큰 수레의 상이 있다."[159]고 했으니, 그것의 임무가 만물을 실어주는 것이기 때문이다. '실어준다.'는 것은 보관한다는 것과 같다.

ⓑ 지난 것은 이미 지나간 것이니, 과거의 모든 옛것들이라고 말하는 것과 같다. 모든 옛것들이 모두 사라져서 끊어지지 않는 것은 곤이 보관하고 실어줄 수 있기 때문이다.

ⓒ『역』에서 '곤은 변화하여 사물을 이룬다.'[160]고 했으니, 곤은 단지 재질일 뿐이

---

[159]『역』「설괘전」. 坤爲地爲母, 爲布爲釜, 爲吝嗇爲均, 爲子母牛爲大輿, 爲文爲衆, 爲柄 其於地也爲黑.

[160]『역』「계사·상」. 坤作成物.

고, 만물은 이 재질에 의지해서 이루어진 것임을 알 수 있다. 비유하면 이 탁자가 목재에 의지해서 만들어지는 것과 같다. 만약 곤이 재질이 되지 않는다면 만물은 만들어질 방법이 없다. 비유컨대 목재가 없으면 이 탁자가 만들어질 방법이 없는 것과 같으니, 곤은 사물의 어미라고 말할 수 있다. '어미'는 '원인'이라는 의미이다.

ⓓ 돈후해서 만물을 받아들여 실을 수 있으니, 이것에 대해서는 「곤괘」를 참고하라.

ⓔ 이미 사물이 되고 나면 바로 무겁고 탁해져서 가라앉는다. 추세는 스스로 들어올릴 수 없어 반드시 건을 계승해서 변화하므로 '앞서지 않는다.'고 말했다. 「곤괘」와 『역위(易緯)』를 참고하라.

ⓕ '옛날에 없어진 시[古逸詩]'에서 '그 반대로 치우쳤는데(偏其反而)'[161]라고 했는데, 이제 '이(而)'자를 '의(矣)'자로 바꾸었다.

물었다. "건과 곤이 무엇 때문에 협조하고 화합하는가?"

대답했다. "이미 지나간 모든 사물은 곤이 비록 그것을 간직할지라도 단지 그 종류가 끊어지지 않게 할 뿐이다.ⓐ 모든 사물은 제각기 변화가 긴밀하게 진행되니,ⓑ 곤이 진실로 건을 계승해서 어기지 않는 것이다. 지나간 사물이 그 종류가 끊어지지 않으니,ⓒ 앞으로 올 사물이 그 단서를 잃지 않는다.ⓓ 이 때문에 지나간 것들이 비록 지나갔을지라도 끊어지지 않으니,ⓔ 앞으로 올 것들이 더욱 다가와서 무궁해진다.ⓕ 이것이 건과 곤이 덕을 합해 만물이 낳고 낳는 성대함을 드러내는 까닭이다. 그러므로 건이 미래를 예측하는 것과 곤이 지난 것을 간직하는 것은 상반되지만 서로를 이루어주는 것이니, 비유하자면 물과 불이 서로 소멸시키면서도 또한 서로 생겨나게 해주는 것과 같다."

ⓐ 예컨대 장씨나 이씨가 어떻게 '이전의 자신[故我]'을 지켜서 사라지지 않게 할 수 있겠는가? 단지 인류가 끊어지지 않고 있을 뿐이다. 다른 사물도 그렇게 알면 된다.

ⓑ '긴밀하게 진행된다.'는 것은 바로 찰나에 생겨나고 사라진다는 것이다.

---

161 『모시지설(毛詩指說)』「문체(文體)」逸詩曰: "唐棣之華, 偏其反而."

ⓒ '지나간 사물'은 이미 가버린 사물이라고 말하는 것과 같다.

ⓓ '앞으로 올 사물'은 미래의 사물이라고 말하는 것과 같다. '단서'는 인연의 끈과 같아 잡아당기면 더욱 늘어난다. 앞으로 올 사물은 지나간 사물을 단서로 하는데, 그 단서를 잃어버리면 곧 앞으로 올 사물이 그 시작하는 것에서 잘못되니, 어떻게 되겠는가?

ⓔ '끊어진다.'는 것은 '멸절된다.'는 것과 같다. 지나갔는데도 끊어지지 않는 것이 앞으로 올 것들의 바탕이 된다. 예컨대 생물이 생겨나면 무기물은 지나간 것인데도 끊어지지 않으니, 생물은 그것을 바탕으로 자라난 것이다.

ⓕ 모든 사물이 이미 생겨나고 나면 바로 이미 지나간 것이 되니, 그 때문에 뒤에 올 것들을 방해하지 않는다.

결론: 『주역』의 체용관계 ─ 체용불이(體用不二: 체와 용은 둘이 아님)와 즉용식체(卽用識體: 용을 통해 체를 앎)

어떤 사람이 물었다. "『주역』의 우주론은 복희를 조술해서 체(體)와 용(用)에 대해 논한 것이지만, 그 우주본체를 '건원(乾元)'이라고[a] 이름 붙여 단호하게 천제(天帝)를 부정한 것이니, 이것은 태고시대의 복희가 할 수 없었던 것으로서 공자가 처음으로 드러낸 것이다. 그러나 『역』의 64괘에서 「건」과 「곤」이 첫머리에 있지만, 대의를 총괄한 것은 대개 「건」과 「곤」에 갖추어지지 않은 것이 없다. 이제 두 괘를 보면,[b] 그것들이 발휘하는 것은 모두 건과 곤이 변화하는 오묘함이 만물을 이루고 만사를 일으키는 까닭이라는 것이다. 그런데 건원에 대해서는 그 명칭이 겨우 나타날 뿐 설명한 것이 아주 적다. 그렇다면 『주역』이라는 책에서는 용(用)에 대해서만 논하고, 체(體)에 대해서는 말하지 않은 것 같다.[c] 감히 묻건대, 공자의 뜻은 어디에 있는가?"

[a] '원(元)'은 근원이다. 그것은 건의 원(元)임을 말하니, 건이 곧 원(元)인 것이 아니다. 곤의 원(元)은 바로 건의 원이니, 곤에 따로 원이 있는 것이 아니다.

[b] 두 괘는 「건」과 「곤」을 말한다.

[c] 『역』 「계사전」에서도 단지 "역에는 태극이 있고, 이것이 양의(兩儀)를 낳는다."[1]고 말했다. 살펴보건대 '양의'는 음과 양을 말하니, 건과 곤이 이것이다. '낳는다.'는 것은 발현한다는 의미이지 어미가 자식을 낳듯이 낳는 것이 아니다. 어미와

---

1 『역』 「계사・상」. 是故易有大極, 是生兩儀.

자식은 두 사람이지만, 태극과 음양은 둘이 아니다. '태극'은 곧 건원의 별칭인데, 「계사전」에서는 겨우 한 번 태극이라는 이름을 제시하고는 다시 설명하는 말이 없다.

대답했다. "훌륭한 질문이다. 나는 그대가 한 질문에 따라 그 심오한 뜻을 밝히겠다. 그대의 의문을 풀기 위해 대략 두 가지 의미를 설명하겠다. 첫째는 '체와 용은 둘이 아니다[體用不二].'라는 의미이고, 둘째는 '용을 통해 체를 안다[卽用識體].'라는 의미이다. 그런데 이 두 가지 의미는 사실 하나의 의미인데 두 방면으로 나눠 설명하는 것일 뿐이다. 첫째 의미는 무엇인가? 체와 용은 본래 둘이 아니지만 나누어도ⓐ 문제가 되지 않고, 비록 나누었을지라도 여전히 둘이 아니다. 이것이 첫째 의미인데, 그대가 만약 분명히 이해하면 둘째 의미는ⓑ 말하지 않아도 알 수 있다. 이제 첫째 의미에 대해 이야기하겠다. '건원(乾元)'은 본체(本體)를 일컫는 것이고,ⓒ '건곤(乾坤)'은 공용(功用)을 말하는 것이다."ⓓ

ⓐ '나눈다.'는 것은 본체와 작용으로 나누어 설명한다는 것이다.
ⓑ '둘째 의미'는 '작용을 통해 본체를 안다.'는 의미이다.
ⓒ '본체'는 '체'로 약칭한다. '일컫는다.'는 것은 이름 붙인다는 것과 같다.
ⓓ '건곤'은 음양이라고도 한다. '공용(功用)'에서 '공(功)'은 공능(功能)이고 '용(用)'은 작용(作用)이므로 합쳐서 말을 만들었다. 그러나 줄여서 '용(用)'이라고 말할 수 있다.

물었다. "어째서 건·곤을 용(用)이라고 말하는가?"
대답했다. "모든 현상은 모두 본체의 공용(功用)이지 그것이 바로 본체인 것은 아니다. 곤(坤)이 질(質)이 되고 물(物)이 되며 능(能)이 되는 것은 모두 현상으로 분명히 드러난 것인데, 공용이라고 말하지 않고 무엇이라고 하겠는가? 건(乾)이 정신이 되고 양(陽)의 밝음이 되며 굳건한 움직임이 되고 마음이 되며 지(知)가 되는 것은, 비록 눈으로 볼 수 없고 자신에게 되돌려 스스로 알 수 있지만 모두 현상으로 두드러진 것인데, 공용이라고 말하지 않으면 무엇이라고 하겠는가?"

물었다. "체(體)가 있다는 것을 어떻게 아는가?"
대답했다. "공용이 분명하게 드러나는 것은 환상으로 만들어진 것이 아니기 때문이고, 허망한 것이 아니기 때문이며, 까닭 없이 일어난 것이 아니기 때문이다. 그러므로 용(用)에는 반드시 체(體)가 있다는 것을 안다."[ⓐ]

> ⓐ '환상으로 만들어졌다.'는 것은 인도고대사회에 마술을 부리는 자들이 사방으로 통하는 길거리에서 코끼리와 말 같은 온갖 종류의 사물을 마술로 나타나게 했던 것이다. 그러므로 불경에서 우주의 온갖 현상에 실체가 없다고 말하면서 번번이 환상으로 비유했다. 내가 어려서 고향에 있을 때 마술사가 먼 곳에서 와서 오이씨를 심어서 곧바로 오이를 따는 등의 마술을 부리는 것을 보았다. 군중들이 모이자 오이씨를 화분 속에 넣는 것을 보여주고는, 흙으로 덮고 물을 주자 홀연히 종자에서 싹이 나와 줄기로 자라더니 이내 꽃을 피우고 열매를 맺는 모든 과정이 이루어졌다. 이것도 역시 환상으로 만든 것이다. '허망한 것'은 예컨대 꿈속의 의식에 나타나는 것들이나 변태적인 심리작용으로 나타나는 것들이 모두 허망한 것들이다. 고대 인도에 있던 일종의 외도(外道)는 산과 강 및 대지가 모두 홀연히 일어난다고 여겼으니, 이것은 곧 우주가 까닭 없이 갑자기 일어나는 것으로 여기는 것이다. 이런 이치는 없으니 불가에서 타파했다.

물었다. "선생은 어떤 때는 정신과 물질이 모두 본체의 공용이라고 설명하고, 어떤 때는 본체의 유행을 용(用)으로 이름 붙인다고 설명한다. 두 설명에 차이가 있는가?"
대답했다. "차이가 없다. 정신과 물질은 분명히 현상인데, 서양철학의 일원유심론자들은 다만 정신만을 본원으로 삼아야 한다고 하고, 일원유물론자들은 오직 물질만을 본원으로 삼아야 한다고 한다. 그런데 사실 이 두 가지는 모두 근원이 없는 논의이다. 바꿔 말하면, 체(體)가 없는 논의이다. 나는 『대역』에 근거하여 그것을 평가했기 때문에 정신과 물질은 모두 본체의 공용이라고 설명했다."
이전에 본체에 대해 설명했던 자들은 본체를 가지고 현상보다 위에 성립해야 한다고 설명하거나 현상의 배후에 잠복해 있다고 설명했으니, 이것은 모두 본체를 가지고 현상의 밖으로 미루어간 것이다. 바꿔 말하면, 곧 체(體)와 용(用)을 둘로 분리한 것이다. 내가 『대역』에 근거해서 그것을 바로잡았기 때문에, 본체의 유행을 용(用)으로 이름 붙인다고 설명했다. 만약 본체가 유행하지 않는 체(體)라면, 바로 말라서 딱딱하게 굳어버린 죽은 체(體)여서 곧 공용이 없다고 말할 수 있다. 오직 그것은 유행하면서도 딱딱하게 굳어버린 것이 아니므로 유행이 용(用)이라고 말한다. 유행에는 반드시 홀[奇]과 짝[偶]의 두 가지 측면이 있어, 서로 마주하는 것 같지만 사실은 서로 함유한다. 짝[偶]은 분화될 수 있는 물질이고, 홀[奇]은 혼연히 하나여서 경계가 없는 정신이다. 혼연히 하나인 정신이 분화될 수 있는 물질을 제어하여 바로 혼연히 활약하는 큰 흐름이 되니, 이것이 바로 본체의 공용이다.

현상과 본체는 철학에서 지극히 심오하고 해결하기 아주 어려운 근본문제가 되었다. 내가 이것에 대해 힘써 탐색한 것이 아주 오래 되었는데, 항상 탐색이 깊어질수록 현혹됨이 더욱 심해져 크게 괴로웠다. 그렇게 복잡하고 심오한 과정을 거쳤지만, 노년에 지난 것을 회상하기가 어려울 뿐만 아니라 말과 문자로도 자세히 전달하기 쉽지 않다. 만약 단지 현상을 실재하는 것으로 인식해서 거침없이 본체를 배척한다면, 우주와 인생에는 근원이 없게 된다.ⓐ 이것은 얕고 성급한 마음으로 스스로 진리를 끊은 것이니, 나는 그것이 옳은지 모르겠다. 만약 본체를 내버려두고 묻지 않는다면, 알 수 없는 것이라고 놔두는 것이다. 이것과 전자를 비교한다면, "공손하게 대답하는 것과 불손하게 대답하는 것에 차이가 얼마나 되겠는가?"[2]이다. 만약 생각하기를 만유(萬有)에서 근원을 추구한다면, 사실에 근거해서 진리를 추구하는 것이다.ⓑ 다만 본체가 있다는 것을 승인해서 백가(百家)의 황극(皇極)을 세우는 것은ⓒ 바로 지혜로운

---

2 『도덕경』 20장. 唯之與阿, 相去幾.

자가 요구하는 것이어서 나의 좁은 견식으로도 함께 숭상하는 것이다.

　　ⓐ 인생은 본래 우주 바깥에 있지 않다. 그런데 그것에 대해 별도로 말하는 것은 중
　　　요하기 때문이다. 우리들이 만약 스스로 그 근원에 헷갈리게 되면, 옛 성현이 덧
　　　없는 인생은 꿈과 같다고 탄식한 것과 같게 된다.
　　ⓑ 만사만물이 이루어짐에 아직 본원이 없었던 적이 없다. 그러므로 현상에 근원이
　　　있다고 말하는 것에는 말에 이치가 있으니, 나는 옳다고 여긴다. 근원이 없다는
　　　논의는 내가 아는 바가 아니다.
　　ⓒ 이치는 반드시 그 근원을 궁구하고, 학문은 반드시 그 뿌리를 연구하는데, 백가
　　　의 학업은 각기 일부분에만 자세해서 큰 도(道)에 통하지 못하니, 장자가 "천하
　　　가 제각기 한 가지만을 얻어 그것을 살피고는 스스로 좋아한다."[3]고 탄식한 것
　　　이다. 『상서』에서 "'임금[皇]'이 극(極)이 있음을 세운다."[4]라고 했는데 누가 성인
　　　의 학문을 가볍게 버릴 수 있다고 말하겠는가? '리(理)의 뿌리[根]'라는 말은 곽자
　　　현(郭象)의 『장자주(莊子注)』에 있으니,[5] 온갖 이치가 하나의 이치로 회통되는 것
　　　이다. 하나의 이치는 만물이 그것으로 말미암아 이루어지고, 그것으로 말미암아
　　　나오므로 '뿌리'라고 하였다.

내 나이 40세 이후에 근원을 추구하는 학문을 시작하면서 본체와 현상
을 둘로 나눌 수 있는지의 여부에 대해 가장 깊이 생각했으니, 이 문제
는 항상 나의 뇌리에 있었다. 만약 본체가 현상을 초월하여 독립적으로
존재한다고 말하면, 다시 말해서 현상보다 위에 있다면 천제(天帝)와 다
를 것이 없다. 만약 본체가 현상의 배후에 숨어 있어 중보(衆甫)가ⓐ 된다
고 말하면, 숨어 있는 것과 드러난 것의 두 층 사이가 막히고 끊어지니,
만물도 또한 이렇게 전혀 상관없는 본체를 필요로 하지 않는다.ⓑ 그 후
에 『대역』에 푹 빠져 성인이 건원에 대해 '해설하지[開演]' 않았던ⓒ 의도
를 추구했다. 생각하고 생각하며 거듭 생각하기를 오래도록 한 다음에

─────────────

3 『장자』「천하(天下)」. 道德不一, 天下多得一察焉以自好.

4 『상서』「홍범(洪範)」. 五, 皇極, 皇建其有極.

5 '리(理)의 뿌리[根]'라는 말은 곽자현(郭象)의 『장자주(莊子注)』에 있으니, 『장자주
　(莊子注)』「천하」. 以深爲根 구절에 대한 주석. 理根爲太初之極, 不可謂之淺也 참조.

문득 성인의 의도를 깨달을 수 있었다. 복희가 처음 '체용(體用)'이라는 두 글자를 제출하였지만, 그 당시에는 곧 바로 천제를 타파하는 데에 어려움이 있었으므로 다만 용(用)에 대해서만 설명했다. 공자가 비로소 천제를 없애고 건과 곤에 본체가 있다는 것을 분명하게 제시하여 '건원(建元)'이라고 이름 붙이고, 또한 태극이라고도 명명하면서도 여전히 다시 용(用)에 대해 설명했다. 공자가 건원에 대해 논설하지 않았던 것은 남겨두고 논하지 않은 것이 아니다. 참으로 체(體)와 용(用)은 본래 둘이 아니기 때문에, 비록 분별해서 설명해도 문제가 되지 않지만ⓓ 결국에는 체와 용을 둘로 나눌 수 없었던 것이다. 체와 용은 본래 둘이 아니기 때문에 단지 건곤의 변화에서ⓔ 그 깊은 의미를 다 밝혔으니, 널리 천하의 후세를 위해 펼쳐 해설함에 숨기고 거리낌이 없었다. 큰 작용이 막힘없이 통하면 곧 본체가 드러나는 것에 남김이 없으니,ⓕ 이것이 '용(用)을 통해 체(體)를 안다.[即用識體]'는 것이다. '용(用)을 통해 체(體)를 안다.'는 것은 그 근본이 '체와 용이 둘이 아닌[體用不二]' 데에 있다. 만약 체와 용을 둘로 가를 수 있다면, 용(用)을 설명하면 용만 밝힐 수 있을 뿐이니, 어떻게 용으로 말미암아 체를 알 수 있겠는가?

ⓐ '중보(衆甫)'는 『노자』 21장에 있다.[6] '보(甫)'자는 '보(父)'로 읽으니 옛날에는 통용되었다. 왕필(王弼)의 주에서는 "중보(衆甫)는 만물의 시작이다."[7]라고 했고, 엄복(嚴復)은 "중보(衆甫)는 모든 것의 아비이다."라고 했으니, 서양철학에서는 그것을 '제1원인'이라고 말한다. 생각건대 모든 것의 아비는 모든 사물의 아비라고 말하는 것과 같다. 선배들은 표현을 간략히 하는 데 힘썼다.

ⓑ 본체는 내층(內層)에 잠복해 있고 현상은 외층(外層)에서 드러나면 내층과 외층 사이에 거리가 있으니, 곧 이미 막히고 끊어져서 서로 간섭하지 않는다.

ⓒ '해설한 것[開演]'은 중국어로 번역된 불교전적에 있는데, 이론을 선양하는 것이라고 말하는 것과 같다.

---

6 '중보(衆甫)'는 『노자』 21장에 있다: 『도덕경』 21장. 自古及今, 其名不去, 以閱衆甫. 吾何以知衆甫之狀哉? 참조.

7 『노자도덕경』 21장. 以閱衆甫. 구절에 대한 왕필의 주석. 衆甫, 物之始也. 以無名說萬物始也.

ⓓ 체와 용을 분별해서 설명했다.

ⓔ 건과 곤은 본체의 공용이다. 그 의미는 앞의 글에서 자주 드러냈다.

ⓕ 이것은 만유를 머금고 있는 본체가 모두 용(用)에서 드러난다는 것에 대해 말한 것이다. 우리들이 용에서 막힘없이 통할 수 있으면, 본체가 소유한 모든 것은 모두 이미 드러나니, 다시 그 어느 것도 남아돌아 다 드러나지 않는 것이 없게 된다.

물었다. "체와 용에 나뉨이 있다는 의미는 쉽게 알 수 있을 것 같은데, 체와 용이 둘이 아니라는 의미는 이해하기 어렵습니다. 어떻게 해야 되겠습니까?"

대답했다. "건곤의 큰 작용은 건원 자체가 드러난 것이니,ⓐ 비유컨대 죽과 밥은 쌀 자체가 드러난 것과 같다."ⓑ

ⓐ '건곤의 큰 작용'이라는 말은 복합명사이다. '건원'은 곧 본체에 대한 이름이다.

ⓑ 쌀로 건원을 비유하고 죽과 밥으로 건곤의 큰 작용을 비유한 것은, 죽과 밥이 쌀의 공용이기 때문이다. 건의 정신과 곤의 물질됨으로 비유할 수 있는 것은 건원의 공용이다. 그대가 또 비유를 통해 이치를 잘 깨닫게 될 것이지만, 비유에 집착하는 것만은 최대한 피해야 한다. 건원은 쌀과 같은 실물로 생각해서는 안 되고, 건곤의 큰 작용도 죽과 밥 같은 실물로 생각해서는 안 되니, 다만 쌀과 죽·밥이 둘이 아닌 것으로 체와 용이 둘이 아님을 비유할 뿐이다. 인명학(因明學)에서 모든 비유는 단지 적은 부분에서 서로 유사한 것을 취하는 것이기 때문에 그 전체가 비슷하기를 구해서는 안 된다고 말했으니, 배우는 사람들이 꼭 알아야 한다.

체(體)는 공용(功用)과 짝지어 이름을 얻은 것이니, 공용의 실체이기 때문이다. 만약 실체가 없다면 공용이 생겨나올 곳이 없으므로,ⓐ 실체를 공용이나 만물에 짝지어서 말하면 곧 그것들의 본원이 되는 의미가 있다.ⓑ

ⓐ '생겨나온다.'는 것은 발현한다는 의미이다.

ⓑ '그것들'은 공용이나 만물의 대명사이다. 본원(本原)은 '원(原)'으로 약칭하기도 한다.

용(用)은 체와 짝지어 이름을 얻은 것이니, 실체의 공용이기 때문이다. 그런데 실체가 완전히 발현되어 공용을 이루는 것은, 비유컨대 큰 바닷물이 수많은 물거품으로 완전히 드러나는 것과 같고,[a] 공용의 바깥에 실체가 없는 것은, 비유컨대 수많은 물거품 외에 큰 바닷물이 없는 것과 같다.[b] 또다시 알아야 할 것은, 공용은 갖가지로 다르기 때문에 만물에 차별이[c] 있다고 말한다. 그런데 각기 하나의 사물마다 모두 크고 완전한 실체를 갖추고 있어 실체 가운데 일부분을 얻은 것이 아니니, 실체를 분할할 수 없기 때문이다. 비유컨대 각기 하나의 물거품은 모두 원만한 큰 바닷물을 갖추고 있어 큰 바닷물 가운데 일부분을 얻은 것이 아닌 것과 같기 때문이다. 이 때문에 어떤 사물에 독자적으로 갖춘 건원은 사실 만물과 공동으로 갖춘 건원이다.[d] 천지만물이 일체라는 의미는 확실히 분명하다.[e] 『논어』의 '인(仁)'과[f] 『춘추』·『예운』의 '공(公)'은[g] 모두 '건원이라는 본성의 바다[乾元性海]'에서 나왔다. 지혜가 있는 자라면 누구라도 슬쩍 속여 넘기는 것을 참을 수 있겠는가?

[a] 여기서는 큰 바닷물로 실체를 비유하였고, 수많은 물거품으로 공용을 비유하였다.
[b] 큰 바다를 배로 여행했던 자는 반드시 큰 바닷물이 수많은 물거품으로 완전히 드러난 것을 보았을 것이니, 수많은 물거품을 떠나 큰 바닷물을 구할 수 없다.
[c] '차별'은 천태만상이라고 말하는 것과 같다.
[d] '건원'은 곧 실체에 대한 이름이다.
[e] 만물을 말하면, 곧 이미 천지를 포함하고 있다. 그런데 지금 특별히 거론하는 것은 이것이 선대의 학자들이 용어를 만듦에 복합명사로 해도 되었기 때문이다.
[f] 『논어』의 인(仁)은 내성학(內聖學)이다.
[g] 『춘추』·『예운』의 공(公)은 외왕학(外王學)이다.

물었다. "『대역』의 '궁극적 의미[究竟義]'가[a] 체가 용이고, 용이 체라는 것에 대해서는 이미 들었다. 그런데 지금 다시 의심이 생겼다. 천지만물은 곧 큰 작용인가, 아니면 큰 작용으로부터 생겨나는 것인가?"

[a] '궁극[究]'은 근원을 꿰뚫어 다하지 않음이 없는 것이다. 어떤 의미가 지극하고 아

주 깊고 또 아주 깊으니, '궁극적 의미[究竟義]'라고 이름 붙였다.

대답했다. "'이치대로[如理]' 이야기하면,ⓐ 만물은 큰 작용과 나눠져 둘이 될 수 없다. 그 까닭은 무엇 때문인가? 만물은 큰 작용이 유행하는 것을 떠나서 제각기 독립한 실제의 자상(自相)이 아니기 때문이다. 이것으로부터 만물은 큰 작용과 본래 둘이 아니라는 이 의미는 결정되었으니, 다시 의심할 필요가 없다고 말해야 한다. 만약 그대가 천지만물이 큰 작용으로부터 생겨나온 것이라고 말한다면, 이제 그대에게 묻겠으니, '생겨난다[生].'는 말을 어떻게 해석할 것인가? 만약 어미에게서 자식이 생겨나는 것처럼 생겨난다고 해석한다면 아주 잘못된 것이다. '생겨난다[生].'는 말에는 본래 '드러난다[發現].'는 의미가 있으니, 만약 '드러난다.'는 것으로 해석하면, 큰 작용의 유행이 활기차게 움직여서 각종의 흔적을 드러내는 것을 만물이라고 말한다. 옛사람들이 만물이 '조화의 흔적[化跡]'이라고 말했던 것도 또한 이런 의미이다.ⓑ 이와 같이 말하면 만물은 곧 큰 작용이 유행한 흔적이다. 바꿔 말하면 만물은 곧 끊임없이 유행하고 활기차게 움직이는 큰 작용을 그 실제의 자상(自相)으로 여기는데, 큰 작용과 둘이 된다고 말할 수 있겠는가?"ⓒ

> ⓐ '이치대로[如理]'는 꼭 이치와 상응해서 잘못됨이 없다는 말이다.
> ⓑ 큰 조화가 유행하는 흔적을 '조화의 흔적[化跡]'이라고 말한다.
> ⓒ '자상[自相]'은 자체라고 말하는 것과 같은데, 앞의 글에서 아직 주를 달지 않았었다. 모든 사물은 제각기 독립된 개체이므로 사물은 제각기 그 자체를 가지고 있다고 말한다. 예컨대 붓은 그 자체를 가지고 있고, 장씨와 이씨도 제각기 그 자체를 가지고 있으니, 다른 것들도 이와 같음을 알 수 있다. 그런데 이것은 세속의 관점으로 설명한 것이다. 사실 사물 자체는 모두 고정되지 않았으니, 이치대로 말하면, 만물은 모두 유행하여 머무르지 않은 큰 작용을 그것이 실제로 가지고 있는 자체로 여길 뿐이다.

물었다. "만물이 큰 작용과 하나라면 바로 만물은 모두 그 자신을 잃어버린다. 왜냐하면 만물은 단지 조화의 흔적이기 때문이다. 그런데 어떻게 우뚝하게 특별히 세워진 자신이 있겠는가? 노자가 만물을 지푸라기처럼 쓸데없는 것으로 본 탄식[8]과 장자가 사람을 쥐의 간으로 만들고 곤충의 다리로 만든다고 한 논의[9]는 모두 만물이 큰 조화와 융합되어 만물이 그 자신을 잃어버리도록 했기 때문이다."

대답했다. "그대는 너무 헷갈리고 있다. 큰 작용의 유행은 완연히 형상이 있다. 비유컨대 번쩍이는 우레가 번쩍번쩍 붉은 빛을 내는 것과 같으니, 붉은 빛은 흔적이다. 그대는 이때의 우레가 붉은 빛 바깥에 있다고 생각하는가? 비유컨대 큰 바닷물이 활기찬 수많은 물거품을 드러내는 것과 같으니, 수많은 물거품은 흔적이다. 그대는 큰 바닷물 바깥에 수많은 물거품이 있다고 생각하는가? 비유컨대 폭포가 흘러내리며 사납게 소용돌이쳐서 헤아릴 수 없는 하얀 물방울이 아래위로 휘날리는 것과 같으니, 하얀 물방울은 또한 흔적이다. 그대는 폭포가 흘러내리는 것이 하얀 물방울 이외에 다른 어떤 것이 있다고 생각하는가? 그대가 시험 삼아 생각해보라. 만물은 개체로 드러나는 것 같지만 실은 끊임없이 유행하는 큰 작용을 만물의 자상(自相)으로 삼는다.[ⓐ] 바꿔 말하면, 만물 자신은 바깥이 없을 정도로 지극히 크고 풍성해서 다함이 없는 대보장(大寶藏)이다. 이는 곧 큰 작용이 하나하나의 사물 가운데 두루 존재하는 것이지, 하나하나의 사물을 떠나서 큰 작용이 독립하여 존재하는 것이 아니다. 어떻게 함부로 만물이 큰 조화에 융합되어 있다고 생각하는가? 노자와 장자가 잘못한 것을 그대가 또 이어받아 스스로 헷갈렸으니 어찌 안타깝지 않겠는가! 모든 사물이 제각기 자기 자신을 성취하고, 사람들이 제각기 자기 자신에 충실한데,[ⓑ] 만물이 자기 자신을 잃어버렸다고

---

8 노자가 만물을 지푸라기처럼 쓸데없는 것으로 본 탄식:『도덕경』5장. 天地不仁, 以萬物爲芻狗, 聖人不仁, 以百姓爲芻狗. 참조.

9 장자가 사람을 쥐의 간으로 만들고 곤충의 다리로 만든다고 한 논의:『장자』「대종사(大宗師)」. 倚其戶與之語曰:"偉哉造化. 又將奚以汝爲, 將奚以汝適, 以汝爲鼠肝乎, 以汝爲蟲臂乎." 참조.

말하니, 이런 이치가 있겠는가? 그대는 스스로 자신이 본래부터 가지고 있는 대보장을 잃어버려 자신을 상실했는데도, 여전히 깨닫지 못해서야 되겠는가! 『역』에서 만물은 '제각기 성명(性命)을 바르게 한다.'[10]고 말했으니, 그대는 깊이 생각해 보라. 내가 다시 무엇을 더 말해주어야 하겠는가!"

> ⓐ 체와 용은 본래 둘이 아니어서 여기서 말하는 만물은 큰 작용을 그 자상(自相)으로 삼으니, 실은 곧 건원(乾元)을 그 자상으로 삼은 것이다. 다른 곳에서 주석하지 않은 것은 이렇게 알라.
> ⓑ 사람들은 반드시 자신이 본래 대보장을 가지고 있다는 것을 인식해야 비로소 충실할 수 있다.

이 책을 여기까지 썼으니 바로 끝을 맺어야 하겠지만, 아직 설명하지 못한 문제가 적지 않다. 나는 신경쇠약이 심한데 상해(上海)의 기후는 변화가 많고 집에서 지내는 것은 거의 안정이 되지 않아 정신이 피로하다. 특히 계속되는 불면증으로 너무 괴로워서 글쓰기를 끝맺지 않을 수 없다. 나는 세 가지 의미에 대해 특별히 거듭해서 제시하니, 다음과 같다.

첫째, 철학을 전공하면 만물의 근원을 깊이 연구하지 않을 수 없다.[ⓐ] 서양 철학자들이 본체를 설명한 것이 착오에 빠졌다는 것은 별도의 문제이다. 그렇지만 옛날 사람들의 착오 때문에, 마침내 본체론을 혐오해서 다시 따져보지 않을 수는 없다. 지식론을 논의하면서 본체론과 서로 관련시키지 않으면, 번쇄한 데로 흘러가고 천박한 데 익숙해지는데, 이것은 철학이 쇠락하는 현상이니 경계해야 한다. 철학은 본래 근원을 탐구하는 학문이다. 지식론을 논의하는 자가 만약 우주와 인생의 많은 큰 문제를 버려두고 유의하지 않는다면, 시험 삼아 그것이 어떻게 지식론 연구가 되는지 묻겠다. 그런데 나는 그대들이 어떻게 대답할 수 있는지

---

10 『역』「건괘」. 象曰: "大哉乾元, 萬物資始, …, 乘六龍以禦天, 乾道變化, 各正性命."

모르겠다.

　ⓐ 여기서 말하는 '만물'은 사람과 천지를 모두 포함한다.

둘째, 중국철학은 복희가 하늘의 '작용[用]'을 본받고, 하늘의 '형체[體]'를 본받지 않은 것을 제시한 것에서 시작되었으니, 체(體)와 용(用)의 나눔은 실로 여기에서 나왔다. 공자에 와서 비로소 천제(天帝)를 폐지하여 체와 용이 둘이 아니라는 것을 드러내 밝혔지만 경전이 진시황에 의해 불태워졌으니, 그 자세한 것에 대해서는 알 수 없었다. 한나라 사람들이 전수한 『주역』은 문자가 불분명하고 간략하며 또 혼란스럽게 고친 것이 없지 않다. 한대 역학자들이 한결같이 술(術)과 수(數)를 중시하여 공자의 진수를 변질시키고 어지럽혔으니, 자주색이 붉은 색을 압도한 것과 같고 정나라의 음악이 아악(雅樂)을 어지럽힌 것과 같으므로, 체와 용의 의미가 드러나지 않았다. 나는 불법(佛法)을 공부했으면서도 그 설명에 만족하지 않았기 때문에, 가깝게는 자신에게서 취하고 멀게는 사물에서 취하여[11] 홀연히 『대역』에 대한 깨달음이 있었다. 얼마 지나지 않아 『신유식론(新唯識論)』을 지었는데 비로소 체와 용이 둘이 아니라는 것을 종지(宗旨)로 삼았다. 그러므로 나의 학문은 실로 『역』을 근본으로 한 것이지, 억측하여 함부로 말한 것이 아니다.ⓐ

　ⓐ 『신유식론』 임진년(壬辰年: 1952년) 산정본은 급작스럽게 출판사에 넘겼던 것이라 근래에서야 고쳐야 될 곳이 다소 있는 것을 깨달았다. 「명종장(明宗章)」은 사용하지 않아도 되지만, 주자(朱熹)는 『사서집주』에 평생의 힘을 다해 죽을 때까지 여전히 수정했다. 선대 철학자들은 학문을 함에 신중히 생각했지만, 구차하게 여기지 않은 것이 이와 같았다. 그런데 내가 감히 경솔하게 하겠는가!

나는 체용에 대해 깨달은 다음에 비로소 서양철학에는 오직 유심론과

---

11 『역』「계사 · 하」. 古者包犧氏之王天下也, 仰則觀象於天, 俯則觀法於地, 觀鳥獸之文與地之宜, 近取諸身, 遠取諸物, 於是始作八卦, 以通神明之德, 以類萬物之情.

유물론의 논쟁이 있다는 것을 알았는데, 요점은 모두 현상에 주목해서 현상의 근원을 탐구한 적이 없다는 것이다. 중국에서는 공자가 현상에서 시작하였지만 큰 근원에 통하면서부터 큰 근원이 현상의 바깥에 있지 않다는 것을 긍정했으니, 이른바 체가 용이고 용이 체라는 것이 이것이다.ⓐ 체와 용이 둘이 아니라는 의미가 이미 결정되었기에 곧 용(用) 측면으로 나누어 건과 곤이 서로 반대되면서도 서로 이루어주니, 이것이 정신과 물질의 혼륜한 큰 흐름이 되는 것이고 또한 큰 작용으로 부른다고 설명하였다. 그러므로 유심론과 유물론의 논쟁은 당연히 있을 수 없었다. 나는 주대 말기에서부터 송대·명대의 많은 학자들을 고찰해보았는데, 모두 일원유심론이나 일원유물론을 견지하는 사람은 없었다. 대개 공자가 죽은 뒤에 도가가 우뚝하게 일어났지만 체용에 대해서는 여전히 『역』의 표준을 바꾸지 못했다.ⓑ 주대 말기의 도가 이외의 제자백가에서부터 송대·명대의 여러 뛰어난 학자들은, 그 학문이 유학에 근본을 두었거나 도가에 근본을 두었거나 혹은 유가와 도가의 사이에 섞여 있었거나, 모두 『대역』의 체와 용이 둘이 아니라는 의미에 대해 투철하게 깨닫지 못했다. 그러나 음양의 변화에 대한 의미는 파악하지 않음이 없었으므로 유심론과 유물론의 논쟁을 일으키지 않았다. 그러나 도가는 본체에 대해 참된 인식이 없었으니,ⓒ 온갖 잘못이 모두 여기에서 일어났다. 도가는 중국의 학술사상계에 실로 좋게 영향을 미친 것이 없다.

ⓐ 큰 바닷물과 수많은 물거품의 비유가 가장 적절하다.
ⓑ 도가는 용(用) 측면으로 나누어 음과 양에 대해 설명했으니, 양이 정신이 되고 음이 물질이 되는 것은 『역』의 건·곤과 같다.
ⓒ 이것에 대한 의미는 실로 간단하게 말하기 어려우니, 여기에서도 언급하지 않겠다.

셋째, 『대역』에서는 만물이 실재한다는 것과 인류가 만물의 발전에서 최고에 이른 영험한 존재임을 긍정하니, 이것들이 진실이라는 것은 더 이상 말할 필요가 없다. 이른바 건원은 다만 만물이나 우리 자신으로부터 미루어나가 설명한 것으로서, 사람과 사물이 모두 이 큰 근원을 함께한다는 것을 밝힌 것일 뿐이다.ⓐ 이것에 분명하지 않으면 본체를ⓑ 객관적인 존재로 여기게 되니, 사람이나 만물은 모두 그것에서ⓒ 변화하여 비로소 존재하게 되는 것이다. 그렇다면 만물과 사람은 모두 그 자신을 상실하게 되어 만물은 이 조화의 장남감이나 찌꺼기라고 말할 수 있으니, 인류도 단지 스스로 아주 왜소하다고 느낄 뿐이다.ⓓ 철학자들 가운데 이런 큰 잘못이 있는 자들이 어찌 노자와 장자에 그치겠는가? 사실 이런 큰 잘못은 오히려 종교에서 나온 것이다. 『역』의 체와 용이 둘이 아니라는 것만이 종교의 유습(遺習)을 겨우 벗어나게 할 수 있을 뿐이다. 인류는 고유한 큰 근원을 근본으로 하여 힘써 확충하면, 곧바로 조화의 권한을 장악해서 천지의 도를 마름질하여 이루고 만물이 생겨나기를 도와주는 큰 사업을 수행할 수 있다. 이것이 사람의 도리로서 '스스로 쉬지 않고 줄곧 노력해야 하는[自强不息]' 까닭이다.

ⓐ '큰 근원'은 곧 사람이나 사물의 내부에 스스로 근본이 되는 원인이다. 앞에서 천인관계를 논의한 것에 그 설명이 있으니 다시 봐야 할 것이다.

ⓑ '본체'는 곧 건원이다.

ⓒ '그것'은 본체를 말한다.

ⓓ 천지의 모든 큰 것들은 진실로 모두 크게 완전한 실체를 갖추고 있고, 한 알의 작은 모래알 역시 크게 완전한 실체를 갖추고 있다. 그러므로 자체로부터 말하면, 한 알의 작은 모래알도 천지의 큰 것들과 평등하고 평등하다. 그런데 하물며 사람에게 있어서야 말해 무엇 하겠는가! 사람을 작게 여기는 것은 체(體)에 대해 깨닫지 못했기 때문이다.

부 록

육경(六經)은 공자 만년의 정론(定論)이다

이 글은 을미(乙未: 1955)년 여름에 붓 가는 대로 쓴 글로서[1] 본래 조리가 없었는데, 이제 난잡한 것을 다소 바로잡아 「육경(六經)은 공자 만년의 정론(定論)이다.」라는 제목을 붙였다.

공자는 젊은 시절에 혁명과 민주사상 등을 가지고 있지 않았지만, 여전히 당(唐)・우(虞)・3대(三代)의 여러 성인(聖人)이 남긴 가르침을 계승하여 현명한 군주를 통해 도를 실현하려고 했다. 『논어』에서 "나를 등용하는 자가 있다면, 나는 그 나라를 동쪽의 주나라로 만들 것이다!"[2]라고 말했고, 또 안연(顔回)에게 "등용되면 도를 행하고, 등용되지 않으면 은둔하겠다."[3]라고 말했으며, 또한 "천하에 도(道)가 있으면 관직에 나가고, 천하에 도가 없으면 숨어 있겠다."[4]라고 말했는데, 이런 말들은 모두 군주제 통치하에 있던 훌륭한 사대부들의 사상이다. 「예운」에 근거해 살펴보면, 공자가 우(禹)・탕(湯)・문(文)・무(武)의 소강(小康) 예교(禮敎)를 대도(大道)라고 여기지 않은 것은 물론 만년(晚年)의 견해이다. 하지만 그가 젊었을 때 확실히 소강 예교를 신봉했던 전형적인 인물이었다는 많은 증거를 『논어』에서 찾을 수 있지만, 여기서는 상세하게 언급하지 않겠다.

---

1 이 글은 을미(乙未: 1955)년 여름에 붓 가는 대로 쓴 글로서: 「육경은 공자 만년의 정론이다.」라는 글은 웅십력이 1954년 가을에 『원유』 상권(「원학통」과 「원외왕」)을, 1956년 여름에 『원유』 하권(「원내성」)을 출판한 사이인 1955년 여름에 쓴 것이다.

2 『논어』 「양화(陽貨)」. 如有用我者, 吾其爲東周乎.

3 『논어』 「술이(述而)」. 子謂顔淵曰: "用之則行, 舍之則藏."

4 『논어』 「태백(泰伯)」. 天下有道則見, 無道則隱.

공자는 40세 이후부터 대체로 점점 혁명사상을 가지게 되었으니, 스스로 "마흔 살이 되어서 미혹되지 않았다."[5]고 말했다. 여기에서 '미혹되지 않았다.'는 말 속에는 무한한 경지가 포함되어 있는데, 안타깝게도 공자는 더 이상 말하지 않았고 기록한 자도 묻지 않았다. 50세에 『역』을 연구한 뒤에[6] 사상의 폭은 더욱 복잡한 변천을 거치며 풍부해지고 나날이 새로워져서 마침내 집대성의 경지에 이르렀다.

공자는 50세에 『역』을 연구할 때부터 74세에 세상을 떠날 때까지 20여 년 동안, 50세 이전과 비교해 내성학(內聖學)에 매우 큰 변화가 있었을 뿐만 아니라, 외왕학(外王學)에서도 통치계급에 의존해서 도(道)를 실행하고자 했던 이전의 생각과 다른 근본적인 변화가 생겼다. 이런 점은 『논어』에서 많은 증거를 찾아볼 수 있는데, 그 중에서 가장 두드러진 두 조목을 들어 보겠다. 첫째, 공산불요(公山弗擾)와 필힐(佛肸)의 두 단락에 기록된 것[7]은 모두 대부(大夫)의 가신(家臣)이 자신의 주군(主君)인 대부를 배반

---

5 『논어』「위정(爲政)」. 四十而不惑.

6 『논어』「술이」. 五十以學易.

7 공산불요(公山弗擾)와 필힐(佛肸)의 두 단락에 기록된 것: 『논어』「양화(陽貨)」. 공산불요(公山弗擾)가 비읍(費邑)을 가지고 반란을 일으키고 공자를 부르니, 공자가 가려고 하였다. 자로(子路)가 언짢아하며 말했다. "가실 곳이 없으면 그만이지, 하필이면 공산씨(公山氏)에게 가려 하십니까?" 공자가 말했다. "나를 부르는 자가 어찌 쓸데없이 부르겠는가? 나를 써 주는 자가 있다면, 나는 동쪽 주(周)나라를 만들 것이다!"(公山弗擾以費畔, 召, 子欲往. 子路不說, 曰: "末之也, 已何必公山氏之之也?" 子曰: "夫召我者, 而豈徒哉? 如有用我者, 吾其爲東周乎!")
『논어』「양화」. 필힐(佛肸)이 공자를 부르니, 공자가 가려고 하였다. 자로(子路)가 말했다. "옛날에 제가 선생님께 듣기로는 '직접 그 몸에 착하지 않은 행동을 하는 자에게는 군자(君子)가 들어가지 않는다.'고 하였습니다. 필힐(佛肸)이 지금 중모읍(中牟邑)을 가지고 배반하였는데 선생님께서 가려고 하시니, 어째서입니까?" 공자가 말했다. "그렇다. 그런 말을 한 적이 있지만, 갈아도 얇아지지 않으니, 단단하다고 말하지 않겠는가? 검은 물을 들여도 검어지지 않으니, 희다고 말하지 않겠는가? 내가 어찌 뒤웅박과 같아서 한 곳에 매달린 채 먹기를 구하지 않을 수 있겠는가?"(佛肸召, 子欲往. 子路曰: "昔者由也聞諸夫子曰, '親於其身爲不善者, 君子不入

했는데, 공자가 가서 배반자를 도우려고 생각했던 것이다.ⓐ 둘째, 「계
씨」편의 한 단락에서 "공자께서, '천하에 도(道)가 있으면, 예악과 정벌이
천자로부터 나온다. 천하에 도가 없으면 예악과 정벌이 제후로부터 나
오니, 대개 10세(世)안에 망하지 않는 자가 거의 없을 것이고, 대부로부
터 나오면 5세 안에 망하지 않는 자가 거의 없을 것이며, 배신(陪臣)ⓑ이
국가의 정권을 장악하면 3세 안에 망하지 않는 자가 거의 없을 것이다.'
라고 말했다."8라고 했다. 이 단락의 기록은 잘못 기록한 것이 아닐 것
이다. 이른바 '도가 있다(有道).'는 것은, 다수의 작은 제후국들이 각자 자
신의 백성들을 혹사시키면서 서로 분쟁하기 때문에, 현명하고 유능한
사람이 나서서 작은 제후국을 통일하여 왕조를 세우는 것이니, 이것이
고대에서 말하는 '도가 있는 세상'이다. 예(禮)는 백성을 가르치고 양육
하는 모든 정책이 모두 『예경』에 근거하는 것이다. 악(樂)은 조화로써
백성을 인도하는 것이다. 정벌(征伐)은 폭정을 금지하는 것이다.

> ⓐ 이 두 단락에 대해선, 내가 『원유』「원외왕」편에서 이미 해석했다.
> ⓑ '배신(陪臣)'은 대부의 가신(家臣)이다. 그것을 나라의 임금과 상대해서 말하면,
> '배신'이라고 칭한다.

'예악과 정벌이 천자로부터 나온다.'는 것은 요·순·우·탕·문·무의
시대에 모두 그랬던 것이다. 중국고대의 개벽(開闢)과 발전은 본래 이렇
게 크게 통일된[大一統] 왕조에 의지했으니, 곧 천자가 예악과 정벌의 대
권[大柄]을 장악해 천하를 교화시키고 완성하여 백성들도 조금이나마 편
안해진 것을, 도가 있다고 하지 않을 수 없다. 그러나 왕조는 이미 천하
를 차지하는 통치계층이 되었고, 제후는 이미 한 나라를 점유하는 통치

也.' 佛肸以中牟畔, 子之往也, 如之何?" 子曰: "然. 有是言也, 不曰堅乎, 磨而不磷; 不曰
白乎, 涅而不緇. 吾豈匏瓜也哉? 焉能繫而不食?")
8 『논어』「계씨(季氏)」. 孔子曰: "天下有道, 則禮樂征伐自天子出; 天下無道, 則禮樂征伐
自諸侯出; 自諸侯出, 蓋十世希不失矣; 自大夫出, 五世希不失矣; 陪臣執國命, 三世希不
失矣."

육경(六經)은 공자 만년의 정론(定論)이다 365

계층이 되었으며, 대부도 역시 자신의 채읍(采邑)을 소유하는 통치계층이 되었다는 사실을 알아야 한다. 그러나 이 세 통치계층의 대를 잇는 자손들은 종종 어리석고 탐욕스러운 자들로 이어지고, 천하의 최대 다수인 백성들은 곧 장기적으로 침탈당하는 처지에 놓이게 되므로 결국 의분을 토로하는 날이 생기게 된다. 세 통치계층을 차지하고 있는 자들은 여전히 조상대대로 쌓아온 위세를 믿고 멈출 곳을 모르는데, 『역』에서 "지나치게 올라간 용은 뉘우침이 있으니, 궁극에 이른 것의 재앙이다."[9]라고 한 것은 이것을 두고 말한 것이다.ⓐ 그러므로 옛날에 도가 있다고 여겨졌던 것은 머지않아 실로 무도함이 이미 극도에 이른 혼란한 제도로 되지 않은 적이 없었다.ⓑ 『시』에는 「변아(變雅)」와 「국풍(國風)」 등의 원망하고 비방하는 가사가 있는데, 그것은 통치자들이 무도하고 그 권세가 이미 다해 재앙의 징조가 드러난 것이다. 통치자들은 반드시 스스로 붕괴될 것이고, 제일 먼저 그 재앙을 당하는 자는 최상층에 있는 천자일 것이다. 왜냐하면 천자는 가장 높은 지위와 가장 큰 권력을 쥐고 있는 자로서 그것이 다하여 가장 먼저 재앙을 당하게 될 것이기 때문이다. 공자가 '천하에 도가 없으면, 예악과 정벌이 제후로부터 나온다.'고 말한 것은 최상층의 통치자와 중간층의 통치자 간의 알력이 가장 심하기 때문이다. 천자가 붕괴하면 제후에게 그 권세를 빼앗기게 되는 것은 필연적인 추세이다. 상층의 통치자가 붕괴되면 중간층의 통치자도 반드시 오랫동안 권력을 유지할 수 없을 것이기 때문에, '예악과 정벌이 제후로부터 나오면 10세 안에 망하지 않는 자가 거의 없다.'고 말했다. 제후와 대부의 이해(利害)관계는 더욱 첨예하게 충돌하기 때문에, 제후가 스스로 붕괴되면 그 권력을 탈취하는 자는 반드시 대부가 된다. 그러나 상층과 중간층의 두 통치계층이 모두 붕괴되면 대부는 그 쇠퇴하는 형세의 영향을 받아 한층 더 스스로 견딜 수 없기 때문에, '예악과 정벌이

---

9 『역』「건괘」. 亢龍有悔, 窮之災也.

대부로부터 나오면 5세 안에 망하지 않는 자가 거의 없다.'고 말했다. 대부가 붕괴되면 배신(陪臣)이 국가의 정권을 장악하게 되므로 더욱더 오래갈 수 없다. 통치계층이 붕괴되는 추세가 위로부터 아래로 내려와 그 붕괴되는 속도가 나날이 빨라져서 배신(陪臣)에 이르면, 마치 등잔불이 꺼지려고 할 때에 잠시 남은 빛을 모두 발산하다가 사라지는 것과 같기 때문에,ⓒ '3세 안에 망하지 않는 자가 거의 없다.'고 말했다. 이 단락을 상세하게 완미하면, 공자의 학문이 "여러 사물의 이치에 밝았고 인륜에 특히 자세했다."ⓓ[10]는 것을 알 수 있다. 공자가 통치계층이 붕괴되는 법칙[定律]을 드러내 밝힌 것은 분명하고 정확하다. 그럼에도 불구하고 2천 년 동안 학자들이 『논어』의 이 단락을 읽으면서 한 글자도 읽지 못할 정도로 무식한 사람처럼 모두 깨닫지 못했으니, 정말 이상한 일이 아닌가!

ⓐ 윗자리에 있어서 내려갈 수 없는 것을 '지나치게 올랐다[亢].'고 말한다. 용을 가지고 윗자리를 차지하고 있는 자를 비유했다. 윗자리의 권세가 이미 갈 데까지 가서 스스로 지탱할 수 없으므로 궁극에 이르러 재앙이 있게 된다. 이것은 『역』「건괘」에 있다.

ⓑ 천자·제후·대부라는 소수의 사람들이 천하의 최대다수의 사람들을 통치하니, 『춘추』에서 이것을 혼란한 제도라고 했다.

ⓒ 예전에는 식물의 기름으로 등잔불을 밝혔는데, 나는 여전히 그 광경을 기억하고 있지만 뒤에 태어난 사람들은 다만 전등만 보았을 것이므로 당연히 이것을 잘 알지 못할 것이다.

ⓓ 이것은 맹자의 말을 빌려온 것이다. 인륜(人倫)은 군중이 변화하는 공공의 준칙이라고 말하는 것과 같다.

기록하는 사람이 오직 배신(陪臣)이 망한다고 말한 공자의 말만을 기록하고, 오히려 국가의 대권을 누가 장악하게 되는지에 대해 더 이상 말하지 않았는데, 이것은 공자가 의도적으로 침묵을 보인 것인지, 아니면 공자가 말한 것이 더 있는데도 불구하고 기록한 자가 그 말들을 있는 그대

---

10 『맹자』「이루(離婁)·하」. 明於庶物, 察於人倫.

로 기록하지 못한 것인지, 지금으로서는 단정하기 어렵다. 오직 명대 유학자인 진자룡(陳子龍)[11]만이 "배신(陪臣)이 망하고 국가의 정권을 잡는 자는 일반백성이다."라고 말하여, 한마디로 성인(공자)의 뜻을 나타내었으니, 매우 지혜롭다![ⓐ] 배신(陪臣)이 망하는 것까지 기록한 이 단락은 본래 이미 완결된 것인데, 그 아래의 글에서 다시 군더더기를 붙여서, "천하에 도가 있으면, 정권이 대부에게 있지 않다. 천하에 도가 있으면 일반백성들이 정치적 논의를 하지 않는다."[12]고 말했다. 이 구절은 윗글의 의미와 전혀 연결되지 않는다. 위의 단락에선 통치계층이 붕괴되면 반드시 민주(民主)로 귀결됨을 밝히고, 여기서는 정권이 대부에게 있지 않다고 말한 것은 바로 이후의 상앙(商鞅)과 한비(韓非)의 무리들이 군주를 높이고 신하를 낮춘 강권정치 이론이다. '일반백성들이 정치적 논의를 하지 않는다.'고 말한 것은 상앙과 한비의 인민을 거스르는 사사로운 계책이니, 이것은 당연히 6국시대의 상앙과 한비의 계책에 오염되어 군주제도를 옹호한 학자들이 함부로 덧붙인 것이다. 애석하게도 2천 수백 년 동안 그 거짓됨을 변별한 자가 없었으며, 진자룡 역시 가려내지 못했다.

ⓐ 자룡의 자(字)는 와자(臥子)이고, 명대 말기 화정(華亭) 사람이다. 나는 예전에 송대의 유학자들이 '투철하게 탐구하여 깊이 침잠하며 자신에게 절실한 학문[鞭辟近裏切己之學]'을 제창한 것에 대해, 근본을 깨달았다고 평가할 수 있지만 애석하게도 그들은 '실용을 발휘하는 데[致用]' 부족했다고 말한 적이 있다. 왕양명(王陽明: 王守仁)은 확연히 양지(良知)로 되돌려서 어떠한 것에도 구애됨이 없이 온갖 사물에 양지를 실현하는 것으로써 『대학』의 '격물(格物)'을 해석하였으니, 이에 독창

---

11 진자룡(陳子龍, 1608-1647): 초명(初名)은 개(介)이고, 자는 와자(臥子)·무중(懋中)·인중(人中)이며, 호는 대준(大樽)·해사(海士)·질부(軼符) 등이다. 남직례 송강화정(南直隸松江華亭: 현 상해시 송강〈松江〉) 사람이다. 벼슬은 숭정(崇禎) 10년(1637년)에 진사에 급제하여, 소흥추관(紹興推官)을 역임하였다. 청나라에 의해 명나라가 멸망하자 반청운동을 하다가 실패하여 물에 투신자살했다. 문장에 뛰어나서 '명대제일사인(明代第一詞人)'으로 평가된다. 저술로는 『진충유공전집(陳忠裕公全集)』이 있다.

12 『논어』「계씨(季氏)」. 天下有道, 則政不在大夫. 天下有道, 則庶人不議.

적으로 사고하는 학자들이 많아졌다. 민주사상·민족사상·격물 혹은 실용의 학문은 모두 명대(明代)에 싹텄다. 청나라 사람들이 비록 그 학맥을 잘랐지만, 근세에 외부의 변화를 받아들이는 것은 명대의 학자들이 사실상 선도하였다는 것을 소홀히 해서는 안 된다. 늘 『명유학안(明儒學案)』을 연구하려고 마음먹었지만, 이제는 늙어서 어떻게 할 수가 없다.

『논어』에 기록된 공자의 언행은 매우 적지만 그 학술사상의 변천을 고찰하면, 대략 40~50세 사이에 그 사상이 크게 전후로 나누어진다. 50세 이전에는 여전히 통치계층에 의지해서 왕도를 실행하려는 의도가 있었으나, 50세 이후에는 이미 통치계층을 소멸하고 사유제도를 폐지하여 천하가 공평하게 되는 대도(大道)를 제창할 것을 결심하고 비로소 6경(六經)을 지어 후세에 가르침을 주었다. 이것은 공자 만년의 정론(定論)으로서 거기에는 통치계층에 기대했던 젊었을 때의 환상이 전혀 섞여 있지 않다는 것을 단언할 수 있다. 공자는 증자(曾子)와 자공(子貢)에게 "나의 도는 하나로 관통한다."[13]고 말해주었는데, 어떻게 6경을 지어서 공(公)과 사(私)가 뒤섞인 학설로써 스스로를 속이고 또한 후세를 속이는 지경에 이르렀겠는가![ⓐ]

ⓐ 공자가 통치계층이 붕괴되는 상황을 예측한 것은, 그것에 대한 생각이 성숙해지고 파악한 것이 확정된 결과이지 일시적으로 감탄한 말이 아니다. 중국의 역사를 상세하게 고찰해보면, 매 왕조가 붕괴된 것이 어찌 공자의 말을 벗어난 적이 있었는가! 후세에 봉건제도가 폐지되었지만, 권세를 가진 간신들로서 대권을 도둑질한 자들은 여전히 제후와 대부였다. 애석하게도 『춘추』가 망실되고, 『예운』과 『주관』의 두 경전이 모두 비속한 유학자들에 의해서 어지럽게 고쳐졌다. 역대의 지식인들이 민주사상으로 군중을 이끌지 않았기 때문에, 황제가 여러 차례 교체되고 왕조가 바뀌기도 하였지만, 통치계층은 끝내 깨끗하게 소멸되지 않았으니, 이것은 중국의 참혹한 역사이다. 후대사람들이 스스로 어리석고 못났는데, 어찌 선대 성인을 원망하겠는가?

---

13 『논어』 「리인(里仁)」. 子曰: "參乎! 吾道一以貫之."

6경에 대해서는 반드시 거짓된 것을 가려내고 참된 것을 찾아야 하는데, 참된 것을 이미 얻은 다음에 6경을 총괄해서[會通] 본다면, 6경이 하나로 관통되었다는 것은 변별할 필요도 없이 저절로 분명하다.

먼저 『시경』에 관해서 말하겠다. 맹자는 "『시경』이 망실된 다음에 『춘추』를 지었다."[14]고 했는데, 이것은 결코 함부로 말한 것이 아니다. 왜냐하면 맹자는 시간상으로나 공간상으로 공자와 가깝기 때문이다. 『시』 300편은 실로 백성들이 군주를[a] 원망하는 가사를 주요내용으로 삼고 있다. 그런 까닭에 공자는 『시』를 평가해서 "감흥을 일으킬 수 있고, 얻고 잃는 것을 살필 수 있게 하며, 남들과 사귈 수 있게 하고, 원망하되 화내지 않게 할 수 있다."[b][15]고 말했다. 이것은 공자 스스로 『시경』을 산정(删定)한 본래의 취지를 밝힌 것이다. 천하백성이 슬프게 읊은 가사를 높여서 경(經)으로 삼은 것은 분명히 천지(天地)와 해와 달이 변하지 않듯이 영원한 것이니, 어찌 평범한 의미를 갖는 것이겠는가! 6경에는 모두 전(傳)이 있었지만, 공자의 『시전(詩傳)』은 망실되어 없어졌다. 하지만 그럼에도 불구하고 우리들은 여전히 그것이 민주사상과 사회주의의 발원이 됨을 미루어 알 수 있다. 이러한 사실은 『시경』이 망실된 이후에 『춘추』를 지었다.'는 말을 깊이 완미하면 저절로 알게 될 것이다.

    ⓐ 여기서의 '군주'는 천자 · 제후 · 대부를 통틀어서 말한 것이다.
    ⓑ 이것에 관한 해석은 모두 『원유』 「상권」에 있다.

다음은 예(禮)에 대해서 말하겠다. 근래에 대학의 선생과 학생들, 사회의 현명하고 사리에 통달한 사람들 중에서 공자의 예교(禮敎)를 봉건사상이라고 헐뜯지 않는 사람이 없는데, 이것은 사실 한대 · 송대의 여러 학자들이 잘못되고 거짓된 것으로 대대로 전한 것을 받들 줄만 알았지 깊이 헤아려 본 적이 없었기 때문이다. 나는 감히 구차하게 같아지려고 하지

---

14 『맹자』 「이루(離婁) · 하」. 孟子曰: "王者之跡熄而詩亡, 詩亡然後春秋作.
15 『논어』 「양화」. 可以興, 可以觀, 可以群, 可以怨.

않으니, 졸저 『원유』 「상권」에서 『의례(儀禮)』를 주공(周公)이 창시하고, 후대의 왕들이 덧붙인 것이 있었을 것이라고 단정하였다. 한대의 『예문지(藝文志)』에서는 단지 『예고경(禮古經)』이라고 일컬었을 뿐, 공자가 정리해서 바로잡았다고 말하지 않았는데, 이것은 망령됨이 없다고 말할 수 있다. 이후에 예(禮)를 연구하는 사람들은 대부분 『의례』를 공자에게 끌어다 붙이려고 했으니, 어떤 의도였는지 알지 못하겠다.ⓐ 『예기』는 매우 명백하게 한대 사람들에 의해서 집성(集成)된 것이고, 그 속의 자료는 본래 공자의 새로운 저서에서 선택해 기록한 것이다. 예컨대 「악기」·「예운」·「대학」·「중용」 등의 편은 모두 매우 중요한 것이지만, 아쉽게도 모두 한대 사람들에 의해 개찬(改竄)되었고, 그 개찬된 것은 대체로 6국 시기의 효치론파(孝治論派) 유학자들의 저술을 채집한 것이다. 학자들이 『예기』를 상세하게 완미해보면 이 책의 곳곳에 효치론의 정신이 드러나 있다는 것을 알 수 있다. 그것에 주(周)왕실과 열국(列國)에서 시행된 예속(禮俗)을 보존하고 있는 것이 자못 적지 않고, 『의례』를 해석한 것이 매우 많다는 것에 대하여 예전의 사람들도 고증하였으니, 이 책에 근거해서 공자를 논의해서는 안 된다.

ⓐ 혹 이렇게 함으로써 『의례』를 지은 공로를 공자에게 돌리려 하였는지 모르겠다.

『예경(禮經)』이 공자에 의해 창작된 것이라고 한 것은 오로지 내가 『예운』과 『주관』 두 경전을 예전에 반복해서 상세하게 연구한 이후에 감히 내린 판정이다. 두 경전은 모두 『춘추』에 의거해서 지은 것임을 『원유』 「상권」에서 매우 분명하게 변별하였다. 『예기』에는 예(禮)를 찬양하여, "예는 하늘에 지극하고 땅에 가득 차며, 높고 먼 것을 끝까지 궁구하고 깊고 두터운 것을 헤아리니, 하늘과 땅이 밝게 빛날 것이다."ⓐ16라고 하

---

16 『예기』 「악기(樂記)」. 夫禮樂之極乎天而蟠乎地, 行乎陰陽而通乎鬼神, 窮高極遠而測深厚. … 是故大人舉禮樂, 則天地將爲昭焉.

였다. 이것은 70제자들이 공자가 처음 만든 '새로운 예[新禮]'ⓑ의 성대함을 찬양한 것이다. 시자(尸子)는 상앙(商鞅)의 스승인데, 그가 "공자는 공평함을 귀하게 여겼다."[17]고 일컬은 것은 바로 『예운』에 근거해서 말한 것이다. 소강(小康)을 언급한 한 단락에서, '대인의 세급(世及)[18]을 예(禮)로 삼는 것'에서 '예의를 기강으로 삼아 군신간의 관계를 바로잡고, 부자간의 관계를 돈독히 한다.'[19] 등까지는 소강의 예교가 종법사상을 근본으로 한다는 것을 밝힌 것이다.ⓒ 또한 '제도를 설치하고, 행정구역[田里]을 세운다.'[20]라고 말한 것은 천자·제후·대부들이 모두 토지를 사유화해서 천하의 노동하는 백성들이 살아갈 길이 없게 만든 것을 통렬하게 배척한 것이다. 또 '용감함과 지혜로움을 현명한 것으로 여기고 자신을 위하는 것을 공로로 여긴다.'[21] 등이라고 말한 것은 통치자가 스스로를 견고하게 하는 술수이지만, 결국은 멸망하게 되는 것을 구제할 수 없다고 폭로한 것이다. 『원유』「상권」에서는, 『예기』에서 소강에 관해 말한 단락이 봉건제를 반대하는 선구적인 구호라고 설명했다. 강유위(康有爲)가 『예운』을 논한 것은 단지 '대동'과 관련된 몇 마디를 그대로 취한 것이지만, '소강'이라는 말에 관해서는 하나도 제기하지 않았으니, 대동사상은 근거 없는 환상으로서 유래가 없는 것이 되어버렸는데, 어찌 잘못이 아니겠는가! 어찌 어긋난 것이 아니겠는가! 한대 사람들이 『예운경』을 개찬한 것에 비록 문장의 첫머리에 아직 대동과 소강의 두 단락이 존재하지만, 『예기』의 편집자는 사실 소강예교를 변할 수 없는 도리로 여긴

---

17 『열자(列子)』「제요(提要)」. 尸子廣澤篇曰: "墨子貴兼, 孔子貴公."

18 세급(世及): 「제3장 원외왕」에서 웅십력은, '세급(世及)'은 천자의 지위를 한 집안에서 대대로 소유하는 것이라고 설명하면서 아비가 자식에게 전하는 것을 '세(世)'라고 하고, 자식이 없어 동생에게 전하는 것을 '급(及)'이라고 한다고 했다.

19 『예기』「예운」. 大人世及, 以爲禮 … 禮義以爲紀, 以正君臣, 以篤父子.

20 『예기』「예운」. 大人世及以爲禮. … 以設制度, 以立田里. … 故天子有田, 以處其子孫. 諸侯有國, 以處其子孫. 大夫有采, 以處其子孫. 是謂制度.

21 『예기』「예운」. 以賢勇知, 以功爲已.

반면에 공자의 천하를 공평하게 하는 새로운 예교는 매우 싫어해 철저하게 끊어버렸다. 공자는 소강을 타파했지만, 저들은 어리석어 그 잘못된 것을 알지 못하고 도리어 그것을 '바른 이치[正理]'와 '변하지 않는 도리[常道]'라고 받들었다. 그런 까닭에 이 편(「예운」)은 결국 '대동'의 의미를 방치하여 깊게 논하지 않고, 마침내 소강예교를 성대하게 펼쳤다. 왕숙(王肅)[22]은 수치스러움도 모르고 『공자가어(孔子家語)』를 위조하면서 『예운』의 처음 두 단락을 인용했지만, '소강'이라는 두 글자를 싫어해 삭제했고, 아울러 「예운」편의 원문을 고쳐서 바꾼 것이 많다. 천박한 놈들의 심보가 어떠한지는 물어볼 수도 없다. 강유위가 '3세'와 '대동' 등의 명칭을 표절한 것은 경학(經學)을 연구하는 학계에서 이전의 사람들이 주의하지 않은 제목을 찾아서 세상을 놀라게 하고, 대중을 현혹시킨 것에 불과하다. 요컨대 강유위의 머릿속에 들어 있는 것은 오히려 한대 사람들의 사상과 완전히 같은 것으로서 소강예교이다. 이제 소강을 비난하지 않은 것에 대해 책임을 묻는다면, 강유위는 그 책임을 피할 수 없을 것이다.

ⓐ 예(禮)는 모든 것을 경영하는 것으로서 천지를 제자리에 위치시키고 만물을 기르는 일체의 전장제도(典章制度)이니, 천지를 밝게 빛나게 할 것이다.

ⓑ '새로운 예[新禮]'는 『예운』과 『주관』을 말한다.

ⓒ 엄우릉(嚴又陵: 嚴復)은 봉건사회에서 종법사상은 10분의 7을 차지한다고 말했다.

---

22 왕숙(王肅, 195-256): 자는 자옹(子雍)이며, 중국 삼국시대의 위(魏)나라 동해(東海: 山東省) 사람이다. 왕낭(王朗)의 아들이며, 시사(時事)와 제도에 대한 의견을 건의하여 정치활동을 하였고, 산기상시(散騎常侍)의 벼슬을 지냈다. 그의 딸은 사마문왕(司馬文王)에게 시집을 가서 진(晉)나라 무제(武帝)를 낳았다. 아버지에게 금문학(今文學)을 배웠으나 고문학자(古文學者) 가규(賈逵)·마융(馬融)의 현실주의적 해석을 계승해서 정현(鄭玄)의 참위설(讖緯說)을 혼합한 경전해석을 반박하였다. 많은 경서를 주석하고 신비적인 색채를 실용적인 해석으로 대체하고, 정현의 예학(禮學: 사회생활을 규제하는 학문) 체계에 반대하여 『성증론(聖證論)』을 지었다. 그의 학설은 모두 위나라의 관학(官學)으로서 공인받았다. 저서로는 『공자가어(孔子家語)』, 『고문상서공굉국전(古文尚書孔宏國傳)』 등이 있다.

『주관경』과 『예운』은 서로 의미를 밝혀주니, 혼란을 제거하고 다스림을 열어서 태평과 대동의 터전을 세운 것은 본래 그 강령을 제어하고 그 조리를 상세하게 밝힌 것이다.ⓐ『주관』의 뜻은 광대하게 모두 갖추어졌으니, 분석해서 제시하기가 참으로 어렵지만, 어쩔 수 없이 요점을 들어 대략 얘기하겠다.

> ⓐ 『주관』의 제도는 단지 혼란을 제거하고 다스림을 열 때에 마땅함을 헤아려서 설치하는 것이다. 『원유』에서는 대요(大要)를 대략 들었을 뿐, 깊고 상세하게 언급하지 않았다. 『원유』는 한 글자라도 모두 경문(經文)에 근거했으며, 어떠한 억설(臆說)도 없다. 혼란을 제거한다는 것은 혼란한 제도를 제거해 없애고, 통치계층을 소멸시키는 것, 즉 혁명을 말한다.

첫째, 이 경전의 규모는 천지를 휘감고 온갖 단서를 꿰뚫어서 만사만물에 운행하여 있지 않은 곳이 없으니, 그것에는 '균등[均]'과 '연계[聯]' 두 가지 의미가 있다. 자연계에 대해서 말하면, 만물에 넓고 큰 것과 가늘고 작은 것 등의 차이가 있지만, 각기 자신의 본성을 펼치고, 각자 자신의 능력을 쌓으니, 만물이 모두 각각 만족하는 것을 '큰 균등[大均]'이라고 한다. 그러므로 "태산(泰山)은 큰 것이 아니고, 가는 털[秋毫]은 작은 것이 아니다."[23]라고 말하니, 균등함이 여기에서 지극하다. 만물은 고립됨이 없으니, 하늘처럼 큰 것에서부터 티끌처럼 작은 것에 이르기까지 모두 서로 연계되어 그것이 하나의 사물로 되는 것이다. 세계는 마치 큰 그물과 같아서 많은 그물코들이 서로 엉켜있지 않은 것이 없는 것과 같은데, 그 엉켜있는 것을 잃어버리고 하나의 사물이 될 수 있는 것은 없다. 『주관』의 모든 창업(創業)과 시행은 어느 것도 '균등'과 '연계'라는 두 가지 큰 의미에 근본해서 관철(貫徹)해 나가지 않은 것이 없기 때문에, 만물을 다스리고 만사를 이루어 이롭지 않은 것이 없으니, 이것이 대동사회의 '지극

---

23 매정조(梅鼎祚), 『석문기(釋文紀)』「임도림(任道林)」. 若以小小於大, 無大而不小, 以大大於小, 無小而非大. 大無不小, 則秋毫非小, 小小無不大, 則太山非大.

한 준칙[極則]'이다.

둘째, 사회발전은 흩어져 해산하는 것에서 한데 모여 결집되는 것으로 나아가게 마련인데, 도가(道家)는 이것을 알지 못하고 망령되게 백성이 늙어 죽을 때까지 서로 왕래하지 않기를 바랐다.[24] 『주관경』의 군중을 다스리는 도리는 사적인 것을 공적인 것으로 변화시키고 흩어진 것을 무리짓는 것으로 바꾸는 데 있다. 즉 사회를 서로 결합해서 규칙이 있는 유기체[整體]로 만드는 것이며, 이러한 사회조직의 이상(理想)은 본래 '연계'의 의미에 근거한 것이다. 멀리 고대에 살았던 공자가 이렇게 앞을 내다보는 식견을 가졌다는 것은 또한 뛰어나지 않은가!

셋째, 『주관경』은 여섯 관직을 서로 연계해서 온갖 일과 변화를 이루려고 했는데, 특히 동관(冬官)이 온갖 변화의 근본적인 뿌리가 된다. 한대 사람들은 「동관」편이 빠져 없어져서 후대의 사람들이 이 편의 내용을 상상할 수 없다고 말했지만, 나는 「천관(天官)」편에서 여섯 관직의 직책을 분명하게 정한 것을 알았다. 동관에 대해서 '사직(事職)'[ⓐ]이라 하고, "나라를 부유하게 하고, 온 백성을 부양하며, 온갖 물품을 생산한다."[25]고 말했는데, 다행스럽게 보존된 이 구절은 참으로 값을 치를 수 없을 만큼 귀중한 보배이다. 나라를 부유하게 하고, 온 백성을 부양하며, 온갖 물품을 생산하는 직책은 온갖 기술자들을 관장하는 관직에 속하며, 이것은 『역』「계사전」에서 격물학(格物學)[ⓑ]을 창도한 의미와 근본적으로 일관된 것이다. 근래에 국가의 계획과 백성의 삶을 꾀하는 데 떼를 지어 공업화로 나가는 것은 그 뜻에 꼭 부합된다. 성인이 멀리 만세를 바라본 것이 어찌 기이하지 않은가![ⓒ] 지금까지 대략 세 가지 요점을 제시한 것은 사실 하나를 제시하고 만 가지를 빠뜨리는 과실이 있지만, 하나로부터 추리하여 다른 것까지 아는 것은 마음을 세심하게 쓰는 데 있을 뿐이다. 총괄컨대 『예경』[ⓓ]의 광대함은 경제[食貨]에서부터 정치의 법

---

24 『도덕경』 81장. 隣國相望, 鷄犬之聲相聞, 民至老死不相往來.

25 『주례(周禮)』 권3. 六曰, 事職, 以富邦國, 以養萬民, 以生百物.

제, 교화의 요지, 천지를 마름질해서 이루어주고 만물을 곡진하게 이루어주는 방법에 이르기까지 『예경』에 갖추어지지 않은 것이 없다. 공자의 '예'는 매우 분명하게 소강(小康)ⓔ에 반대해서 미래의 대동(大同)을 위하여 그 실마리[端]를 만든 것이다.ⓕ 엄복(嚴復)은 6경을 잘 알지 못해서 3례(三禮) 중에서 어떤 것이 옛날 제도인지 어떤 것이 공자가 창작한 것인지를 변별하지 못하고, 곧 바로 유가에서 말하는 '예'를 군주를 위한 훌륭한 도구에 해당한다고 말했으니, 『예운』과 『주관』이 모두 통치계층을 소멸하고 사유제도를 폐지한다는 것을 분명히 명문화한 것을 깨닫지 못했다. 오늘날의 학자들은 엄복의 천박함을 계승하지 않아야 한다.ⓖ

ⓐ '사직(事職)'은 온갖 기술자의 일을 전문적으로 관장함에 그 직책이 일체의 생산 사업을 개척하는 데 있기 때문에, '사직'이라고 일컬었다.

ⓑ 예전에 '격물학'이라고 부른 것은 지금의 과학이다.

ⓒ '사직(事職)'에 대한 10여 글자는 한나라 이래로 어떠한 사람도 드러내 밝히지 않았다. 한대에서 청대에 이르기까지의 사회 상황에서 특별히 재주가 뛰어난 사람이 아니라면 실로 이런 말의 의미를 이해할 수 있는 까닭이 없었을 것이다.

ⓓ 이곳의 『예경』은 오로지 공자의 『예운』과 『주관』을 가리키는 것이다.

ⓔ '소강'은 바로 봉건사상이다.

ⓕ 『주관경』은 하관(夏官)으로 외교를 영도하고, 동관(冬官)과 연계해서 그 직방(職方)·합방(合方) 등의 관리들이 모두 세상의 모든 나라를 연합시키는 일을 주관하며, 교통과 생산 및 재화의 유통 등의 사업에 중점을 두어 호혜평등을 실행하니, 이것은 대동(大同)을 위하여 터전을 마련한 것이다.

ⓖ '예'와 '악'은 서로 연계되는 것이니, 『주관경』에 「대사악(大司樂)」장이 있다.

다음은 『상서(尙書)』에 대해서 말하겠다. 한나라 무제(武帝) 때에 공자가 살던 집의 벽에서 나온 『고문상서』는 본래 공자가 수정해서 확정한[修定] 진본(眞本)이다. 그러나 한나라의 군신들은 처음부터 끝까지 이 책이 세상에 널리 퍼지는 것을 원하지 않았으며, 오직 진(秦)나라 박사 복생(伏生)의 책만 지금까지 전해졌다. 이로부터 공자의 책이 결코 황제에게 이롭지 않았다는 것을 미루어 짐작할 수 있다.

다음은 『춘추』에 대해서 말하겠다. 하휴(何休)가 기술한 3세의 의미는 본래 공양씨(公羊氏)가 입으로 전한 것에 근거한 것으로서『공양전』및 동중서(董仲舒)가『춘추번로』에서 말한 3세의 의미와는 분명히 털끝만큼도 서로 유사한 곳이 없다. 『원유』「상권」에서 하휴의 『공양해고(公羊解詁)』를 인용해 각 구절마다 해석을 했고, 아울러『공양전』의 의미와 하휴의『공양해고』의 의미를 표로 열거해 대조했으니, 성인이 만세를 위해 태평의 뜻을 연 것과 공양수(公羊壽)와 그의 제자인 호무자도(胡母子都)가 한나라를 위해 법도를 제정한 뜻의 거리가 어찌 하늘과 땅 차이에 그치겠는가! 강유위는 3세를 펼쳤으나, 망연히 변별하지 못한 것은 무엇 때문인가! 그러나 강유위뿐만 아니라, 한대 이후로 변별하는 자가 없었다. 하휴가 기술한 것은 공양수의 선조들이 구전으로 남긴 의미인데, 공양수는 그 선조들을 배반하고 황제를 옹호한 것이다.

다음은 『대역(大易)』에 대해서 말하겠다. 한대의 유학자들은 『역』이 5경의 근원이라고 말했는데, 이것은 70제자들이 서로 계승한 학설로서 한대 유학자들이 전수하여 기술한 것이다. 내성외왕(內聖外王)의 학문은 모두 『역』에 갖춰져 있다. 『춘추』와 『예운』·『주관』에 비록 외왕학(外王學)을 특별히 상세하게 갖추고 있지만, 근본은 모두 내성학(內聖學)에 뿌리를 내리고 있는데, 애석하게도 그 원본이 모두 고쳐져 다른 것으로 바뀌어서 자세하게 알 수 없다.ⓐ『역경』 또한 어지럽게 고쳐진 것이 없지 않지만, 그 대체(大體)는 손상된 것이 없다. 나는 한대 유학자들이 찬양한 구설(舊說)로부터 『역』이 5경의 근원이고, 6경이 공자 만년의 정론이라는 것을 단정했다. 『논어』에 공자는 50세에 『역』을 연구했다고 기재되어 있고,『사기』에도 공자는 만년에 『역』을 좋아했다고 일컬은 것으로부터 공자가 확실하게 만년에 『역』을 지었다는 사실을 알 수 있다.ⓑ 5경은 모두 『대역』에 근원하니, 5경이 『대역』의 뒤에 완성되었다는 것은 말할 필요도 없다.

ⓐ 『예운』에는 여전히 '대동'과 '소강' 두 단락의 말들이 남아 있다. 『춘추』의 원본
　은 전부 훼손되었다.

ⓑ 후대의 유학자 중에서 어떤 사람은 공자가 『역』을 지었다는 것을 믿지 않았다.
　그러나 『사기』 「채택전(蔡澤傳)」에서 채택은 건괘의 효사(爻辭)와 『논어』 「술이
　(述而)편」의 말을 합쳐서 인용하고 '성인이 말했다.'라고 일컬었다.[26] 성인은 공
　자를 말한 것이니, 효사 또한 공자가 지었다는 것을 입증할 수 있다. 예전에 주
　공(周公)이 지은 것이라고 여긴 것은 모두 터무니없는 낭설일 뿐이다.

학자들이 진실로 6경이 공자 만년의 정론임을 안다면, 6경 중의 외왕학
에 관한 의미는 비록 한대 사람들이 어지럽게 고친 것이 있다 할지라도
『역』「건괘」의 첫머리에 요지를 밝혀서[開宗明義] "하늘에 오른 용은 뉘
우침이 있으니, 궁극에 이른 것의 재앙이다."[27]라고 말했으며, "처음으
로 서민들이 나오니, 온 나라가 모두 평안하다."[ⓐ][28]고 말했고, 끝으로 "뭇
용들에게 우두머리가 없으면, 길하다."[29]라고 말했다. 큰 뜻[大義]의 밝음이
마치 하늘에 떠 있는 해와 같다. 『춘추』와 『예운』·『주관』·『시』·『서』
등의 경전은 『역』의 의미와 모두 일맥상통하니, 어찌 소강예교를 뒤섞
었겠는가! 또한 어찌 통치계층을 옹호하는 것을 큰 뜻으로 삼았겠는가!

ⓐ '수(首)'는 '처음'이다. '물(物)'은 또한 '인(人)'자의 의미로 쓰였다. '서물(庶物)'은 서
　인(庶人) 혹은 서민(庶民)을 말하는 것과 같다. 서민들이 오랫동안 통치계층의 억
　압과 착취를 당하다가 이제 처음 나와서 혁명을 하기 때문에 "처음으로 서민들
　이 나온다."고 했다. 모든 나라의 서민들이 공동의 뜻과 힘으로 함께 천하의 일
　을 처리하기 때문에 모두 평안하다.

기이하다! 한대의 비속한 유학자들은 "중니(仲尼: 공자)가 죽자 '은미한 말

---

26 『사기』 권79, 「범수·채택열전(范睢·蔡澤列傳)」. 聖人曰: "飛龍在天, 利見大人. 不
　義而富且貴, 於我如浮雲."

27 『역』「건괘」. 亢龍有悔, 窮之災也.

28 『역』「건괘」. 首出庶物, 萬國咸寧.

29 『역』「건괘」. 用九, 見羣龍无首, 吉.

[微言]ⓐ이 끊어졌고, 70제자들이 죽자 '큰 뜻[大義]'이 단절되었다."³⁰라고 말했다.ⓑ 이른바 '큰 뜻'이란 소강예교이며, 맹자가 『춘추』는 '나라를 어지럽히는 신하와 어버이를 해치는 자식[亂臣賊子]'을 주벌하는 것이라고 말한 것과 공양수가 드러낸 3세(三世)는 군신 간의 은혜와 의로움을 밝힌다는 것이 모두 이것이다. 이른바 '은미한 말'이란, 『예운』에서 천하를 공평하게 하는 대도(大道)를 드러내고, 『춘추』에서 거란세 등의 3세의 의미로 혼란을 제거해서 태평으로 나가는 길을 밝힌 것이 모두 이 것이다. 유흠(劉歆)의 무리들이 "중니가 죽자 은미한 말이 끊어졌다."고 일컬은 것은 바로 6경에 여전히 은미한 말이 간직되어 있다는 것을 인 정하지 않은 것이며, "70제자들이 죽자 큰 뜻이 단절되었다."고 말한 것 은 공자가 70제자들에게 전수한 것은 단지 큰 뜻만이 있으며, 70제자들 이 죽자 큰 뜻 역시 어그러졌다는 것이다. 그렇다면 6경은 지금까지 어 떻게 존재하게 되었는가? 성인은 6경을 지어ⓒ 천하가 공평해지는 대도 를 처음 드러냈고, 통치계층과 사유제도를 폐지해서 '천하가 한 집안[天 下一家]'이라는 성대함을 다하였다. 『춘추경』은 비록 망실되었지만, 동중 서는 개인적으로 사마천에게 "천자를 폄하하고, 제후를 물리치며, 대부 를 토벌한다."³¹고 말했다. 「예운편」에 아직까지 '대동'을 제창하고 '소 강'을 배척하는 여러 뜻이 남아있고, 『주관경』이 매우 분명하게 민주와 사회주의의 길을 선도하였으며,ⓓ 『시경』에 하층민의 슬픔과 탄식이 남 아있고, 『서경』에서는 임금을 은밀하게 비방하였으며, 『악경(樂經)』은 조화롭게 사람들을 인도하였으니, 태평(太平)의 근원은 실로 여기에 있 는 것이다. 위대한 5경(五經)은 모두 『대역』에서 나왔으며, 의미가 바다 와 같이 광대해서 미루어 헤아리기 어려우니 깊이 새겨보아야 한다. 유 흠은 한대에 태어나 몸소 6경을 바로잡았지만, 경전의 의미를 회피하여

---

30 『주역술(周易述)』 권22, 「역미언상(易微言上)」. 漢書藝文志, 曰昔仲尼沒而微言絶. 七十子喪而大義乖.

31 『사기』 「태사공자서(太史公自序)」. 貶天子, 退諸侯, 討大夫.

말하지 않고서 망령되게 공자 생전에는 단지 은미하게 드러내지 않은 말만 있었으며, 죽음에 이르자 단절되었다고 말하였으니, 그는 실성해서 미치광이가 되어 결국은 이 지경에 이르렀다.

    ⓐ 이기(李奇)는 "'은미한 말[微言]'은 은미하여 드러나지 않는 말이다."[32]라고 말했다.

    ⓑ 유흠(劉歆)과 반고(班固)의 무리들이 이 학설을 견지했을 뿐만 아니라, 사실은 한대 유학자들이 공통으로 받아들인 것이다.

    ⓒ 어떤 사람이 물었다. "『역』·『춘추』·『예』·『악』 등의 경전은 성인이 창작한 것입니다. 『시』·『서』는 고사(古史)와 고시(古詩)에 말미암아 그것을 산정한 것이니, 아마도 창작했다고 말할 수 없는 듯합니다." 대답했다. "성인이 산정한 것은 본래 취한 뜻이 있을 것이며, 아울러 반드시 전(傳)을 지어서 그 의미를 드러냈을 것이니, 이 때문에 '본받아 서술한[述]' 것을 창작[作]한 것으로 본다."

    ⓓ 내가 『원유』 「원외왕」의 여러 곳에서 경문을 인용해서 그 의미를 해석한 것은 한 글자도 근거가 없는 것이 없다.

나는 열 살 때에 처음 부친인 웅기상(熊其相) 공을 서당[私塾]에서 모셨다. 부친께서 여러 학생들에게 말했다. "『맹자』에 재아와 자공·유약의 무리들은 공자를 칭해서 세상에 사람들이 태어난 이후로 공자만한 사람이 없었다고 했으며, 또한 요·순임금보다 훨씬 더 어질다고 한 말이 있는데,[33] 이것은 매우 의문을 품을 만한 말이다. 세상에 사람들이 태어난 이후로 중국에는 성인과 철인들이 이어서 출현했으며, 그 '만물의 참모습을 드러내고 사업을 이룬[開物成務]' 융성한 덕과 신령한 공로가 어찌 모두 공자에 미치지 못하겠는가? 또 공자는 요임금의 덕은 하늘과 같고 순임

---

32 『주역술(周易述)』 권22, 「역미언상(易微言上)」.『漢書·藝文志』曰: "昔仲尼沒而微言絶. 七十子喪而大義乖." 李奇注云, "隱微不顯之言也."

33 『맹자』에 재아와 자공·유약의 무리들은 … 어질다고 한 말이 있는데: 『맹자』「공손추·상」. 宰我曰: "以予觀於夫子賢於堯舜遠矣." 子貢曰: "見其禮而知其政. 聞其樂而知其德, 由百世之後, 等百世之王, 莫之能違也. 自生民以來未有夫子也." 有若曰: "豈惟民哉! 麒麟之於走獸, 鳳凰之於飛鳥, 泰山之於丘垤河海之於行潦類也. 聖人之於民亦類也, 出於其類拔乎其萃, 自生民以來未有盛於孔子也."

금은 천하를 차지했지만, 마음은 백성과 같았다고[ⓐ] 찬탄했다. 그것은 공자가 두 성인을 지극하게 추앙한 것인데, 감히 그들보다 어질다고 말할 수 있겠는가? 이제 공자의 제자들이 공자를 옛 성인들보다 더 높이 받들어서 주저하지 않고 말한 것에는 필연적으로 그 이유가 있을 것이다. 그렇지 않다면 성인의 문하에서 공부하는 자가 어찌 그토록 어긋나고 망령되겠는가?" 나는 당시에 가르쳐 훈계하는 말을 조심스럽게 기록했고, 성년(成年)이 되어서도 여전히 이해할 수 없었으나 이후에 점점 6경을 알게 되니, 비로소 요·순이 융성한 덕을 가지고 있었지만 그 당시에는 아직 민주사상이 생길 수 없었다는 사실을 알게 되었다. 공자의 6경은 실로 이전에는 없었던 창조적인 견해이기 때문에 재아(宰我)는 "공자가 요·순보다 더 어질다."고 찬탄한 것이다. 자공(子貢)은 "그 예(禮)를 보면 그 정치를 알고,[ⓑ] 그 음악을 들으면 그 덕을 알 것이며,[ⓒ] 백세(百世) 이후로부터 백세의 왕들을 평가해도 그것을 어길 수 없을 것이니,[ⓓ] 세상에 사람이 태어난 이후로 공자만한 사람이 없었다."고 말했다. 유약(有若)은 "세상에 사람이 태어난 이후로 공자보다 성대한 사람은 없었다."[ⓔ]고 했는데, 비록 분명하게 6경을 거론하지는 않았지만, 그 의미는 자공의 말과 같을 것이다. 나는 자공 등이 성인을 찬탄하는 말들을 살펴보고, 6경의 천하를 공평하게 하는 도리는 옛날의 수많은 군주들이 남긴 궤범을 모조리 없애버렸으며, 70제자들이 배운 경학의 학설도 아마 많았을 것이라는 사실을 알 수 있었다. 가령 공자가 젊은 시절에 문왕과 무왕을 본받아 즉 소강예교를 준수했기 때문에, 70제자들이 젊은 시절의 공자사상을 계승해서 여전히 임금을 높이는 대의(大義)를 받드는 것을 시종일관 바꾸지 않았다고 하는 것은, 마치 맹자와 순자가 모두 폭군의 제거를 주장했지만 군주제도와 통치계층을 없애야 한다고 말하지 않은 것이 그 분명한 증거이다. 그렇지만 70제자들이 설령 모두 6경을 견지하지는 않았다고 해도 이른바 대의를 충실하게 지킨 자도 결코 많지 않았을 것이다. 『사기(史記)』「공자세가(孔子世家)」에서 제자 3천 명 중에서 몸소 6경에 통달한 자는 72명이었다고 일컬은 것에는 반드시 그럴만한 근거가 있었을 것이다. 전국(戰國)시대에 이르러 70제자의 후학 중에서 전변하여 소강을 받든 자들이 비교적 많아져, 맹자와 순자는 모두 그 당시의 큰 스승이었으니 공자학문의 변천과정을 엿볼 수 있다.[ⓕ]

ⓐ '마음은 백성과 같았다[不與]'는 것은 그 몸은 비록 천하에 군림하지만, 마음은 백성과 같다는 것을 말한다.

ⓑ 이것은 공자가 비록 왕위를 얻어 정사를 실행하지는 않았지만, 오늘날 그가 창작한『예경』을 보면, 그의 천하를 공평하게 하는 정치제도는 만세의 표준이 된다는 것을 알 수 있다.『예경』은『예운』과『주관경』이다.

ⓒ 『논어』「자한(子罕)」편에서 "공자는 위(衛)나라에서 노(魯)나라로 돌아와 비로소 음악을 바로잡았다."고 했는데,『악경(樂經)』은 이때에 저술되었을 것이다. 공자의 외왕학은 '예악'을 나라를 다스리고 백성을 교화하는 근본으로 삼았기 때문에 자공은 먼저 공자의 예악을 제시했다.

ⓓ '평가한다[等]'는 것은 득실(得失)을 평정(評定)하는 것으로 '비판'이라고 말하는 것과 같다. 이것은 공자가 백세 이후로부터 위로 과거의 백세의 왕을 논의해서 그 득실을 평가한다고 해도, 당시의 후세사람들이 그 평가를 위반할 수 없다는 것을 말한다. 예컨대,『시』를 산정한 것은 서민의 원한이 담긴 시를 보존해서 어리석고 난폭한 왕과 제후·대부를 책망한 것이다.『춘추』를 지은 것은 통치계층을 혼란한 제도라고 간주한 것이니, 비록 우·탕·문·무의 다스림이라고 할지라도 역시 대도(大道)에 부합될 수 없는 소강(小康)일 뿐이라고 평가한 것이다.

ⓔ 『예』·『악』·『시』·『춘추』등의 경전의 창작으로부터 공자만한 사람은 세상에 사람이 태어난 이후에 없었다는 것을 알 수 있다. 자공은 공자를 추존한 이유를 여기에서 분명하게 말했다.

ⓕ 맹자는 효(孝)로써 천하를 다스릴 것을 주장했기 때문에 "요·순의 도는 효제(孝悌)일 뿐이다."³⁴라고 했다. "사람들마다 자신의 부모를 친하게 여기고, 자신의 어른을 어른으로 모시면 천하는 평안하게 될 것이다."³⁵라고 말한 것이 이것의 핵심이다. 순자는 사람의 욕망을 기르고, 사람의 욕구를 만족시켜 줄 것을 주장했으며,³⁶ 비록 맹자와 꼭 같지는 않지만, 맹자와 순자가 모두 소강예교를 전수

34『맹자』「고자(告子)·하」. 堯舜之道, 孝弟而已矣.

35『맹자』「이루(離婁)·상」. 人人, 親其親, 長其長, 而天下平.

36『순자』「예론(禮論)」. 故制禮義以分之, 以養人之欲, 給人之求, 使欲必不窮乎物.

했다는 것은 의심할 것이 없다. 강유위(康有爲)가 맹자는 '대동학(大同學)'에 속한다고 간주한 것은 『맹자』를 읽었으나 이해하지 못한 것이다.

'큰 뜻[大義]'과 '은미한 말[微言]'은 본래 유흠이 공자를 왜곡시켰던 말이다. 공자는 만년에 6경을 지어 내성외왕(內聖外王)의 도(道)를 제창해서 밝혔는데, 그 외왕에 있어서 천하를 공평하게 한다고 창도한 것은 당시에 매우 해괴하고 이상한 견해였다.ⓐ 6경은 모두 위대한 경전이고, 그 학설은 일관되지 않은 것이 없으니, 한 대 사람들이 어지럽게 고친 것이 많다 할지라도 그 참된 내용은 여전히 고찰해 볼 수 있어서, 본래 은미하여 드러나지 않는 말은 없었다. 우선 『역』「건괘」를 증거로 들어보겠다. "하늘에 오른 용은 뉘우침이 있으니, 궁극에 이른 것의 재앙이다.", "하늘에 오른 용은 뉘우침이 있으니, 가득 차면 오래갈 수 없다."ⓑ고 말한 것은 통치계층이 반드시 따라야 하는 공통의 규칙이다. "처음으로 서민들이 나오니, 온 나라가 모두 평안하다."고 말한 것은 민주혁명의 실상이다. "뭇 용들에게 우두머리가 없으면, 길하다."고 말한 것은 대동사회의 지극한 준칙이다. 또 『춘추』로 증험해보면, 「예운」편에서 "그러므로 천자가 소유한 전지[田]는 그것을 자손이 이어받고,ⓒ 제후가 소유한 나라는 그것을 자손이 이어받으며, 대부가 소유한 채지(采地)는 그것을 자손이 이어받는다. 이것을 제도라고 한다."37고 말했는데, 동중서는 사마천에게 "『춘추』는 천자를 폄하하고, 제후를 물리치며, 대부를 토벌한다."고 말해주었다. 이런 까닭에 「예운」과 『춘추』를 서로 대조해보면, 성인이 통치계층을 전복시키려고 했던 까닭을 알 수 있다. 이렇듯이 다만 한두 가지만 예를 들어도 6경이 견지하는 학설이 정밀하고 상세하다는 것을 증명할 수 있는데, 유흠이 말한 것처럼 어찌 은미하여 드러나지 않는 말이 있었겠는가? 임금과 신하 간의 의로움은 소강예교의 중심이

---

37 『예기』「예운」. 故天子有田, 以處其子孫. 諸侯有國, 以處其子孫. 大夫有采, 以處其子孫. 是謂制度.

며, 공자는 젊은 시절에 이것으로 학생들을 가르쳤지만, 만년에 6경을 저술해서 통치계층의 소멸을 주장하는 데 이르렀는데, 어찌 다시 임금을 높이는 대의를 말할 수 있었겠는가? 3천 명의 제자 중에서 걸출한 70 제자들은 6경에 깊이 통달했는데, 어찌 군주권력을 옹호하는 것을 대의(大義)로 삼았겠는가? 유흠의 더럽고 천박함이 심하다!ⓓ 유흠이 대의와 미언(微言)이라는 거짓된 견해를 제창한 뒤로 한대 이후의 사람들은 그 견해에 동조했으며, 청대의 강유위가 『춘추』를 말하면서 다시 유흠의 견해를 숭배하고 추종함에 이르러, 6경의 참된 내용이 완전히 매몰되어 알 수 없게 되었으니 어찌 슬프지 않은가! 유흠 등의 견해에 의거하면, 공자가 평생토록 3천 명의 제자와 70명의 문도들을 가르친 것은 오직 소강의 대의(大義)이고, 미언은 간혹 우연히 드러났을 뿐이니, 70제자들도 오히려 좀처럼 듣지 못했을 것인데, 하물며 3천 명의 제자는 어떠했겠는가! 그러므로 6경은 단지 대의를 위주로 하고, 미언은 거의 남아 있지 않게 되었다. 이후에 6경을 연구하는 사람들도 역시 그 대의를 연구했을 뿐이다. 유흠이 저지른 거짓이 이와 같지만 숨길 수 없는 것이 있었으니, 곧 공자에게 대의 이외에 여전히 은미하여 드러나지 않는 말이 있었다는 것을 승인한 것이다. 이러한 은미하여 드러나지 않는 말은 본래 매우 분명하게 대의를 반대하는 것이다. 공자가 만년에 6경을 저술하면서 어찌 자신의 양지(良知)가 보고 믿은 것이 대도(大道)ⓔ임을 드러내 알리지 않고, 도리어 당시의 위세와 권력을 가진 자가 증오하고 꺼리는 것을 두려워 회피해서 양지를 등지고 대도를 숨기는 것을 애석하게 여기지 않으며, 소강의 임금을 받드는 대의를 선양(宣揚)해서 줄곧 연구해온 『시』·『역』의 길흉을 백성과 함께 근심한다는 뜻과 배움을 모조리 배반했겠는가?ⓕ 배우는 사람으로서 그다지 어리석지 않다면 오히려 만년에 이런 일을 할 필요가 없는데, 하물며 세상에 사람이 태어난 이후로 전에 없던 큰 성인이 차마 이 같은 일을 했겠는가! 예전에 나 역시 유흠 등의 견해를 긍정했었는데, 오랫동안 깊게 생각해보니 우리들이 유흠 등을 감히 논박할 수 없었던 것은 단지 6경 중에 대의(大義)가 있기 때문일 뿐이었다. 계속해서 한대 사람들이 어지럽게 고쳤다는 증거를 고찰해서 안 뒤에 비로소 의연하게 유흠 등의 간사한 말에 흔들리지 않게 되었다. 천하를 공평하게 하는 대도(大道)는 6경 외왕학의 일관된 취지이며, 이것은 전국시대에 시자(尸子)가 이미 분명하게 언급했던 것이다.

　ⓐ 이것은 옛날의『춘추』설이다.

　ⓑ '차다[盈]'는 것은 가득 찬다는 것이다. 권세가 극단에 이르면 막히기 때문에 오래 갈 수 없다.

　ⓒ 왕이 직접 관리하는 나라[邦] 안의 경작지는 모두 왕의 사유지이다.

　ⓓ『사기』에서 공자의 제자 3천 명 중에서 6경에 통달한 자는 단지 72명에 지나지 않았다고 일컬었는데, 6경은 당시에 대단히 이채로운 내용이었다는 것을 알 수 있다.

　ⓔ '대도'는『예운편』에 상세하게 설명되어 있다.

　ⓕ "길흉을 백성과 함께 근심한다."는 말은『역』「계사전」에 있다.

유흠의 견해는 대개 한대 초기에 어지럽게 고친 거짓된 경서에 근거해서 공자를 유감없이 왜곡시켰는데, 한대 초기의 유학자들도 계승하지 않은 자가 없었다. 공자의 문하 중에서 공자의 젊은 시절 소강학(小康學)을 준수하여 그것을 계속 견지한 자는 당연히 적지 않았다. 예컨대『사기』「공자세가」에서 "천토(踐土)의 회맹은 사실상 (진나라 문공이) 주나라 천자를 부른 것인데,『춘추』는 휘(諱)해서 '천왕이 하양(河陽)을 순수(巡狩)했다.'고 말했다. 이 사건을 미루어서 당시의 올바르지 않은 행위를 바로잡았다. 이러한 폄하하는 뜻을 후세의 왕이 일으켜 펼쳐서『춘추』의 뜻이 행해지면 천하의 난신적자들이 두려워할 것이다."ⓐ[38]라고 했다. 이 말에 근거하면, 사마천이 공자가『춘추』를 저술한 의도를 서술한 것은 맹자와 꼭 부합된다.ⓑ 맹자는 70제자의 후학 중에서 효치파(孝治派)

---

[38]『사기』권47. 踐土之會, 實召周天子, 而春秋諱之曰, '天王狩於河陽.' 推此類, 以繩當世. 貶損之義, 後有王者擧而開之, 春秋之義行則天下亂臣賊子懼焉.

의 큰 스승이다. 사마천이 의거한 것은 분명히 6국 시대의 효치파의 고루한 선비이며, 그가 소강의 임금을 높이는 대의로 『춘추』를 말한 것은 실로 공자 『춘추경』의 근본의미가 아니다. 사마천의 이러한 견해는 또한 『좌전』에 보인다. 『춘추좌전』「희공(僖公)·28년」 전(傳)에 "진후(晉侯)가 천자를 불러서 제후들이 알현하게 했으며,ⓒ 또한 천자로 하여금 순수(巡狩)하게 하였다.ⓓ 공자는 '신하가 임금을 불렀다라고 풀이할 수 없다.'고 말했다. 그런 까닭에 '천왕이 하양(河陽)을 순수했다.'ⓔ고 기록했다."[39]라고 말했다. 『좌전』의 이 글은 한대 초기의 사람들이 제멋대로 끼워 넣은 것인지, 6국 시대의 효치론자들이 제멋대로 끼어 넣은 것인지 지금 단정하기 어렵다. 설령 한대 사람들이 제멋대로 첨가한 것이라고 할지라도 그 글의 요지는 또한 분명히 6국 시대의 효치론파의 유가에 근거했을 것이라고 단언할 수 있을 뿐이다. 다만 사마천이 『춘추』에 기재된 '천왕이 하양을 순수했다.'는 일을 기록한 것이 과연 『좌전』에 근거한 것인지, 아니면 다른 근거가 있는 것인지, 이것 역시 하나의 문제이다. 이제 『사기』「12제후연표서(十二諸侯年表序)」에 '노나라 군자 좌구명', "공자의 역사기록에 그 말을 논한 것이 갖추어짐으로 인해서 『좌씨춘추』가 이루어졌다."라고 말한 것을 상고해보면, 서론[序]에서 말한 『좌씨춘추』는 바로 『좌전』이다. 지금 이 서론을 완미하면, 망령되게 공자의 『춘추경』을 역사책ⓕ이라고 말한 것은 사마천이 자신의 『사기』를 위로 공자의 『춘추』에 붙이려고 했기 때문에 경전을 모독하는 것을 유감스럽게 생각하지 않았으니, 사마천이 대도(大道)를 깨닫지 못한 것은 책망할 것도 없다. 사마천이 '노나라 군자 좌구명'이라고 일컬은 것은 아마도 『논어』「공야장」편에 있는 좌구명(左邱明)에 말미암아 마음대로 추측해서 말한 것인 듯하니, 특히 증거로 믿기 어렵다. 사마천의 『사기』는 오류가 매우 많지만, 여기서는 언급하지 않겠다. 그러나 사마천이 『좌

---

39 『춘추좌전』 僖公二十八年. 晉侯召王, 以諸侯見, 且使王狩, 仲尼曰, 以臣召君不可以訓. 故書曰, 天王狩于河陽.

전』을 일컬으면서 『춘추』에 기재된 '천왕이 하양을 순수했다.'는 일을 기록한 것은 당연히 『좌전』에 근거했다는 것을 의심할 수 없다. 『좌전』의 작자가 누구인지는 예로부터 상고할 수 없었으며, 다만 당·송에서 청대에 이르기까지 조광(趙匡)·왕안석(王安石)·정초(鄭樵)·왕응린(王應麟)·임황중(林黃中)·유봉록(劉逢祿) 등의 학자들이 앞뒤로 『좌전』은 6국시대의 일과 관련된 것이 많다는 것을 고증했다. 정초가 든 여덟 항목에는 두세 곳의 착오가 있지만, 여러 학자들이 고증해서 확정한 것을 취합해서 보면 흔들릴 수 없는 결론이 두 가지 있다. 첫째, 『좌전』은 틀림없이 6국시대의 사람이 지은 것이다. 그러나 6국에서 한대의 유흠에 이르기까지 『좌전』을 전수한 사람들은 이따금 어지럽게 고친 것이 있으니, 그 『좌씨춘추』라고 일컫는 것은 아마도 『논어』 중의 좌구명에 의탁하고자 한 듯하다. 둘째, 한대의 박사들은 유흠을 논박해서 좌씨(左氏)는 『춘추』를 해석[傳]하지 않았다[9]고 말했는데, 유흠이 박사들의 글을 책망한 것은 모두 헛된 말이니 실로 박사들을 반대로 공격할 수 있는 증거가 없다. 박사들이 『좌전』을 배척한 것은 매우 옳다. 유봉록의 『좌씨춘추고증(左氏春秋考證)』은 비할 데 없이 정밀하고 빈틈이 없으니, 『좌전』이 실로 경전을 해석하지 않았다는 것을 증명할 수 있으며 한대 박사들의 견해와 꼭 합치된다. 위의 두 결론에 의하면, 『좌전』의 '천왕이 하양을 순수했다.'는 말은 틀림없이 공자 『춘추경』의 본문이 아니다. 『좌전』에서 "공자가 '신하가 임금을 불렀다라고 풀이할 수 없다.' 등이라고 말했다." 라고 일컬은 것은 반드시 공자의 말에 거짓되게 의탁한 것이다. 공자가 지은 『춘추』는 그 경문(經文)의 전체가 하나라도 성인의 뜻에서 나오지 않은 것이 없다는 것을 아는데, 『좌전』에서 경전을 해석하면서 어찌 유독 이곳에서만 '공자가 말했다.'라고 표기했는가? 이곳에서 특별히 '공자가 말했다.'고 표기한 것은 거짓을 저지른 자가 애를 썼지만, 서둘러서 스스로 그 거짓을 저지른 흔적을 드러낸 것이다. 사마천의 오류는 경솔하게 『좌전』을 노나라 군자인 좌구명[10]이 지었다고 믿었기 때문에 『공자세가(孔子世家)』에서 좌씨(左氏)의 '천자가 하양에서 순수했다.'는 전문(傳文)을 채록했다.① 이 거짓된 견해가 『공자세가』에 편입됨으로 말미암아 『춘추경』은 곧 바로 완전히 사람들에게 오해되어 군주를 높이는 대의(大義)의 책이라고 여기게 되었으니, 노나라의 『사기(史記)』와 무엇이 다르겠는가?ⓙ

ⓐ 신하가 신하의 도리를 다하지 않으면, 그를 폄하한다[貶損]는 것을 말한다.

ⓑ 맹자는 공자가 『춘추』를 저술하자 난신적자들이 두려워했다고 말했다.

ⓒ '진후'는 '진나라 문공[晉文公]'이다. 이 시기에 문공이 처음 패권을 쥐었으니, 실로 '주나라 천자[周天子]'를 천토(踐土)로 불러서 제후를 이끌고 천자를 알현했다.

ⓓ 옛날에 천자는 나라 안을 두루 보살피며 돌아다니는 순수(巡狩)의 예(禮)를 시행했기 때문에 진문공이 왕에게 순수의 예를 하게 했다.

ⓔ 하양(河陽)은 진(晉)나라의 땅이다. 중니의 이와 같이 글을 쓰는 방법은 주나라 천자가 스스로 순수의 의식[典]을 거행했다는 것으로써 진나라 문공이 천자를 불러서 오게 할 수 있는 것이 아님을 나타낸 것이다. 천자는 제후들이 함께 받들어 모시는 대군(大君)이므로 제후가 천자를 섬기는 것은 마땅히 신하의 도리를 다하는 것이며, 소강예교는 군주를 높이는 대의(尊君大義)를 그 중심으로 삼는 것이니, 이런 글을 쓰는 방법은 그 깊은 의미를 담고 있는 것이다.

ⓕ 공자가 노(魯)나라의 역사기록에 의거했지만 『춘추』를 지은 것은 곧 스스로 자신의 철학사상을 발표한 것이니, 경(經)이지 역사(史)가 아니다.

ⓖ '해석[傳]'이라는 것은 경전의 의미를 해석하는 것이다. 박사(博士)들은 좌씨(左氏)가 본래 『춘추』를 위해 전(傳)을 지은 것이 아니고, 그의 전(傳)은 단지 사료(史料)를 잡다하게 모은 책일 뿐이라고 평가했다.

ⓗ 곧 『논어』에 나오는 좌구명(左邱明)이라고 여긴 것이다.

ⓘ 내가 이미 『좌전』이 좌구명에 의해 지어졌다는 것을 부인했음에도 여전히 좌씨(左氏)라는 말을 사용하는 것은 저 책을 이전부터 『좌씨춘추』 또는 『좌전』이라고 칭했던 것을 좇아서 사용했을 뿐이다.

ⓙ 노나라의 『사기』는 당연히 군주를 높이는 대의(大義)를 준수했을 것이니, 군주 시대에는 국사(國史)에 군주를 높이는 것으로써 가르침을 베풀지 않은 것이 없었다.

다음으로 공자는 만년에 『역』을 저술하였고, 『춘추』와 『예운』·『주관』

또한『역』다음에 지은 것이다.『역』은「건괘」로 근본의미를 밝히기 시작하면서, 외왕학에 대해서 분명하게 "하늘에 오른 용은 뉘우침이 있으니, 가득 차면 오래갈 수 없다."고 말하고, "처음으로 서민들이 나오니, 온 나라가 모두 평안하다."고 말했다. 이로써『논어』「계씨」의 "천하에 도리가 없으면, 예악과 정벌이 제후로부터 나온다." 등이라고 말한 것들을 징험했으니, 그 의미가 모두 일맥상통한다. 공자가 "지혜가 만물을 두루 한다[知周萬物].@고 한 것은 군중의 변화를 깊이 깨달아서 이미 혁명과 민주의 대도(大道)를 발현하여 통치계층의 신속한 붕괴를 예측한 것이다. 공자가『춘추경』을 지은 것은 단연코 군주를 높이는 대의를 다시 펼쳐서 주나라 천자의 통치를 옹호하는 것이 아니니, 제(齊)나라 환공(桓公)과 진(晉)나라 문공(文公)은 모두 패업의 선구자로서ⓑ『논어』에서 "예악과 정벌이 제후에게서 나온다."고 한 것이 바로 이 시기이다. 공자는 환공과 문공의 일에서 군중의 변동을 주의깊게 살펴 그 "막히면 변화고, 변하면 통하며, 통하면 오래간다."ⓒ는 법칙을 파악했다. 그런데 어떻게 군주를 높이는 대의를 주장하면서 그것에 근거해 패자의 행적과 일들이 신하의 도리에 부합하는지의 여부를 판단하는 것을 능사(能事)로 삼을 수 있었겠는가? 사마천은『사기』「자서(自序)」에서 "『춘추』는 선(善)을 칭찬하고 악(惡)을 비난하며, 삼대(三代)의 덕을 추숭하고 주나라를 기렸으니, 오직 비난하고 책망한 것만이 아니다."라고 말했다. 이것에 의하면, 사마천이『춘추』를 크게 왜곡해서 '유씨 황제[劉帝: 한나라]'ⓓ에게 아부했음을 알 수 있다. 주나라는 무왕(武王) 때부터 천하를 차지했는데, 공자는 이미 그것이 그다지 좋은 것이 아니라고 비평했다. 성왕(成王)은 주공(周公)의 공덕에 의탁했으며, 강왕(康王) 때에 비로소 쇠퇴하였고, 이로부터 동천(東遷)에 이르기까지 대대로 훌륭한 군주가 없었으니, 서민들이 착취당한 참상은『시경』의「변아(變雅)」와「왕풍(王風)」을 보면 오늘날에도 여전히 상고할 수 있다. 공자는『시경』을 산정하면서 주왕조를 위해 숨긴 것이 없었으며, 그『춘추』를 저술한 뜻은 혼란한 제도ⓔ를 바꾸는 데 있었다. 그러나 사마천은 『춘추』를 왜곡해서 '주왕조를 기렸다.'고 했으니, 어찌 어긋난 것이 아니겠는가? "천토의 회맹에서 진나라 제후는 사실상 임금을 불렀다."고 하는 것은 민중의 변동의 관점에서 말하면, 단지 통치계층의 붕괴과정 중의 한 단계일 뿐이다. 성인이 이것에 대해서 신하가 임금을 부르는 것으로 해석할 수 없다고 탄식한 것이 어찌 사마천이 말한 것과 같이 반드시 군주를 높이는 대의에 근거해서 이 일에 대해 기록하는 방법을 결정하여 천하의 난신적자들을 두렵게 한 것이겠는가? 맹자에서 공양수·호무생·동중서·사마천의 무리에 이르기까지 『춘추』에 대해 말한 것은 모두 군주를 높이는 대의를 위주로 했으며, 경문의 각 항목에 대해 그릇되게 해석하여 성인이 선을 기리고 악을 폄하하여 기록하는 방법이 근엄하니 천하의 난신적자들을 두렵게 만들었다고 생각했다.[f] 한대에서 청대에 이르기까지 역사를 연구하는 자들은 모두 개인으로서의 임금과 신하를 중시하고 민중의 온갖 변화에 대해서는 어두워 그 회통(會通)을 살피지 못했고, 그 규칙을 탐구하지 못했다. 공자 6경의 참된 모습이 드러나지 않고, 역사학도 인간의 지혜를 가두는 도구가 되었으니, 이것은 한나라 이후의 학술을 논의하는 사람들이 소홀히 해서는 안 되는 것이다. 좌씨가 '천자가 하양을 순수했다.'라는 주석을 공자의 말이라고 일컬은 것은 『논어』「계씨(季氏)」편에서 통치계층이 붕괴되는 정황을 논한 것과 비교하면 분명하게 서로 위반되니, 나는 그것이 6국 시대의 효치론자들이 거짓으로 의탁한 것이라고 감히 단언한다. 한대 이후로 항상 임금(君)을 아비[父]보다 앞세우고, 충(忠)을 효(孝)보다 앞세워서 말한 것은 『대·소대례(大·小戴禮)』와 『효경(孝經)』을 합해서 탐구해보면 어렵지 않게 알 수 있다.[g]

ⓐ 『역』「계사전」에 보인다.
ⓑ 진나라 문공은 제나라 환공을 이어서 일어났다.
ⓒ 『역』「계사전」을 참고하시오.
ⓓ '유씨 황제[劉帝]'라는 말은 위서(緯書)에 나온다.

ⓔ '혼란한 제도[亂制]'는 천자·제후 등의 통치계층을 말하며, '바꾼다[改]'는 것은 바꾸어 없앤다는 것을 말하니, 이것은 고설(古說)이 조금 남아있는 것이다.

ⓕ '기록하는 방법[書法]'에서 기록하는 것은 기재(紀載)하는 것과 같으니, 성인이 고금의 임금과 신하의 행실과 선악을 기록하는 것을 말한다. 그윽하게 내포하고 포폄(褒貶)하는 방식으로 문장을 꾸미는 것을 '기록하는 방법[書法]'이라고 한 것이다.

ⓖ 명(明)대의 유학자인 황도주(黃道周)의 『효경집전(孝經集傳)』이 참고할 만하다. 황씨는 자서(自序)에서, "6경의 근본은 모두 『효경』에서 나왔다. 그리고 『소대례기(小戴禮記)』의 49편과 『대대례기(大戴禮記)』 36편은 모두 『효경』의 뜻을 해석한 것[疏義]이다." 등이라고 말했다. 황선생의 이 견해는 6경을 이해하지 못했을 뿐만 아니라, 『소대례기』와 『대대례기』도 이해하지 못한 것이다. 『의례(儀禮)』는 고예경(古禮經)이며, 『소대례기』와 『대대례기』는 비록 한나라 사람들에 의해서 편집된 것이지만, 그 자료는 요컨대 모두 70명의 후학들이 옛것을 헤아려서 얻은 것이다. 『효경』은 당연히 한나라 사람들이 거짓으로 의탁한 것이며, 최초로는 역시 6국시기의 효치파의 유학자들이 날조한 것으로서 그 의미는 본래 『의례』와 『소대례기』와 『대대례기』에 근거한 것이다. 하휴(何休)는 『공양해고(公羊解詁)』「서(序)」에서 『효경』과 『춘추』를 모두 중시했으니, 한나라 사람들은 효치파의 이론을 이용해서 공자를 가장 위대한 사람으로 높이고 통치계층을 옹호하려 했기 때문이다. 『효경』의 가치는 매우 높고 그것의 영향은 대단히 큰데, 황선생은 그것의 영향에 갇혀서 『효경』을 알지 못했으니, 그가 자서에서 말한 것은 확실히 한나라 이래의 이른바 경학(經學)을 대표한다고 할 수 있다. 나는 『효경』이 효도와 통치계층의 혼란한 제도를 서로 결합시켰다는 것에 반대하는 것이지, 결코 효도(孝道)를 반대하는 것이 아님을 학자들은 알아야 한다.

효치론은 바로 소강예교이며, 군주를 높이는 대의를 그 중심으로 삼았다. 나는 좌씨가 '천자가 하양을 순수했다.'는 것을 주석해서 공자가 그렇게 말했다고 일컬은 것은 반드시 효치파의 유학자들이 거짓으로 의탁한 것이라고 단정한다. 진(晉)나라 제후(진문공)가 임금을 불렀다는 것은 천자가 붕괴되는 형세가 극에 달한 것이니, 임금을 높이는 자들이 참을 수 없는 것이기 때문에 공자에게 의탁해서 의로움으로 바로잡으려 했다. 나는 이러한 판단이 망령된 것이 아니라고 스스로 믿는다. 사마천은

『사기』「자서(自序)」에서 자신의 부친인 사마담의 『논육가요지(論六家要旨)』를 상세하게 서술했는데, 사마담은 유가의 6경에 대해 "넓지만 요점을 파악하지 못했고, 애를 썼으나 공이 없다."[40]고 비판했다. 하지만 한 가지를 특별히 존중해서 "그런데 군신부자(君臣父子)의 예(禮)를 배열하고, 부부장유(夫婦長幼)의 차이를 순서지은 것은 비록 제자백가들이라고 할지라도 바꿀 수 없다."[41]고 말했다. 이와 같이 말한 것에 근거하면, 사마담은 유가에 대해서 실로 아는 것이 없다. 예(禮)가 군신부자의 관계를 바로잡고, 부부장유의 차이를 순서지은 것은 그 기원이 매우 오래되었는데, 『상서』「순전(舜典)」에서 '사람이 지켜야 할 다섯 가지 떳떳한 도리를 삼가 밝혔다[愼徽五典].'고 한 것이 이것이다. 우·탕·문·무가 서로 계승해서 바꾸지 않았던 소강예교가 이것을 근본으로 삼았다는 것은 당연히 말할 필요가 없다. 그러나 이것은 유가가 특별히 만든 것이 아닌데, 사마담이 유독 그것을 유가에게 귀납시킨 것은 무엇 때문인가? 유학이 한 학파로 형성된 것은 결국 공자로부터 비롯되었다. 공자는 젊은 시절에 진실로 소강예교를 신봉했지만, 만년에 6경을 지으면서 군신 간의 윤리는 폐기하지 않을 수 없었다. 그렇지만 부자간에 마땅히 사랑하고, 부부·장유(長幼)간에 질서가 있어야 한다는 것에 대해서는 모두 인도(人道)의 마땅히 그러해야 함[當然]이니, 마치 의복과 음식을 사람들이 없앨 수 없는 것과 같았다. 유가와 제자백가는 다 함께 상도(常道)를 따랐을 뿐이다. 어찌 이것을 유가가 특별히 만들었다고 할 수 있겠는가? 그럼에도 불구하고 사마담이 유독 이것으로 유가를 찬양한 것에는 또한 이유가 없는 것이 아니다. 3천 명의 제자들이 공자가 젊었을 때 전수한 것을 계승해서 소강예교를 널리 드러내 밝힌 자들은 당연히 많았으며, 효치론은 아마도 그중에서 가장 두각을 드러냈을 뿐일 것이다. [ⓐ] 사마담

---

40 『사기』 권130, 「태사공자서(太史公自序)」. 博而寡要, 勞而少功.

41 『사기』 권130, 「태사공자서」. 若夫列君臣父子之禮, 序夫婦長幼之別, 雖百家弗能易也.

이 말한 군신부자의 관계를 바로잡고, 부부장유의 차이를 순서짓는다는 것은 곧 소강예교에 속하는 효치파의 종지[宗要]이다. 한나라 초기의 유학자들이 한결같이 미루어 전개한 것은 오직 이것에 있을 뿐이다. 사마담은 그것을 굳게 받들고 오로지 근엄하게 여겼으며, 사마천도 역시 그 부친의 뜻을 계승하였다. 사마담의 학문은 도(道)에 대한 논의를 종지로 하였으니, 비록 양하(楊何)에게 『역』을 전수받았지만 그것은 단지 술수(術數)일 뿐이고 공자의 『역』에 대해서는 들은 것이 없었다. 사마천은 6경을 섭렵하여, 그 견문이 부친보다 박식하였지만, 6경의 진상(眞相)을 어지럽히는 데에 힘써서 소강예교로 귀결하였으니, 그 부친과 다르지 않다. 사마천이 동중서에게 『춘추』를 전수받아 "천자를 폄하하고, 제후를 물리치며, 대부를 토벌한다."는 근본 의미를 들은 것이 제법 있지만, 여기에 대해서 상세하게 말하지 않았다.[b] 그가 특별히 상세하게 말한 것은 모두 동중서가 공양수에게 이어받은 '거짓된 주석[僞傳][c]의 요지이다. 예컨대 "『춘추』는 위로 3왕(三王)의 도[d]를 밝혔고, 아래로 인사(人事)의 원칙을 변별했다. 혐의를 가렸고, 옳고 그름을 밝혔으며, 의심하며 결행하지 못하는 것을 결정했고, 선을 좋아하고 악을 싫어했으며, 어진 사람을 귀하게 여기고 어리석은 자를 천하게 여겼으며,[e] 망한 나라를 보존하고 끊어진 세대를 이었으며,[f] 폐단을 바로잡고 쇠퇴한 것을 일으켰으니, 왕도(王道)의 위대함이다."[42]라고 했다. 또한 "『춘추』에는 임금을 시해한 일이 36번이고, 망한 나라가 52개이며, 제후가 도망가 그 사직을 지키지 못한 자는 이루 다 헤아릴 수 없다. 그 까닭을 살펴보면, 모두 그 근본을 잃었기 때문이다. 그러므로 『역』에서 '털끝만한 잘못이 나중에 그 차이가 천리에 이른다.'고 했다. 그러므로 '신하가 임금을 시해하고, 자식이 아비를 시해하는 것은 하루아침에 이루어진 원인 때문이 아니라, 그것은 점진적으로 오랫동안 이루어진 것이다.'고 말했다.[g]

---

42 『사기』권130, 「태사공자서」. 夫春秋上明三王之道, 下辨人事之紀. 別嫌疑, 明是非, 定猶豫, 善善, 惡惡, 賢賢, 賤不肖, 存亡國, 繼絶世, 補敝起廢, 王道之大者也.

그러므로 나라를 차지한 사람은 『춘추』를 알지 않으면 안 되니, 만일 『춘추』를 알지 못한다면 눈앞에 중상모략 하는 자가 있어도 보지 못하고, 뒤에 역적이 있어도 알지 못한다. 신하된 자는 『춘추』를 알지 않으면 안 되니, 그렇지 않으면 '늘 하는 직분의 일[經事]'을 지키지만 그 마땅함을 알지 못하고, 돌변하는 일을 만나면 그것에 대응할 줄 모른다. 임금과 아비 된 자로서 『춘추』의 의미를 알지 못하면 반드시 악당의 우두머리라는 악명을 뒤집어쓸 것이다. 신하와 아비 된 자로서 『춘추』의 의미에 통하지 못하면, 반드시 임금을 시해하고 임금 자리를 찬탈한 데에 대한 형벌과 사형에 처해질 죄명에 빠질 것이다.",⁴³ "예의의 요지를 알지 못하면, 임금이 임금답지 못하고, 신하가 신하답지 못하며, 아비가 아비답지 못하고, 자식이 자식답지 못하는 지경에 이른다. 임금이 임금답지 못하면 신하가 침범하며,ⓗ 신하가 신하답지 못하면 죽임을 당하고, 아비가 아비답지 못하면 도리를 어기며, 자식이 자식답지 못하면 효도하지 않는다. 이 네 가지 행위는 천하에서 가장 큰 죄이다.",⁴⁴ "그러므로 『춘추』란, 예의의 '큰 근본[大宗]'이다.",ⓘ⁴⁵ "『춘추』는 선(善)을 칭찬하고 악(惡)을 비난하며, 삼대(三代)의 덕을 추숭하고, 주나라를 기렸으니, 오직 비난하고 책망한 것만이 아니다."ⓙ⁴⁶ 사마천의 서술에 의하면, 동중서가 말한 『춘추』는 단지 처음에 "천자를 폄하하고, 제후를 물리치며,

---

43 『사기』권130,「태사공자서」. 春秋之中, 弑君三十六, 亡國五十二, 諸侯奔走, 不得保其社稷者不可勝數. 察其所以, 皆失其本矣. 故易曰'失之毫釐, 差以千里', 故曰'臣弑君, 子弑父, 非一旦一夕之故也, 其漸久矣.' 故有國者, 不可以不知春秋, 前有讒而弗見, 後有賊而不知. 爲人臣者, 不可以不知春秋, 守經事而不知其宜, 遭變事而不知其權. 爲人君父而不通於春秋之義者, 必蒙首惡之名; 爲人臣子而不通於春秋之義者, 必陷篡弑之誅, 死罪之名.

44 『사기』권130,「태사공자서」. 夫不通禮義之旨, 至於君不君·臣不臣·父不父·子不子. 夫君不君則犯, 臣不臣則誅, 父不父則無道, 子不子則不孝. 此四行者, 天下之大過也.

45 『사기』권130,「태사공자서」. 故春秋者, 禮義之大宗也.

46 『사기』권130,「태사공자서」. 春秋采善貶惡, 推三代之德, 襃周室, 非獨刺譏而已也.

대부를 토벌한다.”고 언급한 몇 글자에 불과하며, 그 밑에서 “『춘추』는 위로 삼왕의 도를 밝혔다.” 등의 긴 문장의 의론들은 모두 소강예교이며, 뒤에서 다시 “삼대의 덕을 추숭하고 주나라를 기렸다.”고 귀결한 것은 바로 소강의 6군자를 종주(宗主)로 삼은 것이다. 동중서가 『공양전』 전체의 근본취지를 드러내 밝힌 것은 완벽하게 상세하다고 말할 수 있으나, 결론ⓚ에서는 바로 처음에 서술한 바의 공자의 “천자를 폄하하고, 제후를 물리치며, 대부를 토벌한다.”는 근본취지를 완전히 포기했다.

ⓐ 오늘날 상고할 수 있는 것으로, 예컨대 맹자와 순경은 모두 소강예교이지만, 맹자는 확실히 효치론(孝治論)이고, 순자는 예의 근본이 사람의 욕망을 기르고 사람의 욕구를 만족시키는 데 있다고 했기 때문에 맹자와 다른 점이 있다.

ⓑ ‘근본 의미[本義]’란, 그것이 공자의 진상(眞)이 되는 것을 말한다. ‘상세하게 말하지 않았다[語焉不詳]’는 것은 그 진상을 전하려 하지 않았다는 것이다.

ⓒ ‘거짓된 주석[僞傳]’은 『공양전(公羊傳)』을 말한다.

ⓓ ‘3왕(三王)’은 우·탕·문·무, 즉 「예운편」의 이른바 소강의 6군자(六君子)이다. 3대의 철인왕[哲王]으로 뒤섞어 칭하면, ‘3왕’이라고 한다. 만약 나누어서 성왕(成王)과 주공(周公)을 더한다면, ‘6군자’라고 한다. 상세함과 간략함에 비록 차이가 있지만, 지칭하는 것에는 다른 것이 없다. 『공양전』은 실로 소강에 근본해서 대동(大同)을 취하지 않았기 때문에 “위로 3왕의 도를 밝혔다.”고 말했다. 동중서의 이 말은 매우 분명하다.

ⓔ 『공양전』이 한나라를 위해 법도를 제정한 의도가 이것에 있다.

ⓕ 이것은 본래 공자가 지은 『춘추』의 뜻이다. 승평세(升平世)에는 제하(諸夏)가 평등정신으로 서로 연합하니, 강한 자가 약소한 자를 침략하는 것을 허락하지 않는다. 『공양전』에 이 뜻이 남아있는 것은 그것이 한(漢) 왕조에게 장애가 되는 것이 없었기 때문이다.

ⓖ 윗글의 ‘인사(人事)의 원칙을 변별하며, 혐의를 가리고, 옳고 그름을 밝힌다.’는 등의 말들은 모두 이곳으로부터 주의(注意)한 것이다. 반드시 알아야 할 것은, 공자의 『춘추』는 서민과 근심을 함께하는 것에 말미암아 지은 것이니, “『시』가 망실된 다음에 『춘추』를 지었다.”는 것은 맹자가 본래 들어서 안 것이다. 그러므로 “천자를 폄하하고, 제후를 물리치며, 대부를 토벌한다.”는 것은 공자 『춘추』의 진상이다. 『공양전』은 아비와 임금을 시해하고, 제후가 그 사직을 보전하지 못한 것에 말미암아 지은 것이니, 그 의도는 통치계층을 옹호하는 데 있다. 맹자는

일찍이 공자의 『춘추』를 바꾸어 어지럽혔으며, 공양수(公羊壽)와 그의 제자인 호무생(胡毋生)은 그 단서를 확대했다. 내가 『공양전』이 효치론을 근본으로 삼고 있다고 말한 것은 확실히 왜곡하지 않은 것이다.

ⓗ 안사고(顔師古)는 "신하에 의해 침범당하는 것"이라고 주석했다.

ⓘ 위의 여러 글들은 반드시 「예운편」에서 '소강'을 논한 것과 참고해서 보아야 한다. 「예운편」에서 "예의를 기강[紀]으로 삼아서 임금과 신하를 바로잡고, 아비와 자식을 돈독히 하며, 형제를 도탑게 만들고, 부부를 화목하게 한다."고 말한 것은, 바로 『공양전』이 근본으로 삼은 것이다.

ⓙ 이상의 글은 사마천의 『사기』 「자서」를 항목별로 나누어 기록한 것이다.

ⓚ "삼대의 덕을 추숭하고 주나라를 기렸다."

사마천이 동중서 학설의 문장 한 단락을 서술한 것은 그 의도가 매우 괴이하며, 『예기』 중의 「예운」편과 상당히 유사하다. 「예운」편을 어지럽게 고친 사람들은 편 머리에 대략이나마 공자의 진상(眞相)을 남기지 않을 수 없었지만, '천하위공(天下爲公)' 등의 몇 마디 말들을 서술한 다음에 곧바로 대동(大同)을 없애버리고서 공자가 대도(大道)라고 허락하지 않은 소강을 도리어 근본적인 종지(宗本)로 받들었다.ⓐ 사마천은 동중서에게 『춘추』를 전수받았으니, 자신이 들은 것을 서술하는 데 또한 공자의 '근본 뜻[本義]'ⓑ을 언급하지 않을 수 없었지만, 겨우 언급하자마자 곧바로 그만두었으니, 그 근본적인 주장은 결국 삼왕의 소강예교에 있다. 2천여 년 동안 학자들은 모두 그에게 속았으니, 어찌 괴이한 일이 아니겠는가! 사마천의 영향은 지극히 커서 『사기』라는 책은 학자들의 근본이 되었으니, 실로 6경과 마찬가지로 존숭되었다. 공자의 진상(眞相)이 어두워 밝혀지지 않은 것은 사마천에게 잘못이 없을 수 없다.ⓒ

ⓐ 이에 대해서는 『원유』 「원외왕」에서 상세하게 밝혔다.

ⓑ 즉, "천자를 폄하하고, 제후를 물리치며, 대부를 토벌한다."

ⓒ 사마천은 동중서의 말을 일컬어 "『춘추』는 위로 3왕의 도를 밝혔고, 아래로 인사의 원칙을 변별했다."고 말했고, 그 뒤의 글에서 "『춘추』란, 예의의 대종(大宗)이다."라고 말했는데, 이른바 인사의 원칙[紀]은 곧 예의, 이것일 뿐이다. 이른바

예의는 제일 먼저 임금과 신하의 관계를 바로잡고, 아비와 자식의 관계를 돈독하게 하는 데 있으며, 「예운」의 소강의 '가르침의 원칙[敎綱]'과 '다스림의 근본[治本]'은 모두 이것에 있다. 『공양전』이 근본으로 삼은 것은 소강예교이다. 사마담은 철저하게 군신(君臣)·부자(父子)를 순서짓는 예를 취했고, 사마천이 부친의 뜻을 계승했다는 것은 그가 동중서의 『춘추』설을 서술하는 것으로부터 징험하면 확연히 드러난다. 무릇 아비와 자식의 애정[恩]은 돈독하지 않을 수 없으니, 인류가 멸망하지 않는 한 이 예는 훼손될 수 없다. 그렇지만, 아버지를 높이는 것과 군주를 높이는 것을 서로 결합하면, 결국 폭군이 천하를 통치하는 국면을 특별히 연장시키고, 사회 각 방면이 아울러 쇠퇴의 조짐을 드러내게 되니, 이것은 중국고대의 학술을 연구하는 사람들이 알지 않으면 안 되는 것이다.

유흠(劉歆)이 대의(大義)와 미언(微言)을 구분한 것은 한대 초기의 『춘추』를 연구하는 학자들에게서 시작되었을 것이다.ⓐ 공양수의 위전(僞傳: 『춘추공양전』)은 본래 '대의'를 위주로 하고, '미언'은 이따금 드러내 보일 뿐이다. 예컨대, "천자를 폄하하고, 제후를 물리치며, 대부를 토벌한다."는 것은 유흠의 이른바 '미언'이다. 그러나 『공양전』 중에는 '폄하하는 말[貶詞]'이 비록 '비방하는 말[譏詞]'보다 다소 중시되었지만 두 가지 말의 성질은 완전히 같으니, 사실상 혁명의 의미를 함유하고 있다는 것을 인정하지 않는 것은 바로 거리낌 없이 성인의 경전을 거역하면서도 두려워하지 않은 것이다. 동중서는 공자가 "내가 공연한 말을 싣고자 할 바에는 차라리 아주 절실하고 분명하게 일을 실행하는 것에서 드러내는 것만 못하다."[47]고 말했다고 일컬었는데,ⓑ 이것은 바로 공자가 스스로 자신의 뜻[志]이 혁명을 실행하는 데 있다는 것을 천명한 것이다. 오로지 공연한 말에 의탁하는 것은 무익하다는 것인데도 공양수의 무리들은 모두 사사로운 의견으로 이 말을 해석해서, "부자(공자)의 뜻은 '내가 스스로 공연한 말을 세우고자 할 바에는 차라리 『노사(魯史)』에 실려 있는 임금과 신하의 일을 기록해서, 그것으로 포폄(褒貶)과 시비(是非)를 절실하고

---

47 『사기』 권130, 「태사공자서」. 子曰: "我欲載之空言, 不如見之於行事之深切著明也."

분명하게 드러내어 천하의 난신적자(亂臣賊子)들을 두렵게 만드는 것만 못하다.'"는 것을 말한다고 했다. 이런 잘못된 해석은 조금이라도 지식이 있는 사람이라면 역시 그것이 성인을 왜곡한 죄를 변별할 수 있다. 『노사』에 기재된 242년의 기록에 근거하면, 그 임금과 신하의 일을 헤아려서 시비·선악을 평가하는데, 이것은 후대사람들의 역사비평과 같은 작품일 뿐이다. 공연한 말을 실은 것이 아니라는 것은 무엇인가? 성인의 경전을 역사비평이라고 말해도 되는가! 거리낌 없이 성인의 학문을 훼손해서 후대 사람들이 실천할 줄 모르게 만드는 죄는 용서할 수 없다.

> ⓐ 유흠이 비록 『공양전』을 억눌러 좌씨(左氏)를 세우려고 했지만, 사실상 『공양전』의 영향을 받았다.
>
> ⓑ 사마천이 「자서」에서 이 말을 인용한 것은 동중서에게 사사롭게 전수받은 것이니, 『춘추위(春秋緯)』에도 이 말이 있다.

유흠은 비록 『공양전』을 억눌렀지만, 『좌씨춘추』를 좌구명이 지은 것이라고 하여 그 좋아하고 싫어하는 것이 성인(聖人)과 같다고 칭찬했다. 옛사람들은 유흠이 왕망(王莽)에게 아부하는 특별한 저의를 가지고 있었다고 하였는데, 『좌전』에 사묵(史墨)이 조간자(趙簡子)에게 '임금과 신하에겐 영원한 자리가 없다.'는 등을 말한 것을 기재한 것은 왕망이 왕위 찬탈에 혈안이 된 것을 위한 것이니, 이것이 유흠이 『좌전』을 높인 까닭이다. 그러나 가규(賈逵)는 좌씨가 임금과 아비를 중시했다고 했는데, 그 견해는 근거가 있다. 조간자는 진(晉)나라의 권세 있는 신하이며, 사묵은 그의 무리일 것이다. 『좌전』은 한 사람의 손에 의해 확정된 원본이 아니며, 6국 시대의 사람들이 이미 함부로 첨가한 것이 있으니, 그 가운데 사묵의 말이 있는 것은 유흠이 사사로이 취한 것이지만, 그 임금과 아비를 중시하는ⓐ『좌전』 전체의 의미를 가릴 수 없었다. 유흠이 비록 『좌전』을 내세우고 『공양전』을 배척하였지만, 사실 『좌전』과 『공양전』은 결코 근본적으로 다른 것이 없다. 더욱이 유흠이 공양(公羊)을 배척한 것은 그 의도가 공양수의 위전(僞傳)에 있는 것이 아니라, 사실은 공양수의 선조들이 자하(子夏)에게 『춘추』를 전수받은 일을 부인하려는 것이니, 이를 통해 공양가(公羊家)에 구전으로 유행하는 것이 있다는 것을 배척했다. 유흠이 '공자가 죽고 미언이 단절되었다.'고 한 간사한 거짓은 더욱이 공양수 등에는 아직 없었던 것이다. 공자의 '미언'이 단절되었다면, 『춘추』에만 '대의'가 있어야 할 텐데, 『춘추』로부터 여러 경전을 미루어보면 모두 '대의'가 아닌 것이 없다. 엄복(嚴復)이 공자는 봉건사회의 성인이고, 6경은 봉건사상이며, 유가의 예(禮)는 군주의 훌륭한 도구[利器]ⓑ라고 한 것은 모두 유흠을 본받아 강유위와 함께 가려진 것이다.

　　ⓐ '중시한다'는 것은 그 임금과 아비의 도리[義]에 매우 깊고 두텁다는 것을 말한다.
　　ⓑ 엄복의 『평점노자(評點老子)』에 보인다.

한나라 초기의 사람들은 확실히 이미 6경을 개찬했으며, 그 개찬한 방법은 각각의 학자마다 모두 동일했다. 전하(田何)가 제일 먼저 『역』을 전했지만, 오직 술수만을 전했을 뿐이며, 공자의 본래 의미를 전하지 않았다. 사마천은 「자서」에서 자신의 부친인 사마담이 양하(楊何)에게서 『역』을 전수받았다고 했다. 양하는 전하의 재전(再傳) 제자이다. 『사기』「전경중완세가(田敬仲完世家)」에서 "태사공(太史公)ⓐ이 '공자는 만년에 『주역』을 즐겨 읽었다. 역(易)의 술수는 너무도 심원하여,ⓑ 사물에 통달하고 전적(典籍)에 정통한 사람이 아니면 어느 누가 이에 주의를 기울일 수 있겠는가! 그러므로 주나라 태사의 괘가 전경중완(田敬仲完)의 점으로, 10대 이후에까지 이르렀다.'라고 말했다."[48]고 칭찬했다. 이것에 근거하면, 전하가 전수한 『역』은 사실상 술수로써 공자의 『역경』에 의탁한 것이다. 사마천은 그 부친의 가르침을 따라서 아무 생각 없이 공자가 만년에 『역』, 즉 술수의 『역』을 좋아했다고 생각했으니, 어찌 억울하지 않은가? 사실

---

[48] 『사기』 권46. 太史公曰: "蓋孔子晚而喜易. 易之爲術幽明遠矣. 非通人達才, 孰能注意焉. 故周太史之卦, 田敬仲完占至十世之後."

상 주나라 태사의 괘는 전하가 제(齊)나라를 찬탄하려고 소문을 날조해서 민중을 현혹시킨 것일 뿐인데, 어찌 점(占)이 10세 이후의 일에까지 이르겠는가? 한대의 『역』을 연구하는 자들은 모두 상수(象數)를 주장했으며, 한결같이 전하에게서 비롯되어 공자에게 의탁했으나, 사실은 공자에게 반대한 것이니, 또한 공자의 슬픔이다.

> ⓐ 사마천이 스스로를 일컫는 말이다.
> ⓑ 사마천은 '인사(人事)의 득실과 길흉이 분명하게 드러난 것을 '밝다[明]'고 했으며, 아득하고 그윽함 속에서 알 수 없는 것을 '그윽하다[幽]'고 했다. 그윽하면서 밝은 까닭은 심원함이 지극하기 때문이다.'라고 생각했다.

『춘추』를 훼손하고 거짓을 날조한 것은 공양수와 그 제자 호무생과 동중서부터 시작되었다. 『공양전』은 본래 공양수와 호무생이 함께 지은 것이며, 동중서는 참여하지 않고 별도로 『춘추번로』를 저술해서 『공양전』을 보좌했고, 또한 일찍이 호무생의 덕을 기리는 글을 지었다. 사마천은 동중서로부터 공양수와 호무생의 거짓된 학문을 전수받았으며, 그 『사기』라는 책은 거짓된 학문을 선양하는 데 가장 유력한 보물 같은 서적이다.

『역』은 5경의 근원이고,ⓐ 『춘추』는 단지 『역』 다음으로 중요한 것이지만, 다른 경전과 비교하면 또한 독존(獨尊)의 지위를 차지한다. 맹자는 "『시』가 망실된 다음에 『춘추』를 지었다."라고 했는데, '『시』가 망실되었다.'는 것은 공자가 만년에 여러 나라의 혼란이 날로 심해지니, 백성들의 원성이 상부에 전달될 수 없었기 때문에 『시』가 망실되었다고 말한 것이다.ⓑ 이 때문에 통치계층을 없애려는 생각을 가지고 『춘추』를 지었고, 『예운』과 『주관』은 모두 『춘추』를 계승해서 저술한 것이다. 『악경』은 『예운』·『주관』과 상보적으로 실행되었다. 『시』·『서』를 풀이한 경전(經傳)은 당연히 『예운』과 『주관』보다 뒤에 저술되었다.ⓒ 공자가 젊은 시절에 『시』・『서』를 자주 말했으니, 아마도 흔연히 요・순을 조술(祖述)하고, 문・무를 드러냈으며[憲章], 주공의 성스러움[誠]을 꿈속에서 만난 적이 있었을 것이다. 50세에 『역』을 연구한 다음에 사상에 큰 변화가 생겼으며, 세상의 변화를 살피는 것이 더욱더 깊어졌으니, 이에 『역』・『춘추』와 '새로운 예[新禮]'인 『예운』과 『주관』 등의 경전을 저술했다. 그 뒤로 젊을 때 다루었던 『시』・『서』를 다시 정리해서 개조했을 것이다. 그가 산정한 『시』 3백 편과 『시전(詩傳)』의 저술은 틀림없이 "좋은 일과 흉한 일을 백성과 함께 근심한다."는 『대역』과 『춘추』의 혼란한 제도를 고친다는 뜻에 근거했기 때문에, 『논어』에 "시(詩)는 감흥을 일으킬 수 있고, 얻고 잃는 것을 살필 수 있게 하며, 남들과 사귈 수 있게 하고, 원망하되 화내지 않게 할 수 있는 것이다"[49]라는 말이 있다. 그가 산정한 『상서』와 『서전(書傳)』의 저술은 반드시 『예운』의 '천하위공(天下爲公)'의 대도(大道)에 근거했기 때문에 소강을 사모할 만한 대상으로 여기지 않았을 것이다. 공자의 젊을 때 사상으로부터 말하면, 『시』와 『서』를 가장 중시했다고 할 수 있고, 공자가 만년에 확정한 학설에서 말하면, 『역』과 『춘추』를 가장 중시했다고 할 수 있다. 내가 『시』・『서』의 경전(經傳)이 모두 가장 늦게 완성됐다고 말한 것은 결코 망령된 추측이 아니다.[ⓓ]

ⓐ 이러한 주장은 본래 70명의 후학들이 번갈아 전수한 것으로부터 한나라 사람들이 계승한 것이다. 아마도 한나라 사람들은 이런 일의 자취를 바꿀 필요가 없었을 것이다.

ⓑ 조정[王朝]에서 예전에 채집한 시(詩)가 세상에 유행하던 것이 지금은 이미 망실되었다는 것을 말하는 것이 아니며, 또한 민중의 애환이 없어졌다는 것을 말하는 것도 아니다.

ⓒ 6경에는 모두 전(傳)이 있다. 공자가 산정한 『시』・『서』 두 경전은 틀림없이 모두 전을 지은 것이 있었을 것이지만, 애석하게도 모두 망실되었다.

ⓓ 옛날 서적에서 6경을 말하는 경우에, 먼저 『시』・『서』를 제시하는 것은 공자의

---

49 『논어』「양화」. 詩可以興, 可以觀, 可以群, 可以怨.

젊을 시절의 저작으로부터 말하는 것이고, 먼저 『역』·『춘추』를 제시하는 것은 공자 만년의 저작으로부터 말하는 것이다.

유방(劉邦)이 한(漢)왕조를 일으키니, 공자의 『역』은 전하(田何)에 의해 어지럽혀졌지만,ⓐ 그 대체(大體)는 여전히 헤아려 변별할 수 있었다. 공자의 『춘추』는 공양수와 그의 제자 호무생에 의해 망실되었으니, 원문이 모두 산실되어 살필 수 없게 되었고, 오직 하휴(何休)의 삼세(三世)설과 다른 곳에 간혹 간단한 말[單詞]들이 남아있으므로 참고해서 증험할 수 있을 뿐이다.ⓑ 『역』과 『춘추』는 『예』·『악』·『시』·『서』 등의 여러 경전의 모체[母]이며, 두 경전은 한대 초기에 이미 개찬되었고, 나머지 경전도 당연히 그 본질[眞]을 보존할 수 없었다.ⓒ 사마천은 『사기』「자서」에서 일찍이 6경에 대해서 일일이 한두 마디로 그 개요(槪要)를 총괄했는데, 이것에 대해 2천여 년 동안 경전을 연구하는 여러 학자 중에서 이의를 제기하는 사람이 없었다는 사실은 공자의 6경이 한나라 무제 때에 이미 나이 많은 학자들과 박사의 무리들에 의해 개찬 작업이 모두 끝났으며, 하나의 일반적인 법칙[典常]으로 되었다는 것을 알 수 있다.

ⓐ '어지럽혔다[亂]'는 것은 바꾸어 어지럽혀서 그 본질[眞]을 잃은 것이다.
ⓑ 예컨대, 『춘추위』에서 혼란한 제도를 개혁하면서 "내가 공연한 말을 싣고자 할 바에는 차라리 아주 절실하고 분명하게 일을 실행하는 것에서 드러내는 것만 못하다."고 언급한 말과 사마천이 동중서가 『춘추』의 "천자를 폄하하고, 제후를 물리치며, 대부를 토벌한다."고 일컬은 것을 기술한 것 등의 말들이다.
ⓒ '나머지 경전[餘經]'은 『예』·『악』·『시』·『서』 등의 경전을 말한다.

원문 이제부터 사마천의 「자서」를 항목별로 나누어 주석하겠다.

"『역』은 천지·음양·사시·오행의 운행을 드러내니, 변화를 살피는 데 뛰어나다."

이것은 술수로써『역』을 말하는 것이다. 고대의 술수는『한서』「예문지」에 보이는데, 대략 음양·역보(歷譜)·오행 등의 학파가 있다. 「예문지」에서 음양가의 무리들은 "넓고 큰 하늘에 공경스럽게 순응하고, 일월성신의 운행을 살피며, 백성들이 때마다 해야 하는 일을 공경스럽게 가르치는데, 이것이 그들의 장점이다. 구차한 사람이 행하면, 금기하는 것에 구애되고, 변변치 않은 술수에 얽매이니, 인사(人事)를 버리고 귀신에게 맡긴다."[50]고 했다. @ 또한 "역보(歷譜)란, 사시의 자리를 순서짓고, 춘·하·추·동의 절기를 바로잡으며, 일월과 금·목·수·화·토성의 천체를 이해함으로써 한서(寒暑)·살생(殺生)의 실질을 헤아린다.",[51] "또한 금·목·수·화·토성과 일월의 회합과 재앙의 근심, 좋은 일의 기쁨을 살펴 알아내는 술수는 모두 거기에서 나온다."[52]고 했다. 오행가(五行家)는 「예문지」에 31명이 있고, 책은 652권, 예컨대『황제음양(黃帝陰陽)』·『신농대유오행(神農大幽五行)』·『사시오행경(四時五行經)』·『음양오행시령(陰陽五行時令)』의 부류들이 있다고 기재되었다. 이런 책들은 주(周) 나라 말기 사람들의 위탁(僞托)일 것이지만, 그 술수가『역』「계사전」에서 기원한 것은 매우 오래됐다. 지금까지 대략 대요를 제시했는데, 술수가의 분파는 매우 많지만 여기서는 상세하게 언급하지 않겠다. 태고시대에 술수가 발흥한 것은 아마도 상고시대의 사람들이 세상을 관찰하고 신비감을 일으킨 데서 말미암았을 것이지만, 역시 초보적인 격물(格物)의 지식이 없는 것은 아니다. 그러나 결국 주관적인 신비감을 위주로 했기 때문에 격물지

---

50 『전한서』 권30. 敬順昊天, 歷象日月星辰, 敬授民時, 此其所長也. 及拘者爲之, 則牽於禁忌, 泥於小數, 舍人事而任鬼神.

51 『전한서』 권30. 歷譜者, 序四時之位, 正分至之節, 會日月五星之辰, 以考寒暑殺生之實.

52 『전한서』 권30. 又以探知五星日月之會, 凶阨之患, 吉隆之喜, 其術皆出焉.

식의 요소는 매우 적었다. 길흉을 헤아리는 술수가 모두 신비감에서 나왔다는 것은 고대의 각종 술수의 대략적인 상황이다. 술수는 복희(伏羲)의 8괘보다 앞서서 발흥해서 복희가 괘를 그리는 바탕이 되었을 것이며, 복희가 8괘를 제시한 것은 격물궁리의 위대한 업적이지만, 역시 술수의 둥지를 완전히 벗어나지 못했다.ⓑ 공자가 『주역(周易)』ⓒ을 저술하고 나서야 비로소 술수를 단절하고 순수하게 철학의 위대한 경전이 됐다. 이러한 사실은 현존하는 『역경』을 깊이 완미하면 분명하게 알 수 있다. 6국이 쇠퇴해서 혼란에 빠짐에 따라 군중의 마음이 두렵고 당혹스러워지니, 술수가 성행하게 되었는데, 이러한 술수는 모두 『대역』에 의탁했다. 전하(田何)는 멸망한 제(齊)나라 유민들을 이끌고 한나라에 들어와서 마침내 술수로써 『역』을 전수하여 한대 『역』학파의 시조가 되었다. 사마천이 "『역』은 천지·음양·사시·오행의 운행을 드러내니, 변화를 살피는 데 뛰어나다."고 말한 것은 전하가 전수한 술수의 『역』이다. 한대의 『역』은 모두 전하의 후예들이다. 사마천이 '변화를 살피는 데 뛰어나다.'고 말한 것은 술수가의 『역』이 주관적인 미신으로 자연의 변화를 헤아렸다는 사실을 알지 못한 것이다.ⓓ 이것은 공자가 복희의 "위로는 하늘을 관찰하고 아래로는 땅을 살피며, 가깝게는 자신에게서 취했고, 멀게는 사물에서 취했다."[53]는 것에 근거해서 변화의 도(道)를 파악한 것과는 그 방법[術]이 완전히 다른 것이니, 변별하지 않으면 안 된다.

 ⓐ 음양가가 비록 천문학의 기원이 되지만, 『한서』「예문지」에서 "그 금기하는 것이 많고, 변변치 않은 술수에 얽매이며, 귀신에게 맡긴다."고 일컬은 것은 대체로 원시시대의 사람들이 천지(天地)에 신기한 것이 있다고 미혹되게 믿고[迷信] 일종의 술수를 만들어 자연의 변화[天變]을 헤아린 것이다.

---

53 『역』「계사·하」. 古者包犧氏之王天下也, 仰則觀象於天, 俯則觀法於地, 觀鳥獸之文 與地之宜, 近取諸身, 遠取諸物.

ⓑ 한대의『역』은 여전히 그 뿌리를 간직하고 있다.

ⓒ '주(周)'란, 보편의 의미이다.『역』의 도는 있지 않은 곳이 없다.

ⓓ 이를테면, 오행가들이 오행의 순서가 어지럽고, 오성(五星: 금·목·수·화·토성)의 변화가 일어나는 것으로써 길흉을 말하는 것이다.

원문

"『예(禮)』는 인륜을 바로잡는 원칙이니, 행위를 바로잡는 데 뛰어나다."

주석

사마천이 말한 예(禮)는 '옛날의 예[古禮]'이다. '고례'의 정신은 실로 인륜을 바로잡는 데 있다. '인륜'이라는 말은 대충 해석해서는 안 된다. 고대에 이미 오륜(五倫)이 정해졌으니,『상서』「순전(舜典)」에서 사람이 지켜야 할 '다섯 가지 떳떳한 도리[五典]'를 삼가 밝힌 것이 이것이다.ⓐ 사마천의 부친인 사마담이 "군신부자(君臣父子)의 예를 배열하고, 부부장유(夫婦長幼)의 차이를 순서짓는다."고 말한 것은 바로 '고례'이며, 사마천이 계승한 것이다.ⓑ 그러나 공자가 제정한 '새로운 예[新禮]'는 경제[食貨]에서 정치교화 등에 이르기까지 전부 천지를 마름질하여 이루고, 만물이 생겨나기를 도와주는 도(道)로서 포함하여 통하지 않는 것이 없는 것이니, 실로 오륜에 구애되지 않는 것이다.ⓒ 사마천이 바로『예운』·『주관』등의 경전을 피하고 언급하지 않았다는 것에서 한대 초기에『예경』을 말하는 자들은 이미 공자의 '새로운 예'를 폐기하고 '옛날의 예'로 돌아갔다는 것을 알 수 있다.『예운』은『대기(戴記)』에서 거의 다 삭제되었고,『주관』은 무제(武帝)에게 혼란을 일으키는 올바르지 못한 책이라고 낙인찍혀 은폐되어 유통되지 않은 것이 그 증거이다.

ⓐ '삼가 밝힌다[愼徽]'는 것은 임금의 자리에 있는 자가 오륜으로써 공경하고 삼가서 백성을 선량하고 아름다운 것을 좋아하도록 인도하는 것을 말한다.

ⓑ 어떤 사람이 물었다. "사마담의 주장은 오륜 가운데 '붕유유신(朋友有信)'을 빠뜨려버린 것 같습니다." 대답했다. "그렇지 않다. 사마담이 '장유유서(長

幼有序)'를 말한 것은 형제와 붕우 두 개의 윤리를 통섭한 것이다.”

ⓒ 오륜을 없앨 수 없는 것은, 부자·부부·형제·붕우 같은 예절이 모두 인도(人道)의 곧은 도리인데, 공자가 어떻게 일찍이 그것을 없앴겠는가? 인류가 단절되지 않는 한 끝내 없앨 수 없다. 그러나 이것에 속박되어서는 안되니, 속박되면 곧 사적인 것으로 되기 때문이다. 인생은 본래 천지만물과 한 몸이기 때문에 공자는 공적인 것을 귀하게 여겼다.

“『서(書)』는 선왕의 사업을 기록했으니, 정치하는 데 뛰어나다.”

이것은 틀림없이 공자가 아직 손보지 않은 옛날 책일 것이다. 공자가 산정하여 정리한 책은 반드시 사실을 기록한 역사가 아닐 것이다. 만일 사실을 기록한 역사라면 근세의 『통감집람(通鑑輯覽)』54과 같은 통속적인 것(俗物)이니, 무슨 의미가 있겠는가? 진(秦)나라 박사인 복생(伏生)의 책은 고서(古書)를 섭렵해 골라 뽑아 이루어진 것으로서 그럭저럭 사실을 기록한 것이지, 결코 공자의 책이 아니기 때문에 한대부터 유통되어 오늘날에까지 이른 것이다. 그러나 공벽(孔壁)에서 출토된 고문서는 한 무제가 은폐해서 통용되지 않은 것이니 틀림없이 공자의 책이며, 그것이 통용되지 않은 것은 본래 그 이유가 있는 것이다.

“『시(詩)』는 산천·계곡·금수·초목·빈모자웅(牝牡雌雄)을 기록했으니, 풍속을 밝히는 데 뛰어나다.”

오로지 산천·초목·조수를 헤아려서 『시』를 연구했다. 한대 초

---

54 『통감집람(通鑑輯覽)』: 황제(黃帝)에서부터 명(明)나라까지의 사적을 기록한 116권의 역사책이다. 청(淸)나라 건륭(乾隆) 32년에 칙명(勅命)으로 편찬했다. 그 비어(批語)는 고종(高宗)이 친히 비평을 가(加)한 것이다.

기의 유학자들이 처음 그 단서를 열었으니, 사마천의 이 말에서 그것을 증험할 수 있다. 공자는 『시』를 산정할 때 반드시 전(傳)을 지어서 의미를 밝혔을 것이니, 맹자가 "『시』가 망실된 다음에 『춘추』를 지었다."고 말한 것에서 공자의 『시전』은 반드시 그 "길흉을 백성과 함께 근심한다."는 뜻을 드러냈을 것이라는 점을 알 수 있지만, 한나라 사람들은 도리어 그 포부를 고증(考證) 쪽으로 돌려 바꾸었다. 옛 철인은 "시는 뜻[志]을 말한다."고 했는데, 뜻과 기개가 사소한 것으로 사라져 버린다면, 이것이 어떻게 풍속[風]이 될 수 있는가? 공자의 『시전(詩傳)』을 한나라 사람들은 한 글자도 남기지 않았으니, 참으로 원망스럽다.[a]

> [a] 『논어』에서 『시』를 논한 곳은 모두 심원한 뜻을 품고 있으나, 아쉽게도 주석가들이 드러내 밝힐 수 없었다. 그리고 「양화편」의 소자(小子) 장(章)은 당연히 두 개의 장이어야 할 텐데, 도리어 편집자의 사적인 의도에 의해 합쳐졌다. 그 첫 번째 장에서 "공자가 말하기를, '여러분들은 어찌하여 시(詩)를 배우지 않는가? 가까이는 아비를 섬기고, 멀리는 임금을 섬기며, 새와 짐승과 초목의 이름을 많이 알게 될 것이다."'라고 하였다. 이것은 공자가 젊은 시절에 제자들을 가르친 말이다. 그 두 번째 장에서 "공자는 말하기를, '시(詩)는 감흥을 일으킬 수 있고, 얻고 잃는 것을 살필 수 있게 하며, 남들과 사귈 수 있게 하고, 원망하되 화내지 않게 할 수 있는 것이다."'라고 하였다. 이것은 공자 만년의 말이다. 두 장의 의미는 절대로 같지 않아서, 뒤의 장은 제자들에게 말한 것이라고 보기에는 매우 곤란하니, 하나로 합칠 수 없는 것인데도 종래에 변별하지 못한 것은 괴이한 일이다!

"『악(樂)』은 즐겁게 세우는 것이니, 조화롭게 하는 데 뛰어나다."

사마천은 『악경』에 능통했다. 화락(和樂)이란, 낳고 낳는 참된 기틀로서 우리들과 천지만물의 본성이다. 인생은 그 본성에 순응하며 발전하니, 타락과 허망함을 벗어나면 세울 수 있다.[a] 그 화락의 본성을 잃으면 바로 타락과 허망함에 빠져서 사람들을 세울 수 없다. 음악은 사람을 화락으로 인도하니, 이것이 『악경』을 지은 목적이다.

ⓐ '타락과 허망함[倒妄]'이라는 말은 불교의 용어를 빌려 쓴 것이다.

원문 "『춘추』는 옳고 그름을 변별하는 것이니, 사람을 다스리는 데 뛰어나다."

주석 이것은 공양수의 전(傳)에 근거한 것이다. 대의(大義)를 본보기로 삼아 선악을 분별해서 좋고 나쁨을 평가하니, 옳고 그름이 어지럽게 되지 않아 난신적자를 두렵게 만든다. 사마천의 『사기』가 근본으로 하는 것이 여기에 있다.

사마천은 무제 때에 벼슬을 했으므로 여전히 한대 초기의 사람이다.ⓐ 그가 6경에 대하여 각각 한두 마디로 요점을 제시하였는데, 2천여 년이 지나도록 학자들이 그것을 전하고 익히면서 6경이 공자의 참모습이 아니라는 것을 아무런 의심 없이 준수한 것은 이미 한대 초기에 확정된 듯하다. 전하(田何)는 맨 처음 술수로 공자의 『역경』을 어지럽혔다. 공양수(公羊壽)와 그의 제자 호무생(胡毋生)은 맨 먼저 한나라를 위해 법도를 제정해서 공자의 『춘추』를 완전히 고쳐버렸다. 복생(伏生)은 진(秦)의 박사 시절에 관장한 고서(古書)를 가지고 공자의 『서경』을 바꾸어 버렸다. 『소대례기(小戴禮記)』는 『예운』 전체의 경전을 개작해서 『예기』 중의 한 편, 즉 「예운」이라는 편명으로 만들었고, 단지 편 머리에 원서의 의미를 매우 적은 몇 마디의 말ⓑ로 남겼을 뿐이며, 결국은 공자가 대도(大道)로 인정하지 않은 소강(小康)에 근본을 돌림으로써 황하와 양자강이 영원히 흐르듯이 폐기할 수 없는 것으로 만들었다.ⓒ 통치계층과 사유제도의 폐지를 주장하는 『예운』은 실로 구시대의 예교를 개혁하는 한 권의 위대한 경전임에도 불구하고, 한나라 사람들은 바로 그것을 훼손해서 옛날로 되돌아갔으니, 어찌 애석하지 않은가? 『주관경』은 본래 『춘추』의 혼란을 제거해서 승평(升平)으로 진입하는 치법(治法)인데, 맨 먼저 한 무제에게 핍박당했다. 동관(冬官)은 공업으로 상업을 영도하는 것인데,ⓓ 한나라 사람들은 부모에 대한 효도와 형제간의 우애, 농사일에 힘쓸 것을 장려해서 백성의 뜻을 정한 반면에 공업과 상업을 심하게 기피했다. 「동관」은 틀림없이 박사들이 훼손했을 것이다. 유흠(劉歆)은 왕망(王莽)이 황제의 자리를 찬탈하는 것을 도왔다. 비록 그가 「동관」의 법도를 세습해서 자신의 과오를 감추려 했지만, 천자의 예제(禮制)를 반드시 유지하고자 했으니, 유흠이 경전을 고쳐서 바꾼 것이 틀림없이 있을 것이라고 단언할 수 있다. 게다가 6국 시기의 소강파 유학자들이 분명히 개찬했을 것이니 어떻게 유흠에게서 그쳤겠는가? 그나마 책의 대체적인 내용[大體]을 미루어 살필 수 있는 것은 또한 불행 중의 다행일 뿐이다. 예(禮)와 악(樂)은 서로 융합되어 분리할 수 없는 것이니, 공자의 『예경』이 이미 멋대로 어지럽혀졌다면, 『악경』도 당연히 홀로 남겨질 수 없었을 것이다. 『시경』과 『춘추』의 관계는 밀접하므로 『춘추』가 이미 공양수에게 훼손당했다면, 『시』를 연구하는 자들이 감히 공자의 『시전(詩傳)』을 보존하지 않고 초목과 금수 등의 장난감으로 여겨 진실을 숨긴 것은 본래 괴이하게 여길 만한 것이 없다.

ⓐ 무제(武帝)가 즉위할 때는 한나라가 발흥한 지 겨우 60년이 되었을 뿐이다.

ⓑ 몇 마디의 말 가운데는 당연히 그 본래 의미를 고친 것이 있을 것이다.

ⓒ 「원외왕」에서 상세히 설명했다.

ⓓ 지관(地官)이 양육[養]으로써 교육[敎]을 겸한 것은 교육과 양육의 연계를 밝힌 것이다. 하관(夏官)이 국방[軍]으로써 외교를 영도한 것은 국방의 행정과 외교의 연계를 밝힌 것이다. 그러므로 동관(冬官)이 공업을 관장하면서 반드시 상업을 영도한다는 것을 알아야 한다.

이제 총괄적으로 결론을 내리겠다. 강유위가 말한 『춘추』는 유흠이 '대의'와 '미언'으로 분별한 학설을 계승해서 서술한 것인데, 나는 청나라 시기에 이미 의심을 품었으나 그때에는 6경을 정리하려는 마음이 없었기 때문에 내버려두고 연구하지 않았다. 이후에 우주론ⓐ에 빠져 불교 대승학에 힘을 소모할 때가 많아서 그 현묘한 해석을 좋아했지만, 공상(空想)과 환상(幻想)을 싫어하여 결국은 불교를 떠나 '스스로 깨닫는 것[自悟]'으로 돌아왔다. 예순 살쯤 되어서 공자의 내성외왕(內聖外王)의 도에 깊게 감동받고, 몸과 마음을 바쳐 선성(先聖)을 모시겠다고 맹세했다. 당초에 나는 6경이 한대부터 전래되었으므로 한대 유가의 구설(舊說)을 소홀히 여겨서는 안 된다고 생각했었지만, 세월이 흐른 뒤에 한나라 사람들이 경전을 왜곡하고 어지럽혔ⓑ는 사실을 알게 되었다. 그래서 유흠의 '대의'와 '미언'의 구분을 돌이켜 생각해봤지만, 오랫동안 그것이 맞는지 틀리는지 판단할 수 없었으므로 의견의 충돌을 조화시키기 위해 일단 그 견해를 따르기로 했다.ⓒ 그러나 자세히 생각해보니, '대의'와 '미언'이라는 두 말은 단지 두 가지 완전히 다른 사상을 표시하는 것이므로 사실상 결코 이 말로 충돌을 조화시킬 수 없었다. 예컨대 사마천이 「자서」에서 동중서의 『춘추』에 대한 설명을 서술한 것처럼, 앞에서 『춘추』를 "천자를 폄하하고 제후를 물리친다." 등으로 칭찬한 것은 '미언'이고, 뒤에서 『춘추』를 "삼대의 성덕을 추숭하고, 주 왕조를 기렸다."고 말한 것은 '대의'라고 하였는데, 이것은 분명히 앞뒤가 모순되어 마치 남극과 북극이 한곳으로 합쳐질 수 없는 것과 같으니, 어떻게 그것을 조화하여 어긋나지 않게 병존하도록 할 수 있겠는가? 나는 『시전』과 공벽(孔壁)에서 출토된 『서경』이 한대 초기에 모두 전해지지 않았지만, 다행히 5경의 근원이라고 칭해지는 『대역』은 한대부터 전해져서 지금까지 아직 남아 있다고 생각한다. 전하(田何)가 비록 술수의 지론(持論)으로 『역경』의 진상(眞相)을 가리어 숨겼지만, 경문을 개찬한 곳은 다른 경전에 비해 적은 것 같다. 6경이 '대의'와 '미언'으로 충돌되는 사상인지 아닌지를 판단하는 방법은 심사숙고해서 『역』에서 그 기준을 찾는 것보다 더 좋은 것이 없다. 『역』은 64괘이고 건곤(乾坤)이 첫째 자리를 차지한다. 건괘의 첫머리에서 요지를 밝히는 것은 본래 「건(乾)」에서 증거를 찾아야 한다. 그물을 펼치는 데에 그 벼리를 들면 모든 그물의 눈도 펼쳐지고, 옷을 정돈하는 데에 그 옷깃을 잡아당기면 모든 옷의 결이 펴지는 것을, 『역』을 읽는 사람들은 알아야 한다. '대의'는 요점을 찔러 말하면 통치계층을 옹호하는 것이고,ⓓ '미언'은 요점을 찔러 말하면, 처음으로 서민들이 나와 통치계층을 소멸한다는 것이다.ⓔ '대의'와 '미언' 두 가지는 본래 서로 충돌하는 것이니, 과연 두 종류의 서로 용납할 수 없는 사상을 포함하고 있는지의 여부를 「건괘」에서 찾아보겠다. 「건괘」의 6효(六爻)를 총괄하는 사(辭)에서, "용구(用九): 뭇 용의 우두머리가 없음을 보니, 길할 것이다."[55]라고 말했고, 그 「단전(彖傳)」에는 "처음으로 서민들이 나오니, 온 나라가 모두 평안하다."[56]고 말한 것이 있다. 지금부터 다음과 같이 해석하겠다.

ⓐ 이 우주론은 본체와 현상을 통틀어서 말하는 것이다.

ⓑ 경문(經文)을 개찬하는 것을 '어지럽힌다[亂]'고 하며, 본래 성인의 뜻이 아닌데 사적인 견해로 곡해하는 것을 '왜곡한다[誣]'고 한다.

ⓒ 이를테면 「예운편」에서 소강을 대의(大義)라고 하고, 대동을 미언(微言)이라고 하는 것이다. 『공양전』이 한나라를 위해 법도를 제정한 것은 본래 대의이지만, 하휴(何休)는 『공양해고(公羊解詁)』에서 거란(據亂)·승평(升平) 등의 삼세(三世)의 의미를 특별히 채택해 넣었으니, 어쩔 수 없이 그것을 미언이라고 했다. 대의와 미언을 구분한 것은 아마도 충돌을 조화하여 어긋나지 않게 병존하도록 한 것일 것이다.

ⓓ 「예운」에서 소강과 '대인의 세습을 예로 삼는다.'고 말한 것은 곧 군주제도를 폐지하지 않고 통치계층을 유지한 것이니, 사유제도는 이로 인해서 바꿀 수 없었다. 인륜을 질서짓는 예의는 모두 그 통치에 적합한 것을 취했다는 것을 「예운」편에서 명백하게 말했다.

ⓔ 「춘추」의 "천자를 폄하하고, 제후를 물리치며, 대부를 토벌한다."는 말과 『예운』

---

55 『역』「건괘」. 用九, 見羣龍无首, 吉.
56 『역』「건괘」. 首出萬物, 萬國咸寧.

에서 말한 "대도가 실행되니, 천하가 공평해졌다."는 것과 "천하는 한집안이다."
는 것은 모두 통치계층을 소멸한다는 것을 가리킨다.

"용구(用九): 뭇 용의 우두머리가 없음을 보니, 길할 것이다."
유환(劉瓛)은 "6효를 거느리는 것은 순양(純陽)의 의미이기 때문에 '용구'
라고 했다."고 말했다. ⓐ 왕필(王弼)은 "강건함으로써 사람의 우두머리를
차지하면 만물이 함께하지 않는 것이다. 그러므로 「건」의 길함은 우두
머리가 없는 데 있다."[57]고 했다. ⓑ 정이천(程伊川: 程頤)은 "모든 양(陽)의
의미를 보니, 우두머리가 없으면 길하다."[58]고 했다. ⓒ 주자(朱子)는 『역
본의(易本義)』에서 "여섯 양(陽)이 모두 변하여 강하면서도 유순할 수 있
으니, 길한 도(道)이다."[59]라고 했다. ⓓ 위의 여러 견해를 자세하게 살펴
보면, 모두 성인의 말에 대해 그 의미를 데면데면하게 해석했는데, ⓔ 만
일 한대 사람들의 이른바 '미언'이라는 말의 함의에 의해 이 문장을 해석
한다면, ⓕ 이 문장이 곧바로 '미언'이다. 왕필·정이천·주자의 해석이
비록 모두 공허하고 데면데면할지라도 성인의 뜻에 어긋나지는 않는다.
천자·제후·대부의 통치계층이 모두 전복되었다면, 자연히 민주(民主)
이고 당연히 사회주의로 달려 나간다. 『주관경』은 혼란을 제거하고 기
틀을 마련하는 제도로서, 그 민중의 자주적인 역량을 움직이고 지방제
도를 엄밀하게 조직하며 각종 생산사업의 연계를 중시하니, ⓖ 일체의
모든 것은 '사적인 것[私]'을 '공적인 것[公]'으로 변화시키며 분산된 사람
들을 군중으로 모으는 것인데, 어찌 사회주의의 단서가 아니겠는가! ⓗ
사회의 발전이 지극히 선하고 아름다운 경지에 도달하면 곧 『춘추』의
이른바 "천하의 사람들이 모두 사군자(士君子)의 행위를 한다." ⓘ[60] 이것

---

57 『주역주소(周易註疏)』 권1. 夫以剛健而居人之首則物之所不與也. … 故乾吉在无首.

58 『이천역전』 권1. 觀諸陽之義, 无爲首則吉也.

59 『주역본의』 권1. 六陽皆變, 剛而能柔, 吉之道也.

60 『춘추번로』 권6. 天下之人人有士君子之行.

이야말로 「건괘」의 순양(純陽)①이고, 뭇 용[群龍]의 상(象)이다. ⓚ 전 인류가 모두 사군자이고 모두 '용의 덕[龍德]'①을 가지기 때문에 피차간에 서로 협조하고 견제하니, 모든 것이 평등하여 우두머리가 없으므로 그 모습을 "뭇 용에 우두머리가 없다."고 했다. 왕필이 "강건함으로써 사람의 우두머리를 차지하면 만물이 함께하지 않는 것이다."라고 한 말은 오히려 합당하지 않다. 뭇 용의 세상에는 저절로 우두머리가 없으니, 본래 강건함으로 사람의 우두머리를 차지하는 것을 경계로 삼을 필요가 없다. 오직 세상이 뭇 용에 도달하지 않으면 군중의 영도자는 또한 마땅히 겸허하게 왕필의 경계를 마음속에 간직해야 한다. 정이천의 말이 비교적 괜찮으며, 주자가 강하면서 유순할 수 있다고 말하는 의미도 마찬가지이다. 뭇 용이 모두 우두머리가 되지 않는 것은 곧 지극히 강건함 가운데에 유순한 덕이 있는 것이니, 이것이 인류의 태평(太平)을 항상 지키는 까닭이다. 유순함[柔]은 곤의 덕이다. 「곤괘」에서 "이로움은 오랫동안 곧음에 있다."61고 했는데, 곧음[貞]이란 바르면서 견고한 것으로 감히 또한 차마 강건함으로써 사람들의 위에 있지 않는 것이지, 연약해서 쓰러지는 것을 말하는 것이 아니다.

ⓐ 「건괘」의 6효는 모두 양(陽)이기 때문에 '순양(純陽)'이라고 한다. 수(數)에는 홀수와 짝수가 있으며, 9는 홀수이다. 무릇 '괘'는 모두 홀수를 양의 수로 삼으니, 9라고 말한 것은 양(陽)을 말한 것과 같다. 「건괘」의 6양은 모두 쉼 없이 변동한다는 것은, 건양(乾陽)이 곧 변동하는 것을 그 용(用)으로 삼는다는 것을 명시하기 때문에 '용구(用九)'라고 한 것이다.

ⓑ '건(乾)'은 양(陽)이며, 그 덕(德)은 강건(剛健)함이다. 왕필은 노자(老子)의 '유순함을 귀히 여기는[貴柔]' 뜻에 근거했기 때문에 '우두머리가 없는 것[無首]'을 길하다고 생각했다. 이것은 왕필의 글을 줄여서 기록한 것이다.

ⓒ 6효가 모두 양이기 때문에 '모든 양(陽)'이라고 했다.

ⓓ 왕선산(王船山)이 『역내전(易內傳)』에서 이것을 해석한 것은 자못 지리멸렬하다[支蔓]는 혐의를 받으며, 육상산(陸象山)과 왕양명(王陽明)의 학문을 타파하는 것과

---

61 『주례주소』 권3. 利永貞.

는 더욱 상관이 없다.

ⓔ 여러 학자들은 모두 민주와 사회주의 등의 사상이 없으므로 '그 의미를 데면데
면하게 해석했다[泛釋其義]'고 말했다.

ⓕ '미언'이라는 말의 내포적 의미는 지극히 넓지만, 요점을 찔러 말하면 통치계층
을 폐지해 없애는 것임을 앞에서 설명했다.

ⓖ 「천관(天官)」편에서 "사소한 일도 모두 연계되어 있다."[62]고 말한 것이 있는데,
이 말을 소홀히 여겨서는 안 된다. 사소한 일들도 연계되어 있는데, 하물며 큰일
은 어떠하겠는가!

ⓗ 나를 비난하는 사람이 말했다. "『주관경』의 제도는 성인이 후세를 위해서 민주
제도의 초안을 제시한 것이라고 말할 수 있지만, 후세 사람들이 끝내 그것을 완
전하게 본받을 수 없는 것이라면, 또한 무슨 소용이 있겠는가?" 내가 대답했다.
"이 초안은 후세 사람들이 완전하게 본받기를 바란 것이 아니고, 성인이 단지 하
나의 규모를 수립해 후세의 사람들이 세계를 개조하는 용기와 지혜를 불러일으
키도록 한 것이니, 그 원리·원칙은 결국 후세 사람들이 도외시할 수 없을 것이
다."

ⓘ 이 말은 동중서의 『춘추번로(春秋繁露)』에 보이며, 공자 『춘추』의 뜻을 인용한
것이다. 태평세의 인류는 당연히 이와 같다.

ⓙ '사군자의 행위'는 곧 양강(陽剛)·정대(正大)한 덕을 가지고 있는 것이다. 전 인
류에서 한 사람이라도 사군자가 아닌 사람이 없다는 것이 바로 「건괘」 6효의 순
양(純陽)의 의미이다.

ⓚ 고대에는 용(龍)이 건덕(乾德)을 가지고 있어서 잘 변화하여 구애되는 것이 없다
고 생각했기 때문에 그것으로 사람에게 사군자의 행위가 있다는 것을 비유했다.
뭇 용[群龍]은 전 인류가 모두 사군자라는 것을 비유한 것이다.

ⓛ 즉 강건하지만 잘 변화하여 구애되는 것이 없는 덕이다.

『좌전(左傳)』: 채묵(蔡墨)은 "건(乾)괘의 지괘(之卦)인 곤(坤)괘에서, '뭇 용들
의 우두머리가 없음을 보니, 길할 것이다.'라고 말했다."[63]고 했다. ⓐ 나
는 '건곤'은 본래 '서로 반대되면서 서로 이루어주는 것[相反相成]'이기 때
문에 한마디로 말하면 '건'이 있으면 '곤'이 있다는 것을 알고, '곤'은 '건'

---

62 『주례주소』 권3. 凡小事皆有聯.
63 『춘추좌전』 左昭二十九年, 蔡墨答魏獻子曰: "乾之坤, 曰見羣龍无首吉."

을 떠나지 않는다는 것을 알게 되니, '건'이 '곤'으로 변하고, '곤'이 '건'으로 변한다고 말할 필요가 없다. 왕선산(王船山)은 『역전』에서 '단독의 양[孤陽]'도 없고, '단독의 음[獨陰]'도 없는 이치를 자세히 밝혔는데, 내가 어떻게 감히 그것을 비난하겠는가! 그러나 그가 '건'과 '곤'에는 모두 '열두 자리[12位]'가 있다고 말한 것에서, 모두 양(陽)인 '건'의 여섯 자리가 드러나면 음(陰)의 여섯 자리는 숨어서 나타나지 않고, 모두 음(陰)인 '곤'의 여섯 자리가 드러나면 양(陽)의 여섯 자리는 숨어서 나타나지 않기 때문에, '건'과 '곤'은 모두 열두 자리이고 각각의 괘에 미루어 보면 모두 그러하다고 말했다. 왕선산은 함부로 매 괘마다 여섯 자리를 덧붙인 것이므로 명명백백하게 경전에 위반되는 것이니, 예전에 『역』의 상(象)을 연구하는 사람들은 모두 「건괘」 가운데 '곤'의 상이 있고 「곤괘」 가운데 '건'의 상이 있다고 말했다. 「건」괘 단사(彖辭)에서 "건도(乾道)가 변화한다."고 말했는데, 만일 「건괘」가 단지 '단독의 양[孤陽]'일 뿐이라면, 또한 변화를 말할 수 있는가! 왕선산은 이것을 자세히 완미하지 않았기 때문에 곧 여섯 자리를 증가시키는 오류를 범했다. ⓑ

ⓐ '건(乾)괘의 지괘(之卦)인 곤(坤)괘'라는 것은, 건괘 6효가 모두 변하면, 곤괘가 된다는 것을 말한다. 건의 강(剛)이 곤으로 변하면, 유(柔)로써 구제하기 때문에 우두머리가 없다는 것이며, 이것이 고의(古義)이다. 주자가 강하면서 유순할 수 있다고 말한 것은 바로 이것에 근본한 것이다.

ⓑ '열두 자리[12位]'의 학설은 왕선산의 『역내전』 「건괘」에 보이는데, 증씨(曾氏) 각본(刻本)에는 그것이 있었으나, 근래 중화민국(民國)시기의 속인본(俗印本)을 보면 없애버렸다. 그러나 『내전』 「발례(發例)」에서 "한 개의 괘 속에서 향응(響應)하는 것과 배치(背馳)되는 것이 여섯은 어둡고 여섯은 밝으니, 자리는 또한 열두 개다." 등이라고 말했다. 속본(俗本)에 여전히 보존하여 삭제하지 않은 것은 망령된 사람이 결국 소홀하여 빠뜨린 것이다. 선현[前賢]의 책을 출간할 때에는 이해득실을 따질 것 없이 모두 수정해서는 안 된다.

한대 사람들이 '대의'와 '미언'을 구분한 것에 의하면, '뭇 용의 우두머리가 없다.'는 것은 '미언'이다.

"처음으로 서민들이 나온다[首出庶物]." 등이라고 말한 것은 한·송대의 많은 학자들의 견해에 근거하면, 모두 '대의'라고 간주했다. 유환(劉瓛)은 "양기(陽氣)는 만물이 비롯되는 것이기 때문에 '처음으로 만물이 나온다.' 임금을 세우니 천하가 모두 평안하다. 그러므로 '온 나라가 평안하다.' 라고 했다."ⓐ고 말했다.[64] 정이천은 『역전(易傳)』에서 "건도가 처음으로 여러 가지 물건을 내놓으니, 만물이 형통하고, 임금의 도가 하늘의 자리에 존귀하게 임하니, 온 백성이 따른다."[65] 등이라고 말했고, 주자는 『역본의(易本義)』에서 "성인이 위에 계시면서 만물보다 높게 나온 것은 건도의 변화와 같다."[66] 등이라고 말했다. 왕선산은 『역내전(易內傳)』에서 "이것은 성인이 건도의 공용을 체인한 것을 말한다. 순양(純陽)의 덕을 쌓아 합일함에 어떠한 틈도 없으니, 사사로움이 없는 지극함이요, 쉼 없는 성실함이다. … 건원(建元)으로써 부모의 지극함을 계승한다[后]." 또 "임금은 홀로 무리를 거느리고, 백성은 무리로써 임금을 따르며, 임금의 제도가 정비되면 백성이 법을 쫓으니, 임금을 세워 백성을 주재해서 백성이 오로지 다스려지는 것보다 더 좋은 것은 없다."ⓑ 위에서 상세히 살펴본 것은 대략 몇 사람의 견해를 들어 2천여 년 동안 학자들의 공통적인 식견을 나타냈을 뿐이지, 단지 이 몇 사람에 그치는 것은 아니다.ⓒ 이처럼 "처음으로 서민들이 나온다."라고 말한 것들은 한대 이후의 여러 학자들의 견해에 의하면, 한결같이 통치계층을 옹호하는 '대의'라고 생각한 것으로서 분명하게 '미언'과 상충되며, 사실상 모두 『대역』에서 처음으로 요지를 밝히는 「건괘」 가운데 나타난다. 그렇다면 어떻게 한나라 사람들이 공자를 왜곡했다고 책망할 수 있는가? 예전에 나는 이 문제로 혼란에 빠져, 감히 한나라 사람들이 '대의'와 '미언'으로 구분한 것을 가

---

64 이정조(李鼎祚)의 『주역집해(周易集解)』 권1에서, "劉瓛曰: '陽氣爲萬物之所始, 故曰 「首出庶物」. 立君而天下皆寧, 故曰 「萬國咸寧」也."라고 하였다.

65 『이천역전』 권1. 乾道首出庶物而萬彙亨, 君道尊臨天位而四海從.

66 『주역본의』 권1. 聖人在上, 高出於物, 猶乾道之變化也.

볍게 부정하지 못했었다. 하지만 오랫동안 노력해서 여러 학자들의 전(傳)·주(注)의 질곡을 쓸어 없애고 허심탄회하게 마음을 가라앉히고 경전의 의미를 완미하자마자, 여러 곳에서 구설(舊說)이 성인을 왜곡하고 있다는 사실을 발견할 수 있었다. 즉 위에서 든 "처음으로 서민들이 나오니, 온 나라가 모두 평안하다."는 것을 여러 학자들이 모두 '존군(尊君)'@으로 해석한 것은, 아마도 군주통치하에서 권세를 두려워하며 받드는 일에 습관이 되고, 그것이 오랫동안 거듭됨에 말미암아 자각하지 못했기 때문에 결국은 성인의 말씀을 더럽히고 곡해하게 되었을 것이다. 이처럼 앞사람이 그렇게 하면 뒷사람들도 그대로 따라서, 모두 성인의 도(道)가 참으로 이와 같으니 진실로 영원히 변하지 않는 진리라고 생각한 것이 바로 성학(聖學)이 드러나지 않게 된 까닭이다.

> ⓐ 유환의 주장은 간단명료하니, 한대의 여러 역학자들을 대표할 수 있다. 우번(虞翻)의 주석은 유환과 같지만, 그 말을 인용한 것을 보면 그는 상수가들의 장난치는 수법을 사용하였으니, 한대 역학을 연구하지 않은 사람들은 혹 이해하는 데 어려움을 겪을 것이다.
>
> ⓑ 왕선산의 『역외전(易外傳)』 권6 제4장에 보인다.
>
> ⓒ 정이천과 주자는 본래 한대의 『역』에 근거했으며, 왕선산은 정이천과 주자에 근본하면서 동시에 왕필의 "적음으로 많음을 제어한다[以寡制衆]"는 학설을 채택했다. 왕필은 본래 군주가 필요 없다는 이론을 견지한 자가 아니다.
>
> ⓓ '존군(尊君)'은 곧 통치계층을 옹호하는 것이다.

『역』의 각 괘의 6효에는 한 개의 효(爻)가 하나의 뜻(義)을 밝히는 것도 있고, 여섯 개의 효를 통틀어 총괄해서 하나의 뜻을 밝히는 것이 있으니, 『역』을 공부하는 사람은 요점을 잘 취해서 읽어야 한다. 「건괘」의 6효를 외왕학(外王學)의 관점에서 보면 바로 6효를 통틀어서 총괄적으로 혁명과 민주의 뜻을 밝힌 것이다. 이것은 견강부회한 것이 아니니, 『역』에 「혁(革)」괘와 「정(鼎)」괘가 있고, '혁명'이라는 말이 「혁괘」에 나온다. '민주'라는 의미는 『주관』에서 또한 상세하게 상고할 수 있다. 「건」의 초효(初爻)에서 '물에 잠겨있는 용[潛龍]'이라고 말하고, 「문언(文言)」에서 "물에 잠겨있는 용은 쓰지 말지니, 밑에 숨어 있기 때문이다."라고 말했는데, 이것은 군중들이 비천하여 아래에 머무르고 있기 때문에 그 능력[用]을 펼칠 수가 없으니, 통치자의 억압을 받는 상(象)임을 말하는 것이다. 이효(二爻)의 "나타난 용이 밭에 있다."는 것은 혁명의 잠재력이 이미 사회로 발전한 것으로서 '나타난 용[見龍]'의 상이 되는 것이다.ⓐ 구삼(九三)의 "군자는 종일토록 굳세고 굳세다."는 것은 큰 공적이 아직 이루어지지 않았으니, 굳세고 굳세지 않을 수 없다는 것이다.ⓑ 구사(九四)의 "혹은 뛰어오르기도 하고 못에 있기도 한다."는 것에서, '혹은 뛰어오른다.'는 것은 통치계층을 거의 전복하여 그 큰 권력을 빼앗는 것이지만, 또한 갑자기 이룰 수 없는 것이기 때문에 '못에 있기도 한다.'고 하였으니, 여전히 아래에 있다는 것이다. 구오(九五)의 "나는 용이 하늘에 있다."는 것은 큰 공적이 뜻대로 이루어져서 주권이 인민에게 있고 위와 아래가 자리를 바꾸었기 때문에 나는 용이 하늘에 있는 상이 된다. 상구(上九)의 "하늘에 오른 용은 뉘우침이 있다."는 것은 통치계층이 붕괴되니 이에 자연법칙이 틀리지 않다는 것을 밝힌 것이다. 이렇기 때문에 여섯 개의 효를 통틀어서 완미하면, 잠재적인 것[潛]에서 드러나고[見], '굳세고 굳세어서[乾乾]' 뛰어오르고[躍], 하늘로 나는 것[飛]은 매우 분명하게 서민들이 무리지어 일어나 혁명을 일으키고 민주를 실행하는 일들이므로 절대로 곡해할 수 없다. 그러나 한대의 『역』을 연구하는 학자들은 구오(九五)의 '나는 용[飛龍]'을 성인이 '천자의 자리[天位]'ⓒ에 오르는 상(象)이라고 생각했다. 이에 「초효」의 '잠룡(潛龍)'을 주나라 문왕(文王)이 은나라의 주왕(紂王)에게 잡혀 유리(羑里)에 갇힌 상이라고 여겼고, 「구이」의 '현룡(見龍)'을 성인이 군주의 덕을 갖추고 있으니 마땅히 위로 「구오」의 천자의 자리에 올라야 한다고 하였으며, 「구삼」의 "군자는 종일토록 굳세고 굳세다."는 것에서 종일(終日)의 '일(日)'자를 '임금의 모습[君象]'이라고 여겼고,ⓓ 「구오」의 '비룡(飛龍)'을 성인이 비로소 천자의 자리에 오르는 것이라고 했다. 이와 같이 말한다면, 6효는 모두 순전히 천자(天子)의 일을 말하는 것이 되기 때문에 "수출서물(首出庶物)"이란, 군주가 위에서 전제(專制)하여 온 나라가 평안하다는 것을 말하는 것이 된다. 하지만 이런 잘못된 해석은 절대로 통할 수 없다. 성인이 「건괘」의 효사(爻辭)를 지어 그것을 총괄해서 "용구(用九)는 뭇 용들에게 우두머리가 없음을 보니, 길하다."라고 했다. 명백하게 '뭇 용[群龍]'이고 말했으니 한 사람의 성인이 온 나라를 통치하는 것을 주장하는 것이 아니며, 명백하게 '우두머리가 없다[無首]'고 말했으니 어찌 높이 만물의 위에 나서서 천자의 자리를 차지하는 것이 있겠는가? 성인이 6효를 총괄해서 이같이 결론을 내린 것은 명확한 근거에 의해 확정한 단안이니 변동할 수 없다. 우공(愚公)이라고 해도 어떻게 그것을 옮길 수 있겠는가!ⓔ 「단전(彖傳)」에서 "처음으로 서민들이 나오니, 온 나라가 모두 평안하다."고 말했다. 『주역정의(周易正義)』에서, "단(彖)이란 판단하는 것이다. 한 괘의 의미를 단정(斷定)하는 것이다."[67]라고 했는데, "처음으로 서민들이 나온다."ⓕ는 것은 천하의 무수한 서민들이 처음 나와서 사람들이 함께 화목하게 다스리기 때문에 "온 나라가 모두 평안하다."는 것을 알 수 있으며, 이것은 "뭇 용들에게 우두머리가 없다."는 의미와 그야말로 일관되는 것이다. 그리고 「구오」의 '비룡(飛龍)'은 뭇 용들이 일제히 나는 것이지, 한 마리의 용이 홀로 나는 것이 아님을 결단코 의심해서는 안 된다. 한대의 『역』을 연구하는 학자들이 「초효」의 '잠(潛)'을 주나라 문왕이 유리(羑里)에 잡혀 있는 것이라고 생각한 것은, 문왕이 이미 세 부분으로 나눠진 천하 중에서 3분의 2를 차지하고 있었다는 것을 알지 못한 것이니, 어찌 '잠(潛)'이라고 말할 수 있는가!ⓖ 유리에 잡혀 있던 것은 단지 잠시 동안 재난을 당한 것이니, 그것을 '잠'이라고 말할 수 있는 것이 아니다. 순상(荀爽)ⓗ은 "종일(終日)토록 굳세고 굳세다."는 것의 '일(日)'자를 '임금의 모습[君象]'이라고 여

---

67 『주역정의(周易正義)』 권1. 彖, 斷也, 斷定一卦之義.

겼으니, 상(象)을 말하는 것이 이런 지경까지 이른 것은 거의 장난치는 수법과 같은 것이다. 그러나 한나라에서 상수(象數)를 연구하는 사람 중에서 이러한 장난치는 수법으로 흐르지 않은 사람은 거의 없었다.

ⓐ 용(龍)이 처음 출현한 것을 '나타난 용'이라고 하며, '밭에 있다'는 것은 재야(在野) 활동을 말한다.

ⓑ '굳세다[乾]'는 것은 강건함[健]이다. '굳세고 굳세다[乾乾]'는 것은 그 강건함을 멈추지 않는다는 것이다.

ⓒ 예전에는 천자의 자리를 '천위(天位)'라고 했다.

ⓓ 이것은 순상(荀爽)의 학설이다. 고대에는 천상(天上)의 해(日)를 임금에 비유했다.

ⓔ 옛 속담에 '우공이산(愚公移山)'이라는 이야기가 있다.

ⓕ '수(首)'는 처음이다. '서물(庶物)'은 서인(庶人) 혹은 서민(庶民)을 말하는 것과 같다.

ⓖ 문왕(文王)의 일은 『사기』「주본기(周本紀)」와 「은본기(殷本紀)」에 보인다. 당(唐) 대의 이정조(李鼎祚)는 『주역집해』에서 간보(干寶)가 "건의 초효는 문왕이 유리(羑里)에 있는 효(爻)이다."라고 말한 것을 채록했다. 이정조의 책은 30여 명의 학자들의 견해를 모았으며, 정현에 근본하면서 왕필을 배척했으니, 그가 채집한 것은 모두 한대 역학자의 글이다.

ⓗ 순상은 한대의 저명한 역학자이다.

「건괘」의 효사(爻辭)에는 성왕(聖王)으로 해석할 수 있는 것이 두 곳 있다. 이효(二爻)의 "나타난 용이 밭에 있다[見龍在田]."는 것에 이어지는 "대인을 만나는 것이 이롭다[利見大人]."는 말과 오효(五爻)의 "나는 용이 하늘에 있다[飛龍在天]."는 것에 이어지는 "대인을 만나는 것이 이롭다[利見大人]."는 것이다. 대인(大人)은 옛날에 천자(天子)의 호칭이었으니, 「예운」편의 "대인(大人)의 세습[世及]을 예(禮)로 삼는다."는 것이 그 증거이다. 비록 선비[士人]라 할지라도 도(道)가 높고 덕(德)이 갖추어진 자는 또한 대인이라고 칭할 수 있지만, 그다지 통용되지는 않았다.ⓐ「건괘」「문언(文言)」은 구이(九二)의 대인에 대해서, "공자가 말하기를, 용의 덕이 있으면서 바르고 가운데 자리에 있는 사람이다. …『역』에서 '나타난 용이 밭

에 있으니, 대인을 만나는 것이 이롭다.'고 한 것은 임금의 덕ⓑ이다."라
고 말하였다.[68] 우번(虞翻)은 주석해서 다음처럼 말했다. "양(陽)이 처음
음(陰)과 감촉하니,ⓒ 마땅히 오(五)로 올라가 임금이 되어야 한다."ⓓ[69]
또 「건괘」「문언(文言)」은 구오(九五)의 대인에 대해서, '공자가 말하기를,
같은 소리는 서로 응하고,ⓔ 같은 기(氣)는 서로 구하니, … 성인이 일어
나고 만물이 바라본다고 했다.'라고 말했다."ⓕ[70] 위에서 인용한 「문언」
의 두 구절에서 구이(九二)・구오(九五) 두 효(爻)의 대인은 모두 성왕을 말
하는데, 이것은 전체 괘의 의미와 전혀 일치하지 않는다는 것을 알 수
있다. 예컨대 하늘이 밝다가 별안간 구름과 안개가 끼면 갑자기 온 세상
이 다른 색으로 바뀌는 것처럼, 두 곳의 '대인을 만나는 것이 이롭다.'는
것과 이 두 구절의 「문언」을 모두 삭제하면 전체 괘의 의미가 일관되어
충돌되는 것이 전혀 없게 된다. 마치 구름과 안개가 걷히면 푸른 하늘이
드러나니, 어찌 화창하지 않겠는가!ⓖ 나는 구이(九二)・구오(九五) 두 효
의 '대인을 만나는 것이 이롭다.'는 것은 모두 전국시대의 소강파(小康派)
혹은 소강파 중에서 효치론(孝治論)을 주장하는 학자들이 끼어 넣은 것이
지, 결코 공자의 『역경』 원본에 있는 것이 아니라고 감히 단언한다.ⓗ
한비(韓非)가 "유가는 8개 분파로 나눠졌다."고 했는데, 8개 분파의 유가
는 각기 자신들이 공자의 참된 후학이라고 자처했으니, 공자가 다시 태
어나지 않는 한, 누가 그 옳고 그름을 판정하겠는가? 나는 공자 문하의
3,000문도와 70제자의 분파가 당연히 8개에 그치지 않았을 것이며, 각
분파는 모두 자신들이 공자의 참된 후학이라고 자처했으니, 그들이 전
수한 공자의 경전에는 틀림없이 각자 자신들의 의견을 끼어 넣고 그것
을 스스로 공자의 참된 후학이라고 자처한 증거로 삼았을 것이다. 이것

---

68 『역』「건・문언(乾・文言)」. 子曰: "龍德而正中者也 … 易曰'見龍在田, 利見大人.' 君
　　德也."
69 이정조(李鼎祚), 『주역집해(周易集解)』권1. 虞翻曰: "陽始觸陰, 當升五爲君."
70 『역』「건・문언」. 子曰: "同聲相應, 同氣相求, … 聖人作而萬物覩."

은 한비의 말을 잘 음미해보면 바로 알 수 있다.ⓙ 공자의 젊은 시절의 가르침에 근거한 소강학파는 모두 군주제의 폐지를 주장하지 않았다. 다시 말해 통치계층을 없애려 하지 않고, 다만 성왕(聖王)이 임금의 자리를 차지하길 희망했다.ⓙ 그러나 폭군이 제거될 수 있다는 것은 군주를 경계시키는 대법(大法)이 될 것이며,ⓚ 난신적자는 반드시 죽임을 당한다는 것은 군도(君道)를 유지하는 도덕률이 될 것이다.ⓛ 나는 일찍이 여유로운 시간이 있으면 『소강학파고(小康學派考)』라는 책을 지으려고 했지만, 결국 아직까지 저술하지 못했다. 진·한 시대의 유학자들은 한결같이 소강학을 본받았지만, 이미 변질되었다.ⓜ 한대 초기의 여러 유학자들이 전수한 6경은 당연히 선진(先秦)의 소강파가 신봉한 경전을 취해서 다시 멋대로 어지럽힌 것이니, 만약 멋대로 어지럽힌 것이 전부 한나라 사람들의 손에서 나왔다는 것을 의심한다면, 그것은 결코 그렇지 않다.ⓝ

ⓐ 고정림(顧亭林)이 이것을 상세하게 고증했다.

ⓑ '임금의 덕[君德]'은 임금의 덕을 가지고 있는 것을 말한다. 즉 위에서 '용의 덕[龍德]'이라고 말한 것이다.

ⓒ 9는 양(陽)이다. 2는 음(陰)의 자리이다. 9가 2에 있는 것은 양이 처음으로 음과 접하는 것이다.

ⓓ 2의 양은 마땅히 5로 올라가서 임금이 되어야 하니, 구오(九五)의 나는 용이 바로 구이(九二)의 나타난 용이기 때문이다.

ⓔ 장번(張璠)은 "하늘[天]은 양이다. 임금[君]은 양이다. 우레와 바람[雷風]은 하늘의 소리이고, 호령(號令)은 임금의 소리이다. 현명한 군주는 천지와 상응하여 합덕(合德)해서 동화(同化)하니, 동정(動靜)이 어긋나지 않는다."라고 말했다. 장번은 한대의 역학자이다.

ⓕ 이곳의 위·아래 글은 모두 생략했다.

ⓖ 「문언(文言)」 중에는 위에서 제시한 두 구절 이외에 여전히 뒤섞어 고친 것이 있으나, 도리어 다루기 쉽다.

ⓗ 소강파는 다시 구분된다. 예컨대, 맹자와 순자는 모두 소강학파이지만 또한 각기 다르다. 이미 앞에서 말한 것처럼 효치론은 본래 소강학의 한 분파이지만, 그 세력이 가장 널리 퍼졌다.

ⓘ 이것에 관해서 이미 『원유』「원학통」에서 언급했다.

ⓙ 이것은 우원한 생각일 뿐이다. 예컨대 주나라는 문·무·주공이 기반을 다진 뒤 8백년을 거치면서 모두 우둔한 사람이 서로 이어졌는데, 어찌할 수 있겠는가? 더욱이 인류의 지능이 나날이 진보하고, 일의 변화가 날로 더욱 복잡해지는데, 성왕이 높은 자리에서 그것을 통치하고자 해도 실패하지 않을 수 없다.

ⓚ 통치계층이 소멸되지 않는다면, 서민들은 끝내 스스로 주인이 될 수 없다. 소강파는 폭군을 제거하는 것을 혁명이라고 했지만, 사실은 백이(伯夷)가 말한 바와 같이 폭군으로 폭군을 바꾸었을 뿐이니, 어떻게 임금을 경계할 수 있겠는가?

ⓛ 군주제도가 존재하는 한, 세상을 어지럽히는 도적은 끝내 없어지지 않는다.

ⓜ 소강학은 전국시대에 이미 성행했다. 여정(呂政)의 진나라에서 분서갱유의 재앙이 일어나자, 유학자들은 모두 잠복했으니, 소강학의 운동은 오히려 민간에서 일어났다. 한대 초기에 나와서 책을 헌정하고, 문제(文帝)·경제(景帝)·무제(武帝) 때에 박사 혹은 대관(大官)이 된 자들은 모두 이런 무리들이다. 사마천과 그의 아버지 사마담은 분명히 소강학자였으며, 그 나머지는 제기할 필요도 없다.

ⓝ '선진'은 진나라에 분서갱유의 재앙이 일어나기 이전을 말한다. 이것은 『한서예문지』의 주석에 보인다.

「문언」에서 "나는 용이 하늘에 있는 것은 최상의 다스림이다."라고 했는데, '최상의 다스림[上治]'이란, "뭇 용들에게 우두머리가 없다."는 것으로 치도(治道)의 최상임을 말한다. 한대 역가(易家)들은 "성덕(聖德)으로써 높은 자리를 차지하니, 위에서 백성을 다스리는 것"이라고 주석했다. 이런 주석은 아마도 사람들이 성왕이 위에 있는 것이 백성을 다스리는 것임을 알지 못할까 봐 걱정한 것인가? 공자가 어찌 이처럼 멍청한 말을 했겠는가? 어리석은 사람의 사견[私意]으로 곡해한 것은 전혀 변별할 수 없다.

『역경』에는 아마 6국시대 소강의 유학자들이 개찬(改竄)한 것이 있겠지만, 여전히 공자의 진면목이 훼손되는 것을 차마 묵과할 수 없었을 것이니, 그 바꾸어 어지럽힌 것은 비교적 쉽게 찾을 수 있다. 6국이 멸망할 조짐이 이미 분명해지니, 사람들은 모두 『역』을 점치는 책이라고 여기고 학문의 이치를 연구하는 사람들이 없었다. 진나라에 들어서 여정(呂

政: 진시황)도 그것을 꺼리지 않았다. 한나라에 들어서 전하(田何)가 술수(術數)로써 『역』을 전수한 것이 학자들의 본보기[宗]가 되었다. 한나라 사람들의 주석[傳注][a]은 하나같이 술수가들의 유법(遺法)에 근거했고, 아울러 '군주를 높이는 대의(尊君大義)'로써 『역』을 말했다. 그렇지만 경문을 개찬한 것이 그리 많지 않기 때문에, 『역경』을 정리해서 공자의 진상(眞相)을 탐구하는 것은 현재 해야 할 가장 시급한 일이다.

> [a] '주석[傳注]'이란, 한 대 사람들이 경전을 해석한 저작이며, 어떤 경우에는 '전(傳)'이라 하고, 어떤 경우에는 '주(注)'라고 한다.

『역』은 5경의 근원이다. 공자는 만년에 『역』을 지었기 때문에 5경은 틀림없이 『역경』을 완성한 다음에 저술되었다는 것을 알 수 있다. 내가 6경은 공자가 만년에 확정한 이론이라고 단정한 것은 이 때문이다. 이제 『역경』으로부터 공자의 외왕학을 밝혀보면, 확실히 통치계층을 없앤다는 것은 "뭇 용들에게 우두머리가 없다."것에 근본한 것으로서 절대로 소강의 대의(大義)를 용납하지 않았으니, 또한 어떻게 그것을 미언(微言)이라고 속일 수 있는가? 6경은 광대하지만 그 학설이 모두 일관되며, 대도(大道)의 밝고 분명함은 마치 해가 중천에 떠있는 것과 같으니, 한나라 사람들이 속인 것처럼 어찌 은미하고 드러나지 않은 말이 있겠는가? 강유위(康有爲)는 청(淸)대에 살면서 여전히 한나라 사람들의 간사한 말을 성대하게 펼쳤으니,[a] 역시 성학(聖學)을 해치는 하나의 재앙이다.

> [a] 피석서(皮錫瑞)도 역시 그러했다.

성인과 시대적으로 오히려 가까운 한대 사람들이 '대의(大義)' 이외에 반드시 '미언(微言)'이 있다고 말한 것은, 바로 6경의 학문이 본래 그들이 말하는 '대의'와 극단적으로 상반되는 것임을 미루어 알 수 있다. 그런데 그들이 소강의 대의를 견지해서 6경을 어지럽히려고 했지만 또한 완전히 성인의 진면목을 없앨 수 없어서 어쩔 수 없이 성인에게 아직 '미언'

이 있다고 말했으니, 역시 스스로 자신의 허물을 덮을 수 있었다. 저들의 숨겨진 고충이 여기에 있었으나, 후대의 사람들은 오히려 모조리 기만당하고 말았다.

어떤 사람이 물었다. "공자의 6경 사상은 애초에 혹시 소강파가 말한 것처럼 '요·순을 본받아 서술하고, 문·무를 드러내는' 것이었는데, '뭇 용들에게 우두머리가 없다.', '천자를 폄하하고, 제후를 물리치며, 대부를 토벌한다.', '천하는 공적인 것이다.'라고 하는 것 등의 경우는, 마땅히 공자 문하의 후학들이 발전함에 말미암아 어떤 분파의 새로운 사상이 생겨나서 6경 속에 끼어들어갔을 수도 있습니다. 선생은 어떻게 생각하십니까?"

대답했다. "당신의 근거 없는 주장이 과연 그러하다면, 소강파는 당연히 직접적으로 공자 문하 후학들이 스승을 배반한 죄를 성토해야 할 것인데, 기꺼이 그 학설을 6경에 보존할 수 있었겠는가? 이것은 깊게 생각할 필요도 없이 그렇지 않다는 것을 알 수 있다. 그러나 공자 문하의 후학 중에는 틀림없이 공자 만년의 6경 사상을 전수받은 자가 있었을 것이다. 사마담(司馬談)이 "6예의 경(經)·전(傳)은 천만(千萬)에 이를 정도로 많다." 등이라고 말했듯이, 그 가운데에는 소강의 각 분파들의 저술이 없지는 않겠지만, 6경의 새로운 의미를 드러내 밝힌 것들이 결코 소수에 불과하지는 않다고 단언할 수 있다. 애석하게도 진·한시대의 유학자들은 분서갱유(焚書坑儒)의 재앙을 두려워해서 6경을 드러내 밝힌 귀중한 저술들을 모두 한 글자도 남기지 않았지만, 다행스럽게 소강파의 경전이 오히려 공자의 진면목이 지나치게 훼손되는 것을 차마 묵과할 수 없었다. 한대 사람들이 그것을 계승하여, 비록 멋대로 어지럽힌 것이 갈수록 더욱 심해졌지만, 그래도 여전히 비늘이나 발톱만큼 단편적인 것을 보존해서 그것을 '미언'이라고 일컬었다. 오늘에 이르기까지 우리들이 아직 성인의 뜻을 추구할 수 있는 것은, 또한 대도(大道)가 본래 사람들의 마음속에 보존되어 참으로 완전히 소멸되는 것을 용납하지 않기 때문이다. 이제 지금까지 서술한 것을 다음과 같이 총괄해서 결론을 맺겠다.

첫째, 공자의 젊은 시절ⓐ의 학문은 확실히 "요·순을 본받아 서술하고, 문·무를 드러내었다." 바꾸어 말하면, 소강의 예교(禮敎)를 숭상하여 통치계층을 옹호했으니, 그의 제자들 중에서 스승의 젊은 시절의 가르침을 준수하면서 바꾸지 않은 자들이 마침내 소강학파를 형성했다.

   ⓐ 50세 이전이다.

둘째, 공자 만년ⓐ에 그의 사상은 확실히 돌변해서 비로소 6경을 지어, "처음으로 서민들이 나왔다.", ⓑ "천자를 폄하하고, 제후를 물리치며, 대부를 토벌한다.", ⓒ "천하의 사람들이 모두 사군자(士君子)의 행위를 한다.", ⓓ "뭇 용들에게 우두머리가 없다.", ⓔ "천하가 한 집안이다."ⓕ는 의미를 드러내 밝혔으니, 이것은 "대도가 행해지니, 천하가 공적인 것으로 되었다."ⓖ는 것을 말한다. 공자의 제자들 중에서 공자 만년에 확정된 6경의 학문을 종지로 삼아서 스승의 젊은 시절의 학설을 따르지 않은 자들이 마침내 대도(大道) 학파를 형성했다.

   ⓐ 50세에 『역』을 연구한 이후
   ⓑ 『역』의 의미
   ⓒ 『춘추』의 말, 이것은 통치계층을 소멸하는 것이다.
   ⓓ 『춘추』의 말
   ⓔ 『역』의 의미
   ⓕ 『예운』의 말
   ⓖ 『예운』

셋째, 공자 사후에 유학의 발전은 더욱 성대해졌고, 그 분파도 당연히 크게 늘어났다. 그러나 그 분파들을 총괄하는 가장 큰 것은, 위에 서술한 대도와 소강 두 파를 벗어나지 않는다.

넷째, 6경의 진본(眞本)과 대도(大道)파의 학자는 본래 당연히 대대로 지속되었다. 그러나 소강파의 학자들은 감히 공자의 6경을 부정하지 못했다. 즉 어쩔 수 없이 6경을 취해 그것을 개찬(改竄)함으로써 그 본종(本宗)의 학설을 유지했다. 6국시기에 소강학파는 이미 번성했으며, 진·한시대에 유학자들의 소강학운동은 더욱 격렬해졌다. 우리들은 소강파가 개찬한 경본(經本)이 민간으로 퍼져나간 것이 반드시 많았을 것임을 추측할 수 있다. 진시황의 분서갱유의 재앙 이후에 대도(大道)의 학문은 당연히 계승하는 사람들이 없었을 것이니, 6경의 진본은 진나라의 재앙이후에 필연코 얻기 어려웠다.

다섯째, 한대 사람들이 전수한 오늘날의 6경은 본래 소강파의 경본을 채용하고, 더 나아가 멋대로 어지럽힌 것이다.

여섯째, '대의'와 '미언'의 구분은 한대 사람들이 개찬한 6경에 의거해서 만든 학설이다. 공자가 지은 6경의 진본에는 결코 소강의 대의(大義)로 뒤섞어 어지럽힌 것이 없다. 이미 대도(大道)를 분명하게 드러냈는데, 또 다시 대도에 부합하지 않는 소강을 그것에 뒤섞어서, 성인이 경전을 짓고 세상에 가르침을 세우는 일을 했겠는가? 보통 사람들 중에도 자중할 줄 아는 자는 오히려 그렇게 하지 않는데, 성인이 그런 일을 했겠는가?

일곱째, 한대 사람들이 전수한 경전 중에서 대도를 보존한 것은 여전히 적지 않지만, 유감스럽게도 한·송대의 많은 유학자의 주석들은 한결같이 대의에 근본해서 학설을 세우니, 대도는 마침내 은폐되고 말았다.

여덟째, 『대역』과 『주관』 두 경전은 오히려 쉽게 정리할 수 있는데, 내가 이 작업을 하려고 하니 애석하게도 너무 늦었다.

아홉째, 공자는 6경을 짓기 이전에 저작이 없었던 것 같다. 『논어』에 기록된 "본받아 서술하되 새로운 것을 짓지 않았으며, 옛것을 믿고 좋아했다."[71]는 공자의 말은, 그의 젊은 시절의 말이지 겸손함을 나타내는 말이 아니다. 또 "참으로 내가 늙었구나! 오랫동안 나는 다시 꿈속에서 주공을 만나지 못했다."[72] 서주(西周)의 제도와 문화는 모두 주공(周公)의 손에서 나왔다. 맹자가 "주공은 우·탕·문무를 겸하기를 생각했다."[73]고 말한 것은 아마도 옛날의 학설인 듯하다. 『논어』 「팔일(八佾)」편에서 "공자가 '주나라의 문물제도는 하나라와 은나라를 본받았으니, 빛나는구나, 문물제도여! 나는 주나라를 좇을 것이다.'라고 말했다."라고 한 것은, 공자의 젊을 때로서, 주공에 대한 열망이 매우 간절했기 때문에 꿈에서 그를 만났다. 만년에 사상이 바뀌고 변해서 대도에 뜻을 두고 소강을 물리치니, 자연스럽게 재차 꿈에서 그를 만나지 않았을 것이다. 이것은 또한 내가 6경이 공자의 만년사상이라고 말하는 유력한 증거이다. 그렇지만 공자가 젊을 때 아직 직접 책을 저술하지 않았다고 할지라도, 그 문인들을 가르칠 때 '옛 의미[古義]'를 드러내는 것이 식견이 넓고 깊었으니, 제자들이 기록해서 경전을 만든 것도 또한 틀림없이 매우 많았을 것이다. 그 때문에 사마담(司馬談)은 또한 "6예의 경(經)·전(傳)은 천만(千萬)에 이를 정도로 많다."고 한 것이다.

|부가설명| 이 글에서 일찍이 『맹자』 「공손추」편의 "자공(子貢)은 공자를 일컬어 세상에 사람이 태어난 이후로 공자만한 사람이 없었다."고 한 말을 인용했는데, 해석이 주자의 『맹자집주』와 다르다. 주자는 주석해서 "말하건대, ⓐ 무릇 사람들의 예(禮)를 보면 그 정치를 알고, 사람들의 음악을 들으면 그 덕을 알 것이다. 그러므로 내가 ⓑ 백세(百世) 이후로부터 백세의

---

71 『논어』 「술이」. 子曰: "述而不作, 信而好古."
72 『논어』 「술이」. 子曰: "甚矣, 吾衰也! 久矣, 吾不復夢見周公."
73 『맹자』 「이루·하」. 周公思兼三王.

왕들을 평가해도ⓒ 그 실정을 도피할 수 없을 것이니,ⓓ 그것은 모두 공자의 성대함과 같은 것이 없다는 것을 본다고 말한 것이다."[74]라고 말했다. 생각건대, 주자의 이 주석에서, 그 예를 보면 정치를 알고, 음악을 들으면 덕을 알 것이니, 백세 이후로부터 백세의 왕들을 평가한다는 등의 말을 해석한 것은, 공자 본인의 창작으로부터 해답을 찾은 것이 아니라, 오히려 자공이 백세 이후로부터 위로 과거 백세의 왕들을 살피는 것이 "그 예를 보면 그 정치를 알고, 그 음악을 들으면 그 덕을 안다"고 하는 것에 말미암는다는 것이다. 이에 그 득실(得失)을 궁구하고 그 장단점을 판단해서 수많은 왕들이 모두 그 실정을 도피할 수 없으니, 그러므로 수많은 왕들은 모두 공자의 성대함만 못하다고 단언했다는 것이다. 만약 이 해석이 과연 틀리지 않다면, 자공은 곧 미친 사람이 미친 말을 한 것이니, 그 까닭이 무엇이겠는가? 자공이 "세상에 사람이 태어난 이후로 공자만한 사람이 없었다."고 말한 것은, 다만 요·순·우·탕·문·무를 통틀어 비교한 것일 뿐만 아니라, 즉 요·순 이상의 모든 옛 성인을 또한 모두 그 비교한 것 중에 넣어서 누구도 공자와 필적할 만한 사람이 없었다고 생각한 것이다. 그러나 하나라와 은나라의 예(禮)에 대하여 공자도 이미 기(杞)나라·송(宋)나라의 예는 징험할 수 없다고 말했는데,[75] 자공이 어떻게 매우 오래전의 성제(聖帝)와 명왕(明王)의 예를 보고 그 정치를 알 수 있어서 왕위가 없는 공자와 그 장단점을 비교할 수 있었겠는가? 이렇게 보면 주자의 주석은 이미 변별할 필요도 없이 그 망령됨을 알 수 있다. 자공은 결단코 이런 말을 하지 않았으며, 주자가 스스로 오해했을 뿐이다. 내가 이 글에서 맹자가 자공의 말이라고 일컬은 것을 인용하고는, 매 구절마다 괄호를 치고 주석을 덧붙여서 쓴 것을 정생정(程生挺)에게 보여주었다. 그는 "선생의 주석은 주자의 주석과 아주 반대되지만 참으로 원만합니다."고 말했다. 내가 주자 주석의 오류를 말하자 정생정은 묵묵히 물러갔다. 다음 날 아침에 나를 찾아와서 다음과 같이 말했다. "주자의 주장을 세세히 따져보니, 실로 통할

---

74 『맹자집주』 「공손추·상」. 言大凡見人之禮, 則可以知其政. 聞人之樂, 則可以知其德. 是以我從百世之後, 差等百世之王, 無有能遁其情者, 而見其皆莫若夫之盛也.

75 『논어』 「팔일」. 子曰: "夏禮吾能言之, 杞不足徵也. 殷禮吾能言之, 宋不足徵也."

수 없습니다. 주자는 자공이 백세 이후에 태어나서 위로 수많은 왕들을 살펴보아, 예를 보고 음악을 듣고서 그 정치와 덕을 알 수 있는 것을 가지고 수많은 왕들을 평가하여, 수많은 왕들이 모두 그 실정을 도피할 수 없게 했기 때문에 그들은 모두 공자에 미치지 못한다고 단정했습니다. 이러한 근거 없이 과장되고, 상고해서 바로잡을 수 없는 말이 어떻게 자공의 입에서 나왔겠습니까? 이것은 의심할 필요도 없이 확실히 주자의 오해입니다. 선생께서 자공의 뜻을 드러내 밝힌 것은 공자가 『예』·『악』·『시』·『춘추』 등의 경전을 창작한 것으로부터 '천하는 공적인 것이다[天下爲公]', '뭇 용들에게 우두머리가 없다.'는 대도(大道)를 분명하게 밝힌 것이니, 이는 만고(萬古)의 변하지 않는 새로운 것입니다. 매우 오래 전의 여러 성인은 그 공덕이 미치는 데 한계가 있으니, 어찌 공자와 같을 수 있겠습니까? 이렇다면 자공의 말은 진실로 망령되지 않습니다. 주자는 한대 이후의 소강 대의에 가로 막혀 6경의 진상(眞相)을 알지 못했기 때문에 자공의 말을 이해하지 못했을 뿐입니다." 나는 정생정에게 "자네는 이미 나의 뜻에 통달했네." 라고 말했다. 이에 그의 말을 여기에 기록한다.

ⓐ 자공의 말을 가리킨다.
ⓑ 주자의 주석에서 '나[我]'라고 말한 것은 자공이 스스로를 일컫는 것이라고 가설했다.
ⓒ '평가[等]'한다는 것은 판단하여 구별하는 것과 같다. 수많은 왕들의 득실과 장단점을 판단하여 구별하는 것이다.
ⓓ 주자는 자공이 스스로 수많은 왕들의 득실을 비판해보면 수많은 왕들이 그 실정을 도피할 수 없으니 곧 그 득실을 모두 스스로 감출 수 없다고 말했다고 생각했다.

『한서』「예문지(藝文志)」에서 말한
『상서고문경(尚書古文經)』 46권에 관해서

어떤 사람이 물었다. "「원학통(原學統)」편에서 『상서고문경』 46권을 믿
지 않는 것은 아마도 독단적인 판단에 빠진 듯합니다."
대답했다. "내가 『원유(原儒)』를 쓸 당시에 하나의 작은 책으로 꾸미고
자 했는데, 다만 글이 너무 간단하기 때문에 그대가 의심한 것일 뿐이
다. 『한서』「예문지」의 '『상서고문경』은 46권이다.'[76]에 대한 본주(本
注)에서 '57편이다. 안사고(顔師古)는 공안국(孔安國)의 『상서』「서(序)」에
서 「모두 59편으로서 46권이다. 조칙을 받들어 전(傳)을 지었으며, 머리
말을 끌어다 각각 그 편 머리에 덧붙여서 58편을 확정하였다.」라고 했
다고 말했다. 정현(鄭玄)은 「서찬(敍贊)」에서 「뒤에 다시 그 1편이 망실됐
다.」고 했다. 그러므로 57편이다.'[77]라고 말했다. 내가 생각하기에 「예
문지」에서 '한무제 말기에 노공왕(魯共王)이 공자의 집을 헐어서', '『고문
상서』·『논어』·『예기』·『효경』 수십 편을 얻었으니, 모두 고문(古文)
이었다. … 공안국은 공자의 후손으로, 남김없이 모두 그 책을 얻어서
29편을 고증하고 16편을 더 얻었다.[a] 공안국이 그것을 조정에 바쳤지
만,[b] 무고(巫蠱)[78]의 난을 당해 학관(學官)에 끼어 넣지 못했다.'[79]고 말했

---

76 『한서(漢書)』「예문지(藝文志)」. 尚書古文經四十六卷.

77 『한서』「예문지」. 爲五十七篇. 師古曰孔安國書序云, 凡五十九篇, 爲四十六卷. 承詔作
傳, 引序各冠其篇首, 定五十八篇. 鄭玄敍贊云, 後又亡其一篇, 故五十七.

78 무고(巫蠱): B.C.91년 전한(前漢)의 무제(武帝) 때 여태자(戾太子) 유거(劉據)가 일
으킨 난을 가리킨다. 무고는 무축(巫祝)의 주법(呪法)으로 사람을 죽이는 것을 말
한다. B.C.92년 병으로 눕게 된 무제는 그 원인이 무고 때문이라고 믿고, 강충(江
充)에게 명하여 많은 사람을 옥사시켰다. 이때 강충과 반목하고 있던 황태자인 여

다. 이것에 근거하면, 『논형(論衡)』 「정설편(正說篇)」에 기록된 것과 정반대이다. 「정설편」에서 '『상서』는 본래 100편이니 공자가 전수한 것이다. … 효경제(孝景帝) 때에 노공왕(魯共王)이 공자의 교수당(敎授堂)을 헐어서 전각[殿]을 만들려고 하다가 벽속에서 100편을 얻었다. 무제가 사자(使者)를 보내 가져오도록 해서 보게 했으나 읽을 수 있는 자가 아무도 없어, 마침내 궁중 안에 은밀하게 감췄으니, 밖에서는 볼 수 없었다. 효성황제(孝成皇帝) 때에 동해(東海)의 장패(張霸)가 100편의 『상서』 「서(序)」에 의거해 102편을 날조해서 성제에게 바쳤다. 성제가 은밀하게 감춘 100편의 『상서』를 꺼내서 그것을 가지고 비교해 보았는데, 모두 서로 일치하지 않아서 이에 장패를 관원에게 내려 보냈다. 관원은 장패의 죄상이 사형에 해당한다고 아뢰었다. 성제는 그 재주를 높이 사서 죽이지 않았으며, 또한 장패의 글을 아깝게 여겨 없애지 않았다. 그런 까닭에 『상서』102편이 세상에 전해졌다.'⁸⁰ 이것에 의하면, 공자가 정리한 『상서』는 100편이고 벽속에서 출토된 것은 완정본이며,ⓒ 그것이 조정에 은밀하게 감춰져 학자들은 단지 100편이라는 말만 들었을 뿐 모두 책을 직접 볼 수 없었기 때문에 장패가 나서서 날조하게 되었다. 『논형』에서 공자의 집 벽에서 출토된 책의 전모를 기록한 것은 매우 상세하고 분명

태자는 화(禍)가 자신에게 미칠 것을 두려워하여, B.C.91년 7월 먼저 강충을 체포하고 병사를 일으켜, 5일간 장안성(長安城)에서 시가전을 벌였으나 실패하여 자살하였다. 이때 황후 위씨(衛氏)도 함께 자살하였으며, 그 밖에 황손(皇孫) 2명이 살해되었다. 이듬해 무제는 차천추(車千秋)의 상소를 통하여, 태자의 잘못이 없음을 알고 태자를 죽게 한 것을 후회하고 강충 일족을 참형시켰다.

79 『한서』 「예문지」. 武帝末, 魯共王壞孔子宅, … 而得古文尚書及禮記論語孝經凡數十篇, 皆古字也. … 孔安國者, 孔子後也, 悉得其書, 以考二十九篇, 得多十六篇. 安國獻之, 遭巫蠱事, 未列于學官.

80 『논형(論衡)』 「정설(正說)」. 蓋尚書本百篇, 孔子所授也. … 至孝景帝時, 魯共王壞孔子敎授堂以爲殿, 得百篇尚書於牆壁中. 武帝使使者取視, 莫能讀者, 遂祕於中, 外不得見. 至孝成皇帝時, 東海張霸案百篇之序, 空造百兩之篇, 獻之成帝. 帝出祕百篇以校之, 皆不相應, 於是下霸於吏. 吏白霸罪當至死. 成帝高其才而不誅, 亦惜其文而不滅. 故百兩之篇傳在世間.

하다. 내가 「원학통」을 지으면서 특별히 『논형』에서 무제가 은밀하게 공자의 『상서』를 은닉했다고 기재한 일을 제기한 것은 자못 그 말이 은미하고 완곡하다는 것을 알았기 때문이다. 단지 '책을 읽을 수 있는 자가 없어 마침내 궁중 안에 은밀하게 감췄으니, 밖에서는 볼 수 없었다.'고 말한 것은, 한나라 조정의 군신(君臣)과 학자들이 금기시하는 것을 감히 드러내놓고 저촉할 수 없었기 때문일 것이다.[d] 그러나 『상서』가 전부 폐기되어 없어져서 또한 후대의 사람들이 절대로 알지 못하게 되는 것을 차마 그렇게 할 수 없었으니, 왕충(王充)은 마음고생을 많이 했을 것이다.

[a] 29편은 복생(伏生)이 전한 것이며, 당시에 이미 학관에 세워졌다. 여기에서 공안국이 고증했다는 것은 공자 집의 벽 속의 책을 보고, 이미 세상에 통행되는 29편과 비교해서 16편을 더 얻었다는 것이다.

[b] 이 공자 집의 벽 속에서 더 나온 16편을 조정에 바쳤다.

[c] 6경은 모두 전(傳)이 있으며, 공자의 『서전(書傳)』은 반드시 100편 속에 있었을 것이다.

[d] 이러한 일을 만약 내놓고 펼쳤다면, 무제의 과오를 드러낼 뿐 아니라, 복생의 책을 뒤집어엎었을 것이니, 또한 『서경』에서부터 그 밖의 경전에 이르기까지 그 영향이 매우 컸을 것이다.

내가 「예문지」에 실린 『상서』 「고문경」을 믿지 않는 이유는 반고(班固)가 「예문지」를 저술하는 데 전적으로 유흠(劉歆)의 『칠략(七略)』에 의존했기 때문이다. 유흠과 그의 부친 유향(劉向)이 5경(五經)을 어지럽게 고쳐서 통치계층을 옹호한 것은 그의 습관적인 수법이다. 유향은 식견이 넓으나 완고하고, 유흠은 슬기롭지만 위선적이다. 우선 『춘추』를 가지고 증명해 보면, 유향은 「곡량전(穀梁傳)」을 주장했고, 유흠은 「좌씨전(左氏傳)」을 내세웠으나, 그들이 공양수(公羊壽) 선대가 구전한 『춘추전』을 말하지 않으려 했다는 점에서는 일치한다. 『춘추』에 대해서 서슴지 않고 거짓[僞]으로 진실[眞]을 탈취했으며,[a] 『상서』에 대해서는 틀림없이 무제(武帝)가 악(惡)을 숨기는 것을 위하여 복생(伏生)이 전한 것이 진전(眞傳)이라고 규정하였으니, 이것은 그들의 음모이다. 대체로 거짓을 날조하는 사람은 마음을 애태우지만 서툴러서 쉽게 그 흔적이 드러난다. 「예문지」에서 '한무제 말기에 노공왕(魯共王)이 공자의 집을 헐었다.'고 일컬었는데, 이것은 유향과 유흠 부자의 글에 근거했을 뿐이다. 『한서』「경13왕전(景十三王傳)」에서 '노공왕은 효경제(孝景帝) 전(前) 2년에 회양왕(淮陽王)으로 세워졌다.",[81] "효경제(孝景帝) 전(前) 3년에 왕노(王魯)로 옮겼다. … 공왕(恭王)은 애초에 궁실을 넓히기를 좋아하여, 공자의 옛집을 헐어서 그 관청을 넓혔는데, … 그 벽 속에서 고문경전(古文經傳)을 얻었다."[82]고 했는데, 이것은 『논형』과 정확하게 일치한다. 이것에 의하면, 공벽(孔壁)에서 『상서』등의 경전이 출토된 것은 당연히 경제(景帝) 때의 일인데, 「예문지」에서 '한무제 말기에 노공왕(魯共王)이 공자의 집을 헐었다.'고 말한 것은 매우 분명하게 「공왕본전(恭王本傳)」과 상반된다. 반고(班固)가 「공왕전(恭王傳)」을 쓴 것은 틀림없이 확실한 근거가 있었을 것이지만, 「예문지」는 반고가 이미 명확하게 말했듯이 유흠의 『7략(七略)』에 의거했다. 유흠은 공벽을 발굴한 것을 무제 말년의 일이라고 했고, 반고는 그것을 고치지 않고 그대로 추종했으니, 이것은 또한 반고가 사소한 절조[小節]ⓑ에 조심했다는 것을 나타내는 것이다.

> ⓐ 보잘것없는 책인 『곡량전』은 거짓된 『공양전』을 계승해서 지었다. 좌씨는 『춘추』를 전하지 않았기 때문에 모두 거짓으로 진실을 어지럽혔다.
> ⓑ 유향·유흠 부자의 진실을 잃지 않은 것은 '사소한 절조[小節]'에 조심한 것이지만, 그 거짓을 날조한 것에 동조한 것은 '큰 절조[大節]'를 저버린 것이다.

유흠은 공안국(孔安國)이 벽속의 책으로써 복생의 29편과 비교해 보고 단

---

81 『한서』「경13왕전(景十三王傳)」. 魯恭王於孝景前二年, 立爲淮陽王.
82 『한서』「경13왕전」. 孝景前三年徙王魯. … 恭王初好治宮室, 壞孔子舊宅, 以廣其宮, … 於其壁中得古文經傳.

지 벽속의 책에 16편이 더 있었을 뿐이라고 일컬었다. 벽속의 책이 29편과 매우 크게 다른 것이 있다고 전혀 말하지 않은 것은 곧 29편을 공자의 책이라고 긍정한 것이다. 반고가 '공안국이 무제에게 책을 바치니, 무제가 사자(使者)를 보내 가져오도록 해서 보게 했다.'는 일을 일컬은 것은 흔적도 없이 없애버리려는 것이다. 또한 '공안국이 조칙을 받들어 전(傳)을 지었고', '무고(巫蠱)의 난을 당해 학관(學官)에 끼어 넣지 못했다.'고 일컬은 것은, 무제가 벽속의 책을 은밀하게 감춰서 그것을 없애도록 한 '큰 죄악[大惡]'을 숨기려는 것이다. 공왕(恭王)이 공자의 고택을 헐은 것은 본래 효경제 이전 3년의 일이지만,ⓐ 유향과 유흠이 기필코 무제 말년이라고 고친 것은 공벽에서 책을 출토한 연도를 특별히 뒤로 이동시키려 했기 때문이다. 이 일은 본말이 완전히 변경되었지만, 공자의 『상서』진본(眞本)이 소멸된 것에 대하여 한대 왕조의 군신들은 후대사람들의 비난을 염려하지 않게 되었다. 이 때문에 「예문지」에서 말한 것과 『논형』에 기재된 것을 서로 대조해 보면, 「예문지」에는 한 글자 한 구절도 무제를 위해서 은밀하게 『서경(書經)』진본을 없애고 뜻을 왜곡시켜 엄폐하지 않은 것이 없다. 왕충(王充)은 의문을 중시하여 따져서 밝히기를 좋아했으며, 거짓된 학설과 사람을 속이는 것을 무척 싫어했으니, 그가 무제의 은밀하게 공벽(孔壁)의 『상서』를 감춘 일을 기록한 것에는 반드시 확실한 근거가 있을 것이다. 아울러 장패(張霸)는 공벽 속의 책이 은밀하게 숨겨져 세상에 통행되지 않았기 때문에 결국 그 기회를 틈타 102편을 날조한 것이니, 『서경』진본이 당시의 재야 학자들에게 전해지지 않았다는 것도 널리 알려진 사실임을 알 수 있다. 「예문지」에서 공안국이 바쳤다고 일컬은 경전은 당연히 공안국과 여러 박사의 무리들이 날조한 것으로서, 유향·유흠 부자가 또 다시 덧붙이거나 고친 것이 없지 않았을 것이니, 그 자료들은 당연히 공자가 정리하지 않은 고서(古書)에서 채집했을 것이다. 『한서』「유림전(儒林傳)」에서 '공씨(孔氏) 집에는 『고문상서(古文尙書)』가 있었는데, 공안국이 금문(今文)으로 그것을 읽어서 그로 인해 자기 집안을 일으켰고, 일서(逸書) 10여 편을 얻었다. 아마도『상서』는 여기에서 더욱더 많아졌을 것이다.'[83]라고 말했다. 이것에 근거하면, 공안국이 소유한『고문상서』는 분명히 공자가 아직 정리하지 않은 고서라는 것을 알 수 있다. 그러므로 '여기에서 더욱더 많아졌다.'라고 말한 것이다. 만일 공자가 정리한 책이라면,『논형』에서 '무제가 이미 사자(使者)를 보내 가져오도록 했다.'고 말한 것에 의거하면, 공안국이 반드시 보존할 수 있는 복사본을 가지고 있었던 것은 아니니, 설령 그것을 가지고 있었다 하더라도 조정에서 이미 그것을 감춰서 세상에 유통되지 않았을 텐데, 공안국이 또한 어떻게 감히 사사로이 소장할 수 있었겠는가? 그러므로 공안국이 바친 책은 반드시 공안국이 고서를 채집해 날조한 것으로 복생의 29편과 동일한 성질의 책이라는 것을 알 수 있으니, 그것은 공자의 책과 전혀 관계가 없다고 단언할 수 있다.

ⓐ 이 해에 공왕(恭王)이 왕로(王魯)로 옮겼으니, 궁실을 수리한 것은 이 해에 해당할 것이다.

『논형』「정설편(正說篇)」에서 조착(晁錯)은 복생(伏生)에게『상서』를 받았고, 그것을 예관(倪寬)에 전했다고 일컬었다.[84] 피석서(皮錫瑞)는 이로 인해『논형』이 전해들은 잘못이 많다고 비웃었다. 그러나『사기』「유림열전(儒林列傳)」에서 "구양생(歐陽生)은 천승(千乘) 사람인 예관(倪寬)을 가르쳤는데, 예관은 이미『상서』에 정통해 문학(文學)[85]의 자격으로 군(郡)의

83『한서』「유림전(儒林傳)」. 孔氏有古文尚書, 孔安國以今文字讀之, 因以起其家, 逸書得十餘. 蓋尚書滋多於是矣.

84『논형』「정설편」. 夫言秦燔『詩』・『書』, 是也; 言本百兩篇者, 妄也. 蓋『尚書』本百篇, 孔子以授也. 遭秦用李斯之議, 燔燒五經, 濟南伏生抱百篇藏於山中. 孝景皇帝時, 始存『尚書』. 伏生已出山中, 景帝遣晁錯往從受『尚書』二十餘篇. 伏生老死,『書』殘不竟. 晁錯傳於倪寬.

85 문학(文學): 한대(漢代) 관직의 명칭으로, 주・군(州・郡)과 왕국(王國)에 임명했으며, 문학연(文學掾) 혹은 문학사(文學史)라고 부른다. 한 무제 때에 인재를 선발하기 위해 특별히 '현량문학(賢良文學)' 과목을 설치했으며, 각 군현에서 인재를 추

추천을 받았으며, 박사들에게 학업을 받게 되어 공안국에게 가르침을 받았다."[86]고 말했다. 이 글에 의거하면, '박사들에게 수업을 받게 되었다.'는 것은 박사가 한 사람이 아니라는 것을 말하며, '공안국에게 가르침을 받았다.'는 것은 아마도 예관이 우러러 가르침을 받은 사람은 공안국일 뿐이라는 것이다. 『한서』「조착전(晁錯傳)」에서 "효문제(孝文帝) 때에 세상에는 『상서』를 연구하는 사람이 없었다. … 태상(太常)은 조착을 복생이 있는 곳에 보내 『상서』를 받아오게 했는데, 조착이 돌아와 효문제에게 복생의 학설로 보고서를 올리니, 조칙을 내려 태자사인(太子舍人)이 되고 문대부(門大夫)가 되었다. … 박사로 올라갔다."[87]고 했다. 이것에 근거하면, 조착은 문제(文帝) 때에 일찍이 박사가 되었다. 예관이 박사들에게 학업을 받게 되었을 때, 조착은 당연히 이미 박사로 올라갔으니 서로 접촉할 기회가 없었던 것은 아니다. 『사기』와 『한서』에서 똑같이 예관은 처음에 장탕(張湯)이 황제에게 주청해서 재판을 담당하는 관리가 되었는데, 옛날 법의 의미에 뛰어나서 처리하기 어려운 큰 옥사를 해결했다. 이 때문에 중시되어 은총을 받았다고 일컬었다. 조착은 본래 장회(張恢)에게 신불해(申不害)와 상앙(商鞅)의 형명학(刑名學)을 배웠으며, 예관은 조착에게 훈도(薰陶)받았다는 것 또한 증거가 없지 않다. 조착의 뜻은 경전을 가르치는 스승에 있지 않았고, 또 총명하고 지혜로운 선비인데도 죽임을 당했기 때문에 사람들이 업신여겼으며, 예관도 끝내 그를 칭송하려 하지 않았다. 그렇기 때문에 『사기』와 『한서』는 똑같이 예관이 구양생과 공안국에게 가르침을 받았으나 조착에게는 미치지 않았

천해 수도에서 시험을 보도록 했는데, 추천받은 사람을 '현량문학'이라고 불렀다. '현량'은 품행과 덕행이 바르며 도덕이 고상한 사람을 가리키며, '문학'은 유학의 경전에 정통한 사람을 말한다.

86 『사기』「유림열전」. 歐陽生教千乘倪寬, 倪寬既通尙書, 以文學應郡擧, 詣博士受業, 受業孔安國.

87 『한서』「조착전」. 孝文帝時天下無治尙書者, … 太常遣錯受尙書伏生所, 還, 因上書稱説, 詔以爲太子舍人門大夫, … 遷博士.

다고 말했지만, 실은 예관이 처음 박사들에게 학업을 받게 되었을 때, 조착은 조정의 명령으로 복생에게 배웠고, 아직도 박사였으므로 예관이 일찍이 조착에게 가르침을 청하지 않았다고 할 수 없다. 조착의 타고난 품성은 총명하고 영리하여 훌륭한 학자에게 가르침을 받았으니, 당연히 대의(大義)에 통할 수 있었는데 혹 깊이 연구하지 않았을 뿐이다. 나는 『논형』의 기록은 틀림없이 근거가 없는 것이 아닐 것이며, 피석서가 『논형』이 전해들은 잘못이 많다고 비난한 것은 아마도 깊게 살피지 않았기 때문일 뿐이라고 생각한다."

친구에게 답하다(1)

형께서 어제 유물론(唯物論)도 역시 주체의 능동성과 도덕적 책임감을 인정한다면 유심론(唯心論)과 명칭은 다르지만 내용은 같아지는데, 명칭은 본래 정해진 것이 없으니 논쟁할 것이 없다고 말했습니다. 나는 명칭이 정해진 것이 없다고 하는 말은 매우 잘못됐다고 생각합니다. 『춘추번로(春秋繁露)』에서 "『춘추』는 사물을 변별하는 이치[理]로써 그 명칭을 바로잡는다. 명칭은 반드시 그 참모습[眞]과 같아야 한다."[88]고 했습니다. 『윤문자(尹文子)』에서는 "형상[形]ⓐ으로써 명칭을 정하며, 명칭으로써 사물[事]ⓑ을 규정한다."[89]라고 했습니다. 명칭은 목소리[聲音]에 근본하는데, 목소리가 나오게 되는 것은 사람의 마음속에 있는 '의미 있는 형상[意象]'에서 나옵니다. 명칭의 다름은 각각 의미 있는 형상의 차별ⓒ에 근거합니다. 예컨대 탁자라는 의미 있는 형상이 있으면 탁자의 명칭으로 규정하고, 컵이라는 의미 있는 형상이 있으면 컵의 명칭으로 규정합니다. 그러므로 '형상으로써 명칭을 정한다.'고 했습니다. 그러나 반드시 재차 "의미 있는 형상은 무엇으로부터 생기는가?"라고 물어봐야 합니다. 의미 있는 형상은 본래 사물에 말미암아ⓓ 생겨납니다. 사람의 마음이 일체의 사물에 말미암아 생각하는 것으로부터 각양각색의 의미 있는 형상이 생기며, 이러한 의미 있는 형상으로 각종의 명칭을 정합니다. 즉 이와 같은 각종의 명칭으로부터 온갖 사물을 규정하니, 여기에서 지식이 형성되고, 학문이 발생되는 것입니다. 사물을 명칭으로 규정하며, 명칭은 맨 먼저 사물에 말미암아 생각해서 생기는 의미 있는 형상을 규정하

---

88 『춘추번로』권10. 春秋辨物之理, 以正其名, 名必如其眞.

89 『윤문자』「대도(大道)·상」. 形以定名, 名以定事.

니, 모든 것이 혼란해질 수 없는 것은 또한 본래 서로 혼란스럽지 않다는 것입니다. 이를테면 인도사람의 목소리와 중국사람의 목소리가 비록 다르지만, 인도사람들의 '컵'이라는 명칭은 그 컵에 말미암아 생각할 때의 의미 있는 형상에 의해 정해지며, 중국사람도 역시 다르지 않습니다. 그러므로 우리들이 중국어로 인도어를 번역하는 경우에 '컵'이라는 그 사물의 명칭에 대해 당연히 '탁자' 혹은 그 밖의 사물의 명칭으로 컵을 번역하지 않습니다. 그렇지 않다면 일체의 사물 혹은 도덕[義理]의 명칭은 모두 표준이 없어서 혼란스럽게 되니, 우리들이 산스크리트어[梵語]로 된 책을 읽을 수 없을 뿐만 아니라, 또한 어떻게 인도사람들과 말로 소통할 수 있겠습니까? 유물론과 유심론은 각기 그 특수한 의미로부터 명칭을 세운 것이니, '마음[心]'과 '물질[物]'이라는 두 명칭이 본래 정해진 것이 없다고 말한다면, 나는 놀랍고 괴이하게 여겨 듣기를 바라지 않을 것입니다.

ⓐ '형[形]'이란, '의미 있는 형상[意象]' 혹은 개념이다.
ⓑ '사[事]'는 사물이다.
ⓒ 차별은 한 가지 뜻이 아니라는 것이다.
ⓓ '말미암는다'는 것은 생각을 원용한다는 의미이니, 사물이 존재하지 않는데 근거 없이 의미 있는 형상을 일으킨다는 것이 아니다.

내가 『원유』「원외왕」에서 『대역』·『춘추』·『예운』·『주관』 등의 경전을 서술해서 논한 것은 모두 경문을 인용해서 의미를 해석한 것이지, 터무니없는 말이 아닙니다. 성인(聖人)이 과학을 창도(倡導)하고, 사회주의를 위해 단서를 연 것은 본래 멀리 만세(萬世)를 내다본 것인데, 어찌 숨어서 드러나지 않겠습니까? 일반적으로 사상은 현실을 반영하니, 옛날 사람들은 미래를 앞서서 알 수 없다고 말합니다. 사실 옛 성인의 식견은 모두 만세를 아울러 멀리 헤아리는 점이 있었습니다. 후세의 천재가 때에 맞추어 실사구시(實事求是)하는 것이 매우 정밀하고 뛰어난 것은 본래 옛 성인이 할 수 없는 것이지만, 옛 성인이 단서를 만든 공로는 없앨 수 없습니다. 저는 본래 성인이 예견하는 것이 많다고 말하지는 않았지만, 성인이 단지 봉건사상에 빠졌다고는 감히 말하지 못하겠습니다. 경전의 글이 모두 남아 있는데, 저가 어떻게 견강부회하겠습니까? 사상이 현실을 반영하지 않는다고 하면 순전히 주관적으로 지어낸 것이니, 저가 비록 완고하지만 또한 이런 지경에 이르지는 않습니다. 사상가의 사상이 다만 그가 살던 당시의 사회를 반영할 뿐 전혀 시대를 뛰어넘는 원대한 식견이 없다고 한다면, 저가 참으로 우둔하지만 감히 동의하지 못하겠습니다.

『원유』는 겨우 100권만을 찍었는데, 책을 본 사람들이 모두 내가 사회주의로 『주관(周官)』을 설명한 것을 지나치게 견강부회했다고 말했으며, 나이 많은 오래된 친구들은 더욱더 옳다고 얘기하지 않았습니다. 예로부터 『주관경』에 대해 유생들은 언급하려 하지 않았지만, 나이든 사람들은 지겹게 듣고도 여전히 말할 만한 것이 있었습니다. 오늘날 새로운 지식을 익힌 사람들은 오히려 『주관』을 경시하는데, 이것은 무엇 때문입니까? 『주관경』은 '균등[均]'과 '연계[聯]'를 만물의 화육에 참여하여 돕고 만사(萬事)를 시작하는 최고원칙으로 삼았으니, 이것은 실로 사회주의 사회를 위해 두 개의 큰 주춧돌을 확정하는 것입니다.[a] 오늘날의 지식인들이 경전을 읽지 않고 함부로 의심하는 것은 무엇 때문입니까? 『주관』에서는 토지를 국유화하고 일체의 생산 사업을 모두 국영으로 하였는데, 『원유』 「외왕편」에서 일일이 경전을 인용하고 의미를 해석하여 매우 분명하게 설명했습니다. 요즘 사람들은 『주관』의 제도가 사회주의의 단서를 만든 것이 아니라고 두서없이 말하고자 하는데, 어찌 경전을 읽은 다음에 의론하는 것과 같겠습니까? 위와 같이 한두 가지 큰 문제를 들어 설명한 것으로 저가 『주관』에 대해 말한 것이 견강부회가 없었다는 것을 이미 충분히 증명했다고 생각합니다.

[a] 『주관경』의 요지는 오직 '균등[均]'이라는 말에 있습니다. 『역』에서 "천지의 조화(造化)를 제한하여 지나침이 없게 하고, 만물을 곡진히 이루어 남김이 없게 한다."[90]고 말했습니다. '지나침이 없고, 남김이 없게 한다[不過不遺]'는 것은 바로 '큰 균등의 도[大均之道]'로써 만물의 화육에 참여하여 돕는다는 의미이며, 이것은 『주관』과 동일한 것입니다. 만사만물이 그 균등함[均]을 잃으면, 곧 부서지고 무너져서 지탱될 수 없으니, 탁자는 네 기둥이 있어서 안전하지만, 그 하나의 기둥이라도 없어지면 바로 균형을 잃어 넘어지고 맙니다. 생산 사업은 반드시 각 방면의 수요를 계산하여 그 균등함을 얻어야 합니다. 그렇지 않으면 어떤 것은 남고, 어떤 것은 부족하게 되는 우환이 생기게 됩니다. 여기서는 대략 한두 가지의 실례를 들었을 뿐입니다. '연계[聯]'의 의미는 지극히 중요합니다. 『주관경』에서 "무릇 사소한 일도 모두 연계되었다."라고 말했는데, 하물며 큰일은 어떻겠습니까! 사회주의 사회가 일과 직위에 맞춰 모두 연계되지 않는다면, 집체(集體)를 이룰 길이 없습니다.

---

90 『역』 「계사·상」. 範圍天地之化而不過, 曲成萬物而不遺.

곡신(谷神) 노인에게 답하다

「원외왕」편은 전체[兼]를 본 것은 있으나 개체[獨]를 본 것이 없는 듯하다 고ⓐ 알려주신 것을 보았습니다. 이러한 생각은 당연히 옳은 점이 있지 만, 모두 다 그런 것은 아닙니다. 우리 형께서는 도가와 묵가를 연구하 고 종합했는데, 지금은 이미 연로해서 은거하며 조용하게 지내고 계십 니다. 저는 본래 여러 말을 하고 싶지 않지만, 또한 침묵할 수도 없습니 다. 도가와 묵가는 모두 사회가 발전한다는 것을 깨닫지 못하고ⓑ 필사 적으로 공자를 반대했습니다. 도가와 묵가의 말이 세상에 가득 차서 그 세력은 유가를 훨씬 초월했습니다. 서주(西周)의 왕도(王道)가 붕괴되면서 춘추시대에 패업(霸業)이 흥기했으나, 춘추시대에 패업 또한 붕괴되어 백성들은 편안히 살 수가 없었으니, 공자가 그들을 구제하고자 했으나 뜻을 이루지 못했고, 만년에 이르러서 비로소 통치계층을 무너뜨리지 않으면 안 되며, 서민의 잠재력을 일깨우지 않으면 안 된다는 것을 깨달 았습니다. "가르침에는 차별이 없다[有教無類]."는 공자의 큰 뜻이 3천의 무리들을 문하로 모여들게 한 것은 우연이 아닙니다. 애석하게도 도가 와 묵가 및 제자(諸子)들이 함께 유가를 반대하여, 6경(六經)의 도는 막혀 서 드러나지 않게 되었습니다. 위(衛)나라 상앙(商鞅)의 패업을 이루기 위 한 계략은 마침내 진나라 효공(孝公)의 신임을 얻게 되었고, 한비(韓非)의 학설은 또 여정(呂政: 진시황)에게 채용되어 이에 폭력이 벌떼처럼 일어났으 니, 중국은 이때부터 쇠퇴해서 앞으로 나가지 못한 지가 2천여 년이 되었 습니다. 이 같은 사실은 내가 어릴 적에 역사책을 읽고 매우 괴로워했던 것인데, 지금은 길게 얘기하지 않겠습니다. 저의 나이가 이미 70을 넘어 서 실로 새로운 지식을 구할 수 없게 되었으니, 오직 6경을 깊이 완미해서 천하가 공평하게 되는 도(道)에 뜻을 둘 뿐입니다. 저는 사회의 발전은 정체되어서는 안 되며, 인류는 반드시 어둠을 깨쳐서 광명을 열어야 한다고 굳게 믿습니다. 공자가 말한 사회는 '독립해서 홀로 사는 삶[獨]'을 경계하고 무리지어 서로 돕고 사는 사회[比]를 숭상하며,ⓒ 사적인 것을 공적인 것으로 변화시키는 것이니,ⓓ 이것이 그 만세를 위해 법도를 제정한 뜻이라는 것을 지금이 되어서야 확실히 이해하게 되었습니다.

ⓐ '독(獨)'은 개체[分子]이며, 개인(個人)이라고 말하는 것과 같습니다. '겸(兼)'은 집체(集體)이며, 예전에는 단체(團體)라고 말했습니다.

ⓑ 사람들은 단지 도가(道家)가 태고의 순박함[樸]으로 돌아가려고 했다는 것을 알지만, 사실은 묵자(墨子)의 천지(天志)·명귀(明鬼)·비악(非樂)·자고(自苦) 등의 사상은 후퇴(後退)를 주장한 것으로서 노자와 다르지 않습니다. 저는 예전에 묵자가 과학사상을 가지고 있기 때문에 비난하지 않으려 했지만, 묵자는 결국 철학적인 재능을 가지고 있는 사람이 아니었습니다.

ⓒ '독립해서 홀로 사는 삶[獨]'은 사람들이 각기 독립해서 서로 연계하지 않고, 먹고 사는 것을 제각기 스스로 강구하여 협력하지 않는 것이니, 노자(老子)가 꿈꾸는 '사람들이 태어나 늙어 죽을 때까지 서로 왕래하지 않는'91 사회가 이것입니다. 공자는 『대역』「비괘(比卦)」에서 만물은 서로 무리지어 도우면서 산다는 것을 밝혔으며, 정이천(程伊川)의 『역전(易傳)』은 그 뜻을 얻었습니다.

ⓓ 『주관경』의 제도는 여러 곳에서 '흩어진 것[散]'을 '무리 짓는 것[群]'으로 바꾸고, '사사로운 것[私]'을 '공적인 것[公]'으로 변화시키려 했으나, 애석하게도 종래의 학자들이 그 의미를 이해하지 못했습니다. 이런 제도는 황제(皇帝)제도를 뒤엎지 않으면 실행될 수 없으니, 한 사람의 황제를 기습해서 왕위를 탈취하는 것으로는 실패하지 않을 수 없습니다. 진시황을 죽이려던 형가(荊軻)도 역시 이것을 깨닫지 못했습니다.

보내온 편지에서, 『주관』의 제도는 '방범을 시행하고[設防]', '감찰하는 것[用察]'에 지나지 않으니, 백성이 도시에서 교외로 이주하거나 혹은 교외에서 도시로 들어가 사는 경우에 모두 원래 주거하던 곳으로부터 증명

---

91 『노자』 80장. 鄰國相望, 雞狗之聲相聞, 民至老死不相往來.

서를 발급받아 죄를 지은 행위가 없음을 증명해야 하는 것은, 바로 단적으로 『주관』의 제도가 방범을 중시하고 치밀하게 감찰하는 것임을 알 수 있는데, 틀림없이 성인의 책이 아닐 것이라고 하였습니다. 형의 견해가 이와 같으니, 저는 혹시 저의 생각에 잘못이 있는지 가만히 생각해 보았습니다. 모든 일을 완전히 그만두는 것을 관대(寬大)함으로 여겨, 서민이 스스로 살고 스스로 죽으며 스스로 좋아하고 스스로 파괴하는 것을 들어주면서 모든 일을 영도하지 않고 제약하지 않는 것은, 한대 이래로 이른바 허약함과 쇠퇴함이 오랫동안 누적되어 떨쳐 일어날 수 없게 된 것입니다. 『주관』의 제도는 적극적으로 서민을 영도하여 생산 사업에서 일체의 정무(政務)에 이르기까지 모든 것을 다스리고 포괄합니다. 학교의 교육은 '도(道)'와 '예(藝)'를 동시에 중시하고, 사회의 교화는 예악(禮樂)과 '법령을 읽어주는 것[讀法]'을 모두 중시했습니다. 그 의도의 깊고 상세함과 기획의 크고 정밀함은 근본적으로 견실하면서 치밀해서 돌보지 않는 것이 없으니, 저가 그것을 찬양해서 서술하고자 해도 할 수 없습니다. 마치 하늘의 광대함과 같으니, 그 무엇으로 찬양해서 서술할 수 있겠습니까? 형께서는 경전의 의미를 자세히 연구하지 않고 바로 『주관』의 제도는 방범을 시행하고 심하게 감찰하는 것이라고 의심했습니다. 성인이 이 경전을 지은 것은 본래 초기의 임시방편의 제도를 제거해서 줄곧 정치경험이 결여된 서민들을 하루아침에 구습을 버리고 새롭게 만들려는 것입니다. 만일 방임을 관대함으로 보아 그 행동의 득실에 대해 일체의 방범과 감찰을 하지 않는다면, 법도를 지키지 않는 서민들이 기회를 타고 일어나서 사회가 와해되고 무너지는 지경에 이르게 될 것이라고 단언할 수 있습니다. 성인의 원대하고 깊은 생각을 형께서는 자세하게 연구하지 않고서 함부로 비난해도 되겠습니까? 형께서는 도가의 이론을 배웠기 때문에 자세히 살피는 것을 싫어합니다. 그러나 도가를 배우면서 세상의 일에 뜻을 두는 자로서 자세하게 살피지 않는 사람은 거의 없었습니다. 한비(韓非)는 본래 말할 가치가 없습니다. 제갈량(諸

葛亮)의 경우는 도가에 통달했지만, 정치를 하는 데 있어서는 또한 자세히 살피는 것을 숭상했습니다. 장거정(張居正)[92]은 유학으로 불교와 노자를 융통(融通)시켰는데, 그 자세히 살핀 것도 매우 정밀합니다. 저는 제갈량·장거정에 대해서 흠잡을 데가 없다고 생각합니다.

---

92 장거정(張居正, 1525-1582): 자는 숙대(叔大)이고, 호는 태악(太岳)이며, 시호는 문충(文忠)이며, 명나라 호광(湖廣) 강릉(江陵, 현 호북성〈湖北省〉강릉현〈江陵縣〉) 사람이다. 가정(嘉靖) 26년(1547) 진사가 되고, 편수(編修)에 올랐다. 엄숭(嚴嵩) 과 서계(徐階)의 신임을 받았다. 우중윤(右中允)에 올라 국자사사업(國子司事業)을 관리했는데, 좨주(祭酒) 고공선(高拱善)과 막역하게 사귀었다. 서계가 엄숭을 대신해 수보(首輔)가 되자 심복이 되었다. 융경(隆慶) 원년(1567) 입각(入閣)했다. 만력제(萬曆帝)의 신임을 얻어 황제가 즉위한 직후부터 10년간 수보의 자리에 앉아 국정의 대부분을 독단적으로 처리했는데, 내외적으로 쇠퇴의 조짐을 보이던 명나라의 국세를 만회했다. 전국적인 호구조사와 토지측량을 단행, 지주의 부정을 막아 농민의 부담을 줄이는 데 성과를 거두었지만, 사업이 완료되기 전에 죽었다. 저서로는 『서경직해(書經直解)』 8권과 『장태악집(張太岳集)』 47권, 『태악잡저(太岳雜著)』, 『사서집주직해설약(四書集注直解說約)』, 『여계진해(女誡眞解)』, 『행실(行實)』, 『제감도설(帝鑑圖說)』 등이 있다.

전모주(田慕周)에게 답하다

『대학(大學)』「10장」에서 "재물을 생산하는 데는 큰 도리가 있으니, 생산하는 자가 많으면…"[93]라고 운운한 것에 대해서, 나는 민중은 스스로 주인이 되어 많은 사람의 뜻과 힘을 모아서 재물을 생산한다고 말했는데, 네가 여전히 의심하는 것은 옛 이론에 의해 오해했기 때문이다. 『대학』은 비록 작은 책이지만 성학(聖學)의 강령을 제시하였으니, 체제가 매우 크다. 그러나 소강(小康)의 유학자들이 멋대로 어지럽힌 것이 있으니, 애석할 따름이다. 『대학』에서 재물을 관리하는 것으로 평천하(平天下)에 귀결시킨 것은 분명히 『예운』과 『주관』을 융회(融會)하여 대동(大同)의 이상을 가지게 된 것이다. '생산하는 자가 많다.'는 것은 당연히 내가 말한 것이 옳으니, 옛 이론을 좇아서는 안 된다.

「원외왕」에서 『주관』의 천부(泉府)를 설명하면서 상홍양(桑弘羊)의 정책을 언급했는데, 너는 상홍양이 아직 『주관』을 보지 못한 것 같다고 질문했다. 네가 의심한 것은 참으로 옳다. 나 또한 상홍양이 『주관경』을 읽었다고 말하지 않았지만, 그 사상은 천부(泉府)의 제도와 상당히 비슷하기 때문에 관련지어 언급했을 뿐이다. 한 무제는 일찍이 『주관』을 보고 싫어했으며, 하간헌왕(河間獻王)도 역시 『주관』을 손에 넣었으니, 『주관』이 한대 초기에 이미 세상에 알려졌다는 것을 알 수 있다. 온 나라의 뛰어난 학자들 중에 당연히 『주관』을 잘 말할 수 있는 자들이 있었을 것이지만, 상홍양이 『주관』의 뜻을 들었는지의 여부는 지금 단정할 방법이 없다.

---

93 『대학』 10장. 生財有大道, 生之者衆 ….

너는 『공자가어(孔子家語)』에서 「예운」의 대동·소강의 말을 인용한 것은 다소 다른 점이 있는데, 청대 사람들 중에 『공자가어』에 근거해서 「예운」을 논박한 것이 있으니, 어떤 것을 따를지에 대해 물었다. 이것은 네가 지나치게 신중한 것이다. 오늘날 우리들이 보는 『공자가어』는 왕숙(王肅)이 위탁한 것임을 옛사람들이 일찍이 이미 상고해서 확정했다. 왕숙은 비속한 유학자일 따름이다. 「예운」을 개찬해서 전제군주제를 옹호했으니, 청나라 사람들이 왕숙과 한패를 이루는 것은 또한 책망할 가치가 없다. 『예기』는 한대에 출간되었는데 『예기』를 불신하면서 삼국시대의 위(魏)나라 사람인 왕숙의 위서(僞書)를 믿는 것이 이치에 맞는가!

유공순(劉公純)에게 답하다

복희(伏羲)의 8괘(八卦)ⓐ는 비록 철학사상의 심오한 근원이지만, 태고의
시대에는 점성술[占卜]이 성행했으니, 옛날의『역』ⓑ 괘효의 상(象)을 취한
것은 당연히 점술가로부터 채용했을 것이라고 나는 미루어 짐작한다.
복희가 취한 상(象)에는 철학적 이치의 의미가 함축되어 있지만, 옛날의
『역』은 여전히 점성술로 사용되던 것이므로 옛날『역』의 상(象)은 여전
히 점술가의 유산을 모조리 떨쳐버릴 수 없었음을 알 수 있다. 공자가
『주역』을 지은 다음에 비로소 완전히 술수를 단절하고 순전히 철학사
상의 대보장(大寶藏)이 되었다. 비록 상(象)에 의지해서 이치를 드러내 보
였지만,ⓒ 그 목적은 사람들을 즉물궁리(即物窮理)하도록 인도해서 스스
로 깨닫게 하려는 것일 뿐이다.『역』을 배우는 사람은 절대로 상(象)에
얽매여서는 안 된다. 부처는 다음과 같은 비유를 들었다. "어리석은 사람
이 달[月]을 인식하지 못해서 내가 그를 위해 한 손가락을 펴서 달을 가리
켜 그가 달을 보도록 했다. 그러나 그는 단지 손가락을 볼 뿐 끝내 달을
보지 않았다." 이 비유는 매우 오묘하며, 또한 지극하게 통렬하다. 한(漢)
대의『역』이 상(象)에 얽매여서 이치를 궁구하지 못한 것은, 마치 어리석
은 사람이 손가락을 보면서 달을 보지 않는 것과 같다. 이런 까닭에 한대
의『역』이 세상에 유행하자 공자의『역』은 자취를 감추게 되었다.

ⓐ '8괘(八卦)'를 들면 64괘가 모두 구비되니 글을 생략한 것이다. 한대 사람들은 이
것을 알지 못해서 문왕(文王)이 '괘를 중복했다[重卦]'는 이론을 함부로 만들었다.
ⓑ '옛날의『역』'은 복희(伏羲)의『역』을 말한다.
ⓒ 상(象)은 마치 비유와 같으니 옛사람들이 이미 말했다. 공자가 지은『주역』은 비
유에 의지해서 그 무궁하고 매우 말하기 어려운 리(理)를 드러내 보였다. 이것은
그 문체가 매우 특수한데, 양웅(揚雄)이 그것을 모방해『태현(太玄)』을 지었으니,

이미 남을 그대로 흉내 냈다는 비웃음이 없지 않다.

왕필(王弼)은 상(象)을 제거했고, 정이천(程伊川: 程頤)이 그것을 계승한 것은 모두 뛰어난 식견이 있는 것이다. 이후에 왕필을 공격한 자들은 거친 글로 비방했으며, 정이천을 헐뜯은 사람들은 정이천이 상(象)을 알지 못해서 함부로 제거했다고 비웃었다. 나는 상(象)을 없애는 것은 상에 얽매여서 이치를 궁구하지 못하는 고질적인 습관을 제거한 것뿐이라고 생각한다. 만약 단지 상(象)을 없앨 수 있다고만 말한다면, 어찌 망령됨이 크지 않겠는가! 정이천과 왕필이 어찌 이렇게 생각했겠는가? 공자가 지은 『주역』은 분명하게 상(象)에 의지해서 이치를 드러냈다.ⓐ 이제 상(象)을 제거한다면, 또한 어떻게 공자의 『역』을 이해할 수 있겠는가? 한나라 사람들이 상(象)에 얽매여서 자잘함과 천착함에 빠진 것은 참으로 이치를 궁구하는 일이 있다는 것을 알지 못한 것이다. 왕필과 정이천은 이 같은 고질적인 습관을 제거했을 뿐이다. 그러나 왕필은 노자(老子)에 빠졌고, 정이천은 또한 도량이 넓지 못한 점이 있다. 빠른 시간 내에 『주역』에 대해 새로운 주석을 내야 한다. 한대의 『역』이 상(象)을 말한 것은, 그것에 의지해서 공자의 오묘한 뜻을 미루어 알 수 있는 것이 제법 있으니, 방치해 버리면 안 된다. 나는 예전에 『대역광전(大易廣傳)』이라는 책을 저술하려고 마음먹었으나 늙고 병들어 뜻을 이루기 어렵다는 것을 스스로 깨닫고서, 10여명의 학문을 좋아하는 청년들을 모아 작은 학단(學團)을 만들어 공동으로 몇 년 동안 연구를 하고자 했는데, 마땅히 성과가 없는 데에 이르지는 않을 것이다. 현장(玄奘)[94]이 불교경전을 번

---

94 현장(玄奘, 602-664): 당나라 때의 승려로서 이름은 위(褘)이고, 진혜(陳惠)의 아들이다. 낙주(洛州) 구씨(緱氏) 사람이고, 속성(俗姓)은 진(陳)씨다. 세칭 삼장법사(三藏法師)로 불리고, 유식종(唯識宗)을 창시한 사람 가운데 하나이다. 13살 때 낙양(洛陽) 정토사(淨土寺)에 들어가서 21살 때 구족계(具足戒)를 받았다. 중국 중북부의 여러 도시를 여행하고 고승들을 찾아뵈면서 불교 연구에 진력한 뒤, 많은 의문을 풀고 불교 경전을 가져오기 위해 태종 정관(貞觀) 3년(629) 장안(長安)을 거

역하니 번역원[譯場]에서 먼저 많은 인재들을 배양했으며, 사마광(司馬光)[95]
이 『통감(通鑑)』을 편찬하니 역사기록을 관할하는 사국(史局)에서 재능과
덕망이 뛰어난 많은 학자들을 널리 모집했다. 나는 참으로『역』의 도리
가 인멸되고 막혀서 드러나지 않는 것을 참을 수 없지만, 뜻한 바를 스스
로 해낼 수 없으니 미래의 현명한 사람들에게 희망을 걸지 않을 수 없다.

ⓐ 예컨대,「건(乾)」이 하늘[天]에서 상(象)을 취한 것은 무엇 때문인가?「건」은 정신
이기 때문이다. 정신의 특징은 크게 밝고 굳세게 움직이는 등의 덕성(德性)을 가
지고 있기 때문에 하늘을「건」의 상으로 삼았다. 바꾸어 말하면, 하늘의 밝음과
운행의 굳셈으로 정신을 비유했다. 이런 비유를 가지고 이 이치는 곧 멀게는 여
러 사물에서 취하고 가깝게는 자신의 몸에서 취할 수 있으니, 절실하게 체득해
서 깨달아야 한다고 사람들에게 열어 보인 것이다. 여기서는 한 실례를 들었지
만 다른 것도 똑같음을 알아야 한다.

　　쳐 인도로 떠났다. 여러 곳을 전전하다가 중인도(中印度) 마갈타국(摩揭陀國) 왕사
　　성(王舍城)에 이르러 나란타사(那爛陀寺)에 들어가『유가사지론(瑜珈師地論)』등
　　논전(論典)을 배웠다. 경전 6백여 부(部)와 불상을 가지고 귀국해서, 이후 20여 년
　　동안 태종의 후원을 받아 제자들과 함께 75부(部) 1335권의 경전을 한역(漢譯)했
　　다. 또 인도 여행기인『대당서역기(大唐西域記)』12권을 저술했다.
95 사마광(司馬光, 1019-1086): 북송(北宋)의 학자로서 자는 군실(君實)이고, 호는 우
　　부(迂夫)이며, 시호는 문정공(文正公)이고, 보통 사마온공(司馬溫公)이라고 부른
　　다. 산서성(山西省) 사람이다. 20세에 진사(進士)가 되고, 인종(仁宗)과 영종(英宗)
　　때는 간관(諫官)이 되었으며, 신종(神宗) 초년에 왕안석(王安石)의 신법(新法)에 반
　　대하여 관직을 물러나『자치통감(資治通鑑)』의 편찬에 전념하였다. 저서로는『자
　　치통감』,『속수기문(涑水紀聞)』,『사마문정공집(司馬文正公集)』등이 있다.

웅십력과 『원유』

1.

'유학의 현대화'는 거의 170년이나 지속된 현재 진행형의 오래된 문제이다. 이것은 아편전쟁(1840년) 이후, 이른바 '서세동점'이 본격화된 이래로 중국뿐만 아니라 한국·일본 등 동북아시아의 근본문제였다. 이후의 3개국은 '서세동점'에 어떻게 대응했는가에 따라 그 운명이 결정되었다. 일본은 '명치유신'을 통해 서양문물을 적극적으로 수용하고 발전시켜 아시아의 맹주가 되었을 뿐만 아니라, 동시에 선진국의 대열에 동참하게 되었다. 중국과 한국은 여러 우여곡절을 겪으며 위기 탈출을 시도하였다. 그 과정에서 중국은 그나마 탈출구를 찾았지만, 한국은 이러한 시도를 제대로 펼쳐 보지도 못하고 일본의 식민통치라는 수렁에 빠지게 되었다.

중국은 아편전쟁에서 패한 뒤 중화주의 세계관이 무너졌다. 위기에 처한 중국을 구하기 위해 중국의 지식인들은 양무운동, 무술변법운동, 5·4 신문화운동 등 해결책을 모색하였다. 특히 5·4 신문화운동은 중국의 민족적 위기를 해결하기 위해 전통문화에 대한 새로운 평가와 인식에서 나온 것이다. 호적(胡敵)·진독수(陳獨秀)·노신(魯迅) 등 반전통주의 지식인들은 당시 중국의 위기의 책임을 전통문화의 주류인 유학에 돌리고, 유학을 부정하면서[打倒孔子店] 서양의 과학과 민주주의를 전면적으로 수용할 것을 주장했다.[西化論] 그들과 달리, 전통사상과 문화를 옹호하는 전통주의자들은 비록 과학기술과 군사 방면은 서양이 우세하다고 할지라도, 정신방면 특히 도덕에 있어서는 여전히 중국이 우월하다고 생각했다. 이들은 세계 제1차 대전을 통해 서구 제국의 참상을 직접 목도하고, [양계초의 「구유심영록(歐游心影錄)」] 전통유학의 가치를 유지하면서 서양의 문물을 수용하려고 하였다.[中體西用] 전통주의자들은 당면한 중국의 위기가 유학의 진정한 도(道)를 상실한 데에 기인한다고 생각했는데, 이러한 주장을 적극적으로 피력한 대표적인 인물이 바로 웅십력(熊十力)이다.

웅십력의 이러한 인식은 다른 사람들과 달리 자신이 직접 혁명에 참가해서 얻은 체험의 결과이다. 그는 혁명의 실패를 몸소 겪으면서 "진정한 혁명은 정치적 혁명이 아니라, 마음의 혁명에 있다."(『心書』)는 점을 깨닫고 마침내 학문의 길로 나선다. 웅십력은 혁명의 투사에서 학문의 길로 나가게 된 자신의 인생역정을 다음과 같이 술회(述懷)한다. "나는 청나라 때의 혁명실패에 상심했으며, 또한 스스로도 사회·정치적인 일에 소질이 없다고 여겼다. 이에 중국 전통철학사상을 연구하고 과거 사회의 풍속을 밝혀서, 중국이 왜 정체되어 발전하지 못했는지를 명확하게 알아야겠다고 마음먹었다. 따라서 나는 전통학문을 매우 세심하고 깊게 연구하여 감히 대충대충 하지 않았다."(『乾坤衍』) 전통학문이란 공자의 도(道), 즉 내성외왕학(內聖外王學)을 말한다. 웅십력은 공자의 내성외왕학을 연구하여 새롭게 되살리는 것이 자신의 임무이며, 아울러 구국(救國)의 길이라고 여겼다.

중국 현대신유학의 특징은 중국문화와 서양문화에서 각각 장단점을 취사선택함에 있어서, 여전히 중체서용(中體西用) 방식을 벗어나지 않지만 대등한 입장에서 두 문화를 회통하려고 하는 것이다. 이러한 현대신유학의 이론적 기틀을 마련한 것이 바로 웅십력이다. 그는 공자철학의 참된 정신을 되살리는 것이 중국의 위기를 극복하는 길인 동시에, 서양의 과학 및 민주제도와 융합할 수 있는 가교(架橋)가 된다고 믿었다. 이러한 웅십력의 의도가 적극적으로 드러난 책이 바로『원유』이다.

2.

웅십력은 자신이 걸어온 학문역정을 다음과 같이 피력했다. "나는 35세에 비로소 국학에 전력을 기울였다. 아래위로 수천 년 동안의 여러 종파를 두루 섭렵하였는데, 특히 유가(儒家)와 불가(佛家)에 대해 깊고 자세하게 마음을 쏟았다. 나는 불가가 현묘하지만 허황되며 유가가 크지만 바르다는 것에 대해 탄식하고는, 마침내 유가의『대역(大易)』으로 돌아가 그것을 근본으로 삼았다."(『原儒』) 그는 학술연구 전기에『신유식론(新唯識論)』·『명심편(明心篇)』 등의 저술을 통하여, 체용불이(體用不二)·흡벽성변(翕闢成變)·성수불이(性修不二)의 본체론체계를 건립하는 내성학(內聖學) 측면에 몰두하였다. 이후에『독경시요(讀經示要)』·『원유(原儒)』·『건곤연(乾坤衍)』 등의 저술을 통하여 외왕학(外王學)에 힘을 쏟아, 이른바 '내성외왕학'의 철학체계를 완성했다. 특히『원유』는 외왕학뿐만 아니라 웅십력의 철학을 총괄하는 성격을 띠고 있다. 웅십력은『원유』를 통해 유학의 진정한 학통(學統)과 내성외왕학의 근원을 탐구하여, 유학의 참정신을 회복하려고 했다. 우선 유학의 학통을 세우고 나서, 유학의 이상사회인 외왕[大同]을 제시하고, 그 외왕의 근거인 내성학의 진면목을 밝힘으로써 유학의 학통은 내성과 외왕이 관통하는 내성외왕학임을 분명하게 드러내는 것이다.

웅십력은 중·서 문화의 특징을 '자신을 성찰하는 학문[反己之學]'과 '사물의 이치를 탐구하는 학문[格物之學]'으로 구분한다. 그러나 중국문화에 '격물'의 학문이 전혀 없었던 것도 아니고, 또한 서양문화에도 '수기'의 학문이 완전히 없었던 것이 아니며, 다만 크게 발양시키지 못했을 뿐이라고 한다. 따라서 웅십력은 다음과 같은 주장을 인정하지 않는다. "청대 말기에서 중화민국까지 해외에서 유학한 후배들이 중국의 학문에 대한 근본적인 결점을 논의했는데, 대략 다음 세 가지이다. 첫째, 중국의 학문에는 과학사상이 없다는 것이다. 서양과학의 근원은 (고대)희랍에서 나왔지만, 중국의 주나라 말기의 유학과 제자백가에서는 과학지식과 관련된 서적이 보이지 않는다. 이것이 첫 번째 결점이다. 둘째, 중국의 학문에는 민주사상이 없다는 것이다. 6경 및 법가의 말은 모두 군주의 통치권을 옹호하였고, 도가(道家)는 전제군주제를 싫어하여 자유를 장려했지만 역시 민주(民主)를 제창한 적이 없다. 이것이 두 번째 결점이다. 셋째, 중국의 학문에는 이론체계가 없다는 것이다. 서양의 저술은 이론이 아주 엄밀한 것을 귀중하게 여겨서, 마치 한 그루의 나무에 많은 줄기가 있고 가지와 잎이 무성하면서도 가지런한 것과 같으니, 이치를 설명함이 상세하고 분명하여 사람들에게 사고 과정을 계발시켜 준다. 중국의 옛 전적 중에서 어떤 것은 표현이 기묘해서 뜻을 다 드러내지 못하고, 어떤 것은 많은 견해를 어지럽게 잡다하게 모아서 체계가 없기 때문에, 사람들이 정밀하게 사고하도록 인도하기 어렵다. 이것이 세 번째 결점이다."(『原儒』) 위와 같은 주장을 하는 이유에 대해, 웅십력은 공자 문하의 6예 및 제자백가에 관한 책들이 모두 진대(秦代)와 한대(漢代)에 없어졌거나 왜곡되어서 진대 이전의 중국문화와 학술의 진상(眞相)을 파악해서 밝힐 수 없었기 때문이라고 주장한다. 이에 그는 중국 전통문화에서 과학과 민주제도로 발전할 수 있는 과학사상과 민주사상의 싹을 찾아 재현시키려고 한다. 이것이 바로 중국 전통문화의 뿌리 찾기, 즉 공자철학의 참 정신을 회복할 수 있는 경전의 진위(眞僞)를 판별하는 작업이다. 곧 공자 만년의 정론(定論)인 6경(六經)에는 본래 과학과 민주사상 나아가 만민의 평등을 주장하는 사회주의사상까지도 있지만, 현존하는 6경은 공자의 진면목이 반영된 것이 아니기 때문에, 그것의 진위를 자세히 판별해서 내성과 외왕이 하나로 관통되는 공자의 도를 회복하겠다는 것이다.

웅십력이 경전의 진위를 판별하는 기준은 공자 이전의 사상을 실용파(實用派)와 철리파(哲理派)로 구분하는 것으로부터 시작한다. 실용파는 요·순·문왕·무왕의 정사(政事)와 교화의 내용을 두고 말하는 것이며, 철리파는 복희(伏羲)가 처음 8괘를 그려 신묘함을 궁구하고 조화를 알았다는 것을 말한다. 공자는 50세 이전에는 실용파의 학문에 몰두했다. 50세부터 『역』을 연구한 뒤 그의 사상은 별도로 하나의 새로운 세계를 열었다. 공자의 철학은 50세에 『역』을 연구하기 시작한 것을 기준으로 전·후기로 나눠지고, 전기에는 실용파의 학문에, 그리고 후기에는 철리파의 학문에 전념해서 학문체계를 완성하며, 공자의 참 정신은 50세 이후의 철학이라는 것이다. 또한 웅십력은 소강학(小康學)과 대동학(大同學)을 변별의 기준으로 제시한다. 50세 이전 공자는 예교(禮敎)와 통치계층을 인정하는 소강학을 추종했지만, 50세 이후에는 대동학을 세웠다는 것이다. 결론적으로, 웅십력은 공자가 50세 이전에 익혔던 실용파와 소강학의 학문은 공자철학의 참 정신이 아니며, 50세 이후에 철리파의 학문을 연마하여 성취한 대동학만이 공자의 참 정신이 담겨 있는 공자철학의 진면목(내성외왕학)이요, 유학의 진정한 학통이라는 것이다.

3.

웅십력은 6경에 대한 진위 판별작업을 통해 이른바 공자의 내성학과 외왕학의 진면목을 밝히고 있다. 그는 먼저 『춘추』에 대하여, 존군대의(尊君大義)를 주장하는 역사비평의 책이 아니라, 통치계급과 사유제를 제거해서 천하가 공평하게 되는 큰 도리의 실행을 주장하는 책이라고 하였다. 그 근거로 웅십력은 "『춘추』는 천자를 폄하하고, 제후를 물리치며, 대부를 토벌함으로써 세상 사람들이 공동으로 지향해 가는 일에 도달하려는 것일 뿐이다. 공자는 '내가 공연한 말을 싣고자 할 바에는 차라리 아주 절실하고 분명하게 일을 실행하는 것에서 드러내는 것만 못하다.'고 했다."라고 언급한 사마천의 『사기』 「태사공자서(太史公自序)」를 들고 있다. 웅십력에 의하면, 공자가 『춘추』를 지은 의도는 핍박받는 서민을 위해 혁명을 통해 통치계급을 없애고 천하가 하나가 되는 대동 세계를 만들려는 것이라고 한다.

『주관』은 일반적으로 『주례(周禮)』라고 불리며, 주공이 지었다고 하거나, 한나라의 유흠(劉歆)이 날조한 것이라고도 하며, 전국시대에 쓰여진 것으로서 주나라 왕실의 행정제도와 전제군주제를 옹호하는 것이라고 한다. 이러한 견해에 대해 웅십력은 모두 부정한다. 그는 『주관』의 핵심적인 뜻이 『대역』·『춘추』와 일맥상통한다는 점에서 『주관』은 공자가 몸소 지은 것이라고 주장한다. 즉 "『주관』이라는 경전은 대개 공자가 『춘추』 이외에 다시 승평세(升平世)의 통치방법을 밝힘으로써 태평을 여는 기초로 삼았던 것이다. 그 책은 관직을 날줄[經]로 직무를 씨줄[緯]로 삼지만, 광대하고 정밀한 의미는 각 조목 안에 암암리에 내포되어 있다. 책의 짜임새는 『대역』·『춘추』와 거의 서로 유사하다."(『原儒』)라는 것이다. 이에 웅십력은 단정적으로 『주관』에 대해서 "『춘추』 삼세(三世)의 뜻은 거란세(據亂世)를 떠나 승평세(升平世)로 나아가 태평세(太平世)에 도달하는 데에 있다. 그 가운데 승평세의 통치법이 가장 중요하니, 과거를 되돌아보면 거란세에서 떠나기를 추구하고, 미래를 내다보면 태평세로 나가기를 힘쓴다. 승평세의 규모가 만약 아름답고 훌륭하지 않다면, 거란세를 떠날 수 없고 태평세로 나아갈 수 없다. 『주관』은 바로 『춘추』를 계승하여 승평세의 통치법을 밝혔으니, 태평세를 열기 위해 기초를 세운 것이다 … 또 이 경이 비록 왕이라는 칭호를 세워 6관(六官)을 통솔하더라도 왕은 사실 형식적인 지위에 불과하다. 『춘추』는 승평세에서 '천자'를 작위의 칭호로 여겼을 뿐이다. 작위를 주는 것은 최고의 권위와 세습제를 없애기 위함이니, 단지 공적으로 선출한 행정의 수장일 뿐이다. 이 『주관경』에서 왕을 형식적인 칭호로 여기는 것이 바로 『춘추』와 부합하니, 이것이 또한 공자가 지었다는 증거이다."(『原儒』)라고 말하였다. 『주관』의 행정조직과 제도는 매우 복잡하고 다양하지만, 거기에서 주장한 평등을 기반으로 하는 통치, 백성들의 군주 선출, 사유제 폐지 등은 온 세상의 모든 국가를 한 집안으로 만드는 데 있고, 그 근본적인 큰 뜻은 이미 『대역』·『춘추』·『예운』의 세 가지 경전에 실려 있다.

웅십력은 『예기』 중의 「예운」이 선진시대에는 원래 단행본이었는데, 한나라의 후창(後倉)과 대성(戴聖)이 『예운』 원본을 삭제하고 고쳐서 『예기』 속에 편입시켰기 때문에 현존하는 형태로 전해졌다고 한다. 그리고 그들은 소강예교를 신봉하는 사람들로서 틀림없이 소강학의 관점에서 함부로 고쳤다는 것이다. 이 점에 대해, 웅십력은 "후창과 대성이 『예운』을 개찬했다면 당연히 원본이 있었을 것이다. 70제자는 3대의 영걸을 종법(宗法)으로 해서 군주제를 폐지하려는 논의를 인정하지 않았던 자들이니, 맹자와 순자 같은 두 학파의 책이 아직도 있는 것으로써 상고하여 알 수 있다. 맹자와 순자는 비록 모두 혁명에 대해 말했지만, 단지 폭군에 대한 혁명을 말했을 뿐, 군주제도를 폐지해야 한다고 말했던 것은 아니니, 진정한 혁명론은 아니다. 오직 『예운』에서만 "천하가 공평하게 되면 현자를 선출하고 능력 있는 자를 '천거[與]'한다."라고 말했으니, 당시에 대인(大人)의 세급(世及)을 예(禮)로 여기는 것을 아주 싫어한 것이다. 이것이 바로 혁명의 진정한 의미인데, 맹자와 순자는 식견이 짧아서 여전히 받아들이지 못했다. 70제자의 후학들도 맹자·순자와 같은 자들이 적지 않았을 것이니, 이것이 공자의 도가 실행되기 어려웠던 까닭이다. 맹자·순자의 여러 학파는 모두 자신들이 진실한 공자의 후예라고 여기면서 「예운」을 전수했지만, 스스로 개찬한 것이 틀림없이 많았을 것이다. 후창·대성의 무리는 당연히 맹자와 순자의 여러 학파가 전한 「예운」본에 의거했지만 또 다시 없애고 고친 것이 있었다. 비속한 학자들이 올바른 견해 없이 잡다하게 모아서 책을 만들었으니, 그 거짓된 흔적을 엄폐할 수 없다."(『原儒』)라고 하였다.

4.

웅십력은 『역(易)』에 관해 다음처럼 말한다. "한대의 유학자들은 『역』이 5경의 근원이라고 말했는데, 이것은 70제자들이 서로 계승한 학설로서 한대 유학자들이 전수하여 기술한 것이다. 내성외왕(內聖外王)의 학문은 모두 『역』에 갖춰져 있다. 『춘추』와 『예운』·『주관』이 비록 외왕학(外王學)을 특별히 상세하게 갖추고 있지만, 근본은 모두 내성학(內聖學)에 뿌리를 내리고 있으나, 애석하게도 그 원본이 모두 고쳐져 다른 것으로 바뀌어서 자세하게 알 수 없다. 『역경』 또한 어지럽게 고쳐진 것이 없지 않지만, 그 대체(大體)는 손상된 것이 없다. 나는 한대 유학자들이 진술한 구설(舊說)로부터 『역』이 5경의 근원이고, 6경이 공자 만년의 확정된 이론이라는 것을 단정했다. 『논어』에 공자는 쉰 살에 『역』을 연구하였다고 기재하였고, 『사기』에도 공자는 만년에 『역』을 좋아했다고 일컬은 것으로부터 공자가 확실하게 만년에 『역』을 지었다는 사실을 알 수 있다. 5경은 모두 『대역』에 근원하니, 5경이 『대역』의 뒤에 완성되었다는 것은 논의할 필요도 없다."(『원유』 부록 「六經是孔子晚年定論」)

웅십력은 공자가 지은 원본이라고 확실시되는 건·곤의 괘사와 효사를 자신의 독특한 관점으로 해석하여 그것이 공자의 참된 뜻이라고 하였다. 즉 "『역』의 건괘 「문언(文言)」에서 "높이 올라간 용은 후회함이 있으니, '끝까지 간[窮]' 재앙이다."고 했다. 높이 올라간 용은 통치계급의 기세가 극도에 도달해 위에서 내려올 수 없는 것이니, 바로 높이 올라간 용의 모양이다. 기세가 다했는데도 돌아오지 못하니, 후회하더라도 미치지 못한다. 그러므로 '끝까지 갔다.[窮]'고 했다. 끝까지 가면 재앙이 오는데 비록 다시 파멸되지 않으려고 해도 거의 그럴 수 없다. 『역』「계사전」에서 "『역』은 곤궁하면 변화하고, 변화하면 소통하고, 소통하면 오래간다."라고 했다. 이것은 무리들이 변화하는 법도를 밝힌 것이다. 사유제와 통치계급의 형성은 본래 사회의 변화에서 반드시 거쳐야 하는 것이지만 사람들의 공평한 도리가 아니니, 그 형세가 결코 오래갈 수 없다. 성인은 그것이 반드시 '끝까지 감[窮]'에 이르게 될 것을 미리 알고, 이 때문에 '천하가 공평하게 되는 도[天下爲公]'를 제창하고 '천하가 한 집안이 되는[天下一家]' 규범을 제정하였다. 그것으로써 계급과 사유제를 제거하고 변화에 소통하여 장구할 수 있는 도(道)로 삼았다. 『역』「건괘」의 「단(彖)」에서 "처음으로 서민[庶物]들이 나오니 모든 나라가 모두 평안하다."고 했다. 이 구절은 서민들이 줄곧 통치계급의 침탈을 받았는데, 이제 서로 단결하여 비로소 나와 함께 혁명을 거행하니, 마침내 계급을 평정하고 통치자들을 몰아내고는 모든 나라의 서민들이 서로 친밀하게 돕고 서로 제약하면서, 천하가 공평하게 되는 도를 실행한다는 말이다. 그러므로 서민들이 처음 나오면 모든 나라가 편안하지 않음이 없다. 『역』「잡괘전」에서 "혁(革)괘는 옛것을 제거함이다. 정(鼎)괘는 새것을 취함이다."라고 했다. 서민들이 우뚝하게 일어나 혁(革)과 정(鼎)의 대업을 함께 도모하니, 마땅히 의연하게 열어서 시작해야지, 때를 기다려서 움직일 필요가 없다. … 『역』「건괘」의 「단(彖)」에서 "위대하다. 건원이여, 만물이 그것에 의지해서 시작된다."라고 했다. 건원(乾元)은 만물의 본원이다. 사물이 비록 갖가지로 다르지만 근본에서 말하면 모두 서로 연속되어 평등하기가 한결같다. 용구(用九)는 건(乾)이 양(陽)이라는 것이다. 구

(九)는 양(陽)의 수이다. 건괘는 6효가 모두 양이니, 만물의 '깨끗함과 가지런함[潔齊]'을 표현하기 위함이고, 또한 이것으로 건원의 오묘한 작용을 보려는 것이므로, "용구(用九)는 무리지어 있는 용들에게 우두머리가 없는 것을 보니 길하다."라고 했다. 대개 사회발전은 몽매한 상태에서 진보하고 진보하다가 마침내 갑자기 비약해서 모든 인류가 '크게 같고 아주 평안한 상태[大同太平]'에 도달한다. 인류가 격물의 노력으로 사물을 개발하고 갖추며, 만물을 변화시키고 마름질하여 완성하며, 이롭게 사용하고 자신을 편안하게 하며, 순조롭게 천지와 덕을 합하고 일월과 밝음을 합하는 성대함에 도달할 수 있으면, 인도(人道)의 존엄함이 지극하게 된다."(『原儒』)

위의 해석에 의하면, 공자가 지은 『역』은 '천하가 한집안이 되고[天下一家]' '천하가 공평하게 되는[天下爲公]' 혁명사상과 민주사상 및 사회주의사상을 제시한다는 것이다. 다시 말해 공자가 비록 젊은 시절에는 아직 혁명사상과 민주사상 등이 없었지만, 40세 이후부터 점점 혁명사상이 싹트게 되어 마침내 50세 이후에 『역』을 연구한 뒤로 혁명사상과 민주사상 등이 형성되었다는 것이다. 따라서 공자는 "무리지어 있는 용들에게 우두머리가 없는 것을 보니 길하다."고 말해, 통치계급을 부정하고 타파해서 만민이 평등한 민주 혹은 사회주의 사회를 만들 것을 주장했다는 것이다. 이처럼 웅십력은 공자를 혁명가로서 '대동'의 사회를 지향하는 이상주의자라고 생각했다.

또 웅십력은 『역』에는 본래 격물학(과학)이 있었지만, 진·한대에서 그 실마리를 끊어버려 발전할 수 없었다고 한다. 그렇지만 『역』에는 '지혜가 만물에 두루 하고[知周萬物]', '천지를 제한하여 지나침이 없게 하며[範圍天地]', '만물의 참모습을 드러내어 만물을 구비하고[開物備物]', '기구를 만들어 이롭게 사용하며[成器利用]', '풍부하게 소유하고 나날이 새로워진다.[富有日新]'는 등의 표현이 남아 있다. 이 때문에 요임금의 "사람이 하늘의 일을 대신한다."는 교훈에서부터 공자·순자에 이르기까지 과학을 주장하는 정신이 선후로 일관된다는 것을 알 수 있다.

이와 같이 웅십력은 공자의 내성외왕의 학문, 특히 외왕학의 민주사상과 과학사상은 『역』과 5경에 모두 완비되어 있었는데, 진·한대의 사람들이 없애거나 왜곡해서 후세에 전해지지 않았다고 본다. 그러나 『역』과 5경의 사상은 일맥상통하는 것이기 때문에 『역』을 근거로 『춘추』·『주관』·『예운』 등의 진상을 회복시킬 수 있다고 하였다.

5.

웅십력은 중국문화의 뿌리는 공자가 지은 6경에 있으며, 특히 『역』은 5경의 근원이라고 한다. 이 『역』은 공자의 참 정신이 담긴 보배로서 내성과 외왕을 관통하는 내성외왕학이다. 그리고 나머지 5경은 『역』과 내재적인 관계를 맺으며 일맥상통하는 공자의 정신을 표현하고 있다고 한다. 6경은 내성학(도덕)뿐만 아니라 외왕학(外王學)을 중시한다. 특히 외왕학의 목표는 바로 '천하를 공평하게 하고', '천하를 한집안'으로 만드는 대동의 이상사회이다. 이런 이상사회는 통치계급과 '대인의 세급을 예로 삼는' 것이 없는 민주사회이고, 사유재산이 없이 공산(共産)·공유(共有)하는 사회주의이며, 격물학(과학)이 발전된 사회이다. 이것은 사실상 공자에 의탁한 웅십력의 이상사회인지도 모른다.

웅십력의 『원유』는 출판되자마자 많은 사람들이 견강부회라거나 너무 자의적이라고 비난하였을 뿐만 아니라, 특히 그의 제자인 서복관도 격렬하게 반응했다고 한다. 그러나 이러한 비난은 임안오(林安梧)의 다음과 같은 적절한 지적에 의해 해소될 수 있는 듯하다. "『원유』는 결코 증거를 나열해서 유학의 근원을 탐구한 것이 아니며, 또한 객관적인 자료 분석을 통해서 유가의 원형을 묘사한 것도 아니다 … 다시 말해 유가의 근원을 탐구하는 '근원'은 결코 역사적인 것도, 시간적인 원시(原始)도 아니며, 마음으로 체증한 이상적인 원시이다 … 웅십력의 「원학통」은 결코 중국유학의 전통적인 원류를 밝히고자 하는 것이 아니며, 진실하고 이상적인 유학의 전통을 수립하려는 것이다 … 웅십력이 6경의 진위를 판별한 것은 사실적 의미의 진위가 아니라, 가치이상의 진위를 의미하는 것이다 … 웅십력이 강조한 것은 본심양지에 근거하여 전개된 도덕이상주의이다."(『當代新儒家哲學史論』) 웅십력의 『원유』는 강렬한 우환의식(憂患意識)이 발현된 그의 이상적 유학인 것이다.

가규(賈逵, 30~101)   자는 경백(景伯)이고, 부풍 평릉(扶風平陵: 현 섬서성 함양서 북〈鹹陽西北〉) 사람이다. 동한 때의 경학자·천문학자이다. 시중(侍中)의 벼슬을 지냈으며, 『좌전』과 참위(讖緯)설이 서로 상응하고, 『고문상서』와 『이아(爾雅)』가 서로 상응한다고 주장하여 고문경학의 지위를 높였다. 저서로는 『춘추좌씨전해고(春秋左氏傳解詁)』, 『국어해고(國語解詁)』 등이 있지만 모두 망실되었다.

간보(幹寶, ?~336)   자는 영승(令升)이며, 원적[祖籍]은 하남성 신찰(新蔡)이며, 동진(東晉)의 학자 겸 문인이다. 그는 역사·음양·산수를 연구했고, 원제(元帝) 때 저작랑(著作郎)이 된 후로 역사찬집(歷史撰集)에 종사했다. 특히 간보는 역학(易學)에 조예가 깊었으며, 『진서(晉書)』에서는 '간보가 『주역』을 주석했다.'고 했으며, 『수서(隋書)』「경적지(經籍志)」에는 '『주역』 10권을 진(晉)의 산기상대(散騎常待)인 간보가 주석했고, 또한 『주역효의(周易爻義)』 1권을 간보가 지었으며, 양(梁)나라에는 『주역종도(周易宗塗)』 4권이 있는데, 간보가 지었다.'라고 기재되어 있다. 저서에는 『진기(晉記)』, 『춘추좌자의외전(春秋左子義外傳)』, 『수신기(搜神記)』 등이 있으며, 특히 『수신기』는 괴이전설(怪異傳說)을 집대성한 것으로 육조(六朝)소설의 뛰어난 작품일 뿐만 아니라, 당·송시대(唐宋時代) 전기물(傳奇物)의 선구가 되었다.

강유위(康有爲, 1858~1927)   자는 광하(廣夏)이고, 호는 장소(長素)이며, 광동성 남해현(南海縣) 사람이다. 그는 선비집안 출신으로 공부주사(工部主事)를 역임했으며, 근대의 저명한 사상가이면서 무술변법(戊戌變法)을 주도한 정치가이기도 하다. 전통적인 유교를 새로운 관점에서 보는 공양학(公羊學)을 배우고 널리 유럽의 근대사정도 익혔다. 그는 고향에 사숙(私塾) 만목초당(萬木草堂)을 열고 양계초(梁啓超) 등을 교육하는 한편, 황제에게 상서(上書)를 올리고 북경(北京)·상해(上海)에서 면학회(勉學會)를 조직하는 등 활동을 하였다. 1898년 그의 변법자강책(變法自彊策)은 제사(帝師)인 옹동화(翁同龢)를 통하여 광서제(光緖帝)에게 받아들여져 무술변법이라 불리는 개혁을 이끌었다. 과거(科擧)의 개정, 실업의 장려, 부정한 관리의 정리 등 그 내용은 시대의 조류에 적실한 것이었으나 개혁의 추진력이 궁정

내의 일부에 한정되었고, 국민들과의 광범한 유대가 없었기 때문에 실효를 거두지 못했다. '1백일 변법'이라 불리고 있듯이, 불과 1백일쯤 뒤에 원세개(袁世凱)의 배반으로 실패로 끝나고, 서태후(西太後) 등의 수구파(守舊派)가 모든 것을 원상대로 환원시키자 강유위 등은 해외로 망명했다. 망명 후 보황회(保皇會)를 설립하여 의화단(義和團)의 난을 틈타 선통제(宣統帝)의 복위를 꾀하기도 하였으나, 그의 사상은 차차 쇠퇴하여 손문(孫文) 등의 혁명파에 의하여 대체되었다. 저서로는『춘추동씨학(春秋董氏學)』,『신학위경고(新學僞經考)』,『공자개제고(孔子改制考)』,『대동서(大同書)』등 많은 저서가 있다.

고당생(高堂生, 생존연대미상)　　일명 고당백(高堂伯)이라고 부르기도 하며, 서한(西漢) 노(魯: 현 산동성 신태용정〈新泰龍廷〉)의 사람이다. 고대의 예제를 전문적으로 연구하였고, 한나라 초기에 '예학(禮學)'을 가장 먼저 전수받은 사람이다. 서생(徐生)과 함께『의례(儀禮)』를 전수하고 전파하는 데 큰 공헌을 하였다.

고염무(顧炎武, 1613~1682)　　자는 영인(寧人)이고, 호는 정림(亭林)이며, 강소성 곤산(崑山) 사람이다. 명(明)나라 말기에 양명학(陽明學)이 공리공론을 일삼는 데 환멸을 느끼고 경세치용(經世致用)의 실학(實學)에 뜻을 두었다. 명나라가 망한 후 만주족의 침략에 저항하는 의용군에 참가하였으나 패하였으며, 청의 지배하에 들어가서도 죽을 때까지 이민족(異民族)의 군주를 섬기지 않았다. 다년간 화중(華中)·화북(華北)을 돌아다니면서 천하의 형세를 살피고, 각지의 학자들과 교유하였는데, 이는 명나라의 회복을 꾀한 일이었다. 저서는 경학·사학·문학 각 분야에 걸쳐 매우 많으며, 대표작으로『일지록(日知錄)』,『천하군국이병서(天下郡國利病書)』,『음학오서(音學五書)』등이 있다.

고표(高彪, ?~184)　　자는 의방(義方)이다. 한나라의 관료이며 학자로서『보속한서예문지(補續漢書藝文志)』를 남겼다.

공광삼(孔廣森, 1752~1786)　　자는 중중(衆仲)·휘약(撝約)이고, 호는 손헌(巽軒)이다. 공자의 68대손으로 산동성 곡부현(曲阜縣) 사람이다. 1771년(건륭 36) 진사(進士)에 급제하여 한림원검토(翰林院檢討)가 되었다. 얼마 뒤 어머니가 죽자 사임하고, 서재(書齋) 의정당(儀鄭堂)을 세워 독서와 저술에 힘썼다. 대진(戴震)에게 사사하였으며, 삼례(三禮)와 공양학(公羊學)에 밝았다. 음운학(音韻學)에서는 고운

(古韻)을 18부(部)로 나누어, 음성(陰聲)과 양성(陽聲)이 서로 대전(對轉)한다는 설을 정립하였고, 산학(算學)에도 통달하였다. 변문(駢文) 홍륭기의 대표작가로서, '변문 8대가'에 꼽힌다. 저서에『춘추공양통의(春秋公羊通義)』,『대대례기보주(大戴禮記補註)』,『시성류(詩聲類)』등이 있다.

공손룡(公孫龍, B.C.320?~B.C.250?) 　　자는 자병(子秉)이며, 중국 전국시대 조(趙)나라의 사상가로서 '백마비마(白馬非馬)'론으로 유명하다.『공손룡자(公孫龍子)』는 그의 저술로『한서(漢書)』「예문지(藝文誌)」에는 14권이라고 기록되어 있지만, 현존하는 것은 「적부(跡府)」·「백마편(白馬)」·「지물론(指物論)」·「통변론(通變論)」·「견백론(堅白論)」·「명실론(名實論)」의 6편이 있다. 「백마」편과 「견백」편은 물체와 속성, 내포(內包)와 외연(外延)의 문제를 다루었고,「지물론」은 지시와 지시의 대상에 관한 문제를 다루었으며,「통변론」은 명칭·개념과 사물·실질과의 변화문제를 다루었고,「명실론」은 명과 실의 일치문제를 다루었다.

공손홍(公孫弘, B.C.200~B.C.121) 　　자는 계(季)이며, 한나라의 선비로서 산동성 등현(滕縣) 사람이다. 집안이 가난하여 40세에 비로소 호무자도(胡母子都)에게『춘추공양전』을 배웠고, B.C.140년 현량(賢良)에 추천되어 박사(博士)에 올랐다가 관직에서 물러났다. B.C.130년 다시 현량으로 추천되고, 문학시험에 장원하여 박사에 임관되었다. 내사(內史)·어사대부(禦史大夫)를 역임하여, B.C.124년 승상(丞相)이 되고 평진후(平津侯)에 봉해졌다. 최초의 승상봉후(丞相封侯)이다.

공수반(公輸班, B.C.507?~B.C.444?) 　　자는 약(若)이고, 일명 공수자(公輸子)·공수반(公輸盤)·반수(班輸)·노반(魯般)이라고도 부르며, 노나라(현 산동성 곡부〈曲阜〉) 사람이다. 춘추말기 건축 및 기계기술자인 그는 장인(匠人) 가정에서 태어나 객관 사물을 주의 깊게 관찰하고 연구하여, 자연현상에서 계발된 여러 가지 기계와 공구를 제작하였다. 그는 새가 날아가는 것을 깊이 관찰하여 대나무로 비요(飛鷂)를 만들고, 풍력을 이용하여 최초로 비행 시험을 하였으며, 곡척(曲尺)·묵두(墨鬥)·포자(刨子)·착자(鑿子) 등 각종 목재공구를 만들었다고 한다.

공안국(孔安國, B.C.156~B.C.74) 　　자는 자국(子國)이며, 산동성 곡부(曲阜) 사람이다. 그는 서한(西漢) 무제 때의 학자로서, 공자의 제11대 자손이며, 박사(博士)·간대부(諫大夫)를 지내고, 임회(臨淮) 태수를 지냈다.『시(詩)』는 신공(申公)

에게서 배우고, 『상서』는 복생(伏生)에게서 받았다. 공안국은 노(魯)나라의 공왕(共王)이 공자의 옛 집을 헐었을 때 나온 과두문자(蝌蚪文字)로 된 『고문상서(古文尚書)』, 『예기(禮記)』, 『논어(論語)』, 『효경(孝經)』을 금문(今文)과 대조·고증, 해독하여 주석을 붙였는데, 이것에서 고문학(古文學)이 비롯되었다고 하여, 공안국을 고문학의 시조라고 한다.

공영달(孔穎達, 574~648)　　중국 당대(唐代)의 경학자. 자는 중달(仲達)이고, 시호는 헌공(憲公)이다. 하북성 기주(冀州) 형수(衡水) 사람이다. 동란의 와중에서 학문을 닦았으며 남북 2학파의 유학은 물론 산학(算學)과 역법(曆法)에도 정통했다. 처음에는 대유학자로 여겼던 유작(劉焯)의 문하에 들어가려 했으나, 몇 가지 문답을 해본 결과 존경의 대상이 되지 못한다고 생각하여 고향에 내려와 제자양성에 전념했다. 수대(隋代) 말기에 명경과(明經科)에 급제하여 당(唐) 태종(太宗)을 섬기면서 국자박사(國子博士)와 국자감 좨주(祭酒)를 역임했고 안사고(顏師古)를 비롯한 여러 학자들과 더불어 『수사(隋史)』, 『대당의례(大唐儀禮)』 등을 편찬했다. 642년 태종의 명을 받고 『오경정의(五經正義)』 180권의 편찬에 중심적인 역할을 하여, 남북조 이래 여러 학파로 나뉘어 발달해온 경전해석에 통일을 기했다. 이 책은 이후 과거시험의 교과서가 되었으며 오늘날까지 경전해석의 기본문헌으로 인정받고 있으나, 학문의 자유로운 발전을 저해한 측면도 없지 않다.

공자진(龔自珍, 1792~1841)　　자는 슬인(璱人)·이옥(爾玉)이고, 호는 정암(定庵)이며, 절강성(浙江省) 인화(仁和: 현 항주〈杭州〉) 사람으로 청나라의 학자 겸 시인이다. 그는 고증학자 단옥재(段玉裁)의 외손자로서 어릴 때 직접 가르침을 받았고, 1819년 유봉록(劉逢祿)에게 공양학(公羊學)을 배웠다. 청나라 말기의 다난한 시대상과 자신의 울분을 정감 넘치는 시문(詩文)으로 표현하였는데, 그 속에서 엿보이는 개혁의지는 그 후에 개혁가에게 큰 영향을 끼쳤다. 저서에는 『정암문집(定庵文集)』, 『시집(詩集)』, 『보편(補編)』 등이 있다.

곽광(霍光)　　자는 자맹(子孟)이고, 대략 한 무제(漢武帝) 원광년간(元光年間: B.C.134~B.C.129)에 태어나서 한 선제(漢宣帝) 지절(地節) 2년(B.C.68)에 사망하였다. 하동 평양(河東平陽: 현 산서성 임분시〈臨汾市〉)사람이다. 10여 세 때부터 무제(武帝)를 측근에서 섬기다가, 무제가 죽을 무렵에는 대사마대장군(大司馬大將軍)·박륙후(博陸侯)가 되었으며, 김일제(金日磾)·상관걸(上官桀)·상홍양(桑弘羊) 등과 함께 후사(後事)를 위탁받았다. 무제가 죽자 8세로 즉위한 소제(昭帝)를 보필하여 20여 년간 정사(政事)를 집행하였다.

곽상(郭象, 252?~312)　　자는 자현(子玄)이고, 하남성 낙양(洛陽) 사람으로 서진(西晉) 때의 현학가(玄學家)이다. 곽상은 자신이 추구한 장자(莊子)의 근본원리에 따라서 『장자주(莊子注)』(33권)를 정리해서 주석을 하였는데, 그 해석을 통하여 계층적 신분질서를 천리(天理)로 인정한 명교자연론(名敎自然論)을 전개하였고, 고립하여 산재(散在)하는 각자는 경우의 변화에 무한히 응할 수 있는 '성분(性分)'이나 '위계(位階)'에 몸을 맡김으로써 '자득(自得)'한다고 하는 육조귀족제 사회(六朝貴族制社會)의 사상적 근거를 제공하였다.

관윤(關尹, 생존연대미상)　　자는 공도(公度)이며, 주나라와 전국시대 진나라의 철학자이다. 일명 관령윤희(關令尹喜) · 관영윤(關令尹) · 윤희(尹喜)라고 부르며, 그가 맡았던 관직의 이름을 따서 관윤(關尹)이라 부르기도 한다. 『사기(史記)』에 의하면, 노자가 주(周)의 쇠함을 보고 주를 떠나려고 함곡관(函穀關)에 이르렀을 때 관령(關令)인 윤희(尹喜)에게 부탁받아 『도덕경(道德經)』 5천여 자를 저술하였다고 한다. 이 관령 윤희가 즉 관윤(關尹)으로 노자의 제자가 된다고 한다. 『장자(莊子)』의 「천하편(天下篇)」에 관윤의 말이라 하여, "사람은 아집(我執)을 버리면 자연(自然)대로의 동작이 발휘된다."는 말을 인용하고 있다. 그리고 다시 "동(動)하기를 물과 같고, 그 고요함이 거울과 같으며, 적막(寂)함이 청(淸)과 같다."라고 한 말을 인용하고 있다. 『여씨춘추(呂氏春秋)』「불이편(不二篇)」에는 "관윤(關尹)은 청(淸)을 귀히 여긴다."고 평하고 있다.

관중(管仲, B.C.723 혹은 716~B.C.645)　　이름은 이오(夷吾)이고, 자는 중(仲)이며, 시호는 경(敬)으로 경중(敬仲)이라고 부르기도 하며, 관자(管子)라고 칭한다. 중국 춘추시대 저명한 정치가이며 사상가로서 친구인 포숙아(鮑叔牙)와의 우정을 말하는 '관포지교(管鮑之交)'로 유명하다. 제(齊)나라 환공(桓公) 때에 경(卿)의 벼슬에 올랐던 그는 환공의 개혁 추진을 도와 제나라를 춘추시대 가장 막강한 맹주(盟主)로 만들었다. 『관자(管子)』의 「목민(牧民)」에서 "창고가 가득 찬 뒤에야 예절을 알게 되고, 먹을 것과 입을 것이 넉넉해야 영예와 치욕을 안다."라고 하면서 도덕교화(道德敎化)가 물질생활을 기초로 하고 있다고 했다. 또한 "4유(四維: 禮 · 義 · 廉 · 恥)가 널리 퍼지지 않으면 나라가 곧 망한다."라고 강조함으로써 도덕교화의 역할을 중시했다. 관중의 이름을 딴 『관자(管子)』는 86편 가운데 현재 76편만 전한다.

구마라집[Kumarajiva](鳩摩羅什, 344~413)　　동진(東晉)때 후진(後秦)의 고승으로, 진제(眞諦, 499-569)·현장(玄奘, 602-664)과 함께 중국불교 3대 번역가로 꼽힌다. 구마라집은 줄여서 라집이라고도 하며 동수(童壽)라고 번역한다. 아버지는 인도인으로 쿠차에 와서 국왕의 고문이 되고 왕의 누이와 결혼해서 구마라집을 얻었다. 7세 때 출가하여 9세 때에 어머니와 함께 간다라(일설에는 캐시미르)에 가서 반두달다에게서 소승을 배우고, 수리야소마로부터 대승을 배웠으며, 그 밖에도 여러 스승들에게서 가르침을 받아 어릴 적부터 그의 명성은 서역뿐만 아니라 중국에까지 알려져 있었다. 라집은 그때까지 번역된 경전들의 오류를 지적하고 교정함과 동시에 구탈을 벗고 중국인들에게도 쉽게 이해될 수 있는 역어를 사용하였다.

구양생(歐陽生, 생졸연대미상)　　자는 화백(和伯)이고, 이름은 용(容)이며, 서한(西漢)의 천승군(千乘郡: 현 엄요현〈嚴饒縣〉) 사람이다. 어릴 때 복생(伏生)에게 『상서』를 배웠으며, 『상서』 29편을 31편으로 나누었으며, 「주고(周誥)」·「은경(殷庚)」을 상세하게 주석하였다. 또한 그는 『상서』에 대해 금문(今文)을 주장한 구양학설의 개창자로서 8대손인 구양관(歐陽款)까지 대로 이어졌기 때문에 역사적으로 '구양8박사(歐陽八博士)' 혹은 '구양상서학파(歐陽尙書學派)'라고 부른다. 저서로는 『구양장구(歐陽章句)』 41권, 『구양설의(歐陽說義)』 2편이 있다.

규기(窺基, 632~682)　　성은 위지(尉遲)이고, 장안(長安) 사람이며, 법상종(法相宗)의 개조(開祖)로서 자은대사(慈恩大師)라고도 한다. 17세에 출가하여 현장(玄奘)의 제자가 되었으며, 28세 때 스승을 도와 『성유식론(成唯識論)』을 번역하였다. 그뒤 『성유식론』을 계속 연구하여 『성유식론술기(成唯識論述記)』, 『장중추요(掌中樞要)』 등을 저술하였고, 그 밖에 『유가론약찬(瑜伽論略纂)』, 『법화현찬(法華玄贊)』, 『대승법원의림장(大乘法苑義林章)』 등의 저술이 있다.

노식(盧植, 121~192)　　자는 자간(子幹)이고, 동한(東漢) 탁군탁현(涿郡涿縣: 현 하북성 탁주시〈涿州市〉) 사람이다. 어려서 정현(鄭玄)과 함께 마융(馬融)에게 배웠으며 금고문(今古文) 모두에 통달한 당대의 대유(大儒)가 되었다. 영제(靈帝) 때에 박사

(博士)가 되어 채옹(蔡邕) 등과『한기(漢紀)』를 보충했다. 유비(劉備)와 공손찬(公孫瓚)이 그의 문하에 있었고, 저서로는『상서장구(尙書章句)』,『삼례해고(三禮解詁)』등이 있는데 망실되어 현존하지 않는다.

단옥재(段玉裁, 1735~1815) 　자는 약응(若膺)이고, 호는 무당(茂堂)이며, 청나라의 학자로서 강소성(江蘇省) 상주(常州) 금단(金壇) 사람이다. 대진(戴震) 즉 대동원(戴東原)의 제자로서 왕염손(王念孫)과 더불어 대씨(戴氏)의 '단왕이가(段王二家)'라고 불린다. 설문학(說文學)의 태두(泰斗)이며, 한(漢)나라의 허신(許愼)이 지은 자서(字書)『설문해자(說文解字)』의 주석 30권을 저술함으로써 난해한 설문 주석에 획기적인 업적을 남겼다. 저서에『고금상서찬이(古今尙書撰異)』(32권),『춘추좌씨경(春秋左氏經)』(12권) 등이 있다.

대덕(戴德, 생졸연대미상) 　자는 연군(延君)이며, 한나라의 학자로서 서한 양(梁: 현 하남성 상구〈商丘〉)의 사람이다. 한대의 예학가(禮學家)로서 금문예학인 '대대학(大戴學)'의 개창자이다. 대덕은 공자와 그 후학들이 지었다는 책들을 무제 때의 하간(河間)과 선제 때의 유향(劉向)에 의해 정리된『예기(禮記)』214편을 줄여『대대례기(大戴禮記)』85편을 만들었지만, 지금은 그 중의 일부인 40편만 전해진다. 대덕과 그의 조카인『소대례기(小戴禮記)』의 편찬자 대성(戴聖)은 모두 서한의 경학가인 후창(後蒼)의 제자이다.

대성(戴聖, 생졸연대미상) 　자는 차군(次君)이며, 한나라의 학자로서 서한 양(梁: 현 하남성 상구〈商丘〉)의 사람이다. 대덕이 쓴『대대례기(大戴禮記)』85편을 간추려서『소대례기(小戴禮記)』49편을 만들었다. 대대(大戴)와 소대(小戴)는 숙질관계로 알려진 대덕과 대성을 구분하기 위한 것이다. 후한의 정현이 "대덕·대성이 전한 것이 곧 예기다"라고 하여『예기』란 명칭이 나타났는데,『대대례기』는 오늘날 40편밖에 그 내용을 알 수 없다. 따라서 일반적으로『예기』라고 하면 대성이 엮은『소대례기』를 말한다.

대·소하후(大·小夏侯) 　한대의『금문상서(今文尙書)』학자인 하후승(夏侯勝)과 하후건(夏侯建)을 말한다. 하후승(생졸연대미상)의 자는 장공(長公)이며, 저양후국(寧陽侯國: 현 산동성 저양현〈寧陽縣〉)의 사람으로서 금문상서학의 대하후학(大夏侯學)의 개창자이다. 하후건(생존연대미상)의 자는 장경(長卿)이며, 하후승의 아들로서 금문상서학의 소하후학(小夏侯學)의 개창자이다. 한대 초기에 복생(伏生)은 『상서』를 장생(張生)과 구양생(歐陽生)에게 전수했고, 하후승의 선조인 하후도위 (夏侯都尉)는 장생에게 전수받아 하후승의 부친인 하후시창(夏侯始昌)에게 전수했 으며, 하후시창은 아들 하후승에게 전수했고, 하후승은 아들 하후건에게 전수했 다. 이것이 바로 한대 금문상서학인 대소하후학(大小夏侯學)의 연원이다.

대진(戴震, 1723~1777)　　자는 동원(東原)이며, 안휘성 휴령현(休寧縣) 사람으 로서 중국 청(淸)나라의 저명한 고증학자·철학자이다. 강영(江永)에게 사사하였 으며, 음운·훈고(訓詁)·지리·천문·산수·제도·명물(名物) 등 여러 분야에 통 달하였다. 표음(表音)문자로 훈고를 구하고, 훈고로 의리를 탐구함으로써 편견 없 이 실증적으로 진리를 탐구하였다. 사고전서(四庫全書) 편수관·한림원 서길사(庶 吉士)로 있으면서 경서의 객관적 연구법인 엄박(淹博)·식단(識斷)·정심(精審)을 제창하였고, 교감(校勘)·문자음성·제도·지리·역법 등의 보조학을 중시하여 고증학의 방법을 확립하였다. 이러한 방법으로 『맹자자의소증(孟子字義疏證)』을 저술하였다. 왕염손(王念孫)·단옥재(段玉裁)를 가르쳤으며, 그들을 중심으로 한 학파를 환파(皖派)라 한다. 저서로는 『모정시고정(毛鄭詩考正)』, 『맹자자의소증 (孟子字義疏證)』, 『대동원집(戴東原集)』 등이 있다.

대혜선사(大慧禪師, 1089~1163)　　자는 담해(曇海)이고, 호는 묘희(妙喜)·운문 (雲門)이며, 시호(諡號)는 보각선사(普覺禪師)이고, 휘(諱)는 종고(宗杲)이다. 안휘 성 선주(宣州: 현 영국〈寧國〉) 사람이며, 환오선사(圜悟禪師)의 제자이다. 중국 송나 라 때의 임제종(臨濟宗)의 승려로서, 법사(法嗣)를 지내면서 사대부(士大夫)의 존 경을 받았다. 제자로는 사대부인 장구성(張九成)·이병 등이 있는데, 제자로 인하 여 정쟁(政爭)에 휘말려 형산(衡山)에 유배되었다. 유배지에서 『정법안장(正法眼 藏)』(道元이 지은 것과는 다름)을 저술하였다. 그 후 효종(孝宗)의 귀의(歸依)를 받았 으며, 대혜선사 라는 시호를 받게 되었다. 간화선(看話禪: 公案禪)의 독창적인 전 개로 사상계에 큰 영향을 끼쳤다.

동중서(董仲舒, B.C.179?~B.C.104?)　　서한(西漢) 때의 유학자로서 금문경학 (今文經學)에 밝았으며, 하북성 광천현(廣川縣) 사람이다. 일찍부터 공손홍(公孫 弘)과 『춘추공양전(公羊傳)』을 익혔으며 경제(景帝) 때는 박사가 되었다. 장막(帳 幕)을 치고 제자를 가르쳤기 때문에 그의 얼굴을 모르는 제자도 있었다고 한다. 3

년 동안이나 정원에 나가지 않았을 정도로 그는 학문에 정진하였다. 무제(武帝)가 즉위하여 크게 인재를 구하므로 현량대책(賢良對策)을 올려 천인감응(天人感應)·대일통(大一統)의 학설과 '모든 학파를 몰아내고, 오직 유가만을 존중[擺黜百家獨尊儒術]'할 것을 주장하여 인정을 받았고, 이후로 유가는 독존의 지위를 차지하게 되었다. 그러나 동중서는 『춘추공양전(公羊傳)』에 의거하여 유가철학을 음양오행설과 결합시켜 공맹유학을 변질시켰다. 저서에 『동자문집(董子文集)』, 『춘추번로(春秋繁露)』 등이 있다.

동호(董狐, 생졸연대미상) 춘추시대 진나라(晉)의 태사(太史)로서 사호(史狐)라고도 칭한다. 그는 어떤 어려움에도 불구하고 사실대로 역사를 기술했다고 하여 역사에 대한 기탄없는 집필을 '동호지필(董狐之筆)'이라고 한다.

두림(杜林, ?~47) 자는 백산(伯山)이고, 부풍무릉(扶風茂陵: 현 섬서성 홍평〈興平〉) 사람으로서 동한(東漢) 때의 정치가이며 학자이다. 그는 박학다문했고 특히 고문에 조예가 깊었으며, 통달한 유학자[通儒]라고 일컬어졌으며, 후세 사람들은 그를 '소학의 종주(小學之宗)'라고 추숭하였다.

두예(杜預, 222~284) 자는 원개(元凱)이며, 경조두릉(京兆杜陵: 현 섬서성 장안현〈長安縣〉) 사람이다. 중국 진대(晉代)의 학자·정치가이며, 진주자사(秦州刺史)·진남대장군(鎭南大將軍) 등을 역임하였다. 유일하게 삼국시대의 명맥을 유지하고 있던 오(吳)나라를 공격하여 평정(280년)하였으며 뛰어난 군사전략가로서 실력을 발휘하였다. 만년에는 학문과 저술에 힘을 기울였다. 저서에 『춘추좌씨경전집해(春秋左氏經傳集解)』, 『춘추석례(春秋釋例)』 등이 있는데, 특히 『춘추좌씨경전집해』는 종래 별개의 책으로 되었던 『춘추(春秋)』의 경문(經文)과 『좌씨전(左氏傳)』을 한 권의 책으로 정리하여, 경문에 대응하도록 『좌씨전』의 문장을 분류하여 춘추의례설(春秋義例說)을 확립하고, 춘추학으로서의 좌씨학을 집대성하였다. 또한, 훈고에서도 선유(先儒)의 학설의 좋은 점을 모아 『좌씨전』을 춘추학의 정통적 지위로 올려놓았다. 이 저서는 현재에도 가장 기본적인 주석(註釋)으로 꼽힌다.

두자춘(杜子春, B.C. 약30~약58) 하남 구씨(河南緱氏: 현 하남성 언사〈偃師〉) 사람이다. 서한 말년에 유흠(劉歆)으로부터 『주례(周禮)』를 전수받아 이를 후세에 전했다. 특히 동한 시대의 정중(鄭衆)과 가규(賈逵)가 그에게 수업을 받아서 『주례』연구를 발전시켰다.

마국한(馬國翰, 1794~1857)　　　자는 사계(詞溪)이고, 호는 죽오(竹吾)이며, 산동성 역성현 남권부장(曆城縣 南權府莊: 현 제남시 전복장(濟南市 全福莊)) 사람이다. 청대의 저명한 학자로서 한학자이면서 장서가(藏書家)이다. 그는 어릴 적부터 산서(山西)의 지현(知縣)의 관직을 지낸 부친을 좇아 공부했고, 이후에 김보천(金寶川)·여심원(呂心源)에게 사사받았으며, 경사(經史)에 밝았다. 섬서(陝西)의 부성(敷城)·석천(石泉)·운양(雲陽)의 지현(知縣)을 역임했다. 마국한은 당대(唐代) 이전에 이미 망실되고 훼손된 고서(古書)를 각종의 저작 안에 있는 주석과 인용문 및 여러 문헌 중에 단편적으로 남아 있는 문장을 가려 뽑아서 고증하고 진위를 가렸다. 이후에 부문별로 나누고 편집해서 『옥함산방집일서(玉函山房輯佚書)』라는 이름으로 책을 만들었다. 이 책은 경(經)·사(史)·제자(諸子) 3편(編)으로 분류했고, 700여 권에 이르며, 총 594종류의 일서(佚書)를 모아 몸소 서록(序錄)를 써서 각각의 책머리에 덧붙였다. 『옥함산방집일서』는 일종의 문헌학의 거대한 저작이며, 마국한은 중국고대문화의 서적을 수집하고 보존한 점에서 커다란 공헌을 했다.

마융(馬融, 79~166)　　　자는 계장(季長)이고, 섬서성 흥평(興平) 사람이다. 중국 동한(東漢)의 유학자이며, 저명한 경학가로서 고문경학(古文經學)에 밝았다. 안제(安帝)와 환제(桓帝) 때에 벼슬하여 태수가 되었다. 수많은 경전에 통달하여 노식(盧植)·정현(鄭玄) 등을 가르쳤다. 『춘추삼전이동설(春秋三傳異同說)』을 짓고, 『효경』·『논어』·『시경』·『주역』·『삼례』·『상서』·『열녀전』·『노자』·『회남자』·『이소(離騷)』 등을 주석했다. 문집 21편이 있었으나 지금은 그 단편(斷片)만이 남아 있다.

맹경(孟卿, 생졸연대미상)　　　서한의 산동 사람이며, 『예』와 『춘추』에 정통했다. 명유(名儒) 맹희(孟喜)의 아버지이다.

맹자(孟子, B.C.372?~B.C.289)　　　이름은 가(軻)이며, 자는 자여(子輿)이다. 전국시대 노나라 추현(鄒縣: 현 산동성 추현) 사람으로 공자의 유교사상을 공자의 손자인 자사(子思)의 문하생에게서 배웠다. 어릴 때 현모(賢母)의 손에서 자라났으며 맹모삼천지교(孟母三遷之敎)라는 유명한 고사로 알려져 있다. 제(齊)·양(梁)·송(宋)·등(滕)·위(魏) 등 여러 나라를 주유(周遊)하며 '왕도(王道)'와 '인정(仁政)'

을 유세하였으나 우원(迂遠)하다고 하여 등용되지 못하고 귀국하여, 말년에 '성선설' 등으로 제자를 교육하며 『맹자』 7편을 남겼다.

모공(毛公) 한대 초기에 『시(詩)』를 전수한 모형(毛亨, 일명 대모공〈大毛公〉)과 모장(毛萇, 일명 소모공〈小毛公〉)을 말한다. 특히 모장은 『고문시학(古文詩學)』인 '모시학(毛詩學)'을 전수한 사람으로서 하간헌왕(河間獻王)의 박사를 역임하였다.

무착(無著, 310~390) 유식불교를 확립하였으며 무상유식(無相唯識)의 시조로 평가된다. 인도 서북지방에서 태어나 동생 세친(世親)과 함께 대승불교를 발전시켰다. 처음에는 소승불교의 일설체유부에 출가하여, 소승의 공관(空觀)을 배웠으나 이에 만족하지 않고 신통력으로 도솔천에 올라가 미륵에게서 대승의 공관을 배웠다. 지상에 돌아와 공(空)을 닦아 익히고 대중에게 설교하였으나, 사람들이 믿지 않자 미륵이 직접 내려와 『십지경(十地經)』을 설교하였고 이후 사람들이 대승의 가르침을 믿었다고 한다. 일광삼매(日光三昧)를 배워 대승의 교리를 이해하고 많은 주석서를 펴냈으며 만년에는 아우 세친을 대승불교에 인도하였다. 저서로 『섭대승론(攝大乘論)』, 『대승아비달마집론(大乘阿毘達磨集論)』, 『현양성교론(顯揚聖敎論)』, 『금강반야경론』 등이 있다.

묵자(墨子, B.C.468?~B.C.376) 이름은 적(翟)이다. 춘추전국시대 노(魯)나라 사람으로 묵가의 창시자이다. 여러 나라를 주유(周遊)하다가 송(宋)나라의 대부(大夫)가 되었다. '겸애설(兼愛說)'로 대표되는 그의 사상은 「상현(尚賢)」·「상동(尚同)」·「겸애(兼愛)」·「비공(非攻)」·「절용(節用)」·「절장(節葬)」·「천지(天志)」·「명귀(明鬼)」·「비악(非樂)」·「비명(非命)」 등에 나타나 있는 이성적인 공리주의 학설이라고 할 수 있다. 저서로는 묵자 및 그의 후학인 묵변(墨辯)의 설을 모은 『묵자』 53편이 현존한다.

반고(班固, 32~92) 자는 맹견(孟堅)이며, 산서성 함양(鹹陽) 사람이다. 중국 후한 초기의 역사가이며 문학가이다. 아버지 표(彪)의 유지를 받들어 고향에서 기전체 역사서인 『한서(漢書)』의 편집에 종사하였으나, 62년경 국사를 개작(改作)한다는 중상모략으로 투옥되었다. 그의 형인 초(超)의 노력으로 명제(明帝)의 용서를 받아, 20여 년 걸려서 『한서』를 완성하였다. 79년 여러 학자들이 백호관(白虎觀)에서 오경(五經)의 이동(異同)을 토론할 때, 황제의 명을 받아 『백호통의(白虎

通義)』를 편집하였다. 화제(和帝) 때 두헌(竇憲)의 중호군(中護軍)이 되어 흉노 원정에 수행하고, 92년 두헌의 반란사건에 연좌되어 옥사하였다. 저서로는 『한서(漢書)』, 『백호통의』, 『양도부(兩都賦)』 등이 있다.

방이지(方以智, 1611~1671)　　　자는 밀지(密之)이고, 호는 만공(曼公)이며, 안휘성 동성현(桐城縣) 사람이다. 명말청초(明末淸初)의 사상가이며, 과학자이다. 역학(易學)을 가업으로 하였으며 동림당(東林黨)에 참가한 선조의 전통을 이어받아 동림일복사(東林一復社)의 이론적 지도자로서 활약하였다. 그는 사람들이 당연하게 받아들이는 것에 대해 강한 관심과 의문을 가졌다. 그에 따르면 질측(質測: 자연과학)은 통기(通幾: 철학)를 담고 있어 서로 분리될 수 없으며, 자연과학도 철학의 지침을 따라야 한다고 보았다. 또한 여러 사물과 그들의 관계를 관통하는 근본원리인 자연계의 근본원칙을 탐구하여 그것을 '교륜지기(交輪之幾: 철학을 말함)'라고 이름 지었다. 즉 허실(虛實)·동정(動靜)·음양(陰陽)·형기(形氣)·주야(晝夜)·생사(生死)·도기(道器)·유명(幽明) 등과 같이 세계는 모두 둘로 나뉘어 있으며 이 둘이 서로 엇바뀌거나 대립하고 원인이 되는 관계를 이루는 '하나'인 것으로 보았다. 물리·지리·역사·천문·문학 등 여러 방면에 관하여 연구하였으며 명나라가 망하자 새로운 왕조인 청나라에 협조하지 않고 산으로 들어가 승려가 되었다. 주요 저서로는 당시에 나온 과학의 여러 성과를 모아서 박물지 성격으로 쓴 『통아(通雅)』와 『물리소식(物理小識)』이 있으며, 『계고당문집(稽古堂門集)』, 『부산전집(浮山全集)』, 『부산후집(浮山後集)』, 『동서균(東西均)』 등이 있다.

방현령(房玄齡, 579~648)　　　자가 현령(玄齡) 이름이 교(喬)라고 하기도 하고, 자가 교(喬) 이름이 현령(玄齡)이라고도 하며, 제주 임치(齊州臨淄: 현 산동성 치박시〈淄博市〉) 사람이다. 중국 당나라의 정치가이며, 건국 공신으로서 재상이 되었으며, 『진서』의 편찬에도 관여하였다. 대대로 북조(北朝)를 섬기고, 18세에 수(隋)나라의 진사(進士)가 되었다. 당나라가 일어나자 태종(太宗: 이세민)의 세력에 가담, 측근으로 활약하였다. 태종이 즉위하자 중서령(中書令)이 되고, 이어 상서좌복야(尚書左僕射)가 되었다. 정치에 밝고, 공평한 태도로 일관하였기 때문에 두여회(杜如晦)와 더불어 현명한 재상이라는 칭송을 받았으며, 정관지치(貞觀之治)는 그들에게 힘입은 바가 컸다. 태종의 신임이 지극하여 고구려 공격 때에는 장안(長安)에 남아 도성을 지키기도 하였다. 태종의 소릉(昭陵)에 배장(陪葬)되었다.

방효유(方孝孺, 1357~1402)　　　자는 희직(希直)·희고(希古)이고 호는 손지(遜志)이다. 촉헌왕(蜀獻王)이 그에게 정학(正學)이라고 호를 고쳐주어서 그 뒤로 세간에서 그를 정학선생(正學先生)이라고 불렀다. 복왕(福王) 때에 문정(文正)이라는 시호를 추증받았다. 절강성 영해(寧海) 사람으로서 명대(明代) 초기 대신으로 벼슬은 한림시강(翰林侍講), 시강학사(侍講學士)를 거쳐 건문제(建文帝)의 스승을 역임하였다. 1402년 연왕(燕王: 뒤의 永樂帝)이 황위(皇位)를 찬탈한 뒤, 그에게 즉위의 조(詔)를 기초하도록 명하자 붓을 땅에 내던지며 죽음을 각오하고 거부하였다. 연왕은 노하여 그를 극형에 처하였고, 일족 10족과 친우·제자 등 847명이 연좌되어 죽었다고 한다. 저술에는 『주례변정(周禮辨正)』 등 몇 가지가 있었으나 모두 영락제에 의해 소각되고, 『손지재집(遜志齋集)』과 『방정학문집(方正學文集)』이 전해진다.

배인(裵駰, 생졸연대미상)　　　자는 용구(龍駒)이고, 남북조시대 남조(南朝) 송나라의 학자이다. 배인은 서엄(徐嚴)의 『사기음의(史記音義)』을 저본으로 삼아 경(經)·전(傳)과 여러 역사서 및 공국안(孔國安)·정현(鄭玄) 등의 학설을 취해서 『사기집해(史記集解)』 80권을 지었다. 이 책은 현존하는 『사기』 주석에서 가장 오래된 것이며, 당나라 사마정(司馬貞)의 『사기색인(史記索引)』, 장수절(張守節)의 『사기정의(史記正義)』와 합쳐서 '사기삼가주(史記三家注)'라고 일컬어진다.

복만용(伏曼容, 421~502)　　　자는 공의(公儀)이고 남조(南朝) 송(宋)·제(齊)나라의 대신(大臣)으로서 저명한 유학자이다. 평창 안구(平昌安丘: 현 산동성 안구시〈安丘市〉) 사람이다. 어려서 고아가 되었으나, 각고의 노력 끝에 『주역』과 『노자』에 통달하였다. 송나라 명제(明帝) 태시(泰始: 465~471) 연간에 표기행참군(驃騎行參軍)이 되었다. 명제가 『주역』을 좋아하여 조정의 신하들을 모아놓고 복만용에게 『주역』을 강론하도록 했다고 한다. 저술로는 『주역집해(周易集解)』, 『모시집해(毛詩集解)』, 『표복집해(表服集解)』, 『노자의(老子義)』, 『장자의(莊子義)』, 『논어의(論語義)』 등이 있다.

복생(伏生, 생졸연대미상)　　　자는 자천(子賤)이며, 진(秦)나라 제북군(濟北郡: 현 산동성 추평현〈鄒平縣〉) 사람이다. 일명 복승(伏勝)이라고도 한다. 복생은 공자 제자의 후예로 진나라가 통일을 이룬 후 조정의 70 박사 중 한 사람이다. 복생은 진나라의 '분서갱유(焚書坑儒)' 때, 『상서(尚書)』를 자신의 집 벽에 숨겨 『상서』를 보존하였다고 한다. 현존하는『금문상서』는 복생에 의해 전수된 것이다. 또한 서한(西漢)의 『상서』 학자들(구양생〈歐陽生〉·대하후〈大夏侯〉·소하후〈小夏侯〉 등)은 모두 그의 문하에서 나왔다. 후세의 금문경학자들은 복생이『상서』를 전수한 공적을 높여 한 무제 때 '모든 학파를 몰아내고, 오직 유가만을 존숭[罷黜百家, 獨尊儒術]'하게 만든 동중서(董仲舒)와 더불어 '동복(董伏)'이라고 합칭하였다.

부산(傅山, 1607~1684)　　　자는 청죽(靑竹)·청주(靑主)이고 호는 색려(嗇廬)·주의도인(朱衣道人)이며, 산서성 태원(太原) 사람이다. 중국 명말청초의 문인화가·서도가·의학자·사상가이다. 명나라 말기의 혼란기에 스스로 도사(道士)를 칭하고 굴속에 살며 의술을 업으로 삼았다. 청나라가 건립되자 강희제(康熙帝)가 그를 불렀으나 극력 사양하고 낙향하자 중서사인(中書舍人)의 벼슬을 내렸다. 개성이 넘치는 묵죽(墨竹)이나 산수화를 즐겨 그렸고 서예에 특출하였으며, 시문에도 뛰어났다. 부산의 집안은 대대로 학자의 집안으로서 7·8대를 걸쳐 선조들이 제자(諸子)·『좌전』, 『한서』 등을 연구하였다. 특히 학술사상에 있어서 부산은 강렬한 진보주의 경향을 보이며, 당시의 리학(理學)을 중시하는 경향에 반대하였다. 그는 혁명사상을 견지하며, 명대(明代)의 이지(李贄)·유진옹(劉辰翁)·양신(楊愼)·종성(鍾星) 등의 문풍(文風)을 깊이 찬양하였다. 부산의 저술은 매우 많은데, 애석하게도 대부분 망실되어 단지 서명과 편명만이 존재하며, 단지『상홍감집(霜紅龕集)』,『양한인명운(兩漢人名韻)』,『부청주녀과(傅青主女科)』,『부청주남과(傅青主男科)』만이 현존한다.

사량좌(謝良佐, 1050~1103)　　　자는 현도(顯道)이고, 시호는 문숙(文肅)이며, 상채선생(上蔡先生)이라고 불린다. 유초(遊酢)·여대림(呂大臨)·양시(楊時)와 함께 '정문4선생(程門四先生)'이라 일컫고 상채학파의 시조가 되었다. 처음에 정호에게 배우다가 정호가 죽자 정이에게 배웠다. 송대 상채(上蔡: 현 하남성 소속)사람으로 지응성현(知應城縣)·경사(京師)에 이르렀다. 저서는 『논어해(論語解)』,『상채어록(上蔡語錄)』등이 있다.

사마담(司馬談, ?~B.C.110)　　　중국 전한 때의 사상가로서 하양(夏陽: 지금의 섬서성 한성〈韓城〉) 출신이다. 『사기(史記)』의 저자 사마천이 그의 아들이다. 건원(建元: B.C.140~B.C.135)에서 원봉(元封: B.C.110~B.C.108)에 걸쳐 관리 생활을 하였다. 벼슬은 태사(太史)에 이르러, 천문과 역법을 주관하고 황실의 전적을 관장하였다.

무제(武帝) 때 한나라 황실의 봉선(封禪) 의식에 참여하지 못해 화를 이기지 못하고 죽었는데, 아들에게 자신이 쓰던 사적(史籍)을 완성해 달라고 유언하였다. 유가(儒家)·묵가(墨家)·명가(名家)·음양가(陰陽家)·법가(法家)·황로학(黃老學) 등 제가(諸家)에 두루 능하였고, 특히 황로학을 좋아하였다. 저서에는 당시의 학자들이 각 학설의 본뜻을 이해하지 못함을 안타까이 여겨 육가(六家)의 학문 요지를 논한『논육가요지(論六家要旨)』가 있다.

사마상여(司馬相如, B.C.179~B.C.117)   중국 전한의 문인. 부에 있어 가장 아름답고 뛰어나, 초사(楚辭)를 조술(祖述)한 송옥(宋玉)·가의(賈誼)·매승(枚乘) 등을 이어 '이소재변(離騷再變)의 부(賦)'라고도 일컬어진다. 수사존중(修辭尊重)의 풍(風)이 육조문학(六朝文學)에 끼친 영향은 크다. 주요 저서에는『자허부(子虛賦)』등이 있다.

사마정(司馬貞, 생존연대미상)   자는 자정(子正)이고, 당나라 하내(河內: 현 심양〈沁陽〉) 사람이다. 당대(唐代)의 저명한 사학자로서『사기색은(史記索隱)』30권의 저자이며, 일명 '소사마(小司馬)'라고 한다. 사마정은 남조(南朝) 송서엄(宋徐嚴)의『사기음의(史記音義)』, 배인(裴駰)의『사기집해(史記集解)』, 제조(齊朝) 추탄생(鄒誕生)의『사기집주(史記集注)』, 당조(唐朝) 유백장(劉伯莊)의『사기음의(史記音義)』·『사기지명(史記地名)』등 여러 학자들의 주석을 모아서 두예(杜預)·초조(譙周) 등의 저술과 비교하여 후세에 가장 큰 영향을 끼친 역사학의 명저인『사기색은』을 저술하였다. 이 책은 배인의『사기집해』, 당나라 장수절(張守節)의『사기정의(史記正義)』와 합해서 '사기삼가주(史記三家注)'로 일컬어지고 있다. 더욱이 후세의 사학가들은『사기색은』의 가치가 배인과 장수절의 책보다 더 높다고 칭찬하기도 한다.

사마천(司馬遷, B.C.145?~B.C.86?)   자는 자장(子長)이고, 용문(龍門: 현 한성현〈韓城縣〉) 사람이다. 서한의 역사가로서『사기(史記)』의 저자이다. 사마담(司馬談)의 아들로서 7세 때 아버지가 천문 역법과 도서를 관장하는 태사령(太史令)이 된 이후 무릉(武陵)에 거주하며 고문을 독서하던 중, 20세경 낭중(郎中: 황제의 시종)이 되어 무제를 수행하여 강남(江南)·산동(山東)·하남(河南) 등의 지방을 여행하였다. B.C.110년에는 아버지를 이어 무제의 태사령이 되었고 태산 봉선(封禪: 흙을 쌓아 제단을 만들고 제사를 지내는 것) 의식에 수행하여 장성 일대와 하북·요서 지방을 여행하였다. 이 여행에서 크게 견문을 넓혔고,『사기』를 저술하는 데 필요한

귀중한 자료를 수집하였다. B.C.110년 아버지 사마담이 죽으면서 자신이 시작한
『사기』의 완성을 부탁하였고, 그 유지를 받들어 B.C.108년 태사령이 되면서 황
실 도서에서 자료 수집을 시작하였다. 그러나 그는 흉노의 포위 속에서 부득이하
게 투항하지 않을 수 없었던 이릉(李陵) 장군을 변호하다 황제인 무제의 노여움을
사서, B.C.99년 사마천의 나이 48세 되던 해 궁형(宮刑: 생식기를 제거하는 형벌)을
받았다. 사마천은 옥중에서도 저술을 계속하였으며 B.C.95년 황제의 신임을 회
복하여 환관의 최고직인 중서령(中書令)이 되었다. 사기 완성의 정확한 연대를 확
인하기는 어렵지만 B.C.91년 사마천이 친구인 임안이 옥에 갇혔다는 소식을 듣
고 보낸 서한을 통해 추정해 볼 수 있다. 『사기』의 규모는 본기(本紀) 12권, 연표
(年表) 10권, 서(書) 8권, 세가(世家) 30권, 열전(列傳) 70권 모두 130권 52만 6천 5
백자에 이른다.

사마표(司馬彪, ?~306)　　자는 소통(紹統)이고, 하내온현(河內溫縣: 현 하남성 온현
〈溫縣〉) 사람이다. 서진(西晉)의 역사학자이며, 진나라의 황족(皇族)으로서 고양
왕(高陽王) 사마목(司馬睦)의 장자(長子)이다. 어릴 적부터 학문을 좋아했지만, 여
색을 밝히고 행동거지가 좋지 않아 후손을 얻지 못했다. 사마표는 이 때문에 두
문불출하며 공부해서 많은 서적을 섭렵했다. 저서에는『속한서(續漢書)』,『장자
주(莊子注)』21권,『병기(兵記)』20권,『구주춘추(九州春秋)』, 문집 4권이 있으나
모두 망실됐다. 지금은 단지『문선(文選)』중에『증산도(贈山濤)』,『잡시(雜詩)』
등이 남아 있을 뿐이다.

상앙(商鞅, ?~B.C.338)　　춘추전국시대(B.C.770~B.C.221)의 정치가이며 사상가
이다. 본명은 공손앙(公孫鞅)이다. 전국시대의 진(秦)나라를 재조직하여, 통일국
가 진(B.C.221~B.C.206)을 세우는 데 큰 공헌을 했다. 국가는 오직 권력으로만 유
지될 수 있고, 그 권력은 대규모의 군대와 충분한 식량에서 나온다고 믿었다. 전
국시대에 진나라 효공(孝公)의 신하로 들어간 상앙은 나라를 분할하여 다스리게
했던 봉건제를 중앙에서 임명한 관리가 지방을 다스리는 군현제(郡縣制)로 대체
했다. 그는 새로운 토지·조세·징병제도를 만들고, 법을 엄격하고 획일적으로
공정하게 시행할 것을 강조했다. 또한 모든 사람들에게 농사나 군역과 같은 생산
적인 직업을 갖도록 강요했고, 상업을 억제했으며, 백성들 사이에 상호감시체제
를 세웠다. 그러나 그는 B.C.338년 효공의 죽음과 함께 영향력을 잃고 거열형(車

裂刑)에 처해졌다. 『상군서(商君書)』는 그의 사상과 저작을 수록하고 있다고 추측 되나, 저자가 누구인지는 불확실하다. 이 책은 매우 실용주의적이며, 법가(法家) 의 권위 있는 저작이다.

상홍양(桑弘羊, B.C.152~B.C.80)　　　한나라 무제(武帝) 때의 대신(大臣). 일설에 는 한나라 경제(景帝) 때의 낙양(洛陽) 사람이라고도 한다. 무제 때에 대사농중승 (大司農中丞), 대사농(大司農), 어사대부(禦史大夫) 등의 요직을 역임하였다. 원수 년간(B.C.122~B.C.117) 이후 그의 참여와 지휘아래, 선후로 소금[鹽]·철(鐵)·술 [酒]의 국영화와 균수(均輸)·평준(平准)·산민(算緡)·고민(告緡)과 통일된 화폐주 조 등의 경제정책을 시행하였다. 또한 60만 명에 달하는 둔전병을 변방에 배치하 여 흉노족을 방어하기도 하였다. 역사적으로 한 무제 시대의 경제적 안정에 크게 기여한 것으로 평가된다.

서선(徐善, 1633~1692)　　　명말청초의 학자로 수수(秀水, 절강성 가흥〈嘉興〉) 사 람이다. 자는 경가(敬可)이고, 호는 유곡(蘁穀) 또는 냉연자(冷然子)이다. 명나라가 망하자 과거공부를 그만두고 격물치지학(格物致知學)에 전념했다. 젊어서 장이상 (張履祥)과 친했는데, 나중에 서건학(徐乾學) 밑에서 고사기(高士奇)를 대신해 『춘 추지명고략(春秋地名考略)』을 저술했다. 그 밖의 저서로 『역론(易論)』, 『서씨사역 (徐氏四易)』, 『장자주(莊子注)』, 『유곡집(蘁穀輯)』 등이 있다.

세친(世親, 320?~400?)　　　A.D. 4세기에 활동한 인도의 불교철학자·논리학자. 불교철학자 무착(無著, Asaṅga)의 동생이기도 하다. 무착의 영향을 받아 설일체유 부(說一體有部)에서 대승불교로 개종했다고 한다. 세친은 공식적인 토론에서 추 론을 이끌어내는 절차(5단계)와 개인적 사고과정에서의 절차(3단계)를 서로 구별 해 다루기 시작함으로써 인도 고전적인 추론 논법을 보다 정교하게 발전시켰다. 그는 겉으로 외부에 실재하는 것으로 보이는 대상이 마음의 표상에 지나지 않는 다고 주장하는 여러 논서(論書, śāstra)를 저술했으며, 대승불교로 개종하기 전에 는 설일체유부(說一體有部) 교리를 비판적으로 체계화한 『아비달마구사론(阿毘達 磨俱舍論)』의 저자로서 명성을 날리기도 했다. 또한 그는 대승학자로서 『유식이십 론(唯識二十論)』, 『유식삼십송(唯識三十頌)』을 저술하여, 기존의 유식설을 압축하 고 보완한 것으로도 유명하다.

소의진(邵懿辰, 1810~1861)　　　자는 위서(位西)이며, 청나라 인화(仁和: 현 항주
〈抗州〉) 사람이다. 청대 말기의 정치가이며, 경학자이다. 저술로는 『예경통론(禮
經通論)』, 『상서전수동이고(尙書傳授同異考)』, 『항언시(杭諺詩)』, 『효경통론(孝經
通論)』 등이 있다.

손복(孫復, 992~1057)　　　자는 명복(明復)이고, 이름은 복(復)이며, 호는 태산(泰
山)이다. 중국 북송(北宋) 초기의 유학자이며 경학자로서 진주평양(晉州平陽: 현 호
남성 계양현〈桂陽縣〉) 사람이다. 과거에 낙제한 뒤 태산(泰山)에 은거하여 강학(講
學)에 힘쓰다가 범중엄(範中淹)·부필(富弼) 등의 천거로 벼슬길에 나아갔다. 손복
의 학풍은 당대(唐代) 이래의 주소학(注疏學)을 물리치고 직접 6경(六經)의 본의(本
義)를 탐구하는 '통경치용(通經致用)의 실학(實學)'이다. 특히 학술계에서 손복을
중시하는 것은 그의 춘추학(春秋學)에 있다. 손복은 『춘추』를 해석한 『춘추삼전
(春秋三傳)』에 근거하지 않고, 자기의 뜻대로 『춘추』를 해석하였다. 손복은 "천자
를 높이고, 제후를 물리친다(尊天子, 黜諸侯)."는 것에 의거하여 『춘추』에는 "폄하하
는 것은 있지만 높이는 것은 없다(有貶無褒)."고 생각하고, 맹자의 "공자가 『춘추』
를 지으니, 난신적자들이 두려워했다(孔子成《春秋》而亂臣賊子懼)."는 사상을 강
조하였다. 범중엄·호원(胡瑗)과 함께 송초(宋初)의 3선생이라 불렸다. 저서로는
『춘추존왕발미(春秋尊王發微)』 12편이 있다.

손이양(孫詒讓, 1848~1908)　　　자는 중용(仲容)이고, 호는 주고(籒膏)이며, 절강
성 사람이다. 청나라 말기의 학자로서 경학·제자학(諸子學)·금석문(金石文)의
연구에 탁월하였다. 1885년 형부주사(刑部主事)가 되었다가 곧 퇴임하고 학문에
전념했다. 그의 학문은 청대 고증학에서 한걸음 나아가 왕국유(王國維) 등의 새로
운 고전(古典)·사학 연구의 출발점이 되었으며, 만년에는 온주사범학교를 운영하
여 후진 양성에 헌신하였다. 그의 학문영역은 경학(經學)·제자학(諸子學)·문자
학(文字學)·금석문(金石文)에 이르기까지 매우 넓어 많은 저서를 남겼다. 저서로
는 『주례정의(周禮正義)』, 『온주경적지(溫州經籍誌)』, 『묵자한고(墨子簡詁)』, 『대
대례기각보(大戴禮記斠補)』, 『상서변지(尙書骿枝)』, 『주서각보(周書斠補)』, 『주고
술림(籒膏逃林)』, 『고주습유(古籒拾遺)』, 『고주여론(古籒餘論)』, 『명원(名原)』 등
이 있다.

순열(荀悅, 148~209)　　　자는 중예(仲豫)이며, 영천 영음(潁川潁陰: 현 하남성 허창

〈許昌〉) 사람이다. 후한 말엽의 사상가이다. 12세 때 『춘추(春秋)』에 통달하였으나, 성장해서는 병약하여 세상에 나가기를 싫어하였다. 후에 조조(曹操)의 부름을 받고 황문시랑(黃門侍郎)이 되어 헌제(獻帝)에게 강의를 하였고, 비서감시중(秘書監侍中)에 올랐다. 때마침 조조가 실권을 잡고 후한 왕조가 쇠퇴하였으므로, 인의(仁義)를 바탕으로 하여 시폐(時弊)를 구제하려는 정책을 논한 『신감(申鑒)』 5편을 저술하였고, 『한서(漢書)』를 간편한 편년체(編年體)로 고친 『한기(漢紀)』 30권을 편찬하였다.

순자(荀子, B.C.313?~B.C.238)　　　　자는 경(卿)이고, 이름은 황(況)이다. 전국시대 조(趙)나라 사람이다. 제(齊)·초(楚)·진(秦)나라 등을 주유하였으며, 제나라에서는 세 차례 좨주(祭酒)를 지냈고, 초나라에서는 춘신군(春申君)에 의해 난능(蘭陵: 현 산동성 역현〈嶧縣〉)령(令)이 되었으나, 끝내 뜻을 이루지 못하고 만년에는 저술에 종사하였다. 순자의 사상은 '성악설'과 '예론' 등 유가에 입각하여 도가·묵가·법가·명가의 사상을 종합하려는 특징을 띠고 있다. 저서로는 『순자』가 있다.

시교(屍佼, B.C.390~B.C.330)　　　　전국시대의 사상가로서 위(魏)나라 곡옥(曲沃: 현 산서성 곡옥현(曲沃縣)) 사람이다. 형명(刑名)의 술(術)에 밝았으며, '시자(屍子)'라고 불린다. 저서로는 "동서남북 사방과 위아래를 우(宇)라고 하고, 왕고(往古) 내금(來今)을 주(宙)라고 한다."는 현대의 '시공(時空)'개념과 가장 가까운 견해를 제시한 『시자(屍子)』가 전해진다.

신도(愼到, B.C.390~B.C.315)　　　　중국 전국시대의 조(趙)나라 사람으로 법가사상의 대표적인 인물이다. 4세기 무렵 제(齊)나라의 선왕(宣王) 때 직하(稷下)의 학사(學士)가 되었다. 그의 사상에는 도가(道家)적인 색채가 있지만, 법가(法家)사상가이며, 특히 권세(勢)를 중시하였다. 『한비자(韓非子)』에서 "용(龍)은 구름을 타면 훌륭하지만, 구름을 잃으면 지렁이와 다름없다."라는 말이 그 일단을 나타내고 있다. 저서로는 『신자(愼子)』 12편이 있었으나, 현재 5편만 남아 있다.

신불해(申不害, B.C.385?~B.C.337)　　　　중국 전국 시대(戰國時代) 정(鄭)나라 경(京: 하남성 형양현〈滎陽縣〉 남동쪽) 사람이다. 한(韓)나라 소후(昭侯)의 재상이었다. 내정(內政)을 정비하고 밖으로 다른 제후들과의 관계를 잘 이끌어 15년 만에 나라를 강성하게 만들었다. 그의 사상은 황로사상(黃老思想)에 기반을 두고 형(刑)과 명

(名)을 중시했다. 특히 '술(術)'을 중시했는데, 그의 '술'에 대해 『한비자(韓非子)』에서는 "군주가 재능에 따라 관리를 임명하고 직무에 근거해 업적을 평가하여, 명(名)과 실(實)이 부합되도록 하며 절대적인 권위로써 신하들을 제어하는 것"이라고 설명했다. 그의 '술'사상은 법가이론을 구성하는 중요한 성분이 되었다. 『한서(漢書)』「예문지(藝文志)」에 의하면, 그가 『신자(申子)』6편을 지었다고 하지만 현재 「대체(大體)」1편만 전해진다.

안사고(顏師古, 581~645)　　자는 사고(師古)이고, 이름 주(籀)이며, 섬서성 만년현(萬年縣) 사람이다. 중국 당나라 초기의 유학자·경학자·언어문자학자·역사학자이며, 특히 『한서(漢書)』의 전문가이다. 『안씨가훈(顏氏家訓)』의 저자인 안지추(顏之推)가 그의 조부이다. 학자 집안에 태어나 고전(古典)의 학습에 힘썼고 특히 문장에 뛰어났다. 당나라 고조(高祖)·태종(太宗)의 2대를 섬겨, 중서사인(中書舍人)·중서시랑(中書侍郎)·비서감(秘書監)을 역임하였고, 정치에도 능통하여 조령(詔令)의 기초를 맡았다. 그동안 유교의 경전인 『오경(五經)』의 교정에 종사하여 정본(定本)을 만들었으며, 『대당의례(大唐儀禮)』의 수찬에 참여하였다. 오경의 주석(註釋)인 『오경정의(五經正義)』의 편찬에도 참여하였고, 『한서』에 주석을 가함으로써 전대(前代)의 여러 주석을 집대성하였다. 『한서』의 주석은 그의 문자학(文字學)·역사학의 온축(蘊蓄)으로, 오늘날도 『한서』 해석의 중요한 근거가 되었다.

안연(顏元, 1635~1704)　　자는 혼연(渾然)이고, 호는 습재(習齋)이다. 하북성 박야현(博野縣) 사람이다. 그의 학문은 양명학(陽明學)에서 출발하고 있지만 이에 만족하지 않고 극단적인 공리주의(功利主義)와 실리주의(實利主義)를 제창하였다. 따라서 송명리학의 거경궁리와 정좌공부 등을 극력 반대하였다. 그의 이와 같은 주장은 청나라의 전반적인 학풍과 상충되었으며, 이공(李塨)·왕원(王源) 등의 제자에 의하여 그 학문이 계승되었을 뿐 널리 전해지지 않았다. 그러나 이공의 학문과 합쳐서 안리학파(顏李學派)라 부른다. 저술은 『사존편(四存編)』, 『습재기여(習齋記餘)』 등이 있다.

안영(晏嬰, ?~B.C.500)　　춘추시대 제(齊)나라의 정치가로 이름[諱]은 영(嬰), 자는 중(仲)이다. 시호(諡號)는 평(平)으로서 평중(平仲)이라고도 불리며, 안자(晏子)라고 존칭되기도 하였다. 내주(萊州)의 이유(夷維: 현 산동성 내주〈萊州〉) 사람이다. 제나라 영공(靈公)과 장공(莊公), 경공(景公) 3대에 걸쳐 몸소 검소하게 생활하며 나라를 바르게 이끌어 관중(管仲)과 더불어 훌륭한 재상으로 후대에까지 존경을 받았다. 안영은 기억력이 뛰어난 독서가였으며, 합리주의적 경향이 강했다고 평가된다. 그와 관련된 기록은 『안자춘추(晏子春秋)』로 편찬되어 전해진다.

양웅(揚雄, B.C.53~A.D.18)　　　전한 말의 학자 겸 문인으로 자(字)는 자운(子雲)이다. 청년시절에 동향의 선배인 사마상여(司馬相如)의 작품을 통하여 배운 문장력을 인정받아, 성제(成帝) 때 궁정문인의 한 사람이 되었다. 성제의 여행에 수행하며 쓴 『감천부(甘泉賦)』, 『하동부(河東賦)』, 『우렵부(羽獵賦)』, 『장양부(長楊賦)』 등은 화려하면서도 성제의 사치를 꼬집는 문장이다. 시대에 적응하지 못한 자신의 불우한 원인을 묘사한 『해조(解嘲)』, 『해난(解難)』도 독특한 여운을 주는 산문이다. 학자로서 각 지방의 언어를 집성한 『방언(方言)』, 『역경(易經)』에 기본을 둔 철학서 『태현경(太玄經)』과 『논어』의 문체를 모방한 수상록 『법언(法言)』 등을 저술하였다. 왕망(王莽)이 정권을 찬탈한 뒤 새 정권을 찬미하는 문장을 썼고 괴뢰정권에 협조하였기 때문에, 지조가 없는 사람으로 송학(宋學) 이후에는 비난의 대상이 되기도 하지만 그의 식견은 한(漢)나라를 대표한다.

양하(楊何, 생졸연도미상)　　　자는 숙원(叔元)이며, 서한의 치천(淄川) 사람이다. 일찍이 전하(田何)에게 『역』을 배웠으며, 사마담에게 『역』을 전수해 주었다고 한다. 한(漢) 무제(武帝) 때에 중대부(中大夫)에 임명되었다. 저서로는 『역전양씨(易傳楊氏)』 2편이 있었지만, 이미 망실되었다.

엄복(嚴復, 1854~1921)　　　자는 우릉(又陵)이며, 호는 기도(幾道)·유야노인(癒壄老人)으로 복건성 후관(侯官) 사람이다. 중국 청(淸)나라 말기의 사상가이며, 양무운동(洋務運動)의 일환으로 세워진 복주(福州)의 선정학당(船定學堂)에서 공부하고 영국에 유학하였다. 그는 유학 당초의 목적인 해군관계의 학술보다는 오히려 서유럽의 학술·사상에 더 관심을 가졌다. 귀국 후 북양수사학당(北洋水師學堂)의 총교습(總敎習)으로 있으면서 동성파(桐城派)의 문인 오여륜(吳汝倫)에게 가르침을 받았다. 그는 청일전쟁 패배 이후에 서유럽의 학술·사상을 본격적으로 번역·소개하는 한편, 논진(論陣)을 펴 중국의 위기를 호소하고 변법운동(變法運動)을 비롯하여 청말(淸末)의 개혁운동에 많은 영향을 미쳤다. 당시 그가 번역·소개한 작품 가운데에는 T.H.헉슬리의 『진화와 윤리』, C.몽테스키외의 『법의 정신』, A.스미스의 『국부론』 등이 있으며, 특히 진화론은 열강침략하의 중국의 위기를 이해시키는 이론적 매개가 되었다. 진화론은 동시에 새로운 역사인식을 가져왔지만, 역사에서의 '진화'의 주체가 명확하지 않고 일종의 발전단계설에 빠져들어 혁명론과 대립되는 결과를 낳았다. 민국 초에는 원세개(袁世凱)의 제제운동(帝制運動)을 지지하여 특히 젊은 지식층으로부터 심한 반감을 샀다.

왕국유(王國維, 1877~1927)　　　　자는 백우(伯隅)·정안(靜安)이고, 호는 관당(觀堂)·영관(永觀)이다. 청대말기의 수재로 중국의 근현대 문학·미학·사학·철학·고문자·고고학 등 각 방면에 정통한 저명한 학자이다. 1901년 일본으로 건너가 물리학교(物理學校)에서 수학하던 중 각기병으로 이듬해 귀국하였다. 한때 강소성의 사범학교에서 철학강의를 담당하였으며, 니체의 영향을 받아 시문집(詩文集)을 출판하는 한편, 사(詞)와 송·원시대(宋·元時代)의 희곡을 연구하였다. 신해혁명이 일어나자 라진옥(羅振玉)을 따라 일본으로 망명하였으며, 그 뒤 청조(淸朝) 고증학의 전통에 따라 경학(經學)·사학(史學)·금석학(金石學)의 연구에 몰두하였다. 또한 산일(散佚)된 구사료(舊史料)의 정리와 함께 중국 고대역사의 사실구명에 많은 공적을 남김으로써, 곽말략(郭沫若)·문일다(聞一多) 등의 역사가에게 많은 영향을 주었다. 라진옥과 함께 안양에서 출토된 갑골문(甲骨文)을 정리하고 복사(蔔辭)의 연대를 고증하여 갑골문의 기초를 세웠고, 주대(周代)의 금문(金文)과 『설문(說文)』의 서체를 비교·연구하였으며, 돈황(敦煌)에서 발견된 당운(唐韻)의 사본을 기초로 하여 중국음운의 변천과정을 구명하기도 하였다. 1916년 재차 귀국하여 청화연구원(淸華硏究院) 교수를 역임하였으며, 북경(北京)대학 국학연구소를 이끌었다. 1927년 민족부흥의 가망이 없음을 비관하여 곤명호(昆明湖)에 투신·자살하였다. 주요 연구업적은 『관당집림(觀堂集林)』 24권에 수록되어 있다.

왕번(王蕃, 228~266)　　　　자는 영원(永元)이고, 안휘성 여강(廬江: 현 여강 서남〈西南〉) 사람이다. 삼국시대의 천문학자이고, 수학자이기도 하다. 일찍이 오국(吳國)의 상서랑(尙書郞)과 산기중상시(散騎中常侍) 등의 관직을 역임했다. 그는 혼천설(渾天說)과 오랜 시간의 천체현상에 관한 관찰에 근거해서 혼천의(渾天儀)를 제작했다. 3분(分)의 길이를 1도(度)로 삼았으며, 1장(丈) 9촌(寸) 6분(分)인 둘레의 길이를 고혼의(古渾儀)와 장형(張衡)이 제작한 혼의식(渾儀式)의 사이에 끼워서 혼의(渾儀) 위에 두었다. 하늘을 한 바퀴 도는 것은 365와 145/589도라고 했다. 혼의는 천구(天球)와 일월성신(日月星辰)의 운행을 나타낼 수 있다. 따라서 동지·하지·춘분·추분 등의 절기와 낮과 밤의 길이를 설명할 수 있으니, 이것으로 역법(曆法)을 만들었다. 저서로는 『혼천도기(渾天圖記)』와 『혼천상주(渾天象注)』가 있다.

왕부지(王夫之, 1619~1692)　　자는 이농(而農)이고, 호는 강재(薑齋)이며, 만년에 형양(衡陽)의 석선산(石船山)에 거처하였으므로 선산(船山)선생으로도 불린다. 호남성 형양(衡陽) 사람으로서 명말(明末)청초의 저명한 사상가이다. 그는 경세치용(經世致用)을 종지로 삼아 경학·사학·문학 등의 제 분야에 통달하였다. 주자학의 정통적 입장에서 사서오경을 연구하여 독자적 견해를 부가하고 『주역외전(周易外傳)』 등을 저작하였다. 노장, 불교사상에 깊은 관심을 기울인 『노자연(老子衍)』, 『장자해(莊子解)』, 『상종낙색(相宗絡索)』의 저작은 그의 사상의 철학적 경향을 나타내는 것이다. 『독통감론(讀通鑑論)』 및 『송론(宋論)』은 우수한 사론(史論)이며, 『황서(黃書)』는 강렬한 화이사상(華夷思想)에 입각한 정치론이다. 그의 저서에는 화이변별(華夷辨別)의 사상을 강조한 것이 많다. 후세의 청말의 개량파 및 혁명파의 사상에 깊은 영향을 주었다. 또 그는 시문에도 능하였다. 특히 『석당영일서론(夕堂永日緒論)』의 「시론(詩論)」은 높이 평가된다. 저술의 대부분은 같은 호남의 후학인 증국번(曾國藩)이 간행한 『선산유서(船山遺書)』에 수록되어 있다.

왕선겸(王先謙, 1842~1917)　　자는 익우(益吾)이고, 호는 규원(葵園)이며, 호남성 장사(長沙) 사람이다. 청말(淸末)의 학자로 1865년에 진사가 되었으며, 국자감제주(國子監祭酒), 강소(江蘇)의 학정(學政), 장사의 성남서원(城南書院)과 악록서원(嶽麓書院) 원장 등의 직책을 역임했다. 무술변법(戊戌變法) 기간에는 호남에서 신학(新學)을 반대하고 시무학당(時務學堂)을 비방했다. 1900년 8월에는 자립군의 거사가 실패로 돌아간 뒤, 엽덕휘(葉德輝)와 함께 순무(巡撫) 유렴삼(兪廉三)에게 밀고하여 호남의 유신(維新) 인사 1백여 명을 살해했다. 1911년의 무창(武昌) 봉기가 일어난 뒤에 이름을 둔(遯)으로 바꾸고 고향에서 은둔생활(隱遁生活)을 하며 저술에 전념했다. 일찍이 문인들을 모아 고적(古籍)과 역사문헌의 편집·간행 작업에 종사했다. 그의 학문은 한학(漢學)과 송학(宋學)을 종합한 것으로서 다방면에 걸친 저술활동을 하였다. 저작으로는 『황청경해속편(皇淸經解續編)』, 『십조동화록(十朝東華錄)』, 『후한서집해(後漢書集解)』, 『순자집해(筍子集解)』, 『장자집해(莊子集解)』, 『시삼가의집소(詩三家義集疏)』, 『속고문사류찬(續古文辭類纂)』, 『허수당

문집(虛受堂文集)』등이 있다.

왕수인(王守仁, 1472~1529)　　자는 백안(伯安)이며, 호는 양명(陽明)이고, 시호는 문성(文成)이다. 절강성 여요(餘姚) 사람으로 중국 명나라 중기의 유학자이다. 관직에 나간 부친을 따라 북경(北京)에서 자랐고, 28세에 진사에 합격하였다. 학문적으로는 당시의 관학이었던 주자학(朱子學)을 배웠으나 만족하지 못했으며, 선(禪)이나 노장(老莊)의 설에 심취한 때도 있었으나 도우(道友)인 담감천(湛甘泉)을 만난 무렵부터 성현(聖賢)의 학문을 지향하게 되었다. 35세에 병부주사(兵部主事)로 있을 때, 환관 유근(劉瑾)의 노여움을 사 귀주용장(貴州龍場)의 역승(驛丞)으로 좌천된 것이 학문적 전기가 되었다. 그 뒤 왕심재(王心齋)·전서산(錢緖山)·왕용계(王龍溪)가 왕수인의 문하에 입문하였고, 양명서원이 건립되어 양명학파로서 명대(明代) 사상계에 큰 영향을 끼치게 되었다. 저술로는 제자와의 토론을 모은 『전습록(傳習錄)』 3권이 있으며, 그 밖에 시문·주소(奏疏: 상주문)·연보(年譜) 등을 더한 『왕문성공전서(王文成公全書)』 38권이 전서산에 의하여 편집되었다.

왕응린(王應麟, 1223~1296)　　자는 백후(伯厚)이고, 호는 심녕거사(沈寧居士)이다. 남송(南宋) 때의 학자로서 박학하고 경사백가(經史百家)·천문지리 등에 조예가 깊었다. 장고제도(掌故制度)에 익숙하고 고증에 능했다. 저서로는 『곤학기문(困學紀聞)』, 『옥해(玉海)』, 『시고(詩考)』, 『시지리고(詩地理考)』, 『한예문지고증(漢藝文志考證)』, 『옥당류고(玉堂類稿)』, 『심녕집(深寧集)』, 『삼자경(三字經)』 등이 있다. 그중에서 『옥해』 200권은 남송에서 가장 완비된 『유서(類書)』 곧 백과사전이다.

왕중(汪中, 1744~1794)　　자는 용보(容甫)이고, 강도(江都: 현 강소성) 사람이다. 청대의 학자로서 고염무(顧炎武)에게 배웠다. 그의 학문은 경세치용(經世致用)을 종지로 삼아 철학·사학·문학 등 여러 분야에 밝았다. 저서에는 『술학(述學)』 6권, 『엄릉통전(嚴陵通典)』 10권, 『용포유시(容甫遺詩)』 6권 등이 있다.

왕진(汪縉, 1725~1792)　　자는 대신(大紳)이고, 호는 애려(愛廬)이다. 안휘성 사람이지만, 조부 때부터 소주(蘇州) 원화현(元和縣)에서 살았다. 31세에 금릉(金陵) 향시(鄕試)에 급제하였다. 그러나 청초(淸初)를 대표하는 불교 거사(居士)인 팽소승(彭紹升)을 만나 나유고(羅有高)와 함께 법우(法友)를 맺고 불학 연구에 매진하였다. 저술에는 『이록(二錄)』, 『삼록(三錄)』, 『문록(文錄)』, 『시록(詩錄)』, 『독서사십게사기(讀書四十偈私記)』, 『독역노사(讀易老私)』 등이 있다.

왕충(王充, ?30~?100)　　자는 중임(仲任)이며, 회계 상우(會稽上虞: 현 절강성) 사람이다. 중국 후한의 사상가로서 자유주의적 사상을 지녔으며 신비적 사상이나 속된 신앙, 유교적인 권위를 철저하게 비판하고, 언론의 자유를 주장하였다. 관료로서는 평생 불우하여 지방의 한 속리로 머물렀으나, 낙양(洛陽)에 유학하여 저명한 역사가 반고(班固)의 부친 반표(班彪)에게 사사하였다. 가난하여 늘 책방에서 책을 훔쳐 읽고 기억했다고 한다. 그는 철저한 반속정신(反俗精神)의 소유자로서 그 독창성에 넘치는 자유주의적 사상은 유교적 테두리 안에서 다듬어진 한대(漢代) 사상을 타파하고 언론의 자유를 내세우는 위진(魏晉) 사조를 만들어 내었다. 철저한 비판정신의 사상가인 그가 중국사상사에서 차지하는 위치는 매우 크다고 할 수 있다. 저서로는 『논형(論衡)』이 있다.

왕필(王弼, 226~249)　　자는 보사(輔嗣)이고, 산양(山陽) 고평(高平: 현 산동성 금향현〈金鄕縣〉) 사람이다. 중국 삼국시대 위(魏)나라의 철학자이며, 상서랑(尙書郞)을 지냈다. 왕필은 24세의 나이로 죽을 때 이미 도가경전 『도덕경(道德經)』과 유교경전 『주역(周易)』의 탁월한 주석가였다. 이러한 주석서들을 통해 중국 사상계에 형이상학을 소개하는 데 기여했으며, 유가와 도가가 회통할 수 있는 길을 열었다. 저서로는 『주역주(周易注)』, 『주역약례(周易略例)』, 『노자주(老子注)』, 『노자지략(老子指略)』, 『논어역의(論語繹疑)』가 있다.

요평(寥平, 1852~1932)　　자는 계평(季平)·등연(登延)이고, 호는 학재(學齋)이며, 사천성 정연현청양향(井研縣青陽鄉: 현 사천성 낙산〈樂山〉) 사람이다. 광서연간(光緒年間: 1875~1907)에 과거에 합격해서 진사(進士)가 되었으나 관리가 되지 않고, 성도(成都)에서 공교부론사(孔教扶論社)를 조직하여 학문연구와 후진교육에 진력하였다. 처음에는 송학(宋學)을 배우고 훈고고증학(訓詁考證學)·춘추공양학(春秋公羊學)을 연구하여 청말 공양학파의 선구자가 되었다. 1887년 『금고학고(今古學考)』를 저술하고, 금학(今學)과 고학(古學) 양쪽의 가치를 인정하는 경학적(經學的) 입장을 취하였으나, 다시 금문학(今文學)의 길을 택하여 『벽유편(闢劉篇)』 및 『지성편(知聖篇)』을 저술하였다. 그즈음(1889~1890)에 만난 대학자 강유위(康有爲)에게도 커다란 영향을 끼쳐 후에 강유위의 학설은 요평 학설의 표절이라는 정평(定評)이 날 정도였다. 그러나 그의 학문적 입장이 끊임없이 변하여 학설을 5, 6회나 바꾼 탓으로 당시의 사상계를 이끌지는 못하였다. 중화민국 수립 후에 성도(成都)의 국학원(國學院) 원장을 지냈다. 저서에 『오경주소(五經注疏)』, 『육역관총서(六譯館叢書)』 등이 있다.

용수(龍樹, 150~250년경)　　　인도의 불교 승려로 산스크리트어로는 나가르주나(Nāgarjuna)라고 불린다. 중국어로 번역되면서 용수라고 알려졌다. 대승불교 교리의 확립자로서 남인도의 브라만(Brahman) 가정에서 태어나, 브라만학을 수학하고 뒤에 소승(小乘)불교의 불경을 독파하였다. 히말라야 산 속에서 늙은 승려를 만나 대승 경전을 공부하고, 대승 경전의 사상을 이론적으로 체계화하였다. 연기설(緣起說)을 공(空)의 입장에서 해명한 인도의 중관파(中觀派)의 시조일 뿐 아니라, '팔종의 스승'으로 숭배되고 있다. 주요 저서로는 『중론(中論)』, 『회쟁론(廻諍論)』, 『대지도론(大智度論)』, 『십주비바사론(十住毘婆沙論)』, 『십이문론(十二門論)』 등이 있다.

우번(虞飜, 164~233)　　　중국 후한 말기~삼국시대의 인물로, 자는 중상(仲翔)이며 양주(楊州) 회계군(會稽郡) 여요현(餘姚縣) 출신이다. 『역경(易經)』에 밝은 학자이다.

원고생(轅固生)　　　일명 원고(轅固)라고도 한다. 서한시대 제(齊: 현 환태현〈桓台縣〉전장진 원고촌〈田莊鎭轅固村〉) 사람이다. 경제(景帝) 때에 시경박사(詩經博士)를 역임하였다. 제나라 사람들의 방대한 시를 위주로 한 『제시(齊詩)』 학파를 열었다. 도가학자인 황생(黃生)과 함께 한나라 경제(景帝) 앞에서 탕임금과 무왕의 혁명이 천명을 받은 것인지 왕위를 찬탈한 것인지에 대한 쟁론을 벌이면서, 맹자의 입장을 발휘한 것으로 유명하다.

위수(魏收, 507~572)　　　자는 백기(伯起)이고, 거록하 곡양(鉅鹿下曲陽: 현 하북성 진현〈晉縣〉) 사람이다. 북위(北魏)·동위(東魏)·북제(北齊)의 3조정에서 태학박사(太學博士)·중서령(中書令)·상서우복시(尚書右仆射) 등의 관직을 역임한 문학가·사학가이다. 특히 위(魏)나라 역사편찬에 중요한 역할을 하였다.

유향(劉向, B.C.79?~B.C.8?)　　　자는 자정(子政)이며, 서한(西漢)의 경학자·목록학자·문학자이다. 유흠(劉歆)의 부친이다. 한나라 고조(高祖)의 배다른 동생 유교(劉交: 楚元王)의 4세손이다. 젊었을 때부터 재능을 인정받아 선제(宣帝)에게 기용되어 간대부(諫大夫)가 되었으며, 수십 편의 부송(賦頌)을 지었다. 신선방술(神仙方術)에도 관심이 많았으며, 황금 주조를 진언하고 이를 추진하다가 실패하여 투옥되었으나, 부모형제의 도움으로 죽음을 면하였다. 재차 선제에게 기용되어 석거각(石渠閣: 궁중도서관)에서 오경(經)을 강의하였다. 성제(成帝) 때에 이름을 향(向)으로 고쳤으며, 이 무렵 외척의 횡포를 견제하고 천자(天子)의 감계(鑑戒)가 되도록 하기 위하여 상고(上古)로부터 진(秦)·한(漢)에 이르는 부서재이(符瑞災異)의 기록을 집성하여 『홍범오행전론(洪範五行傳論)』 11편을 저술하였다. 그 밖의 편저서에 『설원(說苑)』, 『신서(新序)』, 『열녀전(烈女傳)』, 『전국책(戰國策)』과 궁중 도서를 정리할 때 지은 『별록(別錄)』이 있다. 그의 아들 흠(歆)은 이 책을 이용하여 『칠략(七略)』을 저술하였으며, 『한서(漢書)』 「예문지(藝文志)」에 거의 그대로 수록되어 전한다.

유흠(劉歆, B.C.53~B.C.25)　　　　자는 자준(子駿)이며, 나중에 이름을 수(秀), 자를 영숙(穎叔)으로 고쳤다. 중국 서한 말기의 학자로서 유향(劉向)이 그의 부친이다. 아버지 유향(劉向)과 궁정의 장서(藏書)를 정리하고 육예(六藝)의 군서(群書)를 7종으로 분류하여 『칠략(七略)』이라 하였다. 이것은 중국에서의 체계적인 서적목록(書籍目錄)의 최초의 것으로 현존하지는 않지만, 『한서(漢書)』 「예문지(藝文志)」는 대체로 그에 의해서 엮어졌다. 『좌씨춘추(左氏春秋)』, 『모시(毛詩)』, 『일례(逸禮)』, 『고문상서(古文尙書)』를 특히 존숭하여 학관(學官)에 이에 대한 전문박사(專門博士)를 설치하기 위하여 당시의 학관 박사들과 일대 논쟁을 벌였으나 성사되지 못하고 하내태수(河內太守)로 전출되었다. 그 후 왕망(王莽)이 한 왕조(漢王朝)를 찬탈한 후 국사(國師)로 초빙되어 그의 국정에 협력하였다. 만년에는 왕망의 포역(暴逆)에 반대하여 모반을 기도하였으나 실패하여 자살했다.

육구연(陸九淵, 1139~1192)　　　　자는 자정(子靜)이고, 호는 존재(存齋)·상산옹(象山翁)이며, 상산선생(象山先生)이라고 부르기도 한다. 송대 금계(金溪: 현 강서성 금계현) 사람으로 1172년에 진사에 급제하여 숭안현주부(崇安縣主簿)·지형문군(知荊門軍)을 역임하였다. 맹자(孟子)를 계승하여 정주(程朱)의 리학(理學)과 대비되는 육왕(陸王) 심학(心學)의 학파를 열었다. 주희와 학문방법론 및 무극·태극론 등을 논쟁한 '아호지쟁(鵝湖之爭)'으로 유명하다. 저서로는 『상산선생전집(象山先生全集)』이 있다.

육희성(陸希聲, ?)　　　　자는 홍경(鴻磬)이고, 호는 군양둔수(君陽遁叟) · 군양도인(君陽道人)이며, 당나라 오[吳: 현 강소성 소주(蘇州)] 사람이다. 박식하며 글을 잘 지었다. 저서에는 『도덕진경전(道德眞經傳)』이 있다.

윤문(尹文, 약 B.C.360~B.C.280)　　　　전국시대 제(齊)나라 사람으로 송견(宋鈃) · 팽몽(彭蒙) · 전병(田騈) 등과 함께 직하(稷下)의 대표적인 사상가이다. 그의 사상은 노자의 무위자연(無爲自然)에 바탕을 두고, 거기에 묵가(墨家) · 명가(名家) · 법가(法家)의 사상을 가미하였다. 『장자』 「천하」편과 『순자』 「정론(正論)」편에 따르면, 그의 주장은 크게 편견의 제거와 침략전쟁 반대 및 욕망 절제 등으로 요약된다. 특히 공손룡(公孫龍)에게 변론술을 배워 공손룡이 칭찬할 정도로 논변에 능숙했다고 한다. 저술로는 군왕의 올바른 치도(治道)를 논한 『윤문자(尹文子)』가 있다.

이도평(李道平, 1788~1844)　　　　자는 준왕(遵王)이고 호는 원산(遠山) · 포면(蒲眠)이며, 운상선생(湞上先生)이라고도 불렸다. 청대 역학자로 명성을 떨쳤다. 20세에 과거에 급제하였으나 관운이 없어 한직을 전전하다가 55세에 가어현교유(嘉魚縣敎諭)가 되었는데 이듬해 병사하였다. 비록 관운은 없었지만 학술방면으로는 뛰어난 업적을 남겼다. 그의 고증을 바탕으로 한 역사연구와 주역연구는 20세기 이후 중국뿐 아니라 한국을 비롯한 동아시아 학계에 큰 영향을 끼쳤다. 주요 저술은 『역서유점(易筮遺占)』, 『주역집해찬소(周易集解纂疏)』, 『리학정전(理學正傳)』, 『춘추경의(春秋經義)』 등이 있다.

이빙(李冰, 생졸연대미상)　　　　전국시대 진나라(현 산서성 운성(運城)) 사람으로 수리공정의 전문가로 유명하고, 천문지리도 깊이 연구하였다. 그가 진(秦) 소양왕(昭襄王) 말년(B.C.256?~B.C.251)에 촉(蜀)의 군수가 되어, 지금의 사천성 도강언시(都江堰市)에 쌓은 도강언(都江堰)이라는 관개수로는 지금까지 잘 보존되어 유용하게 쓰이고 있으며, 유네스코의 세계문화유산에 등재될 정도로 매우 유명하다.

장거정(張居正, ?~1582)　　　　자는 숙대(叔大)이며, 호는 태악(太嶽)이고, 시호는 문충(文忠)이다. 호북성 강릉현(江陵縣) 사람으로 명(明)나라의 정치가이다. 만력제(萬曆帝)의 신임을 얻어 황제가 즉위한 직후부터 10년간 수보(首輔)의 자리에 앉아 국정의 대부분을 독단적으로 처리하고, 내외적으로 쇠퇴의 조짐을 보이던 명나라의 세력을 만회하였다. 대외적으로는 호시(互市: 육상무역)를 재개하여 몽골인의 남침을 막았고, 동북지방 건주위(建州衛)를 이성량(李成梁)으로 하여금 토벌하게 하였으며, 서남지방 광서(廣西)의 요족(搖族)·장족(壯族)을 평정하였다. 대내적으로는 대규모의 행정정비를 단행하고, 궁정의 낭비를 억제하였으며, 황하(黃河)의 대대적인 치수(治水)공사를 완성시켰다. 다만 그의 치정(治政)이 지나치게 가혹한 면이 없지 않아 반감을 품은 자도 많았다. 저서에 『서경직해(書經直解)』 8권 등이 있다.

장병린(章炳麟, 1868~1936)   호는 태염(太炎)이고, 절강성 여항(餘杭: 현 임안현〈臨安縣〉) 사람이다. 중국 혁명 운동가로서 손문(孫文)·황흥(黃興)과 함께 혁명삼존(革命三尊)이라 불리며, 유학자로서도 유명하여 국학대사(國學大師)라고 불린다. 처음에는 고증학(考證學)을 배우고, 역사제도를 연구하였는데, 청일전쟁 다음 해부터 정치운동으로 전향하여 양계초(梁啓超) 등의 『시무보(時務報)』에 관계하고, 그 후 배만광복(排滿光復: 漢族自治) 혁명을 주창하였다. 1902년 일본 동경(東京)에서 '중국 망국 242년 기념회'를 주도하였고, 재일유학생의 혁명결사를 제창하여 손문을 알게 되었다. 애국학사(愛國學社)에도 관계하였고, 1906년 중국혁명동맹회에 초대되어 동경에 가서 기관지인 『민보(民報)』를 편집하고 집필하였다. 1911년 신해혁명 후 동맹회에서 탈퇴하고, 원세개(袁世凱)에 의하여 잠시 감금당하였으나, 1917년 광주(廣州) 혁명정부에 가담하기도 하였다. 1918년 이후에는 정계에서 물러났다. 그의 저술은 『장태염전집(章太炎全集)』에 실려 있다.

장읍(張揖, 212?~270?)   중국 삼국시대 위(魏)나라의 학자이다. 『광아(廣雅)』는 그가 찬술한 자전(字典)으로 『박아(博雅)』라고도 부른다. 주(周)의 주공(周公)이 지은 『이아(爾雅)』를 증보한 것으로, 『이아』와 같은 형식으로 고서(古書)의 자구(字句)를 해석하고 경서(經書)를 고증하고 주석을 달았다. 그러나 내용은 『이아』와 중복되지 않는 독자적인 것이다. 훈화 형식을 띠며 상, 중, 하 3권이었으나 수(隋)의 조헌(曹憲)이 10권으로 나누었다.

장자(莊子, B.C.369?~B.C.286?)   자는 자휴(子休)이고, 이름은 주(周)이며, 남화진인(南華眞人)으로 추호(追號)하기도 하였다. 전국시대 초몽(楚蒙: 현 하남성 상구〈商邱〉) 사람으로 정확한 생몰연대는 미상이나 맹자(孟子)와 거의 비슷한 시대에 활약한 것으로 전해진다. 칠원리(漆園吏)를 역임하였다. 그의 사상은 주로 노자(老子)의 무위사상(無爲思想)을 계승·발전하여, 도가(道家)의 근원이 되었다. 저서는『장자(莊子)』가 전해진다.

장재(張載, 1020~1077)　　자는 자후(子厚)이고, 세칭 횡거선생(橫渠先生)이라고 한다. 송대 대양(大梁: 현 하남성 개봉〈開封〉) 사람으로 거주지는 미현 횡거진(郿縣 橫渠鎭: 현 섬서성 미현〈眉縣〉)이었다. 1057년 진사에 급제했고 운암령(雲巖令)·숭정원교서(崇政院校書) 등을 역임하였다. 젊어서 병법을 좋아하여 범중엄에게 서신을 보냈다가『중용』을 읽기를 권유받고, 얼마 뒤『6경(六經)』에 전념하게 되었다. 특히『역』과『중용』을 중시하여『정몽(正蒙)』,『서명(西銘)』,『역설(易說)』등을 지었는데, 이로써 나중에 '관학(關學)'의 창시자가 되었다.

장학성(章學誠, 1738~1801)　　자는 실재(實齋)이며, 절강성 회계(會稽) 사람이다. 청나라 중기의 사학자로서 황종희(黃宗羲)의 학통(學統)을 잇는 절동학파(浙東學派)를 대성시켰다. 1760년 과거에 낙방하고 대흥(大興)의 주균(朱筠) 문하에서 수학하여 학명을 떨치고 당대 일류학자들과 교유하였다. 1777년 진사(進士)가 되어 국자감전적(國子監典籍)을 지냈으나 곧 물러났고, 가세가 빈한하여 하남·산동의 서원(書院)에서 후진을 가르치면서 불우한 일생을 보냈다. 대표적인 저술로는『문사통의(文史通義)』내·외편 8권과『교수통의(校通義)』3권이 있으며,『화주지(和州志)』,『영청현지(永淸縣志)』,『호북통지(湖北通志)』,『사적고(史籍考)』등을 편찬했다. 고증학(考證學) 전성시대에 독자적인 역사이론을 전개하는 한편, 지방지(地方志) 작성에도 독특한 식견을 발휘하였다.

장형(張衡, 78~139)　　자는 평자(平子)이고, 하남성 남양(南陽) 사람이다. 후한(後漢)의 천문학자 겸 문인으로서 부문(賦文)에 능하여 후한 중기의 태평성대를 풍자한『이경부(二京賦)』,『귀전부(歸田賦)』등의 저작이 있다. 또한 천문(天文)·역학(曆學)의 대가로서 안제(安帝)의 부름을 받아 대사령(大史令)이 되고, 일종의 천구의(天球儀)인 혼천의(渾天儀)를 비롯하여 지진계(地震計)라 할 수 있는 후풍지동의(候風地動儀)를 만들었다. 동한 중기 혼천설(渾天說)을 주장하는 대표적인 인물 가운데 한 사람이다.

전하(田何, 생졸연대미상)　　자는 자장(子莊)·자장(子裝)이고, 호는 두전생(杜田生)이며, 서한 금문역학(今文易學)의 창시자이다. 서한의 치천(淄川: 현 산동성 수광

〈壽光〉) 사람이다. 공자가 『역』을 전수한 5전(傳) 제자이다. 서한의 『금문역학(今文易學)』은 모두 전하에 의해서 전수되었다. 진시황의 분서 이후 『역』은 그의 구전(口傳)에 의해 비로소 후대에 전해질 수 있었다고 한다.

정이(程頤, 1033~1107) 　　자는 정숙(正叔)이고, 호는 이천(伊川)이다. 송대 낙양(洛陽: 현 하남성 낙양) 사람으로서 형 정호(程顥)와 함께 이정(二程)이라 불린다. 15세 무렵에 형과 함께 주돈이에게 배운 적이 있으며, 18세에는 태학에 유학하면서 「안자호학론(顔子好學論)」을 지었는데 호원(胡瑗: 호는 안정〈安定〉)이 그것을 경이롭게 여겼다고 한다. 벼슬은 비서성교서랑(秘書省校書郞)·숭정전설서(崇政殿說書) 등을 역임하였으나, 거의 30년을 강학에 힘 쏟아 북송 신유학의 기반을 정초하였다. 이정의 학문은 '낙학(洛學)'이라고 하며, 특히 정이의 학문은 주희에게 결정적으로 영향을 끼쳐 세칭 '정주학(程朱學)'이라고 하면 정이와 주희의 학문을 지칭한다. 저서는 『역전(易傳)』, 『경설(經說)』, 『문집(文集)』 등이 있다.

정중(鄭衆, ?~83) 　　자는 중사(仲師)·자사(子師)이고, 관직이 대사농(大司農)이었기 때문에 정사농(鄭司農)이라고도 불렸다. 또 선정(先鄭)이라고 하여 후한의 정현(鄭玄)과 구별하여 부르기도 한다. 하남성 개봉(開封) 사람으로 12세부터 부친에게 『좌씨춘추(左氏春秋)』를 배워서 『춘추난기조례(春秋難記條例)』를 저술한 것으로 유명하다. 『역』과 『시』에도 정통하였다고 한다. 저술은 『춘추산(春秋刪)』 19편이 있다.

정초(鄭樵, 1104~1162) 　　자는 어중(漁仲)이고 세칭 협제선생(夾漈先生)이라고 한다. 남송 흥화군(興化軍: 현 복건성) 보전(莆田) 사람이다. 송대 사학자, 목록학자로서 저술이 80여 종이나 되었는데 현존하는 것은 『협제유고(夾漈遺稿)』, 『이아주(爾雅注)』, 『시변망(詩辨妄)』, 『6경오론(六經奧論)』, 『통지(通志)』 등이다. 특히 『통지』는 그의 대표작이다. 이 책은 그의 평생 저술의 핵심인 「이십략(二十略)」을 수록하고 있는데, 그 가운데 「곤충초목략(昆蟲草木略)」은 중국의 동식물에 관한 전문저술로 중요한 가치가 있다고 한다.

정현(鄭玄, 127~200) 　　자는 강성(康成)이며, 북해(北海: 현 산동성 고밀〈高密〉) 사람이다. 중국 후한(後漢) 말기의 대표적 유학자로서, 시종 재야(在野)의 학자로 지냈으며, 제자들에게는 물론 일반인들에게서도 훈고학(訓詁學)·경학의 시조로 깊은 존경을 받았다. 젊었을 때부터 학문에 뜻을 두었고, 경학의 금문(今文)과 고문 (古文) 외에 천문(天文)·역수(曆數)에 이르기까지 광범한 지식을 갖추었다. 처음에 향색부(鄕嗇夫)라는 지방의 말단관리가 되었으나 그만두고 낙양(洛陽)에 올라가 태학(太學)에 입학하여 마융(馬融) 등에게 배웠다. 그가 낙양을 떠날 때, 마융이 "나의 학문이 정현과 함께 동쪽으로 떠나는구나!"하고 탄식했을 만큼 학문에 힘을 쏟았다. 그는 고문·금문에 모두 정통하였으며, 가장 옳다고 믿는 설을 취하여『주역(周易)』·『상서(尙書)』·『모시(毛詩)』·『주례(周禮)』·『의례(儀禮)』·『예기(禮記)』·『논어(論語)』·『효경(孝經)』등 경서에 주석을 하였고,『의례』·『논어』교과서의 정본(定本)을 만들었다. 그의 저서 가운데 완전하게 현존하는 것은『모시』의 전(箋)과『주례』·『의례』·『예기』의 주해뿐이고, 그 밖의 것은 단편적으로 남아 있다.

정호(程顥, 1032~1085)　　　　자는 백순(伯淳)이고, 호는 명도(明道)이다. 송대 낙양 (洛陽: 현 하남성 낙양) 사람으로 아우 정이(程頤)와 함께 '이정(二程)'이라 불리운다. 태자중윤(太子中允)·감찰어사리행(監察御史理行) 등을 역임하였다. '천리체인(天理體認)'과 '식인(識仁)' 등의 사상은 육구연·왕양명 등의 '심학(心學)' 체계에 영향을 끼쳤다. 저서는『식인편(識仁篇)』,『정성서(定性書)』,『문집』등이 있다.

제갈량(諸葛亮, 181~234)　　　　자는 공명(孔明)이고, 시호는 충무후(忠武侯)이며, 낭야군(瑯琊郡) 양도현(陽都縣: 현 산동성 기남현〈沂南縣〉) 사람이다. 중국 삼국시대 촉한(蜀漢)의 정치가 겸 전략가이며, 명성이 높아 와룡선생(臥龍先生)이라 일컬어졌다. 유비(劉備)를 도와 오(吳)나라의 손권(孫權)과 연합하여 남하하는 조조(曹操)의 대군을 적벽(赤壁)의 싸움에서 대파하고, 형주(荊州)와 익주(益州)를 점령하였다. 221년 한나라의 멸망을 계기로 유비가 제위에 오르자 승상이 되었다.

조조(曹操, 155~220)　　　　중국 삼국시대 위나라의 시조. 황건의 난을 평정하는 데 공을 세움으로써 두각을 나타내고 동탁이 죽은 뒤 헌제를 옹립하여 실권을 장악하였다. 화북 평정 후, 손권·유비의 연합군과 싸워 대패하여 그 세력이 강남(江南)에는 미치지 못하였다. 뛰어난 문학가이기도 하여 이른바 건안문학(建安文學)의 흥륭 (興隆)에 기여하였다.

좌구명(左丘明, B.C.502?~B.C.422?)　　　　성(姓)은 좌(左)이고, 이름은 구명(丘明)

이며, 일설에 의하면 성이 좌구(左丘)이고, 이름이 명(明)이라고도 한다. 산동성 출생으로 공자와 같은 무렵의 노(魯)나라 사람이다. 『좌씨전(左氏傳)』, 『국어(國語)』의 저자로 알려져 있다. 『논어』「공야장(公冶長)」에 "원망을 숨기고서 그 사람과 친구로 지내는 것을 좌구명이 부끄럽게 여겼다. 나도 또한 부끄럽게 여긴다."라는 공자의 말이 기록되어 있는데, 그것이 『좌씨전』의 좌씨에 결합되어 『좌씨전』의 저자라고 여기게 된 것 같다. 한편 『논어』의 이 이야기에서 좌구명이 공자의 선배일 것이라며, 『논어』의 좌구명은 『좌씨전』의 저자가 아니라고 하는 의견도 있다. 후세에 이 두 가지 설에 대하여 여러 가지 쟁론이 있는데, 후자 쪽이 타당한 것처럼 보인다. '좌구실명(左丘失明)'이라는 사마천(司馬遷)의 말에 의하여 후세 사람은 그를 가리켜 맹좌(盲左)라고도 한다.

주돈이(周惇頤, 1017~1073) 자는 무숙(茂叔)이고, 호는 염계(濂溪)이며, 원래 이름은 돈실(惇實)이었는데, 북송 제5대 황제인 영종(英宗: 1063~1067)의 옛 이름 (조종실〈趙宗實〉)을 피하여 돈이(惇頤)로 이름을 고쳤다. 송대 도주 영도(道州營道: 현 호남성 도현〈道縣〉) 사람으로 송대 신유학의 개조이다. 분녕주부(分寧主簿)·지남창(知南昌)·지침주(知郴州)·지남강군(知南康軍) 등을 역임하였다. 이정(二程)의 스승이며, 주희의 형이상학체계에 큰 영향을 끼쳤다. 저서는 『태극도설(太極圖說)』, 『통서(通書)』, 「애련설(愛蓮說)」 등이 있다.

주창(周昌, ?~B.C.192) 서한의 대신(大臣)으로서 한고조 유방과 동향인 패군 풍읍(沛郡豐邑: 현 강소성 풍현〈豐縣〉) 사람이다. 진나라 말기 농민전쟁이 일어났을 때 유방을 도와 진나라를 격파하고 벼슬이 어사대부(禦史大夫)에 이르렀고 분음 후(汾陰侯)로 봉해졌다. 성격이 강직하여 말더듬이인데도 직언을 잘하기로 유명하다. 한고조가 태자를 폐하려 하자 그것이 불가함을 간언하다가 말을 더듬어서 '기(期)'를 '기기(期期)'라고 말한 고사가 전해진다.

주통단(周通旦, 1916~1979) 호북성 형주시(荊州市) 공안현(公安縣) 사람으로, 웅십력의 제자이다. 중국고전문학 전문가이다. 국민당 중앙정치학교(國民黨中央政治學校)를 졸업하고, 주상광(周祥光)·소형휘(蘇瑩輝) 등과 장군매(張君勱)가 설립한 중국민족문화학원(中國民族文化學院)에서 공운백(龔雲白)의 불학(佛學)과정을 이수하였다. 뒤에 면인문학원(勉仁文學院)에 입학하여 양수명(梁漱溟)·웅십력 등에게 배웠다. 하얼빈사범대학에서 주로 중국고전문학을 강의하였다. 저서는 『논어역주(論語譯注)』,『맹자역주(孟子譯注)』등이 있다.

주희(朱熹, 1130~1200)　　　자는 원회(元晦)·중회(仲晦)이고, 호는 회암(晦庵)·
회옹(晦翁)·고정(考亭)·자양(紫陽)·둔옹(遯翁) 등이다. 송대 무원(婺源: 현 강서
성 무원현) 사람으로 건양(建陽: 현 복건성 건양현)에서 살았다. 1148년에 진사에 급
제하여 동안주부(同安主簿)·비서랑(秘書郞)·지남강군(知南康軍)·강서제형(江西
提刑)·보문각대제(寶文閣待制)·시강(侍講) 등을 역임하였다. 스승 이동(李侗)을
통해 이정(二程)의 신유학을 전수받고, 북송 유학자들의 철학사상을 집대성하여
신유학의 체계를 정립하였다. 저서로는『정씨유서(程氏遺書)』,『정씨외서(程氏外
書)』,『이락연원록(伊洛淵源錄)』,『고금가제례(古今家祭禮)』,『근사록(近思錄)』등의
편찬과『사서집주(四書集注)』,『서명해(西銘解)』,『태극도설해(太極圖說解)』,『통서
해(通書解)』,『사서혹문(四書或問)』,『시집전(詩集傳)』,『주역본의(周易本義)』,『역
학계몽(易學啓蒙)』,『효경간오(孝經刊誤)』,『소학서(小學書)』,『초사집주(楚辭集
注)』,『자치통감강목(資治通鑑綱目)』,『팔조명신언행록(八朝名臣言行錄)』등이 있
다. 막내아들 주재(朱在)가 편찬한『주문공문집(朱文公文集)』(100권, 속집 11권, 별집
10권)과 여정덕(黎靖德)이 편찬한『주자어류(朱子語類)』(140권)가 있다.

증국번(曾國藩, 1811~1872)　　　자는 백함(伯涵)이며, 초명은 자성(子城)이고, 호
는 척정(滌正)이다. 청대말기의 중신으로 군사전문가·이학자·정치가·문학가
이다. 태평천국(太平天國)을 진압한 지도자이며 양무운동(洋務運動)의 추진자이
다. 주자학자이며, 문장가로도 유명하다. 1852년 예부우시랑(禮部右侍郞: 文敎次官
에 해당)으로 재직하였다. 황제와 만주 귀족은 한인세력의 진출을 두려워하여 그의
활동을 제한하였으나, 청왕조에 대한 충성을 맹세함으로써 점차 신임을 얻었다.
유럽의 군사기술과 무기 도입으로 군사력 강화를 제창하여 최초로 유학생을 미국
에 파견하였으며, 안경(安慶)에 서양 기술을 도입한 최초의 무기공장을 설립하는
등 '양무운동' 초기의 추진자가 되었다. 한편, 중국 최대의 애국적 사상가로 높이
평가받기도 하며, 혹평을 받기도 한다. 저서로는『증문정공전집(曾文正公全集)』
174권,『증문정공수서일기(曾文正公手書日記)』40권 등이 있다.

진량(陳亮, 1143~1194)　　　자는 동보(同甫)·동보(同父)이고, 호는 용천(龍川)이
다. 송대 무주 영강(婺州永康: 현 절강성 소속) 사람으로 말년에 첨서건강부판관(簽
書建康府判官)이 되었으나 1년도 채우지 못하고 죽었다. 여조겸과 벗이었고 여조

겸 사후에 비로소 주희와 만났으며, 이후 '왕패논쟁(王覇論爭)'을 비롯하여 상호간
에 빈번하게 논변 성격의 편지를 주고받았다. 주희는 진량이 사공(事功)을 중시한
다고 생각하여 그를 '의리쌍행(義理雙行)·왕패병용(王覇竝用)'이라는 말로 경계하
였다. 저서는 『용천문집(龍川文集)』, 『용천사(龍川詞)』, 『삼국기년(三國紀年)』 등
이 있다.

진례(陳澧, 1810~1882)　　　자는 난보(蘭甫)이며, 호는 동숙(東塾)이다. 진사(進
士)시험에 6번 낙방하고, 사관(仕官)하여 하원현(河源縣) 훈도(訓導)가 되었으나,
두 달 만에 사직하고 귀향하여 학해당(學海堂) 학장을 지냈고, 만년에는 국파정
사(菊坡精舍)를 겸영하였다. 그의 학풍은 정현(鄭玄)과 주자(朱子)를 모두 중히 여
겼으며, 한학(漢學)과 송학(宋學)은 서로 같다는 입장을 취하였다. 그의 저서 『동숙
독서기(東塾讀書記)』는 일종의 학술사이다. 성명도덕(性命道德)에 관한 어의(語義)
를 푼 『한유통의(漢儒通義)』 외에 『성률통고(聲律通考)』, 『절운고(切韻考)』, 『동숙
집(東塾集)』, 『한지수도도설(漢志水道圖說)』 등 음악·음운(音韻)·지리·천문·
산학(算學)에 걸친 저술을 남겼다.

진헌장(陳獻章, 1428~1500)　　　호는 백사(白沙)·석재(石齋)이고, 자는 공보(公
甫)이다. 광둥성[廣東省] 백사(白沙) 출생으로 오강재(吳康齋)에게 사사하고, 송대
(宋代) 육상산(陸象山)의 학풍을 계승하였으며, 정좌(靜坐)에 의해 마음을 깨끗이
하고, 천리(天理)를 체인(體認)할 것을 주장하였다. 유교경전의 자질구레한 해석
에 몰두하는 명대(明代)의 주자학에 반발하고 실천성을 강조하였기 때문에 왕양
명(王陽明)의 선구적 사상가로 보인다. 천리(天理)와 일체(一體)의 심경(心境)을 그
의 많은 시작(詩作)에서 음미(吟味)할 수 있는 시인적 유학자로 높이 평가된다.
저서는 후세에 편찬한 『백사자전집(白沙子全集)』이 있다.

채원배(蔡元培, 1868~1940)　　　자는 학경(鶴卿)·민우(民友)이고, 호는 혈민(孑
民)이다. 절강성(浙江省) 사람으로, 1889년 진사가 되어 한림원(翰林院) 길서사(吉
庶士)가 되었으나, 무술정변(戊戌政變: 1898)을 계기로 관계(官界)를 떠나 신교육에
의한 중국 혁신에 뜻을 두고, 1902년 중국 교육회를 조직하였으며, 급진적인 혁명
결사 광복회(光復會)를 조직하여 항일 혁명운동에도 종사하였다. 1907년 독일에
유학하여 철학·윤리학을 공부하고 귀국 후, 장병린(章炳麟)이 주재하는 『소보(蘇
報)』 발간에 참여하여 혁명사상을 고취하였다. 그러나 청조의 탄압을 받아 일본

으로 망명하여 손문·황흥(黃興) 등 혁명지사들과 교유하였다. 중화민국 성립 후 (1912), 초대 교육총장이 되어 근대 중국 학제의 기초를 세우고, 1916년 베이징대 학 학장에 취임하여 진독수(陳獨秀)·호적(胡適) 등 신예교수를 등용하여 새롭고 자유로운 사상의 기운을 일으킴으로써 5·4운동의 아버지라 불리었다. 중·일전 쟁 중 홍콩에서 병사하였는데, 국학과 근대철학에 특히 조예가 깊었고, 주작인(周作人)이 평한 대로 그의 생애는 '유리주의(唯理主義)'로 일관하였다. 저서에 『중국 윤리학사(1927)』 등이 있다.

초순(焦循, 1763~1820)　　자는 이당(里堂)이고 강소성 감천(甘泉: 현 양주〈揚州〉) 사람이다. 어려서부터 양주의 안정서원(安定書院)에서 공부를 하고, 33세 때에 산 동성으로 가서 당시 산동학정(山東學政)으로 있던 완원(阮元)에게 배우고 완원을 따라 절강성으로 갔다. 1801년에 과거시험 자격을 얻었으나 이듬해 예부(禮部)과 거에 급제하지 못하고는, 낙향하여 연구와 저술에 힘썼다. 특히 『주역(周易)』, 『논 어(論語)』, 『맹자(孟子)』에 정통하여, 『주역』 방면으로는 『역장구(易章句)』 12권 과 『역도략(易圖略)』 8권과 『역통석(易通釋)』 20권과 『역광기(易廣記)』 3권 및 『 역화(易話)』 2권이 있고, 『논어』, 『맹자』 방면으로는 『논어통석(論語通釋)』 15권과 『맹자정의(孟子正義)』 30권 등이 있다.

피석서(皮錫瑞, 1850~1908)　　자는 녹문(鹿門)·녹운(麓雲)이고, 호남성 선화(善 化: 현 장사〈長沙〉) 사람이다. 청말(淸末)의 학자로서 서한(西漢) 복승(伏勝)의 『상서 』학을 숭상하여, 자신의 거처를 '사복당(師伏堂)'이라고 이름 지었으며, 당시 사람들 은 그를 사복선생(師伏先生)이라고 불렀다. 금문경학(今文經學)에 조예가 깊고 저술 로는 『오경통론(五經通論)』, 『경학역사(經學歷史)』와 『사복당총서(師伏堂叢書)』, 『 사복당필기(師伏堂筆記)』, 『사복당일기(師伏堂日記)』 등이 있다.

하휴(何休, 129~182)　　자는 소공(邵公)이고, 임성번(任城樊: 현 산동성 자양〈滋 陽〉) 사람으로서 중국 후한시대의 걸출한 경학자이다. 소박하고 근엄한 학자로서 젊어서 관리가 되었으나 곧 사퇴하고, 각고의 노력으로 15년 만에 명저 『춘추공 양전해고(春秋公羊傳解詁)』를 완성하였다. 당시에는 마융(馬融)·정현(鄭玄)을 중 심으로 하는 『춘추좌씨전(春秋左氏傳)』이 성행하였고 『춘추』의 기사(記事)를 사 실(史實)로서 상술(詳述)하는 학풍이 성행하였는데, 하휴는 『춘추공양전』을 거론 하여 그 기사의 사상적 의미를 취하고, 이를 공자의 정신을 잇는 것이라 하여 존경하였다. 하휴의 공양학은 한(漢)나라 경제(景帝) 때의 박사(博士) 호무생(胡母生)에서 비롯되어 동중서(董仲舒)를 거쳐 그에게 이어진 것으로, 후에 청나라 말에 이르러 금문공양학(今文公羊學)으로 발전하였다. 그는 『춘추공양전해고(春秋公羊傳解詁)』12권을 저술하여 훗날 청나라에 공양학파가 일어나는 기초를 마련하였다. 이외에도 『춘추한의(春秋漢議)』13권의 저술이 있고, 또 『효경(孝經)』과 『논어(論語)』 등을 주석하였다.

한비(韓非, B.C.280?~B.C.233)　　중국 전국시대 말기의 사상가이다. 한(韓)의 왕족으로 젊어서 진(秦)의 이사(李斯)와 함께 순자(荀況)에게 배워 뒷날 법가(法家)의 사상을 대성하였다. 이사가 간지(奸智)에 뛰어난 변설가(辯說家)인 반면, 한비는 타고난 말더듬이였으나 두뇌가 매우 명석하여, 학자로서는 이사가 도저히 미칠 수 없었다. 진의 시황제는 한비의 「고분(孤憤)」·「오두(五蠹)」의 논문을 보고 "이 사람과 교유할 수 있다면 죽어도 한이 없겠다."고까지 감탄하였다 한다. 한의 세력이 약해지는 것을 염려하여 누누이 왕에게 간언하였으나 받아들여지지 않았고, 끝내 진의 공격을 받자 화평의 사신으로서 진나라로 갔다. 시황제는 한비를 보자 크게 기뻐하여 그를 아주 진에 머물게 하려 하였으나, 이사는 내심 이를 못마땅히 여겨 시황에게 참언하여 한비를 옥에 가두게 한 후, 독약을 주어 자살하게 하였다. 저서로 『한비자(韓非子)』가 있다.

혜능(慧能, 638~713)　　중국 선종(禪宗)의 제6조로서, 육조대사(六祖大師)라고도 한다. 속성은 노(盧)이고, 시호는 대감선사(大鑑禪師)이다. 남해(南海) 신흥(新興)에서 출생하였다. 집이 가난하여 나무를 팔아서 어머니를 봉양했는데, 어느 날 장터에서 『금강경(金剛經)』 읽는 것을 듣고 불도에 뜻을 두어, 기주(蘄州) 황매(黃梅)로 제5조인 홍인(弘忍)을 찾아가 노역에 종사하기를 8개월, 그런 다음에야 의법(衣法)을 받았다.

혜동(惠棟, 1697~1758)　　자는 정우(定宇)이고, 호(號)는 송애(松崖)이며, 강소성 오현(吳縣) 사람이다. 청대의 경학자로서 오파(吳派)의 대표적 인물이다. 청나라의 경학은 학파상으로 오파(吳派)와 완파(晥派)로 크게 나뉘는데, 그는 오파의 제1인자이며, 제자인 왕창(王昶)·강성(江聲)·여소객(餘蕭客)·왕명성(王鳴盛)·전대흔(錢大昕) 등도 저마다 특색 있는 학문을 발전시켰다. 혜동은 조부 혜주척(惠周惕)으로부터 아버지 혜사기(惠士奇)로 전래된 가학(家學)을 이어받아, 『주역』,

『상서(尙書)』등의 경서를 실증적으로 연구하여 한나라 때 경학(經學)의 복원에 힘을 기울였다. 주요 저술로는『주역술(周易述)』,『역한학(易漢學)』,『역례(易例)』,『명당대도록(明堂大道錄)』,『고문상서고(古文尙書考)』,『구경고의(九經古義)』,『후한서보주(後漢書補注)』,『송문초(松文鈔)』등이 있으며, 그중에서도『주역술』은 미완이기는 하나 30년의 노력을 기울인 저작으로서, 종래 애매하던 한대 역학의 실태를 정확하게 표출한 저술이라는 점에서 평판이 높다.

혜시(惠施, B.C.370?~B.C.309?)　　중국 전국시대 송(宋)나라의 사상가로서 명가(名家)에 속하는 학자이다. 장자(莊周)와 같은 시대의 사람이고, 공손룡(公孫龍)보다 약간 앞 시대의 사람이다. 양(梁)의 혜왕(惠王)과 양왕(襄王)을 섬기어 재상이 되었다. 종횡가(縱橫家) 장의(張儀)에게 쫓겨 초(楚)로 갔다가 후에 고향으로 돌아와서 생애를 마쳤다. 그의 주장은『장자』에서 가끔 찾아볼 수 있으며, 명가 중에서 궤변이 가장 뛰어났다고 하는데, 그것은 형식과 현실과의 관계를 명확하게 하고 치세(治世)의 이상상(理想像)을 설파한 것으로 볼 수 있다.

호인(胡寅, 1098~1156)　　자는 명중(明仲)이고 호는 치당(致堂)이다. 송 건주 숭안(建州崇安: 현 복건성 무이산시) 사람이다. 호안국(胡安國)의 동생 호순(胡淳)의 아들로서 호안국의 학술에 크게 영향을 받았다. 1121년에 진사 갑과에 급제하여 비서성교서랑(秘書省校書郞), 예부시랑 겸 시강(禮部侍郎兼侍講), 휘유각직학사(徽猷閣直學士) 등의 관직을 역임하였다. 저서로는『논어상설(論語詳說)』,『독사관견(讀史管見)』등이 있다.

호적(胡適, 1891~1962)　　자는 적지(適之)이며, 안휘성 적계(績溪) 사람이다. 중국 국민정부의 외교관·학자·사상가이다. 1914년 미국 코넬대학교를 졸업하고, 컬럼비아대학교에서 J.듀이에게 교육학을 배웠다. 유학시절 잡지『신청년』에 논문「문학 개량 추의(芻議)」를 발표하여 구어(口語)에 의한 문학을 제창하는 문학혁명의 계기를 만들었다. 1917년 귀국하여 북경(北京)대학교 교수로 취임하여 문학이론·국어운동·민속연구·철학사 등 광범위한 분야의 연구에 착수하고 과학과 민주주의를 표방하는 계몽운동(5·4문화혁명)의 중심인물로 활약하였다. 특히 프래그머티즘 교육이론의 보급에 힘썼는데, 그의 프래그머티즘 적용에 의한 중국 고전의 검토(國故整理運動)는 후세에 큰 영향을 끼쳤다. 그 후 마르크스주의 노선과 결별하고, 북경대학교 학장, 주미 대사 등을 역임하면서 국부(國府)의 정치·외교·문교정책 시행에 중요 역할을 하였다. 1948년 중국정부 수립직전에 미국에 망명, 대만으로 건너가서 중앙연구원 원장·국민정부 총통부 자정(資政) 등의 요직을 역임하였다. 한편, 중국에서는 1954년 이후 호적을 관념적 부르주아 사상가로 철저하게 비판하는 운동이 일어났다. 주요저서로『중국 철학사 대강(大綱)』·『상시집(嘗試集)』,『백화(白話)문학사』,『호적 문존(文存)』,『사십자술(四十自述)』등이 있다.

후창(後倉, 생졸연대미상)　　자는 근군(近君)이고, 서한(西漢)의 동해담(東海郯: 현 산동성 담성〈郯城〉) 사람이다. 서한(西漢)의 경학자로서『예(禮)』와『시(詩)』에 대한 연구가 깊다. 한무제 때에 박사관이 되었으며, 하후시창(夏侯始昌)의 문하에서 배웠다.『예』에 대한 연구 성과가 수만 언에 달하며, 저술로는『곡태기(曲台記)』, 일명『후씨곡태기(後氏曲台記)』가 있다.

웅십력(熊十力, 1885-1968)은 중국 호북성(湖北省) 황강현(黃岡縣) 사람으로 원래 이름은 계지(繼智)·승항(升恒)이고, 호는 자진(子眞)이며, 만년에는 자칭 칠원노인(漆園老人)이라고 하였다. 40세에 스스로 십력(十力)으로 개명했다. 그는 가난한 집안에서 태어나 어린 시절 남의 집 소를 키우는 일을 하며 부친의 서당에서 사서오경을 배웠다. 11세 때 부친이 세상을 떠나자 큰형을 좇아 농사일을 하며 공부했고, 16세 이후에는 홀로 학문을 연마하며 진백사(陳白沙)·왕부지(王夫之)·고염무(顧炎武) 등의 책을 읽고, 혁명의 길로 나가겠다고 결심하고는 과거시험 공부를 포기했다. 18세 때(1902년) 무창(武昌)에서 군대에 입대하여 1911년에 신해혁명에 참가했고, 이후에 손중산(孫中山)을 좇아서 원세개의 북양군벌(北洋軍閥)에 반대하는 호국(護國)·호법(護法) 전쟁에 참가했다. 그 후 34세(1918년)에 웅십력은 "당인들이 당권과 이익만을 다투니, 혁명은 결국 성공을 거두지 못했다."고 탄식하며, "진정한 혁명은 정치적 혁명이 아니라, 마음의 혁명에 있다."는 점을 깨닫고 마침내 학문의 길로 나섰다. 1920년 가을 절친한 친구인 양수명(梁漱溟)의 소개로 구양경무(歐陽竟無)의 남경 지나내학원(支那內學院)에서 2년 동안 불교를 연구했으며, 1922년 겨울 북경대 총장인 채원배의 초빙으로 북경대 교수가 되었다.

1923년에 『신유식론(新唯識論)』 초고를 쓰기 시작해서 1932년 문언본 『신유식론』을 출판했고, 이어서 『파「파신유식론」(破「破新唯識論」)』·『불학명상통석(佛學名相通釋)』을 발표했다. 항일전쟁기간에는 사천으로 피난 가서 마일부(馬一浮)·양수명이 주관하는 복성서원(復性書院)과 면인서원(勉仁書院)에서 강의하다가 1947년 북경대로 돌아왔다. 1940년대에 웅십력은 어체본 『신유식론』·『십력어요(十力語要)』·『독경시요(讀經示要)』·『십력어요초독(十力語要初讀)』 등을 펴냈고, 1950년 이후에는 『논육경(論六經)』·『원유(原儒)』·『체용론(體用論)』·『명심편(明心篇)』·『건곤연(乾坤衍)』 등을 출판했다. 특히 1956년에 완성한 『원유』는 "육경이 나를 주석한다.[六經注我]"는 방식으로 웅십력 자신의 독특한 관점으로 유학 경전과 유학사를 새롭게 해석한 중요한 저술이다.

문화대혁명 시기에 말년의 웅십력은 반동복고주의자라고 낙인찍혀 많은 비판과 고초를 당했다. 그는 문화대혁명이 중국문화와 인간본성을 훼손한다고 항거하여 단식투쟁하는 도중에 결국 지병이 악화되어 향년 84세로 쓸쓸하게 세상을 떠났다. 그러나 '체용불이(體用不二)'·'심물불이(心物不二)'·'흡벽성변(翕闢成變)'을 핵심으로 하는 그의 철학은 현대신유학의 형이상학적 이론의 기틀을 세웠으며, 그것은 이후 당군의·서복관·모종삼 등의 제자들에 의해 계승·발전되어 오늘에 이르게 되었다.

역자 약력

임헌규(林憲圭)

한국학중앙연구원 한국학대학원에서 박사학위를 받고, 현재 강남대학교
에서 강의하고 있다. 저술로는 『유가의 심성론과 현대 심리철학』(2001년,
철학과현실), 『노자도덕경 해설』(2005년, 철학과 현실), 『소유의 욕망, 리란 무엇
인가』(2013년, 글항아리) 등과 다수의 논문이 있다.

윤원현(尹元鉉)

대만 중국문화대학교 철학과에서 박사학위를 받고, 한중철학회 회장을 역
임했다. 저술로는 『철학 오디세이 2000』(공저, 2000년, 담론사), 『동양사상의
이해』(공저, 2002년, 경인문화사), 『태극해의』(공역, 2009년, 소명출판사) 등과 다수의
논문이 있다.

김학목(金學睦)

건국대학교 대학원 철학과에서 박사학위를 받고, 현재 고려대학교에서 연구
교수로 있다. 저술로는 『강화학파의 노자 주석에 관한 연구』(2013년, 인천학
연구원), 『박세당의 노자』(1999년, 예문서원), 『율곡 이이의 노자』(2001년, 예문서원),
『홍석주의 노자』(2001년, 예문서원), 『노자 도덕경과 왕필의 주』(2002년, 홍익
출판사) 등과 다수의 논문이 있다.

류희성(柳熙星)

대만 동해대학교 대학원 철학과에서 박사학위를 받고, 현재 서강대학교에
서 강의하고 있다. 저술로는 「순자의 인식론」, 「과현논쟁과 지적직각」, 「모
종삼의 도덕형이상학」, 「웅십력의 외왕학과 모종삼의 평가」 등의 논문이
있다.

原儒
(下)